東洋古典譯註叢書 49-1

譯註 唐宋八大家文抄

歐陽脩 5

책임번역 李相夏
공동번역 邊球鎰 李承炫

傳統文化硏究會

國譯委員

責任飜譯　李相夏
共同飜譯　邊球鎰 李承炫
諮問委員　吳圭根
潤　　文　南賢熙 田炳秀
校　　訂　兪在衡 咸明淑
出　　版　郭成龍 金曉東
管　　理　咸明淑
普　　及　徐源英

東洋古典譯註叢書를 발간하면서

우리의 古典國譯事業은 민족문화 진흥의 기초사업으로 1960년대부터 政府 支援으로 古文獻 現代化 작업을 추진하여 많은 成果를 거두었다. 당시 이 사업 추진의 先行課題로 東洋古典이라 일컬어지는 중국의 基本古典을 먼저 飜譯하여야 한다는 學界의 주장이 있었음에도 불구하고 우리 고전이 아니라는 일부의 偏狹한 視角과 財政 事情 등으로 인하여 배제되어 왔다.

전통적으로 중국의 기본고전은 우리 歷史와 함께 숨쉬며 각종 교육기관의 教科書로 활용됨은 물론이고 지식인들의 必讀書가 되어 왔으며, 우리 文化의 基底에 자리잡고 거의 모든 방면의 體系와 根幹을 형성하여 왔다. 그래서 학문연구의 기본서 역할을 해왔을 뿐만 아니라 오늘날에도 우리의 國學徒 및 東洋學 研究者들에게 같은 역할을 하고 있음은 주지의 사실이다. 그럼에도 불구하고 中國古典은 우리 것이 아니라 하여 專門機關의 飜譯對象에 포함하지 않음으로써, 대부분 原典에서의 직접 번역이 아닌 重譯이나 拔萃譯의 방식이 주를 이루면서 教養水準으로 出版되어 왔다.

오늘날 東洋 三國 중에서 우리의 東洋學 연구가 가장 부진한 이유는, 東洋基本古典에 대한 폭넓은 이해의 부족과 漢文古典 讀解力의 저하에 기인함을 우리는 솔직히 인정하여야 한다. 따라서 이들 중국고전에 대한 신뢰할 만한 國譯이 이루어지는 것이 한국학 연구를 촉진시키는 시급한 先行課題라 할 수 있다.

이에 韓國學 및 東洋學의 연구와 古典現代化의 基盤構築을 위해서는, 전문기관으로 하여금 동양고전을 단기간에 각 분야의 專門 研究者와 漢學者가 상호 협동하여 연구번역하여 飜譯의 傳統性과 效率性, 研究의 專門性을 높일 수 있도록 政策的 配慮가 있어야 한다.

이에 本會에서는 元老 및 中堅 漢學者와 斯界의 專攻者로 하여금 協同研究飜譯하여 공부하는 사람들이 믿고 引用하거나 깊이 있는 註釋 등을 활용할 수 있게 하고, 知識

人들의 教養을 증진시켜 줄 수 있는 東洋古典의 國譯書 간행을 지속적으로 추진해 왔다. 근래에 다행히 이 사업에 대하여 각계 지도층의 폭넓은 이해와 지원에 힘입어 2001년도부터 國庫補助를 받아 東洋古典譯註叢書를 간행하게 되었다. 이를 계기로 우리 先學의 註釋과 見解를 반영하는 등 국역사업의 內實을 기하게 되었음을 이 자리를 빌어 衷心으로 감사드리며, 아울러 國譯에 參與하신 관계자 여러분의 勞苦에 깊은 謝意를 표한다.

끝으로 우리의 이러한 작업은 오랜 역사 위에 축적된 先賢들의 業績과 現代學問을 이어주는 튼튼한 架橋와 礎石이 되어 진정한 韓國學과 東洋學 발전에 기여할 것을 굳게 믿으며, 21세기를 우리 文化의 世紀로 열어 가는 밑거름이 되도록 우리의 力量을 本 事業에 경주하고자 한다. 江湖諸賢의 부단한 관심과 지원을 기대해 마지않는다.

社團法人 傳統文化硏究會 會長 李啓晃

凡 例

1. 本書는 東洋古典譯註叢書 ≪唐宋八大家文抄≫ 歐陽脩의 제5책이다.
2. 본서는 戊申字本 ≪唐宋八大家文抄≫(서울대 奎章閣 所藏本, 刊年未詳)를 저본으로 하고, ≪新五代史≫를 참고하였다.
3. 본서는 원전의 傳統性과 번역의 現代性을 구현하기 위해 노력하였다.
4. 原文에는 우리나라 전통방식의 懸吐를 하였다.
5. 飜譯은 原義에 충실하게 하되, 이해가 어려운 부분은 意譯 또는 補充譯을 하였다.
6. 飜譯文은 한글과 漢字를 混用하였으며, 맞춤법과 띄어쓰기는 한글 맞춤법과 표준어 규정을 따르는 것을 원칙으로 하였다.
7. 譯註는 校勘, 異說, 인용문의 出典, 故事, 역사적 사건, 전문용어, 難解語, 人物, 制度, 官職 등에 관한 사항을 밝혔다.
8. 校勘은 원문의 誤字, 脫字, 衍字, 倒文 등을 대상으로 하였다.
9. 각 篇마다 간략한 題下註를 달아 독자의 이해를 돕고자 하였다.
10. 본서의 校勘에 사용된 符號는 다음과 같다.
    ( )〔 〕: (저본의 誤字)〔교감한 正字〕
    〔 〕: 저본의 脫字 보충
    ( ): 저본의 衍字
11. 본서에 사용된 주요 符號는 다음과 같다.
    " ": 對話, 각종 引用
    ' ': " " 안에서 再引用, 强調
    「 」: ' ' 안에서 再引用, 强調
    ( ): 원문에서는 讀音이 특수한 글자나 僻字의 音

번역문에서는 간단한 譯註

〔　〕: 번역문과 뜻은 같으나 音이 다른 漢字나 句節, 譯註에서 인용한 原文

≪ ≫ : 書名이나 典據

〈　〉: 篇章名, 作品名, 補充譯

參考書目

◇ 底本 관련

- ≪唐宋八大家文抄≫(戊申字本), 茅坤 撰, 國會圖書館 所藏本.
- ≪唐宋八大家文鈔≫, 茅坤 撰, 文淵閣四庫全書, 臺灣商務印書館.
- ≪唐宋八大家文鈔 校注集評≫, 高海夫 主編, 三秦出版社, 1998.
- ≪文忠集≫, 歐陽脩 撰, 文淵閣四庫全書, 臺灣商務印書館.
- ≪歐陽脩全集≫, 歐陽脩 撰, 中華書局, 2001.
- ≪漢文大系≫, 新文豊出版有限公司, 臺北, 1978.

◇ 經部

- ≪經典釋文≫, 陸德明 撰, 文淵閣四庫全書, 臺灣商務印書館.
- ≪論語集註大全≫, 朱熹 集註, 胡廣 等編, 朝鮮 內閣本, 성균관대 대동문화연구원.
- ≪大戴禮記≫, 戴德 撰, 盧辯 注, 中華書局, 1985.
- ≪孟子集註大全≫, 朱熹 集註, 胡廣 等編, 朝鮮 內閣本, 성균관대 대동문화연구원.
- ≪書傳大全≫, 蔡沈 集傳, 胡廣 等編, 朝鮮 內閣本, 학민문화사.
- ≪詩傳大全≫, 朱熹 集傳, 胡廣 等編, 朝鮮 內閣本, 학민문화사.
- ≪禮記集說大全≫, 陳澔 集說, 胡廣 等編, 朝鮮 內閣本, 성균관대 대동문화연구원.
- ≪儀禮注疏≫, 阮元 校刻, 十三經注疏(淸 嘉慶刊本), 中華書局, 2009.
- ≪周禮注疏≫, 阮元 校刻, 十三經注疏(淸 嘉慶刊本), 中華書局, 2009.
- ≪周易傳義大全≫, 程頤 傳, 朱熹 本義, 胡廣 等編, 朝鮮 內閣本, 학민문화사.
- ≪中庸章句大全≫, 朱熹 章句, 胡廣 等編, 朝鮮 內閣本, 성균관대 대동문화연구원.
- ≪春秋經傳集解≫, 左丘明 傳, 杜預 註, 林堯叟・朱申 附註, 朝鮮 金屬活字本(戊申字), 影印本, 保景文化社.
- ≪春秋穀梁傳注疏≫, 阮元 校刻, 十三經注疏(淸 嘉慶刊本), 中華書局, 2009.

• ≪春秋公羊傳注疏≫, 阮元 校刻, 十三經注疏(淸 嘉慶刊本), 中華書局, 2009.
• ≪韓詩外傳≫, 韓嬰 撰, 文淵閣四庫全書, 臺灣商務印書館.
• ≪孝經大義≫, 朝鮮 內閣本, 보경문화사, 1987.

◇ 史部

• ≪舊五代史≫, 薛居正 等撰, 文淵閣四庫全書, 臺灣商務印書館.
• ≪舊五代史考異≫, 邵晉涵 撰, 續修四庫全書, 上海古籍出版社.
• ≪國語≫, 左丘明 撰, 朝鮮 鐵鑄字本, 학민문화사.
• ≪南史≫, 李延壽 撰, 標點校勘本, 中華書局, 1975.
• ≪東觀漢記≫, 文淵閣四庫全書, 臺灣商務印書館.
• ≪北史≫, 李延壽 撰, 中華書局, 1997.
• ≪北齊書≫, 李百藥 撰, 標點校勘本, 中華書局, 1972.
• ≪史記≫, 司馬遷 撰, 裴駰 集解, 司馬貞 索隱, 張守節 正義, 標點校勘本, 中華書局, 1959.
• ≪三國志≫, 陳壽 撰, 裴松之 注, 標點校勘本, 中華書局, 1971.
• ≪宋史≫, 脫脫 等修, 국립중앙도서관 소장본, 1739.
• ≪宋史翼≫, 陸心源 輯, 續修四庫全書, 上海古籍出版社, 1995.
• ≪宋書≫, 沈約 撰, 文淵閣四庫全書, 臺灣商務印書館.
• ≪隋書≫, 魏徵 等 撰, 標點校勘本, 中華書局, 1973.
• ≪新唐書≫, 歐陽脩・宋祁 撰, 標點校勘本, 中華書局, 1975.
• ≪新五代史≫, 歐陽脩 撰, 文淵閣四庫全書, 臺灣商務印書館.
• ≪歷代職官表≫, 文淵閣四庫全書, 臺灣商務印書館.
• ≪五代史記注≫, 彭元瑞 等撰, 續修四庫全書, 上海古籍出版社.
• ≪五代史記纂誤補≫, 吳蘭庭 撰, 續修四庫全書, 上海古籍出版社.
• ≪五代史記纂誤補續≫, 周壽昌 撰, 續修四庫全書, 上海古籍出版社.
• ≪五代史纂誤≫, 吳縝 撰, 文淵閣四庫全書, 臺灣商務印書館.
• ≪五代會要≫, 王溥 撰, 文淵閣四庫全書, 臺灣商務印書館.
• ≪二十二史箚記≫, 趙翼 撰, 商務印書館, 1985.
• ≪廿二史考異≫, 錢大昕 撰, 上海古籍出版社, 2004.

- ≪資治通鑑≫, 司馬光 撰, 胡三省 音註, 標點校勘本, 中華書局, 1956.
- ≪資治通鑑綱目≫, 朱熹 撰, 保京文化社, 1987.
- ≪資治通鑑考異≫, 司馬光 撰, 文淵閣四庫全書, 臺灣商務印書館.
- ≪戰國策≫, 劉向 編, 高誘 注, 姚宏 續注, 文淵閣四庫全書, 臺灣商務印書館.
- ≪竹書紀年≫, 沈約 撰, 文淵閣四庫全書, 臺灣商務印書館.
- ≪晉書≫, 房玄齡 等 撰, 標點校勘本, 中華書局, 1974.
- ≪集古錄≫, 歐陽脩 撰, 文淵閣四庫全書, 臺灣商務印書館.
- ≪漢書≫, 班固 撰, 標點校勘本, 中華書局, 1962.
- ≪後漢書≫ 范曄 撰, 標點校勘本, 中華書局, 1965.

◇ 子部

- ≪鶡冠子彙校集注≫, 黃懷信 撰, 中華書局, 2004.
- ≪管子≫, 管仲 撰, 文淵閣四庫全書, 臺灣商務印書館.
- ≪老子道德經≫, 王弼 注, 文淵閣四庫全書, 臺灣商務印書館.
- ≪洞冥記≫, 郭憲 撰, 文淵閣四庫全書, 臺灣商務印書館.
- ≪穆天子傳≫, 郭璞 註, 文淵閣四庫全書, 臺灣商務印書館.
- ≪西京雜記≫, 劉歆 撰, 葛洪 輯, 文淵閣四庫全書, 臺灣商務印書館.
- ≪世說新語≫, 劉義慶 撰, 文淵閣四庫全書, 臺灣商務印書館.
- ≪荀子≫, 荀況 撰, 楊倞 註, 文淵閣四庫全書, 臺灣商務印書館.
- ≪拾遺記≫ 王嘉 撰, 文淵閣四庫全書, 臺灣商務印書館.
- ≪新書≫, 賈誼 撰, 文淵閣四庫全書, 臺灣商務印書館.
- ≪揚子法言≫, 揚雄 撰, 李軌・柳宗元 註, 宋咸・吳祕・司馬光 重添註, 文淵閣四庫全書, 臺灣商務印書館.
- ≪呂氏春秋≫, 呂不韋 編, 高誘 注, 文淵閣四庫全書, 臺灣商務印書館.
- ≪永樂大全≫, 解縉 等撰, 北京圖書館出版社, 2002.
- ≪藝文類聚≫, 歐陽詢 撰, 文淵閣四庫全書, 臺灣商務印書館.
- ≪莊子集釋≫, 莊周 撰, 郭象 注, 陸德明 釋文, 成玄英 疏, 郭慶藩 輯, 王孝魚 點校, 中華書局, 1961.
- ≪冊府元龜≫, 王欽若 撰, 文淵閣四庫全書, 臺灣商務印書館.

• ≪抱朴子≫, 葛洪 撰, 文淵閣四庫全書, 臺灣商務印書館.
• ≪韓非子≫, 韓非 撰, 文淵閣四庫全書, 臺灣商務印書館.
• ≪淮南子≫, 劉安 著, 高誘 注, 上海書店, 1986.

◇ 集部

• ≪古文眞寶後集≫, 黃堅 等編, 朝鮮 內閣本, 학민문화사.
• ≪農巖集≫, 金昌協 撰, 韓國文集叢刊, 民族文化推進會.
• ≪文選注≫, 蕭統 編, 李善 注, 文淵閣四庫全書, 臺灣商務印書館.
• ≪詩品集注≫, 鍾嶸 撰, 曹旭 集注, 上海古籍出版社, 1994.
• ≪研經齋全集≫, 成海應, 韓國文集叢刊, 民族文化推進會.
• ≪靑泉集≫, 申維翰 撰, 韓國文集叢刊, 民族文化推進會.
• ≪楚辭集注≫, 朱熹 集注, 朝鮮 木版本, 규장각 소장.
• ≪韓愈文集彙校箋注≫, 韓愈 撰, 劉眞倫·岳珍 校注, 中華書局, 2010.
• ≪弘齋全書≫, 正祖, 韓國文集叢刊, 民族文化推進會.

◇ 논문 및 연구서

• 郭魯鳳, 〈歐陽脩 散文硏究〉, ≪中國學硏究≫ 제3집, 1988.
• ———, 〈歐陽脩 經學硏究〉, ≪中國學硏究≫ 제5집, 1990.
• 郭正忠, ≪歐陽脩評傳≫, 黃一權 번역, 學古房, 2009.
• 黃一權, 〈韓國에서의 歐陽脩 산문 전파와 평가에 관한 연구〉, ≪中國語文學≫ 제53집, 2009.

目 次

歐陽文忠公五代史抄 卷4 梁臣傳

歐陽文忠公五代史抄 卷5 唐臣傳

歐陽文忠公五代史抄 卷6 唐臣傳

歐陽文忠公五代史抄 卷7 唐臣傳

歐陽文忠公五代史抄 卷8 唐晉周臣傳

歐陽文忠公五代史抄 卷9

〔附 錄〕

歐陽公史抄引

或問余於歐陽公復(부)有史抄는 何也[1])오 歐陽公은 他文多本韓昌黎나 而其序次國家之大及謀臣戰將得失處는 余竊謂獨得太史公之遺라 其爲唐書엔 則天子詔史官與宋庠[2])輩共爲分局視草라 故僅得其志論十餘首나 而五代史는 則出於公之所自勒者라 故梁唐帝紀及諸名臣戰功處에 往往點次如畫하야 風神燁然이라

혹자가 나에게 묻기를 歐陽公에게 다시 史抄를 둔 것은 무엇 때문인가. 歐陽公은 다른 글은 대부분 韓昌黎(韓愈)를 본받았지만, 국가의 큰일 및 謀臣과 戰將의 득실을 차례로 논술한 부분은 太史公(司馬遷)의 遺法을 홀로 얻었다고 나는 내심 생각하고 있다.

≪新唐書≫를 편수할 때에는 천자가 조칙을 내려 史官과 宋庠 등이 함께 史局를 나누어 史草를 살피게 하였다. 그러므로 겨우 〈志論〉 10여 수뿐이었다. 그러나 ≪新五代史≫는 공이 스스로 편찬한 데에서 나온 것이다. 그러므로 〈梁本紀〉·〈唐本紀〉 및 여러 名臣들의 戰功을 기록한 부분에 왕왕 그림같이 서술하여 文彩가 찬연하다.

1) 於歐陽公復(부)有史抄 何也 : 茅坤이 다른 唐宋八大家와는 달리 歐陽脩의 경우에만 文抄 외에 또 史抄를 별도로 편찬한 이유는 무엇이냐는 말이다.

2) 宋庠 : 996~1066. 北宋 安州 安陸 사람이다. 初名은 郊인데 仁宗이 개명해주었다. 자는 伯庠이었는데 후에 公序로 고쳤다. 天聖 2년(1024)에 進士가 되었고 翰林學士에 올랐다. 후에 兵部尙書·充樞密使 등을 역임하였고, 莒國公에 봉해졌으며, 司空으로 致仕하였다. 시호는 元憲이다. 저서에 ≪宋元憲集≫, ≪國語補音≫ 등이 있다. 동생 宋祁와 함께 문학으로 천하에 이름을 날려 사람들이 '二宋'이라 불렀는데, 宋庠이 大宋이고 宋祁가 小宋이다.

惜也라 **五代兵戈之世**에 **文字崩缺**일새 **公於其時**에 **特本野史與勢家鉅室家乘所傳者而爲之耳**어 **假令如太史公所本左傳國語戰國策楚漢春秋**와 **又如班掾**[1]**所得劉向東觀漢書**[2]**及西京雜記**[3]**等書爲之本**하야 **揚搉古今**하고 **詮次當世**면 **豈遽出其下哉**리오 **余錄若干首**하고 **稍爲品次而別傳之**하야 **以質世之有識者**하노라 **歸安鹿門茅坤題**하노라

안타깝다. 전쟁이 만연하던 五代의 시대에 문자가 붕괴되었기에 공이 그 당시에 다만 野史 및 勢力家와 富豪家의 家乘에 전해오던 것에 근거하여 ≪新五代史≫를 지음이여. 가령 太史公이 근본으로 삼았던 ≪春秋左氏傳≫·≪國語≫·≪戰國策≫·≪楚漢春秋≫와, 또 班掾(班固)이 얻었던 劉向의 ≪東觀漢記≫와 ≪西京雜記≫ 등의 책을 근본으로 삼아 古今을 평론하고 當世를 서술하였다면 어찌 곧바로 저들보다 못하였겠는가.

내가 약간 수를 수록하고 조금 편차하여 별도로 전하여 세상의 식견 있는 자들에게 질정한다.

歸安 鹿門 茅坤이 쓰다.

1) 班掾 : 後漢의 학자 班固(32~92)를 가리킨다. 班固는 和帝 때 흉노 정벌에 나선 대장군 杜憲의 종사관이 되었기 때문에 班掾이라고도 부른다.

2) 東觀漢書 : ≪東觀漢記≫를 가리키는 듯하다. 중국 後漢 光武帝로부터 靈帝까지의 시대를 紀傳體로 기술한 역사서로 후한 明帝 때부터 편찬하기 시작하여 영제 때 완성하였다. 東觀은 중국 洛陽 南宮의 修史官이 있었던 건물을 말한다.

3) 西京雜記 : 漢나라 劉歆이 짓고 晉나라 葛洪이 모은 것으로 알려져 있는 잡록으로, 총 132조의 고사로 이루어져 있다. 대부분 짤막한 고사지만 그 내용은 매우 복잡하고 광범위하다. 正史를 보충하는 사료로 많이 활용된다.

歐陽文忠公五代史抄 卷1

歸安 鹿門 茅坤 批評
孫男 闇叔 茅著 重訂

本紀*

* 徐無黨의 註釋에 "本紀는 옛 것으로 인하여 命名한 것이다. 本은 처음 일어난 바를 근본한다는 것이고, 紀는 일과 시간을 차례대로 기술한다는 것이다. 즉위 이전의 일을 상세하게 기록한 것은 유래를 거슬러 찾았기 때문이다. 그러므로 곡진하고 자세하게 기술한 것이니, 천자가 된 과정이 점차적으로 이루어졌는지 갑자기 이루어졌는지를 볼 수 있다. 즉위 이후의 일을 간략하게 기술한 것은 尊位에 거하여 임무가 중하기에 책임질 것이 크기 때문이다. 그러므로 서술한 바가 간략하니, 간략해야만 이에 法을 세울 수 있다.〔本紀 因舊以爲名 本原其所始起 而紀次其事與時也 卽位以前 其事詳 原本其所自來 故曲而備之 見其起之有漸有暴也 卽位以後 其事畧 居尊任重 所責者大 故所書者簡 惟簡乃可立法〕"라고 하였다.

이 주석은 ≪新五代史≫에 수록된 歐陽脩의 제자인 서무당이 기술한 것이다. 서무당의 주석에는 구양수의 역사관, 褒貶의식, ≪신오대사≫의 집필의도 등이 잘 드러나 있으니, ≪廬陵史抄≫를 이해하는 데에 반드시 필요하다 할 수 있다. 따라서 앞으로 내용을 이해하는 데에 필요한 부분은 주석으로 달고, "徐無黨의 註釋에 '……'라고 하였다."로 기술하고 출전은 따로 밝히지 않는다.

01. 梁太祖紀* 後梁 太祖의 本紀

* 後梁 太祖(852~912)는 姓名이 朱溫으로 宋州 碭山 사람이다. 〈梁太祖紀〉는 ≪舊五代史≫ 卷1 〈梁書 第1〉, ≪新五代史≫ 卷1 〈本紀 梁本紀〉에 각각 실려 있다.

後梁 太祖

그는 어릴 적에 黃巢의 徒黨이었다가 882년 관군에 항복하여 僖宗으로부터 全忠이라는 이름을 하사받았다. 그 뒤 황소의 잔당과 그 밖의 군웅을 평정하여 그 공으로 梁王에 봉해지고 宣武, 宣宜, 護國, 忠武 네 鎭의 節度使를 겸하였다. 뒤에 昭宗을 살해한 뒤 哀帝를 세웠고, 다시 907년에 애제로부터 제위를 찬탈하여 梁나라를 세웠다.

이 전기는 太祖가 황소의 도당이었다가 唐나라에 투항하는 과정, 唐에 투항한 뒤 황소의 잔당을 평정하고 유력 절도사들과 雌雄을 겨루는 과정, 소종을 시해하고 애제를 세운 후 梁나라를 건국하는 과정 등을 생동감 있게 묘사하였다.

하지만 ≪구오대사≫에서는 태조에 대해 "백성을 걱정하고 농업을 중시하였으며 더욱이 식량과 병사를 풍족하게 만들 것을 생각하였다. 즉위한 뒤에는 陽과 陰이 지나치게 성할 때마다 승상에게 명하여 그 일을 직접 다스리게 한 적이 많았다.〔憂民重農 尤以足食足兵爲念 爰自御極 每愆陽積陰 多命丞相躬其事〕"라고 하여 간혹 태조의 장점을 서술한 반면, ≪신오대사≫에서는 일체 이러한 내용을 배제하고 권력을 향한 야망에서 비롯된 권모술수와 잔혹한 모습 등 부정적인 모습만을 서술하였다. 이는 태조의 부정적인 모습을 더욱 분명하게 드러내 唐나라를 멸하고 스스로 황위에 오른 태조의 정당성을 부정함과 동시에 후세에 勸戒를 드리우기 위한 것으로 보인다.

하지만 歐陽脩는 태조의 부정적인 면을 주로 드러내면서도 梁나라를 직접 僞朝라고 기록하지 않았는데, 여기에 대해 史論에서 "聖人이 ≪春秋≫에 마음을 쓴 것이 깊기 때문에 권계가 절실하고, 말을 미덥게 하였으니, 그런 뒤에 善惡이 분명해진다. 무릇 후세에 죄를 드러내고자 한다면 그 방법은 사실을 매몰하지 않는 데에 있으니, 사실이 군주가 되었다면 군주가 되었다고 쓰고 사실이 찬탈한 것이라면 찬탈하였다고 써서 각각 사실을 전하여 후세로 하여금 미덥게 하면 네 임금의 죄를 덮을 수가 없다."라고 하였다. 즉 구양수는 ≪춘추≫ 筆法에 의거하여 있었던 사실을 그대로 서술해두기만 해도 후인들이 그 사실에 의거하여 태조의 죄악을 분명하게 판단할 수 있다고 생각한 것이다.

後梁(907~923)은 태조 朱全忠에 의해 건국되었고 大梁 汴州에 도읍을 정하였다. 후에 태조가 養子인 博王 朱友文에게 讓位하려 하였으나 912년에 큰아들 朱友珪가 반란을 일으켜 태조를 시해하고 황위를 찬탈하였다. 913년에 동생 朱友貞이 주우규를 시해하고 황위를 찬탈하였는데, 그해에 晉王 李存勗에게 패하여 자결하고 梁나라도 망하게 된다.

唐之衰也에 **天子不能誅宦官**이어늘 **而崔胤等爲之外倚彊藩**하니 **彊藩入**하야 **宦官誅**나 **而唐亦以亡**이라 **歐陽公次梁紀**에 **其所摹寫殆盡**이나 **而與李克用**[1]**兩爭處尤工**이라 **予故錄之**하야 **以見公之史才云**이라

唐나라가 쇠퇴하자 천자가 宦官을 주벌하지 못하거늘 崔胤 등이 천자를 위해 외부의 강한 藩鎭을 끌어들였는데, 강한 번진이 들어와 환관은 주벌되었지만 당나라 또한 망하였다.

歐陽公이 〈梁本紀〉를 편찬할 때에 묘사가 극진하였지만 李克用과 두 차례 전쟁한 부분은 더욱 공교하다. 내가 이 때문에 이를 수록하여 구양공의 史筆에 대한 재능을 드러내고자 한다.

1) 李克用 : 856~908. 唐나라 말기 突厥 沙陀部 사람으로 한쪽 눈을 잃어 獨眼龍으로도 불렸다. 後唐의 태조로, 朱邪赤心의 아들이다. 젊을 때부터 용맹해 雲州를 거점으로 하며 留后라 자칭하다 당나라 군대에 패하자 韃靼으로 달아났다. 黃巢의 난에 황명을 받아 사타족을 이끌고 와 황소군을 대파하고 장안을 탈환하였다. 후에 朱全忠이 당나라를 멸하고 稱帝하였지만 여전히 당나라를 섬겼다.

太祖神武元聖孝皇帝는 **姓朱氏**니 **宋州碭山午溝里人也**라 **其父誠**은 **以五經教授鄉**

里라 **生三子**하니 **曰 全昱存溫**이라 **誠卒**에 **三子貧**하야 **不能爲生**하야 **與其母傭食蕭縣人劉崇家**라 **全昱無他材能**이나 **然爲人頗長者**요 **存溫**은 **勇有力**[1]**而溫尤兇悍**이라

太祖神武元聖孝皇帝는 성이 朱氏이니, 宋州 碭山 午溝里 사람이다. 아버지인 誠은 향리에서 五經敎授로 있었다. 아들 셋을 낳으니 全昱과 存과 溫이었다. 誠이 졸하자 세 아들은 가난하여 생계를 유지할 수 없었기에 그 어머니와 함께 蕭縣 사람인 劉崇의 집에서 품을 팔아 생활하였다. 朱全昱은 별다른 재능은 없지만 사람됨이 제법 長者다웠고, 朱存과 朱溫은 勇力이 있었는데 주온은 더욱 凶暴하였다.

1) 全昱無他材能……勇有力 : ≪五代史記注≫ 卷1에 "≪淸異錄≫에 梁나라 太祖는 처음 起兵했을 때부터 매번 左右를 호령할 때에 큰 붉은 깃발을 가지고 완급을 조절할 때에 깃발을 사용하여 군대를 지휘하였는데, 스스로 이를 가리켜 '火龍標'라고 하였다.〔淸異錄 梁祖自初起 每令左右 持大赤旗 緩急之際 用以揮軍 祖自目爲火龍標〕"라고 하였다.

唐僖宗乾符四年에 **黃巢**[1]**起曹濮**[2]이라 **存溫亡入賊中**이러니 **巢攻嶺南**에 **存戰死**라 **巢陷京師**하고 **以溫爲東南面行營先鋒使**하야 **攻陷同州**[3]하고 **以爲同州防禦使**라 **是時**에 **天子在蜀**하고 **諸鎭**[4]**會兵討賊**이라 **溫數**(삭)**爲河中王重榮所敗**하야 **屢請益兵於巢**어늘 **巢中尉孟楷抑而不通**이라 **溫客謝瞳說**(세)**溫曰 黃家起於草莽**이로대 **幸唐衰亂**하야 **直投其隙而取之爾**요 **非有功德興王之業也**니 **此豈足與共成事哉**리오 **今天子在蜀**하고 **諸鎭之兵**이 **日集以謀興復**하니 **是唐德未厭於人也**라 **且將軍力戰於外**어늘 **而庸人制之於內**하니 **此章邯所以背秦而歸楚**[5]**也**라하니 **溫以爲然**하다 **乃殺其監軍嚴實**하고 **自歸于河中**하야 **因王重榮以降**하니 **都統王鐸承制拜溫左金吾衛大將軍河中行營招討副使**하고 **天子賜溫名全忠**하다

唐나라 僖宗 乾符 4년(877)에 黃巢가 曹州와 濮州에서 일어나자 朱存과 朱溫은 賊中으로 도망쳐 들어갔는데, 황소가 嶺南을 공격할 때에 주존은 戰死하였다. 황소가 京師(長安)를 함락하고는 주온을 東南面行營先鋒使로 삼고서 同州를 공격하여

함락하고 주온을 同州防禦使로 삼았다.

이때에 天子가 蜀에 있었고 여러 藩鎭에서 병사를 모아 적을 토벌하였다. 주온이 河中의 王重榮에게 자주 패하자 여러 번 황소에게 병사를 증원해달라 청하거늘 황소의 中尉 孟楷가 이를 묵살하고 황소에게 보고하지 않았다.

주온의 門客 謝瞳이 주온을 설득하기를 "황소는 초야에서 일어났는데 요행이 당나라가 쇠란하여 곧장 그 틈을 타 당나라를 취했을 뿐이고, 功德이 있어 王業을 일으킨 것은 아니니 어찌 함께 일을 이룰 수 있겠습니까. 지금 天子가 蜀에 있고 여러 번진의 병사들이 날로 모여 부흥을 도모하고 있으니, 이는 당나라의 德이 사람들에게 미움을 받고 있는 것이 아닙니다. 또 將軍들이 밖에서 힘써 싸우거늘 용렬한 사람들이 내부에서 전횡을 일삼으니, 이는 章邯이 秦나라를 등지고 楚나라로 간 이유입니다."라고 하였다.

주온이 이 말을 옳다고 여겨 이에 監軍 嚴實을 죽이고 스스로 河中으로 돌아가 王重榮을 통해 항복하니, 都統 王鐸이 천자의 명을 받아 주온을 左金吾衛大將軍 河中行營招討副使에 제수하고, 천자가 주온에게 朱全忠이라는 이름을 하사하였다.

1) 黃巢 : ?~884. 唐나라 말기 曹州 冤句 사람이다. 僖宗 乾符 2년(875) 王仙芝가 반란을 일으키자 그도 무리를 모아 호응했다. 건부 5년(878) 왕선지가 전사하자 전군을 통솔하면서 衝天大將軍이라 하면서 中原과 江南 등 전국 각지를 전전하면서 전투를 벌였다. 후에 洛陽과 潼關을 함락하고 長安에 입성하여 스스로 황제에 올라 국호를 大齊, 연호를 金統이라 하였다. 中和 3년(884) 장안에서 철수하여 蔡州를 함락하고 陳州를 포위했지만 3백 일 동안 함락시키지 못했다.
2) 曹濮 : 曹州와 濮州를 가리키는데, 조주는 지금의 山東省 曹縣 일대이고, 복주는 지금의 河南省 范縣 일대이다.
3) 同州 : 지금의 陝西省 大荔縣 일대이다.
4) 諸鎭 : 徐無黨의 註釋에 "諸鎭은 당시의 말을 기록한 것이다. 唐나라는 節度使가 다스리던 軍州를 두고 藩鎭이라고 하였다. 그러므로 赴鎭·移鎭이라는 말이 있는 것이다.〔諸鎭 記當時語也 唐謂節度使所治軍州爲藩鎭 故有赴鎭移鎭

之語]"라고 하였다.

5) 章邯所以背秦而歸楚 : 章邯은 秦나라의 猛將이었다. 후에 項羽에게 밀려 전세가 불리하게 되자 司馬欣을 咸陽으로 보내어 상황을 보고하고 지시를 받아 오게 하였다. 사마흔이 함양으로 가서 司馬門에서 3일을 기다렸으나 당시 권력자인 宦官 趙高가 사마흔을 만나주지 않자 조고의 전횡에 회의를 느껴 항우에게 투항하였다.(≪史記≫ 卷7 〈項羽本紀〉)

中和三年三月에 **拜全忠**汴州[1)]**刺史宣武軍節度使**라 **四月**에 **諸鎭兵破巢**하고 **復京師**한대 **巢走藍田**[2)]이라 **七月丁卯**에 **全忠歸于宣武**라 **是歲**에 **黃巢出藍田關**[3)]하야 **陷蔡州**[4)]하니 **節度使秦宗權**[5)]이 **叛附于巢**라 **遂圍陳州**하니라 **徐州時溥**[6)]**爲東南面行營兵馬都統**하야 **會東諸鎭兵以救陳**하니 **陳州刺史趙**犨(주)가 **亦乞兵于全忠**이라 **溥雖爲都統**이나 **而不親兵**이러니 **四年**에 **全忠乃自將救**犨하고 **率諸鎭兵**하야 **擊敗巢將黃**鄴**尙讓等**하니 犨**以全忠爲德**하야 **始附屬焉**이라

中和 3년(883) 3월에 朱全忠을 汴州刺史 宣武軍節度使로 배수하였다. 4월에 각 藩鎭의 병사들이 黃巢를 격파하고 京師를 되찾자 황소는 藍田으로 달아났다. 7월 丁卯日에 주전충이 宣武로 돌아왔다.

이때에 황소가 藍田關을 나와 蔡州를 함락하니 節度使 秦宗權이 배반하여 황소에게 붙었는지라 황소가 마침내 陳州를 포위하였다. 徐州 時溥가 東南面行營兵馬都統이 되어 동쪽 지역 번진의 병사들을 모아 진주를 구원하니, 陳州刺史 趙犨 또한 주전충에게 救援兵을 청하였다.

시부는 비록 都統이 되었지만 병력을 직접 통솔하지 못하였는데, 중화 4년(884)에 주전충이 비로소 스스로 병사를 이끌고 조주를 구원하고 번진의 병사들을 통솔하여 황소의 장수 黃鄴과 尙讓 등을 패퇴시키니, 조주가 주전충에게 은혜를 입었다 여겨 비로소 依附하였다.

1) 汴州 : 戰國時代에는 大梁, 東魏 때에는 梁州라고 했다가, 隋・唐에 이르러 汴州로 변경하였다. 五代 이후로는 여러 조대에 걸쳐 수도로 정했기 때문에 汴京이라 칭하게 되었다. 지금의 河南省 開封 일대를 말한다.

2) 藍田 : 陝西省 西安市 동부 渭水 평원의 남부, 秦嶺山 북쪽 기슭에 위치한 지역이다. 예로부터 아름다운 구슬 산지로 유명한 藍田山이 있어서 秦나라 때부터 藍田縣으로 불렀다

3) 藍田關 : 長安의 防衛地이다.

4) 蔡州 : 지금의 河南省 汝陽市 부근이다.

5) 秦宗權 : ?~889. 당나라 蔡州 上蔡 사람이다. 僖宗 廣明 원년(880)에 黃巢의 반군이 淮州를 넘어서자 당시 파견되어 채주에 이르러 황소를 막았지만, 中和 3년(883)에 전투에서 패하고 황소에게 항복하였다. 황소가 죽은 뒤 稱帝하였는데, 후에 朱全忠과 싸워 패한 뒤 部將 申叢에게 사로잡혀 京師에 이르러 처형되었다.

6) 徐州時溥 : 徐無黨의 註釋에 "무릇 某州某人이라고 말한 것은 모두 그 지역의 節度使이다.〔凡稱某州某人者 皆其節度使〕"라고 하였다.

是時에 **河東李克用下兵太行**(항)[1]**渡河**하야 **出洛陽**하야 **與東兵會擊巢**라 **巢已敗去**에 **全忠及克用追敗之于郾城**[2]하고 **巢走中牟**[3]어늘 **又敗之于王滿**하고 **巢走封丘**[4]어늘 **又大敗之**하고 **巢挺身東走**어늘 **至泰山狼虎谷**하야 **爲時溥追兵所殺**하다 **九月**에 **天子**가 **以全忠爲檢校司徒同中書門下平章事**하고 **封沛郡侯**라 **光啓二年三月**에 **進爵王**하다 **義成軍亂**한대 **逐其節度使安師儒**하고 **推牙將張驍爲留後**하니 **師儒來奔**이어늘 **殺之**라 **遣朱(賓)〔珍〕**[5]**李唐賓陷滑州**하고 **以胡眞爲留後**라 **十二月**에 **徙封吳興郡王**[6]하다

이때에 河東 李克用이 太行山 쪽으로 병사를 내려보내 黃河를 건너서 낙양으로 나가 동쪽의 병사들과 회합하여 黃巢를 격퇴하였다. 황소가 패주하자 朱全忠과 이극용이 추격하여 郾城에서 패퇴시켰고 황소가 中牟로 달아나거늘 또 王滿에서 패퇴시켰고 황소가 封丘로 달아나거늘 또 크게 패퇴시키니, 황소가 몸만 빠져나와 동쪽으로 달아나 泰山 狼虎谷에 이르러 時溥의 추격병에게 피살되었다. 9월에 천자가 주전충을 檢校司徒 同中書門下平章事로 삼고 沛郡侯로 봉해주었다.

光啓 2년(886) 3월에 爵位가 올라 王이 되었다. 義成軍이 반란을 일으키자 節度使 安師儒를 축출하고 牙將 張驍를 추천하여 留後로 삼으니 안사유가 투항하거늘

그를 죽였다. 朱珍과 李唐賓을 보내 滑州를 함락하고 胡眞을 유후로 삼았다. 12월에 주전충이 吳興郡王으로 옮겨 봉해졌다.

1) 太行(항) : 山西省과 河北省의 경계에 있는 太行山을 가리킨다.
2) 郾城 : 河南省 漯河에 있는 지명이다.
3) 中牟 : 河南省 鄭州에 있는 지명이다.
4) 封丘 : 河南省 新鄕에 있는 지명이다.
5) (賓)〔珍〕: 저본에는 '賓'으로 되어 있으나, ≪新五代史≫에 의거하여 '珍'으로 바로잡았다.
6) 是時……徙封吳興郡王 : 徐無黨의 註釋에 "처음에는 이름으로 불렀고 다음으로 爵位로 불렀고 다음으로 帝로 불렀으니, 점차적으로 〈帝에까지 오른 것이다.〉 작위가 王에 이른 뒤에 작위로 부른 것은 帝에 가까워졌음을 드러낸 것이다.〔始而稱名 旣而稱爵 旣而稱帝 漸也 爵至王而後稱 著其逼者〕"라고 하였다.

自黃巢死로 **秦宗權稱帝**하야 **陷陝洛懷孟唐許汝鄭州**하고 **遣其將秦賢盧**瑭**張**晊(질)**攻**汴하니 **賢軍板橋**하고 晊**軍北郊**하고 瑭**軍萬勝**하여 **環**汴**爲三十六柵**하다 **王顧兵少**하야 **不敢出**하고 **乃遣朱珍募兵於東方**하고 **而求救於**兗鄆하다 **三年春**에 **珍得兵萬人馬數百匹以歸**어늘 **乃擊賢板橋**하야 **拔其四柵**하고 **又擊**瑭**萬勝**하니 瑭**敗投水死**라 **宗權聞**瑭**等敗**하고 **乃自將精兵數千**하야 **柵北郊**라 **五月**에 兗**州朱瑾**鄆**州朱宣來赴援**[1]한대 **王置酒軍中**이러니 **中席**에 **王陽起如厠**하야 **以輕兵出北門襲**晊한대 **而樂聲不輟**하니 晊**不意兵之至也**라 兗鄆**之兵**이 **又從而合擊**하야 **遂大敗之**하야 **斬首二萬餘級**하니 **宗權與**晊이 **夜走過鄭**하야 **屠其城而去**하다

黃巢가 죽은 뒤로 秦宗權이 稱帝하고서 陝州·洛州·懷州·孟州·唐州·許州·汝州·鄭州를 함락하였다. 그리고 자신의 장수 秦賢·盧瑭·張晊을 보내 汴州를 공격하게 하였는데, 진현은 板橋에 주둔하고 장질은 北郊에 주둔하고 노당은 萬勝에 주둔하여 변주를 에워싸고 36개의 성채를 만들었다. 王(朱全忠)은 자신의 군사가 적음을 헤아려 감히 출전하지 않고, 이에 朱珍을 동쪽 방면으로 보내 병사를 모집하

게 하고, 兗州와 鄆州에 원병을 청하였다.

光啓 3년(887) 봄에 주진이 병사 1만 명과 말 수백 필을 얻어 돌아오거늘 비로소 판교에 주둔한 진현을 공격하여 4개의 성채를 빼앗고, 또 만승에서 노당을 공격하니 노당은 패하여 강물에 투신하여 죽었다. 진종권은 노당 등이 패하였다는 소식을 듣고 스스로 정예병 수천 명을 거느리고 와 북교에 성채를 구축하였다.

5월에 연주의 朱瑾과 운주의 朱宣이 구원하기 위해 달려오자 왕이 군중에서 주연을 베풀었는데, 주연 도중에 왕이 거짓으로 일어나 측간에 가는 척하다가 날랜 군사를 거느리고 북쪽 문을 나가 장질을 습격하였는데, 음악소리가 끊어지지 않으니 장질은 군사가 이른지도 몰랐다. 연주와 운주의 병사가 또 따라서 연합하여 공격해서 마침내 크게 패퇴시켜 2만여 명의 首級을 베니, 진종권과 장질이 밤에 달아나 鄭州를 지나면서 그 성을 도륙하고 떠났다.

1) 鄆州朱宣來赴援 : 徐無黨의 註釋에 "세속의 소문에 본래 朱宣이 王을 따랐다고 하는 말은 잘못된 소문이다.〔流俗本宣從王者非〕"라고 하였다.

宗權至蔡하야 復遣張晊攻汴이라 王聞晊復來하고 登封禪寺後岡하야 望晊兵過하고 遣朱珍躡之하야 戒曰 晊見吾兵이면 必止하리니 望其止면 當速返하고 毋與之鬪也하라 已而오 晊見珍在後하고 果止어늘 珍卽馳還이라 王令珍引兵蔽大林하고 而自率精騎出其東하야 伏大冢間이러니 晊止而食하고 食畢에 拔旗幟하야 馳擊珍이라 珍兵小却이어늘 王引伏兵橫出하야 斷晊軍爲三而擊之한대 晊大敗하야 脫身走라 宗權怒斬晊이어늘 而河陽陝洛之兵爲宗權守者가 聞蔡精兵皆已殲於汴하고 因各潰去라 故諸葛爽將李罕之取河陽張全義取洛陽하야 以來附하다

秦宗權이 蔡州에 이르러 다시 張晊을 보내 汴州를 공격하게 하였다. 왕이 장질이 다시 온다는 말을 듣고 封禪寺 뒤편 산등성에 올라 장질의 군대가 지나는 것을 멀리서 바라보고 朱珍을 보내 추격하게 하고는 다음과 같이 경계하였다.

"장질이 우리 군대를 보면 반드시 진군을 멈출 것이니, 멈추는 것을 보면 속히 회군하고 그들과 싸우지 말라."

이웃고 주진이 뒤에 있음을 보고 장질이 과연 진군을 멈추었는데 주진이 곧장 빠르게 회군하였다. 왕이 주진을 시켜 군대를 이끌고 큰 숲속에 숨게 하고, 자신은 정예기병을 이끌고 그 동쪽으로 나가 큰 무덤 사이에 매복하였는데, 장질이 진군을 멈추고 식사를 하고 식사를 마치자마자 旗幟를 뽑아들고 주진을 급히 공격하였다. 주진의 군대가 조금 퇴각하니, 왕이 복병을 이끌고 기습하여 장질의 군대를 셋으로 갈라놓고 공격하였는데, 장질이 크게 패하여 몸만 빼내 달아났다.

진종권이 노하여 장질을 참수하였는데 진종권을 위하여 수비하던 河陽·陝州·洛州의 병사들이 蔡州의 정예병이 汴州에서 모두 이미 섬멸되었다는 말을 듣고는 각자 흩어져 떠났다. 그러므로 諸葛爽이, 李罕之가 河陽에서 취한 병사와 張全義가 낙양에서 취한 병사를 거느리고 와 귀부하였다.

十月에 **天子使來**하야 **賜王紀功碑**하다 **朱宣朱瑾兵助汴**하야 **已破宗權東歸**라 **王移檄兗鄆**하야 **誣其誘汴亡卒以東**하고 **乃發兵攻之**하야 **取其曹州濮州**하고 **遂遣朱珍攻鄆州**라가 **大敗而還**이라 **十二月**에 **天子使來**하야 **賜王鐵卷**[1]**及德政碑**하다 **淮南節度使高駢**[2]**死**하니 **楊行密**[3]**入揚州**라 **天子以王兼淮南節度使**하니 **王乃表行密爲副使**하고 **以行軍司馬李璠爲留後**한대 **璠之揚州**어늘 **行密不納**하다

10월에 천자의 사신이 와서 왕에게 紀功碑를 하사하였다. 朱宣과 朱瑾의 군대가 汴州를 구원하러 와 이미 秦宗權을 패퇴시키고 동쪽으로 돌아갔다. 왕이 兗州와 鄆州에 격문을 보내 주선과 주근이 변주에서 도망친 군사들을 유인하여 동쪽으로 돌아갔다고 誣陷하고는, 곧장 군사를 일으켜 그들을 공격하여 曹州와 濮州를 취하고 마침내 朱珍을 보내 운주를 공격하게 하였으나 크게 패하고 돌아왔다.

12월에 천자의 사신이 와서 왕에게 鐵券와 德政碑를 하사하였다. 淮南節度使 高駢이 죽자 楊行密이 揚州로 들어왔다. 천자가 왕에게 회남절도사를 겸임하게 하니 왕이 이에 표문을 올려 추천하여 양행밀을 副使로 삼고 行軍司馬 李璠을 留後로 삼았는데, 이번이 양주로 가자 양행밀이 안으로 들이지 않았다.

1) 鐵券 : 임금이 공신에게 하사하던 쇠로 만든 牌로, 원래는 漢나라 高祖가 공신들을 봉하는 데에 사용한 것에서 유래되었다.

鐵券

2) 高駢 : 821~887. 唐나라 幽州 사람으로 자는 千里이다. 대대로 禁軍將領을 지냈는데, 黃巢의 난을 진압하다 揚州刺史로 좌천되었다. 道家的 방술을 사용한다는 呂用之와 張璘에게 현혹되어 가혹한 정치를 하다가 뒤에 部將 畢師鐸에게 살해되었다.

3) 楊行密 : 852~905. 五代時代 吳나라의 太祖로 자는 花源, 본명은 行愍, 廬州 合肥 사람이다. 처음에는 도둑이었다가 州兵에 응모해 隊長으로 옮겼다. 戍자리를 나갔다가 반란을 일으켜 廬州를 거점으로 웅거하자 唐나라에서 廬州刺史로 임명하였다. 淮南節度使를 자칭하던 孫儒를 격파하자 唐 昭宗이 淮南節度使에 임명하였고, 天復 2년(902) 吳王에 봉해졌다.

文德元年正月에 王如淮南이라가 至宋州(回)〔而〕[1]還하다 是時에 秦宗權陷襄州하고 以趙德諲爲節度使한대 德諲叛于宗權以來附라 天子因以王爲蔡州四面行營都統하고 以德諲爲副하다 (五月庚子)〔三月癸卯〕[2]에 僖宗崩하다 天雄軍亂하야 囚其節度樂彦貞하니 其子相州刺史從訓攻魏할새 來乞兵이어늘 遣朱珍하야 助從訓攻魏한대 而魏軍殺彦貞하고 從訓戰死라 魏人立羅弘信이어늘 珍乃還하다 張全義取河陽하고 逐李罕之하니 罕之奔于河東이라 李克用遣兵圍河陽이어늘 全義來求救하니 遣丁會牛存節救之하야 擊敗河東兵于沇河[3]하다

文德 元年(888) 正月에 왕이 淮南으로 가다 宋州에 이르러 돌아왔다. 이때에 秦

宗權이 襄州를 함락하고 趙德諲을 節度使로 삼았는데, 조덕인이 진종권을 배반하고 왕에게 와서 붙었다. 천자가 이로 인해 왕을 蔡州四面行營都統으로 삼고 조덕인을 副로 삼았다.

3월 癸卯日에 唐 僖宗이 붕어하였다. 天雄軍이 반란을 일으켜 節度使 樂彦眞을 구금하니, 그의 아들 相州刺史 樂從訓이 魏나라를 공격하려 할 때에 원병을 청하자 朱珍을 보내 樂從訓을 도와 魏나라를 공격하게 하였는데, 魏나라 병사가 악언진을 죽였고 악종훈도 전사하였다. 魏나라 사람이 羅弘信을 옹립하자 주진이 이에 회군하였다.

張全義가 河陽을 점령하고 李罕之를 추격하니 이한지는 河東으로 달아났다. 李克用이 병사를 보내 하양을 포위하자 장전의가 와서 구원을 청하였는데, 丁會와 牛存節을 보내 구원하게 하여 沇河에서 하동의 병사를 공격하여 패퇴시켰다.

1) (回)〔而〕: 저본에는 '回'로 되어 있으나, ≪新五代史≫에 의거하여 '而'로 바로잡았다.
2) (五月庚子)〔三月癸卯〕: 저본에는 '五月庚子'로, ≪新五代史≫에는 '三月庚子'로 되어 있으나, ≪舊唐書≫와 ≪新唐書≫에 의거하여 '三月癸卯'로 바로잡았다.
3) 沇河 : 濟水의 별칭이다. 河南省 濟源縣 王屋山에서 발원하여 溫縣에 이르러 黃河로 들어간다.

五月에 行營討蔡州하야 圍之百餘日不克이라 是時에 時溥已爲東南面都統하고 又以王統行營이나 而溥猶稱都統이라 王乃上書하야 論溥討蔡無功이나 而不落都統하야 且欲激怒溥하야 以起兵端하다 初에 高騈死에 淮南亂한대 楚州刺史劉瓚來奔이어늘 納之라 及王兵攻蔡不克還하야 欲攻徐하야 乃遣朱珍將兵數千以東하고 聲言送瓚還楚州라 溥怒論己하고 又聞珍以兵來하야 果出兵拒之하다 珍戰于吳康하야 大敗之하야 取其豐蕭二縣하고 遂攻宿州[1)]下之라 珍屯蕭縣하고 別遣龐師古하야 攻徐州하다

5월에 行營이 蔡州를 토벌하여 100여 일을 포위하였으나 이기지 못하였다. 이때에 時溥는 이미 東南面都統이 되었고, 또 왕에게 행영을 통솔하게 하였으나 시부는 오히려 都統이라 칭하였다. 왕이 이에 上書하여 시부는 채주를 토벌할 때에 공이

없었는데도 도통의 職務에서 파면되지 않았음을 논핵하여 장차 시부를 격발시켜 노하게 하여 병란의 단초를 야기하려고 하였다.

당초에 高騈이 죽어 淮南이 혼란하자 楚州刺史 劉瓚이 망명하거늘 왕이 받아주었다. 왕의 병사가 채주를 공격하다 이기지 못하고 돌아오자 徐州를 공격하기 위해 朱珍을 보내 병사 수천 명을 거느리고 동쪽으로 가게 하고 유찬을 송환하고 楚州를 돌려준 일에 대해 소문을 냈다.

시부가 자신을 논죄한 것에 노하였고, 또 주진이 병사를 거느리고 왔다는 소식을 듣고는 과연 출병하여 이를 막았다. 주진이 吳康에서 싸워 크게 패퇴시켜 豐縣과 蕭縣 두 현을 취하고 마침내 宿州를 공격하여 함락하였다. 주진은 소현에 주둔하고 따로 龐師古를 보내 徐州를 공격하게 하였다.

1) 宿州 : 지금 安徽省 북쪽 끝에 위치하며, 江蘇省・山東省・河南省과 접하고, 서쪽으로는 淮北市, 남쪽으로는 蚌埠市와 접한다.

龍紀元年正月에 **師古敗溥于呂梁**한대 **淮西牙將申叢執秦宗權**하야 **折其足**하고 **將檻送京師**러니 **別將郭璠殺叢**하고 **簒宗權以來獻**하다 **王遣行軍司馬李璠**하야 **獻俘于京師**하고 **表郭璠淮西留後**라 **三月**에 **天子封王爲東平王**하다 **七月**에 **朱珍殺李唐賓**한대 **王如蕭縣**하야 **執珍殺之**하고 **遂攻徐州**하다 **冬**에 **大雨水**하야 **不能屯軍而旋**하다

龍紀 元年(889) 정월에 龐師古가 呂梁에서 時溥를 패퇴시켰다. 淮西牙將 申叢이 秦宗權을 잡아 다리를 부러뜨리고 檻車에 실어 京師로 보내려 하였는데, 別將 郭璠이 신총을 죽이고 진종권을 빼앗아 왕에게 와서 바쳤다. 왕이 行軍司馬 李璠을 보내 京師에 진종권을 포로로 바치고, 곽번을 淮西留後로 삼아달라고 表文을 올려 奏請하였다.

3월에 천자가 왕을 東平王으로 봉했다. 7월에 朱珍이 李唐賓을 죽이자 왕이 蕭縣으로 가 주진을 잡아 죽이고 마침내 徐州를 공격하였다. 겨울에 큰 비가 내려 물이 불어 군대를 주둔할 수 없게 되자 회군하였다.

初에 **秦宗權**이 **遣其弟宗衡**하야 **掠地淮南**하다 **是歲**에 **宗衡**이 **爲其將孫儒所殺**하고 **儒**

攻楊行密于揚州하야 **淮南大亂**하니 **行密走宣州**하고 **儒入揚州**라 **大順元年春**에 **遣龐師古**하야 **攻孫儒於淮南**이라가 **大敗而還**하다 **四月**에 **宿州將張筠**이 **以宿州復歸於時溥**어늘 **王自將攻之不克**하다 **初**에 **黃巢敗走**어늘 **李克用追之**하야 **至于寃朐**하야 **不及而旋**하야 **過汴**할새 **駐軍于北郊**어늘 **王邀克用**하야 **置酒上源驛**[1])하고 **夜以兵攻之**하니 **克用踰城而免**하야 **訟其事于京師**하니 **天子知曲在汴而和解之**라 **至是**하야 **宰相張濬**[2]) **私與汴交**어늘 **王厚之以賂**하니 **濬爲汴請伐河東**하다 **唐諸大臣**은 **皆以爲不可興師**로대 **濬挾汴力**하야 **請益堅**하니 **天子不得已而許之**하다

당초에 秦宗權이 아우 秦宗衡을 보내 淮南 땅을 공략하게 하였다. 이해에 진종형이 그의 장수 孫儒에게 살해당하였고, 손유가 揚州에서 楊行密을 공격하여 淮南이 크게 혼란해지니 양행밀은 宣州로 달아나고 손유는 양주로 들어갔다.

大順 元年(890) 봄에 龐師古를 보내 회남에서 손유를 공격하다가 크게 패하고 돌아왔다. 4월에 宿州將 張筠이 宿州를 가지고 다시 時溥에게 귀부하였는데, 왕이 스스로 병사를 거느리고 공격하였으나 이기지 못하였다.

당초에 黃巢가 패주하였는데 李克用이 추격하다 寃朐에 이르러 따라잡지 못하고 돌아와 汴州를 지날 때에 북쪽 교외에 군을 주둔시켰다. 왕이 이극용을 맞이하여 上源驛에 주연을 베풀고 밤에 병사를 풀어 공격하니 이극용은 성을 넘어 달아나 화를 면하여 이 일을 京師에 訴訟하자, 천자가 변주에서 일어난 曲折을 알고서 和解를 권하였다.

이때에 이르러 宰相 張濬이 개인적으로 변주와 交通하거늘 왕이 뇌물을 후하게 주니, 장준이 변주를 위해 河東을 정벌할 것을 청하였다. 唐나라의 大臣들은 모두 군사를 일으켜서는 안 된다고 하였지만 장준이 변주의 힘을 믿고 더욱 강하게 청하니, 천자가 어쩔 수 없이 허락하였다.

1) 上源驛 : 汴州(현재 河南省 開封市)의 남쪽에 있던 驛站이다.

2) 張濬 : 자는 禹川이고 河間 사람이다. 唐 僖宗 때 兵部郎中에 제수되었고, 諫議大夫 등 여러 요직을 두루 거쳐 尙書左僕射로 치사하였다. 후에 朱全忠의 牙將에게 피살되었다.(≪舊唐書≫ 卷179 〈張濬列傳〉)

五月에 以濬爲太原四面行營都統하고 王爲東南面招討使라 然王不親兵하고 以兵三千屬濬而已라 濬屯于陰地하니 河東叛將馮霸가 殺潞州守將李克恭來降이라 遣葛從周入潞州한대 李克用遣康君立攻之하니 從周走河陽하다 九月에 王如河陽하다 十月에 天子以王兼宣義軍節度使라 遂如滑州하야 假道于魏하야 以攻河東하고 且責其軍須하니 亦所以怒魏爲兵端也라 魏人果以謂非兵所當出하고 而辭以糧乏하야 皆不許하니 於是攻魏라 十一月에 張濬之師大敗于陰地하다 二年正月에 王及魏人戰于內黃하야 大敗之하고 屠故元城하니 羅弘信來送款하다 十月에 克宿州하다 十一月에 曹州將郭紹賓殺其刺史郭饒來降하다 十二月에 丁會敗朱瑾于金鄕하다

5월에 張濬을 太原四面行營都統으로 삼고 왕을 東南面招討使로 삼았다. 그러나 왕은 직접 병사를 통솔하지 않고 병사 3천 명을 장준에게 통솔하게 하였을 뿐이었다. 장준이 陰地에 주둔하자 河東에서 반란을 일으킨 장수 馮霸가 潞州守將 李克恭을 죽이고 와서 항복하였다. 葛從周를 보내 潞州로 들어가게 하였는데, 李克用이 康君立을 보내 공격하게 하니 갈종주는 河陽으로 달아났다.

9월에 왕이 하양으로 갔다. 10월에 천자가 왕에게 宣義軍節度使를 겸임하게 하였다. 왕이 마침내 滑州로 가서 魏나라에게 길을 빌려 河東을 공격하려 하였고, 또 魏나라에게 군수품을 요구하니, 또한 魏나라를 격발시켜 노하게 하여 병란을 일으킬 단초를 야기하고자 한 것이다. 魏나라 사람이 과연 왕의 군사가 지나갈 수는 없다고 생각하고 양식이 부족하다는 이유로 거절하여 모두 허락하지 않으니, 이에 魏나라를 공격하였다. 11월에 장준의 군사가 음지에서 크게 패하였다.

大順 2년(891) 정월에 왕과 魏나라 사람이 內黃에서 싸워 魏나라를 크게 패퇴시키고 옛 元城을 도륙하니, 羅弘信이 항복문서를 보내왔다. 10월에 宿州를 함락하였다. 11월에 曹州 장수 郭紹賓이 그 刺史 郭饒를 죽이고 와서 항복하였다. 12월에 丁會가 金鄕에서 朱瑾을 패퇴시켰다.

景福元年二月에 攻鄆州한대 前軍朱友裕敗于斗門하고 王軍後至하야 又敗而還하다 冬에 友裕取濮州하고 遂攻徐州하다 二年四月에 龐師古克徐州하고 殺時溥하니 王如

徐州하야 以師古爲留後하야 遂攻兗鄆하다 乾寧元年二月에 王及朱宣戰于漁山하야 大敗之하다 二年八月에 又敗宣于梁山하고 十二月에 又敗之于鉅野라 兗鄆求救于河東하니 李克用發兵救之하야 假道于魏러니 旣而오 魏人擊之라 克用怒하야 大擧攻魏한대 羅弘信來求救하니 遣葛從周救魏하다 是歲에 李克用封晉王하다 三年五月에 戰于洹水하야 擒克用子落落하야 送于魏하니 殺之하다 七月에 鳳翔[1]李茂貞[2]犯京師하니 天子出居于華州라 王請以兵赴難이어늘 天子優詔止之하고 又請遷都洛陽하니 不許하다

景福 元年(892) 2월에 鄆州를 공격하였는데, 前軍 朱友裕가 斗門에서 패하였고, 왕의 군대가 후에 이르러 또 패하여 회군하였다. 겨울에 주우유가 濮州를 취하고 마침내 徐州를 공격하였다.

경복 2년(893) 4월에 龐師古가 서주를 함락하고 時溥를 죽이니, 왕은 서주로 가서 방사고를 留後로 삼아 兗州와 鄆州를 공격하였다.

乾寧 元年(894) 2월에 왕이 朱宣과 漁山에서 전투하여 크게 패퇴시켰다.

건녕 2년(895) 8월 또 梁山에서 朱宣을 패퇴시켰다. 12월에 또 鉅野에서 패퇴시켰다. 연주와 운주의 사람들이 河東에 원병을 청하니 李克用이 군사를 일으켜 구원하려 하여 魏나라에게 길을 빌렸으나 얼마 뒤 魏나라 사람이 공격하였다. 이극용이 노하여 크게 군사를 일으켜 魏나라를 공격하였는데, 羅弘信이 와서 구원을 청하니, 葛從周를 보내 魏나라를 구원하게 하였다. 이해에 이극용이 晉王에 봉해졌다.

건녕 3년(896) 5월에 洹水에서 전투하여 이극용의 아들 落落을 사로잡아 魏나라에 보냈는데, 魏나라에서 그를 죽였다. 7월에 鳳翔의 李茂貞이 京師를 범하자 천자가 궁을 나가 華州로 갔다. 왕이 군사를 거느리고 환란에 달려가기를 청하였는데, 천자가 優渥한 조서를 내려 만류하고, 또 洛陽으로 遷都할 것을 청하니 허락하지 않았다.

1) 鳳翔 : 현재의 陝西省 일대의 지역을 말한다.
2) 李茂貞 : 856~924. 자는 正臣, 본성은 宋씨, 이름은 文通으로 深州 博野 사람이다. 黃巢의 난을 진압한 공으로 神策軍指揮使에 올랐고, 唐 僖宗을 호종한 공으로 성명을 하사받았다. 昭宗 때 조정에서 兵權을 장악하고 여러 차례 군사를 이끌고 長安에 들어와 재상 韋昭度 등을 살해하고 궁실과 시장에 불을

질렀다. 天復 元年(901)에 소종이 鳳翔으로 가자 朱全忠과 대립하였다가 천복 3년(903)에 주전충과 화해하였다. 後梁이 건국되자 岐王이라 자칭하며 한 지역에서 할거했다. 後唐 莊宗 同光 2년(924)에 표문을 올려 신하라 칭하고 秦王에 봉해졌다.

四年正月에 **龐師古克**鄆州한대 **王如**鄆州하야 **以朱友裕爲留後**하고 **遂攻**兗州하니 **朱瑾奔于淮南**이어늘 **以葛從周爲**兗州**留後**하다 **九月**에 **攻淮南**할새 **龐師古出淸口**하고 **葛從周出安**豐하고 **王軍屯于宿州**라 **楊行密**이 **遣瑾**하야 **先擊淸口**하니 **師古敗死**라 **從周**亟**返兵**하야 **至于**渒**河**어늘 **瑾又敗之**하니 **王懼馳歸**하다

乾寧 4년(897) 정월에 龐師古가 鄆州를 함락하자 왕이 운주로 가서 朱友裕를 留後로 삼아 마침내 兗州를 공격하니, 朱瑾이 淮南으로 달아나거늘 葛從周를 兗州留後로 삼았다. 9월에 淮南을 공격할 때에 방사고는 淸口로 나가고 갈종주는 安豐으로 나가고 왕의 군대는 宿州에 주둔하고 있었다. 楊行密이 주근을 보내 청구를 먼저 공격하게 하니 방사고가 패하여 죽었다. 갈종주가 급히 병사를 돌려 渒河에 이르렀는데, 주근이 또 패퇴시키니 왕이 두려워 급히 돌아갔다.

光化元年三月에 **天子以王兼天平軍節度使**하다 **四月**에 **遣葛從周**하야 **攻晉之山東**하야 **取邢**洺**磁三州**하다 **襄州趙匡凝**은 **自其父德**諲**時來附**러니 **匡凝**이 **又與楊行密李克用通而其事泄**하다 **七月**에 **遣氏叔琮康懷英**하야 **攻匡凝**하야 **取其**(祕)**〔泌〕**[1]**隨鄧三州**하니 **匡凝請和**어늘 **乃止**하다 **十二月**에 **李罕之**가 **以潞州來降**하다

光化 元年(898) 3월에 천자가 왕에게 天平軍節度使를 겸하게 하였다. 4월에 葛從周를 보내 晉나라의 山東을 공격하게 하여 邢州·洺州·磁州 세 州를 취하였다. 襄州의 趙匡凝은 그 아버지 趙德諲이 생존해 있을 때부터 歸附하였는데, 조광응은 또 楊行密·李克用과 내통하다 그 일이 누설되었다. 7월에 氏叔琮과 康懷英을 보내어 조광응을 공격하여 泌州·隨州·鄧州 세 州를 취하니, 조광응이 화친을 청하거늘 이에 공격을 멈추었다. 12월에 李罕之가 潞州를 가지고 와 항복하였다.

1) (祕)〔泌〕: 저본에는 '祕'로 되어 있으나, ≪新五代史≫에 의거하여 '泌'로 바로

잡았다.

二年에 幽州劉仁恭이 攻魏한대 羅紹威가 來求救하니 王救魏하야 敗仁恭于內黃하다 四月에 遣氏叔琮하야 攻晉太原[1]不克하다 七月에 李克用이 取澤潞[2]하다 十一月에 保義軍亂하야 殺其節度使王珙하고 推其牙將李璠爲留後하니 其將朱簡이 殺璠來降이어늘 以簡爲保義軍節度使하다 三年四月에 遣從周하야 攻劉仁恭之滄州하야 取其德州하고 及仁恭戰于老鴉堤하야 大敗之하다 八月에 晉取洺州한대 王如洺州하야 復取之하다 是時에 鎭定皆附于晉이라 遂攻鎭州하야 破臨城하니 王鎔來送款하다 進攻定州에 王郜奔于晉하니 其將王處直以定州降하다 唐宦者劉季述이 作亂에 天子幽于東宮하다

光化 2년(899)에 幽州 劉仁恭이 魏나라를 공격하였는데, 羅紹威가 와서 구원을 청하니, 왕이 魏를 구원하여 內黃에서 유인공을 패퇴시켰다. 4월에 氏叔琮을 보내 晉나라의 太原을 공격하게 하였으나 이기지 못하였다. 7월에 李克用이 澤州와 潞州를 공격하여 취하였다. 11월에 保義軍이 난을 일으켜 節度使 王珙을 죽이고 왕공의 牙將 李璠을 추대하여 留後로 삼았는데, 이번의 장수 朱簡이 이번을 죽이고 와서 항복하니 주간을 保義軍節度使로 삼았다.

광화 3년(900) 4월에 葛從周를 보내 유인공의 滄州를 공격하여 德州를 공격하여 취하고 유인공과 老鴉堤에서 전투를 벌여 크게 패퇴시켰다. 8월에 晉나라가 洺州를 공격하여 취하였는데, 왕이 명주로 가서 다시 공격하여 취하였다. 이때에 鎭州와 定州가 모두 晉나라에 붙었기에 마침내 진주를 공격하여 臨城을 격파하니 王鎔이 항복문서를 보냈다. 진군하여 정주를 공격하자 王郜가 晉나라로 달아나니, 그의 장수 王處直이 정주를 가지고 항복하였다. 唐나라의 환관 劉季述이 난을 일으킴에 천자가 東宮에 유폐되었다.

1) 太原 : 山西省의 省都로 太原은 매우 큰 평야라는 뜻이다. 春秋時代에는 晉陽이라 하였고, 戰國時代에는 趙나라의 수도였다. 秦나라 때에는 太原郡에 속했으며, 唐나라 이후 太原府에 속했다.

2) 澤潞 : 澤州와 潞州를 가리킨다. 택주는 山西省 남동부 太行山의 남쪽 기슭에

위치한다. 鳳臺라고도 한다. 太白山脈 중에 있으며, 河南 방면으로 통하는 문호 구실을 한다. 노주는 지금의 산서성 長治縣 지역이다.

天復元年正月에 **護駕都頭孫德昭**가 **誅季述**하니 **天子復立**하야 **封王爲梁王**하다 **遣張存敬**하야 **攻王珂于河中**하니 **出含山**[1]하야 **下晉絳二州**하다 **王珂求救于晉**한대 **晉不能救**어늘 **乃來降**하다 **三月**에 **大擧攻晉**하니 **氏叔琮出太行**(항)하야 **取澤潞**하고 **葛從周張存敬侯言張歸厚及鎭定之兵**이 **皆會于太原**하야 **圍之不克**하고 **遇雨而退**하다 **五月**에 **天子以王兼河中尹護國軍節度使**하다 **六月**에 **晉取慈隰**하다

天復 元年(901) 정월에 護駕都頭 孫德昭가 劉季述을 죽이니, 천자가 다시 복위하여 왕을 梁王에 봉하였다. 張存敬을 보내 河中에서 王珂를 공격하니, 장존경이 含山으로 나가 晉州와 絳州 두 주를 함락하였다. 왕가가 晉에 구원을 청하였는데 晉나라가 구원하지 못하거늘 이에 와서 투항하였다. 3월에 크게 군사를 일으켜 晉나라를 공격하니, 氏叔琮은 太行山으로 나가 澤州와 潞州를 취하였고, 葛從周・張存敬・侯言・張歸厚와 鎭州・定州의 병사들이 모두 太原에 모여 포위하였으나 이기지 못하고 비를 만나 퇴각하였다. 5월에 천자가 왕에게 河中尹 護國軍節度使를 겸하게 하였다. 6월에 晉나라가 慈州와 隰州을 취하였다.

1) 含山 : 安徽省 馬鞍山에 있는 縣의 이름이다.

自劉季述等已誅로 **宰相崔胤外與梁交**하야 **欲假梁兵**하야 **盡誅宦者**러니 **而鳳翔李茂貞邠寧王行瑜等**이 **皆遣子弟以精兵宿衛天子**하니 **宦者韓全誨等**이 **亦因恃以爲助**라 **天子與胤計事**어늘 **宦者屬耳**하야 **頗聞之**라 **乃選美女**하야 **內**(납)**之宮中**하야 **陰令伺察其實**이러니 **久之**에 **果得胤奏謀所以誅宦者之說**이라 **全誨等大懼**하야 **日夜相與涕泣**하야 **思圖胤以求全**이라 **胤知謀泄**하고 **事急**에 **卽矯爲制**하야 **召梁兵入誅宦者**하다

劉季述 등이 이미 주살된 뒤로 宰相 崔胤이 밖으로 梁나라와 交通하여 梁나라의 병사를 빌려 宦官들을 모두 죽이려 하였는데, 鳳翔의 李茂貞과 邠寧의 王行瑜 등이 모두 자제들을 보내 정예병으로 천자를 宿衛하게 하니, 환관 韓全誨 등이 또한 이들

의 힘을 믿고 돕는 세력으로 삼았다.

천자가 최윤과 國事를 계획하거늘 환관들이 몰래 엿들어 계획에 대해 알게 된 것이 많았다. 이에 미녀를 뽑아 궁중으로 들여 그들에게 몰래 실정을 정탐하게 하였는데, 오래 지나 과연 최윤이 도모한 계획이 환관들을 주살하고자 한다는 내용을 알게 되었다. 한전회 등이 크게 두려워하여 밤낮으로 서로 울면서 최윤을 도모하여 일신을 보전할 방법을 생각하였다. 최윤이 계획이 누설된 것을 알고 일이 다급해지자 즉시 거짓으로 詔書를 작성하여 梁나라 병사를 불러들여 환관들을 주살하였다.

十月에 **王以宣武宣義天平護國兵七萬**으로 **至于河中**하야 **取同州**하고 **遂攻華州**하니 **韓建出降**이라 **全誨等**은 **聞梁王兵且至**하고 **卽以岐邠宿衛兵劫天子**하야 **奔于鳳翔**이어늘 **王乃上書**하야 **言胤所以召之之意**하니 **天子怒**하야 **罷胤相**하야 **責授工部尙書**하고 **詔梁兵還鎭**하다 **王引兵去**하야 **攻邠州**하고 **屯于三原**[1]하니 **邠州節度使楊崇本以邠寧慶衍四州降**이라 **崔胤奔于華州**하다

10월에 왕이 宣武・宣義・天平・護國의 병사 7만을 거느리고 河中에 이르러 同州를 취하고 마침내 華州를 공격하니, 韓建이 나와 항복하였다. 韓全誨 등은 梁王의 병사가 또 이르렀다는 말을 듣고 즉시 岐州와 邠州의 숙위병으로 천자를 겁박하여 鳳翔으로 달아나거늘 왕이 이에 上書하여 崔胤이 자신을 부른 뜻을 말하니, 천자가 노하여 최윤을 宰相에서 파직하여 工部尙書에 강등시켜 제수하였고, 조서를 내려 梁나라 병사를 鎭州로 돌아가게 하였다.

왕이 병사를 이끌고 떠나 邠州를 공격하고 三原에 주둔하니, 邠州節度使 楊崇本이 邠州・寧州・慶州・衍州 네 州를 바치고 항복하였다. 최윤은 華州로 달아났다.

1) 三原 : 지금의 陝西省 中部의 도시로 西安市의 북쪽 약 40km 지점에 위치한다.

二年春에 **王退軍于河中**이러니 **晉攻晉絳**에 **遣朱友寧**하야 **擊敗晉軍于蒲縣**하야 **取汾慈隰**하고 **遂圍太原**이나 **不克而還**하니 **汾慈隰復入于晉**이라 **四月**에 **友寧引兵西**하야 **至興平**[1]하야 **及李茂貞戰于武功**[2]하야 **大敗之**하다 **王兵犯鳳翔**에 **茂貞數出戰**하야 **輒**

敗어늘 遂圍之하다 十一月에 鄜(부)坊李周彛以兵救鳳翔한대 王遣孔勍襲鄜州하야 虜周彛之族하야 徙于河中하니 周彛乃降하다 是時에 岐兵屢敗而圍久하야 城中食盡하니 自天子至後宮히 皆凍餒하다

天復 2년(902) 봄에 왕이 河中으로 군을 물렸는데, 晉나라가 晉州와 絳州를 공격하자 朱友寧을 보내 蒲縣에서 晉나라 군사를 패퇴시켜 汾州·慈州·隰州를 취하고 마침내 太原을 포위하였지만 이기지 못하고 돌아오니, 분주·자주·습주가 다시 晉나라로 편입되었다.

4월에 朱友寧이 병사를 이끌고 서쪽으로 가 興平에 이르러 李茂貞과 武功에서 전투하여 크게 패퇴시켰다. 왕의 병사가 鳳翔을 침범하자 이무정이 수차례 출전하여 번번이 패하였는데 마침내 포위되었다.

11월에 鄜坊의 李周彛가 병사를 거느리고 와 봉상을 구원하려 하였는데, 왕이 孔勍을 보내 鄜州을 습격하여 이주이의 가족을 사로잡아 河中으로 보내니, 이주이가 비로소 항복하였다. 이때에 岐州의 병사가 누차 패하고 포위된 지 오래되어 성안에 식량이 다 떨어지니, 천자로부터 후궁에 이르기까지 모두 추위에 떨고 굶주렸다.

1) 興平 : 지금 陝西省 咸陽에 있는 市의 이름이다.

2) 武功 : 지금 陝西省 咸陽에 있는 縣의 이름이다.

三年正月에 茂貞이 殺韓全誨等二十人하고 囊其首하야 示梁軍하고 約出天子以爲解甲이라 天子出幸梁軍하야 遣使者馳召崔胤하니 胤托疾不至라 王使人戲胤曰 吾未識天子하니 懼其非是라 子來爲我辨之하라하다 天子還至興平한대 胤率百官奉迎이라 王自爲天子執轡하고 且泣且行하야 行十餘里止之하니 人見者咸以爲忠이라 己巳에 天子至自鳳翔하야 素服哭于太廟而後入하야 殺宦者七百餘人하다 二月甲戌에 天子賜王回天再造竭忠守正功臣하고 以輝王祚爲諸道兵馬元帥하고 王爲副元帥하다 王乃留子友倫[1]爲護駕指揮使하야 以爲天子衛하고 引兵東歸할새 天子餞于延喜樓하야 賜楊柳枝[2]五曲하다

天復 3년(903) 정월에 李茂貞이 韓全誨 등 20인을 죽이고 首級을 주머니에 담아

梁나라 군대에 보이고서 천자를 내보내면 무장을 해제할 것을 약속하였다. 천자가 나가 梁나라 군대로 행차하여 使者를 보내 崔胤을 급히 소환하니, 최윤은 병을 핑계 대고 오지 않았다. 왕이 사람을 보내 최윤을 조롱하며 말하기를 "나는 천자를 알지 못하니, 온 사람이 천자가 아닐까 염려된다. 그대가 와서 나를 위해 판별해달라."라고 하였다. 천자가 돌아와 興平에 이르렀는데, 최윤이 백관을 거느리고 공경히 맞이하였다.

왕이 스스로 천자를 위하여 말고삐를 잡고 한편으로 눈물을 흘리고 한편으로 가서 10여 리를 가다가 멈추니, 보는 사람들이 모두 충성스럽다고 하였다. 己巳日에 천자가 鳳翔으로부터 이르러 素服을 입고 太廟에서 곡한 뒤에 들어가 환관 700여 명을 죽였다.

2월 甲戌日에 천자가 왕에게 回天再造竭忠守正功臣이라는 칭호를 하사하고, 輝王 李祚를 諸道兵馬元帥로 삼고 왕을 副元帥로 삼았다. 왕이 이에 아들 朱友倫을 남겨두고 護駕指揮使로 삼아 천자의 호위를 맡기고 병사를 이끌고 동쪽으로 돌아갈 때에 천자가 延喜樓에서 전별연을 열고서 〈楊柳枝〉 다섯 曲을 연주하게 하였다.

1) 王乃留子友倫 : 徐無黨의 註釋에 "曾三異의 校定에 말하였다. '내가 살펴보건대 ≪新五代史≫ 〈梁家人傳〉에 「友倫은 왕의 형 存의 아들이다.」라고 하였고, 그 후에 中書省에서 上議할 때에도 모두 皇姪이라 하였다.'〔曾三異校定曰 三異案 家人傳 友倫乃王兄存之子 其後 中書上議 亦皆謂之皇姪〕"라고 하였다.

2) 楊柳枝 : 樂府 가운데 하나인 〈楊柳曲〉의 별칭이다. 본디 漢나라 악부의 橫吹曲辭 가운데 하나인 〈折楊柳〉를 가리키는데, 唐나라에 이르러 〈양류지〉로 이름이 바뀌었으며, 開元 연간에 이르러서 教坊樂으로 편입되었다. 내용은 고향을 떠날 때에 버들가지를 꺾어주며 이별의 정을 노래한 것이다.

初에 **梁兵已西**에 **青州王師範**이 **遣其將劉鄩**하야 **襲據梁兗州**하다 **王已還梁**하고 **四月**에 **如鄆州**하야 **遣朱友寧**하야 **攻青州**한대 **師範敗之于石樓**하니 **友寧死**하다 **九月**에 **楊師厚**가 **敗青人于臨朐**하야 **取其棣州**하니 **師範以青州降**하고 **而鄩亦降**하다 **友倫擊鞠**이라가 **墮馬死**하니 **王怒以爲崔胤殺之**하야 **遣朱友謙**하야 **殺胤于京師**[1]하고 **其與友倫擊鞠者**를

皆殺之하다 **自天子奔華州**로 **王請遷都洛陽**하니 **雖不許**나 **而王命河南張全義**하야 **修洛陽宮以待**하다

당초에 梁나라 병사가 이미 서쪽으로 감에 青州의 王師範이 장수 劉鄩을 보내 梁나라 兗州를 습격하여 점거하였다. 왕이 이미 梁나라로 돌아오고 4월에 鄆州로 가서 朱友寧을 보내 青州를 공격하였는데, 왕사범이 石樓에서 패퇴하니 주우녕이 전사하였다. 9월에 楊師厚가 臨朐에서 청주의 군대를 패퇴시켜 棣州를 취하니 왕사범은 청주를 바치고 항복하였고 유심 또한 항복하였다.

朱友倫이 擊鞠을 하다 말에서 떨어져 죽으니, 왕이 노하여 崔胤이 그를 죽였다고 여겨 朱友謙을 보내 京師에서 최윤을 죽이고, 주우륜과 함께 격국을 했던 사람을 모두 죽였다.

천자가 華州로 파천하였을 때부터 왕이 洛陽으로 천도할 것을 청하니, 비록 허락을 얻지는 못하였지만 왕이 河南 張全義에게 명하여 洛陽宮을 수축하고 기다리게 하였다.

1) 遣朱友謙 殺胤于京師 : 徐無黨의 註釋에 "曾三異의 校定에 말하였다. '내가 살펴보건대 ≪新五代史≫ 〈梁家人傳〉에 崔胤을 죽인 자는 朱友謀로 되어 있으니, 朱友謙이 아니다.'〔曾三異校定曰 三異案 家人傳 殺崔胤者 朱友謀 非友謙〕" 라고 하였다.

天祐元年正月에 **王如河中**하야 **遣牙將寇彦卿**하야 **如京師**하야 **請遷都洛陽**하고 **幷徙長安居人以東**이라 **天子行至陝州**한대 **王朝于行在**하야 **先如東都**하다 **是時**에 **六軍諸衛兵已散亡**하야 **其從以東者**는 **小黃門**[1]**十數人**과 **打毬供奉內園小兒等二百餘人**이라 **行至穀水**한대 **王敎醫官許昭遠**하야 **告其謀亂**하야 **悉殺而代之然後以聞**이라 **由是**로 **天子左右皆梁人矣**라 **四月甲辰**에 **天子至自西都**하다 **是時**에 **晉王李克用岐王李茂貞楚王趙匡凝蜀王王建吳王楊行密**[2]이 **聞梁遷天子洛陽**하고 **皆欲擧兵討梁**하니 **王大懼**하다 **六月**에 **楊崇本**이 **復附于岐**라 **王乃以兵如河中**하야 **聲言攻崇本**하고 **遣朱友恭氏叔琮蔣玄暉等行弒**하니 **昭宗**[3]**崩**하다

天祐 元年(904) 정월에 왕이 河中으로 가서 牙將 寇彦卿을 보내 京師로 가서 洛陽으로 천도하고 아울러 長安에 거주하는 사람들을 동쪽으로 이주시킬 것을 청하게 하였다. 천자가 幸行하여 陝州에 이르렀는데, 왕이 行在所에서 조회한 다음 먼저 東都(洛陽)로 갔다. 이때에 六軍의 위병들이 이미 흩어지고 도망하여 천자를 동쪽으로 호종하는 자는 小黃門 10여 명과 打毬供奉과 內園의 어린아이 등 200여 명뿐이었다. 길을 가다 穀水에 이르렀는데, 왕이 醫官 許昭遠을 시켜 저들이 반란을 도모하고 있다고 말하고 모두 죽여 다른 사람으로 대체를 한 뒤에 천자에게 아뢰었다. 이로 인해 천자의 左右는 모두 梁나라 사람으로 채워졌다.

4월 甲辰日에 천자가 西都로부터 東都에 이르렀다. 이때에 晉王 李克用, 岐王 李茂貞, 楚王 趙匡凝, 蜀王 王建, 吳王 楊行密이, 梁王이 천자를 낙양으로 천도시켰다는 말을 듣고 모두 군사를 일으켜 梁나라를 토벌하려고 하니 왕이 크게 두려워하였다.

6월에 楊崇本이 다시 岐王에게 붙었다. 왕이 이에 병사를 河中으로 거느리고 가서 양숭본을 공격한다고 소문을 내고 朱友恭·氏叔琮·蔣玄暉 등을 보내 弑逆을 행하니 昭宗이 崩御하였다.

1) 小黃門 : 나이 어린 宦官을 말한다. 黃門은 중국 後漢 때에 禁門을 맡아보는 관리였는데, 이를 환관이 맡아보면서 환관의 칭호로 바뀌었다.

2) 晉王李克用……楊行密 : 徐無黨의 註釋에 "曾三異의 校定에 말하였다. '내가 살펴보건대 ≪新五代史≫의 克用의 本紀(〈唐本紀〉) 및 〈李茂貞傳〉, 王建의 世家(〈前蜀世家〉), 楊行密의 世家(〈吳世家〉)에는 모두 唐나라에서 제수한 관직을 기록하였지만, 趙匡凝만은 唐나라에 있을 때를 기록하지 않았으니, 이것은 곧 闕文이다.'〔曾三異校定曰 三異案 克用本紀及茂貞傳建行密世家 皆書其在唐所授 獨匡凝不書其在唐 此乃闕文〕"라고 하였다.

3) 昭宗 : 867~904. 唐나라 제19대 황제로 원래 이름은 傑이었다가, 즉위 후 曄으로 개명하고, 나중에 다시 敏이라 하였다. 唐나라의 실권을 장악하고 있던 환관 楊復恭에 의해 889년 황제로 옹립되었다. 李茂貞을 중심으로 하는 반란군이 長安을 압박하자 환관 韓全海가 진언하여 鳳翔으로 도망하였으나, 903년 이무정이 韓全海·張彦弘 등을 죽이자 장안으로 돌아왔다. 그 뒤 이무

정은 朱全忠에 의해 실각하고 주전충이 최대 藩鎭으로 세력을 확장하였다. 904년 1월 주전충은 대신들의 반대를 누르고 洛陽으로 천도하였고, 소종은 그해 8월 朱友恭·氏叔琮·蔣玄暉 등 주전충이 보낸 사람에 의해 시해되었다.

十月에 王이 朝于京師하야 殺朱友恭氏叔琮하다 十一月에 攻淮南하야 取其光州하고 攻壽州不克而旋하다 二年二月에 遣蔣玄暉하야 殺德王裕[1)]等九王于九曲池하다 六月에 殺司空裴贄等百餘人하다 七月에 天子[2)]復使來하야 賜王迎鑾紀功碑하다 王欲代唐하야 使人諭諸鎭어늘 襄州趙匡凝이 以爲不可하니 遣楊師厚攻之하야 取其唐鄧復郢隨均房七州하고 王如襄州하야 軍于漢北하다 九月에 師厚破襄州하니 匡凝奔于淮南이라 師厚取荊南[3)]하니 荊南留後趙匡明이 奔于蜀하야 遂出光州하야 以攻壽州不克하다 天子卜祀天于南郊[4)]한대 王怒以爲蔣玄暉等欲祈天以延唐이어늘 天子懼하야 改卜郊하다

10월에 왕이 京師에서 朝見(조현)하여 朱友恭과 氏叔琮을 죽였다. 11월에 淮南을 공격하여 光州를 취하고 壽州를 공격하였으나 이기지 못하고 회군하였다.

天祐 2년(905) 2월에 蔣玄暉를 보내 德王 李裕 등 아홉 명의 왕을 九曲池에서 죽였다. 6월에 司空 裴贄 등 100여 명을 죽였다. 7월에 천자가 다시 사신을 보내와 왕에게 迎鑾紀功碑를 하사하였다.

왕이 唐나라를 대신하고자 하여 사람을 보내 여러 鎭에 이런 뜻을 알렸는데, 襄州의 趙匡凝이 불가하다고 하니 楊師厚를 보내 공격하게 하여 唐州·鄧州·復州·郢州·隨州·均州·房州 7개 州를 취하고 왕은 양주로 가서 漢水 북쪽에 주둔하였다.

9월에 양사후가 양주를 격파하니, 조광응이 회남으로 달아났다. 양사후가 荊南을 취하니, 荊南留後 趙匡明이 蜀으로 달아나, 마침내 光州로 나가 壽州를 공격하였으나 이기지 못하였다.

천자가 南郊에서 하늘에 제사 지낼 날을 점치자 왕이 노하여 "蔣玄暉 등이 하늘에 제사를 지내 唐나라의 國運을 연장시키려 한다."라고 하거늘, 천자가 두려워하여 교외에서 제사 지낼 날을 다시 점쳤다.

1) 德王裕 : ?~905. 唐나라 제19대 황제 昭宗의 장남으로 897년 2월 황태자가 되었다. 900년 11월에 환관들에 의해 황제로 즉위하였으나, 901년 1월 반대 세력의 환관들에 의해 퇴위당하고 德王으로 강격되었다. ≪舊唐書≫에 의하면 906년 2월, 아버지 소종을 시해한 朱全忠의 초청을 받고 동생들과 함께 洛陽의 궁중 연회에 참석하던 중 갑자기 나타난 자객에 의하여 교살되어 부근의 九曲池에 던져졌다고 한다.
2) 天子 : 唐의 마지막 제20대 황제인 哀帝(892~908)를 가리킨다. 애제는 昭宗의 9번째 아들로 904년 13세에 朱全忠에 의해 살해된 소종을 이어 황제에 올랐으나, 곧바로 濟陰王으로 격하되었고, 907년 폐위되면서 唐나라 290년의 지배는 종식되었다. 주전충의 後梁(907~923)이 건국된 다음해인 908년 17세의 나이에 독살되었다.
3) 荊南 : 지금의 福建省 중부에 있는 도시로 南平이라고도 부른다. 후에 後梁 太祖가 임명한 荊南節度使 高季興이 세운 나라이름이기도 하다. 고계흥이 荊州 일대를 점거하고, 江陵에 수도를 두었지만 5대 57년 만에 宋나라에게 멸망당하였다.
4) 南郊 : 都城 남쪽 郊外를 가리키는 말로, 夏至에 南郊에 설치된 天壇에서 하늘에 제사를 지낸다. 이 때문에 그 제사를 가리키기도 한다.

十一月辛巳에 天子封王爲魏王相國하야 總百揆하야 以宣武宣義天平(讓)〔護〕[1]國天雄武順佑國河陽義武昭義武寧保義忠義武昭武定泰寧平盧匡國鎭國荊南忠武二十一軍爲魏國하고 備九錫[2]이어늘 王怒不受하다 十二月에 天子以王爲天下兵馬元帥하니 王益怒하야 遣人告樞密使蔣玄暉與何太后私通하야 殺玄暉而焚之하고 遂弑太后于積善宮하고 又殺宰相柳璨太常卿張延範하야 車裂以徇하다 天子下詔하야 以太后故停郊하다 三年春에 魏州羅紹威謀殺其牙軍[3]하야 來假兵以虞變이라 王爲發兵하야 北攻劉仁恭之滄州한대 兵過魏而紹威已殺牙軍하니 其兵之在外者가 果皆叛하야 據貝衛澶博州어늘 王以兵悉殺之하고 遂攻滄州하고 軍于長蘆라 劉仁恭求救于晉이어늘 晉人取潞州하니 王乃旋軍하다 開平元年春正月壬寅에 天子使御史大夫薛貽矩來勞軍하고 宰相張文蔚率百官來勸進하다 夏四月壬戌에 更名晃하고 甲子에

皇帝卽位[4)]하고 戊辰에 大赦[5)]하고 改元國號梁하다

11월 辛巳日에 천자가 왕을 봉하여 魏王과 相國으로 삼고서 백관을 총괄하게 하고서 宣武·宣義·天平·護國·天雄·武順·佑國·河陽·義武·昭義·武寧·保義·忠義·武昭·武定·泰寧·平盧·匡國·鎭國·荊南·忠武 21개의 軍을 魏國으로 삼고 九錫을 갖추어 내렸는데, 왕이 노하여 받지 않았다.

12월에 천자가 왕을 天下兵馬元帥로 삼았는데, 왕이 더욱 노하여 사람을 보내 樞密使 蔣玄暉가 何太后(唐 昭宗의 妃)와 私通하였음을 고하고 장현휘를 죽여 불태우고 마침내 太后를 積善宮에서 시해하였다. 또 宰相 柳璨과 太常卿 張延範을 죽여 車裂하고서 조리돌렸다. 천자가 詔書를 내려 태후의 연고로 郊祭를 정지한다고 알렸다.

天祐 3년(906) 봄에 魏州의 羅紹威가 牙軍을 죽일 것을 계획하고서 왕에게 와서 병사를 빌려 變故에 대비하려고 하였다. 왕이 이를 위해 병사를 출병하여 북쪽으로 劉仁恭의 滄州를 공격하려고 하였는데, 병사가 위주를 지날 때에 나소위가 이미 아군을 죽이니 외부에 있던 아군들이 과연 모두 반란을 일으켜 貝州·衛州·澶州·博州를 점령하였는데, 왕이 병사를 거느리고 가 모두 죽이고 마침내 창주를 공격하고 長蘆에 주둔하였다. 劉仁恭이 晉나라에 구원을 청하거늘 晉나라 사람이 潞州를 점령하니 왕이 이에 회군하였다.

開平 元年(907) 봄 정월 壬寅日에 천자가 御史大夫 薛貽矩를 보내와 군대를 위로하고, 宰相 張文蔚가 백관을 거느리고 와 제위에 오르기를 권하였다. 여름 4월 壬戌日에 이름을 晃으로 바꾸었다. 甲子日에 황제에 즉위하였다. 戊辰日에 크게 사면령을 내리고 연호를 바꾸고 국호를 梁이라 하였다.

1) (讓)〔護〕: 저본에는 '讓'으로 되어 있으나, ≪新五代史≫에 의거하여 '護'로 바로잡았다.

2) 九錫 : 천자가 큰 공로가 있는 제후에게 주던 아홉 가지 衣物을 가리킨다. 車馬·衣服·樂器·朱戶·納陛·虎賁·鈇鉞·弓矢·秬鬯이다.

3) 牙軍 : 唐나라 代宗 때 田承嗣가 魏博節度使가 되어 만든 호위대를 말한다. 200년 후 唐나라 말기에 羅紹威가 절도사가 되었을 때에 牙軍의 세력이 지나

치게 커서 민폐를 끼치고 난을 일으켜 선임 절도사 수 명을 죽이기까지 하였는데, 나소위는 당시 가장 강대했던 朱溫에게 구원을 요청해 2년 만에 아군의 세력을 완전히 제압하였다.(≪資治通鑑≫ 昭宗 3년)

4) 甲子 皇帝卽位 : ≪五代史記纂誤續補≫ 卷1에 "살펴보건대 前史에서도 매번 이렇게 서술하니, 대개 ≪春秋≫에 '公卽位'의 전례에 구애되어 失位한 군주가 다시 復位할 경우 사용하는 서법과 같음을 면치 못한다. 의당 '卽皇帝位'라고 서술해야 한다.〔按前史亦每作此 蓋拘春秋公卽位之例 未免似復辟書法耳 宜曰卽皇帝位〕"라고 하였다.

5) 大赦 : 徐無黨의 註釋에 "赦文에 모두 '大赦天下'라고 말하니, 이는 그 의지가 먼곳에까지 이르게 하고자 하는 것을 크게 드러냈음을 서술한 것이다. 그런데 여기에서 '天下'라는 말을 쓰지 않은 것은 실로 미치지 못한 점이 있기 때문이다.〔赦文 皆曰 大赦天下 此書大見其志之欲遠及也 不曰天下 實有所不及也〕"라고 하였다.

嗚呼[1]라 天下之惡(오)梁이 久矣라 自後唐以來로 皆以爲僞也로대 至予論次五代하야 獨不僞梁하니 議者或譏予大失春秋之旨하야 以謂梁負大惡하니 當加誅絶이어늘 而反進之하니 是獎簒也요 非春秋之志也라하거늘 予應之曰 是春秋之志爾라 魯桓公은 弑隱公[2]而自立者요 宣公은 弑子赤[3]而自立者요 鄭厲公은 逐世子忽[4]而自立者요 衛公孫剽는 逐其君衎(간)[5]而自立者어늘 聖人於春秋에 皆不絶其爲君하니 此予所以不僞梁者는 用春秋之法也라 然則春秋亦獎簒乎아 曰 惟不絶四者之爲君하니 於此에 見春秋之意也라 聖人之於春秋에 用意深이라 故能勸戒切하고 爲言信하니 然後에 善惡明이라 夫欲著其罪於後世인댄 在乎不沒其實하니 其實嘗爲君矣면 書其爲君하고 其實簒也면 書其簒하야 各傳其實하야 而使後世信之면 則四君之罪는 不可得而掩爾라 使爲君者로 不得掩其惡然後에 人知惡名不可逃면 則爲惡者는 庶乎其息矣라 是謂用意深而勸戒切하고 爲言信而善惡明也라 桀紂는 不待貶其王而萬世所共惡(오)者也라 春秋於大惡之君에 不誅絶之者는 不害其褒善貶惡之旨也라 惟不沒其實하야 以著其罪하야 而信乎後世와 與其爲君而不得掩其惡하야 以息人之爲

惡은 能知春秋之此意然後라야 知予不僞梁之旨也라

오호라! 천하가 梁나라를 미워한 지가 오래되었다. 後唐 이래로 모두 僞朝라고들 하는데, 내가 五代를 論次함에 이르러서는 유독 梁나라를 위조라 하지 않았다. 그러자 의논하는 자들이 혹 내가 《春秋》의 뜻을 크게 그르쳤다고 비난하면서 말하였다.

"梁나라는 큰 악을 저질렀으므로 응당 誅罰하여 단절시켜야 하는데 오히려 치켜세웠으니, 이는 簒奪을 장려한 것이요 《춘추》의 뜻이 아니다."

내가 다음과 같이 응답하였다.

"이것이 《춘추》의 뜻이다. 魯 桓公은 隱公을 시해하고서 스스로 군주가 된 자이고, 魯 宣公은 아들 赤을 죽이고 스스로 군주가 된 자이고, 鄭 厲公은 世子 忽을 축출하고 스스로 군주가 된 자이고, 衛나라 公孫剽는 자신의 군주 衎을 축출하고 스스로 군주가 된 자인데 성인께서는 《춘추》에 모두 단절시키지 않고 군주가 된 사실을 그대로 적었으니, 여기에서 내가 梁나라를 위조라 하지 않은 것은 《춘추》의 筆法을 따른 것이다."

"그렇다면 《춘추》 또한 찬탈을 장려한 것인가."

다음과 같이 응답하였다.

"네 사람이 임금이 된 것을 단절시키지 않았으니, 여기에서 《춘추》의 志意를 드러냈다. 聖人이 《춘추》에 마음을 쓴 것이 깊기 때문에 勸戒가 절실하고, 말을 미덥게 하였으니, 그런 뒤에 善惡이 분명해진다.

무릇 후세에 죄를 드러내고자 한다면 그 방법은 사실을 매몰하지 않는 데에 있으니, 사실이 군주가 되었다면 군주가 되었다고 쓰고, 사실이 찬탈한 것이라면 찬탈하였다고 써서, 각각 사실을 전하여 후세로 하여금 미덥게 하면 네 임금의 죄를 덮을 수가 없다. 군주가 된 자로 하여금 죄악을 덮을 수 없게 한 뒤에 사람들로 하여금 惡名을 피할 수 없음을 알게 하였으니, 이렇게 되면 악을 행하는 자가 거의 사라질 것이다. 이를 일러 저술한 뜻이 깊고 권계가 절실하며 그 말이 미덥고 선악이 분명하다고 하는 것이다.

桀紂는 그 왕을 貶下하기를 기다리지 않아도 萬世에서 공동으로 미워하는 자이니. ≪춘추≫가 크게 악한 군주에 대해 주벌하여 단절시키지 않는 것은 선을 褒奬하고 악을 貶斥하는 ≪춘추≫의 취지에 방해되지 않기 때문이다. 오직 사실을 매몰하지 않음으로써 그 죄를 드러내어 후세에 미덥게 한 것과 군주가 된 자가 죄악을 덮지 못하게 하여 악을 행하는 사람이 사라지게 한 것은 ≪춘추≫의 이러한 의도를 능히 알아야만 내가 梁을 위조라고 하지 않은 뜻을 알 것이다."

1) 嗚呼 : ≪五代史記注≫ 卷2에 "先公(歐陽脩)께서 ≪新五代史≫ 74권을 스스로 찬술하셨는데 褒貶과 善惡에 대해 법을 만든 것이 정밀하였다. 발론하실 때면 반드시 '嗚呼'라는 말을 쓰시고 '이는 난세의 책이다.'라고 말씀하셨다. 선공이 논하시기를 '옛날에 孔子께서 ≪春秋≫를 지어 난세를 통해 治法을 세우셨고 나는 本紀를 서술하여 치법으로 亂君을 바로잡았다.'라고 하셨으니 이것이 선공의 뜻이다. 책이 완성되자 분량은 ≪舊五代史≫의 반으로 줄었지만 事迹은 몇 배나 첨가되었고 글은 생략되었지만 일은 구비되었는데 특히 힘쓰신 부분은 前史 중에 잘못된 부분이 매우 많은 것을 바로잡는 것이었다. 嘉祐 중에 지금은 致仕하신 侍郎 范公(范仲淹) 등이 조정에 아뢰어 이 책을 가져다 正史로 갖출 것을 청하였는데, 공은 완성되지 않았다는 이유로 사양하였다. 熙寧 연간에 聖旨가 있어 이 책을 進御하였다.〔先公自撰五代史七十四卷 褒貶善惡 爲法精密 發論必以嗚呼 曰此亂世之書也 其論曰昔孔子作春秋 因亂世而立治法 余述本紀 以治法而正亂君 此其志也 書成減舊史之半 而事迹添數倍 文省而事備 其所辨 正前史之失甚多 嘉祐中今致政侍郎范公等 列言于朝 請取以備正史 公辭以未成 熙寧中有旨 取以進御〕"라고 하였다.

2) 魯桓公 弑隱公 : 隱公은 春秋時代 魯나라 임금으로 惠公의 長庶子이다. 이름은 息姑, 시호는 隱이다. 혜공이 죽자 태자 軌(桓公)가 어리므로 攝政에 추대되어 11년간 정권을 행사하였는데, 후에 공자 翬의 참소로 시해되었다.(≪史記≫ 卷33)

3) 宣公 弑子赤 : 宣公은 春秋時代 魯나라의 군주로 이름은 俀 또는 倭이고 文公의 庶子다. 문공이 죽자 襄仲이 문공의 적자인 赤과 視를 죽이고 즉위하였다. 이때부터 魯나라 公室은 점점 비천해지고 三桓이 강해졌다. 18년 동안 재위했다.

4) 鄭厲公 逐世子忽 : 忽은 鄭 莊公의 태자로 모친은 鄧曼이다. 장공이 죽자 蔡仲

의 추대를 받아 임금이 되니, 바로 昭公이다. 厲公은 이름이 突로 忽의 아우이며 모친은 雍佶로 소공의 자리를 뺏고 즉위하였다. 소공은 衛나라로 망명했다가 채중의 도움으로 귀국한 뒤에 사냥터에서 高渠彌에게 사살되었고, 여공은 채중을 죽이려다 실패한 뒤에 櫟邑으로 피신해서 17년 동안 있다가 도성으로 돌아와 복위하였다.(≪史記≫ 卷42 〈鄭世家〉)

5) 衛公孫剽 逐其君衎(간) : 魯 襄公 14년에 孫林父와 甯殖이 난을 일으켜 衛 獻公(衎)을 몰아내려 하자 헌공은 齊나라로 달아났다. 그 후 公孫剽가 衛나라 군주가 되고 손임보와 영식이 재상이 되었다.(≪春秋左氏傳≫ 襄公 14년, 26년)

歐陽文忠公五代史抄 卷2

歸安 鹿門 茅坤 批評
孫男 闇叔 茅著 重訂

本紀

01. 唐莊宗紀* 後唐 莊宗의 本紀

* 後唐 莊宗(885~926)은 姓名이 李存勖(이존욱)으로 山西省 太原 출생이다. 突厥 沙陀族 출신의 晉王 李克用의 長子로 908년 왕위를 계승하여 923년 河北省 魏州에서 제위에 올라 國號를 唐이라 칭하였으며, 같은 해 後梁을 멸하고 도읍을 洛陽에 정하였다. 하지만 제위에 오른 뒤 측근들에게 정치를 맡기고 사치에 빠진 탓에 반란이 일어나 부하에게 살해당하였다. 〈唐莊宗紀〉는 ≪舊五代史≫ 卷26 〈唐書 第3 莊宗本紀〉, ≪新五代史≫ 卷4 〈唐本紀 第4 莊宗〉에 각각 실려 있다.

이 본기는 크게 두 부분으로 나누어져 있는데, 앞부분은 장종의 先系로부터 아버지 진왕 이극용에 관하여 서술하였고, 뒷부분은 장종이 遺業을 이어받아 후당을 건국하는 과정을 서술하였다. 진왕 이극용에 관한 이야기는 梁王 朱全忠과의 대립을 중점적으로 서술하였다. 두 사람 다 黃巢를 토벌하는 데에 큰 공을 세웠지만 이후 천하를 차지하려는 두 사람의 목적이 충돌하여 발생하는 반목과 대립을 생동감 있게 묘사

後唐 莊宗

하였다.

장종의 전기에서는 장종이 진왕의 유업을 이어받아 근검을 실천하여 백성을 안정시키고 군대를 정비하여 燕나라 劉守光을 멸하고 이어 후량을 공격하고 후당을 건국하여 皇位에 오르는 과정을 서술하였다. 여기에서 건국하기 전 장종의 과감한 군대운용과 타국에 대한 포용력, 勤儉을 실천하는 모습 등은 부각되었지만 父親인 이극용이 唐나라의 부흥을 위해 노력했던 반면 이존욱은 諸將의 건의에 따라 후당을 건국하고 황위에까지 오른 모순된 모습도 볼 수 있다.

≪구오대사≫에는 장종이 마지막에 親軍을 거느리고 반란군과 싸우다 流矢에 맞아 죽는 과정 및 장종 사후에 시신이 수습되는 과정 등을 상세하게 기록한 반면, ≪신오대사≫에는 "여름 4월 丁亥 초하루에 황제가 붕어하였다.〔夏四月丁亥朔 皇帝崩〕"라고 간략하게 서술하였다. 이는 장종이 건국 이후 사치와 향락에 빠져 정사를 등한시하다 반란으로 인해 죽임을 당한 것에 대한 褒貶의 의미로 서술한 것으로 보인다. 또한 歐陽脩는 전기를 서술하는 과정에서 인물에 대한 貶辭를 쓰지 않았는데, 여기에 대해 徐無黨은 "무릇 과실과 악행을 서술할 때에 기롱하거나 폄하하는 말이 없는 것은 곧바로 그 사실을 서술하여 저절로 드러나게 한 것이다.〔凡書過惡 辭無譏貶者 直書其實而自見也〕"라고 한 데서 그 書法을 볼 수 있다.

후당(923~936)은 장종 이존욱에 의해 건국되었다. 건국 후 사치와 향락에 빠져 정사를 돌보지 않자 926년에 趙在禮의 반란에 明宗 李嗣源이 합류하여 장종을 시해하고 무장들의 추대로 인해 명종 이사원이 황위에 올랐다. 한편 명종은 재위 8년 만에 아들 李從榮이 일으킨 반란을 평정하였지만 그 충격으로 933년 사망하게 된다. 그 후 李從厚가 즉위하였는데 그는 朱弘昭와 馮贇 등에게 정권을 빼앗겨 實權이 없었는데, 934년에 명종의 養子인 李從珂가 반란을 일으켜 이종후를 시해하고 황위에 즉위한다. 그러나 이종가 역시 2년 후인 936년에 後晉의 高祖인 石敬瑭에게 낙양이 함락되고 자살함으로서 후당도 망하게 된다.

通篇이 **克用與全忠兩相搆釁處**와 **及莊宗所繼其父行事慷慨大略**이니

歐公一一點綴生色並如畫로다

편의 전체 내용은 李克用과 朱全忠이 서로 원한을 가져 틈이 벌어졌다는 대목과, 莊宗이 아버지의 행사를 계승하여 慷慨한 대략이니, 歐陽公이 하나하나 묘사한 것이 마치 그림처럼 생동감이 있다.

莊宗光聖神閔孝皇帝는 其先本號朱邪(야)니 蓋出於西突厥이라 至其後世하야 別自號曰 沙陀하고 而以朱邪爲姓하다 唐德宗時에 有朱邪盡忠者居於北庭[1]之金滿州라 貞元[2]中에 吐蕃贊普[3]가 攻陷北庭하야 徙盡忠於甘州而役屬之라 其後贊普爲回鶻(회홀)[4]所敗한대 盡忠與其子執宜東走라 贊普怒하야 追之하야 及于石門關[5]하야 盡忠戰死하고 執宜獨走歸唐하야 居之鹽州하야 以隸河西節度使范希朝하다 希朝徙鎭太原에 執宜從之하야 居之定襄[6]神武川之新城하니 其部落萬騎가 皆驍勇善騎射하야 號沙陀軍이라

莊宗光聖神閔孝皇帝는 그 선계가 본래 朱邪(주야)라고 불렸으니 대개 西突厥에서 나왔다. 후세에 이르러 스스로 沙陀라는 별호를 쓰고 朱邪를 姓으로 삼았다. 唐德宗 때에 朱邪盡忠이라는 사람이 있었으니, 北庭의 金滿州에 거주하였다. 貞元 연간에 吐番의 贊普가 북정을 공격하여 함락시켜 甘州로 주야진충을 이주시키고 자신에게 예속시켜 부역을 시켰다.

그 후에 찬보가 回鶻에게 패하자 주야진충이 자신의 아들 執宜와 함께 동쪽으로 달아났다. 찬보가 노하여 이들을 추격하여 石門關에 이르러 주야진충은 전사하고 집의만 홀로 달아나 唐나라에 歸附하여 鹽州에 거주하면서 河西節度使 范希朝에게 예속되었다. 범희조가 太原으로 옮겨가 鎭守하자 집의도 그를 따라가 定襄 神武川 新城에 거주하였는데, 그 부락의 1만 기병이 모두 용맹하고 말타기와 활쏘기를 잘하여 沙陀軍이라 불렸다.

1) 北庭 : 중국 漢나라 때에 北匈奴가 살던 지역을 가리킨다. 조선 후기에는 주로 淸나라를 일컫는 말로 사용되었다.
2) 貞元 : 唐 德宗 때의 연호로 785년~804년이다.
3) 贊普 : 吐番의 君長을 가리키는 말이다.

4) 回鶻(회흘) : 唐 德宗 때에 위구르를 부르던 말이다. 北魏 때에는 高車, 隨나라 때에는 韋紇, 唐나라 때에는 回紇, 宋나라와 元나라 때에는 畏吾兒 등의 명칭으로 불렸다.

5) 石門關 : 지금의 寧夏回族自治區 固原市 彭陽縣에 있는 관문으로 隋나라 때에 건설되었다.

6) 定襄 : 지금의 山西省 忻州에 있는 縣의 이름이다.

執宜死하니 **其子曰赤心**이라 **懿宗咸通十年**에 **神策大將軍康承訓**이 **統十八將**하야 **討龐勛於徐州**할새 **以朱邪赤心爲太原行營招討沙陀三部落軍使**하다 **以從破勛功**하야 **拜單**(선)**于大都護振武軍節度使**하고 **賜姓名曰李國昌**하야 **以之屬籍**[1]하다 **沙陀素彊**이러니 **而國昌恃功**하야 **益橫恣**라 **懿宗患之**하야 **十二年**에 **徙國昌雲州刺史大同軍防禦使**하니 **國昌稱疾拒命**이라

執宜가 죽으니 그 아들은 赤心이었다. 懿宗 咸通 10년(869)에 神策大將軍 康承訓이 18명의 장수를 거느리고 徐州에서 龐勛을 토벌할 때에 朱邪赤心을 太原行營招討沙陀三部落軍使로 삼았다. 從戰해서 방훈을 격파한 공으로 單于大都護 振武軍節度使에 배수되었고, 李國昌이라는 姓과 이름을 하사받아 이로써 屬籍되었다.

沙陀가 평소 強暴하였는데, 이국창이 功을 믿고 더욱 방자하였다. 懿宗이 이를 걱정하여 함통 12년(871)에 이국창을 雲州刺史 大同軍防禦使로 옮기게 하니, 이국창은 병을 핑계 대고 命을 거부하였다.

1) 屬籍 : 王室의 族譜에 든다는 말이다.

國昌子克用은 **尤善騎射**하야 **能仰中雙鳧**하야 **爲雲州守捉使**하다 **國昌已拒命**하니 **克用乃殺大同軍防禦使段文楚**하야 **據雲州**하고 **自稱留後**라 **唐以太僕卿盧簡方爲振武節度使**하야 **會幽幷兵討之**하니 **簡方行至嵐州軍潰**[1]라 **由是**로 **沙陀侵掠代北**[2]하야 **爲邊患矣**라 **明年**에 **僖宗卽位**하야 **以謂前太原節度使李業遇沙陀有恩**이러니 **而業已死**라 **乃以其子鈞爲靈武節度使宣慰沙陀六州三部落使**[3]하야 **以招緝之**하고 **拜克用大同軍防禦使**하다

李國昌의 아들 李克用은 더욱 말타기와 활쏘기를 잘하여 능히 하늘을 나는 두 마리의 물오리를 동시에 맞힐 수 있어서 雲州守捉使가 되었다. 이국창이 이미 命을 거부하니, 이극용이 이에 大同軍防禦使 段文楚를 살해하고 雲州를 점거하고 스스로 留後라 칭하였다.

唐나라가 太僕卿 盧簡方을 振武節度使로 삼아 幽州와 幷州의 병사를 모아 토벌하게 하니, 노간방이 鳳州에 이르자 군이 흩어져 달아났다. 이때부터 沙陀가 代北을 침략하여 변방의 우환거리가 되었다.

이듬해에 唐 僖宗이 즉위하여 이전 太原節度使 李業이 사타를 대우하여 은혜가 있다고 생각하였는데, 이업이 이미 죽었는지라 그의 아들 李鈞을 靈武節度使 宣慰沙陀六州三部落使로 삼아 군사를 召集하게 하고 이극용을 대동군방어사에 배수하였다.

1) 唐以太僕卿盧簡方爲振武節度使……簡方行至鳳州軍潰 : ≪五代史記纂誤補≫ 卷上에 "삼가 살펴보건대 ≪舊唐書≫ 〈懿宗紀〉에 '咸通 14년(873) 3월에 盧簡方을 振武節度使로 삼았는데, 嵐州에 이르러 卒하였다.'라고 하였으니, 여기에서 鳳자는 응당 嵐자가 되어야 하고, 또 軍潰 위에 또한 응당 卒자가 있어야 하는데 여기에는 누락되었다.〔謹按舊唐書懿宗紀 咸通十四年三月 以盧簡方爲振武節度使 至嵐州而卒 此鳳字當作嵐字 又軍潰上亦當有卒字 此脫誤〕"라고 하였다.

2) 代北 : 지금의 山西省 북쪽 및 河北 서북쪽 일대를 말한다.

3) 六州三部落使 : ≪五代史記纂誤補≫ 卷上에 "삼가 살펴보건대 六州는 바로 六胡州이니 魯·麗·含·塞·依·契를 이른다. ≪舊唐書≫ 〈李吉甫傳〉에 '元和 9년(814)에 經略軍 故城에 宥州·六胡州를 두었다.'라고 하였다. ≪資治通鑑≫ 德宗 貞元 2년(786) 조에 '河曲 六胡州'라고 한 注에 '六州는 이때에 이미 宥州가 되었다. 대개 諸部의 酋長이 각각 옛 州의 이름을 가지고 刺史職을 가지고 있었기 때문에 당시에는 그래도 육주는 남아 있었다.'라고 하였다. 그러나 三部落은 모두 보이지 않으니 그 이름과 장소는 상고할 곳이 없다.〔謹按六州 卽六胡州 謂魯麗含塞依契也 舊唐書李吉甫傳云 元和九年於經略軍故城 置宥州六胡州 通鑑 德宗貞元二年 河曲六胡州 注云六州時已爲宥州 蓋諸部酋長各以舊州名帶刺史 故於時猶有六州 三部落皆不見 其名處失考也〕"라고 하였다.

居久之에 **國昌出擊黨項**[1]한대 **吐渾赫連鐸襲破振武**라 **克用聞之**하고 **自雲州往迎國昌**이나 **而雲州人亦閉關拒之**라 **國昌父子無所歸**하야 **因掠蔚朔間**하야 **得兵三千**하야 **國昌入保蔚州**하고 **克用還據新城**하다 **僖宗乃拜鐸大同軍使**하고 **以李鈞爲代北招討使**하야 **以討沙陀**라 **乾符五年**에 **沙陀破遮虜軍**하고 **又破**岢(가)**嵐軍**하야 **而唐兵數**(삭)**敗**하니 **沙陀由此益熾**하야 **北據蔚朔**하고 **南侵**忻**代嵐石**하야 **至于太谷**[2]**焉**이라

머문 지 오래 지나서 李國昌이 출정하여 黨項을 공격하였는데, 吐渾의 赫連鐸이 振武軍을 습격하여 격파하였다. 李克用이 이 소식을 듣고 雲州로부터 가서 이국창을 맞이하였으나 운주 사람들도 관문을 닫고 이들을 막았다. 이국창 父子가 돌아갈 곳이 없게 되자 이로 인해 蔚州와 朔州 일대를 약탈하여 병사 3천 명을 얻어 이국창은 울주로 들어가 지키고 이극용은 돌아와 新城을 점거하였다. 僖宗이 이에 혁련탁를 大同軍使에 배수하고 李鈞을 代北招討使로 삼아 沙陀를 토벌하였다.

乾符 5년(878)에 사타가 遮虜軍을 격파하고 또 岢嵐軍을 격파하여 唐나라 군사가 자주 패하니, 사타가 이로부터 더욱 세력이 흥성해져 북쪽으로 울주와 삭주를 점거하고 남쪽으로 忻州·代州·嵐州·石州를 침략하여 太谷에까지 이르렀다.

1) 黨項 : 羌族의 일파인 탕구트족이 세운 나라이다.

2) 太谷 : 지금의 山西省 晉中 지역을 말한다.

廣明元年에 **招討使李琢**이 **會幽州李可擧雲州赫連鐸**하야 **擊沙陀**하니 **克用與可擧相距雄武軍**이라 **其叔父友金以蔚朔州降于琢**한대 **克用聞之**하고 **遽還**이어늘 **可擧追**하야 **至藥兒嶺**하야 **大敗之**하고 **琢軍夾擊**하야 **又敗之于蔚州**하니 **沙陀大潰**하야 **克用父子亡入**韃靼[1]하다 **克用少驍勇**하야 **軍中號曰李鴉兒**하고 **其一目**眇러니 **及其貴也**하얀 **又號獨眼龍**[2]하니 **其威名蓋於代北**이라 **其在**韃靼**久之**에 **鬱鬱不得志**하고 **又常懼其圖己**라 **因時時從其群豪射獵**하야 **或掛鍼于木**하고 **或立馬鞭**하야 **百步射之輒中**하니 **群豪皆服**하야 **以爲神**하다

廣明 원년(880)에 招討使 李琢이 幽州의 李可擧와 雲州의 赫連鐸을 회합하여 沙陀를 공격하니, 李克用은 이가거와 雄武軍에서 서로 대치하고 있었다. 이극용의 숙

부 李友金이 蔚州와 朔州를 바치고 이탁에게 항복하자 이극용이 이 소식을 듣고 급히 회군하였다. 이가거가 추격하여 藥兒嶺에 이르러 크게 패퇴시키고, 이탁의 군사가 협공하여 또 울주에서 패퇴시키니, 사타가 크게 궤멸되어 이극용 父子는 달아나 韃靼으로 들어갔다.

이극용은 어려서 날래고 용맹하여 軍中에서 李鴉兒라고 불렸고, 한쪽 눈이 멀었는데 신분이 貴하게 되어서는 또 獨眼龍이라 불렸으니, 그 위엄과 명성이 代北을 덮었다. 달단에 머문 지 오래됨에 울울하여 뜻을 펴지 못하고, 또 늘 자신을 해칠까 두려워하였다. 이로 인해 때때로 달단의 호걸들과 함께 사냥을 가서 혹 나무에 針을 걸어놓기도 하고 혹 말 채찍을 세워놓고서 100보 뒤에서 활을 쏘아 쏠 때마다 맞히니, 호걸들이 모두 탄복하여 神의 솜씨라 하였다.

1) 韃靼 : 蒙古 또는 蒙古族을 달리 이르는 말로, 韃奴·達達·達賊·韃賊이라고도 부른다.

2) 其一目眇……又號獨眼龍 : ≪五代史補≫ 卷2에 "太祖가 태어남에 한쪽 눈이 실명하였는데, 장성하자 용맹하고 騎射를 잘하여 앞에 대적할 이가 없었으니 당시에 獨眼龍이라 불렀다. 부락 사람들에게 크게 미움을 받자 태조가 화가 미칠까 두려워하여 마침내 가족을 데리고 唐나라에 歸附하니, 唐나라에서 雲州刺史를 배수하고 李氏 姓과 克用이라는 이름을 하사하였다.〔至太祖生 眇一目 長而驍勇善騎射 所向無敵 時謂之獨眼龍 大爲部落所疾 太祖恐禍及 遂擧族歸唐 授雲州刺史 賜姓李名克用〕"라고 하였다.

黃巢已陷京師러니 **中和元年**에 **代北起軍**하야 **使陳景思發沙陀先所降者**하야 **與吐渾安慶等萬人**으로 **赴京師**한대 **行至絳州**에 **沙陀軍亂**하야 **大掠而還**이라 **景思念沙陀非克用不可將**하야 **乃以詔書召克用於韃靼**하야 **承制以爲代州刺史鴈門以北行營節度使**라 **率蕃漢萬人**하야 **出石嶺關**하야 **過太原**할새 **求發軍錢**하니 **節度使鄭從讜**이 **與之錢千緡米千石**이어늘 **克用怒**하야 **縱兵大掠而還**하다

黃巢가 이미 京師를 함락하였는데, 中和 원년(881)에 代北이 군사를 일으켜 陳景思으로 하여금 沙陀의 먼저 항복한 자들을 동원하여 吐渾과 安慶 등 1만 명과 함께

경사로 가게 하였다. 그런데 행군하다 絳州에 이르자 沙陀軍이 반란을 일으켜 크게 약탈하고 돌아갔다.

진경사가 사타는 李克用이 아니면 통솔할 수 없다고 생각하고 이에 詔書를 보내 韃靼에서 이극용을 소환하고는 천자의 명을 받아 代州刺史 鴈門以北行營節度使로 삼았다. 이극용이 蕃漢軍 1만을 거느리고 石嶺關으로 나와 太原을 지날 때에 군사를 운용할 자금을 요청하자 節度使 鄭從讜이 錢 1,000緡과 쌀 1,000石을 주거늘 이극용이 노하여 병사를 풀어 크게 약탈하고 돌아갔다.

二年十一月에 **景思克用**이 **復以步騎萬七千**으로 **赴京師**하야 **三年正月**에 **至于河中**하야 **進屯乾坑**한대 **巢黨驚曰 鵶兒軍至矣**라하다 **二月**에 **敗巢將黃鄴於石隄谷**하고 **三月**에 **又敗趙璋尙讓於良田坡**하니 **橫尸三十里**라 **是時**에 **諸鎭兵**이 **皆會長安**하야 **大戰渭橋**[1]하니 **賊敗走入城**이라 **克用乘勝追之**하야 **自光泰門先入**하야 **戰望春宮昇陽殿**하니 **巢敗南走**하야 **出藍田關**이라 **京師平**에 **克用功第一**이라 **天子拜克用檢校司空同中書門下平章事河東節度使**하고 **以國昌爲鴈門以北行營節度使**하다 **十月**에 **國昌卒**하다 **十一月**에 **遣其弟克修**하야 **攻昭義孟方立**하야 **取其澤潞二州**하니 **方立走山東**하야 **以邢洺磁三州**로 **自別爲昭義軍**[2]하다 **黃巢南走**하야 **至蔡州**하야 **降秦宗權**하고 **遂攻陳州**하다

廣明 2년(881) 11월에 陳景思와 李克用이 다시 보병과 기병 1만 7천 명을 거느리고 京師로 나가서 廣明 3년(882) 정월에 河中에 이르러 진군하여 乾坑에 주둔하였는데, 黃巢의 무리들이 놀라서 "鵶兒의 군대가 이르렀다."라고 하였다.

2월에 황소의 장수 黃鄴을 石隄谷에서 패퇴시키고, 3월에 또 趙璋과 尙讓을 良田坡에서 패퇴시키니, 시신이 30里나 이어졌다. 이때에 각 鎭의 병사들이 모두 長安에 모여 渭橋에서 크게 싸우니, 적이 패주하여 城으로 들어갔다. 이극용이 승기를 타고 추격하여 光泰門을 통해 먼저 城으로 들어가 望春宮과 昇陽殿에서 싸우니, 황소가 패하여 남쪽으로 달아나 藍田關으로 나갔다.

경사가 평정됨에 이극용의 공이 가장 높았다. 천자가 이극용을 檢校司空 同中書門下平章事 河東節度使에 拜受하고, 李國昌을 鴈門以北行營節度使로 삼았다.

10월에 이국창이 졸하였다. 11월에 아우인 李克修를 보내 昭義軍의 孟方立을 공격하여 澤州와 潞州 2개의 州를 점령하니, 맹방립이 山東으로 달아나 邢州・洺州・磁州 3개의 州를 가지고 스스로 별도의 소의군을 만들었다. 황소가 남쪽으로 달아나 蔡州에 이르러 陳宗權을 항복시키고 마침내 陳州를 공격하였다.

1) 渭橋：長安의 渭水에 놓여 있던 다리 이름이다.
2) 十一月……自別爲昭義軍：徐無黨의 註釋에 "昭義軍은 唐나라 때에 山東과 山西에 걸쳐 있어 다섯 州를 관할하였는데, 이때에 이르러 澤州와 潞州가 晉에 편입되었고 邢州・洺州・磁州를 孟氏(孟方立)가 점거하였다. 그러므로 당시에 두 개의 昭義軍이 있게 된 것이다.〔昭義軍 在唐時 跨山東西 管五州 至是澤潞入于晉 邢洺磁孟氏據之 故當時有兩昭義〕"라고 하였다.

四年에 **克用以兵五萬救陳州**하야 **出天井關**하야 **假道河陽**한대 **諸葛爽不許**어늘 **乃自河中渡河**하다 **四月**에 **敗尙讓於太康**[1]하고 **又敗黃鄴於西華**[2]라 **巢且戰且走**하야 **至中牟**하야 **臨河未渡**어늘 **而克用追及之**하니 **賊衆驚潰**라 **比至封丘**하야 **又敗之**하니 **巢脫身走**라 **克用追之**하야 **一日夜馳二百里**하야 **至于寃朐**하되 **不及而還**하니라 **過汴州**할새 **休軍封禪寺**하니 **朱全忠饗克用於上源驛**이라 **夜酒罷**에 **克用醉臥**어늘 **伏兵發火起**하니 **侍者郭景銖滅燭**하고 **匿克用牀下**하야 **以水醒面而告以難**이라 **會天大雨滅火**하야 **克用得從者薛鐵山賀回鶻等**하야 **隨電光**하야 **縋尉氏門出還軍中**이라 **七月**에 **至于太原**하야 **訟其事于京師**하야 **請加兵於汴**하고 **遣弟克修**하야 **將兵萬人**하야 **屯于河中以待**라 **僖宗和解之**하고 **用破巢功**하야 **封克用隴西郡王**하다

廣明 4년(883)에 李克用이 병사 5만을 거느리고 陳州를 구원하기 위하여 天井關으로 나가 河陽에 길을 빌리고자 하였는데, 諸葛爽이 허락하지 않거늘 이에 河中으로부터 河水를 건넜다. 4월에 太康에서 尙讓을 패퇴시키고 또 西華에서 黃鄴을 패퇴시켰다.

黃巢가 한편으로는 싸우고 한편으로는 달아나 中牟에 이르러 하수에 임하여 미처 건너지 못하였는데, 이극용이 추격해 오니, 적들이 놀라 흩어졌다. 封丘에 이르러 또 패배시키니 황소가 몸만 빼내 달아났다. 이극용이 하룻밤 사이에 200里를 추격

하여 宛胸까지 이르렀으나 잡지 못하고 돌아왔다.

汴州를 지날 때에 封禪寺에서 군사들을 쉬게 하였는데, 朱全忠이 上源驛에서 이극용을 향응하였다. 밤에 술자리가 파하자 이극용이 취하여 누웠는데, 伏兵이 불을 지르고 일어나니 侍者인 郭景銖가 촛불을 끄고 이극용을 평상 아래에 숨기고는 물을 얼굴에 뿌려 깨워 變亂이 일어났다고 고하였다. 마침 하늘에서 큰 비가 내려 불이 꺼지자 이극용이 從者인 薛鐵山·賀回鶻 등과 만나 번갯불을 따라 밧줄을 잡고 尉氏門을 넘어 나와 軍中으로 돌아갔다.

7월에 太原에 이르러 京師에 이 일에 대해 訴訟하고서 변주에 병사를 더 보내줄 것을 요청하고, 아우인 李克修를 보내 병사 1만을 거느리고서 河中에서 주둔하고 대기하게 하였다. 僖宗이 화해시키고 황소를 격파한 공으로 이극용을 隴西郡王으로 봉하였다.

1) 太康 : 지금의 河南省 周口市에 있었던 縣 이름이다.

2) 西華 : 지금의 河南省 周口市에 있었던 縣 이름이다.

光啓元年에 **河中王重榮**이 **與宦者田令孜**(자)**有隙**하야 **徙重榮兗州**하고 **以定州王處存爲河中節度使**하고 **詔克用**[1)]하야 **以兵護處存之鎭**이라 **重榮使人紿克用曰 天子詔重榮**하야 **俟克用至**하야 **與處存共誅之**라하고 **因僞爲詔書**하야 **示克用曰 此朱全忠之謀也**라하다 **克用信之**하야 **入上表請討全忠**이어늘 **僖宗不許**하니 **克用大怒**라 **重榮旣不肯徙**어늘 **僖宗遣邠州朱玫**(매)**鳳翔李昌符討之**한대 **克用反以兵助重榮**하야 **敗玫于沙苑**하고 **遂犯京師**하야 **縱火大掠**하니 **天子出居于興元**하고 **克用退屯河中**하다 **朱玫亦反**하야 **以兵追天子**나 **不及**이어늘 **得襄王熅**하야 **迫之稱帝**하고 **屯于鳳翔**이라 **僖宗念獨克用可以破玫**나 **而不能使也**라 **當破黃巢長安時**에 **天下兵馬都監楊復恭**이 **與克用善**하야 **乃遣諫議大夫劉崇望**하야 **以詔書召克用**하고 **且道復恭意**하야 **使進兵討玫等**이어늘 **克用陽諾而不行**이라 **明年**에 **孟方立死**에 **其弟遷立**[2)]하다

光啓 원년(885)에 河中 王重榮이 환관인 田令孜와 사이가 좋지 않아 왕중영을 兗州로 옮기고 定州의 王處存을 河中節度使로 삼고 李克用에게 詔書를 보내 병사를

동원해 왕처존의 鎭을 호위하게 하였다.

왕중영이 사람을 보내 이극용에게 거짓으로 말하기를 "천자가 나에게 詔書를 보내 이극용이 오기를 기다려서 왕처존과 함께 주살하라고 하였다."라고 하고는, 인하여 조서를 위조하여 이극용에게 보여주며 말하기를 "이는 朱全忠의 계략이다."라고 하였다. 이극용이 이 말을 믿고 表文을 올려 주전충을 토벌할 것을 청하였는데, 僖宗이 허락하지 않으니 이극용이 크게 노여워하였다.

왕중영이 이미 연주로 옮기려 하지 않거늘 희종이 邠州의 朱玫와 鳳翔의 李昌符를 보내 토벌하려고 하였다. 그런데 이극용이 도리어 병사를 보내 왕중영을 도와 沙苑에서 주매를 패퇴시키고 마침내 京師를 침범하여 불을 지르고 크게 약탈하니, 천자는 경사를 나가 興元에 거처하고 이극용은 물러나 河中에 주둔하였다.

주매도 반란을 일으켜 병사를 동원해 천자를 추격하였으나 잡지 못하자 襄王 李熅을 잡아 稱帝하도록 협박하고 봉상에 주둔하였다. 희종이 "이극용만이 주매를 격파할 수 있지만 그를 부릴 수 없다. 長安에서 黃巢를 격파할 때에 天下兵馬都監 楊復恭이 이극용과 친분이 있었다."라고 생각하고는, 이에 諫議大夫 劉崇望을 보내 조서로 이극용을 부르고, 한편으로는 양복공의 의도를 말해주어 이극용으로 하여금 병사를 진군하여 주매 등을 공격하게 하였다. 이극용은 거짓으로 승낙하고 군대를 움직이지 않았다.

이듬해(886)에 孟方立이 죽자 그 아우 孟遷이 지위를 계승하였다.

1) 克用 : 徐無黨의 註釋에 "克用은 호칭을 참람되이 사용하지 않았다. 그러므로 王이라 칭하지 않았다.〔克用不僭號 故不稱王焉〕"라고 하였다.
2) 明年……其弟遷立 : ≪五代史記纂誤補≫ 卷上에 "삼가 살펴보건대 ≪舊唐書≫와 ≪新唐書≫의 〈昭宗紀〉에는 孟方立이 죽은 시기가 모두 龍紀 元年(889)으로 되어 있다. 위에서 '詔書로 克用을 불러 朱玫를 토벌하게 하였다.'라고 한 시기와 중간에 이미 2년이 차이 나니 여기 '明年' 두 글자는 잘못된 것이다.〔謹按新舊唐書 昭宗紀 方立之死 俱在龍紀元年 上距詔召克用討朱玫 中間已隔二年 此明年二字誤〕"라고 하였다.

大順元年에 **克用擊破孟遷**하야 **取邢洺磁三州**하고 **乃遣安金俊**하야 **攻赫連鐸於雲**

州하니 幽州李匡威救鐸하야 戰於蔚州하야 金俊大敗라 於是에 匡威鐸及朱全忠等이 皆請因其敗伐之라 昭宗以克用破黃巢功高로 不可伐하고 下其事臺省[1]四品官議하니 議者多言不可라 宰相張濬은 獨以謂沙陀前逼僖宗하야 幸興元하니 罪當誅라 可伐이라하다 軍容使楊復恭이 克用所善也[2]일새 又極諫以爲不可하니 昭宗然之하야 詔諭全忠等하다 全忠陰賂濬하야 使持其議益堅하니 昭宗不得已하야 以濬爲太原四面行營兵馬都統하고 韓建爲副使하다

大順 元年(890)에 李克用이 孟遷을 격파하고 邢州·洺州·磁州 3개 州를 취하고 安金俊을 보내 赫連鐸을 雲州에서 공격하니, 幽州 李匡威가 혁련탁을 구원하여 蔚州에서 싸워 안금준이 크게 패하였다.

이에 이광위와 혁련탁과 朱全忠 등이 모두 안금준의 패배를 틈타 토벌할 것을 청하였다. 昭宗이 이극용은 黃巢를 격파한 공이 크므로 정벌해서는 안 된다고 하고, 그 일을 臺省의 4品官에게 논의하게 하니 의논하는 자들이 대부분 불가하다고 말하였다. 재상 張濬은 홀로 "沙陀가 이전에 僖宗을 핍박하여 興元으로 幸行하게 하였으니, 그의 죄는 주륙을 당할 만하므로 토벌해야 한다."라고 하였다.

軍容使 楊復恭은 이극용과 친분이 있었으므로 또한 토벌해서는 안 된다고 강경하게 간언하니 소종이 이를 옳다고 여겨 주전충 등에게 詔書를 내려 주전충 등을 타일렀다. 주전충이 은밀히 장준에게 뇌물을 주어 토벌해야 한다는 의론을 더욱 굳게 견지하게 하니, 소종이 부득이하여 장준을 太原四面行營兵馬都統으로 삼고 韓建을 副使로 삼았다.

1) 臺省 : 臺는 臺院·殿院·察院 등의 御史臺를 말하고, 省은 中書·尙書·門下의 3省을 말한다.

2) 軍容使楊復恭 克用所善也 : ≪五代史記纂誤續補≫ 卷上에 "살펴보건대 윗 단락에서 이미 '克用과 친하였다.'라고 서술하였으니, 여기 '克用所善也' 다섯 글자는 삭제해도 된다.〔按上旣曰與克用善 此克用所善也五字可去〕"라고 하였다.

是時에 潞州將馮霸가 叛降于梁하니 梁遣葛從周하야 入潞州하다 唐이 以京兆尹孫揆爲昭義軍節度使하니 克用遣李存孝하야 執揆於長子[1]하고 又遣康君立하야 取

潞州하다 **十一月**에 **濬及克用戰于陰地**하야 **濬軍三戰三敗**하니 **濬建遯歸**라 **克用兵**이 **大掠晉絳**하야 **至于河中**하니 **赤地**[2]**千里**라 **克用**이 **上表自訴**에 **其辭慢侮**어늘 **天子爲之引咎**하야 **優詔答之**하다

이때에 潞州將 馮霸가 반란을 일으켜 梁나라에 항복하니, 梁나라가 葛從周를 보내 노주로 들어가게 하였다. 唐나라가 京兆尹 孫揆를 昭義軍節度使로 삼으니, 李克用이 李存孝를 보내 長子에서 손규를 사로잡고, 또 康君立을 보내 노주를 취하였다.

11월에 張濬과 이극용이 陰地에서 싸워 장준의 군사가 세 번 싸워 세 번을 패하니, 장준과 韓建이 달아나 돌아왔다. 이극용의 병사가 晉州와 絳州를 크게 약탈하고 河中에까지 이르니, 千里가 모두 赤地가 되었다. 이극용이 表文을 올려 스스로 해명하였지만 그 말이 오만하였는데, 천자가 자신의 과실로 돌리고 優渥한 詔書로 답하였다.

1) 長子 : 지금의 山西省 長子縣이다.

2) 赤地 : 원뜻은 가뭄 및 홍수 등의 재해로 농작물을 거둬들일 것이 하나도 없는 땅인데, 여기서는 약탈로 인해 폐허가 된 것을 말한다.

二年二月에 **復拜克用河東節度使隴西郡王**하고 **加檢校太師兼中書令**하다 **四月**에 **攻赫連鐸于雲州**하야 **圍之百餘日**하니 **鐸走吐渾**[1]하다 **八月**에 **大蒐**[2]**于太原**하니 **出晉絳**하야 **掠懷孟**하야 **至于邢州**하고 **遂攻王鎔于鎭州**하다 **克用**이 **柵常山西**하야 **以十餘騎渡滹沱**(호타)[3]**覘敵**한대 **遇大雨**하야 **平地水深數尺**이라 **鎭人襲之**하야 **克用匿林中**하야 **禱其馬曰 吾世有太原者**니 **馬不嘶**라하니 **馬偶不嘶以免**이라 **前軍李存孝**가 **取臨城**하고 **進攻元氏**한대 **李匡威救鎔**이어늘 **克用還軍邢州**하다

大順 2년(891) 2월에 李克用을 다시 河東節度使 隴西郡王에 배수하고 檢校太師兼中書令의 벼슬을 더해주었다. 4월에 雲州에서 赫連鐸을 공격하여 100여 일을 포위하니, 혁련탁이 吐渾으로 달아났다.

8월에 太原에서 大蒐하니, 이극용이 晉州와 絳州로 나와 懷州와 孟州를 약탈하여 邢州에까지 이르렀고 마침내 鎭州에서 王鎔을 공격하였다. 이극용이 常山縣 서쪽에

성책을 세우고 기병 10여 기를 거느리고 滹沱河를 건너 적을 정탐하였는데, 큰 비를 만나 평지에 물이 수 尺이나 깊어졌다. 이에 鎭州의 사람들이 습격하자 이극용이 숲 속으로 숨어 자신의 말에게 애원하며 말하기를 "나는 대대로 太原을 소유한 사람이니, 말아 울지 마라."라고 하니, 말이 마침 울지 않아 위기를 면할 수 있었다.

前軍 李存孝가 臨城을 취하고 진군하여 元氏縣을 공격하자 李匡威가 왕용을 구원해주었는데, 이극용이 邢州로 돌아갔다.

1) 吐渾 : 唐나라 말기 및 五代 시대 때 山西省 북부 및 察哈爾省 남부에 살았던 유목 민족이다. 吐谷渾(토욕혼)이라고도 한다.
2) 大蒐 : 천자와 제후가 5년에 한 번씩 개최하는 대규모 閱兵式을 말한다.
3) 滹沱(호타) : 山西省에서 발원하여 河北省으로 유입되는 강 이름이다.

景福元年에 **王鎔攻邢州**한대 **李存信李嗣勳等**이 **敗鎔于堯山**[1)]하다 **二月**에 **會王處存攻鎔**하야 **戰于新市**[2)]하야 **爲鎔所敗**하다 **八月**에 **李匡威攻雲州**하야 **以牽克用之兵**이어늘 **克用潛入于雲州**하야 **返出擊匡威**하니 **匡威敗走**하다 **十月**에 **李存孝**가 **以邢州叛**하다 **二年**에 **存孝求援於王鎔**한대 **克用出兵井陘**[3)]하야 **擊鎔**하고 **且以書招鎔**하야 **而急攻其平山**하니 **鎔懼**하야 **遂與克用通和**하야 **獻帛五十萬匹**하고 **出兵**하야 **助攻邢州**하다

景福 元年(892)에 王鎔이 邢州를 공격하였는데, 李存信과 李嗣勳 등이 堯山에서 왕용을 패퇴시켰다. 2월에 王處存과 회합하여 왕용을 공격하여 新市에서 싸워 왕용에게 패하였다. 8월에 李匡威가 雲州를 공격하여 李克用의 군사를 牽制하였는데, 이극용이 몰래 운주로 들어가서 도로 나와 이광위를 공격하니 이광위가 패하여 달아났다. 10월에 李存孝가 형주를 거점으로 반란을 일으켰다.

경복 2년(893)에 이존효가 왕용에게 구원을 청하자 이극용이 井陘으로 출병하여 왕용을 공격하고, 또 서신을 보내 왕용에게 항복을 권하고서 빠르게 平山을 공격하였다. 그러자 왕용이 두려워하여 마침내 이극용과 和親을 맺어 비단 50만 필을 바치고 출병하여 형주를 공격하는 것을 도왔다.

1) 堯山 : 지금의 桂林에서 약 10㎞ 떨어진 곳에 있다. 周나라로부터 唐나라에 이르기까지 산위에 堯임금을 섬기는 사당이 세워져 있어 堯山이라 부르게

되었다.

2) 新市 : 지금의 河北省 保定에 있는 區를 가리킨다.

3) 井陘 : 지금의 河北省 남서부에 있는 縣 이름이다.

乾寧元年二月에 執存孝殺之하다 冬에 攻幽州한대 李匡儔가 棄城走어늘 追至景城에 見殺하여 以劉仁恭爲留後하다 二年에 河中王重榮卒하니 其諸子珂珙爭立이라 克用은 請立珂하고 鳳翔李茂貞邠寧王行瑜華州韓建은 請立珙이라 昭宗이 初兩難之라가 乃以宰相崔胤爲河中節度使하고 旣而오 許克用立珂하다 茂貞等怒하야 三鎭兵犯京師라가 聞克用亦起兵하고 乃皆罷去하다 六月에 克用攻絳州하야 斬刺史王瑤하다 瑤는 珙弟이니 助珙以爭者라

乾寧 元年(894) 2월에 李存孝를 잡아 죽였다. 겨울에 幽州를 공격하였는데, 李匡儔가 성을 버리고 달아나거늘 추격하여 景城에 이르렀을 때 이광주가 피살당하자 劉仁恭을 留後로 삼았다.

건녕 2년(895)에 河中의 王重榮이 졸하자 그 아들인 王珂와 王珙이 자리를 놓고 다투었다. 李克用은 왕가를 세울 것을 청하고 李鳳祥, 李茂貞, 邠寧 王行瑜, 華州 韓建은 왕공을 세울 것을 청하였다. 昭宗이 처음에는 두 사람 모두 어렵다고 여기다가 비로소 宰相 崔胤을 河中節度使로 삼고, 이윽고 〈왕가를 세우라는〉 이극용의 청을 들어 왕가를 후계로 세웠다. 이무정 등이 노하여 세 鎭의 군사가 京師를 침범하였다가 이극용도 군사를 일으켰다는 소식을 듣고는 이에 모두 군사를 해산하고 떠났다.

6월에 이극용이 絳州를 공격하여 刺史 王瑤를 참수하였다. 왕요는 왕공의 아우이니, 왕공을 도와 자리를 다투던 사람이었다.

七月에 至于河中하니 同州王行約이 奔于京師하야 陽言曰 沙陀十萬至矣라하고 謀奉天子幸邠州하고 茂貞假子閻圭도 亦謀劫幸鳳翔하니 京師大亂이라 昭宗이 出居于石門하니 克用軍留月餘不進이라 昭宗이 遣延王戒丕丹王允하야 兄事克用하고 且告急하다 八月에 克用이 進軍渭橋하니 以爲邠寧四面行營都統하고 昭宗이 還京師라 十

一月에 克用擊破邠州하니 王行瑜走하야 至慶州見殺이라 克用이 還軍雲陽하고 請擊茂貞하니 昭宗이 慰勞克用하야 使與茂貞解仇以紓難하고 拜克用忠正平難功臣하고 封晉王하다 是時에 晉軍渭北이러니 遇雨六十日이라 或勸克用入朝어늘 克用未決이라 都押衙蓋(갑)寓가 曰 天子還自石門하야 寢未安席하니 若晉兵渡渭면 人情豈復能安이리오 勤王而已니 何必朝哉리오하니 克用이 笑曰 蓋寓猶不信我어든 況天下乎아하고 乃收軍而還하다

7월에 河中에 이르니, 同州의 王行約이 京師로 달아나 거짓으로 말하기를 "沙陀의 10만 군사가 이르렀다."라고 하고는 천자를 邠州로 모시고 떠날 것을 도모하였다. 그리고 李茂貞의 양자 李閻圭도 천자를 겁박하여 鳳翔으로 幸行할 것을 도모하니, 경사가 크게 혼란하였다. 昭宗이 경사를 나와 石門에 거처하니, 李克用의 군사는 한 달 남짓 駐屯만 하고 진군하지 않았다. 소종이 延王 李戒丕와 丹王 李允을 보내 이극용을 형으로 섬기고 또 급변을 고하게 하였다.

8월에 이극용이 渭橋로 진군하자 이극용을 邠寧四面行營都統으로 삼고, 소종이 경사로 돌아왔다.

11월에 이극용이 빈주를 격파하니, 王行瑜가 달아나 慶州에 이르러 피살되었다. 이극용이 雲陽으로 회군하고 이무정을 공격할 것을 청하니, 소종이 이극용을 위무하고서 이무정과 화해하여 國難을 해결하게 하였다. 그리고 이극용을 忠正平難功臣에 배수하고 晉王에 봉하였다.

이때에 晉나라 군사가 渭水 북쪽에 주둔하고 있었는데, 60일 동안 비가 내렸다. 혹자가 이극용에게 入朝할 것을 권하거늘 이극용이 결정하지 못하였다. 都押衙 蓋寓가 말하기를 "천자가 石門에서 京師로 돌아와 寢席이 편안하지 못하니, 만약 晉나라 군사가 위수를 건너면 인정상 어찌 다시 안정되겠습니까. 勤王할 따름이니 어찌 굳이 입조할 필요가 있겠습니까."라고 하였다. 이극용이 웃으며 말하기를 "갑우조차도 나를 믿지 않는데, 더구나 천하 사람들은 더 말할 것이 있겠는가."라고 하고 이에 군사를 거두어 돌아갔다.

三年正月에 昭宗이 復(부)以張濬爲相[1)]하니 克用曰 此朱全忠之謀也라하고 乃上表하야

曰 若陛下朝以濬爲相이면 則臣將暮至闕庭하리이다하니 京師大恐하야 濬命遽止하다 朱全忠之攻兗鄆也에 克用이 遣李存信하야 假道魏州하야 以救朱宣等이라 存信이 屯于莘縣에 軍士侵掠魏境이어늘 羅弘信이 伏兵攻之하니 存信敗走洺州라 克用이 自將擊魏에 戰于洹水라가 亡其子落落하다 六月에 破魏成安洹水臨漳等十餘邑하다 十月에 又敗魏人于白龍潭하고 進攻觀音門이러니 全忠救至하야 乃解하다 四年에 劉仁恭이 叛晉이어늘 克用以兵五萬擊仁恭하야 戰于安塞하야 克用大敗라

乾寧 3년(896) 정월에 昭宗이 다시 張濬을 재상으로 삼으니, 李克用이 말하기를 "이는 朱全忠의 계략이다."라고 하였다. 이에 表文을 올려 말하기를 "만약 폐하께서 아침에 장준을 재상으로 삼으시면 신은 장차 저녁에 군사를 거느리고 궐의 뜰에 이를 것입니다."라고 하니, 京師가 크게 두려워하여 장준을 재상으로 삼으려는 명을 급히 중지하였다.

주전충이 兗州와 鄆州를 공격할 때에 이극용이 李存信을 보내 魏州에 길을 빌려 朱宣 등을 구원하려고 하였다. 이존신이 莘縣에 주둔함에 군사들이 위주를 침범하여 약탈하거늘 羅弘信이 복병으로 공격하니, 이존신이 패하여 洺州로 달아났다. 이극용이 스스로 군사를 거느리고 위주를 공격할 때에 洹水에서 싸우다가 아들 落落을 잃었다. 6월에 위주의 成安·洹水·臨漳 등 10여 개의 읍을 격파하였다. 10월에 또 白龍潭에서 위주의 군사를 패퇴시키고 진군하여 觀音門에 이르렀는데, 주전충이 구원하기 위해 이르자 그제야 군사를 해산하였다.

건녕 4년(897)에 劉仁恭이 晉나라를 배반하거늘 이극용이 군사 5만을 거느리고 유인공을 공격하여 安塞에서 싸웠는데 이극용이 크게 패하였다.

1) 三年正月……復(부)以張濬爲相 : ≪五代史記纂誤補≫ 卷上에 "삼가 살펴보건대, ≪新唐書≫ 〈張濬傳〉에 '韋昭度가 죽자 孔緯를 등용하여 재상으로 삼았다. 그러므로 張濬도 兵部尙書에 배수하였으니 장차 다시 등용하려고 해서이다.'라고 하였고 ≪舊唐書≫에도 내용이 같다. ≪資治通鑑≫에도 '상이 다시 재상으로 삼으려 하였다.'라고 하였으니, 여기 復자 위에 응당 欲자나 혹은 將자가 누락된 것이다.〔謹按新唐書張濬傳云 韋昭度死 復用孔緯爲相 故濬亦拜兵部尙書 將復用 舊唐書同 通鑑亦作上欲復相之 此復字上當脫欲字或將字〕"

라고 하였다.

光化元年에 **朱全忠**이 **遣葛從周**하야 **攻下邢洺磁三州**라 **克用**이 **遣周德威**하야 **出青山口**하야 **遇從周于張公橋**[1]한대 **德威大敗**하다 **冬**에 **潞州守將薛志勤卒**한대 **李罕之據潞州**하야 **叛附于朱全忠**하다 **二年**에 **全忠**이 **遣氏叔琮**하야 **攻破承天軍**하고 **又破遼州**하야 **至于楡次**[2]한대 **周德威敗之于洞渦**[3]하다 **秋**에 **李嗣昭復取澤潞**하다 **三年**에 **嗣昭敗汴軍于沙河**[4]하고 **復取洺州**어늘 **朱全忠**이 **自將圍之**하니 **嗣昭走**라가 **至青山口**하야 **遇汴伏兵**하야 **嗣昭大敗**하다 **秋**에 **嗣昭取懷州**하다 **是歲**에 **汴人攻鎭定**하니 **鎭定皆絶晉**하야 **以附于朱全忠**하다

光化 원년(898)에 朱全忠이 葛從周를 보내 邢州·洺州·磁州 3州를 함락시켰다. 李克用이 周德威를 보내 青山口로 나가 張公橋에서 갈종주의 군사와 만났는데 주덕위가 크게 패하였다. 겨울에 潞州守將 薛志勤이 졸하자 李罕之가 潞州를 점거하고 반란을 일으켜 주전충에게 붙었다.

광화 2년(899)에 주전충이 氏叔琮을 보내 承天軍을 공격하여 격파하고 또 遼州를 격파하고서 楡次에 이르렀는데, 주덕위가 洞渦에서 패퇴시켰다. 가을에 李嗣昭가 澤州와 潞州를 다시 공격하여 취하였다.

광화 3년(900)에 이사소가 沙河에서 汴州의 군사를 패퇴시키고 다시 洺州를 취하였는데, 朱全忠이 스스로 군사를 거느리고 포위하니 이사소가 달아나다 청산구에 이르러 변주의 복병을 만나 이사소가 크게 패하였다. 가을에 이사소가 懷州를 취하였다. 이해에 변주 사람들이 鎭州와 定州를 공격하니, 진주와 정주가 모두 晉나라와 斷交하고 주전충에게 붙었다.

1) 張公橋 : 지금의 湖北省 宜昌市 秭歸縣에 있는 다리 이름이다.
2) 楡次 : 지금의 山西省 晉中에 있는 區 이름이다.
3) 洞渦 : 驛站 이름으로 同戈驛이라고도 한다. 지금의 山西省 太原市 淸徐縣 王答鄕 同戈站村이다.
4) 沙河 : 지금의 河北省 邢台 남부의 太行山(태항산) 동쪽 기슭에 위치한 市 이름이다.

天復元年에 全忠封梁王하다 梁攻下晉絳河中하고 執王珂以歸하다 晉失三與國이라 乃下意爲書幣聘梁以求和라 梁王이 以爲晉弱可取라 乃曰 晉雖請盟이나 而書辭慢이라하고 因大擧擊晉하다 四月에 氏叔琮은 入天井하고 張文敬은 入新口하고 葛從周는 入土門하고 王處直은 入飛狐하고 侯言은 入陰地라 叔琮取澤潞하고 其別將白奉國이 破承天軍한대 遼州守將張鄂과 汾州守將李瑭이 皆迎梁軍降하니 晉人大懼러니 會天大雨霖하야 梁兵多疾하야 皆解去하다 五月에 晉復取汾州하고 誅李瑭하다 六月에 周德威李嗣昭取慈隰하다

天復 元年(901)에 朱全忠을 梁王에 봉하였다. 梁나라가 晉州·絳州·河中을 함락하고 王珂를 잡아 돌아갔다. 晉나라가 세 동맹국을 잃었는지라 이에 뜻을 굽혀 書信을 작성하여 梁나라에 폐백을 갖추어 聘問하여 화친을 청하였다. 양왕은 晉나라가 약하여 취할 만하다고 여겼다. 이에 "晉나라가 비록 동맹을 청하지만 서신의 말이 거만하다."라고 하고 인하여 크게 군사를 일으켜 晉나라를 공격하였다.

4월에 氏叔琮은 天井으로 들어가고 張文敬은 新口로 들어가고 葛從周는 土門으로 들어가고 王處直은 飛狐로 들어가고 侯言은 陰地로 들어갔다. 씨숙종이 澤州·潞州를 취하고 그 別將 白奉國이 承天軍을 격파하자 遼州守將 張鄂과 汾州守將 李瑭이 모두 梁나라 군사를 맞이하여 항복하니, 晉나라 사람이 크게 두려워하였는데, 마침 큰 장맛비가 내려 梁나라 병사들이 질병에 걸린 이가 많아지자 모두 포위를 풀고 떠났다.

5월에 晉나라가 다시 汾州를 취하고 李瑭을 주살하였다. 6월에 周德威와 李嗣昭가 慈州와 隰州를 취하였다.

二年에 進攻晉絳하야 大敗于蒲縣이라 梁軍乘勝하야 破汾慈隰三州하고 遂圍太原하니 克用大懼하야 謀出奔雲州라 又欲奔匈奴[1]라가 未決에 而梁軍大疫解去하니 周德威가 復取汾慈隰三州하다 四年에 梁遷唐都于洛陽하고 改元曰天祐라 克用以謂劫天子以遷都者는 梁也라 天祐는 非唐號니 不可稱이라하고 乃仍稱天復이라 五年에 會契丹阿保機於雲中[2]하야 約爲兄弟하다 六年에 梁攻燕滄州하니 燕王劉仁恭이 來乞師어늘

克用恨仁恭反覆하야 **欲不許**라 **其子存勖**이 **諫曰 此吾復振之時也**라 **今天下之勢**는 **歸梁者十七八**이라 **彊如趙魏中山**이 **莫不聽命**하니 **是自河以北**은 **無爲梁患者**라 **其所憚者**는 **惟我與仁恭耳**니 **若燕晉合勢**면 **非梁之福也**라 **夫爲天下者**는 **不顧小怨**이라 **且彼常困我**나 **而我急其難**이면 **可因以德而懷之**니 **是謂一擧而兩得**이니 **此不可失之機也**라하다 **克用以爲然**하고 **乃爲燕出兵**하야 **攻破潞州**하니 **梁圍乃解去**어늘 **以李嗣昭爲潞州留後**하다 **七年**에 **梁兵十萬**이 **攻潞州**하야 **圍以夾城**[3]하니 **遣周德威**하야 **救潞州**하고 **軍于亂柳**라 **冬**에 **克用疾**이라 **是歲**에 **梁滅唐**하고 **克用復稱天祐**하다 **四年正月辛卯**에 **克用卒**하니 **年五十三**이라 **子存勖立**하고 **葬克用於鴈門**[4]하다

天復 2년(902)에 진군하여 晉州와 絳州를 공격하다가 蒲縣에서 크게 패하였다. 梁나라 군사가 승세를 타고서 汾州·慈州·隰州의 세 주를 격파하고 마침내 太原을 포위하니, 李克用이 크게 두려워하여 雲州로 달아날 것을 도모하였다. 또 匈奴로 달아나려고 하였으나 결정하기도 전에 梁나라 군사가 크게 역병에 걸려 포위를 풀고 떠나니, 周德威가 다시 분주·자주·습주의 세 주를 취하였다.

천복 4년(904)에 梁나라가 唐나라 都邑을 洛陽으로 옮기고 연호를 天祐로 고쳤다. 이극용이 이르기를 "천자를 겁박하여 천도한 것은 梁나라 때문이다. 천우는 唐나라의 연호가 아니니 쓸 수 없다."라고 하고 그대로 천복으로 칭하였다.

천복 5년(905)에 雲中에서 契丹 阿保機와 회동하여 맹약하여 형제가 되었다.

천복 6년(906)에 梁나라가 燕나라의 滄州를 공격하니, 燕王 劉仁恭이 와서 원군을 청하거늘 이극용이 유인공이 태도를 번복하는 것을 원망하여 허락하지 않으려 하였다.

그 아들 李存勖이 간하기를 "이는 우리들이 다시 세력을 떨칠 기회입니다. 지금 천하의 형세는 梁나라에 귀부한 나라가 열에 일고여덟인지라 趙나라·魏나라·中山과 같이 강대한 나라도 梁나라의 명을 받들지 않음이 없습니다. 이는 河水 북쪽은 梁나라의 우환이 될 만한 것이 없다는 것입니다. 梁나라가 두려워하는 대상은 오직 우리와 유인공밖에 없으니, 만약 燕나라와 晉나라가 연합한다면 梁나라는 이로울 것이 없습니다. 대저 천하를 다스리는 자는 작은 원한을 돌아보지 않는 법입니다. 또 저들이 늘 우리를 곤란하게 만들었지만 우리가 저들의 어려움에 급히 달려가준

다면 이를 계기로 德으로 저들을 품어줄 수 있으니, 이것이 一擧兩得이라는 것입니다. 이는 잃을 수 없는 기회입니다."라고 하였다.

이극용이 옳다고 여기고 비로소 燕나라를 위하여 출병하여 潞州를 공격하여 격파하니, 梁나라가 비로소 포위를 풀고 떠나거늘 晉나라가 李嗣昭를 潞州留後로 삼았다.

천복 7년(907)에 梁나라 군사 10만이 노주를 공격하여 夾城으로 포위하니, 周德威를 보내 노주를 구원하고 亂柳에 주둔하게 하였다. 겨울에 이극용이 병들었다. 이 해에 梁나라가 唐나라를 멸하고 이극용이 다시 연호를 天祐로 칭하였다.

天祐 4년(907) 正月 신묘일에 이극용이 졸하니 나이 53세였다. 아들 이존욱이 즉위하였고 鴈門에 이극용을 장사 지냈다.

1) 又欲奔匈奴 : ≪五代史記纂誤續補≫ 卷1에 "살펴보건대 ≪舊五代史≫ 〈外國列傳〉에 '契丹은 옛날 匈奴族이고, 回鶻은 그 선조가 흉노족이다.'라고 하였고, ≪新唐書≫ 〈突厥傳〉에 '突厥은 阿史那氏니 대개 옛날 匈奴의 북쪽 부락이었다.'라고 하였으니, 이때에 어찌 흉노라 칭할 수 있겠는가. ≪隋書≫ 〈突厥傳〉에 '대저 흉노와 풍속이 같다.'라고 하였고, ≪新五代史≫ 〈四夷附錄〉에 '奚는 본래 흉노의 別種이다.'라고 하였으니 모두 이때 흉노라는 호칭이 있었다고 말한 것은 아니다. ≪구오대사≫와 ≪신당서≫의 〈沙陀傳〉에는 北蕃으로 되어 있고, ≪資治通鑑≫에는 北虜로 되어 있으며, ≪신당서≫ 〈唐太祖 家人傳〉에는 北邊으로 되어 있으니, 비교적 타당하다.〔按薛史外國傳 契丹者 古匈奴之種也 回鶻 其先 匈奴之種也 新唐書突厥傳 突厥 阿史那氏 蓋古匈奴北部也 是此時 安得稱匈奴 隋書 突厥傳 大抵與匈奴同俗 此書四夷附錄 奚本匈奴之別種 皆非謂是時有匈奴號也 薛史新唐書沙陀傳 作北蕃 通鑑 作北虜 此書唐太祖家人傳 作北邊 較當〕"라고 하였다.

2) 雲中 : 지금의 內蒙古自治區 呼和浩特에 있는 縣 이름이다.

3) 夾城 : 적군의 성을 에워싸기 위해 건립한 壁壘를 말한다.

4) 鴈門 : 山西省 代縣의 서북쪽에 있는 지명이다. 山西省은 남북 교통과 內長城의 요충지로 鴈門山에 鴈門關을 설치하였는데, 春秋時代 唐나라 때 개통되어 宋나라 때에는 북방민족에 대한 중요한 방위지점이 되었다.

存勖은 克用長子也라 初에 克用이 破孟方立于邢州하고 還軍上黨[1)]하야 置酒三垂岡이라 伶人奏百年歌[2)]하야 至于衰老之際하야 聲辭甚悲하니 坐上皆悽愴이라 時에 存勖在側하니 方五歲라 克用이 慨然捋(랄)鬚하고 指而笑曰 吾行老矣나 此奇兒也니 後二十年에 其能代我戰于此乎인저하다 存勖은 年十一에 從克用하야 破王行瑜[3)]라 遣獻捷于京師하니 昭宗이 異其狀貌하야 賜以鸂鶒巵翡翠盤하고 而撫其背하고 曰 兒有奇表라 後當富貴하리니 無忘予家하라하다 及長에 善騎射하고 膽勇過人하고 稍習春秋에 通大義하고 尤喜音聲歌舞俳優之戲라

李存勖은 李克用의 長子이다. 애초에 이극용이 邢州에서 孟方立을 격파하고 上黨으로 환군하여 三垂岡에 주연을 베풀었다. 樂工이 〈百年歌〉를 노래하여 노쇠한 지경을 읊은 가사에 이르러 聲音과 가사가 몹시 슬퍼지니 좌중의 사람들이 모두 슬픔에 잠겼다. 이때에 이존욱이 옆에 있었는데 당시 5세였다. 이극용이 개연히 수염을 쓰다듬으며 이존욱을 가리켜 웃으며 말하기를 "나는 장차 늙을 것이지만 이 아이는 기특한 아이이니, 20년 뒤에 능히 나를 대신하여 이곳에서 싸울 수 있을 것이다."라고 하였다.

이존욱은 나이 11세에 이극용을 따라 王行瑜을 격파하였다. 이극용이 이존욱을 보내 京師에 승전보를 바치게 하니, 唐 昭宗이 그 모습을 기이하게 여겨 鸂鶒巵와 翡翠盤을 하사하고 등을 어루만지며 말하기를 "너는 기이한 외모가 있는지라 후에 응당 부귀해질 것이니, 나의 집안을 잊지 말라."라고 하였다.

장성하자 騎射를 잘하고 담력과 용맹함이 출중하였으며 ≪春秋≫를 조금 배우자 大義를 깨우쳤고 音樂·歌舞·俳優의 遊戲를 특히 좋아하였다.

1) 上黨 : 지금의 山西省 長治市에 해당한다.
2) 百年歌 : 六朝시대 晉나라 陸機(261~303)가 인생 100년을 10년씩 나눠 7언시 형식으로 지은 것이다.
3) 存勗……破王行瑜 : ≪五代史纂誤≫ 卷上에 "지금 ≪唐書≫ 〈本紀〉와 〈王行瑜傳〉을 살펴보면 '李克用이 昭宗 乾寧 2년 겨울에 王行瑜를 격파하고 참하였다.'고 하였는데, 이해는 乙卯年이므로 만약 이때에 莊宗이 11세라고 한다면 응당 乙巳年에 태어난 것이어야 한다. 그러나 〈莊宗紀〉 끝에 '同光 4년 4월에

장종이 崩하였다.'라고 하였고, 그 注에 '나이 43세였다.'라고 하였다. 이해는 丙戌年으로 그의 생년을 추론해보면 장종은 甲辰生이 되어야 한다. 이것이 첫 번째 증거이다. 또 〈唐廢帝紀〉에 '장종이 廢帝의 小字를 부르며 말하기를 「阿三아 나와 나이가 같을 뿐만 아니라 과감하게 전투하는 것 또한 나와 닮았다.」'라고 하였다. 살펴보건대 폐제가 崩하였을 때 나이가 53세였으니 이해는 丙申年이다. 그 생년을 추론해보면 역시 甲辰生이니, 이것이 두 번째 증거이다. 또 〈莊宗紀〉를 살펴보건대 이극용이 邢州에서 孟方立을 격파하고 上黨으로 환군하여 三垂岡에 주연을 베풀었을 때에 장종이 곁에 있었는데 그때 나이가 5세였다. 〈孟方立傳〉에 이르기를 '文德 元年(883)에 맹방립이 王鎔에게 군사를 빌려 晉을 공격할 때에 將帥 奚忠信을 보내 晉의 遼州를 공격하게 하였는데 해충신이 크게 패하였고 晉의 병사가 승기를 타고 공격하였다.'라고 하였다. 문덕 원년은 戊申年인데 장종이 막 5세였으니, 그 생년을 추론해보면 또한 甲辰生이다. 이것이 세 번째 증거이다. 이로 말미암아 말해보면 장종이 從軍하여 왕행유를 격파하고 승전보를 바쳤을 때는 응당 12세가 되어야 한다.〔今按唐書本紀幷王行瑜傳 克用以昭宗乾寧二年冬 破斬王行瑜 是年歲在乙卯 若是時莊宗年十一 則當以乙巳生 然莊宗紀末云 同光四年四月 莊宗崩 其注云 年四十三 是歲丙戌 推其生年 則莊宗合以甲辰生 此其證一也 又唐廢帝紀云 莊宗呼帝小字曰 阿三 不徒與我同年 其敢戰亦類我 按廢帝崩時 年五十三 是歲丙申 推其生年 亦合是甲辰生 此其二證也 又按莊宗紀 克用破孟方立于邢州 還軍上黨 置酒三垂岡時 莊宗在側 方五歲 而孟方立傳云 文德元年 方立乞兵于王鎔 以攻晉 乃遣將奚忠信攻晉遼州 忠信大敗 晉兵乘勝攻之 文德元年歲在戊申時 莊宗方五歲 推其生年 則亦合是甲辰生 此其證三也 由此言之 則莊宗從破王行瑜獻捷時 當爲年十二也〕"라고 하였다.

天祐五年正月에 卽王位于太原하다 叔父克寧이 殺都虞候李存質하니 倖臣史敬鎔이 告克寧謀叛하다 二月에 執而戕之하고 且以先王之喪叔父之難告周德威하니 德威自亂柳還軍太原하다 梁夾城兵이 聞晉有大喪하고 德威軍且去하고 因頗懈라 王謂諸將曰 梁人이 幸我大喪하고 謂我少而新立無能爲也하니 宜乘其怠擊之라하다 乃出兵하야 趨上黨하야 行至三垂岡한대 歎曰 此는 先王置酒處也라하다 會天大霧晝暝이라 兵行

霧中하야 攻其夾城하야 破之하니 梁軍大敗라 凱旋告廟하다 九月에 蜀王王建岐王李茂貞及楊崇本이 攻梁大安[1)]한대 晉亦遣周德威하야 攻其晉州하야 敗梁軍于神山하다

天祐 5년(908) 정월에 太原에서 王位에 올랐다. 숙부인 李克寧이 都虞候 李存質을 죽이니, 총애하던 신하인 史敬鎔이 이극녕이 반란을 도모한다고 고변하였다. 2월에 이극녕을 잡아 죽이고 또 先王의 喪과 숙부의 변란을 周德威에게 고하니, 주덕위가 亂柳로부터 태원으로 회군하였다.

梁나라 夾城의 병사들이 晉나라에 큰 喪이 있고 주덕위의 군사마저 떠났다는 소식을 듣고는 이로 인해 크게 기강이 해이해졌다. 晉王이 장수들에게 말하기를 "梁나라 사람들이 우리에게 큰 喪이 있음을 다행으로 여기고, 나를 두고 어린 데다 새로 왕위에 올라 할 수 있는 일이 없다고 생각하고 있으니, 저들이 해이해졌을 때를 틈타 공격해야만 한다."라고 하였다. 이에 출병하여 上黨으로 향해 가다 三垂岡에 이르렀는데, 탄식하며 말하기를 "이곳은 선왕께서 주연을 베풀었던 곳이다."라고 하였다. 마침 짙은 안개가 껴 낮인데도 어두웠기에 군사를 안개 속에 행군시켜 협성을 공격하여 격파하니 梁나라 군사가 크게 패하였다. 凱旋하여 祠堂에 고하였다.

9월에 蜀王 王建, 岐王 李茂貞, 楊崇本이 梁나라 大安을 공격하였는데, 晉나라 또한 주덕위을 보내 晉州를 공격하게 하여 神山에서 梁나라 군사를 패퇴시켰다.

1) 大安 : 지금의 四川省 自貢에 있는 區 이름이다.

六年에 劉知俊이 叛梁하고 來乞師하니 王이 自將至陰地關하야 遣周德威하야 攻晉州하야 敗梁軍于蒙阬하다 七年冬에 梁遣王景仁하야 攻趙한대 趙王王鎔이 來乞師라 諸將皆疑鎔詐하야 未可出兵이어늘 王不聽하고 乃救趙하다 八年正月에 敗梁軍于柏鄉하야 斬首二萬級하고 獲其將校三百人馬三千匹하다 進攻邢州나 不下하야 留兵圍之하고 去攻魏하다 別遣周德威하야 徇梁夏津[1)]高唐[2)]하고 攻博州하야 破東武朝城[3)]하고 遂擊黎陽[4)]臨河[5)]淇門하고 掠新鄉共城[6)]하다 燕王劉守光이 聞晉攻梁深入하고 乃大治兵하야 聲言助(梁)[7)]晉한대 王患之하야 乃旋師하다 七月에 會趙王王鎔于承天軍하다 劉守光稱帝于燕하다

天祐 6년(909)에 劉知俊이 梁나라를 배반하고 와서 원군을 청하니, 왕이 스스로 군사를 거느리고 陰地關에 이르러 周德威를 보내 晉州를 공격하게 하여 蒙阬에서 梁나라 군사를 패퇴시켰다.

천우 7년(910) 겨울에 梁나라가 王景仁을 보내 趙나라를 공격하자 趙王 王鎔이 와서 원군을 요청하였다. 장수들이 모두 왕용의 속임수라고 의심하여 원군을 보내서는 안 된다고 하였는데, 왕은 듣지 않고 이에 趙나라를 구원해주었다.

천우 8년(911) 정월에 柏鄉에서 梁나라 군사를 패퇴시켜 2만 명을 참수하고 將校 300명과 말 3천 필을 노획하였다. 진군하여 邢州를 공격하였으나 점령하지 못하여 병사를 남겨두어 포위하고는 떠나 魏州를 공격하였다. 별도로 周德威를 보내 梁나라의 夏津과 高唐을 점령하고 博州를 공격하여 東武와 朝城을 격파하고 마침내 黎陽·臨河·淇門을 공격하여 新鄉과 共城을 빼앗았다.

燕王 劉守光이 晉나라가 梁나라를 공격하여 깊이 들어갔다는 말을 듣고는 이에 크게 병사를 정비하여 晉나라를 돕는다고 소문을 내자 왕이 이를 근심하여 비로소 회군하였다.

7월에 承天軍에서 조왕 왕용과 회동하였다. 유수광이 燕에서 황제를 칭하였다.

1) 夏津 : 지금의 중국 山東省 德州에 있었던 縣 이름이다.
2) 高唐 : 지금의 중국 山東省 聊城에 있었던 縣 이름이다.
3) 朝城 : 지금의 중국 山東省 莘縣 지역을 말한다.
4) 黎陽 : 지금의 중국 河南省 浚縣 동남쪽 지역이다.
5) 臨河 : 지금의 중국 內蒙古自治區 巴彦淖爾에 있는 區 이름이다.
6) 共城 : 지금의 河北省 范陽縣 지역을 말한다.
7) (梁) : 저본에는 '梁'이 있으나, ≪新五代史≫에 의거하여 衍文으로 처리하였다.

九年正月에 遣周德威하야 會鎭定하야 以攻燕이라 守光求救于梁하야 梁軍攻趙하야 屠棗彊하니 李存審擊走之라 八月에 朱友謙이 以河中叛于梁來降한대 梁遣康懷英討友謙하니 友謙復臣于梁이나 而亦陰附于晉이라 十年十月에 劉守光請降하여 王如幽州한대 守光背約不降하니 攻破之라 十一年에 殺燕王劉守光于太原하고 用其父仁恭

于鴈門하다 **於是**에 **趙王王鎔**과 **北平王王處直**이 **奉冊推王爲尙書令**하고 **始建行臺**[1)]라 **七月**에 **攻梁邢州**하야 **戰于張公橋**나 **晉軍大敗**라

天祐 9년(912) 정월에 周德威를 보내 鎭州와 定州의 군사들과 연합하여 燕나라를 공격하였다. 劉守光이 梁나라에 구원을 청하자 梁나라 군사가 趙나라를 공격하여 棗彊을 도륙하니, 李存審이 공격하여 패주시켰다.

8월에 朱友謙이 河中을 가지고 梁나라를 배반하여 와서 항복하자 梁나라가 康懷英을 보내 주우겸을 토벌하니, 주우겸이 다시 梁나라의 신하가 되었지만 또한 몰래 晉나라에게 귀부하였다.

천우 10년(913) 10월에 유수광이 항복을 청하여 왕이 幽州로 가자 유수광이 약속을 어기고 항복하지 않으니, 공격하여 격파하였다.

천우 11년(914)에 燕王 유수광을 太原에서 죽이고 그 아버지 仁恭을 鴈門에서 등용하였다. 이에 趙王 王鎔과 北平王 王處直이 冊書를 받들고 왕을 천거하여 尙書令으로 삼고 비로소 行臺를 건립하였다.

7월에 梁나라의 邢州를 공격하여 張公橋에서 싸웠으나 晉나라 군사가 크게 패하였다.

1) 行臺 : 지방에 있는 臺省을 이르는 말로, 魏·晉시대에 처음으로 두었다. 이는 出征하였을 때에 주둔한 곳에 설치한 중앙을 대표하는 정무 기구였는데, 北朝 후기에 이르러서 尙書大行臺라 칭하고 중앙과 다름없이 관속을 설치하여 자체적으로 행정 계통을 형성하였다.

十二年에 **魏州軍亂**하야 **賀德倫**이 **以魏博二州**로 **叛于梁來附**라 **王入魏州**하야 **行至永濟**하야 **誅其亂首張彦**하고 **以其兵五百自衛**하고 **號帳前銀鎗軍**이라 **六月**에 **王兼領魏博節度使**하고 **取德州**하다 **七月**에 **取澶州**라 **劉鄩軍于洹水**하니 **王率百騎**하야 **覘其營**이라가 **遇鄩伏兵**하야 **圍之數重**하니 **決圍而出**에 **亡七八騎**라 **八月**에 **梁復取澶州**라 **晉軍與鄩對壘于莘**한대 **晉軍數挑戰**이나 **鄩閉壁不出**이라

天祐 12년(915)에 魏州의 군사가 반란을 일으키자 賀德倫이 魏州와 博州 두 개

의 州를 가지고 梁나라를 배반하고 와서 귀부하였다. 왕이 위주로 들어가 진군하여 永濟에 이르러 반란의 수괴 張彦을 참하고, 그의 병사 500명에게 자신을 호위하게 하고는 帳前銀鎗軍이라 명명하였다.

7월에 澶州를 취하였다. 劉鄩이 洹水에 군대를 주둔하자 왕이 기병 100騎를 거느리고 진영을 염탐하다 유심의 복병을 만나 몇 겹으로 포위되었는데 포위를 뚫고 나옴에 기병 7, 8騎를 잃었다.

8월에 梁나라가 다시 전주를 취하였다. 晉나라 군사가 유심과 莘縣에서 대치하였는데, 晉나라 군사가 수차례 도발하여 싸우려 하였으나 유심이 보루의 문을 닫고 출전하지 않았다.

十三年正月에 **王留李存審于莘**하고 **聲言西歸**하니 **鄩聞晉王且去**하고 **卽引兵擊魏**하야 **攻城東**이라 **王行至貝州**하야 **返擊鄩**하야 **大敗之**하고 **追至于故元城**하야 **又敗之**하니 **鄩走黎陽**하다 **三月**에 **攻梁衛州**하야 **降其刺史米昭**하고 **克磁州**하야 **殺其刺史靳昭**하다 **四月**에 **克洺州**하고 **八月**에 **圍邢州**하야 **降其節度使閻寶**하다 **梁張筠**이 **棄相州**하고 **戴思遠棄滄州而逃**하야 **遂取二州**한대 **而貝州人殺梁守將張源德以城降**하다 **契丹寇蔚州**하야 **執振武節度使李嗣本**하다 **十四年**에 **契丹寇新州**하고 **遂寇幽州**하니 **李嗣源擊走之**하다 **冬**에 **梁謝彦章軍于楊劉**[1)]하다 **十二月**에 **攻楊劉**할새 **王自負芻以堙塹**하야 **遂破之**하다

天祐 13년(916) 정월에 왕이 莘縣에 李存審을 남겨두고 서쪽으로 돌아간다고 소문을 내자, 劉鄩이 晉王이 떠난다는 소식을 듣고 즉시 병사를 이끌고 魏州를 공격하여 성 동쪽을 공격하였다. 왕이 행군하다 貝州에 이르러 회군하여 유심을 공격하여 크게 패퇴시키고, 추격하여 옛 元城에 이르러 또 패퇴시키니, 유심이 黎陽으로 달아났다.

3월에 梁나라 衛州를 공격하여 刺史 米昭를 투항하게 하였고, 磁州를 점령하여 刺史 靳昭를 죽였다. 4월에 洺州를 점령하고 8월에 邢州를 포위하여 節度使 閻寶를 투항하게 하였다. 梁나라 張筠이 相州를 버리고 戴思遠이 滄州를 버리고 달아나 마침내 두 州를 취하자 貝州의 사람들이 梁나라 守將 張源德을 죽이고 성을 가지고

투항하였다. 契丹이 蔚州를 침범하여 振武節度使 李嗣本을 사로잡았다.

천우 14년(917)에 거란이 新州를 침범하고 마침내 幽州를 침범하자 李嗣源이 공격하여 패주시켰다. 겨울에 梁나라 謝彦章이 楊劉에 주둔하였다. 12월에 양류를 공격할 때에 왕이 스스로 꼴을 짊어지고 해자를 메워 마침내 격파하였다.

1) 楊劉 : 지금의 山東省 東阿縣 지역을 말한다.

十五年正月에 **梁晉相拒于楊劉**한대 **彦章決河水以隔晉軍**하다 **六月**에 **渡水擊彦章**하야 **破其四寨**라 **八月**에 **大閱于魏**하고 **合盧龍橫海昭義安國及鎭定之兵十萬馬萬匹**하야 **軍于麻家渡**[1]하다 (王)〔謝〕[2]**彦章**은 **軍于行臺**하다 **十二月**에 **進軍臨濮**한대 **梁軍追之**하야 **戰于胡柳**하야 **晉軍大敗**하고 **周德威死之**하다 **梁軍暮休于土山**이어늘 **晉軍復擊**하야 **大敗之**하고 **遂軍德勝**[3]하고 **爲夾寨**[4]하다 **十六年正月**에 **王兼領盧龍軍節度使**하다 **梁王瓚**이 **攻德勝南城不克**하다 **十月**에 **廣德勝北城**하고 **十二月**에 **敗梁軍于河南**하다

天祐 15년(918) 정월에 梁나라와 晉나라가 楊劉에서 서로 대치하고 있었는데, 謝彦章이 河水의 물을 틔워 晉나라 군사를 막았다. 6월에 물을 건너 사언장을 공격하여 4개의 목책을 격파하였다. 8월에 魏州에서 크게 閱兵하고 盧龍·橫海·昭義·安國 및 鎭州·定州의 병사 10만 명과 군마 1만 필과 연합하여 麻家渡에 주둔하였다. 사언장은 行臺에 주둔하였다.

12월에 진군하여 臨濮에 주둔하였는데, 梁나라 군사가 추격하여 胡柳에서 전투를 벌여 晉나라 군사가 크게 패하였고 周德威가 전사하였다. 梁나라 군사가 저물녘에 土山에서 휴식을 취하고 있었는데, 晉나라 군사가 다시 공격하여 크게 패퇴시키고 마침내 德勝에 주둔하고 夾寨를 세웠다.

천우 16년(919) 정월에 왕이 盧龍軍節度使를 겸하였다. 梁나라 王瓚이 德勝南城을 공격하였으나 이기지 못하였다. 10월에 德勝北城을 확충하고, 12월에 河南에서 梁나라 군사를 패퇴시켰다.

1) 麻家渡 : 지금의 山東省 鄄城에 있었던 듯하다.

2) (王)〔謝〕: 저본에는 '王'으로 되어 있으나, ≪新五代史≫에 의거하여 '謝'로 바로잡았다.
3) 德勝 : 지금의 河南省 濮陽市 濮陽縣이다.
4) 夾寨 : 적군의 성을 빙 둘러싸 세운 보루를 말한다.

十七年에 **朱友謙襲同州**하니 **梁遣劉鄩擊友謙**이어늘 **李存審**이 **敗梁軍于同州**하다 **十八年正月**에 **魏州僧傳眞**이 **獻唐受命寶**[1]**一**하니 **趙將張文禮**가 **弑其君鎔**하고 **文禮來請命**하다 **二月**에 **以文禮爲鎭州兵馬留後**하다 **三月**에 **河中節度使朱友謙昭義軍節度使李嗣昭橫海軍節度使李存審義武軍節度使王處直安國軍節度使李嗣源鎭州兵馬留後張文禮**가 **領天平軍節度使閻寶大同軍節度使李存璋振武軍節度使李存進匡國軍節度使朱令德**하야 **請王卽皇帝位**하다 **王三辭**어늘 **友謙等**이 **三請**하니 **王曰 予當思之**호리라하다

天祐 17년(920)에 朱友謙이 同州를 습격하니 梁나라가 劉鄩을 보내 주우겸을 공격하게 하였는데, 李存審이 동주에서 梁나라 군사를 패퇴시켰다.

천우 18년(921) 정월에 魏州의 승려 傳眞이 唐나라의 受命寶 하나를 바치니 趙나라 장수 張文禮가 군주 王鎔을 시해하고 장문례가 와서 歸附할 것을 청하였다. 2월에 장문례를 鎭州兵馬留後로 삼았다.

3월에 河中節度使 朱友謙, 昭義軍節度使 李嗣昭, 橫海軍節度使 李存審, 義武軍節度使 王處直, 安國軍節度使 李嗣源, 鎭州兵馬留後 張文禮가 天平軍節度使 閻寶, 大同軍節度使 李存璋, 振武軍節度使 李存進, 匡國軍節度使 朱令德을 거느리고서 왕에게 황제의 지위에 오를 것을 청하였다. 왕이 세 번 사양하자 주우겸 등이 세 번 청하니 왕이 "내가 생각해보겠다."라고 하였다.

1) 受命寶 : 중국의 皇帝가 가지고 있는 옥새 가운데 하나이다. 황제는 傳國信寶, 受命寶, 皇帝行寶, 皇帝之寶, 皇帝信寶, 天子行寶, 天子之寶, 天子信寶 등 여덟 개의 옥새를 가지고 있는데, 각 옥새마다 쓰는 용도가 다르다.

八月遣趙王王鎔故將符習及閻寶史建瑭等하야 **攻張文禮於鎭州**하니 **建瑭取趙州**라

張文禮卒에 其子處瑾이 閉城拒守하다 九月에 建瑭戰死하고 十月梁戴思遠攻德勝北城한대 李嗣源敗之于戚城하다 王處直이 叛附于契丹하니 其子都幽處直以來附하다 十二月에 契丹寇涿州하고 遂寇定州하다 十九年正月에 敗契丹于新城望都하고 追奔至于幽州하다 三月에 閻寶敗于鎭州하야 以李嗣昭代之하고 四月에 嗣昭戰死하야 以李存進代之하다 八月에 梁取衛州하고 九月에 存進敗鎭人于東垣이나 存進戰死하다 十月에 李存審克鎭州하니 王兼領成德軍節度使하다 同光[1]元年春三月에 李繼韜以潞州叛附于梁하다 夏四月己巳에 皇帝卽位하고 大赦하며 改元國號唐이라

8월에 趙王 王鎔의 옛 장수 符習·閻寶·史建瑭 등을 보내 鎭州에서 張文禮를 공격하게 하니, 사건당이 趙州를 취하였다. 장문례가 죽자 아들 張處瑾이 성문을 닫고 항거하여 지켰다. 9월에 사건당이 전사하고, 10월에 梁나라 戴思遠이 德勝北城을 공격하자 李嗣源이 戚城에서 패퇴시켰다. 王處直이 배반하여 契丹에게 귀부하니, 그 아들 王都가 왕처직을 유폐시키고 와서 귀부하였다. 12월에 거란이 涿州를 침범하고 마침내 定州를 침범하였다.

天祐 19년(922) 정월에 거란을 新城과 望都에서 패퇴시키고 달아나는 거란을 추격하여 幽州에 이르렀다. 3월에 閻寶가 鎭州에서 패하자 李嗣昭로 교체하였고, 4월에 이사소가 전사하자 李存進으로 교체하였다. 8월에 梁나라가 衛州를 취하고, 9월에 이존진이 東垣에서 鎭州의 군사를 패퇴시켰으나 이존진은 전사하였다. 10월에 李存審이 진주를 점령하니 왕이 成德軍節度使를 겸하여 통솔하였다.

同光 元年(923) 봄 3월에 李繼韜가 潞州를 가지고 배반하여 梁나라에 귀부하였다. 여름 4월 己巳에 皇帝에 즉위하고 크게 사면령을 내렸으며 연호를 바꾸고 國號를 唐이라 하였다.

1) 同光 : 後唐 莊宗의 연호로 923년~926년의 기간에 사용되었다.

嗚呼라 世久而失其傳者多矣니 豈獨史官之謬哉리오 李氏之先은 蓋出於西突厥하야 本號朱邪(야)러니 至其後世하야 別自號曰沙陀요 而以朱邪爲姓이요 拔野古爲始祖라 其自序云 沙陀者는 北庭[1]之磧也라 當唐太宗時하야 破西突厥諸部하고 分同羅僕

骨之人於此磧하야 置沙陀府하고 而以其始祖拔野古爲都督이라 其傳子孫하야 數世皆爲沙陀都督이라 故其後世에 因自號沙陀라 然이나 予考於傳記하니 其說皆非也라 夷狄無姓氏요 朱邪는 部族之號耳라 拔野古與朱邪는 同時人이요 非其始祖며 而唐太宗時에 未嘗有沙陀府也라

오호라. 세대가 오래 지남에 잘못 전해진 것이 많으니, 어찌 史官만의 잘못이겠는가. 李氏의 선조는 대개 西突厥에서 나와 본래 朱邪라고 불렀는데, 후세에 이르러 별도로 沙陀라고 불렀고 주야를 姓으로 삼고 拔野古를 시조로 삼았다.

그들의 自序에 이르기를 "사타는 北庭의 사막이었다. 唐 太宗 때에 서돌궐의 여러 部를 격파하고 同羅·僕骨의 사람들을 이 사막에 분산해두고는 沙陀府를 설치하고 시조인 발야고를 都督으로 삼았다. 자손들에게 전하여 수 세대가 모두 沙陀都督이 되었다. 그러므로 후세에 인하여 사타라고 스스로 불렀다."라고 하였다.

그러나 내가 傳記를 상고해보니 그 설은 모두 잘못된 것이었다. 夷狄은 姓氏가 없고 주야는 부족의 호칭일 뿐이었다. 발야고와 주야는 동시대의 사람이고 그들의 시조가 아니며 唐 太宗 때에는 일찍이 사타부가 없었다.

1) 北庭 : 중국에서 北匈奴가 살던 지역을 말한다.

唐太宗이 破西突厥하고 分其諸部하야 置十三州하야 以同羅爲龜林都督府하고 僕骨爲金微都督府하고 拔野古爲幽陵都督府하니 未嘗有沙陀府也라 當是時하야 西突厥有鐵勒薛延陀阿史那之類가 爲最大요 其別部에 有同羅僕骨拔野古等은 以十數蓋其小者也라 又有處月處密諸部하니 又其小者也라 朱邪者는 處月別部之號耳니 太宗二十二年에 已降(항)拔野古라 其明年에 阿史那賀魯叛한대 至高宗永徽[1]二年하야 處月朱邪孤注從賀魯戰于牢山이라가 爲契苾何力所敗하야 遂沒不見이라 後百五六十年에 當憲宗時하야 有朱邪盡忠及子執宜見於中國하고 而自號沙陀하야 以朱邪爲姓矣라 蓋沙陀者는 大磧也니 在金莎山[2]之陽蒲類海[3]之東이라 自處月以來로 居此磧하야 號沙陀突厥이요 而夷狄無文字傳記하고 朱邪又微不足錄이라 故其後世自失其傳이라 至盡忠孫하야 始賜姓李氏하고 後大而夷狄之人이 遂以沙陀爲貴種云

唐 太宗

唐 太宗이 西突厥을 격파하고 여러 部로 나누어 13州를 두고서 同羅를 龜林都督府로 삼고 僕骨을 金微都督府로 삼고 拔野古를 幽陵都督府로 삼았으니, 일찍이 沙陀府는 존재하지도 않았다. 이때에 서돌궐에 鐵勒·薛延陀·阿史那의 무리들이 가장 큰 부락이었고, 다른 部로 동라·복골·발야고 등 10여 개 部가 있었는데, 대개 작은 부락이었다. 또 處月·處密 등의 部도 있었는데, 더 작은 부락이었다.

朱邪는 처월에 별도로 있는 部의 호칭일 뿐이었으니 태종 22년(648)에 이미 발야고에게 항복하였다. 이듬해에 阿史那賀魯가 반란을 일으켰는데, 高宗 永徽 2년(651)에 이르러 처월과 朱邪孤注가 아사나하로를 따라 牢山에서 전투를 벌였다가 契苾何力에게 패하여 마침내 사라져 보이지 않았다. 백오륙십년 뒤 憲宗 때에 朱邪盡忠과 아들 朱邪執宜가 中國에 나타났고 沙陀라고 스스로 칭하며 주야를 姓으로 삼았다.

대개 사타는 큰 사막이니 金莎山의 남쪽 蒲類海의 동쪽에 있다. 처월로부터 이래로 이 사막에 거처하여 沙陀突厥이라 불렀는데 夷狄은 문자로 기록을 전한 것이 없는 데다 주야는 더 작은 부족이므로 기록이 없었다. 그러므로 후세에 절로 전함을 잃은 것이다. 주야진충의 손자에 이르러 비로소 李氏 姓을 하사받았고 후에 강성해져 이적의 사람들이 마침내 사타를 귀한 종족으로 여겼다.

1) 永徽 : 650~655. 唐 高宗의 첫 번째 연호이다.
2) 金莎山 : 내몽골 고원 騰格里沙漠의 습지에 있는 산이름이다.
3) 蒲類海 : 지금의 중국 新疆維吾爾自治區 巴里坤에 위치한 호수이름으로 巴里坤湖라고도 부른다.

02. 唐明宗紀* 後唐 明宗의 本紀

* 後唐 明宗(867~933)은 先系가 契丹에서 나와 姓氏가 없었다. 父親인 李霓(또는 李電)가 鴈門部將이 되어 아들 邈佶烈을 낳았는데, 李克用이 막길렬의 사람됨을 알아보고는 養子로 삼고 李氏 姓과 함께 嗣源이라는 이름을 하사하였다. 이사원은 晉王 李克用과 莊宗 李存勖을 호종하여 수많은 전공을 세웠는데, 장종이 사치와 향락에 빠져 정사를 돌보지 않다가 무장들에게 시해되자 추대를 받아 皇位에 오르게 된다. 〈唐明宗紀〉는 ≪舊五代史≫ 卷35 〈唐書 第11 明宗本紀〉, ≪新五代史≫ 卷6 〈唐本紀 第6 明宗〉에 각각 실려 있다.

이 本紀는 앞부분에서는 명종이 재위 전 진왕과 장종을 호종하여 梁나라・거란과의 전투에서 큰 전공을 세워 신임을 얻는 과정을 서술하였고, 뒷부분에서는 장종이 명종을 의심하고 견제하면서 생겨난 갈등으로 인해 결국 장종이 魏州에서 반란을 일으킨 趙在禮와 결탁하고 장종 사후에 황제에 즉위하는 과정을 서술하였다.

특히 ≪신오대사≫에는 ≪구오대사≫와는 달리 명종이 즉위하는 과정을 "4월 丁亥에 장종이 崩하니, 己丑에 洛陽으로 들어갔다.……丙午에 西宮에서 비로소 제사를 지내고 장종의 靈柩 앞에서 황제에 즉위하여 衮龍袍와 冕旒冠으로 喪服을 대체하였다."라고 간략하게 서술하였다. 여기에 대해 徐無黨은 '비로소 제사를 올렸다.'는 말은 제사가 늦었음을 드러낸 것이고, '영구 앞에서 황제에 즉위하였다.'에 대해서는 관 앞에서 즉위하는 것은 제위를 계승하는 군주의 예인데 반역을 한 신하가 스스로 즉위하여 군주의 예를 사용한 것이라고 하였으며, '곤룡포와 면류관으로 상복을 대체하였다.'에 대해서는 급히 상복을 벗고 면류관을 입은 것으로 거짓된 마음을 드러낸 것이라고 하였다. 즉 歐陽脩는 이러한 서술방식을 통해 명종의 황위 계승이 정당하지 않음을 넌지시 드러내었다.

史論에서는 명종이 처음 즉위한 뒤로 勤儉을 실천하고 法律을 엄하게 적용하는 등 백성을 긍휼히 여겨 治世에 뜻을 두었지만 夷狄의 성품이 총명하지 못하여 누차 죄 없는 신하를 주살하였고, 결국 아들 李從榮의 반란에 충격을 받아 통한을 머금고 세상을 마쳤다고 서술하였다. 이를 통해 명종의 치적과 과실을 분명하게 드러내었고 아울러 후세에 나라를 다스리는 군주에 대한 勸

戒를 드리웠다.

明宗聖德和武欽孝皇帝는 世本夷狄하니 無姓氏라 父霓[1]가 爲鴈門部將하야 生子邈佶烈한대 以騎射事太祖라 爲人質厚寡言하고 執事恭謹하야 太祖養以爲子하고 賜名嗣源이라 梁攻兗鄆에 朱宣朱瑾來乞師하니 太祖遣李存信하야 將兵三萬救之라 存信留莘縣不進하고 使嗣源別以兵三千先(格)〔擊〕[2]梁兵하니 梁兵解去라 存信留莘縣久之라가 爲羅弘信所襲하야 存信敗走하니 嗣源獨殿而還하다 太祖以嗣源所將騎五百으로 號橫衝都라하다

明宗聖德和武欽孝皇帝는 先世가 夷狄에서 나왔으니 姓氏가 없다. 아버지 霓가 鴈門部將이 되어 아들 邈佶烈을 낳았는데 騎射로 太祖(李克用)를 모셨다. 사람이 淳厚하고 과묵하였고 일을 처리함에 공손하고 조심하여 태조가 養子로 삼고 嗣源이란 이름을 내려주었다.

梁나라가 兗州와 鄆州를 공격할 때에 朱宣·朱瑾이 와서 원병을 청하니, 태조가 李存信을 보내 병사 3만 명을 거느리고 가 구원하게 하였다. 이존신은 莘縣에 머물며 진군하지 않고 李嗣源에게 따로 병사 3천을 거느리고 가 梁나라 군사를 먼저 공격하게 하니, 梁나라 군사가 흩어져 달아났다. 이존신이 신현에 오랫동안 머물다가 羅弘信의 습격을 받아 이존신이 패하여 달아나니, 이사원이 홀로 후방을 엄호하면서 돌아왔다. 태조가 이사원이 거느리던 騎兵 5백을 橫衝都라 불렀다.

1) 霓 : '電'으로도 쓴다.

2) (格)〔擊〕: 저본에는 '格'으로 되어 있으나, ≪新五代史≫에 의거하여 '擊'으로 바로잡았다.

光化[1]三年에 李嗣昭가 攻梁邢(洛)〔洺〕[2]하야 出青山이라가 遇葛從周兵하야 嗣昭大敗走하니 梁兵追之라 嗣源從間道後至하야 謂嗣昭曰 爲公一戰이라하고 乃解鞍礪鏃하야 憑高爲陣하야 左右指畫하니 梁追兵望之莫測이라 嗣源이 急呼曰 吾取葛公하면 士卒可無動가하고 乃馳騎犯之하야 出入奮擊하고 嗣昭繼進하니 梁兵解去라 嗣

源이 身中四矢하니 太祖가 解衣賜藥以勞之라 由是로 李橫衝名重四方이라

光化 3년(900)에 李嗣昭가 梁나라의 邢州와 洺州를 공격하기 위해 靑山에서 출전하였다가 葛從周의 병사를 만나 이사소가 크게 패하여 달아나니 梁나라 군사가 추격하였다. 李嗣源이 샛길을 따라 뒤늦게 이르러 이사소에게 말하기를 "공을 위해 한번 싸워보겠습니다."라고 하고, 이에 말안장을 풀고 화살촉을 다듬고는 높은 곳을 점령하여 陣을 만들고 좌우를 가리키며 지휘하니, 梁나라의 추격병들이 바라만 볼 뿐 의도를 알아차리지 못하였다.

이사원이 급히 소리쳐 말하기를 "내가 葛公을 잡으면 사졸들이 동요하지 않겠는가?"라고 하고, 이에 말을 달려 돌진하여 縱橫無盡 공격하고 이사소도 뒤이어 진군하니, 梁나라 병사가 흩어져 달아났다. 이사원이 네 발의 화살을 몸에 맞았는데, 太祖가 옷을 벗어주고 약을 내려주어 위로하였다. 이 일을 계기로 李橫衝의 명성이 사방에 높아졌다.

1) 光化 : 898~901. 唐나라 昭宗의 다섯 번째 연호이다.

2) (洛)〔洺〕: 저본에는 '洛'으로 되어 있으나, ≪新五代史≫에 의거하여 '洺'으로 바로잡았다.

梁晉相拒于柏鄕한대 梁龍驤軍이 以赤白馬爲兩陣하고 旗幟鎧仗도 皆如馬色하니 晉兵望之하고 皆懼하다 莊宗擧鍾以飮嗣源曰 卿望梁家赤白馬懼乎아 雖吾나 亦怯也라하니 嗣源笑曰 有其表爾니 翌日에 歸吾廐也라하다 莊宗大喜曰 卿當以氣呑之라하다 因擧鍾飮(酣)〔釂〕[1]하고 奮檛馳騎하야 犯其白馬하야 挾二裨將而還이라 梁兵敗에 以功拜代州刺史라 莊宗攻劉守光할새 嗣源及李嗣昭가 將兵三萬하야 別出飛狐하야 定山後[2]하고 取武嬀儒三州하니 莊宗已平魏州하고 因徇下磁相하야 拜相州刺史昭德軍節度使하다 久之에 徙鎭安國하다

梁나라와 晉나라가 柏鄕에서 서로 대치하고 있었는데, 梁나라 龍驤軍이 적색 말과 흰색 말로 두 陣을 만들고 旗幟·鐵甲·무기도 모두 말의 색깔과 똑같이 채색하니, 晉나라의 군사들이 바라보고는 모두 겁을 먹었다.

莊宗이 술잔을 들고 李嗣源에게 마시게 하고는 말하기를 "卿은 梁나라의 적색과 흰색 말을 보고 두려운가? 비록 나라도 역시 두렵다."라고 하니, 이사원이 웃으며 말하기를 "겉으로 그렇게 보일 뿐이니, 내일이면 우리 마구간으로 들어올 것입니다."라고 하였다. 장종이 크게 기뻐하며 "卿은 氣勢로 저들을 삼킬 만하다."라고 하였다. 이사원이 인하여 술잔을 들어 다 마시고는 채찍을 휘둘러 말을 달려 흰색 말이 있는 곳으로 달려가 두 명의 裨將을 사로잡아 돌아왔다. 梁나라 병사가 패함에 공으로 代州刺史에 배수되었다.

장종이 劉守光을 공격하였는데, 李嗣源과 李嗣昭는 군사 3만을 이끌고 따로 飛狐에서 출병하여 山後를 평정하고 武州·嬀州·儒州 세 州를 취하니, 장종이 이미 魏州를 평정하고 인하여 磁州·相州를 차례로 점령하고서 이사원을 相州刺史 昭德軍節度使에 배수하였다. 오래 지나 安國으로 옮겨 鎭守하였다.

1) (酣)〔釂〕: 저본에는 '酣'으로 되어 있으나, ≪新五代史≫에 의거하여 '釂(조)'로 바로잡았다.
2) 山後 : 옛 地區의 이름으로 지금의 山西省과 河北省 사이에 위치하였다.

契丹攻幽州한대 **莊宗遣嗣源**하야 **與閻寶等擊走之**하다 **同光元年**에 **徙鎭橫海**라 **是時**에 **梁唐相拒于河上**한대 **李繼韜以潞州**[1]**叛降梁**이라 **莊宗有憂色**하야 **召嗣源帳中**하야 **謂曰 繼韜以上黨降梁**하야 **而梁方急攻澤州**라 **吾出不意**하야 **攻其鄆州**하야 **以斷梁右臂**하니 **可乎**아하니 **嗣源對曰 夾河之兵**이 **久矣**니 **苟非出奇**면 **則大計不決**하니 **臣請獨當之**라하다 **乃以步騎五千**으로 **涉濟**하야 **至鄆州**하니 **鄆人無備**라 **遂襲破之**라 **即拜天平軍節度使蕃漢馬步軍副總管**하다

契丹이 幽州를 공격하자 莊宗이 李嗣源을 보내 閻寶 등과 함께 격퇴하여 패주시켰다.

同光 원년(923)에 橫海로 옮겨 鎭守하였다. 이때에 梁나라와 唐나라가 黃河에서 서로 대치하고 있었는데, 李繼韜가 潞州를 가지고 반란을 일으켜 梁나라에 항복하였다. 장종이 근심 어린 기색을 띠고 이사원을 장막 안으로 불러 말하기를 "이계도가 上黨을 가지고 梁나라에 투항하여 梁나라가 비로소 澤州를 급하게 공격하고 있

다. 내가 저들이 생각지도 못한 기습병을 보내 鄆州를 습격하여 梁나라의 오른팔을 자르려 하니 가능하겠는가?"라고 하였다.

이사원이 대답하기를 "황하를 끼고 대치하여 주둔해 있은 지 오래되었으니, 만일 不意에 기습병을 보내지 못한다면 큰 계책이 성사되지 않을 것입니다. 신이 홀로 이 일을 맡기를 바랍니다."라고 하였다.

이에 步兵과 騎兵 5천 명을 거느리고 濟水를 건너 운주에 이르니, 운주의 사람들이 방비가 없으므로 마침내 습격하여 격파하였다. 곧 天平軍節度使 蕃漢馬步軍副總管에 배수되었다.

1) 潞州 : 지금의 山西省 長治市 일대에 해당하는데, 옛 이름은 上黨이며 春秋時代에 晉의 지명으로 등장한다. 戰國時代에 漢에 의해 上黨郡이 설치된 후 唐나라 초기까지 이어졌으나, 唐에 의해 潞州로 개편되었다.

梁軍攻破德勝南柵하니 **莊宗退保楊劉**[1]하고 **王彦章急攻鄆州**어늘 **莊宗悉軍救之**라 **嗣源爲前鋒**하야 **擊敗梁軍**하고 **追至中都**하야 **擒彦章及梁監軍張漢傑**하다 **彦章雖敗**나 **而段凝悉將梁兵**하야 **屯河上**하니 **莊宗未知所嚮**이라 **諸將多言乘勝以取靑齊**라하니 **嗣源曰 彦章之敗**를 **凝猶未知**하니 **使其聞之**면 **遲疑定計**가 **亦須三日**이라 **縱使料吾所嚮**하야 **亟發救兵**이라도 **必渡黎陽**하리니 **數萬之衆舟檝非一日具也**라 **此去汴州**가 **不數百里**요 **前無險阻**하니 **方陣**[2]**而行**이면 **信宿可至**라 **汴州已破**면 **段凝豈足顧哉**리오하다 **而郭崇韜**도 **亦勸莊宗入汴**하니 **莊宗**이 **以爲然**하고 **遣嗣源**하야 **以千騎先至汴**하야 **攻封丘門**하니 **王瓚開門降**하다

梁나라 군사가 德勝의 남쪽 성채를 공격하여 격파하자 莊宗은 물러나 楊劉를 지켰고, 王彦章이 급히 鄆州를 공격하자 장종이 군사를 총동원하여 구원하였다. 李嗣源이 先鋒이 되어 梁나라 군사를 격퇴하고 추격하여 中都에 이르러 왕언장과 梁나라 監軍 張漢傑을 사로잡았다. 왕언장이 비록 패하였지만 段凝이 梁나라 병사를 모두 거느리고 黃河 가에 주둔하니, 장종이 어디로 진군해야 할지를 몰랐다.

장수들이 승기를 타고 靑州와 齊州를 취해야 한다고 많이들 말하니 이사원이 말하기를 "왕언장이 패배한 것을 단응은 아직 모르고 있으니, 만일 이 사실을 알게 한

다면 주저하다 계획을 확정하는 데에 또한 3일 정도 소요될 것입니다. 가령 우리들이 향하는 곳을 알게 되어 급히 원병을 보내더라도 반드시 黎陽을 건너야 할 것이니, 수만 명의 군사들을 태울 배를 하루 만에 마련할 수는 없을 것입니다. 여기에서 汴州까지의 거리가 수백 里가 되는 것도 아니고, 진군하는 길이 험하지도 않으니 方陣을 펼쳐 진군하면 이틀 만에 도착할 수 있습니다. 변주가 이미 격파되면 단응이 어찌 돌아보겠습니까?"라고 하였다.

郭崇韜도 장종에게 변주로 들어갈 것을 권하니 장종이 옳다고 여기고 이사원을 보내 1천 명의 騎兵으로 변주에 먼저 이르러 封丘門을 공격하게 하니 王瓚이 문을 열고 항복하였다.

1) 楊劉 : 지금의 山東省 東阿縣 일대이다.
2) 方陣 : 方形의 軍陣을 말한다. 고대에는 方形・圓形・雁行・鉤行 등 다양한 陣法이 있었다.

莊宗後至하야 **見嗣源**하고 **大喜**하야 **手攬其衣以頭觸之曰 天下與爾共之**호리라하고 **拜中書令**하다 **二年**에 **莊宗**이 **祀天南郊**하고 **賜以鐵券**[1]하다 **五月**에 **破楊立于潞州**하고 **六月**에 **徙鎭宣武**하고 **兼蕃漢內外馬步軍總管**하다 **冬**에 **契丹侵漁陽**하니 **嗣源敗之于涿州**하다 **三年**에 **徙鎭成德**하다 **莊宗幸鄴**하야 **請朝行在**어늘 **不許**라 **貞簡太后**[2]**疾**에 **請入省**이어늘 **又不許**러니 **太后崩**에 **請赴山陵**하니 **許之**나 **而契丹侵邊**하야 **乃止**하다 **十二月**에 **遂朝于洛陽**하다

莊宗이 뒤에 이르러 李嗣源을 보고 크게 기뻐하며 손으로 그의 옷을 당겨 머리를 맞대고 말하기를 "天下를 그대와 함께 공유할 것이다."라고 하고 中書令에 배수하였다.

同光 2년(924)에 장종이 南郊에서 하늘에 제사 지내고 鐵券을 하사하였다. 5월에 潞州에서 楊立을 격파하고, 6월에 宣武로 옮겨 鎭撫하고 蕃漢內外馬步軍總管을 겸하였다. 겨울에 契丹이 漁陽을 침범하니, 이사원이 涿州에서 패퇴시켰다.

동광 3년(925)에 成德으로 옮겨 진무하였다. 장종이 鄴州로 幸行하니 이사원이 行在所로 조회 가기를 청하였으나 허락하지 않았다. 貞簡太后가 병에 걸리자 들어

가 병문안할 것을 청하였는데, 또 허락하지 않았다. 太后가 崩하자 山陵으로 달려갈 것을 청하니 허락하였으나, 거란이 국경을 침범하여 이에 그만두었다. 12월에 마침내 洛陽으로 가 조회하였다.

1) 鐵券 : 옛날에 임금이 공신에게 내려주어 免罪 등의 특권을 누리게 한 증명서를 말하는데 鐵製의 契券에 丹砂로 썼으므로 보통 丹砂鐵券이라고 부른다.
2) 貞簡太后 : ?~925. 後唐 太祖 李克用의 寵妾이고, 後唐 莊宗 李存勖의 모친이다.

天成[1)]元年에 郭崇韜朱友謙이 皆以讒死하고 嗣源以名位高하니 亦見疑忌라 趙在禮反於魏하니 大臣皆請遣嗣源討賊이어늘 莊宗不許하다 群臣이 屢請莊宗하니 不得已而遣之하다 三月壬子에 嗣源至魏[2)]하야 屯御河[3)]南하니 在禮登樓謝罪하다 甲寅에 軍變하야 嗣源入于魏하야 與在禮合하야 夕出止魏縣[4)]하다 丁巳에 以其兵南하야 遣石敬瑭하야 將三百騎爲先鋒하고 嗣源行過鉅鹿하야 掠小坊馬二千匹以益軍[5)]하다 壬申에 入汴州하다 四月丁亥에 莊宗崩하니 己丑에 入洛陽하다 甲午에 監國하고 朝群臣于興聖宮하다 乙未에 中門使安重誨[6)]爲樞密使하고 殺元行欽及租庸使孔謙하다 壬寅에 左驍衛大將軍孔循爲樞密使하다 丙午에 始奠于西宮[7)]하고 皇帝卽位于柩前하야 易斬衰(최)以衮冕[8)]하다 壬子에 魏王繼岌薨[9)]하다 甲寅에 大赦改元하다

天成 원년(926)에 郭崇韜와 朱友謙이 모두 참소로 죽고, 李嗣源이 명망과 지위가 높아지니, 또한 의심과 시기를 받았다. 趙在禮가 魏州에서 반란을 일으키니, 대신들이 모두 이사원을 보내 적을 토벌할 것을 청하였지만 莊宗이 허락하지 않았다. 신하들이 장종에게 누차 청하니, 어쩔 수 없이 이사원을 보냈다.

3월 壬子에 이사원이 위주에 이르러 御河 남쪽에 주둔하니, 조재례가 城樓에 올라 謝罪하였다. 甲寅에 군사들이 변란을 일으키자 이사원이 위주로 들어가 조재례와 합류하였다가 저녁에 나와 魏縣에 이르렀다. 丁巳에 군사를 거느리고 남쪽으로 가 石敬瑭을 보내 기병 300騎를 거느리고 선봉으로 삼았고, 이사원은 행군하여 鉅鹿을 지나면서 작은 坊의 말 2천 필을 노략질하여 軍에 보태었다. 壬申에 汴州로 들어갔다.

4월 丁亥에 장종이 崩하니, 己丑에 洛陽으로 들어갔다. 甲午에 國事를 관리 감독하고 興聖宮에서 군신을 召見하였다. 乙未에 中門使 安重誨를 樞密使로 삼고, 元行欽과 租庸使 孔謙을 죽였다. 壬寅에 左驍衛大將軍 孔循을 추밀사로 삼았다. 丙午에 西宮에서 비로소 제사를 지내고 장종의 靈柩 앞에서 황제에 즉위하여 袞龍袍와 冕旒冠으로 喪服을 대체하였다. 壬子에 魏王 李繼岌이 薨하였다. 甲寅에 사면령을 크게 내리고 年號를 바꾸었다.

袞冕

1) 天成 : 926~929. 後唐 明宗 때의 연호이다.
2) 三月壬子 嗣源至魏 : ≪五代史纂誤≫ 卷上에 "지금 〈唐本紀〉를 살펴보면 4월 丁亥朔에 莊宗이 崩하였다고 하였으니 그렇다면 3월 안에는 壬子日이 있을 수 없다. 응당 2월 壬子日이 되어야 한다.〔今按莊宗紀 四月丁亥朔 莊宗崩 則三月內不當有壬子日 當爲二月壬子也〕"라고 하였다.
3) 御河 : 중국의 黃河과 淮河를 연결하는 運河로 隋 煬帝 때 개통하였다. 당시는 通濟渠 또는 汴河라 하였으며 唐나라 때에는 廣濟渠라고도 불렀다. 洛陽과 開封의 중간 지점인 河陰에서 황하로부터 갈라져 남동쪽으로 향하면서 盱眙에 이르러 淮河와 합류한다.
4) 甲寅軍變……夕出止魏縣 : ≪五代史纂誤≫ 卷上에 "지금 〈霍彦威傳〉을 살펴보면 '明宗이 성에 들어와 趙在禮와 주연을 마련하여 크게 회합하였는데, 성 밖에 거느리던 군사들이 명종이 반란을 일으켰다는 소식을 듣고는 모두 흩어져 달아났다. 오직 霍彦威가 거느린 5천 명은 營城 서북쪽 모퉁이에서 움직이지 않고 2일간 머물렀다. 명종이 다시 나와 곽언위의 병사를 얻어 마침내 魏縣으로 갔다.'라고 하였다. 지금 여기에서는 '甲寅에 군사들이 변란을 일으키자 魏州의 반란군과 회합하여 저녁에 위현을 나왔다고 하였으니 두 설이 같지 않다. 어느 설이 옳은지 알지 못하겠다.〔今按霍彦威傳云 明宗入城 與趙在禮置酒大會 而部兵在外者 聞明宗反 皆潰去 獨彦威所將五千人 營城西北隅不動 居

二日 明宗復出 得彦威兵 乃之魏縣 今此乃云 甲寅軍變 與魏叛兵合 夕出魏縣 二說不同 未知孰是〕"라고 하였다.

5) 嗣源行過鉅鹿 掠小坊馬二千匹以益軍 : ≪五代史記纂誤續補≫ 卷上에 "삼가 살펴보건대 鉅鹿은 邢州의 동북쪽에 있어서 곧장 魏州의 북쪽에 위치하니, 李嗣源이 위주로부터 남쪽으로 행군하면 거록을 지나갈 수 없다. 〈康福傳〉에 의거해보면 '明宗이 위주로부터 相州를 지날 때에 康福이 작은 坊의 말 2천 필을 가지고 귀순하였다.'라고 하였으니, 그렇다면 거록은 응당 상주의 誤記가 된다. 또 別本에 本紀의 二千에 대해 三千으로 되어 있는 것도 있는데 〈강복전〉과 내용이 일치하지 않으니 응당 二千을 따르는 것이 옳다.〔謹按鉅鹿在邢州東北 正直魏州之北 嗣源自魏南行 不得道出鉅鹿也 據康福傳 明宗自魏過相州 福以小坊馬二千匹歸命 則鉅鹿當是相州之誤 又別本於紀之二千有作三千者 與康傳不合 當從二爲是〕"라고 하였다.

6) 安重誨 : 應州 사람이다. 젊어서부터 明宗을 섬겨 총애를 받았다. 명종이 즉위하자 兵部尙書와 中書令을 맡았다. 뒤에 권력을 멋대로 휘두르다가 참소를 받아 죽었다.

7) 始奠于西宮 : 徐無黨의 註釋에 "'始奠'이라 말한 것은 일을 천천히 진행시킨 것을 드러낸 것이다. 己丑年에 洛陽으로 들어온 뒤로 여기에 이르기까지가 20일이 지났다.〔曰始奠 見其緩也 自己丑入洛至此 二十日矣〕"라고 하였다.

8) 易斬衰(최)以袞冕 : 徐無黨의 註釋에 "이미 嗣君의 예를 사용하고서 대번에 상복을 벗고 면류관을 썼다. 그러므로 서술하여 그 마음을 드러낸 것이다.〔旣用嗣君之禮矣 遽釋縗而服冕 故書以見其情〕"라고 하였다.

9) 魏王繼岌薨 : 徐無黨의 註釋에 "왕들의 죽음은 서술하지 않는데, 여기에 서술한 것은 明宗이 거병한 것은 실로 도리어 郭從謙이 莊宗을 시역하는 일을 당하여 마침내 赴難에 의탁하여 명분을 삼은 것을 드러낸 것이다. 명종이 즉위할 때에 미쳐 장종의 元子가 오히려 살아 있었으니 그 말이 비굴하다.〔諸王薨不書 此書者 見明宗擧兵 實反會從謙弑逆 遂託赴難爲名 及卽位時 莊宗元子猶在 則其辭屈矣〕"라고 하였다. 李繼岌(?~926)은 後唐 莊宗의 元子이다.

嗚呼라 **自古**로 **治世少而亂世多**하니 **三代之王有天下者皆數百年**이로되 **其可道者**는

數君而已어든 **況於後世邪**(야)며 **況於五代邪**아

아, 예로부터 治世는 적고 亂世는 많았으니 三代(夏·殷·周)의 왕이 天下를 소유한 것이 모두 數百年이었지만 말할 만한 사람은 두세 군주뿐이다. 하물며 후세에 있어서며, 하물며 五代에 있어서랴.

予聞長老爲予言하되 **明宗雖出夷狄**이나 **而爲人純質**하야 **寬仁愛人**하니 **於五代之君**에 **有足稱也**라 **嘗夜焚香**하야 **仰天而祝**하야 **曰 臣本蕃人**이니 **豈足治天下**리오 **世亂久矣**니 **願天早生聖人**하소서

나는 長老가 나에게 다음과 같은 말을 해주는 것을 들었다.

"明宗이 비록 夷狄 출신이지만 사람이 순수하고 질박하여 寬仁하고 사람을 사랑하니 五代의 임금 중에 칭송할 만하다. 일찍이 밤에 향을 피우고 하늘을 우러러 축원하여 '臣이 본래 변방의 사람이니 어찌 천하를 다스릴 수 있겠습니까. 그러나 난세가 오래 지속되니 원컨대 하늘에서 빨리 聖人을 내려주십시오.'라고 하였다."

自初卽位로 **減罷宮人伶官**하고 **廢內藏庫四方所上物**하야 **悉歸之有司**하다 **廣壽殿火災**어늘 **有司理之**하야 **請加丹雘**하니 **喟然嘆曰 天以火戒我**하니 **豈宜增以侈邪**(야)리오하다 **歲嘗旱**이라가 **已而雪**이러니 **暴坐庭中**하야 **詔武德司**하야 **宮中無得掃雪**하고 **曰 此天所以賜我也**라하다 **數問宰相馮道**[1]**等民間疾苦**하고 **聞道等言穀帛賤民無疾疫**하면 **則欣然曰 吾何以堪之**리오 **當與公等作好事以報上天**이라하고 **吏有犯贓**이면 **輒置之死**하야 **曰 此民之蠹也**라하고 **以詔書褒廉吏孫岳等**하야 **以風示天下**하니 **其愛人恤物**이 **蓋亦有意於治矣**라

처음 즉위한 때로부터 宮人과 伶官을 감축하고, 內藏庫로 들어오는 四方에서 상납하는 재물을 폐지하여 모두 有司에게 귀속시켰다. 廣壽殿에 火災가 발생하자 有司가 다스려 단청을 칠할 것을 청하니, 한숨지으며 탄식하기를 "하늘이 화재로 나를 경계하니, 어찌 사치함을 더하겠는가?"라고 하였다.

한 해의 날씨가 일찍이 가물다가 이윽고 눈이 내리니, 궁전 뜰 가운데 눈을 맞으

며 앉아 武德司에 명하여 宮中에 눈을 쓸어내지 못하게 하고, "이것은 하늘이 나에게 준 것이다."라고 하였다.

수차례 宰相 馮道 등에게 民間의 疾苦를 묻고, 풍도 등이 '곡식과 비단은 흔하고 백성들은 질고가 없다.'라고 말하는 것을 들으면 흔연히 기뻐하며 "내가 어떻게 감당하겠는가? 마땅히 공들과 더불어 좋은 일을 하여 上天에 보답할 것이다."라고 하였다.

관리 가운데 贓物罪를 범하면 곧바로 사형에 처하면서 "이는 백성의 좀이다."라고 하였다. 그리고 청렴한 관리 孫岳 등에게 조서를 내려 褒奬하여 천하에 訓示하니, 사람을 사랑하고 백성을 긍휼히 여김이 대개 또한 治世에 뜻이 있었던 것이다.

1) 馮道 : 882~954. 자는 可道이다. 五代시대에 唐・晉・契丹・漢・周 등 五朝의 재상으로 六帝를 섬긴 인물이다. 馮道는 長樂老라 自號하여 스스로 매우 영화롭게 여겼는데, 歐陽脩는 ≪新五代史≫를 편찬할 때 풍도의 傳記를 雜傳에 넣고, 염치없는 자라고 혹평하였다.

其卽位時에 **春秋已高**하야 **不邇聲色**하며 **不樂遊**畋하고 **在位十年**[1]이니 **於五代之君**에 **最爲長世**라 **兵革粗息**하고 **年屢**豐**登**하야 **生民實賴以休息**이라 **然夷狄**[2]**性果**하고 **仁而不明**하야 **屢以非辜誅殺臣下**라 **至於從榮父子**[3]**之間**하야 **不能慮患爲防**이라가 **而變起倉卒**에 〔卒〕[4]**陷之以大惡**하고 **帝亦由此飮恨而終**이라 **當是時**하야 **大理少卿康澄**이 **上疏言時事**하니 **其言曰 爲國家者**는 **有不足懼者五**요 **深可畏者六**이니 **三辰失行**은 **不足懼**요 **天象變見**은 **不足懼**요 **小人訛言**은 **不足懼**요 **山崩川竭**은 **不足懼**요 **水旱蟲蝗**은 **不足懼也**라 **賢士藏匿**은 **深可畏**요 **四人遷業**은 **深可畏**요 **上下相徇**은 **深可畏**요 **廉恥道消**는 **深可畏**요 **毁譽亂眞**은 **深可畏**요 **直言不聞**은 **深可畏也**라하니 **識者皆多澄言切中時病**이라 **若從榮之變**에 **任圜**[5]**安重誨等之死**는 **可謂上下相徇而毁譽亂眞之**敝**矣**라 **然澄之言**이 **豈止一時之病**이리오 **凡爲國者可不戒哉**아

明宗이 즉위할 때에 나이가 이미 많아 聲色을 가까이하지 않고 사냥을 즐기지 않았다. 그리고 在位가 10년이니 五代의 임금 중에 가장 장수하였다. 전쟁이 조금 잦

아들고 해마다 풍년이 들어 민생이 이에 힘입어 편안해졌다. 그러나 夷狄이 성품이 과감하고 어질지만 총명하지 못하여 누차 죄가 없는데도 신하를 주살하였다. 李從榮의 父子間에 이르러서는 환란을 염려하여 미리 대비하지 않다가 변란이 창졸간에 일어남에 이종영은 끝내 반란을 저지른 大惡에 빠졌고, 명종 역시 이 때문에 통한을 머금고 세상을 마쳤다.

이때에 大理少卿 康澄이 上疏하여 時事를 말하였는데 그중에 "국가를 다스리는 자에게 두려워할 필요가 없는 것이 다섯 가지가 있고, 두려워해야 할 것이 여섯 가지가 있습니다. 三辰(해·달·별)이 운행을 잃은 것은 두려워할 것이 없고, 天文에 이변이 나타나는 것은 두려워할 것이 없고, 小人의 유언비어는 두려워할 것이 없고, 산이 무너지고 시내가 마르는 것은 두려워할 것이 없고, 가뭄이 들고 메뚜기가 창궐하는 것은 두려워할 것이 없습니다. 賢士가 숨는 것은 몹시 두려워할 만한 것이고, 四民이 생업을 바꾸는 것은 몹시 두려워할 만한 것이고, 上下가 서로 따르기만 하는 것은 몹시 두려워할 만한 것이고, 廉恥의 도가 없어지는 것은 몹시 두려워할 만한 것이고, 비방과 칭찬이 진실을 어지럽히는 것은 몹시 두려워할 만한 것이고, 直言을 듣지 않는 것은 몹시 두려워할 만한 것입니다."라고 하였다.

이에 대해 識者들이 모두 강징의 말이 時病을 정확히 지적하였다고 생각하였다. 저 이종영의 변란과 任圜·安重誨 등이 죽은 일과 같은 것은 상하가 서로 따르기만 하고 비방과 칭찬이 진실을 어지럽힌 데서 온 폐단이라 할 수 있다. 그러나 강징의 말이 어찌 단지 한 시대의 병통을 지적한 것에 그치겠는가. 나라를 다스리는 모든 사람이 경계하지 않을 수 있겠는가.

1) 其卽位時……在位十年 : ≪五代史纂誤≫ 卷上에 "지금 살펴보건대 明宗은 同光 4년 丙戌年(926) 4월에 즉위하여 長興 4년 癸巳年(933) 11월에 崩하였으니, 재위기간은 7년 7개월이다. 억지로 8년이라 명명한다면 괜찮겠지만 10년이라고 한다면 잘못된 것이다.〔今按明宗以同光四年丙戌歲四月卽位 長興四年癸巳歲十一月崩 在位止七年七月 可强名八年耳 以爲十年則誤也〕"라고 하였다.

2) 夷狄 : 後唐 明宗이 오랑캐 출신이기 때문에 경멸하는 뜻에서 이렇게 표현한 것이다.

3) 從榮父子 : 李從榮은 明宗 李嗣源의 둘째 아들이다. 933년 명종이 병에 걸리자 명종을 살해하고 왕위를 찬탈할 목적으로 군사를 이끌고 궁에 들어왔지만 실패하고 살해당하였다. 그 결과 명종은 아들이 자신을 살해하려고 하였다는 것에 충격을 받고 사망하였다.

4) 〔卒〕 : 저본에는 '卒'이 없으나, ≪新五代史≫에 의거하여 보충하였다.

5) 任圜 : ?~927. 京兆 三原 사람이다. 後唐 莊宗 당시 工部尙書를 맡았고, 明宗 때에 同中書門下平章事에 올랐다. 뒤에 安重誨에게 피살당했다.

歐陽文忠公五代史抄 卷3

歸安 鹿門 茅坤 批評
孫男 闇叔 茅著 重訂

家人傳

01. 總論 總論

嗚呼라 梁之惡極矣니 自其起盜賊으로 至於亡唐히 其遺毒流于天下라 天下豪傑四面竝起하니 孰不欲戡刃於其胸이리오 然卒不能〔少〕[1]挫其鋒以得志라 梁之無敵於天下는 可謂虎狼之强矣라 及其敗也하얀 因于一二女子之娛하야 至於洞胸流腸하야 刲(규)若羊豕라 禍生父子之間하니 乃知女色之能敗人矣라 自古女禍는 大者亡天下하고 其次亡家하고 其次亡身하고 身苟免矣로대 猶及其子孫하니 雖遲速不同이나 未有無禍者也라 然原其本末하면 未始不起於忽微라 易坤之初六에 曰 履霜堅氷至라하고 家人之初九에 曰 閑有家悔亡이라하니 其言至矣니 可不戒哉리오 梁之家事는 詩所謂不可道者也[2]요 至於唐晉以後하얀 親疎嫡庶亂矣니 作家人傳하노라

아, 梁나라의 惡行이 지극하니, 盜賊질을 하여 나라를 일으킨 뒤로 唐나라를 망하게 하는 데에 이르기까지 끼친 해독이 천하에 두루 퍼졌다. 천하의 호걸들이 사방에서 아울러 흥기하였으니, 누군들 그 가슴을 칼로 베려고 하지 않았겠는가. 그러나 끝내 저들의 銳鋒을 조금씩 꺾어 뜻을 이루지는 못하였다.

梁나라가 천하에 적이 없었던 것은 호랑이나 이리의 强暴함이 있었기 때문이라 할 수 있다. 패망할 때에 이르러서는 한두 여자의 遊戲로 인하여 양과 돼지를 가르듯 가슴이 뚫리고 창자가 흐르는 지경에 이르렀다. 이런 災禍가 父子의 사이에서 생겨났으니, 이에 女色이 사람을 망치게 할 수 있다는 것을 알겠다. 예로부터 여색

으로 생기는 재화는 큰 것은 천하를 망하게 하고, 그 다음은 집을 망하게 하고, 그 다음은 자신을 망하게 하고, 자신은 구차하게 면하더라도 오히려 그 자손에게 미치니, 비록 더디고 빠른 차이는 있지만 재화가 없었던 적은 없었다.

그러나 본말을 상고해보면 애당초 작은 일에서 생겨나지 않음이 없다. ≪周易≫ 坤卦 初六에 "서리를 밟으면 단단한 얼음이 이른다."라고 하였고, 家人卦 初九에 "집안을 법도로 다스리면 뉘우침이 없어지리라."라고 하였다. 그 말이 지극하니 경계하지 않을 수 있겠는가.

梁나라 王家의 일은 ≪詩經≫에서 이른바 "입에 올릴 수 없다."는 것이고, 唐나라·晉나라에 이른 뒤에는 親疏와 嫡庶가 혼란하였으니, 이 때문에 〈家人傳〉을 짓는다.

1) 〔少〕: 저본에는 '少'가 없으나, ≪新五代史≫에 의거하여 보충하였다.

2) 詩所謂不可道者也 : ≪詩經≫ 〈衛風 牆有茨〉에 "담에 납가새 있으니 쓸어버릴 수 없도다. 中冓의 말이여 입에 올릴 수 없도다. 만일 말할진댄 말이 추해지도다.〔牆有茨 不可掃也 中冓之言 不可道也 所可道也 言之醜也〕"라고 하였는데, ≪毛詩正義≫의 鄭玄의 箋에 衛 宣公이 죽고 惠公이 어리자, 庶兄 頑이 宣姜과 간통하였으므로 詩人이 이 詩를 지어 풍자한 것이라고 하였다.

02. 唐劉后傳* 後唐 劉后의 傳記

* 劉皇后(?~926)는 魏州 成安 사람이다. 유황후의 列傳은 ≪舊五代史≫ 卷49 〈唐書 第25 后妃列傳〉, ≪新五代史≫ 卷14 〈唐家人傳 第2〉에 각각 실려 있다.

유황후가 황후가 된 과정은 다음과 같다. 晉王 李存勖(後唐 莊宗)이 위주를 공격하여 성안을 노략질할 때에 裨將 袁建豐이 5, 6세쯤 되는 后를 얻어 晉나라 宮에 들이니 貞簡太后가 생황 부는 법, 춤, 노래 등을 가르쳤다. 성인이 되자 몹시 美色이 있어 後唐 莊宗이 보고 좋아하니, 정간태후가 장종에게 내려주었고 후에 황후가 되었다.

본 열전에는 유황후가 장종의 황후가 되는 과정과 장종의 총애를 믿고 재화를 탐닉하고 권력을 천단한 일, 장종 사후에 明宗에게 賜死되는 과정 등을 사실적으로 서술하여 유황후의 잔혹하고 탐욕스런 모습을 잘 드러내었다.

특히 황후가 자신의 미천한 신분을 숨기기 위해 자신을 찾아온 아버지를 笞를 쳐 쫓아낸 일, 佛教에 심취하여 국고를 탕진한 일, 藩鎭과 결탁하여 권력을 천단한 일, 아들을 강권하여 郭崇韜를 죽인 일, 반란군에 의해 큰 상처를 입은 장종을 직접 돌보지 않고 宦官에게 맡겨둔 일, 장종이 崩하자 李存渥과 달아나다 길에서 간통한 일 등을 생생하게 묘사함으로서 왕후의 잔혹하고 탐욕스런 모습을 더욱 부각시켰다.

결국 황후의 이런 탐욕은 반란의 빌미가 되었고 그 와중에 장종과 아들 李繼岌은 죽임을 당하는 비참한 결과를 가져오게 된다.

歐陽脩는 ≪신오대사≫ 〈莊宗紀〉에서 "劉氏를 세워 황후로 삼았다.〔立劉氏爲皇后〕"라고 서술하였는데, 이는 의도적인 서술방식으로 보인다. 구양수가 ≪신오대사≫를 저술하는 과정에서 황후가 될 자격을 갖추어 정당한 방법으로 황후가 된 경우에는 〈明宗紀〉의 "淑妃 曹氏를 세워 황후로 삼았다.〔立淑妃曹氏爲皇后〕"와 같이 某妃 혹은 某夫人을 황후로 삼았다고 서술한 반면, 부정한 방법 혹은 자격이 없는 사람이 황후가 된 경우는 〈장종기〉의 서술방식처럼 '某氏를 황후로 삼았다.'라고 서술하였다. 구양수의 이러한 서술방식은 그녀를 황후가 될 자격조차 없는 사람으로 크게 폄하한 것이지만 〈劉皇后傳〉을 서술하는 과정에서는 유황후의 淫行을 있는 그대로 서술할 뿐 貶辭를 두지는 않았다.

구양수는 〈장종기〉에서 이미 유황후에 대한 평가를 내렸고, 또한 〈家人傳〉에서 황후의 탐욕이 나라와 집안과 자신을 망하게 하는 과정을 구체적으로 서술함으로써 유황후의 과실을 후세에 생생하게 전하였고, 아울러 後宮을 총애하여 조정을 어지럽히는 후세의 人主를 경계하였다.

劉皇后는 **起自側微**하야 **擅寵黷貨**하야 **因而濁亂宮中**하야 **軍士分崩**하고 **以至君上**하야 **身弑國亡**이라 **摹寫**에 **種種生色**이 **不讓太史公呂后紀及外戚諸傳**[1)]이라

劉皇后는 미천한 신분에서 황후가 되어 총애를 독차지하고 재화를 탐닉하였다. 이로 인해 궁중을 혼탁하고 혼란하게 만들어 군사들이 분열되고, 君上에 이르러서는 자신은 시해당하고 나라가 망하였다. 사건

을 묘사함에 이따금 생동감이 넘치는 부분은 太史公(司馬遷)의 ≪史記≫ 〈呂太后本紀〉와 〈外戚世家〉에 뒤지지 않는다.

1) 太史公呂后紀及外戚諸傳 : ≪史記≫의 〈呂太后本紀〉와 〈外戚世家〉를 가리킨다.

莊宗神閔敬皇后劉氏는 **魏州成安人也**라 **莊宗正室**은 **曰 衛國夫人韓氏**요 **其次**는 **燕國夫人伊氏**요 **其次后也**니 **初封魏國夫人**이라 **后父**는 **劉叟**요 **黃鬚**이며 **善醫卜**하야 **自號劉山人**이라 **后生五六歲**에 **晉王攻魏**하야 **掠成安**한대 **裨將袁建豐得后**하야 **納之晉宮**하니 **貞簡太后**가 **教以吹笙歌舞**라 **既笄**에 **甚有色**하야 **莊宗見而悅之**라 **莊宗已爲晉王**에 **太后幸其宮**하니 **置酒爲壽**하고 **自起歌舞**라 **太后歡甚**하야 **命劉氏吹笙佐酒**하고 **酒罷去**에 **留劉氏以賜莊宗**하다

莊宗의 神閔敬皇后 劉氏는 魏州 成安 사람이다. 장종의 正室은 衛國夫人 韓氏이고, 그 다음은 燕國夫人 伊氏이고, 그 다음이 后이니 처음에는 魏國夫人에 봉해졌다. 后의 아버지는 劉叟이고 〈유수는〉 수염이 황색이었으며 醫學과 卜筮에 뛰어나 스스로 劉山人이라 불렀다.

后가 태어나 5, 6세에 晉王(뒤의 後唐 莊宗)이 위주를 공격하여 성안을 노략질하였는데, 裨將 袁建豐이 后를 얻어 晉나라 宮에 들이니, 貞簡太后가 笙簧 부는 법, 춤과 노래 등을 가르쳤다.

성인이 되자 몹시 美色이 있어 장종이 보고 좋아하였다. 장종이 이미 진왕이 됨에 정간태후가 궁에 幸行하니, 장종이 酒宴을 베풀어 祝壽하고 스스로 일어나 노래하고 춤을 추었다. 정간태후가 몹시 기뻐하며 유씨에게 생황을 불고 술을 따르기를 명하고 주연이 파하여 떠날 때에 유씨를 남겨두어 장종

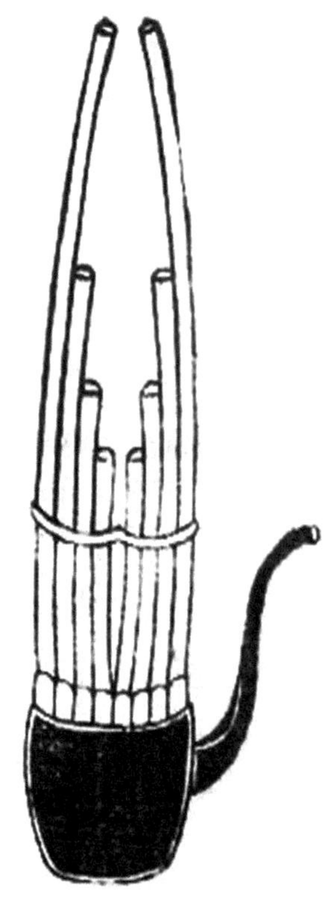
笙

에게 내려주었다.

先時에 **莊宗攻梁軍於夾城**이라가 **得符道昭妻侯氏**하야 **寵專諸宮**하니 **宮中謂之夾寨夫人**이라 **莊宗出兵四方**에 **常以侯氏從軍**이라 **其後**에 **劉氏生子繼岌**하니 **莊宗以爲類己**하야 **愛之**라 **由是**로 **劉氏寵益專**이라 **自下魏博**[1]으로 **戰河上十餘年**에 **獨以劉氏從**[2]이라 **劉氏多智**하야 **善迎意承旨**하니 **其他嬪御莫得進見**이라

이보다 앞선 시기에 莊宗이 夾城에서 梁나라 군사를 공격하다가 符道昭의 아내 侯氏를 얻어 궁인들 중에 후씨만을 총애하니, 궁중에서 夾寨夫人이라 불렀다. 장종이 四方으로 출병할 때에 늘 후씨를 從軍하게 하였다.

그 뒤에 劉氏가 아들 繼岌을 낳으니, 장종이 자신과 닮았다고 하여 사랑하였다. 이를 계기로 유씨에 대한 총애가 더욱 전일해졌다.

魏博을 함락한 뒤로 黃河 가에서 10여 년 전쟁을 치를 때에 유씨만을 종군하게 하였다. 유씨는 지혜가 많아 능란하게 장종의 뜻에 迎合하니, 다른 처첩과 궁녀들은 나아가 장종을 만날 수가 없었다.

1) 魏博 : 唐나라의 方鎭 이름으로 鄴에 治所가 있었고, 지금의 河北省 大名·磁縣, 河南省 滑縣 및 山東省 冠縣 등이 관할지역이었다.

2) 自下魏博……獨以劉氏從 : ≪五代史纂誤≫ 卷上에 "지금 本紀를 살펴보건대, 梁 末帝 貞明 元年(915)에 魏博 등 여러 州가 晉에 편입되었고, 龍德 3년(923)에 梁나라가 망하였다. 처음부터 끝까지 모두 9년이므로 10여 년이 될 수 없다.〔今按本紀 梁末帝 貞明元年魏博諸州入于晉 至龍德三年 梁亡 首尾共九年 不得爲十餘年也〕"라고 하였다.

其父가 **聞劉氏已貴**하고 **詣魏宮上謁**이라 **莊宗**이 **召袁建豐問之**하니 **建豐曰 臣始得劉氏於成安北塢**하니 **時**에 **有黃鬚丈人護之**라하다 **乃出劉叟**하야 **示建豐**하니 **建豐曰 是也**라 **然劉氏方與諸夫人**으로 **爭寵**하야 **以門望相高**라 **因大怒曰 妾去鄕時**를 **略可記憶**하니 **妾父不幸死於亂兵**이라 **妾時**에 **環尸慟哭而去**러니 **此田舍翁**은 **安得至此**오하고 **因命笞劉叟于宮門**하다

后의 아비가 劉氏가 이미 귀하게 되었다는 말을 듣고는 魏州의 宮으로 가서 알현하였다. 莊宗이 袁建豐을 불러 물어보니 원건풍이 말하기를 "신이 처음 成安의 북쪽 마을에서 유씨를 얻었으니, 당시에 누런 수염을 가진 노인이 보호하고 있었습니다." 라고 하였다. 이에 劉叟를 나오게 하여 원건풍에게 보여주니, 원건풍이 말하기를 "이 사람이 맞습니다."라고 하였다.

그러나 유씨는 한창 여러 부인과 총애를 다투며 가문의 명망을 서로 비교하고 있었다. 인하여 크게 노하여 말하기를 "첩이 고향을 떠날 때를 대략 기억하고 있으니, 첩의 아비는 불행히도 亂兵에게 죽었습니다. 첩이 당시에 시신 주위를 돌며 통곡하고서 떠났는데, 이 시골 늙은이는 어떻게 여기에 왔습니까."라고 하고, 인하여 宮門에서 유수에게 笞를 칠 것을 명하였다.

莊宗已卽皇帝位하야 **欲立劉氏爲皇后**나 **而韓夫人**이 **正室也**요 **伊夫人**이 **位次在劉氏上**이라 **以故**로 **難其事而未發**이라 **宰相豆盧革**과 **樞密使郭崇韜**가 **希旨上章**하야 **言劉氏當立**이라하니 **莊宗大悅**하다 **同光二年四月己卯**에 **皇帝御文明殿**하야 **遣使冊劉氏爲皇后**[1]하니 **皇后受冊**하고 **乘重翟車**[2]하고 **鹵簿**[3]**鼓吹**하야 **見於太廟**라 **韓夫人等**이 **皆不平之**하니 **乃封韓氏爲淑妃**하고 **伊氏爲德妃**하다 **莊宗自滅梁**으로 **志意驕怠**하야 **宦官伶人亂政**이라 **后特用事於中**이러니 **自以出於賤微**하야 **踰次得立**을 **以爲佛力**이라 **又好聚斂**하야 **分遣人**하야 **爲商賈**하니 **至於市肆之間**에 **薪芻果茹**하야도 **皆稱中宮所賣**라하다 **四方貢獻**이면 **必分爲二**하야 **一以上天子**하고 **一以入中宮**하니 **宮中貨賄山積**이라

莊宗이 이미 皇帝의 지위에 올라 劉氏를 세워 皇后로 삼으려 하였지만, 韓夫人은 正室이고 伊夫人은 位次가 유씨의 위에 있었다. 그러므로 그 일을 난처하게 여겨 드러내지 않았다. 宰相 豆盧革과 樞密使 郭崇韜가 장종의 비위를 맞추기 위해 疏章을 올려 유씨가 황후가 되어야 한다고 하니, 장종이 크게 기뻐하였다.

同光 2년(924) 4월 己卯日에 황제가 文明殿에 나아가 使者를 보내 유씨를 책봉하여 황후로 삼으니, 황후가 책봉을 받고서 重翟車를 타고 鹵簿를 갖추고 음악을 연주하면서 행차하여 太廟를 참배하였다. 한부인 등이 모두 불평하니, 이에 韓氏는 淑妃로 삼고 伊氏는 德妃로 삼았다.

장종이 梁나라를 멸한 뒤로 마음이 교만하고 태만해져 환관과 광대들이 조정을 어지럽혔다. 황후가 특히 궁중에서 권력을 천단하였는데 스스로 미천한 신분 출신으로 등급을 넘어 황후의 지위를 얻은 것은 부처의 힘이라고 여겼다.

또 재물을 축척하기를 좋아하여 사람을 나누어 보내 商人으로 만들었으니, 시장 안에 땔감이나 목초, 과일과 채소 등에 이르러서도 모두 中宮이 내다 파는 것이라고 들 하였다. 사방에서 貢物을 바치면 반드시 둘로 나누어 하나는 천자에게 올리고 하나는 중궁에 들이니, 宮中에 재화가 산처럼 쌓였다.

1) 同光二年四月己卯……遣使冊劉氏爲皇后 : ≪五代史纂誤≫ 卷上에 "지금 〈莊宗紀〉를 살펴보건대 '同光 2년(924) 2월 癸未에 劉氏를 皇后로 세웠다.'라고 하여 이 列傳의 내용과 같지 않으니 어느 것이 옳은지 알지 못하겠다.〔今按莊宗紀 乃是同光二年二月癸未 立皇后劉氏 與此不同 未知孰是〕"라고 하였다.

2) 重翟車 : 王后가 타는 다섯 가지 수레 중의 하나로 꿩의 깃털로 장식한 수레를 말한다.(≪周禮≫ 〈春官 巾車〉)

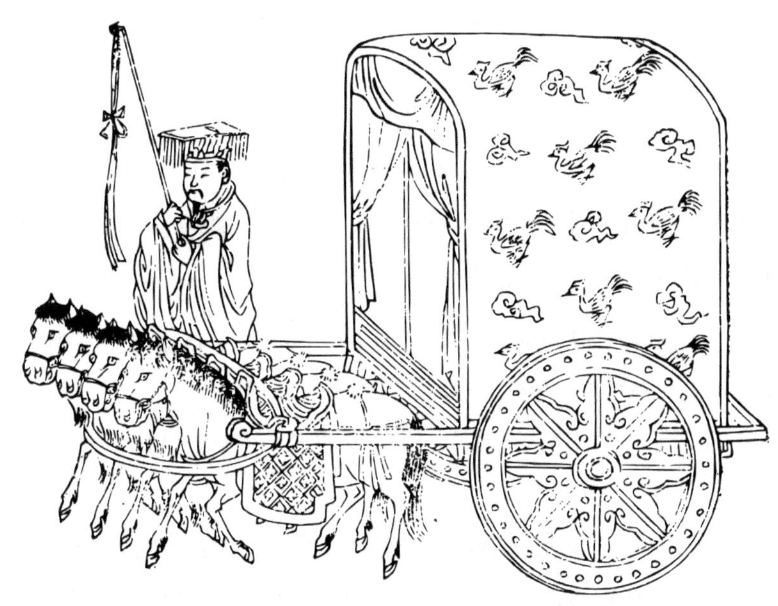

重翟車

3) 鹵簿 : 鹵는 방패를 가리키고 簿는 행렬의 차례를 기록한 장부를 가리키는데, 왕이나 왕비의 거둥 때의 儀仗 또는 儀仗을 갖춘 행렬을 말한다.

惟寫佛書에 饋賂僧尼러니 而莊宗도 由此로 亦佞佛이라 有胡僧自于闐(전)[1]來하니 莊宗이 率皇后及諸子하야 迎拜之라 僧遊五臺山할새 遣中使[2]供頓하니 所至傾動城邑이라 又有僧誠惠하니 自言能降(항)龍이라 嘗過鎭州할새 王鎔不爲之禮어늘 誠惠怒曰 吾有毒龍五百이라 當遣一龍揭片石하면 常山之人이 皆魚鱉也라하다 會明年에 滹沱(호타)河大水하야 壞鎭州關城하니 人皆以爲神이라 莊宗及后가 率諸子諸妃하야 拜之하니 誠惠端坐不起라 由是로 士無貴賤히 皆拜之나 獨郭崇韜不拜也라

오직 佛書를 베껴 쓸 때만은 승려에게 음식과 뇌물을 주었는데, 莊宗도 이로 말미암아 佛教를 좋아하였다. 于闐에서 온 西域의 승려가 있었는데, 장종이 皇后와 아들들을 데리고 맞이하고 절하였다. 승려가 五臺山을 갈 때에 中使를 보내 음식을 대접하게 하니, 승려가 이르는 곳마다 城邑이 들썩였다.

또 승려 誠惠라는 자가 있었는데 스스로 龍을 항복시킬 수 있다고 말하였다. 일찍이 鎭州를 지날 때에 王鎔이 예우하지 않자 성혜가 노하여 "나에게 毒龍 500마리가 있는지라 한 마리 용을 보내 片石을 들어 올리면 常山의 사람들은 모두 물고기와 자라가 될 것이다."라고 하였다.

마침 이듬해에 滹沱河에 큰 홍수가 나서 鎭州의 성과 관문을 무너뜨리니, 사람들이 모두 神이라고 생각하였다. 장종과 황후가 아들들과 왕비들을 데리고 가 절하니, 성혜는 端坐하여 일어나지 않았다. 이로부터 선비 중 貴賤을 따질 것 없이 모두 그에게 절하였지만 郭崇韜만은 절하지 않았다.

1) 于闐(전) : 漢나라 때 西域 36국의 하나로서 지금의 新疆省 和闐縣 부근에 있었던 작은 나라이다. 蔥嶺의 북쪽에 있었다고 한다.
2) 中使 : 宮中에서 파견한 使者로, 대체로 宦官을 가리킨다.

是時에 皇太后及皇后가 交通藩鎭하야 太后稱誥令하고 皇后稱敎命하야 兩宮使者가 旁午於道라 許州節度使溫韜가 以后佞佛로 因請以私第爲佛寺하고 爲后薦福이라 莊宗數(삭)幸郭崇韜元行欽等私第한대 常與后俱라 其後에 幸張全義第하야 酒酣하야 命后拜全義爲養父하니 全義日遣姬妾하야 出入中宮하야 問遺不絶이라 莊宗有愛姬

甚有色而生子하니 后心患之라 莊宗燕居宮中에 元行欽侍側이러니 莊宗問曰 爾新喪婦하니 其復娶乎아 吾助爾聘호리라하다 后指愛姬하야 請曰 帝憐行欽하니 何不賜之오하니 莊宗이 不得已佯諾之라 后趣行欽拜謝하야 行欽再拜한대 起顧愛姬하니 肩輿已出宮矣라 莊宗不樂하야 稱疾不食者累日이라

이때에 皇太后와 皇后가 藩鎭과 서로 내통하였는데, 태후의 命은 誥令이라 하고 황후의 命은 敎命이라 하여 두 궁의 使者가 여기저기로 길을 오갔다. 許州節度使 溫韜가 황후가 불교를 좋아한다고 하여 인하여 자신의 집을 佛寺로 만들고 황후를 위하여 복을 빌 것을 청하였다.

莊宗이 郭崇韜와 元行欽 등의 집을 자주 방문하였는데 늘 황후와 함께 방문하였다. 그 뒤에 張全義의 집으로 거둥하여 술에 취하여 장전의에게 절하고 養父로 삼으라고 황후에게 명하니, 장전의가 날마다 姬妾을 보내 中宮을 출입하면서 끊임없이 안부를 묻고 뇌물을 바쳤다.

장종에게 몹시 아름다운 愛姬가 있어 아들을 낳으니, 황후가 마음으로 근심하였다. 장종이 궁중에서 편안히 쉴 때에 원행흠이 곁에서 모시고 있었다. 장종이 묻기를 "그대는 이제 막 부인을 잃었으니 어찌 다시 장가들지 않는가? 내가 그대의 聘禮를 돕겠다."라고 하였다. 황후가 애희을 가리키며 청하기를 "황제께서 원행흠을 아끼시니 어찌 그에게 내려주지 않습니까."라고 하니, 장종이 어쩔 수 없이 거짓으로 허락하였다. 황후가 원행흠에게 拜謝를 재촉하여 원행흠이 두 번 절하였는데, 원행흠이 일어나 애희을 돌아보니 肩輿(가마)가 이미 궁을 빠져나가고 있었다. 장종이 불쾌하여 병을 핑계로 며칠 동안 식사를 하지 않았다.

同光三年秋에 大水하야 兩河之民이 流徙道路하니 京師賦調不充하야 六軍之士가 往往殍踣이라 乃預借明年夏秋租稅하니 百姓愁苦하야 號泣于路어늘 莊宗方與后로 荒于畋遊라 十二月己卯臘에 畋于白沙한대 后率皇子後宮畢從하야 歷伊闕[1)]하야 宿龕澗하고 癸未에 乃還이라 是時에 大雪하야 軍士寒凍이라 金鎗衛兵萬騎가 所至責民供給하야 壞什器徹廬舍而焚之하니 縣吏畏懼하야 亡竄山谷이라

同光 3년(925) 가을에 큰 홍수가 나서 河南과 河北의 백성들이 길에서 떠돌아다니니, 京師의 賦稅가 충분치 않아 六軍의 군사들이 왕왕 굶어 죽었다. 이에 이듬해 여름과 가을의 租稅를 미리 거두니, 백성들이 근심하고 괴로워하여 길에서 부르짖으며 울었는데, 莊宗은 이때에 皇后와 함께 사냥과 遊樂에 빠져 있었다.

12월 己卯日인 臘日에 白沙에서 사냥을 하였는데, 황후가 皇子와 後宮을 거느리고 모두 뒤따라 伊闕을 지나 龕澗에서 유숙하고 癸未日에 비로소 돌아왔다. 이때에 큰 눈이 내려 군사들이 추위에 떨었다. 金鎗衛의 군사 1만 騎兵이 가는 곳마다 백성들에게 옷과 음식을 공급해달라고 요구하며 집기와 집을 부수고 불을 지르니, 縣의 관리들이 두려워하여 산속으로 도망쳐 숨었다.

1) 伊闕 : 지금의 河南省 洛陽市 남쪽에 있는데, 두 개의 산이 대궐처럼 마주보고 있고 그 사이로 伊水가 통과하고 있기 때문에 이렇게 명명한 것이다.

明年三月에 **客星**[1)]**犯天庫**[2)]하고 **有星流于天棓**(봉)[3)]하니 **占星者言 御前當有急兵**하니 **宜散積聚以禳之**라하다 **宰相請出庫物以給軍**이어늘 **莊宗許之**하되 **后不肯曰 吾夫婦得天下**는 **雖因武功**이나 **蓋亦有天命**이라 **命旣在天**하니 **人如我何**리오하다 **宰相論于延英**[4)]하니 **后於屛間耳屬之**하야 **因取粧奩**(렴)**及皇幼子滿喜**하야 **置帝前**하야 **曰 諸侯所貢**은 **給賜已盡**하야 **宮中所有**는 **惟此耳**라하고 **請鬻**(육)**以給軍**하니 **宰相惶恐而退**라

이듬해 3월에 客星이 天庫를 범하였고, 유성이 天棓으로 떨어지니, 점성가가 "御前에 갑작스런 전란이 있을 것이니 의당 모아놓은 재물을 풀어 祓除해야만 합니다."라고 하였다.

宰相이 창고의 재물을 내어 군사들에게 공급해주기를 청하니 莊宗은 허락하였지만, 皇后가 동의하지 않고 말하기를 "우리 夫婦가 천하를 얻은 것은 비록 武功으로 인한 것이지만 대개 또한 天命이 있었습니다. 命이 이미 하늘에 있으니, 사람들이 우리를 어찌하겠습니까."라고 하였다.

재상이 延英殿에서 〈이 문제를〉 의논하였는데, 황후가 병풍 뒤에서 귀를 대고 듣고서 인하여 화장대와 皇幼子 滿喜를 취하여 皇帝 앞에 두고 말하기를 "諸侯가 바친 공물은 죄다 내려주어 궁중에 남은 것은 오직 이것뿐입니다."라고 하고 이를 팔아서

군사들에게 지급해주기를 청하니, 재상이 황공하여 물러났다.

1) 客星 : 일정한 곳에 늘 있지 아니하고 일시적으로 나타나는 별을 말한다.
2) 天庫 : 五車星 중의 하나이다. 五車星은 동북쪽 별인 天獄, 동쪽 별인 天倉, 동남쪽 별인 司空, 서남쪽 별인 卿星, 서북쪽 별인 天庫이다.
3) 天棓(봉) : 일명 覺星이라고도 한다. 그 본체는 별과 유사하고, 끝은 뾰쪽하고 길이는 4길이다. 동북방으로 나오기도 하고 서방으로 나오기도 한다.(≪記言≫ 續集 〈敍述〉)
4) 延英 : 唐나라 때의 宮殿 이름으로 延英門 안에 있다.

及趙在禮作亂하야 出兵討魏하야 始出物以賚軍[1]하니 軍士負而詬曰 吾妻子已餓死하니 得此何爲오하다 莊宗이 東幸汴州할새 從駕兵二萬五千이러니 及至萬勝하야 不得進而還하니 軍士離散하야 所失太半이라 至罌子谷하니 道路隘狹이라 莊宗이 見從官執兵仗者하야 皆以好言勞之하야 曰 適報魏王平蜀하야 得蜀金銀五十萬하니 當悉給爾等호리라하니 對曰 陛下與之太晩하니 得者亦不感恩이라하다

趙在禮가 반란을 일으켰을 때에 출병하여 魏州를 토벌하면서 비로소 물건을 내어 군사들에게 지급하니, 군사들이 물건을 등에 지고 욕하기를 "우리의 妻子는 이미 굶어 죽었으니, 이것을 가져간들 무엇하겠는가."라고 하였다.

莊宗이 동쪽으로 汴州로 행행할 때에 군사 2만5천 명으로 御駕를 호종하게 하였는데 萬勝에 도착하여 더 이상 나아가지 못하고 돌아오니, 군사들이 離散하여 잃은 군사가 태반이었다. 罌子谷에 이르니 도로가 더욱 좁아졌다.

장종이 병장기를 잡은 從官들을 보고서 모두 좋은 말로 군사를 위로하며 말하기를 "마침 魏王이 蜀을 평정하여 蜀의 金銀 50만을 얻었다는 보고를 받았으니, 이를 모두 너희들에게 지급할 것이다."라고 하였다. 대답하기를 "폐하께서 군사들에게 나누어주는 것이 너무 늦었으니, 받는 사람도 은혜에 감사하지 않을 것입니다."라고 하였다.

1) 明年三月……始出物以賚軍 : ≪五代史纂誤≫ 卷上에 "지금 〈莊宗紀〉를 살펴보건대 趙在禮는 同光 4년(926) 2월 癸巳에 貝州에서 반란을 일으켜 甲午에 鄴

都를 함락시켰는데, 甲辰에 李嗣源이 조재례를 토벌하고 3월에 이사원이 반란을 일으킨 것으로 되어 있다. 그렇다면 조재례가 반란을 일으킨 것과 이사원이 토벌한 것은 모두 1개월 내에 있었던 일인데, 星變은 3월에 있었다. 지금 여기서 3월에 성변한 일을 먼저 서술하고 그 후에 비로소 조재례가 반란을 일으킨 것을 언급하였으니, 일의 순서가 전도되어 序次가 잘못되었다.〔今按莊宗紀 趙在禮以同光四年二月癸巳 反于貝州 甲午陷鄴都 甲辰李嗣源討在禮 三月嗣源反 然則趙在禮反及嗣源討之 皆在一月 而星變在三月 今此先敍三月星變之事 而後乃及趙在禮作亂 則顚倒失序矣〕"라고 하였다.

莊宗泣下하야 **因顧內庫使張容哥**하야 **索袍帶**[1]**以賜之**하니 **容哥對曰 盡矣**라하다 **軍士叱容哥曰 致吾君至此**는 **皆由爾輩**라하고 **因抽刀逐之**하니 **左右救之而免**이라 **容哥曰 皇后惜物**하야 **不以給軍**이어늘 **而歸罪于我**하니 **事若不測**이면 **吾身萬段矣**라하고 **乃投水而死**하다 **郭從謙反**에 **莊宗中流矢傷甚**하야 **臥絳霄殿廊下**라가 **渴欲得飮**이어늘 **后令宦者**하야 **進飱酪**하고 **不自省視**하다 **莊宗崩**에 **后與李存渥等**이 **焚嘉慶殿**하야 **擁百騎**하야 **出師子門**하다 **后於馬上**에 **以囊盛金器寶帶**로 **欲於太原造寺爲尼**라 **在道因與存渥姦**하고 **及至太原**하야 **乃削髮爲尼**러니 **明宗入立**에 **遣人賜后死**하다 **晉天福**[2] **五年**에 **追諡曰 神閔敬皇后**라

莊宗이 눈물을 흘리며 인하여 內庫使 張容哥를 돌아보고서 袍帶를 뒤져 군사들에게 하사하게 하니, 장용가가 "포대가 바닥이 났습니다."라고 하였다. 군사들이 장용가를 질타하기를 "우리 임금이 이런 지경에 이르게 한 것은 모두 너희들 때문이다."라고 하고 인하여 칼을 뽑아 쫓으니, 좌우 사람들이 막아 죽음을 면하였다.

장용가가 말하기를 "皇后가 재물을 아까워하여 군사들에게 지급하지 않았는데 죄를 나에게 돌리니, 사태가 만약 不測하게 되면 나의 몸은 만 조각이 날 것이다."라고 하고 이에 물에 몸을 던져 죽었다.

郭從謙이 반란을 일으켰을 때에 장종이 流矢에 맞아 큰 상처를 입어 絳霄殿 행랑 아래에 누워 있다가 갈증이 나 물을 마시려고 하자, 皇后가 환관을 시켜 데운 타락죽을 올리게 하고 자신이 직접 장종을 돌보지 않았다.

장종이 崩하자 황후와 李存渥 등이 嘉慶殿을 불태우고 기병 1백 騎를 데리고 師子門을 빠져 나갔다. 황후가 말 위에서 전대에 金器와 寶帶 등을 담고서 太原에서 절을 짓고 비구니가 되려고 하였다. 길에서 이존악과 간통하고, 태원에 이르러 삭발하고 비구니가 되었는데, 明宗이 즉위하자 사람을 보내 황후를 賜死하였다.

晉나라 天福 5년(940)에 神閔敬皇后라는 追謚가 내려졌다.

1) 袍帶 : 비단 도포와 腰帶를 말하는데, 여기서는 군왕이 입던 常服을 말한 것이다.
2) 天福 : 936~943. 後晉 高祖 때의 연호이다.

03. 唐繼岌傳* 後唐 李繼岌의 傳記

* 李繼岌(?~924)은 後唐 莊宗의 장자로 劉皇后의 아들이다. 장종의 아들은 모두 다섯 명인데, 이계급 외에 나머지 네 명의 어머니는 名號가 불분명하다. 이계급의 列傳은 ≪舊五代史≫ 卷51 〈唐書 第27 宗室列傳 第3〉, ≪新五代史≫ 권14 〈唐家人傳 第2〉에 각각 실려 있다.

이 전기는 이계급에 대한 열전이지만 그에 대한 傳記는 간략한 반면, 郭崇韜와 함께 蜀을 정벌하는 과정과 蜀을 정벌한 뒤 이계급의 주변 인물들과 곽숭도의 갈등, 갈등으로 인한 곽숭도의 죽음, 그의 죽음이 後唐에 미친 영향 등을 주로 묘사하였다.

이들의 갈등은 지위는 높지만 실질적인 軍權이 없었던 이계급과, 지위는 낮지만 실질적인 군권을 가졌고 명망도 높았던 곽숭도의 관계로부터 시작된다. 이렇게 잠복되어 있던 이계급과 곽숭도 두 사람 사이의 갈등은 蜀을 정벌한 뒤로 모든 공로가 곽숭도에게만 집중되자 이를 시기한 이계급의 주변인들이 곽숭도를 참소하면서 심화된다. 특히 장종이 곽숭도의 회군을 독촉하기 위해 보낸 환관 向延嗣가 대접을 소홀히 한 곽숭도에게 원한을 가져 곽숭도가 반란을 일으키려 한다고 조정에 보고하고 결국 유황후가 詔書를 위조하여 이계급에게 곽숭도를 죽일 것을 강권하면서 갈등은 극에 달한다.

이계급이 끝내 유황후의 명에 따라 부득이하게 곽숭도를 軍營에서 죽이지만 곽숭도가 죽은 뒤 이계급은 明宗이 반란을 일으켜 京師로 들어간다는 소식을 듣고 경사로 돌아가던 중 반란군에 의해 자신의 군사가 모두 흩어지자 결국 자결한다.

이계급에 대해 ≪구오대사≫에서는 "이계급이 어린 나이로 統帥의 직임을 맡아 비록 劍外에서 공을 이루었지만 얼마 뒤 渭水 가에서 자결하였으니, 운이 다하여 하늘이 그를 죽게 한 것이므로 孺子가 허물할 것은 아니다.〔繼岌以童騃之歲 當統帥之任 雖成功于劍外 尋求死于渭濱 蓋運盡天亡 非孺子之咎也〕"라고 평하여 어쩔 수 없는 상황에 몰려 나라를 잃고 자신도 죽게 되었음을 말하였다. ≪신오대사≫에서도 곽숭도를 죽이라는 유황후의 조서가 내려오자 이를 반대하다 결국 주변인들의 强勸으로 어쩔 수 없이 죽이는 것으로 묘사하여 곽숭도를 죽인 과실을 이계급에게 돌리지 않았다.

篇首에 茅坤이 평하기를 "아. 가령 곽숭도가 오히려 명종 때에 살아 있었다면 반드시 반란을 일으키지 않았을 것이고, 가령 반란을 일으켜 명종이 천하를 점거하더라도 곽숭도가 오히려 온전한 蜀을 가지고 이계급을 擁衛하였을 것이니, 社稷을 보존할 확률이 오히려 절반은 되었을 것이다."라고 하였다. 즉 이 전기는 이계급의 전기이지만 이계급과 곽숭도 사이에서 벌어진 사건을 중심으로 이야기를 전개하여 五代時代의 혼란했던 시대상을 보여줌과 동시에 환관들과 유황후의 專橫을 적시하여 후세의 人主를 경계하는 데에 목적을 두었다 할 수 있다.

莊宗이 **嬖於色**하야 **立劉后**라 **劉后險側**하야 **爲中官左右所詿**(괘)**誤**하야 **而强其子繼岌**하야 **以賊殺大將郭崇韜於蜀**이라 **嗟乎**라 **使崇韜**가 **尙在明宗**이면 **未必反**이요 **卽反而明宗據天下**라도 **崇韜猶可以全蜀擁繼岌**하리니 **社稷之存亡**이 **猶可半也**라 **歐公摹寫明暢**하야 **殊爲嗚咽**하니 **可爲後世人主寵倖后宮濁亂朝政者之戒**라

莊宗이 女色을 좋아하여 劉后를 皇后로 세웠다. 유후가 陰險하고 邪僻한 나머지 측근에 있는 宦官이 잘못 보필한 탓에 아들 李繼岌을 강권하여 大將 郭崇韜를 蜀에서 죽였다.

아. 가령 곽숭도가 오히려 明宗 때에 살아 있었다면 〈명종이〉 반드시

반란을 일으키지 않았을 것이고, 가령 반란을 일으켜 명종이 천하를 점거하더라도 곽숭도가 오히려 온전한 蜀을 가지고 이계급을 擁衛하였을 것이니, 社稷을 보존할 확률이 그래도 절반은 되었을 것이다.

歐陽公이 묘사한 것이 분명하고 명쾌하여 〈이 사실을 두고〉 몹시 오열하였으니, 후궁을 총애하여 조정을 어지럽히는 후세의 人主에게 경계가 될 만하다.

莊宗五子니 **長曰繼岌**이요 **其次**는 **繼**(潼)〔潼〕[1]**繼嵩繼蟾繼嶢**라 **繼岌母**는 **曰劉皇后**요 **其四**는 **皆不著其母名號**라 **莊宗卽位**에 **繼岌爲北都留守**하고 **判六軍諸衛事**하고 **遷檢校太尉同中書門下平章事**하다 **豆盧革爲相**하야 **建言唐故事皇子皆爲宮使**[2]라하야 **因以鄴宮爲興聖宮**하야 **以繼岌爲使**라

莊宗은 아들이 다섯이니, 장자는 繼岌이고 다음은 繼潼・繼嵩・繼蟾・繼嶢이다. 계급의 어머니는 劉皇后이고, 나머지 4명의 아들은 모두 어머니의 名號가 드러나지 않았다.

장종이 즉위함에 계급이 北都留守가 되고 六軍諸衛事를 맡았고 檢校太尉 同中書門下平章事로 승진하였다. 豆盧革이 宰相이 되어 "唐나라의 故事 중에 皇子는 모두 宮使가 되어야 하는 예가 있다."라고 건의하여, 인하여 鄴宮을 興聖宮으로 만들어 계급을 궁사로 삼았다.

1) (潼)〔潼〕 : 저본에는 '潼'으로 되어 있으나, ≪新五代史≫에 의거하여 '潼'으로 바로잡았다.
2) 宮使 : 하나의 宮을 주관하는 관원을 말한다.

同光三年에 **封魏王**이라 **是歲**에 **伐蜀**할새 **以繼岌爲西南面行營都統**하고 **郭崇韜爲都招討使**[1]하니 **工部尙書任圜翰林學士李愚**가 **皆參軍事**하다 **九月戊申**에 **將兵六萬**하야 **自鳳翔**으로 **入大散關**하니 **軍無十日之糧**이로대 **而所至州鎭皆迎降**하야 **遂食其粟**이라 **至興州**하야 **蜀將程奉璉**이 **以五百騎降**일새 **因以其兵修閣道以過唐軍**이라 **王衍**이 **將兵萬人**하야 **屯利州**하고 **分其半**하야 **逆戰于三泉**하야 **爲先鋒康延孝所敗**라 **衍懼**하야 **斷**

吉栢江浮橋하야 **奔歸成都**하고 **唐軍自文州間道以入**하다

同光 3년(925)에 魏王에 봉해졌다. 이해에 蜀을 정벌할 때에 李繼岌을 西南面行營都統으로 삼고 郭崇韜를 都招討使로 삼으니, 工部尙書 任圜과 翰林學士 李愚가 모두 參軍事가 되었다.

9월 戊申日에 군사 6만을 이끌고 鳳翔에서 大散關으로 들어갔는데, 군에 10일치의 군량이 없었지만 이르는 州와 鎭마다 모두 영접하여 항복하므로 마침내 그곳의 양식을 먹었다. 興州에 도착하여 蜀의 장수 程奉璉이 5백의 기병을 거느리고 항복하기에, 인하여 그 군사로 棧道를 보수하여 唐나라 군사를 건너게 하였다.

王衍이 군사 1만을 거느리고 利州에 주둔하고 군사의 절반을 나누어 三泉에서 맞이하여 싸워 先鋒 康延孝에게 패하였다. 왕연이 두려워 吉栢江의 浮橋를 끊고서 달아나 成都로 돌아갔고, 唐나라 군사는 文州로부터 샛길을 통해 성도로 들어갔다.

1) 以繼岌爲西南面行營都統 郭崇韜爲都招討使 : ≪五代史記纂誤續補≫ 卷2에 "本紀를 살펴보건대 '魏王 李繼岌을 西川四面行營都統으로 삼았고 郭崇韜를 招討使로 삼았다.'고 하였는데, 〈郭崇韜傳〉에는 '이계급을 西南面行營都統으로 삼고 곽숭도를 招討使로 삼았다.'고 하였다. 西川四面과 西南面, 都招討와 招討는 권력에 輕重이 있으니 서술함에 하나로 통일해야만 한다.〔按本紀 魏王繼岌爲西川四面行營都統 郭崇韜爲招討使 崇韜傳 乃以繼岌爲西南面行營都統 崇韜爲招討使 西川四面與西南面 都招討與招討 權有重輕 書宜從一〕"라고 하였다.

十月己酉에 **繼岌**이 **至綿州**[1]하니 **衍上牋請降**하다 **丙辰**에 **入成都**하니 **王衍**이 **乘竹輿**하야 **至昇仙橋**하야 **素衣牽羊**하고 **草索繫首**하고 **肉袒銜璧輿櫬**[2]하고 **群臣衰**(최)(經)〔絰〕[3]하야 **徒跣以降**이라 **繼岌**이 **下而取璧**하니 **崇韜解縛焚櫬**이라 **自出師**로 **至降衍**히 **凡七十五日**이요 **兵不血刃**하니 **自古用兵之易**(이)가 **未有如此**라 **然繼岌雖爲都統**이나 **而軍政號令**이 **一出崇韜**라

10월 己酉日에 李繼岌이 綿州에 도착하니 王衍이 牋文을 올려 항복을 청하였다. 丙辰日에 成都로 들어가니, 왕연이 竹輿를 타고 昇仙橋에 이르러 素服을 입고 양을

끌고 풀로 만든 끈으로 머리를 묶고 어깨를 드러내고 璧玉을 입에 물고 관을 등에 지고 신하들은 喪服을 입고 맨발을 드러내놓고 항복하였다. 이계급이 수레에서 내려 벽옥을 잡으니, 郭崇韜가 결박을 풀고 관을 불태웠다.

출병하여 왕연을 항복시키는 데 걸린 시간은 모두 75일이었고 군사들이 칼에 피를 묻히지 않았으니, 예로부터 이처럼 쉽게 用兵한 적은 없었다. 그러나 이계급이 비록 都統이라고는 하지만 軍政과 號令은 모두 곽숭도에게서 나왔다.

1) 十月己酉……至綿州 : ≪五代史記纂誤續補≫ 卷2에 "≪舊五代史≫의 本紀를 살펴보건대 '十月 庚午朔'이라 되어 있으니 이달에 어찌 己酉日이 있겠는가. 의당 본기를 따라 11월이 되어야 한다.〔按薛史本紀十月庚午朔 是月中安得有己酉 宜從本紀 作十一月〕"라고 하였다.

2) 銜璧輿櫬 : 입에 구슬을 물고 등에 관을 지는 예라는 뜻으로, 적에게 항복하는 예를 뜻한다. ≪春秋左氏傳≫ 僖公 6년에 "〈許나라 군주가 楚나라에 항복할 때,〉 許나라 군주인 남작이 앞으로 손을 묶고 구슬을 입에 물었으며, 그의 대부는 喪服을 입고, 士는 관을 등에 졌다.〔許男面縛銜璧 大夫衰絰 士輿櫬〕"라고 한 데서 온 말이다.

3) (經)〔絰〕 : 저본에는 '經'으로 되어 있으나, ≪新五代史≫에 의거하여 '絰'로 바로잡았다.

初에 莊宗이 遣宦者供奉官李從襲監中軍하고 高品李廷安呂知柔爲典謁[1)]이라 從襲等은 素惡(오)崇韜러니 又見崇韜專任軍事하고 益不平之라 及破蜀하야 蜀之貴臣大將自王宗弼以下로 皆爭以蜀寶貨妓樂奉崇韜父子어늘 而魏王所得은 匹馬束帛唾壺[2)]麈柄[3)]而已라 崇韜가 日決軍事에 將吏賓客趨走盈庭이나 而都統府는 惟大將晨謁하고 牙門闃然이라 由是로 從襲等이 不勝其憤이러니 已而오 宗弼率蜀人하야 見繼岌하야 請留崇韜鎭蜀이라 從襲等이 因言崇韜有異志라하고 勸繼岌爲備라 繼岌(請)〔謂〕[4)]崇韜曰 陛下倚侍中을 如衡華하야 尊之廟堂之上하야 期以一天下而制四夷하니 必不棄元老於蠻夷之地라 此事非予敢知也라하다

당초에 莊宗이 환관인 供奉官 李從襲을 보내 中軍을 감찰하게 하고 高品 李廷安

과 呂知柔를 典謁로 삼았다. 이종삽 등은 평소 郭崇韜를 미워하였는데, 또 곽숭도가 軍務를 전임하고 있음을 보고 더욱 불만을 가졌다.

唾壺

蜀을 격파하여 점령하자 蜀의 王宗弼로부터 이하 貴臣과 大將들이 모두 앞다퉈 蜀의 寶貨와 기녀들로 곽숭도 父子를 모셨는데, 魏王이 얻은 것은 한 마리의 말과 1束의 비단, 唾壺와 麈柄일 뿐이었다. 곽숭도가 매일 군무를 결제할 때면 軍官과 빈객들이 달려와 뜰에 가득하였으나, 都統府는 大將만이 새벽에 배알하고는 牙門이 조용하였다.

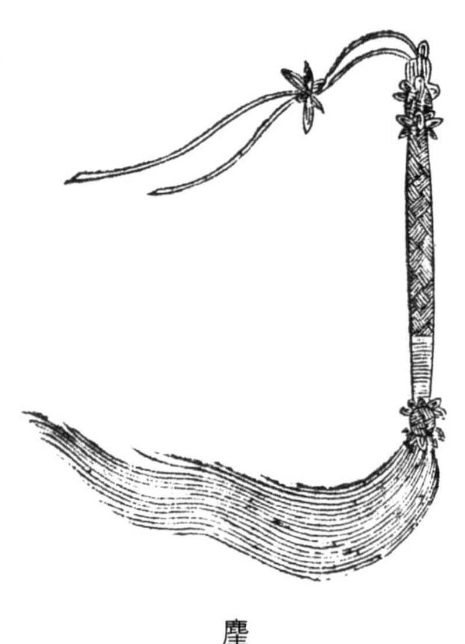

麈

이로부터 이종삽 등이 분을 이기지 못하였는데, 이윽고 왕종필이 蜀의 사람들을 거느리고 李繼岌을 만나 곽숭도를 蜀에 남겨 鎭守할 수 있게 해주기를 청하였다. 이종삽 등이 이로 인하여 곽숭도가 다른 마음을 품고 있다고 말하고 이계급에게 대비할 것을 권하였다.

이계급이 곽숭도에게 말하기를 "폐하께서 侍中을 衡山·華山과 같이 신뢰하고 있습니다. 그래서 廟堂의 上賓으로 존중하여 천하를 통일하고 四夷를 제어하기를 기대하시니, 반드시 元老를 오랑캐 땅에 버리지 않을 것입니다. 그러니 이 일은 제가 감히 알 바가 아닙니다."라고 하였다.

1) 典謁 : 빈객을 접대하는 사무를 관장하는 관직을 말한다.

2) 唾壺 : 입구는 좁고 배가 부른 모양의 가래를 뱉는 도자기를 말한다. 唾具라고

도 한다.

3) 麈柄 : 고라니의 꼬리로 만든 먼지떨이로, 옛날에 高士들이 閑談할 때 손에 들고 벌레를 쫓거나 먼지를 터는 데 썼던 도구이다. 麈尾라고도 한다.

4) (請)〔謂〕: 저본에는 '請'으로 되어 있으나, ≪新五代史≫에 의거하여 '謂'로 바로잡았다.

莊宗이 聞崇韜欲留蜀하고 亦不悅하야 遣宦者向(상)延嗣하야 趣繼岌班師라 延嗣至成都에 崇韜不出迎하고 及見에 禮益慢하니 延嗣怒라 從襲等이 因告延嗣崇韜有異志하야 恐危魏王하다 延嗣還하야 具言之하니 劉皇后가 涕泣請保全繼岌한대 莊宗遣宦官馬彦珪하야 往視崇韜去就라 是時에 兩川[1]新定이나 孟知祥未至하고 所在盜賊亡聚山林이라 崇韜가 方遣任圜等하야 分出招集하니 恐後生變이라 故師未卽還이어늘 而彦珪將行에 見劉皇后하고 曰 臣見延嗣하니 言蜀中事勢已不可라 禍機之作은 間不容髮이로대 安能三千里往復稟命乎아하다 劉皇后가 以彦珪語로 告莊宗하니 莊宗曰 傳言未審하니 豈可便令果決이리오하다 皇后以不得請하야 因自爲敎하야 與繼岌하야 使殺崇韜하다

莊宗이 郭崇韜가 蜀에 머물고자 한다는 말을 듣고 또한 불쾌하여 환관 向延嗣를 보내 李繼岌에게 회군할 것을 재촉하였다. 상연사가 成都에 도착했을 때에 곽숭도가 나와 맞이하지 않고 만났을 때에 禮가 더욱 거만하니, 상연사가 노하였다.

李從襲 등이 이로 인하여 상연사에게 곽숭도가 다른 마음을 품고 있으니 魏王을 위태롭게 할까 두렵다고 고하였다. 상연사가 돌아와 이 사실을 갖추어 말하니, 劉皇后가 눈물을 흘리며 이계급을 보전해달라 청하였다. 그러자 장종이 환관 馬彦珪를 보내 곽숭도의 거취를 가서 살펴보게 하였다.

이때에 兩川이 새로 평정되었으나 孟知祥이 돌아오지 않았고 도처의 도적들이 산속으로 도망하여 모였다. 곽숭도가 막 任圜 등을 파견하여 나누어 보내 항복을 권하니, 뒤에 변란이 생길까 염려한 것이다.

그러므로 군사들이 즉시 돌아오지 않은 것인데, 마언규가 성도로 떠나려 할 때에 유황후를 보고 말하기를 "신이 상연사를 만나보니 상연사가 蜀의 事勢는 이미 어쩔

수 없는 지경에 이르렀다고 말하였습니다. 禍患의 기미가 일어나는 것은 그 사이에 머리털 하나 용납하지 못할 만큼 〈급박하니 조금의 여유도 두어서는 안 되는데〉 어찌 3천 리 길을 오가며 命을 받아 처리할 수 있겠습니까."라고 하였다.

유황후가 마언규의 말을 장종에게 고하니, 장종이 말하기를 "전해들은 말을 자세히 알지 못하는데, 어찌 대뜸 저들에게 과감하게 결단하게 할 수 있겠는가."라고 하였다. 皇后가 청한 것이 받아들여지지 않자 인하여 스스로 教命을 내려 이계급에게 주어 곽숭도를 살해하게 하였다.

1) 兩川 : 東川과 西川을 말한다. 唐 肅宗 至德 2년(757)에 劍南道에 東川과 西川 두 절도사를 두었던 데서 유래한다.

明年正月에 崇韜가 留任圜守蜀하야 以待知祥之至러니 崇韜가 期班師有日에 彦珪至蜀하야 出皇后教하야 示繼岌하니 繼岌曰 今大軍將發에 未有釁端하니 豈可作此負心事리오하다 從襲等이 泣曰 今有密敕이어늘 王苟不行하여 使崇韜知之면 則吾屬無類矣라하니 繼岌曰 上無詔書로대 徒以皇后手教로 安能殺招討使리오하다 從襲等이 力爭이어늘 繼岌不得已而從之라 詰旦에 從襲以都統命으로 召崇韜하고 繼岌登樓以避之러니 崇韜入昇階에 繼岌從者李環이 撾碎其首라 繼岌遂班師하다

이듬해 정월에 郭崇韜가 任圜을 남겨 蜀을 지키게 하여 孟知祥이 오는 것을 기다리게 하였는데, 곽숭도가 회군해야 할 기일이 얼마 남지 않음에 馬彦珪가 蜀에 도착하여 皇后의 教命을 꺼내 李繼岌에게 보여주니, 이계급이 말하기를 "지금 大軍이 출발하려고 할 때에 아직 분쟁의 단서가 있지 않으니 어찌 마음을 저버리는 일을 할 수 있겠는가."라고 하였다.

李從襲 등이 울면서 "지금 密勅이 있는데도 왕께서 만일 결행하지 않는다면 곽숭도가 이 사실을 알 경우에는 우리들은 모두 죽을 것입니다."라고 하니, 이계급이 "위에서 내린 詔書가 없는데, 한갓 황후의 手教만 가지고 어찌 招討使를 죽일 수 있겠는가."라고 하였다. 이종습 등이 힘써 간쟁하자 이계급이 어쩔 수 없이 그 말을 따르기로 하였다.

아침에 이종습이 都統의 명으로 곽숭도를 부르고 이계급은 樓에 올라 피하였는

데, 곽숭도가 들어와 계단을 오르자 이계급의 從者 李環이 그의 머리를 내리쳐 부수었다. 이계급이 마침내 회군하였다.

二月에 軍至泥溪한대 先鋒康延孝叛하야 據漢州하니 繼岌遣任圜하야 討平之하다 四月辛卯에 至興平하야 聞明宗反하야 兵入京師하고 繼岌은 欲退保鳳翔이라 至武功한대 李從襲이 勸繼岌하야 馳趣京師以救內難이라 行至渭河하니 西都留守張籛이 斷浮橋하야 繼岌不得渡라 乃循河而東하야 至渭南하니 左右皆潰라 從襲謂繼岌하야 曰 大事已去하야 福不可再하니 王宜自圖하라하다 繼岌徘徊泣下라가 謂李環하야 曰 吾道盡途窮하니 子當殺我하라하다 環遲疑라가 久之에 謂繼岌乳母하야 曰 吾不忍見王하니 王若無路求生하면 當踣面以俟하라하다 繼岌面榻而臥하니 環縊殺之라 任圜이 從後至하야 葬繼岌于華州之西南이라 繼岌은 少病閹無子라

2월에 군대가 泥溪에 이르렀는데 先鋒 康延孝가 반란을 일으켜 漢州를 점거하니, 李繼岌이 任圜을 보내 토벌하여 평정하였다.

4월 辛卯日에 興平에 이르러 明宗이 반란을 일으켜 군사가 京師로 들어갔다는 소식을 듣고 이계급은 퇴각하여 鳳翔을 지키려고 하였다. 武功에 이르자 李從襲이 京師로 급히 달려가 내란을 구제하라고 이계급에게 권하였다.

행군하다 渭河에 이르니 西都留守 張籛이 浮橋를 끊어 이계급이 건널 수 없었다. 이에 위하를 따라 동쪽으로 가 위하 남쪽에 도착하니, 좌우 사람들이 모두 흩어져버렸다.

이종습이 이계급에게 말하기를 "큰 일이 이미 잘못되어 복을 다시 누릴 수 없으니, 왕께서는 살길을 스스로 도모하소서."라고 하였다. 이계급이 배회하며 눈물을 흘리다가 李環에게 말하기를 "나에게는 살길이 없으니, 네가 나를 죽여라."라고 하였다.

이환이 오랫동안 고민하다 시간이 많이 지난 뒤에 이계급의 乳母에게 말하기를 "나는 차마 왕의 얼굴을 보고 〈죽일 수〉 없으니, 왕이 만약 살길이 없다면 땅을 향해 얼굴을 돌리고 기다려라."라고 하였다. 이계급이 침대를 향해 얼굴을 대고 눕자 이환이 목을 졸라 죽였다.

임환이 뒤처져 있다 도착하여 華州의 서남쪽에 이계급을 안장하였다. 이계급은 어릴 때 병으로 고자가 되어 자식이 없다.

明宗已卽位에 **圜率征蜀之師二萬**하야 **至京師**하니 **明宗撫慰**라 **久之**에 **問圜繼岌何在**하니 **圜具言繼岌死狀**이라 **同光三年**에 **詔以皇子繼嵩繼**(潼)〔**潼**〕[1]**繼蟾繼嶢皆爲光祿大夫檢校司徒**하니 **蓋其皆幼**라 **故不封**이라 **當莊宗遇弑時**에 **太祖子孫在者十有一人**이어늘 **明宗入立**에 **其四人見殺**하고 **其餘皆不知所終**하니 **太祖之後遂絶**[2]이라

明宗이 이미 즉위함에 任圜이 蜀을 토벌하러 갔던 군사 2만을 거느리고 京師에 이르니, 명종이 慰撫하였다. 오래 지난 뒤에 李繼岌이 어디에 있는지를 임환에게 물으니, 임환이 이계급이 죽은 정황을 상세하게 말하였다.

同光 3년(925)에 詔書를 내려 皇子 繼嵩·繼潼·繼蟾·繼嶢를 모두 光祿大夫 檢校司徒로 삼으니, 대개 모두 어렸기 때문에 봉해주지 않은 것이다. 莊宗이 시해당할 때에 太祖의 자손 중에 살아 있었던 사람은 11명이었는데, 명종이 즉위할 때에 네 명이 살해당하고 나머지는 모두 어떻게 죽었는지 알 수 없으니, 太祖의 후손이 마침내 끊어졌다.

1) (潼)〔潼〕: 저본에는 '潼'으로 되어 있으나, ≪新五代史≫에 의거하여 '潼'으로 바로잡았다.

2) 太祖之後遂絶 : ≪五代史記纂誤續補≫ 卷2에 "≪淸異錄≫에 '後唐의 福慶公主는 孟知祥에게 下嫁하였다. 長興 4년에 明宗이 崩하자 後唐이 혼란하였는데, 莊宗의 자손들은 삭발하고 比丘가 되어 샛길로 蜀으로 달아났다. 이때에 맹지상이 稱帝하고 公主를 위하여 자식처럼 후하게 대우하고 많은 재물을 하사하였다.'고 하였으니 〈후손이〉 끊어진 것은 아니다.〔淸異錄 後唐福慶公主下降孟知祥 長興四年 明宗晏駕 唐室難 莊宗諸兒削髮爲苾芻 間道走蜀 時知祥新稱帝 爲公主厚侍猶子 賜予千計 則未絶也〕"라고 하였다.

按傳本末컨대 **崇韜**는 **初未嘗有留蜀之志**요 **特以其身爲大將**하야 **而蜀中兵士多附之**하고 **且都統繼岌在上**이나 **而崇韜不能以成功已居其**

下라 **所以外爲蜀人所擁附**하야 **而流言於路**하고 **內爲宦官及繼岌部曲所忌**하야 **而因以行讒于朝**라 **卒之**에 **莊宗亦惑**하고 **而劉后矯詔**하야 **令其子繼岌誅之**하야 **國遂以亡**하니 **悲夫**라

傳의 本末을 살펴보니 郭崇韜는 애당초 蜀에 머물 마음이 없었고, 다만 자신이 大將이 되어 蜀의 군사들이 많이 依附하였고, 또 都統 李繼岌은 지위는 높지만 곽숭도는 전공을 이루었기 때문에 이미 그 밑에 있을 수가 없었다.

이 때문에 밖으로는 蜀의 사람들이 옹호하고 의부한 탓에 길거리에 流言蜚語가 퍼졌고, 안으로는 환관과 이계급의 私兵들에게 미움을 받아 이로 인해 조정에 참소가 행해졌다. 마침내 莊宗도 의심하고 劉后가 詔書를 위조하여 아들 이계급을 시켜 죽이니 나라가 마침내 망하였다. 슬프다.

04. 唐從璟傳* 後唐 李從璟의 傳記

* 李從璟(?~?)은 後唐 明宗의 첫째 아들로 초명은 從審이다. 후에 莊宗이 자신을 호종한 것을 가련히 여겨 璟이라는 이름을 하사하였다. 이종경의 열전은 ≪舊五代史≫ 卷51 〈唐書 第27 宗室列傳 第3〉, ≪新五代史≫ 卷12 〈唐家人傳 第3〉에 각각 실려 있다.

이 전기에서는 이종경이 비록 반란을 일으킨 명종의 長子이지만 장종을 호종하며 명종을 설득하기 위해 동분서주하다 결국 죽음을 맞이하는 과정만을 순차적으로 짧게 서술하였다.

歐陽脩는 이종경이 아버지를 따르지 않고 군주를 따른 것에 대해 君과 父는 人倫의 큰 근본이고, 忠과 孝는 신하와 자식의 큰 절개이므로 義에 따라 몸은 현재 있는 곳을 따르고 마음은 義를 따라야 하니, 이종경은 장종에 대해 따를 바를 알아 도리에 맞게 죽었다고 평하였다.

또한 ≪구오대사≫에서도 "李從審은 장종에게 후한 은혜를 입은 것을 마음에 새기고 구차하게 죽음을 면하려는 뜻 없이 군주의 곁에서 죽었으니, 충성스럽다 하지 않겠는가.〔從審感厚遇之恩 無苟免之意 死于君側 得不謂之忠乎〕"

라고 하여 그의 충심을 높게 평가하였다.

歐陽脩는 이 짧은 열전을 통해 곤란한 상황에 처하여 義에 맞게 행동함으로써 忠과 孝를 온전히 실천한 이종경의 행동을 부각하였다. 이로서 忠과 孝가 상충될 경우 아들로서 지켜야 할 도리를 명확하게 제시하여 이종경의 행동을 闡揚함과 동시에 후세에 훈계를 남겼다.

하지만 조선후기의 학자이자 문신인 成海應(1760~1839)은 歐陽脩와는 상반된 평을 하였다. ≪硏經齋全集續集≫ 13冊 〈讀書記〉에서 曾子가 "부모의 명을 따르기만 하고 諫言하지 않는 것은 효도가 아니며, 간언하되 따르지 않는 것 역시 효도가 아니다. 효자는 오직 〈어버이의 뜻에 맞춰서〉 잘 변하므로 부모가 편안하게 여긴다.〔以爲從而不諫 非孝也 諫而不從 亦非孝也 孝子唯巧變 故父母安之〕"라고 한 말을 인용하여, "후당의 이종심은 비록 스스로 處變하여 부끄러움이 없다고 말하지만 효자의 도리를 가지고 따져보면 실로 부끄러움이 있을 것이다.〔後唐之李從審 雖自謂處變而不媿 律以孝子之道 則誠有媿矣〕"라고 하여 이종경이 명종에게 끝까지 간언하지 않고 오히려 군주의 편에 서서 아버지를 따르지 않은 것은 不孝에 가깝다고 평가하였다.

明宗四子하니 **曰從璟從榮從厚從益**이라 **從璟**은 **初名從審**이니 **爲人驍勇善戰**하고 **而謙退謹勅**하야 **從莊宗戰**에 **數有功**하야 **爲金槍指揮使**라 **明宗軍變于魏**에 **莊宗謂從璟**하야 **曰 爾父於國**에 **有大功**이라 **忠孝之心**을 **朕自明信**하니 **今爲亂軍所逼爾**라 **宜自往宣朕意**하야 **毋使自疑**케하라 **從璟**이 **馳至衛州**하야 **爲元行欽所執**이라 **將殺之**에 **從璟**이 **呼曰 我父爲亂軍所逼**이어늘 **公等不亮其心**하니 **我亦不能至魏**라 **願歸衛天子**라하니 **行欽釋之**라 **莊宗憐其言**하야 **賜名璟**하고 **以爲己子**라

明宗은 네 명의 아들이 있었으니, 從璟・從榮・從厚・從益이다. 李從璟은 初名이 從審이다. 사람됨이 용맹하여 싸움을 잘하면서도 겸손하고 근신하여 莊宗을 따라 전투에 참여하여 수차례 공을 세워 金槍指揮使가 되었다. 명종의 군사가 魏州에서 변란을 일으키자 장종이 이종경에게 말하기를 "너의 아비가 나라에 큰 공이 있다. 忠孝의 마음을 내 자신이 확신하고 있으니, 지금은 반란군에게 핍박을 받아 그렇게 되었을 뿐이다. 네가 직접 가서 나의 뜻을 전하여 그에게 스스로 의심하지 않도록

하는 것이 좋겠다."라고 하였다.

이종경이 말을 달려 衛州에 이르러 元行欽에게 사로잡혔다. 장차 죽이려 할 때에 이종경이 소리쳐 말하기를 "우리 아버지가 반란군에게 핍박받고 있는데 공들이 그 마음을 헤아리지 못하니, 나 또한 魏州로 갈 수 없다. 원컨대 돌아가 천자를 호위할 수 있게 해달라."라고 하니 원행흠이 풀어주었다. 장종이 그 말을 가련히 여겨 璟이라는 이름을 하사하고 자기의 아들로 삼았다.

從莊宗如汴州할새 **將士多亡於道**로대 **獨從璟不去**라 **左右或勸其逃禍**한대 **從璟不聽**이라 **莊宗**은 **聞明宗已渡黎陽**하고 **復欲遣從璟通問**이어늘 **行欽以爲不可**하고 **遂殺之**라 **明宗卽位**에 **贈太保**라

莊宗을 따라 汴州로 갈 때에 장수와 군사들이 대부분 길에서 도망쳤지만 李從璟만은 떠나지 않았다. 좌우에서 혹 화를 피하라고 권하였는데 이종경은 듣지 않았다. 장종은 明宗이 이미 黎陽을 건넜다는 말을 듣고 다시 이종경을 보내 소식을 전하려 하였지만 元行欽이 불가하다고 하고는 마침내 죽였다. 명종이 즉위함에 太保에 追贈되었다.

嗚呼라 **無父**면 **烏生**하고 **無君**이면 **烏以爲生**이리오마는 **而世之言曰 爲忠孝者**는 **不兩全**이라하니 **夫豈然哉**아 **君父**는 **人倫之大本**이요 **忠孝**는 **臣子之大節**이니 **豈其不相爲用而又相害者乎**아 **抑私與義而已耳**니 **盖以其私**면 **則兩害**요 **以其義**면 **則兩得**이라 **其父**가 **以兵攻其君**이면 **爲其子者**는 **從父乎**아 **從君乎**아 **曰 身從其居**요 **志從其義**면 **可也**니 **身居君所**면 **則從君**하고 **居父所**면 **則從父**라 **其從於君者**는 **必辭其君**하야 **曰 子不可以射父**하니 **願無與兵焉**이라하고 **則又號泣而呼其父**하야 **曰 盍捨兵而歸吾君乎**아하고 **君敗則死之**요 **父敗則終喪而事君**이라 **其從於父者**는 **必告之**하야 **曰 君不可以射也**니 **盍捨兵而歸吾君乎**아하고 **君敗則死之**요 **父敗則待罪於君**하야 **君赦己**면 **則終喪而事之**라 **古之知孝者**는 **莫如舜**이요 **知義者**는 **莫如孔孟**하니 **其於君臣父子之際**에 **詳矣**라 **使其不幸而遭焉**이면 **其亦如是而已矣**라 **從璟之於莊宗**에 **知所從而得其死**

矣라 哀哉라

오호라! 아버지가 없으면 어찌 태어나며 임금이 없으면 어찌 살 수 있으리오. 그런데 세상 사람들이 말하기를 "忠과 孝를 실천하는 자는 둘 다 함께 잘할 수 없다."라고 하니 어찌 그렇겠는가.

임금과 아버지는 人倫의 큰 근본이고, 忠과 孝는 신하와 자식의 큰 절개이니, 어찌 서로 통용되지 못하고 오히려 서로 방해가 되겠는가. 私와 義에 달려 있을 뿐이니, 私를 따르면 둘이 서로 방해되고, 義를 따르면 둘 다 잘될 수 있다.

아버지가 군사로 임금을 공격하면 자식 된 자는 아버지를 따르겠는가 임금을 따르겠는가. 몸은 현재 있는 곳을 따르고 마음은 義를 따라야 할 것이니, 몸이 현재 임금이 계신 곳에 있다면 임금을 따르고, 아버지가 계신 곳에 있다면 아버지를 따라야 한다.

임금을 따르는 자는 반드시 임금에게 까닭을 말하기를 "자식이 아버지를 쏠 수는 없으니, 함께 싸우는 일이 없고자 합니다."라고 하고, 또 통곡하며 아버지에게 호소하여 "어찌 병기를 버리고 우리 임금에게 歸附하지 않습니까."라고 하고, 임금이 패하면 따라서 죽고 아버지가 패하면 喪을 마치고 임금을 섬겨야 한다.

아버지를 따르는 자는 반드시 아버지께 고하여 "임금을 쏠 수 없으니, 어찌 병기를 버리고 우리 임금에게 귀부하지 않습니까."라고 하고, 임금이 패하면 따라 죽고 아버지가 패하면 임금에게 待罪하여 임금이 자신을 용서해주면 喪을 마치고 임금을 섬겨야 한다.

옛날에 孝를 아는 사람은 舜임금만 한 사람이 없고, 義를 아는 사람은 孔子와 孟子만 한 사람이 없으니, 이들은 君臣과 父子의 관계에 대해 상세히 안다 하겠다. 가사 불행히도 이런 일을 만나면 그들 역시 이와 같이 처신했을 것이니, 李從璟은 莊宗에 대해 따를 바를 알아 도리에 맞게 죽었다. 슬프다.

05. 唐秦王從榮傳* 後唐 秦王 李從榮의 傳記

* 李從榮(?~928)은 後唐 明宗의 둘째 아들이다. 이종영의 열전은 ≪舊五代史≫ 卷51 〈唐書 第27 宗室列傳 第3〉, ≪新五代史≫ 卷15 〈唐家人傳 第3〉에

각각 실려 있다.

이 열전은 명종의 長子 李從璟이 죽은 뒤 이종영이 권력을 장악해가는 과정과 명종의 병이 위중한 틈을 타 皇位를 찬탈하려 했던 과정 등에서 보였던 경솔하고 탐욕스러운 모습을 부각하여 서술하였다.

이종영은 평소 경솔하고 탐욕스러웠는데 이런 그의 성격을 이용하여 출세하려는 경박한 사람들이 주변에서 아부를 일삼아 그의 교만함을 더욱 부추겼고, 특히 秦王이 된 이후로는 有司들마저 그의 뜻에 영합하기 위해 없던 예를 만들어 예우하고 관직을 더해줄 방도를 찾는 등 다양한 방법으로 아부하였다. 그 결과 권력과 지위는 점차 높아졌고 그와 동시에 교만함도 더해져 將相과 大臣들이 諫言조차 할 수 없는 지경에 이르렀고, 결국 명종의 병이 위중한 틈을 타 반란을 일으키는 데 이르게 된다. 그가 일으킨 반란은 비록 실패로 돌아갔지만 이 일로 인해 이종영은 죽임을 당하고 명종 또한 반란이 평정되고 엿새 뒤에 죽게 된다.

그에 대한 評은 ≪구오대사≫와 ≪신오대사≫가 서로 상반된다. ≪구오대사≫에서는 이종영에 대해 "이종영이 침착하지 못하고 경솔한 계책으로 나라가 멸망하는 화를 초래하였지만 大逆을 저질렀다고 한다면 큰 무함에 가까울 것이다.〔從榮以狂躁之謀賈覆亡之禍 謂爲大逆 則近厚誣〕"라고 하여 경솔하게 행동한 것은 사실이지만 반란의 주범으로 지목하지는 않았다.

또한 그가 죽는 과정을 ≪구오대사≫에는 "후에 거병하여 궁실을 범하였다가 賜死되었고 庶人으로 폐위되었다.〔後擧兵犯宮室 賜死 廢爲庶人〕"라고 간략히 서술한 반면, ≪신오대사≫에서는 이종영이 권력과 지위가 점차 높아질수록 더욱 교만해져 가는 모습과 명종이 병상에 누워 있을 때에 皇位를 빼앗기 위해 동분서주하는 모습 등을 상세하게 서술함으로써 반란을 일으킨 주범으로 그를 지목하였다.

予覽歐陽公點次從榮簒弑明宗處하니 **固多風神**이라 **然**이나 **較之太史公所序平勃誅諸呂**[1)]와 **及班固所序霍光廢昌邑王**[2)]**處**하면 **猶隔一層**이라 **史漢**은 **尙指顧從容**이라 **所以情事如覩**나 **而歐公不免譸**(주)**張**하니 **須細細玩索**하야 **當自得之**라

내가 歐陽公이, 李從榮이 明宗을 시해한 부분을 서술한 것을 보니, 실로 文彩와 韻致가 많다. 그러나 太史公(司馬遷)이 陳平과 周勃이 呂氏들을 주살한 사실을 서술한 부분과, 班固가 霍光이 昌邑王을 폐한 사실을 서술한 부분과 비교해보면 오히려 한 층 격조가 떨어진다. ≪史記≫와 ≪漢書≫는 오히려 서술한 것이 여유롭기에 이 때문에 사실을 눈으로 보는 듯하지만 구양공은 속이고 과장함을 면치 못하였으니, 반드시 자세하게 완미하고 탐색해서 스스로 터득해야만 한다.

1) 平勃誅諸呂 : 平勃은 漢나라 高祖 劉邦의 창업 공신인 陳平과 周勃의 병칭이고, 諸呂는 呂太后가 집권할 당시 권력을 독단했던 呂氏들을 가리키는데, 여태후가 죽고 여씨들이 모반할 조짐을 보이자 진평과 주발 등이 이를 평정하였다.(≪史記≫ 卷10 〈孝文本紀〉)
2) 霍光廢昌邑王 : 霍光은 前漢의 명장으로 武帝의 顧命을 받고 昭帝를 보필하였다. 소제가 죽은 뒤 후사가 없어 무제의 손자인 昌邑王 劉賀를 후계자로 맞이하였다. 그러나 창읍왕이 酒色에 빠지자 27일 만에 축출하고 宣帝를 옹립하였다. 곽광이 유하를 폐할 때 그 죄목을 하나하나 헤아려 지적하였는데, 그 죄가 천여 가지나 되었다고 한다.(≪漢書≫ 卷68 〈霍光傳〉)

秦王從榮은 **天成元年**에 **以檢校司徒兼御史大夫**로 **拜天雄軍節度使同中書門下平章事**라 **三年徙鎭河東**이라 **長興元年**에 **拜河南尹兼判六軍諸衛事**하다 **從璟死**에 **從榮於諸皇子次最長**하고 **又握兵柄**이라 **然其爲人輕雋而鷹視**나 **頗喜儒**하야 **學爲歌詩**하야 **多招文學之士**하야 **賦詩飮酒**라 **故後生浮薄之徒**가 **日進諛**佞하야 **以驕其心**하니 **自將相大臣**으로 **皆患之**요 **明宗頗知其非**나 **而不能裁制**라

秦王 李從榮은 天成 元年(926)에 檢校司徒 兼御史大夫로서 天雄軍節度使 同中書門下平章事에 배수되었다. 天成 3년(928)에 河東으로 옮겨 진수하였다.

長興 元年(930)에 河南尹 兼判六軍諸衛事에 배수되었다. 李從璟이 죽자 이종영이 皇子들 중에 가장 연장자이고, 또 병권을 쥐고 있었다. 그러나 사람이 경솔하고 탐욕스럽지만 몹시 선비를 좋아하여 詩歌를 짓는 법을 배워 문학하는 선비를 많이

불러 시를 읊고 술을 마셨다. 그러므로 경박한 後生들이 날마다 찾아와 아부하여 그 마음을 교만하게 만드니, 將相과 大臣으로부터 모두 근심하였고, 明宗도 잘못된 일임을 잘 알았지만 재제하지 못하였다.

從榮嘗侍側明宗한대 **問曰 爾軍政之餘**에 **習何事**오하니 **對曰 有暇讀書**하고 **與諸儒講論經義爾**라하다 **明宗**이 **曰 經有君臣父子之道**라 **然須碩儒端士**라야 **乃可親之**라 **吾見先帝好作歌詩**하니 **甚無謂也**로대 **汝將家子**라 **文章非素習**이니 **必不能工**이라 **傳於人口**면 **徒取笑也**라 **吾老矣**라 **於經義**에 **雖不能曉**나 **然尙喜屢聞之**요 **其餘不足學也**라하다

李從榮이 일찍이 明宗을 곁에서 모시고 있었는데, 명종이 묻기를 "너는 軍政을 보는 여가에 무슨 일을 익히느냐?"라고 하니, "여유가 있을 때 독서를 하거나 선비들과 經書의 의리를 강론하고 있습니다."라고 대답하였다.

명종이 말하기를 "經에 君臣과 父子의 도리가 있다. 그러나 반드시 큰 학자이거나 단정한 선비라야 이에 經典을 가까이할 수 있다. 나는 先帝께서 詩歌를 짓기 좋아하시는 것을 보았으니, 그다지 할 말이 없지만 너는 將帥 집안의 아들인지라 문장을 평소 익히지 않았으니 반드시 잘 지을 수 없을 것이다. 〈그러니 네가 지은 글이〉 사람들의 입에 전해진다면 한갓 비웃음만 받을 것이다. 나는 늙었기에 經書의 의리에 대해 비록 잘 알지는 못하지만 그래도 여러 번 듣는 것을 좋아하였고 그 나머지는 배울 것이 못 되었다."라고 하였다.

是歲秋에 **封從榮秦王**이라 **故事**에 **諸王受封**이면 **不朝廟**나 **而有司希旨**하야 **欲重其禮**라 **乃建議曰 古者因禘嘗**[1]**而發爵祿**하니 **所以示不敢專**이라 **今受大封**이나 **而不告廟**는 **非敬順之道也**라하다 **於是**에 **從榮**이 **朝服乘輅車**하고 **具鹵簿**하야 **至朝堂**하야 **受冊**하고 **出載冊以車**하야 **朝於太廟**하니 **京師之人**이 **皆以爲榮**이라

이해 가을에 李從榮을 秦王에 봉하였다. 왕들이 冊封되면 太廟에 조회하지 않는 故事가 있었는데, 有司가 왕의 뜻에 맞추기 위해 禮式을 융숭하게 치르려고 하였다. 이에 건의하기를 "옛날에 禘祭와 嘗祭를 지내고서 爵祿을 지급하였으니, 이는 군왕

이 감히 마음대로 하지 않음을 보인 것입니다. 지금 大封을 받고서 태묘에 고하지 않는 것은 공경하고 순종하는 도리가 아닙니다."라고 하였다.

이에 이종영이 朝服을 입고 輅車를 타고 儀仗隊를 갖추고서 朝堂에 이르러 冊命을 받고 나가서 수레에 冊書를 싣고 태묘에 조회하니, 京師의 사람들이 모두 영광스럽게 여겼다.

1) 禘嘗 : 禘祭와 嘗祭의 병칭이다. 고대에 천자나 제후가 歲時에 지내는 제사로 여름에 지내는 제사를 禘祭라 하고, 가을에 지내는 제사를 嘗祭라 한다.

三年에 加兼中書令하니 有司가 又言 故事에 親王[1]班宰相下어늘 今秦王位高而班下하니 不稱이라 於是에 與宰相分班而居右하다 四年에 加尙書令하니 食邑이 萬戶하다 太僕少卿何澤이 上書하야 請立從榮爲皇太子라 是時에 明宗已病하야 得澤書不悅하고 顧左右曰 群臣欲立太子하니 吾當養老於河東이라하고 乃召大臣하야 議立太子事하니 大臣皆莫敢可否라 從榮入白曰 臣聞姦人言欲立臣爲太子하니 臣實不願也라하니 明宗曰 此群臣之欲爾라하다 從榮出하야 見范延光趙延壽等曰 諸公議欲立吾爲太子하니 是欲奪吾兵柄而幽之東宮耳라하니 延光等患之하야 乃加從榮天下兵馬大元帥하다

長興 3년(932)에 兼中書令이 더해졌다. 有司가 또 말하기를 "故事에 親王은 班列이 재상의 아래에 있어야 한다고 되어 있는데, 지금 秦王은 지위는 높지만 반열이 아래에 있으니 서로 맞지 않습니다."라고 하였다. 이에 재상과 반열을 나누어 오른쪽에 자리하였다.

장흥 4년(933)에 尙書令을 더하니 食邑이 1만 호였다. 太僕少卿 何澤이 글을 올려 李從榮을 皇太子로 冊立할 것을 청하였다. 이때에 明宗이 이미 병들어 하택의 글을 보고 기뻐하지 않고 좌우를 돌아보며 말하기를 "신하들이 태자를 세우려고 하니, 나는 河東에서 노년을 편하게 보내야겠다."라고 하고, 이에 대신을 불러 태자를 책립하는 일을 의논하게 하니, 대신들이 모두 감히 可否를 결정하지 못하였다.

이종영이 들어와 아뢰기를 "姦人이 臣을 태자로 책립하려고 한다고 들었으니 臣은 실로 원치 않습니다."라고 하니, 명종이 말하기를 "이는 신하들이 바라는 것이다."라고 하였다.

이종영이 나와 范延光과 趙延壽 등을 보고 말하기를 "공들이 의논하여 나를 태자로 책립하려고 하니, 이는 나의 兵權을 빼앗고 東宮에 幽閉하려는 것이다."라고 하니, 범연광 등이 근심하여 이에 이종영에게 天下兵馬大元帥를 더해주었다.

1) 親王 : 皇帝나 國王의 가까운 친속 중에 왕에 봉해진 사람을 가리키는 말로, 명칭은 南朝 말기에 처음 나왔다.

有司가 又言 元帥或統諸道하고 或專一面하니 自前世無天下大元帥之名이라 其禮無所考按이라 請自節度使以下로 凡領兵職者는 皆具櫜鞬(고건)[1]하야 以軍禮庭參[2]하고 其兼同中書門下平章事者도 初見亦如之나 其後許如客禮[3]라 凡元帥府文符行天下에 皆用帖文하고 升班在宰相上이라하다

有司가 또 말하기를 "元帥는 혹 여러 道를 총괄하거나 혹 한 方面을 專擔하는데, 이전 시대에는 天下大元帥라는 칭호가 없었으므로 禮를 상고할 곳이 없습니다. 청컨대, 節度使 이하로 군사를 통솔하는 직분을 가진 자는 모두 櫜鞬을 갖추고 軍禮로 庭參하고, 同中書門下平章事를 겸한 자는 처음 참견할 때에는 또한 이와 같이 禮를 갖추고 이후에는 客禮로 보는 것을 허여하십시오. 元帥府의 문건을 천하에 공포할 때에는 모두 帖文을 사용하고, 반열을 올려 宰相의 위에 있게 하십시오."라고 하였다.

櫜鞬

1) 櫜鞬(고건) : 활과 화살을 넣어 등에 지는 기구로 筒箇, 弓矢袋라고도 한다.

2) 庭參 : 하급 관원이 관청에서 장관을 알현할 때 행하는 儀禮이다. 文官은 하

급 관원이 북쪽으로 향하여 꿇어앉아 절을 하면 장관이 서서 받고, 武官은 하급 관원이 꿇어앉아 머리를 조아리며 자신의 직함을 외치면 장관이 앉아서 받는다.

3) 客禮 : 主從 관계가 아닌 손님으로 대등하게 대우함을 말한다.

從榮大宴元帥府하니 諸將皆有頒給이라 控鶴奉聖嚴衛指揮使는 人馬一匹絹十匹하고 其諸軍指揮使는 人絹十匹하고 都頭以下는 七匹至三匹이라 又請嚴衛捧聖千人爲牙兵하야 每入朝에 以數百騎先後하야 張弓挾矢하고 馳走道上하니 見者皆震慴이라 從榮又命其寮屬及四方遊士하야 試作征淮檄하니 陳己所以平一天下之意라

李從榮이 元帥府에서 크게 연회를 베푸니 장수들에게는 모두 하사품이 있었다. 控鶴指揮使, 奉聖指揮使, 嚴衛指揮使는 1인당 말 1匹과 명주〔絹〕 10匹이고, 諸軍의 指揮使는 1인당 명주 10匹이고, 都頭 이하는 7匹에서 3匹이었다.

또 嚴衛와 捧聖 1천 명을 牙兵으로 삼을 것을 청하여 아병들이 매번 入朝할 때에 수백의 기병으로 앞뒤를 호위하며 활에 살을 먹인 채로 도로를 내달리니, 보는 사람들이 모두 놀라 두려워하였다.

이종영이 또 寮屬과 四方의 遊士들에게 명하여 시험삼아 〈征淮檄〉을 지어서 자신이 천하를 통일하려는 뜻을 진달하게 하였다.

言事者請爲諸王擇師傅하야 以加訓導하니 宰相難其事하야 因請從榮自擇이라 從榮乃請翰林學士崔梲(절)과 刑部侍郞任贊을 爲元帥判官하니 明宗曰 學士代予言은 不可也라하다 從榮出而恚曰 任以元帥어늘 而不得請屬寮하니 非吾所喩也라하다 將相大臣이 見從榮權位益隆이어늘 而輕脫如此하고 皆知其禍나 而莫敢言者라 惟延光延壽는 隱有避禍意하야 數見(삭현)明宗하야 涕泣求解樞密하야 二人皆引去러니 而從榮之難作이라

言事하는 이가 諸王을 위하여 師傅를 택하여 訓導해줄 것을 청하니, 宰相이 그 일을 난처하게 여겨 인하여 李從榮에게 스스로 선택하도록 청하였다. 이종영이 이

에 翰林學士 崔棁과 刑部侍郎 任贊을 元帥判官으로 삼기를 청하니, 明宗이 "學士들이 나를 대신하여 말하는 것은 불가하다."라고 하였다. 이종영이 나와 성내어 말하기를 "나에게 元帥의 직임을 맡겼거늘 下僚조차 청할 수 없으니, 나는 이해할 수 없다."라고 하였다.

將相과 大臣들이 이종영이 권력과 지위가 더욱 높아졌는데도 경박함이 이와 같음을 보고, 모두 禍亂이 발생할 것을 알았지만 감히 말하는 자는 없었다. 范延光과 趙延壽만은 은밀히 화를 피하려는 생각을 가지고 자주 명종을 뵙고 눈물을 흘리며 樞密에서 解職시켜 주기를 청하여 두 사람이 모두 조정을 떠났는데, 이종영의 난이 일어났다.

十一月戊子에 **雪**하다 **明宗幸宮西士和亭**이라가 **得傷寒疾**이라 **己丑**에 **從榮**이 **與樞密使朱弘昭馮贇**으로 **入問起居於廣壽殿**하니 **帝不能知人**이라 **王淑妃告曰 從榮在此**라하고 **又曰 弘昭等在此**라하니 **皆不應**하다 **從榮等去**에 **乃遷於雍和殿**하니 **宮中皆慟哭**이라 **至夜半後**에 **帝蹶然自興於榻**이나 **而侍疾者皆去**라 **顧殿上守漏宮女曰 夜漏幾何**오하니 **對曰 四更矣**라하니 **帝卽唾肉如肺者數片**하고 **溺涎液斗餘**라 **守漏者曰 大家省事乎**아하니 **曰 吾不知也**라하다 **有頃**에 **六宮**[1]**皆至**하야 **曰 大家還魂矣**라하고 **因進粥一器**라 **至旦疾少愈**나 **而從榮稱疾不朝**라

11월 戊子日에 눈이 내렸다. 明宗이 宮의 서쪽 士和亭으로 행행하였다가 寒疾에 걸렸다. 己丑日에 李從榮이 樞密使 朱弘昭・馮贇과 함께 들어가 廣壽殿에서 안부를 물었는데, 皇帝가 사람을 알아보지 못하였다. 王淑妃가 황제에게 "從榮이 여기에 있습니다."라고 말하고, 또 "朱弘昭 등도 여기에 있습니다."라고 하니 황제가 모두 대답하지 않았다.

이종영 등이 떠나자 이에 황제를 雍和殿으로 옮기니, 궁중이 모두 통곡하였다. 한밤중에 이른 뒤에 황제가 갑자기 스스로 침상에서 일어났는데, 간호하던 사람들은 모두 떠나고 없었다. 殿上에서 물시계를 지키던 궁녀를 돌아보며 말하기를 "밤의 시각이 얼마나 되었느냐?"라고 하니, 대답하기를 "4更입니다."라고 하였다. 황제가 곧장 肺처럼 생긴 살덩이 몇 조각을 뱉어내고 침과 위액을 1말〔斗〕 남짓 쏟아냈다.

물시계를 지키던 궁녀가 "폐하께서는 정신이 드십니까?"라고 하니, 황제가 "나는 모르겠다."라고 하였다.

얼마 뒤에 六宮이 모두 이르러 "황제께서 정신이 돌아왔다."라고 하고 인하여 죽 한 그릇을 올렸다. 아침에 이르러 병이 조금 나아졌지만 이종영은 병을 핑계 대고 조회하지 않았다.

1) 六宮 : 皇后의 宮中 및 夫人 이하의 다섯 宮室을 통틀어 말한 것이다. 원래 6宮은 正寢이 하나, 燕寢이 다섯인데, 정침은 路寢이라 하여 앞에 있고, 연침은 小寢이라 하여 뒤에 있었다. ≪禮記≫ 〈昏義〉에 "옛날 天子의 后는 六宮·三夫人·九嬪·二十七世婦·八十一御妻를 세웠다."라고 하였다.

初에 **從榮**이 **常忌宋王從厚賢於己**하야 **而懼不得爲嗣**라 **其平居**에 **驕矜自得**이나 **及聞人道宋王之善**이면 **則愀然有不足之色**이라 **其入問疾也**에 **見帝已不知人**하고 **旣去而聞宮中哭聲**하야 **以謂帝已崩矣**라하고 **乃謀以兵入宮**하야 **使其押衙馬處鈞**으로 **告弘昭等**하되 **欲以牙兵入宿衛**하니 **問何所可以居者**아하니 **弘昭等**이 **對曰 宮中皆王所可居**니 **王自擇之**라하고 **因私謂處鈞曰 聖上萬福**이라 **王宜竭力忠孝**하니 **不可草草**라하다 **處鈞具以告從榮**하니 **從榮還遣處鈞**하야 **語弘昭等**하야 **曰 爾輩不念家族乎**아하다 **弘昭贇及宣徽使孟漢瓊等**이 **入告王淑妃**하야 **以謀之曰 此事須得侍衛兵爲助**라하고 **乃召侍衛指揮使康義誠**[1]하야 **謀於竹林之下**라 **義誠有子在秦王府**일새 **未敢決其謀**라 **謂弘昭曰 僕爲將校**니 **惟公所使爾**라하니 **弘昭大懼**라

당초에 李從榮이 宋王 李從厚가 자신보다 뛰어남을 시기하여 자신이 後嗣가 되지 못할까 두려워하였다. 평소에 교만하고 잘난 체하다가 타인이 宋王의 훌륭한 점을 이야기하는 것을 들으면 근심스럽게 안색이 좋지 않았다.

들어가 皇帝의 병문안을 할 때에 황제가 이미 사람을 알아보지 못하는 것을 보았고 떠난 뒤에 궁중의 곡소리를 듣고 황제가 이미 崩하였다고 생각하였다. 이에 군사를 궁에 들일 것을 계획하여 押衙 馬處鈞을 시켜 朱弘昭 등에게 고하기를 "牙兵을 데리고 궁에 들어가 宿衛하고자 하니 어디에 거처해야 할지를 물어라."라고 하였다. 주홍소 등이 "궁중은 모두 왕이 거처할 수 있으니 왕께서 스스로 택하소서."라고 하

였다. 인하여 마처균에게 사적으로 말하기를 "聖上께서 회복하셨으니 왕은 忠孝에 힘을 다해야 할 것이고 경솔해서는 안 된다."라고 하였다. 마처균이 이 말을 이종영에게 갖추어 고하니, 이종영이 마처균을 다시 보내 주홍소 등에게 말하기를 "너희들은 가족을 생각하지 않는가?"라고 하였다.

주홍소와 馮贇 및 宣徽使 孟漢瓊 등이 들어가 王淑妃에게 고하여 모의하기를 "이 일은 반드시 侍衛兵의 도움을 받아야 한다."라고 하고, 이에 侍衛指揮使 康義誠을 불러 竹林의 아래에서 모의하였다. 강의성은 아들이 秦王府에 있었기에 감히 모의를 결정할 수 없었다. 주홍소에게 "저는 將校이니 오직 공의 지휘를 따르겠습니다."라고 하니, 주홍소가 크게 두려워하였다.

1) 康義誠 : ?~934. 五代 때 代北 三部落 사람이고 자는 信臣이다. 騎射로 李克用을 섬겼다. 後唐 明宗 때 거듭 승진하여 節度使에 오르고, 同平章事가 더해졌다. 閔帝가 즉위하자 檢校太尉 兼侍中에 올랐다.

明日에 從榮遣馬處鈞하야 告馮贇曰 吾今日入居興聖宮하고 又告義誠하니 義誠許諾이라하니 贇卽馳入內하야 見義誠及弘昭漢瓊等하고 坐中興殿閣議事라 贇責義誠하야 曰 主上所以蓄養吾徒者는 爲今日爾라 今安危之機에 間不容髮이어늘 奈何以子故懷顧望고 使秦王得至此門하면 主上安所歸乎며 吾輩復有種乎아하다 漢瓊曰 賤命不足惜이니 吾自率兵拒之라하고 卽入見曰 從榮反兵이 已攻端門이라하니 宮人相顧號泣이라 明宗問弘昭等하야 曰 實有之乎아하니 對曰 有之라하다 明宗이 以手指天하고 泣下라가 良久에 曰 義誠自處置하고 毋令震動京師하라하다 潞王[1]子重吉在側한대 明宗曰 吾與爾父로 起微賤하야 至取天下요 數救我於危窘이어늘 從榮得何氣力而作此惡事오 爾亟以兵守諸門이라하니 重吉이 卽以控鶴兵守宮門하다

이튿날 李從榮이 馬處鈞을 보내 馮贇에게 말하기를 "나는 오늘 興聖宮으로 들어가 거처할 것이고 또 康義誠에게 고하니 강의성이 허락하였다."라고 하니, 풍빈이 즉시 궐내로 달려 들어가 康義誠·朱弘昭·孟漢瓊 등을 보고 中興殿 內閣에 앉아 일을 의논하였다.

풍빈이 강의성을 꾸짖기를 "主上께서 우리들을 기른 것은 지금 같은 일에 대비하기 위해서이다. 오늘같이 위태로울 때에는 조금의 시간도 지체해서는 안 되는데, 어찌하여 아들의 일로 주저하는가. 만약 秦王이 이 문에 이른다면 주상께서는 어디로 돌아가겠으며 우리들도 씨가 남겠습니까?"라고 하였다.

맹한경이 "저의 목숨은 아깝지 않으니 제가 군사를 이끌고 가 막아보겠습니다."라고 하였다. 그리고는 즉시 궐내로 들어가 皇帝를 뵙고 "이종영의 반란군이 이미 端門을 공격하고 있습니다."라고 하니, 宮人들이 서로 돌아보고 울부짖으며 눈물을 흘렸다. 明宗이 주홍소 등에게 "실제로 〈반란이〉 일어났는가?"라고 물으니, 대답하기를 "실제로 일어났습니다."라고 하였다. 명종이 손으로 하늘을 가리키며 눈물을 흘렸다. 한참 뒤에 황제가 말하기를 "강의성이 알아서 처리하고, 京師를 놀라게 하지 말라."라고 하였다.

潞王의 아들 李重吉이 곁에 있었는데, 명종이 말하기를 "나는 너의 아비와 함께 미천한 신분으로 일어나 천하를 취하는 데에 이르렀고 수차례 위험한 상황에서 나를 구해주었는데, 이종영은 무슨 氣力으로 이런 악행을 저지르는가. 너는 급히 군사를 거느리고 문들을 지켜라."라고 하니, 이중길이 控鶴의 군사로 宮門을 지켰다.

1) 潞王 : 五代 後唐의 廢帝 또는 末帝라고도 불리는 李從珂(?~936)이다. 鎭州 平山 사람으로, 본래 성은 王씨인데, 李嗣源이 騎將으로 있을 때 평산을 지나가다 납치한 뒤 養子로 삼아 李씨 성을 주었다. 용모가 강인하고 위엄이 있었으며, 행동이 미더운 데다 말수가 적었다. 용맹하고 전쟁을 잘해서 이사원이 몹시 아꼈다. 이사원이 즉위하여 明宗이 되자 그가 전쟁에서 여러 차례 공을 세웠다고 하여 潞王에 봉하였다. 應順 초에 閔帝를 죽이고 자립했다. 石敬瑭이 契丹을 끌어들여 後唐의 군대를 대파하자 玄武樓에 올라가 불을 지르고 자살했다. 3년 동안 재위했고, 그의 죽음으로 후당도 멸망하였다.

是日에 從榮自河南府로 擁兵千人以出이라 從榮寮屬甚衆이나 而正直之士는 多見惡(오)라 其尤所惡者는 劉贊王居敏이요 而所昵者는 劉陟高輦이라 從榮兵出에 與陟輦으로 並轡耳語하야 行至天津橋[1]하야 南指日景(영)하고 謂輦曰 明日而今에 誅王居

敏矣라하다 因陣兵橋北하야 下據胡牀而坐하야 使人召康義誠하니 而端門已閉요 叩左掖門[2]하니 亦閉라 而於門隙中見하니 捧聖指揮使朱弘實[3]이 率騎兵하야 從北來라 卽馳告從榮하니 從榮驚懼하야 索鐵厭心하고 自調弓矢라 皇城使安從益이 率騎兵三百衝之어늘 從榮兵射之하니 從益稍却이라 弘實騎兵五百이 自左掖門出하야 方渡河한대 而後軍來者甚衆이라 從榮乃走歸河南府하니 其判官任贊已下가 皆走出定鼎門[4]이어늘 牙兵劫嘉善坊而潰라 從榮夫妻匿牀下한대 從益殺之하다 明宗聞從榮已死하고 悲咽幾墮於榻하야 絶而蘇者再라 馮道가 率百寮入見하니 明宗曰 吾家事若此하니 慙見群臣이라하니 君臣相顧하야 泣下沾襟이라 從榮二子는 尙幼나 皆從死하다 後六日에 而明宗崩하다

이날에 李從榮이 河南府로부터 군사 1천 명을 거느리고 출병하였다. 이종영의 寮屬들이 매우 많았으나 정직한 선비들은 대부분 미움을 받았다. 그중에 더욱 미움을 받던 사람은 劉贊과 王居敏이고, 친밀하게 지내던 사람은 劉陟과 高輦이었다.

이종영의 군사가 나가서 유척·고련과 함께 말을 나란히 몰고 귓속말을 하면서 가서 天津橋에 이르러 남쪽으로 해 그림자를 가리키며 고련에게 말하기를 "내일 지금 시간에 왕거민을 죽일 것이다."라고 하였다.

인하여 천진교 북쪽에 진을 치고 말에서 내려 胡床에 걸터앉아 사람을 시켜 康義誠을 부르니 端門(正門)은 이미 닫혀 있었고, 좌측 掖門을 두드리니 역시 닫혀 있었다. 그래서 문틈으로 보니 捧聖指揮使 朱弘實이 기병을 거느리고 북쪽에서 오고 있었다. 즉시 말을 달려가 이종영에게 고하니, 이종영이 놀라고 두려워하여 鐵甲을 찾아 가슴을 가리고 손수 활과 화살을 준비하였다. 皇城使 安從益이 기병 3백을 거느리고 공격해 왔는데, 이종영의 군사들이 활을 쏘니 안종익이 조금 물러났다. 주홍실의 기병 5백이 왼쪽 액문을 나와 막 강을 건너려고 하였는데 뒤에서 오는 군사들이 매우 많았다.

이종영이 이에 달아나 河南府로 돌아가니, 判官 任贊 이하가 모두 달아나 定鼎門으로 나갔고 牙兵들은 嘉善坊을 노략질하고 흩어져 달아났다. 이종영 부부가 침상 아래에 숨어 있었는데, 안종익이 그들을 죽였다.

明宗이 이종영이 이미 죽었다는 소식을 듣고는 오열하다 몇 차례 걸상에서 떨어

져 혼절했다가 깨어난 것이 두 번이었다. 馮道가 百官을 거느리고 들어와 뵈니 명종이 말하기를 "우리 집안의 일이 이와 같으니 신하들을 보기 부끄럽다."라고 하였다. 신하들이 서로 돌아보며 눈물을 흘려 옷깃이 젖었다. 이종영의 두 아들은 아직 어렸지만 모두 따라서 죽었다. 6일 뒤에 명종이 崩하였다.

1) 天津橋 : 洛陽에 있는 다리 이름이다. 북쪽에 皇城이 있다.
2) 掖門 : 궁전의 정문 양쪽 곁에 있는 작은 문이다.
3) 朱弘實 : ≪舊五代史≫에는 朱洪實로 기록하였고, ≪新五代史≫에는 朱弘實로 기록하였다. ≪구오대사≫ 卷66 〈考證〉에 "〈朱洪實傳〉에 洪實을 ≪신오대사≫에는 弘實이라 썼으니, 아마도 ≪구오대사≫는 北宋 宣祖(趙弘殷)의 諱를 避嫌하였기 때문에 弘자를 바꾸어 洪자로 쓴 듯하다.〔朱洪實傳 洪實 歐陽史作弘實 疑薛史避宣祖諱 故改弘作洪〕"라고 하였다.
4) 定鼎門 : 洛陽城 정남쪽에 있는 문이다.

06. 漢湘陰公贇傳* 後漢 湘陰公 劉贇의 傳記

* 劉贇(?~951)은 後漢 高祖 劉知遠의 아우 劉崇의 아들로 고조가 그의 재주를 아껴 자신의 아들로 삼았다. 유빈의 列傳은 ≪舊五代史≫ 卷105 〈漢書 第7 宗室列傳 第2〉, ≪新五代史≫ 卷18 〈漢家人傳 第6〉에 각각 실려 있다.

이 열전은 유빈을 중심으로 後周 太祖 郭威, 馮道, 鞏庭美, 楊溫 등과 관련된 사건을 중점적으로 서술하여 五代 후한 말기 혼란한 정국과 후주가 건국되는 과정을 사실적으로 묘사하였다. 그중에 가장 핵심이 되는 이야기는 후주 태조가 皇位를 차지하기 위해 자신의 의도를 숨긴 채 後漢의 太后를 부추겨 유빈을 후사로 정한 뒤 자신은 澶州에서 군사를 일으켜 京師로 들어와 유빈을 유폐시켜 죽이고 後漢을 장악해가는 과정이다. 특히 유빈이 후사로 정해지자 풍도가 태조의 뜻을 알기 위해 태조에게 "공께서는 이 일을 衷心에서 우러나와 하신 것입니까?"라고 하니, 태조가 하늘을 가리키며 맹세하고, 풍도가 떠난 뒤에 태조가 남에게 말하기를 "내 평생에 남에게 거짓말을 하지 않았는데, 오늘에야 거짓말을 하였다."라고 한 대목은 태조의 교활함이 잘 드러나는 부분이라 하겠다.

또한 여기서는 唐나라 이후 五代十國 중 다섯 왕조의 宰相을 지낸 풍도의 處世術을 엿볼 수 있다. 풍도는 처음에는 후주 태조를 돕지 않았는데, 후사로 정해진 유빈을 데려오던 도중 태조가 군사를 거느리고 경사로 들어갔다는 소식을 듣고는 유빈을 버리고 태조를 따르게 된다. 특히 유빈이 풍도가 자신을 죽이려는 것을 알고 그에게 "과인이 이곳에 올 때에 믿었던 것은 공이 30년 동안 재상의 자리에 있었기 때문이다. 그러므로 의심하지 않았다."라고 하니 풍도가 묵묵히 있었다는 대목에서 풍도가 오랫동안 재상의 자리를 차지할 수 있었던 것은 능력과 명망 때문이 아니라 時勢를 읽고 권력자에 붙어 자신의 지위를 이었던 것일 뿐임을 알 수 있다.

풍도와는 달리 황위에 오르지 못한 유빈을 위해 태조의 명을 거부한 채 외로운 성을 지키다 순절한 공정미·양온 등의 일도 구체적으로 서술하였는데, 史論에서 공정미·양온 등이 유빈을 위해 死節하였지만 역사서에 기록된 내용이 분명하지 않아 사절한 선비들 사이에 배열되지 못한 점이 안타깝다고 하여 그들의 의로운 죽음을 높게 평가하였다.

高祖는 **二弟三子**니 **弟曰崇曰信**이요 **子曰承訓承祐承勳**이라 **崇子曰贇**이니 **高祖愛之**하야 **以爲己子**라 **乾祐元年**에 **拜贇徐州節度使**하고 **承訓早卒**에 **追封魏王**이라 **承祐次立**하니 **是謂隱帝**요 **承勳爲開封尹**이라

〈後漢의〉 高祖는 형제가 둘이고 아들이 셋이니, 아우는 崇과 信이고, 아들은 承訓·承祐·承勳이다. 崇의 아들이 贇이니 高祖가 아껴 자신의 아들로 삼았다.

乾祐 원년(948)에 贇을 徐州節度使에 배수하였고, 承訓이 일찍 졸하자 魏王에 追封되었다. 承祐가 다음으로 제위에 오르니 바로 隱帝이고, 承勳은 開封尹이 되었다.

後漢 高祖

周太祖[1)]가 已敗漢兵于北郊하고 隱帝遇弑하니 太祖가 入京師하야 以謂漢大臣은 必相推戴러니 及見宰相馮道等하얀 道殊無意라 太祖不得已하야 見道猶下拜라 道受太祖拜하고 如平時徐勞之曰 公行良苦라하다 太祖意色皆沮하야 以謂漢大臣未有推立己意라하되 又難於自立하야 因白漢太后[2)]하야 擇立漢嗣어늘 而宗室河東節度使崇等在者四人이 乃爲太后誥曰 河東節度使崇과 許州節度使信은 皆高祖之弟요 徐州節度使贇과 開封尹承勳은 皆高祖之子니 文武百辟이 其擇嗣君以承天統이라하다

周 太祖가 이미 北郊에서 漢나라 군사를 패퇴시키고 隱帝가 시해당하자 태조가 京師로 들어와 漢나라 대신들은 반드시 서로 자신을 추대해줄 것이라고 생각했었는데, 宰相 馮道 등을 만나봄에 풍도는 전혀 그런 뜻이 없었다. 태조가 부득이 풍도를 보고는 자신이 오히려 下拜하였다. 풍도는 태조의 절을 받고도 평시와 다름없이 천천히 위로하여 말하기를 "공은 오느라 몹시 고생하셨소."라고 하였다.

태조가 마음과 얼굴에 모두 실망한 기색을 띠고 漢나라 대신들은 자신을 皇帝로 추대할 생각이 없다고 생각하되, 또 스스로 황제의 지위에 오르기는 어려워 인하여 漢나라 太后에게 아뢰어 漢나라의 後嗣를 선택하게 하였다. 그런데 宗室인 河東節度使 劉崇 등 생존해 있는 네 사람이 이에 태후에게 말하기를 "하동절도사 유숭과 許州節度使 劉信은 모두 高祖의 아우이고, 徐州節度使 劉贇과 開封尹 劉承勳은 모두 고조의 아들이니, 文武 百官들이 嗣君을 택하여 天統을 잇게 하십시오."라고 하였다.

1) 周太祖 : 五代 때 後周를 세운 郭威(904~954)를 말한다. 邢州 堯山 사람이고, 자는 文仲이다. 또는 본래 常氏였는데, 어렸을 때 어머니를 따라 郭氏로 고쳤다고 한다. 목에 참새와 꽃무늬가 있어 사람들이 郭雀兒라 불렀다. 처음에 李繼韜의 휘하에 들어가서 後唐・後晉・後漢에서 벼슬하였다. 後漢 隱帝 때 樞密使에서 平章事가 더해졌다. 乾祐 3년(950)에 은제가 사람을 보내 자기를 해치려는 것을 알고 병사를 일으켜 汴으로 들어갔다. 은제가 살해된 뒤 劉贇을 세워 황제로 삼으려 했다가, 澶州에 이르러 兵變을 일으키고 돌아와 후한을 대신해 稱帝하고 나라 이름을 周라 했다. 3년 동안 재위했고, 廟號는 太祖이다.

2) 漢太后 : 後漢 高祖 劉知遠의 皇后인 李皇后(?~954)이다.

於是에 周太祖가 與王峻入見하니 太后言 開封尹承勳은 高祖皇帝之子니 宜立이라하다 太后가 以承勳久病으로 不任爲嗣하니 太祖가 與群臣請見承勳하야 視起居라 太后命하야 以臥榻舁承勳出見群臣하니 群臣視之信然이라 乃共奏曰 徐州節度使贇은 高祖愛以爲子니 宜立爲嗣라하니 乃遣太師馮道하야 率群臣迎贇이라

이에 周 太祖가 王峻과 함께 들어가 뵈니, 太后가 "開封尹 劉承勳은 高祖皇帝의 아들이니, 마땅히 後嗣로 세워야 한다."라고 하였다. 태후가 유승훈이 오랫동안 병을 앓고 있기 때문에 후사로 삼지 못하니, 太祖가 군신들과 함께 유승훈을 보고 안부를 살필 수 있게 해달라 청하였다. 태후가 명하여 臥榻에 유승훈을 싣고 나와 군신들에게 보이니, 군신들이 이를 보고서야 믿었다.

이에 함께 주청하기를 "徐州節度使 劉贇은 高祖께서 아껴 아들로 삼았으니 당연히 후사로 세워야 합니다."라고 하였다. 이에 太師 馮道를 보내 신하들을 거느리고 가 유빈을 맞이하게 하였다.

道揣周太祖意不在贇하고 謂太祖曰 公此擧由衷乎아하니 太祖指天爲誓라 道旣行에 謂人曰 吾平生不爲謬語人이러니 今謬語矣라하다 道見贇하고 傳太后意召之라 贇이 行至宋州하니 太祖自澶州로 爲兵士擁還京師라 王峻이 慮贇左右生變하야 遣侍衛馬軍指揮使郭崇하야 以兵七百騎로 衛贇이라 崇至宋州에 贇登樓하야 問崇所以來之意하니 崇曰 澶州軍變이어늘 懼未察之하야 遣崇護衛요 非惡意也라하다 贇召崇하니 崇不敢進이라 馮道出與崇語하니 崇乃登樓見贇하고 已而오 奪贇部下兵이라

馮道가 周 太祖의 뜻이 劉贇에게 있지 않음을 헤아려 알고 태조에게 말하기를 "공께서는 이 일을 衷心에서 우러나와 하신 것입니까?"라고 하니, 태조가 하늘을 가리키며 맹세하였다. 풍도가 떠난 뒤에 태조가 남에게 말하기를 "나는 평소 남에게 거짓말을 하지 않았는데, 오늘에야 거짓말을 하였다."라고 하였다.

풍도가 유빈을 만나 太后의 뜻을 전하여 불렀다. 유빈이 上京하다 宋州에 이르니,

태조가 澶州에서 병사들을 거느리고 京師를 에워쌌다. 王峻이 유빈의 주변 사람이 변란을 일으킬까 염려하여 侍衛馬軍指揮使 郭崇을 보내 7백 명의 기마병으로 유빈을 호위하게 하였다.

곽숭이 송주에 이르자 유빈이 樓에 올라 곽숭에게 여기에 온 의도를 물으니, 곽숭이 말하기를 "전주의 군사가 변란을 일으켰는데, 아직 이 사실을 모를까 걱정되어 저를 보내 호위하게 한 것이니 나쁜 의도는 없습니다."라고 하였다. 유빈이 곽숭을 부르니, 곽숭이 감히 나아가지 못했다. 풍도가 나와 곽숭과 더불어 말하니, 곽숭이 이에 樓에 올라 유빈을 만나보고는 얼마 뒤에 유빈에게 예속된 병사를 빼앗았다.

太祖以書召道先歸하고 **留其副趙上交王度奉贇入朝太后**하니 **道乃先還**[1])이라 **贇謂道曰 寡人此來**에 **所恃者**는 **以公三十年舊相**이라 **是以**로 **不疑**라하니 **道默然**이라 **贇客將賈正等**이 **數**(삭)**目道**하여 **欲圖之**한대 **贇曰 勿草草**하라 **事豈出於公邪**(야)아하다 **道已去**에 **郭崇幽贇于外館**하고 **殺賈正及判官董裔牙內都虞候劉福孔目官夏昭度等**하다

太祖가 글을 보내 馮道를 불러 먼저 돌아오게 하고 副官 趙上交와 王度를 남겨두어 劉贇을 모시고 들어와 太后를 뵙게 했는데 풍도가 먼저 돌아왔다. 유빈이 풍도에게 말하기를 "과인이 이곳에 올 때에 믿었던 것은 공이 30년 동안 宰相의 자리에 있었기 때문이다. 그러므로 의심하지 않았다."라고 하니 풍도는 묵묵히 있었다. 유빈의 客將 賈正 등이 자주 풍도를 주시하며 그를 죽이려고 하였는데, 유빈이 말하기를 "경솔하게 행동하지 말라. 이 일이 어찌 풍도에 의해 계획된 것이겠는가."라고 하였다.

풍도가 떠나자 郭崇이 外館에 유빈을 유폐시키고 賈正, 判官 董裔, 牙內都虞候 劉福, 孔目官 夏昭度 등을 살해하였다.

1) 道乃先還 : ≪五代史記纂誤續補≫ 卷2에 "살펴보건대 아래에 '道已去' 세 글자가 있으니, 이 글자는 없애도 된다.〔按下有道已去三字 此字可去〕"라고 하였다.

太祖已監國[1)]에 太后乃下詔曰 比者에 樞密使郭威志安宗社하야 議立長君하야 以徐州節度使贇高祖近親으로 立爲漢嗣하야 乃自藩鎭으로 召赴京師라 雖誥命已行이나 而軍情不附하고 天道在北하여 人心靡東이라 適當改卜[2)]之初하야 俾膺分土之命하니 贇可降授開府儀同三司檢校太師上柱國하고 封湘陰公이라하다 贇以幽死라

太祖가 監國이 되자 太后가 이에 詔書를 내려 다음과 같이 말하였다. "근자에 樞密使 郭威가 宗社를 안정시킬 뜻을 가지고 장성한 사람을 군주로 옹립할 것을 의논하여, 徐州節度使 劉贇이 高祖의 近親이라는 이유로 漢나라의 嗣君으로 옹립하여 이에 藩鎭으로부터 불러 京師로 오게 하였다. 비록 誥命이 이미 공포되었으나 軍心이 유빈에게 귀부하지 않고 天道가 北方에 있어 人心이 동쪽으로 향하지 않는다. 마침 改卜하는 초기에 토지를 分封하는 명을 받게 하니, 유빈을 강등하여 開府儀同三司 檢校太師 上柱國을 제수하고 湘陰公에 봉한다."

유빈은 유폐되어 죽었다.

1) 監國 : 군주가 유고시에 權臣이나 近親이 攝政하는 것이다. 郭威는 乾祐 3년(950) 12월에 監國이 되었다.

2) 改卜 : 기존의 임금을 폐하고 새로운 군주를 고르는 것이다.

初에 贇自徐州入也에 以都押牙鞏庭美敎練使楊溫으로 守徐州라 庭美等聞贇不得立하고 乃閉城拒命이라 太祖拜王彦超徐州節度使하고 下詔諭庭美等하야 許以刺史하고 幷詔贇赦庭美等이라 廣順元年三月에 彦超克徐州하니 庭美等皆見殺이라 承勳은 廣順元年에 以疾卒하고 追封陳王이라

당초에 劉贇이 徐州로부터 京師에 들어올 때 都押牙 鞏庭美와 敎練使 楊溫에게 徐州를 지키게 하였다. 공정미 등이 유빈이 옹립되지 못하였다는 말을 듣고 이에 성문을 닫고 抗命하였다. 太祖가 王彦超를 徐州節度使에 배수하고 詔書를 내려 공정미 등을 회유하여 刺史가 될 수 있도록 허락하고, 아울러 유빈에게 조서를 내려 공정미 등을 용서하게 하였다.

廣順 원년(951) 3월에 왕언초가 徐州를 점령하니 공정미 등은 모두 살해당하였

다. 劉承勳은 광순 원년에 병으로 졸하고 陳王에 追封되었다.

嗚呼라 **予旣悲湘陰公贇之事**하고 **又嘉鞏庭美楊溫之所爲**라 **贇**은 **於漢非嫡長**이나 **特以周氏**[1]**移國**에 **畏天下而難之**라 **故假贇以伺間爾**라 **當是之時**하야 **天下皆知贇之必不立也**라 **然庭美溫區區**가 **爲贇守孤城以死**하니 **其始終之迹**이 **何媿於死節之士哉**아 **然予考於實錄**하니 **二人之死狀不明**이라 **夫二人之事**는 **固知其無所成**이나 **其所重者**는 **死爾**라 **然史氏不著**는 **不知其何以死也**일새라 **當王彦超之攻徐州也**에 **周嘗遣人**하야 **招庭美等**이라 **予得其詔書四**하니 **皆言庭美等**이 **嘗已送款於周**러니 **後懼罪而復**(부)**叛**이라 **然庭美等款狀亦不見**하니 **是皆不可知也**라 **夫史之闕文**은 **可不愼哉**아 **其疑以傳疑**[2]면 **則信者信矣**라 **予固嘉二人之忠**하고 **而悲其志**라 **然不得列於死節之士者**는 **惜哉**라

오호라. 나는 이미 湘陰公 劉贇의 일을 슬퍼하고, 또 鞏庭美와 楊溫이 한 일을 가상히 여긴다. 유빈은 漢나라의 嫡長子가 아니지만 다만 周氏(郭威)가 나라를 찬탈하려 함에 천하를 두려워하여 난감해하였으므로 유빈을 임시로 내세워 틈을 엿본 것일 뿐이다.

이러한 때에 천하 사람들은 모두 유빈이 반드시 옹립되지 못할 것임을 알았다. 그러나 보잘것없는 공정미와 양온은 유빈을 위하여 외로운 성을 지키다 죽었으니, 始終의 자취가 어찌 死節한 선비에게 부끄러울 것 있겠는가.

그러나 내가 實錄을 상고해보니, 두 사람의 죽은 정황이 분명하지 않았다. 저 두 사람의 일은 성취한 바는 없는 줄을 잘 알지만 중요한 점은 사절했다는 사실이다. 그러나 史官이 기록하지 않은 것은 어떻게 죽었는지 알지 못했기 때문이다.

王彦超가 徐州를 공격할 때에 周 太祖가 일찍이 사람을 보내 공정미 등을 불렀다. 내가 詔書 네 편을 보았더니, 모두 공정미 등이 일찍이 주 태조에게 항복문서를 이미 보냈는데, 뒤에 죄를 받을까 두려워하여 다시 반란을 일으킨 것이라고 기록되어 있었다. 그러나 공정미 등의 항복문서 또한 보이지 않으니 이는 모두 알 수 없는 일이다.

대저 史官이 闕文하는 것은 삼가지 않을 수 있겠는가. 의심되는 것을 의심되는

대로 기록한다면 확실한 것은 확신하게 될 것이다. 나는 실로 두 사람의 충성을 가상히 여기고 그 뜻을 서글퍼한다. 그러나 사절한 선비에 끼이지 못한 점은 안타깝다.

1) 周氏 : 後周를 세운 郭威를 가리킨다.
2) 其疑以傳疑 : ≪春秋≫ 桓公 5년에 "봄 정월 갑술일 기축일에 陳侯 鮑가 죽었다.〔春正月甲戌己丑 陳侯鮑卒〕"라고 하였는데, ≪春秋穀梁傳≫에 "어찌하여 죽은 날짜를 두 개나 기록하였는가? ≪춘추≫의 원칙을 보면, 사건이 확실한 것은 확실하게 기록하고 의심되는 것은 의심되는 대로 기록해두기 때문이다.〔卒何爲以二日卒之 春秋之義 信以傳信 疑以傳疑〕"라고 하였다.

07. 周家人守禮傳* 後周의 家人 柴守禮의 傳記

* 柴守禮(896~967)는 字가 克讓으로, 後周 世宗의 親父이다. 시수례의 열전은 ≪舊五代史≫에는 없고, ≪新五代史≫ 卷20 〈周家人傳 第8〉에 실려 있다.

後周 聖穆皇后 柴氏가 아들이 없어 皇后의 오빠인 시수례의 아들을 양육하여 아들로 삼았는데 후에 世宗이 되었다. 이 전기에서는 시수례의 전기나 일화에 관한 내용보다는 그가 저지른 살인에 대해 세종이 법대로 처리하지 않은 일을 중점으로 서술하였다.

세종이 아버지의 살인을 방관한 이후 시수례는 방자한 행동으로 洛陽의 사람들에게 미움을 받았지만 72세의 나이로 天壽를 누리고 죽었다. 여기에 대해 歐陽脩는 孟子가 "舜임금이 天子가 되었는데 瞽叟가 살인하였다면 天下를 버리고 몰래 업고 달아났을 것이다."라고 한 말을 인용하여 천자가 된 것도 중하지만 아들이 아버지에 대한 은혜 역시 지극하므로, 차라리 법을 잘못 집행했다는 과실을 받아들여 父子간의 도리를 펼쳤다고 세종을 칭찬하였다. 또한 이런 세종의 행동이 義理에 부합하는 이유는 대개 權道를 알았기 때문이라고 평하였다.

周太祖聖穆皇后柴氏는 無子하야 養后兄守禮之子하야 以爲子하니 是爲世宗이라 守禮는 字克讓이요 以后族拜銀青光祿大夫檢校吏部尙書 兼御史大夫러니 世宗卽

位에 加金紫光祿大夫檢校司空 光祿卿하다

周 太祖의 聖穆皇后 柴氏는 아들이 없어 皇后의 오빠인 柴守禮의 아들을 양육하여 아들로 삼았으니, 이 사람이 世宗이다. 시수례는 字가 克讓이고 황후의 親族으로 銀靑光祿大夫 檢校吏部尙書 兼御史大夫에 배수되었는데, 세종이 즉위함에 金紫光祿大夫 檢校司空 光祿卿을 더해주었다.

致仕하고 居於洛陽하야 終世宗之世에 未嘗至京師어늘 而左右亦莫敢言하고 第以元舅禮之하다 而守禮亦頗恣橫하야 嘗殺人於市어늘 有司以聞한대 世宗不問하다 是時에 王溥王晏王彦超韓令坤等同時將相이 皆有父在洛陽한대 與守禮朝夕往來하야 惟意所爲하니 洛陽人多畏避之하고 號十阿父라 守禮卒年七十二요 官至太傅하다

柴守禮는 致仕하고 洛陽에 거주하였고 世宗의 세대가 끝날 때까지 일찍이 京師를 방문한 적이 없었는데, 左右의 사람들도 감히 말하지 않았고 다만 세종의 外叔으로 예우하였다. 시수례 또한 몹시 방자하여 일찍이 저자에서 살인을 저질렀는데 有司가 이 사실을 세종에게 아뢰었지만 세종이 따지지 않았다.

이때에 王溥·王晏·王彦超·韓令坤 등 同時의 將相들은 모두 親父가 낙양에 있었는데, 시수례가 이들과 아침저녁으로 왕래하며 오직 마음대로 행동하니, 낙양의 사람들이 대부분 두려워하여 피하고 十阿父라고 불렀다. 시수례가 卒하였을 때 나이는 72세였고 관직은 太傅에 이르렀다.

嗚呼라 父子之恩至矣라 孟子言 舜爲天子而瞽叟殺人이면 則棄天下하고 竊負之而逃[1]라하니 以謂天下可無舜이나 不可無至公이요 舜可棄天下나 不可刑其父니 此爲世立言之說也라 然事固有不得如其意者多矣라 蓋天子有宗廟社稷之重과 百官之衛와 朝廷之嚴하야 其不幸有不得竊而逃하니 則如之何而可오 予讀周史라가 見守禮殺人에 世宗寢而不問이라 蓋進任天下重矣나 而子於其父亦至矣라 故寧受屈法之過하야 以申父子之道하니 其所以合於義者는 蓋知權也라

오호라! 父子의 은혜는 지극하다. 孟子가 말하기를 "舜임금이 天子가 되었는데

瞽叟가 살인하였다면 天下를 버리고 몰래 업고 달아났을 것이다."라고 하였다. 이 말은 '천하에 舜임금이 없을 수는 있지만 지극히 공정함은 없어서는 안 되며, 舜임금은 천하를 버릴 수 있으나 그 아비를 벌할 수 없다.'는 뜻이니, 이는 세상을 위해 立言한 말이다. 그러나 일은 진실로 뜻대로 되지 않는 경우가 많다.

舜

대개 천자는 宗廟와 社稷의 중함과 百官의 호위와 朝廷의 지엄함이 있으니, 불행히도 몰래 업고 달아날 수 없다면 어떻게 해야 옳은 것인가. 내가 周나라의 역사를 읽다가 柴守禮가 살인을 저지르자 世宗이 이를 숨기고 따지지 않았던 것을 보았다. 대개 나아가 천자가 된 것도 중한 것이지만 아들이 아버지에 대한 은혜 역시 지극하다. 그러므로 차라리 법을 잘못 집행했다는 과실을 받아들여 父子간의 도리를 펼쳤으니, 義理에 부합하는 이유는 대개 權道를 알았기 때문이다.

1) 孟子言……竊負之而逃 : ≪孟子≫ 〈盡心 上〉에 孟子의 제자 桃應이 "舜임금이 천자가 되고, 皐陶(고요)가 士가 되었는데, 瞽叟가 사람을 죽였다면 어떻게 하겠습니까?〔桃應問曰 舜爲天子 皐陶爲士 瞽叟殺人 則如之何〕"라고 하니, 맹자가 대답하기를 "舜임금은 천하를 버림을 보되 마치 헌신 버리듯이 하여 몰래 업고 도망하여 바닷가를 따라 거처하면서 종신토록 흔연히 즐거워하면서 천하를 잊었을 것이다.〔舜視棄天下 猶棄也 竊負而逃 遵海濱而處 終身然樂而忘天下〕"라고 한 데서 온 말이다.

君子之於事에 擇其輕重而處之耳라 失刑은 輕하고 不孝는 重也나 刑者所以禁人爲非요 孝者所以敎人爲善이라 其意一也니 孰爲重이리오 刑一人이라도 未必能使天下無殺人이어늘 而殺其父하야 滅天性而絶人道면 孰爲重이리오 權其所謂輕重者면 則天下雖不可棄나 而父亦不可刑也라 然則爲舜與世宗者는 宜如何오 無使瞽叟守禮

至於殺人이라야 **則可謂孝矣**라 **然而有不得如其意**면 **則擇其輕重而處之焉**이니 **世宗之知權**이 **明矣夫**져

君子는 일에 대해 輕重을 택하여 처리할 뿐이다. 刑罰을 잘못 집행한 것은 가볍고 不孝를 저지른 것은 중하지만, 형벌은 사람이 그릇된 행동을 하는 것을 금지하는 것이고 효는 사람이 善을 행하는 것을 가르치는 것이므로 그 뜻은 한 가지이니 어느 것이 중한가.

한 사람을 처벌한다 하여 반드시 천하 사람들로 하여금 살인을 할 수 없게 하지는 못하는데, 자신의 아비를 죽여 天性을 멸하고 人道를 끊는다면 어느 것이 중한가. 이른바 경중을 저울질한다면 천하는 비록 버릴 수 없으나 아비 역시 벌할 수 없는 것이다.

그렇다면 舜임금과 世宗의 처지라면 의당 어떻게 해야 하는가. 瞽叟와 柴守禮로 하여금 살인하는 지경에 이르지 않게 해야만 孝라고 이를 수 있다. 그러나 그 뜻대로 되지 않으면 경중을 택하여 처리해야만 하니, 세종이 權道를 아는 것이 분명하다.

歐陽文忠公五代史抄 卷4

歸安 鹿門 茅坤 批評
孫男 闇叔 茅著 重訂

梁臣傳

01. 五代臣傳總論* 五代 신하들의 傳記에 대한 總論

歐陽公이 **作五代臣傳**하니 **吾於梁**에 **首錄敬翔**하고 **次之以葛從周, 康懷英, 劉鄩, 牛存節, 楊師厚, 王景仁**하고 **於唐**에 **首郭崇韜**하고 **而次之以安重誨, 周德威, 符存審, 史建瑭, 王建, 及元行欽, 烏震, 張延朗, 李嚴, 劉延朗, 康義誠, 豆盧革, 任圜, 張憲等**하니 **傳此**는 **皆關係國家所以存亡得失之大者**일새라 **晉漢以下諸臣**은 **皆碌碌庸人耳**나 **獨晉桑維翰, 景延廣, 周王朴三人**은 **稍有可觀**하니 **予故錄之**하노라

歐陽公이 五代의 臣傳을 지었으니, 나는 梁나라(後梁)에 대해 맨 먼저 敬翔을 기록하고, 다음으로 葛從周・康懷英・劉鄩・牛存節・楊師厚・王景仁을 기록하였다. 그리고 唐나라(後唐)에 있어서는 맨 먼저 郭崇韜를 기록하고 다음으로 安重誨・周德威・符存審・史建瑭・王建・元行欽・烏震・張延朗・李嚴・劉延朗・康義誠・豆盧革・任圜・張憲 등을 기록하였으니, 이들의 전을 쓴 것은 모두 국가의 存亡과 得失에 크게 관계되어 있기 때문이다.

晉나라(後晉)・漢나라(後漢) 이하의 신하들은 모두 녹록한 庸人일 뿐이지만 晉나라의 桑維翰・景延廣, 周나라(後周)의 王朴 세 사람만은 조금 볼만한 것이 있다. 내가 그러므로 기록해둔다.

嗚呼라 **孟子謂 春秋無義戰**[1]이라하니 **予亦以謂 五代無全臣**이라하니라 **無者**는 **非無一人**이요 **蓋僅有之耳**라 **余得死節之士三人**[2]**焉**이요 **其仕不及于二代者**는 **各以其國繫之**하야 **作梁唐晉漢周臣傳**하고 **其餘仕非一代**하야 **不可以國繫之者**는 **作雜傳**이라 **夫入於雜**은 **誠君子之所羞**나 **而一代之臣**도 **未必皆可貴也**니 **覽者詳其善惡焉**하라

오호라. 孟子가 "春秋時代에는 義로운 전쟁이 없었다."라고 하셨으니, 나는 또한 '五代에는 완전한 신하가 없다.'고 생각한다. 없다는 것은 한 사람도 없다는 말이 아니고 대개 겨우 있다는 말이다.

나는 死節한 선비 세 사람을 찾아 〈기록하였고,〉 두 왕조에 걸쳐 벼슬하지 않은 사람은 각각 그 나라로 묶어 〈梁臣傳〉, 〈唐臣傳〉, 〈晉臣傳〉, 〈漢臣傳〉, 〈周臣傳〉을 지었고, 나머지 벼슬한 것이 한 왕조가 아니어서 나라로 묶을 수 없는 사람은 〈雜傳〉을 지었다. 〈잡전〉에 들어간 사람은 진실로 군자가 수치로 여긴 사람이지만, 한 왕조에 벼슬한 신하도 반드시 모두 높이 평가할 만한 것은 아니니, 보는 사람은 善惡을 자세히 살펴야 한다.

1) 春秋無義戰 : ≪孟子≫ 〈盡心 下〉에 나오는 말이다.
2) 死節之士三人 : 後梁의 王彦章과 後唐의 裴約・劉仁贍을 말하는데, 歐陽脩가 ≪新五代史≫에 〈死節傳〉이라는 편명을 따로 두어 이 세 사람의 행적을 기록하였다.

02. 敬翔傳* 敬翔의 傳記

* 敬翔(?~923)은 字가 子振으로 同州 馮翊 사람이며 스스로 唐나라 平陽王 敬暉의 후손이라 하였다. 경상의 列傳은 ≪舊五代史≫ 卷18 〈梁書 第18 列傳 第8〉, 그리고 ≪新五代史≫ 卷21 〈梁臣傳 第9〉에 각각 실려 있다.

이 열전은 경상이 後梁 太祖 朱全忠의 신임을 얻어 唐나라를 멸망시키는 과정, 후량을 건국한 뒤의 행적, 후량이 국난을 당했을 때 충절을 바치는 모습 등 크게 세 부분으로 나누어 서술하였다.

경상은 唐나라 乾符 연간에 進士試에 응시하였으나 합격하지 못하고 객지에서 곤궁해져 남을 위해 牋刺를 써서 軍中에 전해주는 일을 하다 후량 태조

에게 신임을 얻어 30여 년간 크고 작은 軍務를 관할하였고, 태조에게 忠言을 아끼지 않는 충신이 되었다. 특히 경상은 침착하고 큰 계략이 있어 30여 년간 태조를 위해 軍務를 관할하며 성공한 일이 많았고, 밤낮으로 잠도 자지 않고 스스로 "오직 말 위가 바로 휴식을 취할 수 있는 곳이다."라고 하며 성심을 다해 일하였다.

하지만 朱友珪가 태조를 시해하고 즉위하자 경상이 先帝의 謀臣으로 자신을 도모할까 두려워 內職에 두지 않았는데, 경상은 주우규가 자신을 두려워한다고 여기고 병을 핑계 대고 업무를 보지 않을 때가 많았다. 末帝가 즉위하자 趙巖 등이 일을 천단하여 舊臣들을 이간하니 경상은 더욱 뜻을 펴지 못한 채 울울하였다. 梁나라가 河北을 모두 잃고 晉나라와 楊劉에서 대치하고 있을 때, 노구를 이끌고 전쟁에 참전하기를 청하였으나 간신들의 참소로 인해 저지되었고, 후에 梁나라가 晉나라에 멸망당하자 스스로 목을 매어 자결하였다.

경상은 혼탁한 五代時代에 보기 드문 업적과 충절을 남겼다. 하지만 歐陽脩는 그에 대해 다른 평가를 내렸다. 구양수는 ≪新五代史≫ 〈唐莊宗本紀〉에 "기묘년에 梁나라를 멸망시키자 敬翔이 자살하였다.〔已卯滅梁敬翔自殺〕"라고 기록하였는데, 구양수의 제자 徐無黨은 '死'라고 쓰지 않고 '自殺'이라 기술한 것에 대해 "경상은 梁나라의 신하가 되어 양나라가 당나라를 멸망시킬 때에 경상이 계책을 낸 것이 많았다. 梁나라가 망하자 경상이 죽었는데, '死'라고 쓰지 않고 '自殺'이라고 썼으니 '死'는 큰 절개이므로 사람에게 가볍게 부여할 수 없음을 드러내었다.〔翔爲梁臣 梁所以亡唐 翔之謀爲多 梁之亡也 翔雖死之 不書死而書自殺 死大節也 見不輕予人〕"라고 하였다.

즉 구양수는 경상이 唐나라의 신하였다가 태조에게 붙어 唐나라를 멸망시키는 데에 일등공신으로 활약한 반면 僞朝인 後梁을 위해 충절을 바쳐 결국 자결까지 하는 다소 모순적인 삶을 살았던 인물이므로 그의 절개를 인정하지 않은 것으로 보인다.

覽歐公序次本末하니 昭宗當時未必有除全忠之心이나 而中外流傳은 不無如是라 所以全忠非惟不敢赴召요 并敬翔亦麾之使去라 所以上下積猜하야 釀成簒弑之亂이니 悲夫라

歐陽公이 序次한 本末을 보니, 唐 昭宗은 당시에 반드시 朱全忠을 제거하려는 마음이 있었던 것은 아니지만 中外에 퍼진 소문은 이와 같음이 없지는 않았다. 이 때문에 주전충이 감히 召命에 달려가지 않았을 뿐만 아니라 아울러 주전충이 敬翔까지도 물리쳐 떠나게 하였다. 이런 이유로 上下가 의심을 쌓아 簒奪과 弑逆의 난을 양성한 것이니, 슬프다.

敬翔은 **字子振**이요 **同州馮翊人也**요 **自言唐平陽王暉之後**라 **少好學**하고 **工書檄**[1]이라 **乾符**[2]**中擧進士**하야 **不中**이어늘 **乃客大梁**하다 **翔同里人王發**이 **爲汴州觀察支使**하야 **遂往依焉**이러니 **久之**에 **發無所薦引**하니 **翔客益窘**하야 **爲人作牋刺**[3]하야 **傳之軍中**이라

敬翔은 字가 子振이고 同州 馮翊 사람이며 스스로 唐나라 平陽王 敬暉의 후손이라 하였다. 어려서 학문을 좋아하였고 문서 기록을 공교롭게 잘하였다. 乾符 연간에 進士試에 응시하여 합격하지 못하자 이에 大梁에 가서 타향살이하였다.

경상의 같은 향리 사람 王發이 汴州觀察支使가 되었기에 마침내 그에게 가서 의탁하였는데, 오래도록 왕발이 자신을 추천해주지 않자 경상은 객지에서 더욱 곤궁해져 남을 위해 牋刺를 써서 軍中에 전해주는 일을 하였다.

1) 工書檄 : ≪五代史記纂誤續補≫ 卷2에 "살펴보건대 아래에 '敬翔이 지은 것은 모두 비속한 말이다.'라고 한 말이 있고, 〈李襲吉傳〉에 '경상이 답한 글은 문사가 공교롭지 못하다.'라고 하였는데 여기서 '공교롭다'라고 한 것은 어째서인가. ≪資治通鑑考異≫ 卷27 註釋에 ≪唐末見聞錄≫의 敬翔이 晉에 보낸 答書가 수록되어 있는데 '전년에 洹水의 회합에서 賢郎을 얻었고 작년 靑山에서 또 장수들을 사로잡았다.'라고 하였으니 진실로 공교롭지 못하다.〔按下翔所作皆俚俗語 李襲吉傳曰 及翔所答書 辭不工 此曰工何也 通鑑考異 載唐末見聞錄翔答晉書 有曰 前年洹水會 獲賢郎 去歲靑山 又擒列將 信不工矣〕"라고 하였다.

2) 乾符 : 唐 僖宗 李儇(862~888)의 첫 번째 연호로 874년~879년의 6년간 사용되었다.

3) 牋刺 : 箋書라고도 하는데, 長官에게 올리는 문서를 말한다.

太祖[1]素不知書라 翔所作이 皆俚俗語로되 太祖愛之하야 謂發曰 聞君有故人하니 可與俱來라하다 翔見太祖에 太祖問曰 聞子讀春秋라하니 春秋所記何等事오하다 翔曰 諸侯爭戰之事耳라 太祖曰 其用兵之法을 可以爲吾用乎아하니 翔曰 兵者는 應變出奇[2]以取勝이니 春秋古法은 不可用於今이라하다 太祖大喜하야 補以軍職하니 非其所好라 乃以爲館驛巡官하다

後梁 太祖가 평소 글을 알지 못한지라 敬翔이 지은 글은 모두 비속한 말인데도 태조가 이를 좋아하여 王發에게 "그대에게 친구가 있다고 들었으니 함께 나에게 오라."라고 하였다.

경상이 태조를 뵙자 태조가 묻기를 "그대가 ≪春秋≫를 읽었다고 하니, ≪춘추≫에 기록한 바는 무슨 일인가?"라고 하였다. 경상이 말하기를 "제후들이 전쟁했던 일입니다."라고 하였다.

태조가 말하기를 "≪춘추≫에 用兵한 방법을 우리가 쓸 수 있겠는가?"라고 하니, 경상이 대답하기를 "전쟁은 변화에 대응하여 奇를 내어 승리를 취하는 것이니, ≪춘추≫의 옛 用兵術은 지금에는 사용할 수 없습니다."라고 하였다.

태조가 크게 기뻐하여 軍職을 맡겼는데 그가 좋아하지 않으므로 이에 館驛巡官으로 삼았다.

1) 太祖 : 五代의 後梁을 건국한 朱全忠(852~912)이다. 본래의 이름은 朱溫이었으나 唐 僖宗이 '全忠'이란 이름을 하사하였다. 황제가 된 뒤에는 '晃'으로 개명하였다.
2) 奇 : 고대의 兵法에 사용하던 말로 正과 奇가 있는데, 正은 常法으로 군사를 운용하는 것이고, 奇는 變法으로 군사를 운용하는 것이다.

太祖與蔡人戰汴郊에 翔時時爲太祖謀畫하야 多中이라 太祖欣然以謂得翔之晩이라하고 動靜에 輒以問之하다 太祖奉昭宗하야 自岐還長安에 昭宗이 召翔與李振하야 升延喜樓하야 勞之하고 拜翔太府卿하다

太祖가 蔡州의 사람들과 汴州의 郊外에서 전투를 할 때에 敬翔이 때때로 태조를

위하여 계책을 세워 적중한 것이 많았다. 태조가 기뻐하여 경상을 얻은 것이 늦었다고 하면서 모든 일마다 매번 그에게 물었다. 태조가 唐 昭宗을 모시고 岐州로부터 長安으로 돌아오자 소종이 경상과 李振을 불러 延喜樓에 오르게 하여 치하하고 경상을 太府卿에 배수하였다.

初에 太祖常侍殿上이러니 昭宗意衛兵有能擒之者라하고 乃佯爲鞋結解하야 以顧太祖라 太祖跪而結之나 而左右無敢動者하니 太祖流汗洽背라 由此로 稀復進見이라 昭宗이 遷洛陽하야 宴崇勳殿할새 酒半에 起하야 使人召太祖入內殿하니 將有所託일새라 太祖益懼하야 辭以疾하니 昭宗曰 卿不欲來하니 可使敬翔來라한대 太祖遽麾翔出하니 翔亦佯醉去라

당초에 太祖가 늘 殿上에서 〈昭宗을〉 모셨는데, 소종이 衛兵 중에 태조를 사로잡을 수 있는 사람이 있을 것이라 생각하고 이에 거짓으로 신발 끈을 풀고서 태조를 돌아보았다. 태조가 무릎을 꿇고 끈을 묶었지만 좌우에서 감히 움직이는 사람이 없으니, 태조가 땀을 흘려 등이 다 젖었다. 이로부터 다시 소종에게 나아가 뵙는 일이 드물어졌다.

소종이 洛陽으로 遷都하고 崇勳殿에서 연회를 베풀 때 술이 몇 차례 돌자 〈소종이〉 일어나 사람을 시켜 태조를 불러 內殿으로 들게 하니, 장차 부탁할 일이 있었기 때문이다. 태조가 더욱 두려워하여 병을 핑계로 사양하니, 소종이 말하기를 "卿이 오려고 하지 않으니, 敬翔을 오게 하라."라고 하자 태조가 갑자기 경상에게 손을 내저어 나가게 하니, 경상도 술에 취한 척하며 떠났다.

太祖已破趙匡凝하야 取荊襄하고 遂攻淮南이라 翔切諫하야 以謂新勝之兵은 宜持重以養威라하니 太祖不聽이라 兵出光州라가 遭大雨하야 幾不得進하고 進攻壽州하야 不克하고 而多所亡失하니 太祖始大悔恨하고 歸而忿躁하야 殺唐大臣幾盡[1]이라 然益以(祖)〔翔〕[2]爲可信任이라 梁之簒弑에 翔之謀爲多러니 太祖卽位하야 以唐樞密院故用宦者로 乃改爲崇政院하야 以翔爲使라 遷兵部尙書金鑾殿大學士라

太祖가 趙匡凝을 이미 격파하여 荊州와 襄州를 점령하고 마침내 淮南을 공격하였다. 敬翔이 간절하게 간하여 "새로 승리한 군사는 신중을 기해 威嚴을 길러야 합니다."라고 하니, 태조가 듣지 않았다.

군사가 光州로 나갔다가 큰 비를 만나 거의 진군하지 못하였고, 진군하여 壽州를 공격하여 이기지 못하고 군사를 많이 亡失하니, 태조가 비로소 크게 후회하고서 돌아와 분해하고 조급해져 唐나라 大臣들을 거의 다 죽였다. 그러나 더욱 경상을 신임할 만하다고 여겼다.

梁나라가 찬탈하고 시해할 때에 경상이 계획한 것이 많았는데, 태조가 즉위하여 唐나라의 樞密院은 예로부터 宦官을 등용하였다는 이유로 이에 崇政院으로 바꾸고 경상을 崇政使로 삼았다. 후에 兵部尙書 金鑾殿大學士로 옮겼다.

1) 太祖已破趙匡凝……殺唐大臣幾盡 : ≪五代史纂誤≫ 卷上에 "지금 살펴보건대 이 傳紀에서 '唐나라 大臣들을 거의 다 죽였다.'라고 말하였는데 죽인 사람은 과연 누구인가? 裴樞 등이라 한다면 배추 등을 죽인 것은 바로 天佑 2년(905) 6월 중인데 朱全忠이 淮南을 공격한 날은 바로 그해 9월 후반이니 배추 등을 죽인 일과 서로 연결되지 않는다. 별도의 대신이 있었다고 한다면 歐陽脩의 ≪新五代史≫ 本紀와 ≪新唐書≫ 本紀에 각각 간략하게라도 수록되어 있지 않고, 이미 대신이라 하였다면 名字를 반드시 기록하였을 것이고 함부로 姓名을 기록하지 않음을 용납하지 않았을 것이다. 더구나 그해 6월에 바야흐로 배추 등을 살해하여 도륙당한 사람이 수백 명이므로 조정이 이 때문에 텅 비게 되었는데, 어찌 9월에 또 전쟁에서 패했다는 이유로 돌아와 분해하고 조급해져 또 대신을 거의 다 죽이는 지경에 이르렀겠는가. 비록 주전충이 흉포하고 무도한 사람일지라도 또한 이런 일을 하는 데에 이르지는 않았을 것이다. 분해하고 조급해져 대신을 죽인 일은 믿을 만한 증거가 없으니 대개 잘못 서술한 것인 듯하다.〔今按此傳稱殺唐大臣幾盡 所殺果何人耶 以爲裴樞等耶 則殺樞等 乃天祐二年六月中 而全忠攻淮南日 是其年九月後 與裴樞等事不相連屬 以爲別有大臣耶 則歐陽五代史本紀及唐本紀 各不略載 旣云大臣 則名字必有著者 無容漫無姓名 況其年六月方殺裴樞等 而貶死者數百人 朝廷爲之一空 豈有九月 又以用兵失利 歸而忿躁 又殺大臣幾至于盡 雖全忠凶賊悖戾 亦當不至于此 忿躁殺大臣事 無所指歸 蓋誤書也〕"라고 하였다.

2) (祖)〔翔〕: 저본에는 '祖'로 되어 있으나, ≪新五代史≫에 의거하여 '翔'으로 바로잡았다.

翔爲人深沈하고 有大略하야 從太祖하야 用兵三十餘年[1]에 細大之務를 必關之[2]라 翔亦盡心勤勞하야 晝夜不寐하고 自言惟馬上乃得休息이라하고 而太祖剛暴難近이라 有所不可면 翔亦未嘗顯言하고 微開其端하니 太祖意悟하야 多爲之改易이라 太祖破徐州하고 得時溥[3]寵姬劉氏하야 愛幸之하니 劉氏는 故尙讓妻也라 乃以妻翔이라 翔已貴나 劉氏猶侍太祖하야 出入臥內가 如平時하니 翔頗患之라 劉氏誚翔하야 曰 爾以我嘗失身於賊乎아 尙讓은 黃家宰相[4]이요 時溥는 國之忠臣이라 以卿門地로 猶爲辱我하니 請從此訣矣라하니 翔以太祖故로 謝而止之라

敬翔은 사람이 침착하고 큰 계략이 있어 太祖를 따라 용병한 지 30여 년 동안 크고 작은 軍務에 반드시 관계하였다. 경상은 또한 誠心을 다해 일하여 밤낮으로 잠도 자지 않고 스스로 "오직 말 위가 바로 휴식을 취할 수 있는 곳이다."라고 하였다. 그리고 태조가 강포하여 가까이하기 어렵기에 〈태조가〉 해서는 안 되는 일이 있으면 경상도 드러내 말한 적이 없고 은미하게 그 단서만 약간 열어 보이니, 태조가 깨달아 고친 것이 많았다.

태조가 徐州를 격파하고 時溥의 애첩인 劉氏를 얻어 총애하였다. 유씨는 죽은 尙讓의 아내인지라 이에 경상의 아내로 삼아주었다. 경상이 이미 현달하였지만 유씨는 여전히 태조를 모시며 태조의 처소에 출입하는 것이 평시와 같으니, 경상이 이를 퍽 근심하였다.

유씨가 경상을 꾸짖어 말하기를 "당신은 내가 賊에게 몸을 잃었다고 생각하십니까? 상양은 黃家의 宰相이고, 時溥는 나라의 忠臣입니다. 卿이 가진 문벌의 지위로 오히려 나를 욕보이려 하니 이로부터 서로 헤어지기를 청합니다."라고 하니, 경상이 태조와의 관계 때문에 사죄하고 만류하였다.

1) 從太祖 用兵三十餘年: ≪五代史纂誤≫ 卷上에 "지금 살펴보건대 朱全忠은 中和 3년(883) 癸卯年에 汴州節度使가 되었고 건국하고 受禪함에 이르러 乾化 2년(912) 壬申年에 이르러 시해를 당하였으니, 그 기간이 정확히 30년이므

로 30여 년이라고 말해서는 안 된다.〔今按朱全忠以中和三年癸卯歲 爲汴州節度使 至建國受禪 迄于乾化二年壬申歲遇弑 正三十年 不得云三十餘年也〕"라고 하였다.

2) 細大之務 必關之：≪五代史記纂誤續補≫ 卷2에 "살펴보건대 위 단락에서 '모든 일마다 매번 그에게 물었다.〔動靜輒以問之〕'라고 하였으니 어찌 여기와 다른가. 둘 중에 반드시 하나는 삭제할 것이 있다.〔按與動靜輒以問之 何異 二者必有可去〕"라고 하였다.

3) 時溥：?~893. 唐나라 말기의 인물이다. 黃巢의 휘하 장수 尙讓 등의 항복을 받아 황소를 토벌하는 데 공을 세웠으며, 그 뒤 朱全忠(後梁 太祖)의 군대를 막다가 패하여 자살하였다.

4) 黃家宰相：黃家는 黃巢를 가리킨다. 尙讓이 黃巢의 將帥로 亂에 가담하였기에 이렇게 말한 것이다.

劉氏車服驕侈하고 **別置典謁**[1)]하야 **交結藩鎭**하야 **權貴往往附之**하니 **寵信言事**가 **不下於翔**이라 **當時貴家往往效之**라 **太祖崩**하고 **友珪**[2)]**立**에 **以翔先帝謀臣**으로 **懼其圖己**하야 **不欲翔居內職**이라 **乃以李振代翔**하야 **爲崇政使**하고 **拜翔中書侍郎同中書門下平章事**하니 **翔以友珪畏己**하야 **多稱疾**하야 **未嘗省事**라

劉氏는 수레와 옷이 사치스러웠고 별도로 典謁을 두어 藩鎭과 교류하여 權貴들이 왕왕 歸附하니, 〈太祖가 유씨의〉 言事를 총애하여 신뢰하는 것이 敬翔보다 못하지 않았으므로 당시의 부귀한 집안들이 종종 이를 본받았다.

태조가 崩御하고 朱友珪가 즉위하여 경상이 先帝의 謀臣으로 자신을 도모할까 두려워 경상을 內職에 두려고 하지 않았다. 이에 경상을 대신해 李振을 崇政使로 삼고 경상을 中書侍郎 同中書門下平章事에 배수하니, 경상은 주우규가 자신을 두려워한다고 여기고 걸핏하면 병을 핑계 대고 업무를 보지 않을 때가 많았다.

1) 典謁：賓客들이 만나기를 청할 때 그 일을 관리하는 관리를 말한다.

2) 友珪：?~913. 後梁 太祖 朱溫의 庶子로 자는 遙喜이다. 변론에 능하고 지혜가 많았다. 태조가 受禪하자 郢王에 봉해졌다. 태조가 병에 걸려 양자 朱友文을 세우려고 하였는데, 그가 사람을 시켜 태조와 주우문을 살해하고 帝位에

올라 鳳曆이라 연호를 고쳤다. 재위한 지 8개월 뒤 袁象先이 禁兵으로 토벌하자 자살하였다. 末帝가 즉위한 뒤 庶人으로 폐출되었다.

末帝[1]卽位에 趙巖等이 用事하야 頗離間舊臣하니 翔愈鬱鬱不得志라 其後에 梁盡失河北하고 與晉相距楊劉라 翔曰 故時에 河朔半在에 以先帝之武로 御貔(비)虎之臣이로대 猶不得志於晉이라 今晉日益彊하고 梁日益削이로대 陛下處深宮之中하야 (與所)〔所與〕[2]計事者는 非其近習이면 則皆親戚之私니 而望成事乎아 臣聞晉攻楊劉에 李亞子[3]負薪渡水하야 爲士卒先이라 陛下委蛇守文[4]하야 以儒雅自喜하야 而遣賀環爲將하니 豈足當彼之餘鋒乎아 臣雖憊矣나 受國恩深하니 若其乏材인댄 願得自效라 巖等이 以翔爲怨言하야 遂不用이라

末帝가 즉위하자 趙巖 등이 일을 천단하여 舊臣들을 이간하니, 敬翔은 더욱 뜻을 펴지 못한 채 울울하였다. 그 뒤에 梁나라가 河北을 모두 잃고 晉나라와 楊劉에서 대치하고 있었다.

경상이 말하기를 "옛날 河朔(河北)을 반쯤 소유하였을 때에 先帝의 武勇으로 貔貅(비휴)와 범 같은 武臣들을 거느리고 있었지만 오히려 晉나라를 무너뜨리지 못하였습니다. 이제 晉나라는 날로 더욱 강성해지고 梁나라는 날로 땅이 줄어드는데 폐하께서는 깊은 궁궐 안에 계시면서 함께 일을 계획하는 사람은 近習이 아니면 모두 사사로운 친척뿐이니, 일이 이루어지기를 바랄 수 있겠습니까. 신이 들으니 晉나라가 양류를 공격할 때에 李亞子(李存勖)가 섶을 짊어지고 물을 건너 군사들의 솔선수범이 되었다고 합니다. 폐하께서는 느긋하게 守文하여 박학한 선비를 스스로 좋아하여 賀環을 보내 將帥로 삼았으니, 어찌 저들의 날선 銳鋒을 당해낼 수 있겠습니까. 신은 비록 노쇠했으나 國恩을 받은 것이 심중하니, 만약 인재가 없다면 스스로 나라를 위해 몸을 바치기를 원합니다."라고 하였다. 趙巖 등이 경상이 원망하는 말을 한다고 여겨 끝내 쓰지 않았다.

1) 末帝 : 後梁의 마지막 황제 朱友貞(888~923)을 가리킨다. 후량 太祖 朱溫의 셋째 아들이다. 성격이 침착하고 후덕하면서 말수가 적었고, 儒士를 좋아했다. 태조가 즉위하자 均王에 봉해졌다. 朱友珪가 등극하자 東京留守와 開封尹

을 역임하였는데 얼마 뒤 병사를 일으켜 주우규를 살해하였다. 즉위하자 이름을 鍠이라 고치고 연호를 乾化로 고쳤다. 얼마 뒤 이름을 다시 瑱으로 고쳤다. 晉王 李存勖과 여러 차례 전쟁을 치렀으나 결국 패하여 죽임을 당하고 후량은 멸망하였다.

2) (與所)〔所與〕: 저본에는 '與所'로 되어 있으나, ≪新五代史≫에 의거하여 '所與'로 바로잡았다.

3) 李亞子 : 亞子는 後唐 莊宗 李存勖의 어릴 적 이름이다. 이존욱에 대해서는 본서 권2 〈唐莊宗紀〉 참조.

4) 守文 : ≪春秋公羊傳≫ 文公 9년에 "文王의 체제를 계승하고 문왕의 법도를 지키다.〔繼文王之體 守文王之法度〕"라고 한 데서 온 말로, 본래는 문왕의 법도를 따르는 것을 말했으나 후에 일반적으로 先王의 법도를 따르는 것을 의미하게 되었다.

其後王彦章이 **敗于中都**하니 **末帝懼**하야 **召段凝於河上**이라 **是時**에 **梁精兵**은 **悉在凝軍**한대 **凝有異志**하야 **顧望不來**라 **末帝遽呼翔曰 朕居常忽卿言**이러니 **今急矣**라 **勿以爲懟**하고 **卿其敎我當安歸**오하니 **翔曰 臣從先帝三十餘年**이러니 **今雖爲相**이나 **實朱氏老奴爾**라 **事陛下如郎君**하니 **以臣之心**으로 **敢有所隱**이리오 **陛下初用段凝**에 **臣已爭之**러니 **今凝不來**하고 **敵勢已迫**이라 **欲爲陛下謀**면 **則小人間之**하야 **必不見聽**하리니 **請先死**하야 **不忍見宗廟之亡**이라하니 **君臣相向慟哭**이라

후에 王彦章이 中都에서 패하니, 末帝가 두려워하여 段凝을 黃河로 불렀다. 이때에 梁나라 정예병은 모두 단응의 군사로 편입되어 있었는데, 단응이 딴마음을 품고 관망만 할 뿐 오지 않았다.

말제가 급히 敬翔을 불러 "朕이 평소에 卿의 말을 홀대하였는데, 이제는 급박한 상황이다. 원망하지 말고 경은 내가 응당 어떻게 해야 하는지 가르쳐달라."라고 하였다.

경상이 말하기를 "신이 先帝를 따른 지 30여 년이 되었으니, 지금 비록 재상이라고는 하지만 실로 朱氏의 늙은 종일 뿐입니다. 폐하를 郎君처럼 섬겼으니, 신의 마음을 감히 숨기는 바가 있겠습니까. 폐하께서 처음 단응을 등용하셨을 때에 신이

이미 諫諍하여 말렸는데, 지금 단응은 오지 않고 적의 大軍이 이미 가까이 이르렀습니다. 폐하를 위하여 계획을 세우고자 한다면 小人이 이간질하여 반드시 저의 말을 들어주지 않을 것이니, 청컨대 신이 먼저 죽어 宗廟가 망하는 것을 차마 보지 않기를 바랍니다."라고 하니, 君臣이 서로 바라보며 통곡하였다.

翔與李振俱爲太祖所信任이라 **莊宗入汴**하야 **詔赦梁群臣**한대 **李振喜謂翔曰 有詔洗滌**하니 **將朝新君**이라하고 **邀翔欲俱入見**이라 **翔夜止高頭車坊**이러니 **將旦**에 **左右報曰 崇政李公入朝矣**라하다 **翔歎曰 李振**은 **謬爲丈夫矣**로다 **復何面目入梁建國門乎**아하고 **乃自經而卒**하다

敬翔과 李振은 모두 太祖에게 신임받던 신하였다. 後唐 莊宗이 〈梁나라를 멸망시키고〉 汴州로 들어와 詔書를 내려 梁나라의 군신들을 사면하자 이진이 기뻐하며 경상에게 "조서가 내려와 죄를 씻어준다 하니 새로운 군주를 朝見(조현)할 것이다."라고 하고 경상을 불러 함께 들어가 조현하고자 하였다.

경상이 밤에 高頭의 車坊에 머물러 있었는데, 날이 밝으려 할 때에 시종이 아뢰기를 "崇政使 李公이 入朝하였습니다."라고 하였다. 경상이 탄식하며 "이진은 그릇된 장부가 되었다. 다시 무슨 낯으로 梁나라의 建國門을 들어간단 말인가?"라고 하고 이에 스스로 목을 매어 卒하였다.

03. 葛從周傳* 葛從周의 傳記

* 葛從周(?~915)는 字가 通美로, 濮州 甄城 사람이다. 갈종주의 列傳은 ≪舊五代史≫ 권16 〈梁書 第16 列傳 第6〉, ≪新五代史≫ 권20 〈梁臣傳 第9〉에 각각 실려 있다.

이 열전에서는 갈종주가 後梁 太祖를 따라 從軍하여 크고 작은 전투에서 보인 뛰어난 전술과 용맹함 등을 중심으로 서술하였다. 갈종주는 어려서 黃巢를 따랐는데, 황소가 패하자 후량에 투항하였다. 후량 태조를 따라 蔡州를 공격할 때에 創傷을 입으며 말에서 떨어진 태조를 구한 것을 계기로 태조에게 큰 신임을 얻었다. 이후 수많은 전투에서 큰 戰功을 세웠는데, 특히 후량과 雌雄

을 겨루던 晉나라 및 燕과의 전투에서 큰 승리를 거둠으로서 태조가 후량을 건국하는 데 큰 역할을 하였다. 그러나 후량 건국 이후 태조가 관직을 내렸지만 병을 핑계로 致仕하였고, 末帝는 그를 위해 昭義軍節度使에 배수하고 陳留郡王에 봉하여 집에서 녹봉을 받으며 살게 해줌으로써 天壽를 누리고 죽었다.

갈종주에 대해 ≪구오대사≫에서는 "갈종주는 용맹한 장수의 재능을 가지고 의심이 많은 군주를 섬겼지만 전쟁터에서 공명을 취하고 집에서 편안히 죽었으니, 공정한 마음으로 말해보면 현명하다고 하겠다.〔從周以驍武之才 事雄猜之主 而能取功名于馬上 啓手足于牖下 靜而言之 斯爲賢矣〕"라고 하여, 큰 전공을 세우고 건국 후 致仕함으로써 혼탁한 시기에 政爭에 휘말리지 않고 천수를 누린 것을 높게 평가하였다.

≪신오대사≫에는 별다른 評은 두지 않았지만 그가 晉·燕과의 전투에서 보였던 뛰어난 용병술과 전략을 생동감 있게 묘사하여 장수로서의 재능을 부각하였고, 후량 건국 후 행적에 대해서도 간략하게 서술하여 浮沈 없이 천수를 누리고 죽었음을 보였다.

葛從周는 **事梁爲大將**하야 **百戰不失**하니 **可謂兵之善者已**라

葛從周는 梁나라에 벼슬하여 大將이 되어 수많은 전투에서 패배한 적이 없으니, 用兵에 능통한 사람이라 이를 만하다.

葛從周는 **字通美**요 濮州**甄城人也**라 **少從黃巢**러니 **巢敗降梁**하다 **從太祖**하야 **攻蔡州**할새 **太祖墜馬**어늘 **從周扶太祖復騎**라가 **與敵步鬪傷面**하고 **身被數瘡**이어늘 **偏將張延壽從旁擊之**하야 **從周得與太祖俱去**라 **太祖盡黜諸將**하고 **獨用從周延壽**하야 **爲大將**하다 **秦宗權掠地潁**亳하야 **及梁兵戰于焦夷**[1]한대 **從周獲其將王涓一人**[2]하고 **從朱珍**하야 **收兵淄靑**하야 **遇東兵輒戰**하야 **珍得兵歸**하니 **從周功爲多**라

葛從周는 자가 通美이고 濮州 甄城 사람이다. 어려서 黃巢를 따랐는데, 황소가 패하자 梁나라에 투항하였다. 後梁 太祖를 따라 蔡州를 공격할 때에 태조가 말에서 떨어지자 갈종주가 태조를 부축하여 다시 말에 태웠다가 적의 보병들과 싸우다 얼굴을 다쳤고 몸에는 몇 군데 창상을 입었는데, 偏將 張延壽가 곁에서 공격하여 갈종

주가 태조와 함께 벗어날 수 있었다. 그래서 태조가 장수들을 모두 내쫓고 갈종주와 장연수를 大將으로 삼았다.

秦宗權이 潁州와 亳州를 공격하여 梁나라 병사와 焦夷에서 전투를 벌였는데, 갈종주가 그 장수 王涓 한 사람을 사로잡고 朱珍을 따라 淄靑에서 병력을 모집해서 동쪽의 병사를 만날 때마다 싸워 주진이 군사를 온전히 수습하여 돌아왔으니, 갈종주의 공이 가장 높았다.

1) 秦宗權掠地潁亳 及梁兵戰于焦夷 : ≪五代史記纂誤補≫ 卷上에 "삼가 살펴보건대 이 일은 唐나라 光啓 元年(885)에 있었던 일이다. ≪新唐書≫ 〈地理志〉를 살펴보면 '亳州 城父를 天佑 2년(905)에 지명을 焦夷로 바꾸었다.'라고 하였으니, 여기에서 후대에 바뀐 焦夷의 지명을 따라 쓴 것은 잘못이다.〔謹按此事在唐光啓元年 考新唐書地里志 亳州城父 天祐二年 更名焦夷 此從後稱焦夷非也〕"라고 하였다.

2) 從周獲其將王涓一人 : ≪五代史記纂誤續補≫ 卷2에 "살펴보건대 '一人'은 쓸모없는 글자이다.〔按一人字冗〕"라고 하였다.

張全義가 **襲李罕之於河陽**한대 **罕之奔晉**하야 **召晉兵以攻全義**라 **全義**가 **乞兵於梁**이어늘 **太祖遣從周丁會等救之**하야 **敗晉兵於沇河**라 **潞州馮霸**가 **殺晉守將李克修**하야 **以降梁**하니 **太祖遣從周**하야 **入潞州**어늘 **晉兵攻之**하야 **從周不能守**하야 **走河陽**이라 **太祖攻魏**에 **從周與丁會**는 **先下黎陽臨河**하고 **會太祖於內黃**하야 **敗魏兵於永定橋**하고 **從丁會**하야 **攻宿州**할새 **以水浸其城**하야 **遂破之**라 **太祖攻朱瑾于兗州**하야 **未下**하고 **留從周圍之**어늘 **瑾閉壁不出**이라 **從周詐言救兵至**하고 **陽避之高吳**라가 **夜半**에 **潛還城下**하니 **瑾以謂從周已去**하고 **乃出兵**하야 **收外壕**[1]어늘 **從周掩擊之**하야 **殺千餘人**이라

張全義가 河陽에서 李罕之를 습격하자 이한지가 晉나라로 달아나 晉나라 병사를 불러들여 장전의를 공격하였다. 장전의가 梁나라에 구원병을 청하자 太祖가 葛從周와 丁會 등을 보내 구원하여 沇河에서 晉나라 병사를 패퇴시켰다.

潞州의 馮霸가 晉나라의 守將 李克修를 죽이고 梁나라에 항복하니, 태조가 갈종주를 보내 노주로 들어가게 하였는데, 晉나라 병사가 공격하여 갈종주가 지키지 못

하고 河陽으로 달아났다.

태조가 魏州를 공격함에 갈종주와 정회는 먼저 黎陽과 臨河를 함락시키고 內黃에서 태조와 만나 永定橋에서 위주의 병사를 패퇴시키고, 정회를 따라 宿州를 공격할 때에 水攻을 가해 그 성을 침수시켜 마침내 격파하였다.

태조가 兗州에서 朱瑾을 공격하여 함락시키지 못하고 갈종주를 남겨두어 포위하게 하였는데, 주근이 성문을 닫고 나오지 않았다. 갈종주가 구원병이 당도했다고 거짓 소문을 내고 거짓으로 高吳로 피하였다가 한밤중에 몰래 성 아래로 돌아왔다. 주근이 갈종주가 이미 떠났다고 생각하고 이에 출병하여 外壕를 거두자 갈종주가 습격하여 천여 명을 죽였다.

1) 外壕 : 城이나 진지 밖에 설치한 해자이다.

晉攻魏에 **魏人求救**하니 **太祖遣侯言救魏**어늘 **言築壘于洹水**하니 **太祖怒言不出戰**하야 **遣從周代言**이라 **從周至軍**에 **益閉壘不出**하고 **而鑿三闇門以待**라 **晉兵攻之**에 **從周以精兵自闇門出**하야 **擊敗晉兵**하니 **晉王怒**하야 **自將擊從周**라 **從周雖大敗**나 **而梁兵擒其子落落**하야 **送于魏**하야 **斬之**하고 **遂徙攻鄆州**하야 **擒朱宣於中都**하고 **又攻兗州**하야 **走朱瑾**이라 **太祖表從周兗州留後**하다

晉나라가 魏州를 공격함에 위주의 사람들이 구원해주기를 청하니, 太祖가 侯言을 보내 위주를 구원하게 하였다. 그런데 후언이 洹水에 성채를 쌓자 태조가 후언이 출전하지 않는 것에 노하여 葛從周를 보내 후언을 대신하게 하였다.

갈종주는 軍營에 이르러 더욱 굳게 성채를 닫고서 출전하지 않고 세 개의 闇門을 뚫고 기다렸다. 晉나라 병사가 공격하자 갈종주가 정예병을 거느리고 암문을 통해 나와 晉나라 병사를 공격하여 패퇴시키니, 晉王이 노하여 스스로 군사를 거느리고 갈종주를 공격하였다.

갈종주는 비록 크게 패하였으나 梁나라 병사가 진왕의 아들 落落을 사로잡아 위주로 보내 참수하였다. 마침내는 옮겨가 鄆州를 공격하여 中都에서 朱宣을 사로잡았고 또 兗州를 공격하여 朱瑾을 패주시켰다. 태조가 〈唐 황제에게〉 表文을 올려 청하여 갈종주를 兗州留後로 삼았다.

以兗鄆兵으로 攻淮南할새 出安豐하야 會龐師古于淸口라 從周行至濠州하야 聞師古死하고 遽還至淠(비)河하야 將渡에 而淮兵追之하니 從周亦大敗라 是時에 晉兵出山東하야 攻相衛한대 太祖遣從周하야 略地山東하야 下洺州하야 斬其刺史邢善益하고 又下(祁)〔邢〕[1)]州하야 走其刺史馬師素하고 又下磁州하야 殺其刺史袁奉滔하야 五日而下三州하니 太祖乃表從周兼邢州留後하다

兗州와 鄆州의 군사로 淮南을 공격할 때에 安豐으로 나가 淸口에서 龐師古와 만났다. 葛從周가 행군하여 濠州에 이르렀을 때에 방사고가 죽었다는 소식을 듣고 급히 회군하여 淠河에 이르러 강을 건너려 하였는데, 회남의 군사가 추격해 오니 갈종주도 크게 패하였다.

이때에 晉나라 병사가 山東으로 나와 相州와 衛州를 공격하였는데, 太祖가 갈종주를 보내 山東의 땅을 공략하게 해서 洺州를 함락하여 刺史 邢善益을 참수하고, 또 邢州를 함락하여 자사 馬師素를 패주시켰으며, 또 磁州를 함락하여 자사 袁奉滔를 죽여 5일 만에 세 州를 함락하니, 태조가 이에 〈唐 황제에게〉 表文을 올려 갈종주가 邢州留後를 兼帶하게 하였다.

1) (祁)〔邢〕: 저본에는 '祁'로 되어 있으나, ≪新五代史≫에 의거하여 '邢'으로 바로잡았다.

劉仁恭攻魏하야 已屠貝州어늘 羅紹威求救于梁하니 從周會太祖救魏하야 入于魏州하다 燕兵攻館陶門[1)]한대 從周가 以五百騎出戰曰 大敵在前하니 何可返顧리오하고 使閉門而後戰하다 破其八柵에 燕兵走어늘 追至于臨淸하야 擁之御河하니 溺死者甚衆이라 太祖以從周爲宣義行軍司馬하다

劉仁恭이 魏州를 공격하여 이미 貝州를 도륙하자 羅紹威가 梁나라에 원병을 청하니, 葛從周가 太祖와 만나 위주를 구원하기 위하여 위주로 들어갔다. 燕나라 군사가 館陶門을 공격하였는데, 갈종주가 500명의 기병으로 출전하며 말하기를 "큰 적이 앞에 있으니 어찌 돌아올 생각을 하겠는가."라고 하고는 문을 닫게 한 뒤에 전투에 임하였다. 8개의 성책을 격파하자 燕나라의 군사가 달아나거늘 추격하여 臨淸에 이

르러 御河에서 포위하니, 물에 빠져 죽은 군사들이 매우 많았다. 태조가 갈종주를 宣義行軍司馬로 삼았다.

1) 館陶門 : 魏州城의 北門이다.

太祖遣從周하야 **攻劉守文于滄州**하고 **以蔣暉監其軍**[1)]이라 **守文求救于其父仁恭**하니 **仁恭以燕兵救之**라 **暉語諸將曰 吾王以我監諸將**이어늘 **今燕兵來**하니 **不可迎戰**이라 **宜縱其入城**하야 **聚食倉廩**하야 **使兩困而後取之**라하니 **諸將頗以爲然**이라 **從周怒曰 兵在上將**하니 **豈監軍所得言**리오 **且暉之言**은 **乃常談爾**라 **勝敗之機**는 **在吾心**하니 **暉豈足以知之**리오하고 **乃勒兵逆仁恭于乾寧**하야 **戰于老鴉堤**하니 **仁恭大敗**어늘 **斬首三萬餘級**하고 **獲其將馬愼交等百餘人**과 **馬三千匹**하다

太祖가 葛從周를 보내 滄州에서 劉守文을 공격하고 蔣暉로 그 군을 감독하게 하였다. 유수문이 그의 아버지 劉仁恭에게 구원을 청하자 유인공이 燕나라의 군사를 거느리고 구원하니, 장휘가 장수들에게 말하기를 "우리 왕께서 나에게 장수들을 감독하게 하셨는데, 이제 燕나라 군사가 왔으니 맞이하여 싸워서는 안 된다. 의당 성에 들어가도록 내버려두어 모여서 창고의 곡식을 먹다 양쪽이 다 지치게 한 뒤에 취해야 한다."라고 하니 장수들이 옳다고 여겼다.

갈종주가 노하여 말하기를 "兵營에는 上將이 있으니, 어찌 監軍이 함부로 말을 하는가. 또 장휘의 말은 바로 일상적인 말일 뿐이다. 승패의 기회는 나의 마음에 있으니, 장휘가 어찌 이를 알겠는가."라고 하고, 이에 군사를 동원하여 乾寧에서 유인공을 맞이하여 老鴉堤에서 싸우니, 유인공이 크게 패하였다. 3만 명 정도의 수급을 베고 그 장수 馬愼交 등 100여 명과 말 3천 필을 노획하였다.

1) 以蔣暉監其軍 : ≪五代史記纂誤補≫ 卷上에 "삼가 살펴보건대 ≪舊五代史≫에는 '都監 蔣元暉'로 되어 있는데 여기서는 '元'자를 諱하여 제거하였다. 그러나 ≪新五代史≫의 〈太祖紀〉와 〈蔣殷傳〉에는 모두 '蔣元暉'으로 되어 있으니, 의당 바로잡아 하나로 통일해야 한다.〔謹按薛史作都監蔣元暉 此當以諱去元字 然太祖紀及蔣殷傳 俱作蔣元暉 宜刊定從一〕"라고 하였다.

是時에 **守文亦求救于晉**하니 **晉爲攻邢洺以牽之**어늘 **從周遽還**하야 **敗晉兵于青山**하고 **遂從太祖**하야 **攻鎭州**하야 **下臨城**하니 **王鎔乞盟**하다 **太祖表從周泰寧軍節度使**하야 **從氏叔琮**하야 **攻晉太原**이나 **不克**하다 **梁兵**이 **西攻鳳翔**하니 **青州王師範**이 **遣其將劉鄩**하야 **襲兗州**어늘 **從周家屬爲鄩所得**이러니 **厚遇之而不殺**하다 **太祖還自鳳翔**하고 **乃遣從周**하야 **攻鄩**하니 **從周卒招降鄩**하다 **太祖卽位**에 **拜左金吾衛上將軍**이라가 **以疾致仕**하고 **拜右衛上將軍**하야 **居于偃師**하다 **末帝卽位**에 **拜昭義軍節度使**하고 **封陳留郡王**하야 **食其俸于家**라 **卒贈太尉**하다

이때에 劉守文이 또한 晉나라에 구원을 청하니, 晉나라가 邢州와 洺州를 공격하여 葛從周를 견제하자 갈종주가 급히 회군하여 青山에서 晉나라 군사를 패퇴시켰다. 마침내 太祖를 따라 鎭州를 공격하여 臨城을 함락시키니, 王鎔이 동맹을 청하였다. 태조가 表文을 올려 갈종주를 泰寧軍節度使로 삼아 氏叔琮을 따라 晉나라 太原을 공격하였으나 이기지 못하였다.

梁나라 군사가 서쪽으로 가 鳳翔을 공격하자 青州의 王師範이 그 장수 劉鄩을 보내 兗州를 습격하였는데, 갈종주의 가솔들이 유심에게 사로잡혔는데 후하게 대우하고 죽이지 않았다. 태조가 봉상에서 돌아와 이에 갈종주를 보내 유심을 공격하니, 갈종주가 끝내 유심을 불러서 투항하게 하였다.

태조가 즉위함에 左金吾衛上將軍을 배수했다가 병으로 치사하고, 右衛上將軍에 배수하여 偃師에 머물렀다. 末帝가 즉위하여 昭義軍節度使에 배수하고 陳留郡王에 봉해져 집에서 녹봉을 받으며 살았다. 卒하자 太尉에 贈職되었다.

04. 康懷英傳* 康懷英의 傳記

* 康懷英(?~916)은 山東 兗州 사람으로 본명은 懷貞인데 後梁 末帝 朱友貞(888~923)의 諱를 피하여 이름을 고쳤다.

강회영의 列傳은 ≪舊五代史≫ 卷23 〈梁書 第23 列傳13〉과 ≪新五代史≫ 卷22 〈梁臣傳 第10〉에 실려 있다. 歐陽脩는 ≪구오대사≫에 1천여 자 분량으로 수록되어 있는 강회영의 傳記를 6백여 자 분량으로 서술하였는데, 강회영

이 後梁 太祖 朱全忠(852~912)의 知遇를 입어 전장에서 승승장구하다가 몇 번의 패배를 거쳐 죽음을 맞는 과정을 간결하게 묘사하였다.

처음에 강회영은 泰寧軍節度使 齊克讓을 몰아내고 그 자리를 차지한 朱瑾(867~918)의 휘하 장수가 되어 兗州를 지키다가 후량 태조에게 투항하였는데 이후 戰場을 누비며 후량의 세력이 커지는 데 일조를 하였다.

구양수는 李唐이 쇠퇴하고 후량이 세력을 확대하는 국면에서 이당에 잠시 충성을 보였던 趙匡凝, 藩鎭으로 할거하였던 李茂貞・楊行密과의 전투에서 승리한 일들은 간략하게 서술하였다. 이어 梁나라를 배반한 丁會・劉知俊・朱友謙 등과 치른 전투 및 後唐의 莊宗 李存勖(885~926)과 그 휘하 장수 周德威와 치른 전투의 패배 과정을 일화를 곁들여가며 차례로 묘사하였다. 강회영은 이들과의 전투에서 연이어 패배한 이후 얼마 있다가 결국 죽음을 맞게 되지만 그가 후량을 배반하지 않은 것과 후량 역시 그를 중용한 사실을 엿볼 수 있다.

강회영의 말년은 후량과 후당이 천하의 霸權을 두고 角逐을 벌이던 때였다. 이러한 때 정회와 주우겸은 후당에 투항하고 유지준은 岐州의 이무정에게 투항하는 등 후량의 장수였던 자들이 칼을 돌려 강회영에 맞서 싸웠던 사실을 통해 독자들은 五代의 亂世에 忠孝 관념이 사라져 武將들이 세력을 따라 離合集散하던 世態를 선명하게 엿볼 수가 있다.

康懷英은 **兗州**[1]**人也**라 **事朱瑾爲牙將**[2]이러니 **梁兵攻瑾**에 **瑾出略食豐沛間**하야 **留懷英守城**한대 **懷英卽以城降**(항)**梁**[3]하니 **瑾遂奔于吳**라 **太祖得懷英大喜**하다

康懷英은 兗州 사람이다. 朱瑾을 섬겨 牙將이 되었는데 梁나라 군대가 주근을 공격하자 주근은 출병하여 豐州와 沛州 사이에서 양식을 마련하면서 강회영을 남겨 兗州城을 지키게 하였다. 그런데 강회영이 바로 성을 가지고 梁나라에 항복하니 주근이 결국 吳나라로 도망하였다. 梁 太祖는 강회영을 얻고 크게 기뻐하였다.

1) 兗州 : 옛 9州 가운데 하나로, 지금의 山東省 西部와 河北省 南部의 경계에 위치하고 있었는데 옛 黃河와 옛 濟水의 사이에 있었다.
2) 牙將 : 軍中의 中下級 軍官을 가리킨다. 참고로, ≪韻會≫에 "牙는 旗의 이름

이니 상아로 깃대를 장식하여 휘장 앞에 세우고 이것을 牙門이라 한다."라고 하였는바, 군대가 출동할 때 장군이 있는 곳에 牙旗를 세웠던 데서 비롯하여 일을 다스리는 곳을 牙 혹은 衙라 하였다.

3) 懷英卽以城降梁 : ≪五代史記纂誤續補≫ 卷2에 "살펴보건대, ≪新五代史≫ 〈朱瑾傳〉에도 '朱瑾의 장수 康懷英 등이 城을 가지고 梁나라에 항복하였다.'로 되어 있는데 이는 강회영을 배반의 首魁로 여긴 것이고, ≪新唐書≫ 〈本紀〉에는 '그 아들 康用貞이 兗州를 가지고 배반하여 朱全忠에게 붙었다.'로 되어 있는데 이는 그 아들을 배반의 수괴로 여긴 것이니 의당 강회영에게 장악되어 있는 것일 뿐이다.〔按朱瑾傳 亦作瑾將康懷英等 以城降梁 是以懷英爲叛首 而新唐書本紀 作其子用貞 以兗州叛附于全忠 是以其子爲叛首 當是懷英所挾耳〕"라고 하였다.

後從氏叔琮[1)]하야 攻趙匡凝[2)]하야 下鄧州하다 梁兵攻李茂貞[3)]于岐할새 以懷英爲先鋒이러니 至武功[4)]하야 擊殺岐兵萬餘人하니 太祖喜曰 邑名武功이니 眞武功也라하고 以名馬賜之하다 是時에 李周彝以鄜(부)坊兵救岐하야 屯于三原[5)]이어늘 懷英擊走之하고 因取其翟州而還[6)]이라 岐兵屯奉天일새 懷英柵其東北이어늘 夜半에 岐兵攻之한대 懷英以爲夜中不欲驚它軍하야 獨以三千人出戰이라 遲明에 岐兵解去하니 身被十餘瘡이라 李茂貞與梁和하니 昭宗[7)]還京師하야 賜懷英迎鑾毅勇功臣하다

뒤에 氏叔琮을 따라 趙匡凝을 공격하여 鄧州를 함락하였다. 梁나라 군대가 岐州에서 李茂貞을 공격할 때 康懷英을 先鋒으로 삼았는데 武功에 이르러 기주 군사 만여 명을 擊殺하니 梁 太祖가 기뻐하면서 "고을 이름이 武功이니 참으로 武功이로다."라고 하고 名馬를 강회영에게 下賜하였다.

이때에 李周彝가 鄜坊의 군대를 거느리고 기주를 구원하러 가서 三原에 주둔하였는데, 강회영이 공격하여 몰아내고 이를 통해 상대편이 소유한 翟州를 취하고서 회군하였다.

기주 군사가 奉天에 주둔하기에 강회영이 그 동북쪽에 木柵을 둘렀는데, 한밤중에 기주 군사가 공격하자 강회영이 밤중에 다른 군대를 놀래키고 싶지 않다고 하고는 혼자 3천 명을 데리고 出戰하였다. 새벽에 기주 군사가 포위를 풀고 물러가니

강회영은 몸에 십여 군데나 상처를 입었다.

이무정이 梁나라와 講和하니, 唐 昭宗이 京師에 돌아와 강회영에게 迎鑾毅勇功臣의 칭호를 하사하였다.

1) 氏叔琮 : ?~904. 河南 尉氏 사람으로 五代 시기 後梁을 開國하는 데 일조한 名將이다. 용맹하고 굳세어 膽力이 뛰어나 唐末에 晉陽의 전투에 참여하였고, 여러 차례 승진하여 保大軍節度使, 檢校司徒를 지냈다. 天佑 元年(904)에 洛陽에 나아가 右龍虎統軍이 되어 낙양을 수비하였다. 이해 8월에 後梁 太祖 朱溫의 지시를 받아 唐 昭宗을 시해하고 唐 哀帝를 冊立하였다. 이 일이 있은 후 주온은 氏叔琮이 軍政을 제대로 다스리지 못한다는 이유로 白州司戶로 폄적하였다가 얼마 뒤에 賜死하였다.

2) 趙匡凝 : 唐末 五代 蔡州 사람으로, 字는 光儀이다. 부친 趙德諲은 본래 秦宗權의 部將이었는데 뒤에 襄陽 등을 가지고 朱溫에게 투항하였다. 조덕인이 죽자 그 땅을 근거로 삼고 다시 아우 趙匡明을 보내 雷彦恭을 몰아내고 荊南을 취하여 영토가 동쪽으로 淮南에 연결되고 서쪽으로 巴蜀에 이어졌다. 주온이 表奏하여 荊襄節度使가 되었다. 唐 天祐 2년(905)에 주온의 使者에게 唐나라에 대한 충성을 보인 일을 계기로 결국 주온이 보낸 군대의 공격을 받아 패하여 廣陵으로 달아나 楊行密에게 의지하였다. 뒤에 徐溫에게 피살되었다.

3) 李茂貞 : 856~924. 자는 正臣, 본성은 宋씨, 본명은 文通으로 深州 博野 사람이다. 黃巢의 난을 진압한 공으로 神策軍指揮使에 올랐고, 唐 僖宗을 호종한 공으로 성명을 하사받았다. 昭宗 때 조정에서 兵權을 장악하고 여러 차례 군사를 이끌고 京師에 들어와 재상 韋昭度 등을 살해하고 궁실과 시장에 불을 질렀다. 天復 元年(901)에 소종이 鳳翔으로 가자 朱溫과 대립하였다가 天復 3년(903)에 주온과 화해하였다. 後梁이 건국되자 岐王이라 자칭하며 한 지역에서 할거했다. 後唐 莊宗 同光 2년(924)에 표문을 올려 신하라 칭하고 秦王에 봉해졌다.

4) 武功 : 지금의 陝西省 咸陽에 있는 縣의 이름이었다.

5) 三原 : 지금의 陝西省 中部로, 西安市의 북쪽에 있었다.

6) 因取其翟州而還 : ≪五代史記纂誤補≫ 卷2에 "삼가 살펴보건대, ≪大平寰宇記≫에는 '坊州 鄜城縣은 李茂貞이 세워 翟州가 되었다가 梁나라 때 禧州로

고쳤다.'고 하였는데 宋代에는 이미 州를 廢하였으므로 ≪新五代史≫ 〈職方攷〉에 著錄하지 않았다. 하지만 徐無黨은 여기에 注疏를 달지 않았다.〔謹案大平寰宇記 坊州鄜城縣 李茂貞建爲翟州 梁改禧州 宋已廢州 故職方攷不著 然徐氏于此不注疏矣〕"라고 하였다.

7) 昭宗 : 867~904. 唐나라 제19대 황제로 원래 이름은 傑이었다가 즉위 후 曄으로 개명하고 나중에 다시 敏이라 하였다. 唐나라의 실권을 장악하고 있던 환관 楊復恭에 의해 889년 황제로 옹립되었다. 李茂貞을 중심으로 하는 반란군이 長安을 압박하자 환관 韓全海가 진언하여 鳳翔으로 도망하였으나 903년 이무정이 한전해, 張彦弘 등을 죽이자 長安으로 돌아왔다. 그 뒤 이무정은 朱全忠에 의해 실각하고 주전충이 최대 藩鎭으로 세력을 확장하였다. 904년 1월 주전충은 대신들의 반대를 누르고 洛陽으로 천도하였고, 소종은 그해 8월 주전충이 보낸 사람에 의해 시해되었다.

楊行密[1)]攻宿州어늘 太祖遣懷英擊走之하니 表宿州刺史라가 遷保義軍節度使하다

楊行密이 宿州를 공격하자 梁 太祖가 康懷英을 보내 공격하여 몰아내니 〈양 태조가 唐 황제에게〉 表奏하여 〈강회영을〉 宿州刺史로 삼았다가 保義軍節度使로 승진시켰다.

1) 楊行密 : 852~905. 五代時代 吳나라의 太祖로 자는 花源, 본명은 行愍, 廬州 合肥 사람이다. 처음에는 도둑이었다가 州兵에 응모해 隊長으로 옮겼다. 戍자리를 나갔다가 반란을 일으켜 廬州를 거점으로 웅거하자 唐나라에서 廬州刺史에 임명하였다. 淮南節度使를 자칭하던 孫儒를 격파하자 唐 昭宗이 회남절도사에 임명하였고, 天復 2년(902) 吳王에 봉해졌다.

丁會以潞州[1)]叛梁降晉한대 太祖命懷英爲招討使라 將行할새 太祖戒之에 語甚切이라 懷英惶恐하야 以謂潞州期必得이라하고 乃築夾城圍之[2)]하다 晉遣周德威하야 屯于亂柳하야 數(삭)攻夾城하니 懷英不敢出戰이라 太祖乃以李思安[3)]代懷英將하고 降懷英爲都虞候러니 久之에 思安亦無功하니 太祖大怒하야 罷思安하고 以同州劉知俊[4)]爲招討使라 知俊未至軍에 太祖自至澤州하야 爲懷英等軍援하고 且督之라 已而오 晉王

李克用[5)]卒커늘 莊宗[6)]召周德威還太原이라 太祖聞晉有喪하고 德威去에 亦歸洛陽하니 而諸將亦少弛라 莊宗謂德威曰 晉之所以能敵梁而彼所憚者는 先王也어늘 今聞吾王之喪하고 謂我新立하야 未能出兵이라하야 其意必怠니 宜出其不意以擊之면 非徒解圍요 亦足以定霸也라하고 乃與德威等으로 疾馳六日하야 至北黃碾한대 會天大昏霧라 伏兵三垂岡하고 直趨夾城하야 攻破之[7)]하니 懷英大敗하야 亡大將三百人하다 懷英以百騎遁歸하야 詣闕請死한대 太祖曰 去歲興兵에 太陰虧食한대 占者以爲不利라하야늘 吾獨違之而致敗하니 非爾過也라하고 釋之以爲右衛上將軍하다

丁會가 潞州를 가지고 梁나라를 배반하고 晉나라에 투항하자, 梁 太祖가 康懷英을 招討使로 삼았다. 그가 출병할 때에 태조가 그에게 당부할 적에 그 말이 몹시 간절하였다. 강회영이 惶恐하여 노주는 기필코 얻을 것이라 하고는 夾城을 수축하여 노주를 포위하였다.

晉나라는 周德威를 보내 亂柳에 주둔하여 협성을 자주 공격하니 강회영이 감히 나가 싸울 수가 없었다. 양 태조가 이에 李思安으로 강회영을 대신해서 군대를 거느리게 하고 강회영을 강등하여 都虞候로 삼았다. 그런데 오랜 시간이 지났는데도 이사안 역시 戰功이 없자 양 태조가 크게 노하여 이사안을 파직하고 同州의 劉知俊을 招討使로 삼았다. 유지준이 軍營에 아직 도착하기 전에 양 태조가 몸소 澤州에 이르러 강회영 등의 군대를 위해 후원하는 한편 그들을 督責하였다.

얼마 뒤에 晉王 李克用이 卒하자 唐 莊宗이 주덕위를 太原으로 召還하였다. 태조가 晉나라에 國喪이 났다는 소식을 듣고 주덕위가 떠날 때 태조 역시 낙양으로 돌아가니 장수들 또한 조금 해이해졌다.

장종이 주덕위에게 말하기를 "晉나라가 梁나라에 대적할 수 있으면서 저들이 두려워했던 것은 우리 先王 때문인데 지금 우리 선왕의 喪을 듣고 내가 새로 즉위하여 出兵할 수 없을 것이라고 여겨 그 마음이 반드시 해이해졌을 것이니, 의당 그들이 생각지 못한 틈을 보아 공격하면 포위를 풀 수 있을 뿐만 아니라 또한 霸業을 이룰 수 있을 것이다."라고 하였다. 그리고는 주덕위 등과 함께 엿새 동안 급히 내달려 北黃碾에 이르자 마침 하늘 가득 안개가 끼었기에 三垂岡에 군대를 매복하고서 곧장 협성으로 달려가 격파하니 강회영이 大敗하여 大將 300인을 잃었다.

강회영이 騎兵 백 명을 데리고 몰래 도망쳐 돌아와 대궐에 나아와 죽기를 청하자, 태조가 말하기를 "지난해 군사를 일으킬 때 月食이 있자 점치는 이가 불리하다고 하였는데도 내가 혼자 이 말을 어겨 패배하게 되었으니 그대의 잘못이 아니다."라고 하고는 그를 풀어주고 右衛上將軍으로 삼았다.

1) 潞州 : 지금의 山西省에 있었다.

2) 懷英惶恐……乃築夾城圍之 : ≪五代史記纂誤續補≫ 卷2에 "살펴보건대, ≪新五代史≫ 〈義兒傳〉의 李嗣昭의 傳에서 '梁나라가 李思安을 보내 병사 十萬을 이끌고서 潞州를 공격하여 夾城을 쌓아 포위하게 하였다.'고 하였고, 〈劉知俊傳〉에서 '이사안이 협성을 세우고 노주를 공격하였는데 오래도록 함락하지 못하였다.'고 하였다. 薛居正의 ≪舊五代史≫ 〈梁本紀〉에서 '노주의 이전에 주둔하였던 군대가 壁壘를 아직 점령하지 못한 일 때문에 이에 군대의 統帥를 따로 논의하니 이에 亳州刺史 이사안을 潞州行營都統으로 充任하였다.'라고 하였고, 〈康懷英傳〉에서 '康懷英이 梁 太祖가 한 말을 두려워하여 반드시 점령하겠다고 다짐하고서 이에 堡壘를 쌓아 城을 두르고 垓子를 팠다.'라고 하였고, 〈李嗣昭傳〉에서 '汴將 이사안이 군대 10만 명을 거느리고 노주를 공격하여 이에 협성을 쌓되 해자를 깊이 파고 보루를 높이 하여 안팎으로 겹치게 하니 새와 짐승들이 지나갈 수가 없었다.'라고 하였고, ≪資治通鑑≫ 開平 元年(907) 6월에 '강회정이 노주에 이르러 밤낮으로 공격하여 반 달 동안 점령하지 못하자 이에 보루를 쌓고 구불구불한 해자를 파고서 지키니 안팎으로 단절되었다.'고 하였고, 7월에 '이사안이 다시 重城을 쌓아 안으로 進擊하는 것을 막고 밖으로 援兵을 물리치니 이를 일러 夾寨라고 하였다.'라고 하였으니, 대체로 강회영이 먼저 城 하나를 쌓고 이사안이 다시 城 하나를 쌓은 것이므로 협채라고 한 것이니 본문에서 '懷英이 夾城을 쌓았다.'로 되어 있는 것은 착오이다.〔按義兒嗣昭傳 梁遣李思安 將兵十萬攻潞 築夾城以圍之 劉知俊傳 李思安爲夾城攻潞州 久不下 薛史梁本紀 以潞州軍前屯師旅 壁壘未收 乃別議戎帥 于是以亳州刺史李思安 充潞州行營都統 懷英傳 懷英懼太祖之言 期于必取 乃築壘環城 濬鑿池塹 李嗣昭傳 汴將李思安 將兵十萬攻潞州 乃築夾城 深溝高壘 內外重複 飛走路絶 通鑑 開平元年六月 康懷貞至潞州 晝夜攻之 半月不克 乃築壘穿蚰 蜒塹而守之 內外斷絶 七月 李思安更築重城 內以防奔突 外以拒援兵

謂之夾寨 蓋懷英先築一城 思安復築一城 故曰夾寨 此作懷英築夾城誤〕"라고 하였다.

3) 李思安 : 861~912. 字는 貞臣으로, 河南 陳留 사람이다. 後梁의 장군으로 여러 차례 戰功을 세워 開國功臣이 되었다. 젊은 시절 宣武將軍 楊彦洪의 麾下에 있었는데 용맹하고 힘이 세었고 身長이 7尺으로 자못 野心이 있었다. 中和 3년(883) 宣武節度使 朱全忠이 군대를 사열할 때 李思安의 용모가 雄奇함을 보고 몹시 흡족하게 여기고 특별히 이름을 하사하여 이사안이라고 하였다. 黃巢의 군대 및 蔡州節度使 秦宗權의 군대와 전투할 때 항상 자신이 거느리는 부대의 백여 인과 함께 싸웠는데 적군이 당해내지 못하였다.

4) 劉知俊 : ?~917. 字는 希賢으로, 徐州 沛縣 사람이다. 唐末에 割據했던 軍閥로 劉開道라고 불렸다. 본래 感化節度使 時溥의 부하 小校였는데 뒤에 宣武節度使 朱溫에게 투항하여 軍校가 되었다. 宣武軍左開道指揮使, 徐州馬步軍都指揮使, 匡國軍節度使, 檢校太傅, 平章事, 潞州行營招討使를 역임하였다. 909년 鳳翔節度使 李茂貞에게 투항하여 檢校太尉, 中書令이 되었다가 이윽고 彰義軍節度使를 배수하였다. 뒤에 前蜀의 王建에게 투항하였으나 그에게 시기를 받아 917년에 成都 炭市에서 참수되었다.

5) 李克用 : 856~908. 字는 翼聖이고 本姓은 朱邪(주야)로, 神武川 新城 사람이다. 突厥 沙陀部 출신으로 李鴉兒라고도 불리고 한쪽 눈을 잃어 獨眼龍으로도 불렸다. 後唐의 太祖로, 朱邪赤心의 아들이다. 젊을 때부터 용맹해 雲州를 거점으로 하며 留后라 자칭하다 당나라 군대에 패하자 韃靼으로 달아났다. 黃巢의 난에 황명을 받아 사타족을 이끌고 와 황소군을 대파하고 長安을 탈환하였다. 뒤에 李茂貞, 王行瑜 및 韓建 세 장수가 京師에 진격하여 唐 昭宗을 협박할 때 李克用은 거듭 군대를 거느리고 勤王하여 세 장수를 패배시키고 소종을 구출하여 晉王에 봉해졌다. 이후로 줄곧 이극용은 장기간 河東에서 할거하면서 汴州를 점거한 朱全忠과 대치하였다. 이극용이 病死하자 아들 李存勖이 後唐을 건립하였는데, 이극용을 武皇帝로 추존하고 廟號를 太祖라고 하였다.

6) 莊宗 : 885~926. 이름은 李存勖이고 山西省 太原 출생이다. 突厥 沙陀族 출생의 晉王 李克用의 長子로, 908년 왕위를 계승하여 914년 燕나라 劉守光을 멸하고 이어 後梁을 공격하였다. 923년 河北省 魏州에서 제위에 올라

國號를 唐이라 칭하였으며, 같은 해 후량을 멸망시키고 도읍을 洛陽에 정하였다. 925년 前蜀도 병합하여 河北의 땅을 평정하였다. 뛰어난 무장이었으나 측근들에게 정치를 맡기고 사치에 빠진 탓에 반란이 일어나 부하에게 살해당하였다.

7) 莊宗謂德威曰……攻破之 : ≪五代史記纂誤續補≫ 卷2에 "살펴보건대, 번다하게 서술하였으니 〈唐莊宗紀〉의 내용과 겹친다.〔按繁敍 複唐本紀〕"라고 하였다.

劉知俊叛하야 **奔于岐**어늘 **以懷英爲保義軍節度使西路副招討使**[1]라 **知俊以岐兵圍靈武**한대 **太祖遣懷英攻邠寧以牽之**하다 **懷英取寧慶衍三州**하고 **還至昇平**에 **知俊掩擊之**하니 **懷英大敗**하다 **徙鎭感化**하다 **其後朱友謙**[2]**叛附于晉**커늘 **以懷英討之**하야 **與晉人戰白徑嶺**한대 **懷英又大敗**하고 **徙鎭永平**이라가 **卒于鎭**하다

劉知俊이 배반하여 岐州로 달아나거늘 康懷英을 保義軍節度使 西路副招討使로 삼았다. 유지준이 기주 군대를 거느리고 靈武를 포위하였는데 梁 太祖가 강회영을 보내어 邠寧을 공격하여 그를 견제하게 하였다. 강회영이 寧州·慶州·衍州 세 주를 취하고 회군하여 昇平에 이르자 유지준이 습격하니 강회영이 大敗하였다. 강회영은 感化軍으로 옮겨 鎭守하였다.

이후 朱友謙이 배반하여 晉나라에 붙자 강회영에게 그를 토벌하게 하여 晉나라 군대와 白徑嶺에서 전투하였는데 강회영이 또 大敗하였고, 강회영은 永平으로 옮겨 진수하다가 임지에서 卒하였다.

1) 劉知俊叛……西路副招討使 : ≪五代史記纂誤補≫ 卷2에 "삼가 살펴보건대, 康懷英은 陝州의 統帥이다. ≪新五代史≫ 〈職方攷〉에 '섬주는 唐代에 본래 保義라고 하였는데 梁나라 때 고쳐 鎭國이라 하였고 後唐 때 다시 보의라고 하였다.'라고 하였다. 梁나라의 보의로 말하자면 따로 邢州에 있었으니, 〈王檀傳〉에 '太祖가 즉위하였을 때 保義軍節度使로 승진하여 힘써 싸워 형주를 保全하였다.'라고 하였다. 〈本紀〉에서 開平 3년에 保義軍節度使 王檀을 潞州招討使로 삼았다고 먼저 기록하고, 鎭國軍節度使 강회영이 岐州를 토벌하였다고 이어 기록하였으니, 장수를 임명해 토벌함은 각기 가까운 鎭에서 한 것을 알 수

있다. 그러니 이곳의 보의는 의당 〈本紀〉에 의거하여 진국이 되어야 하니 본래 섬주에 있는 것이고 형주에 있지 않은 것이다.〔謹案懷英陝帥也 職方攷 陝州 唐故曰保義 梁改曰鎭國 後唐復曰保義 若梁之保義 自在邢州 王檀傳 太祖卽位 遷保義軍節度使 力戰全邢州 紀于開平三年 先書保義軍節度使王檀爲潞州招討使 繼書鎭國軍節度使康懷英伐岐 可見命將致討 各就近鎭 此處之保義 當依紀作鎭國 固在陝而不在邢也〕"라고 하였는데, 그 주석에 "本傳의 上文에 '表奏하여 宿州刺史로 삼았다가 보의군절도사로 승진하였다.'고 하여 오히려 唐나라 때에도 있었으니 섬주를 保義軍이라 일컬은 것은 착오가 아니다.〔本傳上文 表宿州刺史 遷保義軍節度使 尙在唐時 則陝州稱保義軍不誤〕"라고 하였다.

그리고 ≪五代史記纂誤補≫ 卷2의 이어지는 부분에서 "또 살펴보건대, 〈本紀〉에서 開平 3년 11월에 강회영이 岐州를 토벌하였다고 기록하고 薛居正의 ≪舊五代史≫에는 '황제가 陝州 康懷英, 華州 寇彦卿을 보내 군대를 거느리고 邠寧을 공격하였다.'고 하였기에, 의당 두 鎭이 되어야 하니 각기 군대를 거느리고 서쪽으로 토벌한 것이지 애초에 招討使라는 명목은 없었던 것이다. 本史(≪舊五代史≫)의 〈太祖紀〉 개평 4년 8월에는 楊師厚가 西路行營招討使가 되어 기주를 정벌하였다고 기록하였는데, ≪資治通鑑≫에는 양사후가 초토사가 되어 感化節度使 康懷貞을 만났다는 문장으로 기록되어 있으니, 아마도 강회영이 개평 4년에 感化로 옮긴 뒤에야 비로소 副招討가 된 것일 뿐인 듯하다. 이는 설거정의 ≪구오대사≫ 본전을 따른다.〔又案紀于三年十一月 書康懷英伐岐 薛史作帝遣陝州康懷英 華州寇彦卿 率兵攻迫邠寧 當是兩鎭 各以兵西伐 而初無招討使之目 本史帝紀 四年八月 書楊師厚爲西路行營招討使以伐岐 通鑑作師厚爲招討使 而以會感化節度使康懷貞爲文 疑懷英于四年徙感化後 乃爲副招討耳 此從薛史本傳〕"라고 하였다.

2) 朱友謙 : ?~926. 初名은 朱簡이고 字는 德光으로 河南 許州 사람이다. 五代 시기의 大臣이다. 처음에 陝州軍校가 되었는데 節度使 王珙을 죽이고 宣武節度使 朱全忠에게 투항하니 주전충이 養子로 삼고 友謙으로 改名하였다. 후에 주전충이 表奏하여 陝虢節度使로 삼았다. 주전충이 唐나라를 찬탈하여 즉위한 뒤에 河中節度使로 옮겨 鎭守하였다. 여러 차례 승진하여 中書令이 되고 冀王에 봉해졌다. 朱友珪가 부친 주전충을 시해하고 梁나라의 제위를 찬탈하자 주우겸은 은밀히 晉王 李存勖에게 투항하여 西平王에 봉해지고 守太尉를

더하였다. 後唐 莊宗(이존욱)이 梁나라를 멸망시키고 洛陽에 들어간 뒤 李繼麟이라는 이름을 하사하고 守太師 尙書令을 더하니 은총을 당시에 비할 이가 없었다. 同光 4년(926) 宦官과 伶人에게 죄를 받은 일로 인해 장종에게 죽임을 당하였다.

05. 劉鄩傳* 劉鄩의 傳記

* 劉鄩(861~923)은 山東 密州 安丘縣 사람으로, 劉掞이라고도 한다. 유심의 列傳은 ≪舊五代史≫ 卷23 〈梁書 第23 列傳13〉과 ≪新五代史≫ 卷22 〈梁臣傳 第10〉에 실려 있다. ≪신오대사≫에 수록된 유심의 전기는 ≪구오대사≫의 절반 정도로 축약되어 있다.

유심은 兵略이 뛰어나 '一步百計'로 일컬어지기도 했다. 처음에 王師範을 섬길 때 後梁의 장수인 兗州節度使 葛從周가 비워둔 兗州城을 지략으로 함락하였고 이후 갈종주가 공격해 오자 갈종주의 모친을 이용하여 공세를 늦추었다. 또 휘하 장수 王彦溫이 후량에 투항하여 상황이 불리해지자 이를 역으로 이용하여 왕언온이 후량에서 참수당하게 하였다. 이러한 몇 가지 사실을 통해 그의 뛰어난 책략을 알 수 있다.

한편 계속되는 梁나라의 攻勢를 견디지 못하고 왕사범이 後梁 太祖에게 투항하자 결국 유심 역시 그를 따라 투항하였는데 이때의 일화를 통해 그의 器局을 엿볼 수 있다.

이후 戰略家로서의 유심의 면모를 보여주는 것은 魏州에서 後唐 莊宗과 오랫동안 대치하던 때이다. 위주는 安祿山과 史思明의 난이 평정된 후 그들의 부하 장수들이 세운 河北三鎭이라는 세 개의 막강한 藩鎭 가운데 하나인 魏博天雄軍의 屬州로, 그곳의 전통적인 尙武 정신과 축적된 부를 통해 강력한 세력을 형성하려고 했던 자가 바로 후량의 장수 楊師厚였다.

양사후는 912년 후량 태조가 살해되어 혼란한 틈을 타서 친위 부대 장수인 牙將들을 죽이고 羅周翰을 축출한 뒤 天雄軍節度使의 지위를 인정받고 銀槍效節軍을 조직하여 예전의 친위 부대였던 牙軍을 회복하였는데 그의 사후에 後梁 末帝와 후당 장종이 위주의 패권을 놓고 대치하게 된 것이다. 이 전투에서 유심은 後唐의 본거지 太原을 습격하는 계책을 써서 장종을 물러나게 하려

했다가 실패하였고, 이후 말제의 出征 독촉에 시달리고 장종의 책략에 휘말려 결국 전투에 패배하여 위주를 잃게 되었다.

하지만 이 전투를 통해 유심은 필승을 위한 전술을 고민하는 전략가로서의 면모를 유감없이 보여주는바, 유심과 장종 두 사람이 펼치는 지략 대결 또한 흥미진진하며, 한편으로 實戰의 한 사례로도 음미해볼 만하다.

마지막으로 ≪구오대사≫ 권23에는 유심을 비롯하여 賀瓌(858~919), 康懷英, 王景仁이 수록되어 있고 그 마지막에 이들을 總評하는 史臣의 말이 있어 참고가 되는바, 인용해보면 다음과 같다.

"유심은 機略으로 자부하였고 하괴는 忠毅로 일컬어졌으며 강회영은 용맹함으로 當世를 보좌하였고 왕경인은 貞純함으로 국가에 보답하였는데 그들의 功業을 비교해보자면 모두 名將이라고 하겠다. 하지만 비록 전투를 잘 수행한 공로가 있지만 또한 전쟁에 패배한 罪過도 있으니 이를 통해 軍事에 늘상 이기는 법이란 없음을 알 수 있으니 어찌 이 말이 빈 말이겠는가! 그렇지만 유심이 兗州를 占據하고서 왕사범에게 忠誠을 다한 것은 英公(李勣)의 事跡과 견줄 만하니 이 몇몇 장수들과 비교하면 한 등급 위라고 하겠다.〔劉鄩以機略自負 賀瓌以忠毅見稱 懷英以驍勇佐時 景仁以貞純許國 較其器業 皆名將也 然雖有善戰之勞 亦有敗軍之咎 則知兵無常勝 豈虛言哉 然鄩之據兗州也 盡誠於師範 比跡於英公 方之數侯 加一等矣〕"

中所次兵略可睹라

내용 중에 열거한 兵略이 볼만하다.

劉鄩은 **密州安丘人也**라 **少事青州王敬武**[1)]러니 **敬武卒**에 **子師範立**한대 **棣州刺史張蟾叛**커늘 **師範遣指揮使盧洪討蟾**하니 **洪亦叛**이라 **師範僞爲好辭**하야 **召洪**하야 **洪至**에 **迎於郊外**하야 **命鄩斬之坐上**하고 **因使鄩攻張蟾破之**하다 **師範表鄩登州刺史**하야 **以爲行軍司馬**하다

劉鄩은 密州 安丘 사람이다. 젊은 시절 青州 王敬武를 섬겼는데 왕경무가 卒하고 나서 그 아들 王師範이 즉위하자 棣州刺史 張蟾이 배반하거늘 왕사범이 指揮使 盧

洪을 보내 장섬을 토벌하게 하니 노홍 역시 배반하였다.

왕사범이 거짓으로 좋은 말을 꾸며 노홍을 불러 노홍이 이르자 郊外에서 맞이하면서 유심에게 명하여 앉은 자리에서 그를 斬殺하고 이어 유심에게 장섬을 쳐서 격파하게 하였다. 왕사범이 表奏하여 유심을 登州刺史로 삼아 行軍司馬로 임명하였다.

1) 王敬武 : ?~889. 唐나라 말엽의 軍閥로, 青州 사람이다. 처음에 節度使 安師儒의 막하에 있었는데 881년 青州와 棣州 일대에 농민 봉기가 일어나자 안사유가 王敬武에게 가서 진압하게 하였다. 왕경무는 농민 봉기를 진압하고 돌아온 뒤 수중의 군사를 거느리고 안사유를 몰아내고 스스로 留後가 되었다. 그는 唐 僖宗에게 충성하지 않고 당시 長安을 점거하여 大齊皇帝로 자칭한 黃巢에게 투항하였다. 재상 王鐸이 張濬을 보내 그를 설득하면서 유후에 제수하였으나 왕경무는 처음에 거절하고 받아들이지 않다가 휘하 군사들의 압박으로 조정의 임명을 받아들여 군대를 보내 왕탁을 도왔다. 이후 節度使에 임명되었다가 唐나라 군대가 長安을 수복한 뒤 同中書門下平章事 檢校太尉에 제수되었다.

그가 죽은 뒤 아들 王師範이 15세에 지위를 계승하였는데 部將 張蟾이 왕사범을 인정하지 않았고 조정에서도 太子少師 崔安潛을 몰래 平盧節度使에 임명하려고 하였다. 그러나 890년에 왕사범이 장섬 및 그의 동맹 盧弘을 격퇴시키자 최안잠이 장안으로 도망쳐 돌아오므로 왕사범에게 그대로 平盧를 다스리게 하였다.

梁太祖西攻鳳翔[1]하니 **師範乘梁虛**하야 **因**[2]**遣人分襲梁諸州縣**커늘 **他遣者謀多漏洩**하야 **事不成**이로되 **獨鄩素好兵書**하야 **有機略**이라 **是時**에 **梁已破朱瑾等**하야 **悉有兗鄆**하야 **以葛從周**[3]**爲兗州節度使**하니 **從周將兵在外**어늘 **鄩乃使人負油鬻城中**하야 **悉視城中虛實出入之所**하다 **油者得羅城下水竇可入**일새 **鄩乃以步兵五百**으로 **從水竇入**하야 **襲破之**하고 **徙從周家屬外第**하고 **親拜其母**하야 **撫之甚有恩禮**하다

梁 太祖가 서쪽으로 鳳翔을 공격하니 王師範이 梁나라가 비어 있는 틈을 타 은밀히 군사를 파견하여 梁의 州縣들을 나누어 습격하였는데 파견된 자들이 계획을 많

이 누설하여 성공하지 못했다. 하지만 유독 劉鄩은 평소 兵書를 좋아하여 機略이 있었다.

이때에 梁나라가 이미 朱瑾 등을 격파하여 兗州·鄆州를 다 차지하고 葛從周를 兗州節度使로 삼으니 갈종주가 외부에서 군사를 거느리고 있었는데, 유심이 이에 사람을 시켜 기름을 지고 城中에서 팔면서 성중의 虛實과 드나들 수 있는 길을 모두 살피게 하였다. 기름 파는 이가 진입할 수 있는 城下의 水路를 파악하자 유심이 이에 步兵 500명을 데리고 수로를 통해 들어가 기습하여 격파하고, 갈종주의 家屬들을 外第에 옮기고 그의 모친에게 친히 절하고서 매우 예우를 갖추어 위무하였다.

1) 梁太祖西攻鳳翔 : ≪五代史記纂誤續補≫ 卷2에 "살펴보건대, 이미 〈梁臣傳〉이라고 하였으면서 본문에서 다시 梁나라를 칭한 것은 外人으로 보는 것이다. 〈牛存節傳〉에서 '이어 자기 무리 10여 명을 거느리고서 梁 太祖의 휘하에 들어갔다.'고 하고, 〈徐懷玉傳〉에서 '젊은 시절 양 태조를 섬겼다.'고 하고, 〈楊師厚傳〉에서 '양 태조가 宣武軍押衙로 삼았다.'고 하고, 〈王景仁傳〉에서 '양 태조가 그 아들 朱友寧을 보내 靑州에서 王師範을 공격하였다.', '양 태조가 평소부터 王景仁을 알고 있었다.'고 하고, 〈賀瓌傳〉에서 '양 태조가 兗州에서 朱瑾을 공격하였다.'고 하고, 〈王檀傳〉에서 '젊은 시절 양 태조를 섬겨 小校가 되었다.'고 하고, 〈馬嗣勳傳〉에서 '양 태조가 濠州를 공격하였다.'고 하고, 〈謝彦章傳〉에서 '양 태조를 섬겨 騎將이 되었다.'고 하고, 晉臣 3인의 列傳에서 세 번 '晉 高祖'라고 칭하였고, 漢臣 〈蘇逢吉傳〉에서 '漢 高祖가 河東을 鎭守하였다.'고 하고, 〈史弘肇傳〉에서 '한 고조가 禁兵을 관장하였다.'고 하고, 〈楊邠傳〉에서 '한 고조를 섬겨 右都押衙가 되었다.'고 하고, 〈王章傳〉에서 '한 고조가 금병을 관장하였다.'고 하고, 〈劉銖傳〉에서 '한 고조와 예부터 친분이 있었다.'고 하고, 〈聶文進傳〉에서 '한 고조의 帳中에서 供職하였다.'고 하고, 〈後贊傳〉에서 '後贊이 다시 한 고조를 섬겼다.'고 하고, 〈郭允明傳〉에서 '젊은 시절 한 고조의 노비였다.'고 하고, 周臣 〈王朴傳〉에서 '周 世宗이 澶州를 鎭守하였다.'고 하고, 〈鄭仁誨傳〉에서 세 번 '周 太祖'라고 칭하였으니 모두 잘못이다. 〔按既曰梁臣傳 此復稱梁 是外之矣 牛存節傳 乃率其徒十餘人歸梁太祖 徐懷玉傳 少事梁太祖 楊師厚傳 梁太祖以爲宣武軍押衙 王景仁傳 梁太祖遣其子友寧攻王師範于靑州 梁太祖素識景仁 賀瓌傳 梁太祖攻朱瑾于兗州 王檀傳 少事梁

太祖爲小校 馬嗣勳傳 梁太祖攻濠州 謝彦章傳 事梁太祖爲騎將 晉臣三傳 三稱晉高祖 漢臣蘇逢吉傳 漢高祖鎭河東 史弘肇傳 漢高祖典禁兵 楊邠傳 事漢高祖爲右都押衙 王章傳 漢高祖典禁兵 劉銖傳 與漢高祖有舊 聶文進傳 給事漢高祖帳中 後贊傳 贊更事漢高祖 郭允明傳 少爲漢高祖廝養 周臣王朴傳 周世宗鎭澶州 鄭仁誨傳三稱周太祖 皆誤]"라고 하였다.

2) 因 : ≪新五代史≫에는 '陰'자로 되어 있다.

3) 葛從周 : 字는 通美로, 濮州 鄄城 사람이다. 唐末 朱溫의 수하 장수였다. 처음에 黃巢의 군대에 참가하였다. 中和 4년(884)에 주온이 王滿渡에서 황소를 크게 물리치자 葛從周는 주온에게 투항하여 그를 따라 秦宗權·朱宣·時溥를 물리치고 洺州·刑州·磁州 3州를 함락하였다. 여러 차례 전공을 세워 泰寧軍節度使 檢校太傅에 임명되었다. 주온이 梁나라를 세운 뒤 左金吾衛上將軍에 제수되었는데 질병으로 치사하므로 右衛上將軍에 제수되어 偃師에서 지냈다. 朱友貞이 즉위하자 潞州節度使에 제수하고 檢校太師 兼侍中을 더하고 陳留郡王에 進封하였다. 太尉에 追贈되었다.

太祖已出昭宗于鳳翔하고 **引兵東還**하야 **遣朱友寧**[1]**攻師範**하고 **從周攻鄩**한대 **鄩以版輿**[2]**置從周母城上**하니 **母呼從周曰 劉將軍待我甚厚**가 **無異於汝**라 **人臣各爲其主**니 **汝可察之**라하니 **從周爲之緩攻**하다 **鄩乃悉簡婦人及民之老疾不足當敵者出之**하고 **獨與少壯者**로 **同辛苦**하고 **分衣食**하야 **堅守以待外援**이나 **久之**에 **外援不至**라 **人心頗離**하야 **副使王彦溫**이 **踰城而奔**하고 **守陴者多逸**이라 **鄩乃遣人陽語彦溫曰 副使勿多以人出**이니 **非吾素遣者**면 **皆勿以行**하라하고 **又下令城中曰 吾遣從副使者得出**이어니와 **否者**인댄 **皆族**이라하니 **城中皆惑**하야 **奔者乃止**하다 **已而**오 **梁兵聞之**하고 **果疑彦溫非實降**(항)**者**하야 **乃斬之城下**하니 **由是**로 **城守益堅**이라

梁 太祖가 鳳翔에서 唐 昭宗을 나오게 한 뒤 군대를 이끌고 동쪽으로 돌아오면서 朱友寧을 보내 王師範을 공격하고 葛從周를 보내 劉鄩을 공격하자, 유심이 版輿로 갈종주의 모친을 태워 성 위에 오니 모친이 갈종주를 부르며 말하기를 "劉將軍이 나를 매우 후하게 대우해주는 것이 너와 다를 바가 없다. 신하는 저마다 그 主君을 위하는 것이니 너는 이 점을 잘 알아야 할 것이다."라고 하니, 갈종주가 이 일로 공

세를 늦추었다.

유심이 이에 婦人과 백성 가운데 늙고 병들어 적과 싸우지 못할 자들을 모두 가려서 내보내고, 오직 젊고 건장한 이들과 辛苦를 함께하고 衣食을 나눠가며 굳게 지키면서 성 밖의 원군을 기다렸다. 그러나 오래 지나도 성 밖의 원군이 이르지 않자 민심이 자못 離反하여 副使 王彦溫이 성을 넘어 달아났고 성을 지키던 이들 가운데 도망가는 이가 많았다.

유심이 이에 사람을 보내 왕언온에게 거짓으로 말하기를 "부사는 사람들을 많이 데리고 가지 말 것이니 내가 평소 보낸 이가 아니면 모두 데리고 가지 말라."라고 하고, 다시 성중에 명령을 내리기를 "내가 보내어 부사를 따라가는 이들은 성을 나갈 수 있거니와 그렇게 하지 않으면 滅族시킬 것이다."라고 하니, 성중 사람들이 모두 이 명령에 속아 도망가는 자들이 비로소 멈추었다.

이윽고 梁나라 군대가 이 일을 듣고 과연 왕언온이 진심으로 항복한 자가 아니라고 의심하여 이에 성 아래에서 그를 참수하니 이로부터 성을 수비하는 일이 더욱 견고해졌다.

1) 朱友寧 : ?~903. 字는 安仁으로, 朗王 朱存의 아들이다. 어려서부터 聰敏하여 詩禮와 兵法을 익혀 빼어난 풍모가 있었다. 梁 太祖가 軍校로 삼았는데 弓劍을 잘 다루었다. 衙內制勝都指揮使 龔州刺史로 승진하였다. 여러 차례 태조를 따라 전투에 참가하여 秦宗權을 섬멸한 뒤에 진종권을 長安으로 押送하는 책임을 맡았다. 王師範과 전투할 때 齊州・兗州・營丘에서 여러 차례 왕사범의 군대를 격퇴하였는데 石樓에서 전투할 때 말을 달려 왕사범의 軍陣에 들어갔다가 말에서 떨어져 죽임을 당하였다.

2) 版輿 : 부들방석을 깔아 푹신하게 만든 노인용 가마로, 板輿라고도 한다. 晉나라의 潘岳이 어머니를 모시고 유람할 때 탔던 가마로, 그가 지은 〈閑居賦〉에 "太夫人을 이에 판여에 태우고서 輕軒을 타고 멀리로는 王畿를 유람하고, 가까이로는 家園을 둘러본다.〔太夫人乃御版輿 升輕軒 遠覽王畿 近周家園〕" 하였다.(≪晉書≫ 卷55 〈潘岳傳〉)

師範兵已屈이라 從周以禍福諭鄩한대 鄩報曰 俟吾主降하야 卽以城還梁이라하다 師

範敗하야 降梁하니 鄩乃亦降하다 從周爲具齎裝하야 送鄩歸梁하니 鄩曰 降將蒙梁恩不誅가 幸矣니 敢乘馬而衣裘乎아하고 乃素服乘驢歸梁하니 太祖賜之冠帶하고 飮之以酒어늘 鄩辭以量小하니 太祖曰 取兗州하니 量何大乎아하고 以爲元從都押衙하다 是時에 太祖已領四鎭하니 四鎭將吏皆功臣舊人이로되 鄩一旦以降將居其上이어늘 及諸將見鄩하야 皆用軍禮한대 鄩居自如하니 太祖益奇之하다

王師範의 군대가 이미 궁지에 몰린지라 葛從周가 禍福을 가지고 劉鄩을 설득했는데, 유심이 대답하기를 "우리 主君이 항복할 때를 기다려 즉시 성을 梁나라에 돌려줄 것이다."라고 하였다. 왕사범이 패배하여 梁나라에 投降하니 유심 역시 그제야 투항하였다.

갈종주가 유심을 위해 行裝을 꾸려주고 유심을 梁나라로 돌려보내니, 유심이 말하기를 "항복한 장수가 梁나라의 은혜를 입어 주벌되지 않은 것도 다행인데 감히 말을 타고 갖옷을 입을 수 있겠습니까?"라고 하고, 이에 素服을 입고 나귀를 타고서 梁나라로 가니 太祖가 그에게 冠帶를 하사하고 술을 먹이자 유심이 주량이 적다고 사양하니, 태조가 말하기를 "兗州를 취하였으니 局量이 이 얼마나 크단 말인가?"라고 하고 그를 元從都押衙로 삼았다.

이때에 태조가 이미 네 鎭을 차지하여 다스리니 네 鎭의 將吏들이 모두 功臣과 오랜 부하였는데 유심이 하루아침에 투항한 장수의 신분으로 그들의 윗자리를 차지하였다. 그런데도 장수들이 유심을 보게 되자 모두 軍禮를 갖추었는데 유심이 泰然自若하게 그대로 있으니 태조가 그를 더욱 비범하게 여겼다.

太祖卽位에 累遷左龍武統軍하다 劉知俊叛하야 陷長安하니 太祖遣鄩與牛存節하야 討之한대 知俊走鳳翔이어늘 太祖乃以長安爲永平軍하야 拜鄩節度使하다 末帝[1]卽位에 領鎭南軍節度使하야 爲開封尹하다

梁 太祖가 즉위하자 여러 차례 승진하여 左龍武統軍이 되었다. 劉知俊이 배반하여 長安을 함락하니 양 태조가 劉鄩과 牛存節을 보내 토벌하자 유지준이 鳳翔으로 달아나거늘, 양 태조가 이에 長安을 永平軍으로 고치고서 유심을 節度使에 배수하

였다. 梁 末帝가 즉위하자 유심이 鎭南軍節度使를 맡아 開封尹이 되었다.

1) 末帝 : 後梁의 마지막 황제 朱友貞(888~923)을 가리킨다. 後梁 太祖 朱溫의 셋째 아들이다. 성격이 침착하고 후덕하면서 말수가 적었고, 儒士를 좋아했다. 태조가 즉위하자 均王에 봉해졌다. 朱友珪가 등극하자 東京留守와 開封尹을 역임하였는데 얼마 뒤 군대를 일으켜 주우규를 살해하였다. 즉위하자 鍠으로 改名하고 연호를 乾化로 고쳤다. 얼마 뒤 다시 瑱으로 개명하였다. 晉王 李存勖과 여러 차례 전쟁을 치렀으나 결국 패하여 죽임을 당하고 후량은 멸망하였다.

楊師厚卒에 分相魏爲兩鎭하니 末帝恐魏兵亂하야 遣鄩以兵屯于魏縣한대 魏兵果亂하야 劫賀德倫[1]降晉이라 莊宗入魏하니 鄩以謂晉兵悉從莊宗赴魏하니 而太原[2]可襲이라하고 乃結草爲人호되 執以旗幟하고 以驢負之하야 往來城上하고 而潛軍出黃澤關하야 襲太原하다 晉兵望梁壘旗幟往來하고 不知其去也라 以故不追하다 鄩至樂平하야 遇雨하야 不克進而旋하야 急趨臨淸하야 爭魏積粟한대 而周德威已先至라 鄩乃屯于莘縣하야 築甬道[3]及河하야 以饋軍하다

楊師厚가 졸한 뒤 相州와 魏州를 나누어 두 鎭으로 삼으니 梁 末帝가 魏兵이 반란을 일으킬까 염려하여 劉鄩을 파견하여 魏縣에 군대를 주둔하였는데, 위병이 과연 반란을 일으켜 賀德倫을 협박하여 晉나라에 항복하였다.

그래서 莊宗이 위주에 들어가자, 유심이 晉나라 군대가 모두 장종을 따라 위주에 들어가니 太原을 습격할 만하다고 여기고서, 이에 풀을 엮어 사람 모양을 만들되 깃발을 잡게 하고 나귀에 태워 성 위를 왕래하게 하고는 군대를 몰래 빼어 黃澤關으로 나가 태원을 습격하였다. 晉나라 군대는 梁나라 城壘에 깃발이 왕래하는 것을 바라보고 그들이 간 곳을 몰랐기 때문에 추격하지 않았다.

유심이 樂平에 이르러 비를 만나 전진하지 못하고 회군하여 급히 臨淸으로 가서 위주의 쌓아둔 양식을 다투었는데 周德威가 벌써 먼저 와 있었다. 유심이 이에 莘縣에 주둔하고서 黃河까지 닿도록 甬道를 수축하여 군대에 양식을 대었다.

1) 賀德倫 : 선조는 河西 部落 사람이고, 부친은 賀懷慶으로 滑州軍의 小校였다.

賀德倫은 젊어서 활주의 牙將이 되었다. 梁 太祖가 四鎭을 다스릴 때 하덕륜은 戰功을 연이어 세워 여러 차례 刺史와 留後를 역임하고 平盧軍節度使로 승진하였다. 魏博의 楊師厚가 죽자 조정에서 하덕륜을 그 후임으로 삼았다. 貞明 元年(915) 3월 20일 밤에 魏軍이 반란을 일으켜 하덕륜을 붙잡아 別館에 가두고 그 부하들을 모두 죽였다. 반란군의 우두머리 張彦에게 핍박받아 太原에 있는 晉王에게 투항하였다.

2) 太原 : 중국 山西省의 省都로 太原은 매우 큰 평야라는 뜻이다. 春秋時代에는 晉陽이라 하였고, 戰國時代에는 趙나라의 수도였다. 秦나라 때에는 太原郡에 속했으며 唐나라 이후 太原府에 속했다. 五代에는 晉王 李克用 때부터 後唐의 근거지였다.

3) 甬道 : 軍糧을 운반하기 위해 외부에서 보이지 않도록 양쪽에 담을 쌓은 길을 말한다.

久之에 末帝以書責鄩曰 閫外之事[1]를 全付將軍이어늘 河朔[2]諸州一旦淪沒이라 今倉儲已竭하고 飛輓[3]不充이라 將軍與國同心하니 宜思良畫이라한대 鄩報曰 晉兵甚銳하야 未可擊하니 宜待之라하니 末帝復遣問鄩必勝之策한대 鄩曰 臣無奇術하니 請人給米十斛하소서 米盡則敵破矣라하니 末帝大怒하야 誚鄩曰 將軍蓄米는 將療饑乎아 將破敵乎아하고 乃遣使者監督其軍하다 鄩召諸將謀曰 主上深居禁中하야 與白面兒謀하니 必敗人事라 今敵盛하니 未可輕動이라 諸君以爲如何오하니 諸將皆欲戰이어늘 鄩乃悉召諸將하야 坐之軍門하고 人以河水一杯飮之하니 諸將莫測하야 或飮或辭라 鄩曰 一杯之難도 猶若此어든 滔滔河流를 可盡乎아하니 諸將皆失色하다

시일이 오래 지나자 梁 末帝가 서신을 보내 劉鄩을 問責하기를 "閫外의 일을 將軍에게 전적으로 맡겼는데 河朔의 州들이 하루아침에 다 상실되었다. 지금 창고에 쌓아둔 곡식이 이미 고갈된 데다 운송해 오는 軍糧도 충분하지 못하다. 장군은 국가와 마음을 함께하니 좋은 계책을 생각해야 할 것이다."라고 하였다. 그러자 유심이 대답하기를 "晉나라 군대가 매우 勇猛하여 칠 수가 없으니 의당 때를 기다려야 합니다."라고 하였다.

말제가 다시 사람을 보내 유심에게 必勝의 계책을 물었는데, 유심이 말하기를 "신은 좋은 계책이 없으니 사람마다 쌀 10斛을 주십시오. 쌀이 떨어지면 적군이 격파될 것입니다."라고 하니, 말제가 크게 노하여 유심을 꾸짖기를 "장군이 군량을 쌓아 둔 것은 굶주린 백성을 먹이려고 해서인가, 아니면 적을 무찌르려는 것인가?"라고 하고 이에 使者를 보내 그 군대를 감독하였다.

유심이 장수들을 불러 의논하기를 "主上께서 禁中에 깊숙이 계시면서 白面書生과 의논하시니 반드시 일을 그르칠 것이다. 지금 적군이 强盛하니 가벼이 움직여서는 안 된다. 그대들은 어떻게 생각하는가?"라고 하니, 장수들이 모두 싸우고자 하거늘 유심이 이에 장수들을 다 불러다가 軍門에 앉게 하고 사람마다 黃河의 물을 한 잔씩 마시게 하니, 장수들이 유심의 의중을 헤아리지 못하여 마시기도 하고 사양하기도 하였다. 유심이 말하기를 "물 한 잔 마시게 하는 것도 이렇게 어려운 일인데 도도한 황하의 물을 다 마시게 할 수 있겠는가?"라고 하니 장수들이 다 낯빛이 변하였다.

1) 閫外之事 : 지방의 軍權 혹은 征伐의 책임을 맡은 장수의 일을 뜻한다. 閫은 도성문으로 閫外之職의 약칭인바, 옛날 장수를 임명하여 외지로 보낼 적에 임금이 장수에게 당부하기를 "도성문 이내는 과인이 통제하고 도성문 밖은 장군이 통제하라.〔閫以內 寡人制之 閫以外 將軍制之〕" 한 데서 유래하였다.(≪史記≫ 卷102 〈張釋之馮唐列傳〉)

2) 河朔 : 黃河 이북 지역을 가리키는 말이다.

3) 飛輓 : 飛芻輓粟의 줄임말로, '輓'은 '挽'으로도 쓴다. 꼴을 빨리 보내고 식량을 실어 보낸다는 뜻으로, 군량을 신속하게 실어 보내는 일을 말한다. 唐나라 陸贄의 〈論兩河及淮西利害狀〉에 "關右 지역의 수레와 말을 징발하는 소요를 그치게 하고, 山東 지방의 飛芻輓粟의 노고를 줄어들게 한다.〔罷關右賦車籍馬之擾 減山東飛芻輓粟之勞〕"라고 한 데서 온 말이다.

是時에 莊宗(往)〔在〕[1]魏에 數(삭)以勁兵壓鄩營이어늘 鄩不肯出하니 而末帝又數促鄩하야 使出戰이라 莊宗與諸將謀曰 劉鄩學六韜[2]하야 喜以機變用兵하야 本欲示弱以襲我라 今其見迫하니 必求速戰이라하다 乃聲言歸太原하고 命符存審守魏하고 陽爲西歸而潛兵貝州라 鄩果報末帝曰 晉王西歸하야 魏無備하니 可擊이라하다 乃以兵

萬人으로 攻魏城東한대 莊宗自貝州返趨擊之라 鄩忽見晉軍하고 驚曰 晉王在此邪(야)아하고 兵稍却하니 追至故元城이라 莊宗與符存審으로 爲兩方陣夾之한대 鄩爲圓陣以禦晉人이라 兵再合에 鄩大敗하야 南奔하야 自黎陽[3)]濟河하야 保滑州하다 末帝以爲義成軍節度使[4)]러니 明年에 河朔皆入于晉하니 降鄩亳州團練使[5)]하다

이때에 莊宗이 魏州에 있으면서 정예 병사를 거느리고 劉鄩의 군영을 자주 압박하였는데, 유심이 나가 싸우려고 하지 않으니 梁 末帝가 다시 자주 유심을 독촉하여 나가 싸우게 하였다.

장종이 장수들과 의논하기를 "유심은 ≪六韜≫를 배워 臨機應變으로 用兵하기를 좋아하여 본래 자기 쪽의 약한 형세를 보여주어 우리를 습격하고자 할 것이다. 지금 그는 재촉을 받고 있으니 반드시 속히 싸우려 할 것이다."라고 하였다. 그리고는 太原으로 돌아간다고 말을 퍼뜨리고 符存審에게 위주를 지키라고 명하고서 거짓으로 서쪽으로 돌아가는 척하면서 貝州에 군대를 매복하였다.

그러자 유심이 과연 말제에게 보고하기를 "晉王이 서쪽으로 돌아가서 위주에 수비가 없으니 공격할 만합니다."라고 하였다. 이어 병사 만 명을 거느리고 魏城의 동쪽을 공격했는데 장종이 패주에서 돌아와 습격하였다. 유심이 뜻밖에 晉나라 군대를 보고 놀라서 "진왕이 여기에 있었는가."라고 하고 군대를 조금씩 퇴각하니 추격하여 옛 元城에 이르렀다. 장종이 부존심과 함께 양쪽에서 方陣을 치고 협공하자 유심이 圓陣을 쳐서 晉나라 군대를 막았다. 양 군대가 두 차례 교전한 뒤 유심이 대패하여 남쪽으로 달아나 黎陽에서 黃河를 건너 滑州를 지켰다.

말제가 유심을 義成軍節度使로 삼았는데 이듬해 河朔 지방이 모두 晉나라에 들어가자 유심을 亳州團練使로 강등하였다.

1) (往)〔在〕: 저본에는 '往'으로 되어 있으나, ≪新五代史≫에 의거하여 '在'로 바로잡았다.

2) 六韜 : 兵書의 이름으로, 文韜・武韜・龍韜・虎韜・豹韜・犬韜의 6권으로 되어 있다. 周나라 때 太公望이 지은 것이라고 전해지나 후세의 僞作이다.

3) 黎陽 : 지금의 河南省 浚縣 동남쪽 지역이었다.

4) 自黎陽濟河……末帝以爲義成軍節度使 : ≪五代史記纂誤補≫ 卷2에 "삼가 살

펴보건대, ≪新五代史≫ 〈職方攷〉에서 '滑州는 唐代에 본래 義成이라고 하였는데 梁王 朱全忠의 부친의 諱(朱誠)를 피하여 고쳐 宣義라 하였다.'고 하였으니 이 부분의 義成은 宣義가 되어야 한다. 〈霍彦威傳〉, 〈和凝傳〉에 모두 같다.〔謹案職方攷 滑州唐故曰義成 以避梁王父諱 改曰宣義 此義成當作宣義 霍彦威和凝傳拉同〕"라고 하였고, ≪五代史記纂誤續補≫ 卷2에 "살펴보건대, ≪新五代史≫ 〈職方攷〉에서 '滑州는 唐代에 본래 義成이라고 하였는데 梁王 朱全忠의 부친의 諱를 피하여 고쳐 宣義라 하였다. 後唐이 後梁을 멸망시키고 옛 지명을 회복하였다.'고 하였으니 이 부분은 착오이다.〔謹案職方攷 滑州唐故曰義成 以避梁王父諱 改曰宣義 唐滅梁 復其故 此誤〕"라고 하였다.

5) 明年……降鄩亳州團練使 : ≪五代史記纂誤補≫ 卷2에 "삼가 살펴보건대, 劉鄩의 옛 元城에서의 패배는 梁나라 貞明 2년(916)에 있었는데 衛州·惠州·洺州·相州·邢州·滄州·貝州 등 여러 州가 곧바로 이어 晉나라에 들어갔다. 그래서 ≪資治通鑑≫의 이해 9월에서, '이에 河北이 모두 晉나라에 들어가고 오직 黎陽만 梁나라가 지키는 곳이었다.'라고 하였으니, 이 부분의 '明年' 2자는 의당 '鄩降亳州團練使'에 붙여 말해야 한다. 그러나 말의 순서가 잘못되었다. 薛居正의 ≪舊五代史≫ 〈梁末帝紀〉의 정명 2년에서 '이해에 하북의 여러 주가 모두 晉나라에 들어갔다.'고 하였는데 본문에서는 '諸州' 2자를 생략하여 말하면서 '河朔'만 말하였으니 여양이 여전히 梁나라가 지키는 곳이라는 것은 일이 또 맞아떨어지지 않는다. 또 설거정의 ≪구오대사≫ 〈劉鄩傳〉에는 '정명 2년 3월에 유심이 싸우다 패하여 여양에서 河水를 건너 滑州에 이르렀다. 유심이 滑州節度使를 제수받으니 조서를 내려 여양에 주둔하게 하였다. 정명 2년 2월에 晉나라가 군대를 모두 출동하여 여양을 공격하자 유심이 방어하여 물리쳤다. 유심이 대궐에 돌아가게 되자 다시 開封尹이 되어 鎭南을 맡았다.' 라고 하였는데 〈≪신오대사≫에는〉 모두 수록하지 않았다.〔謹案劉鄩故元城之敗 在梁貞明二年 而衛惠洺相邢滄貝諸州 卽相繼入晉 故通鑑于是年九月云 于是河北皆入于晉 惟黎陽爲梁守也 此明年二字 當屬鄩降亳州團練使言之 然語爲失次 薛史梁紀于貞明二年云 是歲 河北諸州悉入于晉 此省云諸州二字 而單言河朔 則于黎陽之尙爲梁守者 事又不協 又薛史鄩傳 貞明二年三月 鄩戰敗 自黎陽濟河至滑州 尋授滑州節度使 詔屯黎陽 二年二月 晉悉衆攻黎陽 鄩拒之而退 及鄩歸闕 再尹開封領鎭南 皆不著〕"라고 하였다.

兗州張萬進[1]反커늘 拜鄩兗州安撫制置使러니 萬進敗死에 乃拜鄩泰寧軍節度使하다 朱友謙叛하야 陷同州[2]어늘 末帝以鄩爲河東道招討使라 行次陜(섬)州하야 鄩爲書以招友謙이로되 友謙不報하니 留月餘待之라 尹皓段凝[3]等素惡(오)鄩하야 乃譖之하야 以爲鄩與友謙親家라 故其逗留以養賊[4]이라하야늘 已而오 鄩兵數敗어늘 乃罷鄩歸洛陽하야 酖殺之[5]하니 年六十四라 贈中書令하니라

兗州 張萬進이 배반하자 劉鄩을 兗州安撫制置使에 배수하였는데 장만진이 패하여 죽자 유심을 泰寧軍節度使에 배수하였다. 朱友謙이 배반하여 同州를 함락시키자 梁 末帝가 유심을 河東道招討使로 삼았다.

군대가 진군하여 陜州에 이르러 유심이 서신을 써서 주우겸에게 항복을 권유하였으나 주우겸이 대답하지 않으니 달포를 머무르며 기다렸다. 尹皓・段凝 등이 평소 유심을 미워하여 이에 그를 誣告하여 유심과 주우겸이 친족이므로 그가 머뭇거리며 敵勢를 키워주고 있다고 하였는데, 얼마 있다가 유심의 군대가 여러 차례 패배하자 이에 유심을 파면하여 洛陽으로 돌아오도록 하여 그를 毒殺하니 향년 64세였다. 中書令에 追贈하였다.

1) 張萬進 : 雲州 사람으로, 원래 운주의 小校였는데 幽州로 망명하니 劉守光이 후하게 대우하여 裨將에 임명하였다. 滄州 劉守文이 아우 유수광이 부친을 가두고 그 자리를 빼앗았다고 하여 직접 군대를 거느리고 아우의 죄를 물었는데 雞蘇에서 패하였다. 유수광이 마침내 滄州와 景州를 모두 차지하고 자기 아들 劉繼威에게 맡겼는데 유계위가 어려서 政事를 제대로 처리하지 못해 張萬進에게 그를 보좌하게 하여 軍政에 관한 일은 모두 장만진에게 위임하였다. 유계위는 흉악함이 부친을 닮았는데 장만진의 집에서 음란한 짓을 벌이자 장만진이 노하여 그를 죽였다. 장만진이 梁나라에 투항하자 義昌留後로 삼았다가 義昌을 順化軍으로 바꾸고 장만진을 順化軍節度使로 삼았다. 이후 다시 晉나라에 투항하였는데 얼마 후 梁 末帝가 楊師厚・劉守奇를 보내 鎭州・冀州를 습격하면서 이어 동쪽으로 창주를 공격하자 장만진이 투항하였다. 양사후는 表奏하여 青州節度使로 삼았다가 이윽고 兗州로 옮기고 이어 守進이라는 이름을 하사하였다. 그러나 貞明 4년(918) 겨울에 반란하고서 사신을 보내 晉王에게 투항하였다. 양 말제는 그의 官爵을 삭탈하고 劉鄩을 보내 토벌하였는

데 晉나라가 구원하지 못하였다. 정명 5년 겨울에 小將 邢師遇가 몰래 內應을 모의하여 성문을 열고 梁나라 군대를 받아들여 마침내 성을 함락하고는 장만진을 멸족하였다.

2) 同州 : 지금의 陝西省 大荔縣 일대이다.

3) 段凝 : ?~928. 開封 사람이다. 本名은 明遠으로, 어려서부터 총명하고 智略이 많았다. 처음에 河南府 澠池縣主簿를 지냈다가 梁 太祖를 섬기니 태조가 점차 인재로 여겼다. 開平 3년(909) 右威衛大將軍이 되었다가 左軍巡使 兼水北巡檢使가 되었고, 그의 누이가 미색이 있어 양 태조에게 바친 뒤로 점점 태조의 심복이 되었다. 梁나라가 망한 뒤 정예 병사 5만을 거느리고 後唐에 투항하니 莊宗이 점점 총애하여 李紹欽이라는 姓名을 하사하고 泰寧軍節度使로 삼았다. 明宗이 즉위한 해에 고향으로 돌아가게 하였다가 이듬해 遼州에 長流하고 賜死하였다.

4) 故其逗留以養賊 : ≪五代史記纂誤續補≫ 卷2에 "교감하건대, '其'자는 삭제해도 된다.〔校其字可去〕"라고 하였다.

5) 鄩兵數敗……酖殺之 : ≪新五代史≫ 권22 〈考證〉에 "살펴보건대, 司馬光의 ≪資治通鑑≫에 이르기를, '몰래 留守 張宗奭으로 하여금 독살하게 하니 丁亥日에 죽었다.'고 하였고, 胡三省의 ≪資治通鑑考異≫에 '≪莊宗實錄≫에는 근심과 분노로 병이 나서 죽었다.'고 하였는데 참고를 위해 수록한다.〔按司馬光通鑑云 密令留守張宗奭酖之 丁亥卒 胡三省考異 莊宗實錄則云 憂恚發病卒 存考〕"라고 하였다.

06. 牛存節傳* 牛存節의 傳記

* 牛存節(853~915)은 字가 贊正으로 靑州 博昌縣 사람이다. 우존절의 列傳은 ≪舊五代史≫ 卷22 〈梁書 第22 列傳12〉와 ≪新五代史≫ 卷22 〈梁臣傳 第10〉에 실려 있다. 歐陽脩는 ≪구오대사≫에 1천 4백여 자 분량인 우존절의 傳記를 8백여 자로 축약하여 서술하였는데, 두 史書의 기술에서 보이는 눈에 띄는 차이점을 하나 들어보면 다음과 같다.

≪구오대사≫에서는 첫 부분에 "본명이 禮였는데, 梁 太祖가 그를 얻은 뒤 그의 이름을 고치고 字를 贊貞으로 하였다."라고 한 뒤, 마지막 부분에서 "임

종할 때 아들 知業과 知讓 등에게 忠孝로써 경계하고 다른 일은 언급하지 않았다.……용맹하고 강개하여 大節이 있었는데 野戰과 守城 모두 그의 特長이어서 威名이 境外에 알려져 末帝에게 깊이 존중받았고 木强하고 忠厚함은 賈復의 풍모가 있었다."라고 하여 그의 生平을 간결하게 論評하였다.

이에 반해, ≪신오대사≫에서는 첫 부분에 "그의 爲人이 木强하고 忠謹하므로 태조가 그를 아껴서 이름과 자를 내려주었다."고 한 뒤, 이어 그의 주요 행적을 차례대로 서술하고 끝내면서 별도의 논평을 가하지 않았다. 이는 아마도 그가 양 태조를 섬기며 충성을 한결같이 바쳤던 일은 그의 이름과 성품 및 평생의 사업을 통해서 드러내면 충분하다고 생각하여 삭제한 것으로 보인다.

앞서의 康懷英의 경우 초년에 승승장구하다가 말년에 접어들면서 여러 전투에서 패배하는 모습을 서술해간 반면에, 우존절의 경우는 비록 구양수가 ≪구오대사≫에 수록된 내용을 축약한 것이기는 하지만 그가 어려운 전투에 임해서도 맡은 임무를 완수하는 면모를 인상적으로 드러냄으로써 충성스럽고 강인한 모습이 점점 더 크게 부각되도록 하였다.

李罕之와의 전투에서 발생한 군량 부족 문제로 인한 어려움, 鄆州를 공격할 때 휘하 장수와의 약속이 어긋나 전술이 어그러져 발생한 어려움, 澤州를 지키려 할 때 휘하 장병들이 따르지 않아 곤란했던 어려움, 同州를 지킬 때의 食水 문제로 인한 어려움 등 우존절이 치른 전투는 하나같이 생각지 못한 逆境을 극복하며 쟁취한 것이었다.

우존절 역시 패배한 전투가 많이 있었을 것이다. 하지만 위에 든 몇몇 孤軍奮鬪를 특별히 열거함으로써 그가 힘겨운 상황에 처하면 처할수록 포기하지 않고 끝까지 상황을 바꾸어낼 수 있었던 것은 그 根底에 그의 謹厚한 성품과 나라를 향한 충성이 깔려 있었음을 은연중에 드러내고 있는 것이다.

牛存節은 **字**가 **贊正**이니 **青州博昌人也**라 **初名**은 **禮**라 **事諸葛爽**[1)]**於河陽**이러니 **爽卒**에 **存節顧其徒曰 天下洶洶**하니 **當得英雄事之**라하고 **乃率其徒十餘人**하야 **歸梁太祖**하다 **存節**은 **爲人**이 **木彊忠謹**[2)]하니 **太祖愛之**하야 **賜之名字**하고 **以爲小校**하다

牛存節은 字가 贊正이니 青州 博昌 사람이다. 초명은 禮이다. 河陽에서 諸葛爽을 섬겼는데 제갈상이 죽자 우존절이 자기 무리를 돌아보며 말하기를 "천하가 매우 어

지러우니 영웅을 찾아 섬겨야 한다."라고 하고, 자기 무리 10여 명을 거느리고서 梁太祖의 휘하에 들어갔다. 우존절은 사람됨이 순박하고 굳세며 충성스럽고 謹愼하니 양 태조가 그를 아껴서 이름과 字를 하사하고 小校로 삼았다.

1) 諸葛爽 : ?~886. 靑州 博昌 사람이다. 본래 龐勳(?~869)의 반란군의 部下 小校였는데 唐나라에 투항한 뒤 汝州防禦使를 맡았고 여러 차례 승진하여 夏綏銀節度使 檢校尙書右僕射가 되었다. 黃巢가 長安을 함락하자 투항하여 河陽節度使가 되었다. 얼마 뒤 唐나라 朝廷에 복귀하여 檢校司徒가 되고 同中書門下平章事에 제수되어 魏博節度使 韓簡을 물리쳤다. 光啓 2년(886)에 軍中에서 病死하였다. 그는 사람됨이 비록 智謀가 있었고 法令이 嚴明하였으나 反覆無常하여 인품에 흠이 있었다.

2) 存節……木彊忠謹 : ≪五代史記纂誤續補≫ 卷2에 "살펴보건대, 뒷부분에 다시 '忠憤이 더욱 격발하였다.'고 하였으나 諸葛仲方(諸葛爽의 아들)을 섬기지 못하고 梁나라에 歸附하였으니 忠으로 인정할 수 없다.〔按下又曰 忠憤彌激 不能事仲方而歸梁 不得以忠予之〕"라고 하였다.

張晊攻汴[1)]할새 存節破其二寨하고 梁攻濮州[2)]할새 戰南劉橋范縣한대 存節功多라 李罕之[3)]圍張全義[4)]於河陽에 全義乞兵於梁한대 太祖以存節故事河陽하야 知其間道라하야 使以兵爲前鋒이라 是時歲饑하야 兵行乏食이어늘 存節以金帛就民하야 易乾葚(심)以食軍하고 擊走罕之하다 太祖攻魏할새 存節下魏黎陽臨河하야 殺魏萬二千人하고 與太祖會內黃하다 遷滑州牢城遏後指揮使하다

張晊이 汴州를 공격했을 때 牛存節이 그의 두 兵營을 격파하였고, 梁나라가 濮州를 공격할 때 南劉橋와 范縣에서 싸웠는데 우존절의 戰功이 많았다.

李罕之가 河陽에서 張全義를 포위했을 때 장전의가 梁나라에 원군을 요청하자, 梁 太祖가 우존절이 예전에 하양에서 일하여 그곳의 사잇길을 잘 알고 있다고 하여 군사를 거느리고 선봉에 서게 하였다. 이때 흉년이 들어 행군하면서 양식이 부족했는데 우존절이 금과 비단을 가지고 백성들에게 가서 말린 오디와 바꿔 군대를 먹이고 이한지를 격퇴하였다.

太祖가 魏를 공격할 때 우존절이 魏의 黎陽과 臨河를 함락하고서 魏軍 1만 2천 명을 죽이고 태조와 內黃에서 만났다. 滑州牢城遏後指揮使로 승진하였다.

1) 汴 : 戰國時代에는 大梁, 東魏 때에는 梁州라고 했다가 隋·唐에 이르러 汴州로 변경하였다. 교통의 요지로 漕運이 발달하였는데 後梁 太祖 朱全忠이 도읍으로 정한 뒤로 여러 조대에 걸쳐 수도로 정했기 때문에 汴京이라고도 부르게 되었다. 지금의 河南省 開封 일대를 말한다.
2) 濮州 : 지금의 河南省 范縣 일대이다.
3) 李罕之 : 842~899. 陳州 項城 사람이다. 唐末 五代 때의 軍閥로, 성품이 殘暴하여 李摩雲으로 불렸다. 젊은 시절 글공부를 했으나 성취하지 못하고 집을 나가 걸식하며 수모를 당한 뒤에 山賊이 되었다. 앞뒤로 黃巢·諸葛爽·李克用·朱溫 등의 세력 집단에 가담하였다. 黃巢의 반란군에 참여하여 蔡州의 叛軍 秦宗權을 토벌하고 王行瑜 등을 제거하였다. 光州刺史·澤州刺史·河陽節度使·同平章事·昭義軍節度使 등의 직책을 역임하였다.
4) 張全義 : 852~926. 初名은 居言, 字는 國維로, 濮州 臨濮 사람이다. 五代 시기의 장수로, 뒤에 梁 太祖가 宗奭이라는 이름을 내려주었다. 張全義는 대대로 농부였는데 黃巢의 반군에 참여하여 吏部尙書·充水運使에 임명되었다. 뒤에 河陽節度使 諸葛爽에게 투항하여 여러 차례 戰功을 세워 澤州刺史가 되고 승진하여 忠武軍節度使 守中書令이 되었고 東平王에 봉해졌다. 後梁과 後唐을 섬겨 守太尉·中書令·河南尹 兼領河陽節度使를 역임하고 齊王에 봉해졌다. 그는 성품이 勤儉하고 軍民을 잘 위무하여 치적이 뛰어났다. 太師에 추증되고 忠肅이라는 謚號를 받았다.

梁兵攻鄆[1)]할새 存節使都將王言藏船鄆西北隅濠中하고 期以日午渡兵踰濠急攻之한대 會營中火起하야 鄆人登城望火하니 言伏不敢動하야 與存節失期한대 存節獨破鄆西甕城門하야 奪其濠橋하야 梁兵得俱進하야 遂破朱宣[2)]하다 從葛從周攻淮南할새 從周敗浬河어늘 存節收其散卒八千以歸하니 拜亳宿二州刺史하다 朱瑾走吳하야 召吳兵攻徐宿하니 存節謀曰 淮兵必不先攻宿이라 然宿溝壘素固하야 可以禦敵이라하야 乃夜以兵急趣徐州하야 (北)〔比〕[3)]傅徐城下하니 瑾兵方至하야 望其塵起하고 驚曰 梁

兵已來하니 何其速也오하고 不能攻而去하다 已而오 太祖使者至하야 授存節軍機하니 悉與存節意合이라 由是諸將益服其能하다 遷潞州都指揮使러니 太祖攻鳳翔할새 使召存節이라 存節爲將에 法令嚴整而善得士心이라 潞人送者皆號泣하니라 累拜邢州團練使元帥府左都押衙하다

梁나라 군대가 鄆州를 공격할 때 牛存節이 都將 王言을 보내 운주의 서북쪽 모퉁이 垓子에 배를 숨겨놓고 정오에 군대를 건네주어 해자를 넘어 급히 공격하도록 약속하였다. 그런데 때마침 군영에 불이 나서 운주 사람들이 성에 올라 불길을 바라보니 왕언이 매복한 채 감히 움직이지 못하여 우존절과 약속한 때를 놓치자, 우존절이 혼자 운주의 서쪽 甕城의 門을 격파하여 그 해자의 다리를 탈취하여 梁나라 군대가 모두 성으로 진입할 수 있어 마침내 朱宣을 격파하였다.

葛從周를 따라 淮南을 공격할 때 갈종주가 淠河에서 패배하였는데 우존절이 그 흩어진 병졸 8천 명을 수습하여 돌아오니 梁 太祖가 亳州와 宿州의 刺史에 제수하였다.

朱瑾이 吳나라로 달아나 吳나라 군대를 불러와서 徐州와 宿州를 공격하니 우존절이 계책을 세우기를 "淮의 군대는 반드시 숙주를 먼저 공격하지는 않을 것이다. 그렇지만 숙주는 해자와 城壘가 본래 견고하여 적병을 막을 수 있다."라고 하고서, 밤에 군사를 거느리고 서주로 급히 달려가 서주 성 아래에 이르니, 주근의 군대가 막 도착하여 멀리서 먼지가 일어나는 것을 바라보고 놀라며 말하기를 "梁나라 군대가 벌써 왔으니 어쩌면 이리도 빠르단 말인가."라고 하고는 공격하지 못하고 떠났다.

이윽고 양 태조의 사신이 이르러 우존절에게 군사기밀을 하달하니 우존절과 뜻이 모두 합치하였다. 이로부터 장수들이 우존절의 재능에 더욱 복종하였다.

潞州都指揮使로 옮겼는데 양 태조가 鳳翔을 공격할 때 사람을 보내 우존절을 불렀다. 우존절이 장수로서 지휘할 때 法令이 嚴整하여 병사들의 마음을 잘 얻었는지라 전송하는 潞州 사람들이 모두 울부짖으며 슬퍼하였다. 여러 차례 승진하여 邢州團練使 元帥府左都押衙에 제수되었다.

1) 鄆 : 鄆州로, 지금의 山東省 東平縣에 있었다. 隋 開皇 10년(590)에 운주를 설치했다가, 隋 大業 2년(606)에 東平郡으로 고쳤다. 唐 武德 5년(622)에는

운주를 설치하고 總管府를 두어 統州·濮州·兗州·戴州·曹州 5州와 30縣을 관할하였다. 당 무덕 7년(624)에 총관부를 都督府로 고쳤다가, 唐 貞觀 元年(627)에 도독부를 없애고, 唐 乾元 元年(758)에 다시 운주로 바꿨다. 北宋 宣和 元年(1119) 다시 東平府로 고치고 나서 지금까지 운주를 다시 설치하지 않았다.

2) 朱宣 : ?~897. 朱瑄이라고도 하는데 宋州 下邑縣 사람이다. 젊은 시절 부친을 따라 소금을 몰래 팔았는데 부친이 법을 어겨 죽임을 당하자 떠나서 青州節度使 王敬武의 軍校가 되어 曹全晟 휘하에 소속되었다. 中和 2년(882) 王敬武가 조전성을 보내 潼關에 들어갈 때 함께 黄巢를 격파하였다. 회군하다 鄆州를 지날 때 鄆州節度使 薛崇이 죽자 그 휘하 장수 崔君預가 留後를 自稱하니 조전성이 최군예를 쳐 죽이고 마침내 운주를 함락하였다. 朱宣은 이 戰功으로 鄆州馬步軍都指揮使가 되었는데 얼마 뒤 조전성이 죽자 군사들이 그를 추대하여 留後가 되니 唐 僖宗이 바로 그를 天平軍節度使에 배수하였다. 後梁 太祖가 宣武를 鎭守할 때 그를 형으로 섬겼다. 태조가 새로 鎭을 맡아 兵力이 아직 적어 자주 秦宗權에게 곤경에 처하므로 태조가 주선에게 원병을 청하니 주선이 자기 아우 朱瑾과 함께 兗州·鄆州의 군대를 거느리고 汴州를 구원하여 蔡州 군대를 크게 격파하고 진종권을 물리쳤다. 이때 태조가 이미 滑州를 습격하여 함락한 뒤 점점 鎭들을 병합하려고 하였는데 주선·주근이 돌아간 뒤 바로 연주·운주에 檄文을 보내 주선·주근이 宣武軍의 병사들을 유인하여 동쪽으로 도망갔다고 하고서 출병하여 도망간 병사들을 수습하면서 그들을 공격하므로 마침내 적국이 되어 曹州·濮州 사이에서 전투하였다. 이때 梁나라가 다시 동쪽으로 徐州를 공격하고 서쪽으로 蔡州를 치며 북쪽으로 晉나라와 대치하였는데 결국 梁나라에 멸망당하였다. 乾寧 4년(897)에 주선은 패배하여 中都로 달아나다가 葛從周에게 붙잡혀 汴橋 아래에서 참수되었다.

3) (北)〔比〕: 저본에는 '北'으로 되어 있으나, ≪新五代史≫에 의거하여 '比'로 바로잡았다.

太祖卽位에 拜右千牛衛上將軍하다 從康懷英攻潞州할새 爲行營排陣使라 晉兵已

破夾城에 存節等以餘兵歸[1)]하야 行至天井關[2)]하야 聞晉兵攻澤州[3)]라 存節顧諸將曰 吾行雖不受命이나 然澤州는 要害니 不可失也라한대 諸將皆不欲救之라 存節戒士卒熟息하고 已而오 謂曰 事急不赴면 豈曰 勇乎리오하고 擧策而先하니 士卒隨之하니라 比至澤州하야 州人已焚外城하야 將降晉이라가 聞存節至하고 乃稍定이라 存節入城하야 助澤人守어늘 晉人穴地道以攻之한대 存節選勇士數十하야 亦穴地以應之하야 戰于隧中하니 敵不得入하야 晉人解去하니라 遷左龍虎統軍六軍都指揮使絳州刺史라가 遷鄜州留後하다

梁 太祖가 즉위했을 때 牛存節을 右千牛衛上將軍에 배수하였다. 康懷英을 따라 潞州를 공격할 때 行營排陣使가 되었다.

晉나라 군대가 이미 夾城을 격파하고 나자 우존절 등이 남은 군사를 데리고 돌아오면서 행군하여 天井關에 이르러 晉나라 군대가 澤州를 공격한다는 소식을 들었다. 우존절이 장수들을 돌아보며 말하기를 "우리가 이번 出征에서 비록 따로 명령을 받지는 않았지만 택주는 要害處이니 잃어서는 안 된다."라고 하였는데 장수들이 모두 구원하려고 하지 않았다. 우존절이 병사들에게 충분히 휴식하게 한 다음 이윽고 이르기를 "사정이 위급한데 달려가지 않으면 어찌 용맹하다고 하겠는가."라고 하고 채찍을 들어 앞장서니 병사들이 그를 따랐다.

택주에 이르자 택주 사람들이 벌써 外城을 불태우고서 晉나라에 항복하려 하다가 우존절이 이르렀다는 소식을 듣고 비로소 조금 안정하였다. 우존절이 성에 들어가 택주 사람들을 도와 수비하였는데, 晉나라 군대가 땅굴을 파서 공격하자 우존절이 勇士 수십 명을 선발하여 역시 땅굴을 파서 대응하여 땅굴 속에서 싸우니 적군이 성에 들어올 수가 없어서 晉나라 군대가 포위를 풀고 떠났다. 左龍虎統軍 六軍都指揮使 絳州刺史로 승진하였다가 鄜州留後로 승진하였다.

1) 從康懷英攻潞州……存節等以餘兵歸 : 牛存節은 潞州 行營에서 들어와 統軍이 되어 洛下에 주둔하였으니 이후 夾城 전투에서의 패배 때에는 우존절이 軍中에 있은 적이 없었다. 이에 대해서는 ≪通鑑考異≫에 辨證한 내용이 있다.(≪舊五代史考異≫)

2) 天井關 : 雄定關이라고도 하는데 西漢 陽朔 3년(B.C. 22)에 처음 세워져 南

北을 잇는 요충지였다. 晉豫 변경의 거대한 관문으로 山西省 晉城市의 境內, 太行山(태항산)의 최남부에 자리하여 河南省 焦作市로 왕래할 수 있는 관문이다. 태항산의 八徑 가운데 하나로 칭해진다. 關 앞에 깊이를 알 수 없는 세 개의 天井泉을 따라 명명하였다.

3) 澤州 : 山西省 남동부 太行山의 남쪽 기슭에 있었다. 鳳臺라고도 한다. 太白山脈에 있으며, 河南 방면으로 통하는 문호 구실을 한다.

同州劉知俊叛하야 奔鳳翔하니 乃遷存節匡國軍節度使[1]하다 友珪立에 朱友謙叛附于晉하니 西連鳳翔일새 存節東西受敵하다 同州水鹹而無井일새 知俊叛梁에 以渴不能守而走라 故友謙與岐兵合圍持久하야 欲以渴疲之한대 存節禱而擇地하야 鑿井八十하니 水皆甘可食이라 友謙卒不能下하다

同州의 劉知俊이 배반하여 鳳翔으로 달아나니 이에 牛存節을 匡國軍節度使로 옮겼다. 朱友珪가 즉위하자 朱友謙이 배반하여 晉나라에 붙으니 서쪽으로 鳳翔과 이어지는지라 우존절이 동서 양면으로 공격을 받게 되었다.

동주는 물이 짠 데다 우물이 없기에 유지준이 梁나라를 배반하고 나서 물이 부족해 지킬 수가 없어 달아났다. 그래서 주우겸이 岐州 군대와 함께 동주를 포위하여 持久戰을 벌여 물이 부족한 것을 이용해 지치게 하려고 하자, 우존절이 기도하고 땅을 골라 여든 군데에 우물을 파니 물이 모두 달아 마실 만한지라 주우겸이 결국 함락하지 못하였다.

1) 同州劉知俊叛……乃遷存節匡國軍節度使 : ≪五代史記纂誤補≫ 卷2에 "삼가 살펴보건대, 이 부분은 牛存節에게 同州를 鎭守하게 한 것이다. 동주는 後梁 때 忠武軍이었으니 본문에 '匡國'으로 되어 있는 것은 착오이다.〔謹案此以存節鎭同州也 同州在梁爲忠武軍 此作匡國誤〕"라고 하였다.

末帝立에 加同中書門下平章事하고 徙鎭天平하다 蔣殷[1]反徐州에 遣存節攻破之하고 以功加太尉하다 梁晉相(據)〔距〕[2]於河上이러니 存節病痟로되 而梁晉方苦戰일새 存節忠憤彌激하야 治軍督士에 未嘗言病이라 病革에 召歸京師어늘 將卒에 語其子知業

曰 忠孝가 吾子也라하고 不及其佗하니라 贈太師하다

梁 末帝가 즉위함에 同中書門下平章事의 직함을 더해주고 天平軍으로 옮겨 鎭守하게 하였다. 蔣殷이 徐州에서 반란하자 牛存節을 보내 격파하게 하고 그 戰功으로 太尉를 더하였다.

梁과 晉이 黃河를 사이에 두고 대치하고 있었는데 우존절이 消渴症을 앓고 있었으나 梁과 晉이 한창 힘겹게 싸우는 와중이기에 우존절은 忠憤이 더욱 격발하여 군대를 지휘하고 병사들을 독려하면서 자신의 병을 말한 적이 없었다. 병세가 위급해지자 召命을 받고 京師로 돌아왔는데 임종할 때가 되어 그 아들 牛知業에게 말하기를 "충성하고 효도하는 이가 내 아들이다."라고 하고는 다른 일은 언급하지 않았다. 太師에 추증되었다.

1) 蔣殷 : ?~915. 어려서 부친을 여의고 모친을 따라 河中節度使 王重盈의 집에 의지하니 왕중영이 그를 불쌍히 여기고 養子로 삼았다. 唐 天複 초년에 梁 太祖가 蒲州·陝州를 평정한 뒤 蔣殷은 大梁으로 옮겼다. 양 태조는 王重盈의 아우 王重榮의 은혜에 보답하고자 王氏의 아들들을 모두 등용하였다. 蔣殷은 朱全忠의 庶子 郢王 朱友珪와 사이가 좋았는데 주우규가 부친을 죽이고 찬탈한 뒤 장은을 徐州節度使로 삼았다. 주우규가 피살된 이후 주전충의 嫡子 均王 朱友貞이 즉위하자 그 형제 福王 朱友璋을 파견하여 장은을 대신해 節度使로 삼으니 장은은 徐州를 근거로 반란하였다. 鄆州節度使 牛存節과 劉鄩이 서주를 공격하니 장은이 淮南을 구원하였는데 楊溥가 朱瑾을 파견해 구원하였으나 유심에게 격파당하였다. 貞明 元年(915) 봄에 성이 함락되자 장은과 가족들이 모두 스스로 불을 놓아 죽었다.

2) (據)〔距〕: 저본에는 '據'로 되어 있으나, ≪新五代史≫에 의거하여 '距'로 바로잡았다.

07. 楊師厚傳* 楊師厚의 傳記

* 楊師厚(?~915)는 潁州 斤溝 사람이다. 양사후의 列傳은 ≪舊五代史≫ 卷22 〈梁書 第22 列傳12〉와 ≪新五代史≫ 卷23 〈梁臣傳 第11〉에 실려 있다. 歐陽

脩는 ≪구오대사≫에 1천 3백여 자 분량인 양사후의 傳記를 8백여 자로 축약하여 서술하였는데, 두 史書의 기술에서 보이는 눈에 띄는 차이점을 들어보면 다음과 같다.

우선 ≪구오대사≫에서는 郢王 朱友珪가 父親인 後梁 太祖를 弑害하고 帝位를 簒奪했을 때 魏州의 衙內都指揮使 潘晏·大將 臧延範·趙訓의 謀變을 密告하는 자가 있어 양사후가 병사를 풀어 이들을 잡아 斬首하였다고 하였다.

이에 반해, ≪신오대사≫에서는 양사후가 태조가 시해된 틈을 타서 이들을 참수하고 절도사 羅周翰을 逐出하였다고 하여 두 사서의 내용이 미묘한 차이를 보이고 있다. 그리고 ≪신오대사≫의 마지막 부분에서 末帝 朱友貞이 부친을 죽이고 제위를 찬탈한 형 朱友珪를 도모하려고 하는 장면과, 주우정이 양사후에게 주우규를 함께 제거하자고 권유하자 양사후가 그의 부하와 대화를 나누며 고민하는 장면은, 모두 ≪구오대사≫에 없던 내용으로 구양수가 다른 사료를 참고하여 添入한 부분이다.

양사후는 후량 태조의 휘하에서 王師範·趙匡凝·劉知俊 등을 격파하면서 立地를 다졌고 태조의 말년에는 北面都招討使가 되어 魏州에서 後唐 莊宗 李存勖의 군대와 대치하게 되면서 그곳을 근거지로 점점 세력을 키워나갔다. 魏州는 天雄軍의 속주로, 천웅군은 相州·澶州·衛州·魏州·博州·貝州 등 모두 6州를 관할하는 행정구역인데 五代 때 전략적으로 중요한 要衝地였기에 이곳을 차지하기 위한 싸움이 치열하게 전개되었다.

이곳의 來歷을 살펴보면, 우선 唐 代宗 때 田承嗣(705~779)가 처음으로 이곳에서 절도사가 된 뒤 牙兵을 불러 모아 보수를 후하게 주어 호위하게 한 것이 割據 국면의 시작이었다. 그런데 세월이 오래 지나면서 아병들은 父子나 姻戚들이 단합해 세력을 형성하여 절도사를 마음대로 바꾸었다. 이후 이들에 의해 史憲誠·何全皞·韓君雄·樂彦禎 등이 절도사를 역임하였는데 악언정이 이들에게 抑留되자 그의 아들 樂從訓이 후량에 원군을 청해 아병을 공격하였으나 패하여 둘 다 죽었다. 이후 아병들은 趙文建·羅弘信을 절도사로 세웠다가 이윽고 나홍신의 아들 羅紹威가 자리를 이었는데 나소위는 이들을 두려워하여 후량에 도움을 청해 마침내 후량 태조가 馬嗣勳을 보내 아병들을 모조리 誅戮하고 천웅군을 차지하게 되었다. 양사후는 바로 이때 태조의 명으로 이곳에 주둔하여 당시 세력을 확장하고 있던 후당 장종과 대치하게 된 것이다.

그런데 912년 태조가 시해되자 양사후는 위주의 牙將들을 죽이고 나소위의 아들로 아직 어렸던 羅周翰을 宣義節度使로 내보낸 뒤 天雄軍節度使로 임명을 받아 후량의 신하이면서도 반독립적인 상태로 있었다. 이후 양사후는 槍재주가 뛰어난 자들이 많은 魏州 石屋 지역에서 군사를 대거 모집하여 銀槍效節軍을 조직하여 자신의 친위 부대로 삼았다. 이렇게 할거의 뜻을 키우던 양사후가 915년에 죽자 말제가 이를 경축하였을 만큼 그는 후당 장종에 버금갈 정도로 후량 정권에 치명적인 위협이 되어 있었다.

하지만 양사후의 謀叛 情狀이 겉으로 드러나지는 않았으므로 구양수가 〈梁臣傳〉에 수록한 것으로 보인다. 양사후가 죽자 趙巖은 邵贊과 함께 말제를 위해 梁나라의 우환을 없앤다는 명목으로 천웅군을 두 藩鎭으로 나누어 相州·澶州·衛州는 昭德軍으로 삼아 張筠을 절도사로 삼고, 魏州·博州·貝州는 그대로 천웅군으로 삼아 賀德倫을 절도사로 삼았다.

한편 ≪구오대사≫의 마지막 부분에서는 그의 心境의 변화 과정과 말년에 품었던 野心을 인상적으로 서술하고 있는데 ≪신오대사≫에 없는 내용이면서 인간사의 무상함을 느낄 수 있어 참고로 들어본다.

"양사후는 純謹하고 敏幹하여 태조에게 깊이 知遇를 입어 주요한 군대와 큰 번진을 맡았으니 다른 자들은 그에게 미칠 수가 없었다. 그러나 말년에 공로를 자랑하고 자신의 군대를 믿고서 갑자기 모반하려는 뜻을 키웠다.……또 黎陽에서 커다란 돌을 캐어 자신의 德政을 기록하려고 하여 소 수백 마리가 끄는 鐵車에 싣고 왔는데, 지나는 곳마다 墳墓와 家屋들이 모두 훼손되었기에 백성들이 이를 바라보면서 '비석이 온다.〔碑來〕'고 하였다. 그런데 비석이 막 도착하자마자 양사후가 죽었으므로 魏州 사람들이 이를 '슬픔이 온다.〔悲來〕'의 應報라고 여겼다.〔師厚純謹敏幹 深爲太祖知遇 委以重兵劇鎭 他莫能及 然而末年矜功恃衆 驟萌不軌之意……又於黎陽採巨石 將紀德政 以鐵車負載 驅牛數百以拽之 所至之處 丘墓廬舍悉皆毁壞 百姓望之 皆曰碑來 及碑石纔至 而師厚卒 魏人以爲悲來之應〕"

楊師厚는 **本梁一驍將**이어늘 **而歐公傳之**에 **得其神**이라 **故錄而出之**하노라

楊師厚는 본래 梁나라의 일개 용맹한 장수인데 歐陽公이 그를 立傳

하면서 그 精神을 얻었다. 그러므로 수록하여 드러낸다.

楊師厚는 **穎州斤溝人也**[1)]라 **少事河陽李罕之**러니 **罕之降**(항)**晉**에 **選其麾下勁卒百人**하야 **獻于晉王**[2)]하니 **師厚在籍中**이라 **師厚在晉**에 **無所知名**이러니 **後以罪奔于梁**한대 **梁太祖以爲宣武軍押衙曹州刺史**하다 **梁攻王師範**할새 **師厚戰臨朐**(구)하야 **擒其偏將八十餘人**하고 **取棣州**하니 **以功拜齊州刺史**하다

楊師厚는 穎州 斤溝 사람이다. 젊은 시절 河陽의 李罕之를 섬겼는데 이한지가 晉나라에 투항하면서 그 휘하의 정예 병사 백 명을 골라 晉王에게 바치니 양사후가 그 명단에 있었다.

양사후는 晉나라에 있을 때 이름이 알려지지 않았는데 뒤에 죄를 지어 梁나라로 도망가자 梁 太祖가 宣武軍押衙 曹州刺史로 삼았다. 梁나라가 王師範을 공격할 때 양사후는 臨朐에서 전투하여 그 偏將 80여 인을 사로잡고 棣州를 취하니 그 戰功으로 齊州刺史를 배수하였다.

1) 穎州斤溝人也 : ≪五代史記纂誤補≫ 卷2에 "삼가 살펴보건대, ≪資治通鑑≫의 注에 '≪九域志≫에 「萬壽縣에 斤溝鎭이 있다.」고 하였는바 萬壽는 唐나라 때 汝陰의 百尺鎭이다.'라고 하였는데, 여기(≪新五代史≫)에서는 薛居正의 ≪舊五代史≫ 문장을 그대로 기록하였다. 그렇지만 '溝'자 뒤에 '里'자가 있어야 한다.〔謹案通鑑注 九域志 萬壽縣有斤溝鎭 萬壽 唐汝陰之百尺鎭也 此仍薛史之文 然溝下當有里字〕"라고 하였다.

≪廿二史考異≫ 권62에 "≪唐書≫와 ≪宋書≫의 〈地理志〉에는 모두 斤溝縣이 없는데, 胡三省이 이르기를 '≪九域志≫에 「穎州 만수현에 근구진이 있으니 만수는 唐나라 여음현의 백척진이다. 開寶 6년(973)에 縣을 설치하였다.」고 하였다.〔唐宋地理志皆無斤溝縣 胡三省云 九域志 穎州萬壽縣有斤溝鎭 萬壽 唐汝陰縣之百尺鎭也 開寶六年置縣〕"라고 하였다.

2) 晉王 : 後唐의 太祖로 추존된 李克用이다.

太祖攻趙匡凝於襄陽할새 **遣師厚爲先鋒**한대 **師厚取穀城西童山木爲浮橋**하야 **渡漢**

水하야 **擊匡凝**하야 **敗之**하니 **匡凝棄城走**어늘 **師厚進攻荊南**[1)]하야 **又走匡凝弟匡明**하니 **功爲多**라 **拜山南東道節度使**[2)]**同中書門下平章事**하다

梁 太祖가 襄陽에서 趙匡凝을 공격할 때 楊師厚를 보내 先鋒에 서게 하였는데, 양사후가 穀城의 西童山의 나무를 베어다가 浮橋를 만들어 漢水를 건너 조광응을 공격하여 물리치니 조광응이 성을 버리고 달아났다. 양사후가 진군하여 荊南을 쳐서 다시 조광응의 아우 趙匡明을 몰아내니 전공이 많아 山南東道節度使 同中書門下平章事를 배수하였다.

1) 荊南 : 唐나라 때 方鎭의 이름으로, 지금의 湖北省・湖南省・四川省 사이에 위치한 지역이다. 五代 시대에는 十國 가운데 한 국가의 명칭으로, 907년 高季興이 後梁 太祖에 의해 荊南節度使에 임명되어 荊州를 점거하였는데 924년 後唐에서 南平王으로 봉해졌다. 세상에서는 荊南 혹은 南平이라고 일컬었다. 江陵에 수도를 두었으며 963년 5대 57년 만에 宋나라에 멸망당하였다.

2) 拜山南東道節度使 : ≪五代史記纂誤補≫ 卷2에 "삼가 살펴보건대, 薛居正의 ≪舊五代史≫에서 '楊師厚가 齊州刺史로 檢校司徒 徐州節度使를 더하였다가 이윽고 비로소 襄州節度使를 제수받았다.'고 하였는데, 여기(≪新五代史≫)에서 徐州를 먼저 제수받은 일을 말하지 않은 것은 무릇 史傳에서는 어떤 인물이 거쳐간 관직들에 대해 기록할 만한 일이 없는 경우 본래 생략하더라도 문제되지 않는다. 이를테면 唐나라 말엽 및 五代 때 節鎭은 세력이 편중되어 있어서 늘 治亂에 관계되는 연고로 본래 다른 史實에 비해 자세해야 하니 번잡하고 세세한 것이 문제되지 않는다. 또 ≪舊唐書≫ 〈哀帝紀〉에서 天祐 3년(906) 6월 甲申日에 詔勅을 내려 襄州忠義軍額을 停廢하고 예전대로 山南東道節度使로 한다고 하였는바, 여기서는 天祐 2년에 있은 일이니 의당 忠義軍節度使가 되어야 비로소 다른 傳에서 節鎭을 기록한 예들과 서로 부합한다. 〔謹案薛史 楊師厚以齊州刺史加檢校司徒徐州節度使 已乃授襄州節度使 此不言先授徐州 凡史傳于人所歷官 其無事可紀者 固不妨從略 若唐末及五代時節鎭勢有畸重 每關理亂之故 自宜比他史詳之 不嫌冗瑣爾 又舊唐書哀帝紀 天祐三年六月甲申 敕襄州忠義軍額宜停 依舊爲山南東道節度使 此在天祐二年 當作忠義軍節度使 方與他傳書節鎭之例相符〕"라고 하였다.

劉知俊反하야 **攻陷長安**이어늘 **劉鄩牛存節等攻之**하야 **久不克**하다 **師厚以奇兵**으로 **傍南山**하야 **入其西門**하야 **降**(항)**其守者**하야 **遂克之**하다 **晉周德威攻晉州以應知俊**이어늘 **師厚敗之于蒙阬**(갱)[1]하야 **以功遷保義軍節度使**[2]라가 **徙鎭宣義**하다

劉知俊이 배반하여 長安을 쳐서 함락하였는데 劉鄩과 牛存節 등이 공격하여 오래도록 함락하지 못하였다. 楊師厚가 奇兵을 거느리고 南山을 끼고 장안의 西門으로 들어가 성문을 지키던 군사를 항복시켜 마침내 장안을 함락하였다. 晉나라의 周德威가 晉州를 공격하여 유지준과 호응하자 양사후가 蒙阬에서 물리쳐 그 戰功으로 保義軍節度使로 승진하였다가 宣義軍으로 옮겨 鎭守하였다.

1) 晉周德威攻晉州以應知俊 師厚敗之于蒙阬(갱) : ≪五代史纂誤≫ 卷上에 "지금 살펴보건대, 〈唐本紀〉에는 '莊宗 天祐 6년(909)에 劉知俊이 梁나라에서 와서 원군을 청하니, 왕이 스스로 군사를 거느리고 陰地關에 이르러 周德威를 보내 晉州를 공격하게 하여 蒙邟에서 梁나라 군사를 패퇴시켰다.'고 되어 있는데, 이 한 가지 일이 〈梁臣傳〉에는 晉나라 군사를 패퇴시켰다고 하였고, 〈唐紀〉에는 梁나라 군사를 패퇴시켰다고 하여 두 군데서 같지 않으니 누가 맞는지 모르겠다.〔今按唐本紀 莊宗天祐六年 劉知俊自梁來乞師 王自將至陰地關 遣周德威攻晉州 敗梁軍于蒙坑 此一事在梁臣傳 則稱敗晉軍 在唐紀 則稱敗梁軍 二者不同 未知孰是〕"라고 하였고, ≪五代史記纂誤續補≫ 卷2에 "살펴보건대, 〈당본기〉에는 '梁나라 군사를 패퇴시켰다.'고 하였는데 ≪오대사찬오≫에서는 누가 맞는지 모르겠다고 하였다. ≪資治通鑑考異≫에서는 ≪莊宗實錄≫이 妄言이라고 하였는데 고찰한 내용은 그 앞에 보인다.〔按唐本紀作敗梁軍 纂誤未知孰是 通鑑考異謂莊宗實錄爲妄 攷見前〕"라고 하였다. 阬은 ≪新五代史≫에 '坑'자로 되어 있으며, 두 글자는 통용한다.

2) 以功遷保義軍節度使 : ≪五代史記纂誤補≫ 卷2에 "삼가 살펴보건대, 薛居正의 ≪舊五代史≫ 〈梁紀〉에서 開平 4년(910) 2월에 楊師厚가 陝州에 鎭守하러 왔다고 하였고, 〈楊師厚傳〉에도 4년 2월에 陝州節度使로 옮겼다고 되어 있다. 섬주는 後梁 때 鎭國軍으로, ≪新五代史≫ 〈梁紀〉에서는 開平 3년(909) 11월에 鎭國軍節度使 康懷英이 岐州를 토벌하였다고 기록하였는데, 〈康懷英傳〉에서는 唐나라 때 섬주의 軍號를 잘못 追隨하여 保義로 되어 있다. 여기에

서는 강회영이 옮겨 가고서 양사후가 이어 섬주절도사가 되었으므로 〈강회영전〉의 착오와 같다.〔謹案薛史梁紀 開平四年二月 楊師厚赴鎭于陝 師厚傳亦作四年二月 移陝州節度使 陝州 梁爲鎭國軍 本史梁紀 開平三年十一月 書鎭國軍節度使康懷英伐岐 而懷英傳誤從唐陝州軍號作保義 此則懷英遷去 師厚繼爲陝州節度使 故與康傳之誤同也〕"라고 하였다.

是時에 **梁兵攻趙**[1)]하야 **久無功**하니 **太祖病臥洛陽**이라가 **少間**에 **乃自將北擊趙**라 **師厚從太祖**하야 **至洹水**하야 **夜行迷失道**라가 **明旦**에 **次魏縣**이러니 **聞敵將至**하고 **梁兵潰亂不可止**라가 **久之**에 **無敵乃定**이라 **已而**오 **太祖疾作**하야 **乃還**이라 **明年少間**이어늘 **而晉軍攻燕**에 **燕王劉守光**[2)]**求援於梁**하니 **太祖爲之擊趙以牽晉**하야 **屯于龍花**하고 **遣師厚攻棗彊**[3)]이나 **三日不能下**[4)]라 **太祖怒**하야 **自往督戰**하고 **乃破**하야 **屠之**하고 **進圍蓚縣**하다 **晉史建瑭以輕兵夜擊梁軍**한대 **梁軍大擾**어늘 **太祖與師厚**가 **皆棄輜重**[5)]**南走**하야 **太祖還東都**하고 **師厚留屯魏州**라 **明年**에 **太祖遇弑**하야 **友珪自立**[6)]하니 **師厚乘間**하야 **殺魏牙將潘晏臧延範等**하고 **逐出節度使羅周翰**[7)]이라 **友珪因以師厚爲天雄軍節度使**하다

이때에 梁나라 군대가 趙州를 공격하여 오래도록 진전이 없으니, 梁 太祖가 洛陽에서 臥病하다가 병이 조금 호전되자 직접 군대를 거느리고 북쪽으로 조주를 공격하였다. 楊師厚가 태조를 따라 洹水에 당도하여 한밤에 가다가 헤매어 길을 잃어버렸다가 이튿날 새벽에 魏縣에 머물렀다. 그런데 적군이 다가온다는 소식을 듣고는 梁나라 군사들이 달아나고 혼란에 빠져 수습할 수 없었다가 한참이 지나 〈다가오는〉 적군이 없게 된 뒤에야 안정되었다. 이윽고 태조가 병이 나서 回軍하였다.

이듬해 태조의 병이 조금 호전되었는데 晉나라 군대가 燕나라를 공격하자 燕王 劉守光이 梁나라에 원군을 요청하니, 태조가 유수광을 위해 조주를 치는 전략으로 晉나라를 견제하여 龍花에 주둔하는 한편 양사후를 파견하여 棗彊을 공격하였으나 사흘 동안 함락하지 못하였다. 태조가 노하여 몸소 가서 전투를 독려하고서야 격파하여 조강을 도륙하고 진군하여 蓚縣을 포위하였다.

晉나라 史建瑭이 날랜 군사를 거느리고 밤에 梁나라 군대를 습격하자 梁나라 군

대가 크게 혼란해지니, 태조와 양사후가 모두 輜重을 버리고 남쪽으로 퇴각하여 태조는 東都로 돌아가고 양사후는 위주에 주둔하였다.

이듬해에 태조가 시해를 당해 朱友珪가 스스로 즉위하니 양사후가 그 기회를 틈타 위주의 牙將 潘晏·臧延範 등을 죽이고 節度使 羅周翰을 逐出하였다. 주우규가 이에 양사후를 天雄軍節度使로 삼았다.

1) 趙: 趙州로, 지금의 石家莊市 趙縣인데 華北 平原 중남부, 太行山의 동쪽 기슭에 자리하고 있다.
2) 劉守光: ?~914. 深州 樂壽 사람으로, 盧龍節度使 劉仁恭의 아들이고 五代時期 燕나라를 세운 사람이다. 庶母 羅氏와 간통한 뒤 부친 劉仁恭에게 곤장을 맞고 나서 부자 관계가 단절되었다. 天祐 4년(907)에 宣武軍節度使 李思安이 幽州를 공격하자 유인공이 大安山 享樂에 군대를 주둔하느라 성안에서 방비를 하지 않았다. 이에 劉守光이 군대를 거느리고 이사안을 격퇴한 뒤 성을 함락하여 盧龍節度使를 자칭하고서 아울러 군대를 보내 대안산을 공격하여 부친 유인공을 사로잡아 가두고 義昌節度使 劉守文을 잡아 죽인 뒤 두 鎭을 소유하였다. 같은 해 後梁 太祖 朱全忠이 그를 燕王에 책봉하였다. 乾化元年(911) 8월에 유수광이 大燕皇帝를 자칭하니 역사에서는 桀燕國이라고 한다. 뒤에 河東節度使 李存勖에게 참수되었다.
3) 棗彊: 지금의 河北省 衡水市의 屬縣으로, 하북성 東南部와 형수시 남단에 자리하고 있다.
4) 三日不能下: ≪五代史記纂誤補≫ 卷2에 "삼가 살펴보건대, ≪纂誤錄≫에는 이 문장이 '三日不能下'로 되어 있는데, ≪新五代史≫에서 徐無黨은 '月'자 뒤에 原註를 달아 '어느 본에는 「日」로 되어 있다.'고 하였다. 孔廣森(1752~1786)은 '상고하건대, 薛居正의 ≪舊五代史≫에는 「逾旬」으로 되어 있다.'고 하였으니, 그렇다면 '月'과 '日' 모두 옳지 않다. 내가 상고해보건대, ≪資治通鑑≫에서 楊師厚가 棗彊을 포위한 일은 2월 乙亥日에 수록되어 있고, 조강을 함락한 일은 3월 丙戌日에 수록되어 12일이 떨어져 있으니 설거정의 ≪구오대사≫가 옳다.〔謹案纂誤錄 此文作三日不能下 徐氏于月下固注云 一作日也 孔氏廣森曰 攷薛史作逾旬 然則月日皆非是 愚攷通鑑師厚圍棗彊 係二月乙亥 拔棗彊 係三月丙戌 相去十二日 則薛史是也〕"라고 하였다. ≪신오대사≫는 '日'이 '月'로 되

어 있다.

5) 輜重 : 말이나 수레에 실은 군수물품 혹은 이를 수송하는 부대를 가리킨다.

6) 明年……友珪自立 : ≪五代史纂誤≫ 卷上에 “지금 살펴보건대, 〈梁太祖本紀〉에 ‘乾化 2년(912) 3월 병술일에 棗彊을 도륙하고 6월에 郢王 朱友珪가 배반하고 太祖가 崩御한 것은 똑같이 한 해에 일어난 일이니, 이 列傳에서 明年이라고 한 것은 착오이다.’라고 하였다.〔今按梁太祖本紀 乾化二年三月丙戌 屠棗彊 六月 郢王友珪反 太祖崩 同是一年之事 此傳言明年 誤也〕”라고 하였고, 그 주석에 “이해 임신년은 바로 唐 莊宗 天祐 9년(912)이다.〔是年壬申 卽唐莊宗天祐九年也〕”, “살펴보건대, 薛居正의 ≪舊五代史≫에는 ‘明年’ 2자가 없다.〔案薛史無明年二字〕”라고 하였다.

7) 羅周翰 : 唐末 魏博 貴鄕 사람으로, 魏博節度使 羅紹威의 아들이다. 부친을 이어 위박절도사가 되었을 때 나이가 어려 幕府에서는 都指揮使 潘晏에게 군권을 관장하게 했는데 宣義節度使 楊師厚가 위박을 오랫동안 엿보다가 912년에 반안을 죽이고 魏州에 들어가니, 梁帝 朱友圭는 羅周翰을 선의절도사로 옮겨 임명하고 양사후를 위박절도사에 임명하였다.

自太祖與晉戰河北으로 **師厚嘗爲招討使**하야 **悉領梁之勁兵**이러니 **太祖崩**에 **師厚遂逐其帥**[1)]하고 **而稍矜倨難制**라 **故時魏恃牙兵**하야 **其帥得以倔彊**이러니 **羅紹威時**에 **牙兵盡死**하야 **魏勢孤**하야 **始爲梁所制**하다 **師厚已得志**하고 **乃復置銀槍效節軍**[2)]하니 **友珪陰欲圖之**하야 **召師厚入計事**하다 **其吏田溫等**이 **勸師厚勿行**한대 **師厚曰 吾二十年不負朱家**어늘 **今若不行**이면 **則見疑而生事**라 **然吾知上爲人**하니 **雖往**이나 **無如我何也**라하고 **乃以勁兵二萬**으로 **朝京師**하야 **留其兵城外**하고 **以十餘人自從入見友珪**하니 **友珪益恐懼**하야 **賜與鉅萬而還**하다

太祖가 晉나라와 河北에서 전투한 이래로 楊師厚는 일찍이 招討使가 되어 梁나라의 정예병을 다 통솔하였었는데, 태조가 붕어한 뒤로 양사후가 마침내 〈정예병을 맡은〉 장수를 몰아내고 조금씩 거만해져서 제어하기 어려웠다. 옛날에 魏州는 牙兵을 믿고서 그 牙將이 거만하고 강경할 수 있었는데, 羅紹威 때에 아병이 모두 죽임을 당해 위주의 세력이 약화되어 비로소 梁나라에 제압되었다.

양사후가 뜻을 얻어 〈節度使가 되고서〉 비로소 다시 銀槍效節軍을 만드니, 朱友珪가 몰래 그를 없앨 것을 도모하려고 양사후를 불러 궁중에 들어와 國事를 의논하게 하였다. 양사후의 부하 田溫 등이 양사후에게 가지 말라고 권하자, 양사후가 말하기를 "내가 20년 동안 朱氏의 〈梁나라를〉 배반하지 않았는데 지금 만약 가지 않으면 의심을 받고 사달을 만들 것이다. 그러나 나는 황제의 사람됨을 아니 비록 가더라도 나를 어찌하지 못할 것이다."라고 하였다. 이에 정예병 2만 명을 거느리고 京師에 朝見(조현)하여 성밖에 군대를 머무르게 하고 10여 인을 데리고 직접 들어가 주우규를 알현하니, 주우규가 더욱 두려워져서 수만 금을 하사하고 양사후를 돌아가게 하였다.

1) 師厚遂逐其帥 : ≪五代史記纂誤補≫ 卷2에 "삼가 살펴보건대, 楊師厚가 宣義軍節度使로 北面都招討使를 겸하여 魏州에 주둔하였을 때 羅周翰은 본래 天雄軍節渡使였는데 이 부분 앞에서 '양사후가 梁나라의 정예병을 모두 거느렸다.'고 말하면서 나주한을 축출한 부분에서는 단지 '마침내 그 統帥를 축출하였다.'고만 하였으니 말이 매우 모호하다.〔謹案師厚以宣義軍節度使 兼北面都招討使 軍于魏州 而羅周翰自爲天雄軍節渡使 此上云 師厚悉領梁之勁兵 而于逐羅周翰 直云 遂逐其帥 語殊鶻突〕"라고 하였다.

2) 銀槍效節軍 : 銀槍效節都라고도 하는데, 後梁 때 魏博節度使 楊師厚의 개인 護衛 部隊로, 五代 시기에 가장 전투력이 강력했던 군대였다. 병사의 무기가 長槍인 데서 명칭이 비롯하였다. 양사후가 죽은 뒤 이 부대는 後唐 莊宗 李存勖에게 귀속되었다가, 後唐 明宗 天成 2년(927)에 도륙당하였다.

已而오 末帝謀討友珪하야 問於趙巖한대 巖曰 此事成敗는 在招討楊公爾니 得其一言하야 諭禁軍이면 吾事立辦이니이다 末帝乃遣馬愼交하야 陰見師厚하야 布腹心이로되 師厚猶豫未決하고 謂其下曰 方郢王[1]弑逆時에 吾不能卽討라 今君臣之分已定이어늘 無故改圖면 人謂我何오 其下或曰 友珪弑父與君하니 乃天下之惡이라 均王[2]仗大義以誅賊이면 其事易(이)成이니 彼若一朝破賊이면 公將何以自處오하니 師厚大悟하야 乃遣其將王舜賢하야 至洛陽하야 見袁象先計事하야 使朱漢賓以兵屯滑州爲應이라 末帝卒與象先殺友珪하다

이윽고 梁 末帝가 朱友珪를 토벌하고자 모의하여 趙巖에게 계책을 묻자, 조암이 말하기를 "이 일의 成敗는 招討使 楊公에게 달려 있으니 그의 말 한마디를 가지고 禁軍에게 알리면 우리들의 일은 바로 성공할 것입니다."라고 하였다.

말제가 이에 馬愼交를 보내 몰래 楊師厚를 만나서 본심을 내보였다. 그런데 양사후가 머뭇거리며 결정하지 못하고 그 부하에게 이르기를 "郢王이 부친을 시해하고 반역했을 때 내가 곧장 토벌하지 못했다. 이제 君臣의 분수가 이미 정해졌는데 아무 이유 없이 생각을 바꾼다면 사람들이 나를 뭐라고 하겠는가."라고 하였다. 그러자 어떤 부하가 말하기를 "주우규가 君父를 시해하였으니 바로 천하의 악인입니다. 均王이 大義를 내걸고 亂賊을 주벌한다면 이 일은 성공하기 쉬울 것이니 그가 만약 하루아침에 난적을 격파한다면 공께서는 장차 어떻게 자처하실 것입니까?"라고 하였다.

양사후가 크게 깨닫고서 이에 그의 휘하 장수 王舜賢을 보내 洛陽에 이르러 袁象先을 만나 일을 계획하고서 朱漢賓에게 병사를 거느리고 滑州에 주둔하여 應援하게 하였다. 말제가 마침내 원상선과 함께 주우규를 죽였다.

1) 郢王 : 梁 太祖 朱全忠의 둘째 아들 朱友珪의 封號이다.
2) 均王 : 梁 太祖 朱全忠의 셋째 아들 末帝 朱友貞이 황제에 오르기 전의 封號이다.

末帝卽位하야 **封師厚鄴王**하고 **詔書不名**[1]하며 **事無巨細**히 **皆以諮之**라 **然心益忌而畏之**하다 **已而**오 **師厚瘍發卒**[2]하니 **末帝爲之受賀於宮中**이라 **由是**로 **始分相魏爲兩鎭**이라 **魏軍亂**하야 **以魏博降晉**하니 **梁失河北**이 **自此始**하니라

末帝가 즉위하여 楊師厚를 鄴王에 봉하고 詔書에 그의 이름을 쓰지 않았으며 대소를 막론하고 政事를 모두 그에게 자문하였으나 말제는 마음속으로 그를 더욱 꺼리면서 두려워하였다.

이윽고 양사후가 종기가 나서 졸하니 말제가 이 일로 宮中에서 경하를 받았다. 이로 인해 비로소 相과 魏가 나뉘어 두 鎭이 되었다. 魏軍이 반란하여 魏博 지역을 가지고 晉나라에 투항하니 梁나라가 河北을 상실한 것이 이때부터 비롯하였다.

1) 詔書不名 : 詔書에는 신하의 이름을 쓰는 것이 원칙인데, 이름을 쓰지 않았다는 것은 그 신하를 극도로 禮遇하고 尊重한다는 의미이다.
2) 師厚瘍發卒 : 楊師厚는 乾化 5년(915)에 졸하였다.

08. 王景仁傳* 王景仁의 傳記

* 王景仁(?~?)은 本名이 茂章으로 廬州 合淝 사람이다. 왕경인의 列傳은 ≪舊五代史≫ 卷23 〈梁書 第23 列傳13〉과 ≪新五代史≫ 卷23 〈梁臣傳 第11〉에 실려 있다.

歐陽脩는 여타 열전들과 달리 ≪구오대사≫에 4백여 자 정도로 수록되어 있던 왕경인의 傳記를 오히려 7백여 자로 편폭을 늘려 기술하였는데, 늘어난 편폭의 대부분은 ≪구오대사≫에 거론되어 있지 않은 왕경인과 後梁 太祖 사이의 일화를 서술하는 것으로 채워져 있다.

구체적으로 들어보면, 글의 앞부분에서 후량 태조가 조카 朱友寧(?~903)을 보내 靑州의 王師範을 공격하자, 왕경인이 왕사범을 구하려고 援軍으로 가서 梁軍과 전투하는 모습을 묘사한 부분이다. 특히 용맹한 왕경인의 모습을 보고 태조가 그를 꼭 휘하에 두고 싶다고 한 발언은 이후 그가 후량의 客將이 되어 활약하게 된 張本으로써 이를 통해 독자들은 이후 왕경인에 대한 태조의 知遇와 후량 장수들의 輕視를 이해할 수 있다.

왕경인은 十國 가운데 하나인 吳國의 太祖 楊行密과 同鄕으로, 그의 휘하 장수로 있다가 양행밀의 아들 楊渥이 자리를 계승하자 906년에 오국을 떠나 역시 십국 가운데 하나인 吳越國의 錢鏐(전류) 밑으로 들어간다. 이후 후량 태조를 위해 여러 차례 활약하였으나 결국 柏鄕에서 晉軍에 패하였고 末帝 때에는 霍山(霍丘)에서 朱瑾과의 전투에서 패한 뒤 얼마 못 가 病死하였다.

한편 왕경인의 마지막 전투였던 霍丘 전투를 놓고 ≪구오대사≫와 ≪신오대사≫에서 모두 왕경인이 후퇴하는 梁軍의 後尾를 맡아 양군이 크게 패하지 않을 수 있었다고 서술하였는데, 이에 대해 ≪구오대사≫의 주석에서는 ≪梁史≫에서 왕경인을 위해 그가 大敗한 사실을 忌諱한 것이라는 ≪九國志≫ 〈朱景傳〉의 내용을 인용하여 두 史書의 서술과 차이가 있음을 알 수 있다.

王景仁은 **廬州合肥人也**[1)]라 **初名茂章**이니 **少從楊行密**하야 **起淮南**하다 **景仁爲將**에 **驍勇剛悍**하고 **質略無威儀**하야 **臨敵**에 **務以身先士卒**하니 **行密壯之**하다

王景仁은 廬州 合肥 사람이다. 초명은 茂章이니 젊은 시절 楊行密을 따라 淮南에서 起兵하였다. 왕경인은 장수로서 지휘할 때 용맹하고 굳세며 질박하고 소탈하여 威儀를 내세우지 않아 적을 맞닥뜨렸을 때 힘써 병졸들보다 앞장서니 양행밀이 장하게 여겼다.

1) 廬州合肥人也 : ≪舊五代史≫와 ≪新五代史≫에는 '肥'가 모두 '淝'로 되어 있다.

梁太祖遣子友寧[1)]하야 **攻王師範于靑州**어늘 **師範乞兵於行密**하니 **行密遣景仁**하야 **以步騎七千**으로 **救師範**하다 **師範以兵背城爲兩柵**이어늘 **友寧夜擊其一柵**하니 **柵中告急**하야 **趣景仁出戰**이로되 **景仁按兵不動**이라 **友寧已破一柵**하고 **連戰不已**하다 **遲明**에 **景仁度**(탁)**友寧兵已困**하고 **乃出戰大敗之**하야 **遂斬友寧**하고 **以其首**로 **報行密**하다

梁 太祖가 조카 朱友寧을 보내 靑州에서 王師範을 공격하자 왕사범이 楊行密에게 援兵을 청하니, 양행밀이 王景仁을 보내 步兵과 騎兵 7천 명을 거느리고 왕사범을 구원하게 하였다.

왕사범이 군대를 거느리고 성을 등지고서 두 營柵을 만들었는데 주우녕이 한밤에 그중 한 영책을 격파하니, 영책 안에서 急報를 알리면서 왕경인에게 出戰하라고 재촉하였으나 왕경인은 군대를 주둔시킨 채 움직이지 않았다. 주우녕은 한 영책을 격파하고 나서 연이어 싸우면서 그치지 않았다.

새벽에 왕경인은 주우녕의 군대가 이미 지쳤으리라 판단하고 비로소 출전하여 크게 물리치고서, 마침내 주우녕을 斬首하고 그 머리를 가지고 양행밀에게 보고하였다.

1) 梁太祖遣子友寧 : ≪五代史纂誤≫ 卷上에 "지금 살펴보건대, 〈家人傳〉에 朱友寧은 바로 梁 太祖의 형 朱存의 아들이라고 하였고, 이후에 中書省에서 上議할 때도 모두 皇姪이라고 하였으니, 지금 여기에서 아들이라고 명명한 것은

착오이다.〔今按家人傳 友寧乃梁祖兄存之子 其後中書上議 亦皆謂之皇姪 今此以子名之 誤也〕"라고 하였다. 이에 따라 '子'의 번역을 '조카'라고 하였다.

是時에 **梁太祖方攻**鄆州라가 **聞子友寧死**하고 **以兵二十萬**으로 **倍道而至**라 **景仁閉壘示怯**이라가 **伺梁兵怠**하야 **毁柵而出**하야 **驅馳疾戰**이러니 **戰**酣에 **退坐**하야 **召諸將飮酒**하고 **已而復戰**이라 **太祖登高望見之**라가 **得靑州降人**하야 **問飮酒者爲誰**오하니 **曰王茂章也**라 **太祖歎曰 使吾得此人爲將**이면 **天下不足平也**라하다 **梁兵又敗**하니 **景仁軍還**이어늘 **梁兵急追之**하니 **景仁度不可走**하고 **遣裨將李虔裕**하야 **以衆一旅**로 **設覆於山下以待之**하고 **留軍不行**하고 **解鞍而寢**이라 **虔裕疾呼曰 追兵至矣**리니 **宜速走**라 **虔裕以死**遏**之**라한대 **景仁曰 吾亦戰於此也**라하야늘 **虔裕三請**하니 **景仁乃行而虔裕卒戰死**하다 **梁兵以故不能及而景仁得全軍以歸**하다

이때 梁 太祖가 바야흐로 鄆州를 공격하다가 조카 朱友寧이 죽었다는 소식을 듣고 군대 20만 명을 거느리고 곱절로 빨리 행군하여 당도하였다. 그러자 王景仁은 營壘를 닫고 겁을 먹은 듯한 모습을 보여주다가 梁나라 군대가 해이해진 틈을 엿보고서 營柵을 허물고 나와 내달려서 급히 전투하였는데, 전투가 한창인 와중에 물러나 앉아 장수들을 불러 함께 술을 마시고 잠시 뒤에 다시 전투하였다.

태조가 높은 곳에 올라 이 모습을 바라보다가 靑州의 투항한 병사를 데려와서 술을 마시는 자가 누구냐고 물으니 그가 王茂章이라고 대답하였다. 태조가 탄식하기를 "만약 내가 이 사람을 얻어 장수로 삼는다면 천하를 평정하는 게 어렵지 않을 것이다."라고 하였다.

梁나라 군대가 또 패하자 왕경인의 군대가 돌아가거늘 梁나라 군대가 급히 추격하니 왕경인은 달아날 수 없음을 헤아리고, 副將 李虔裕를 보내 한 부대의 군사들을 거느리고 산 아래 매복하여 적군을 기다리게 하고는 군대를 멈춰 행군하지 않고 말안장을 풀고서 잠을 잤다.

그러자 이건유가 큰소리로 외치기를 "추격병이 이를 것이니 급히 달아나야 합니다. 제가 죽는 한이 있더라도 추격병을 막겠습니다."라고 하자, 왕경인이 말하기를 "나 역시 여기서 싸울 것이다."라고 하였는데, 이건유가 세 번이나 거듭 청하니 왕경

인이 그제야 길을 나섰고 이건유는 결국 戰死하였다. 梁나라 군대가 이 때문에 그를 따라잡지 못하여 왕경인이 군대를 보전하여 回軍할 수 있었다.

景仁事行密하야 **爲潤州團練使**러니 **行密死**에 **子渥自宣州入立**하고 **以景仁**으로 **代守宣州**라 **渥已立**에 **反求宣州故時物**커늘 **景仁惜不與**하니 **渥怒**하야 **以兵攻之**라 **景仁奔于錢鏐**(류)[1]하니 **鏐表景仁領宣州節度使**하다 **梁太祖素識景仁**하야 **乃遣人召之**하니 **景仁間道歸梁**할새 **仍以爲寧國軍節度使**하고 **加同中書門下平章事**하다 **久之**에 **未有以用**하야 **使參宰相班**하야 **奉朝請**[2]**而已**라

王景仁은 楊行密을 섬겨 潤州團練使가 되었는데 양행밀이 죽자 아들 楊渥이 宣州에서 들어와 자리를 잇고 왕경인이 자기를 대신하여 선주를 지키게 하였다. 양악이 자리를 잇고 나서 선주에 본래 있던 물건을 돌이켜 구하였는데, 왕경인이 아까워하며 주지 않으니 양악이 노하여 군대를 거느리고 그를 공격하였다. 왕경인이 錢鏐에게 달아나니 전류는 왕경인을 表奏하여 宣州節度使를 맡게 하였다.

梁 太祖가 평소부터 왕경인을 알고 있어 이에 사람을 보내 그를 부르니, 왕경인이 사잇길을 따라 달아나 梁나라에 투항하기에 이어 寧國軍節度使로 삼고 同中書門下平章事를 더하여 제수하였다. 그런데 오래도록 그를 쓸 곳이 없어 宰相의 반열에 참여하여 朝請을 받들게 할 뿐이었다.

1) 錢鏐(류) : 852~932. 字는 具美, 小字는 婆留로, 杭州 臨安 사람이다. 五代十國 시기 吳越國을 세운 사람이다. 錢鏐는 唐末에 董昌을 따라 鄕里를 지켜 반란군을 막으니 여러 차례 승진하여 鎭海軍節度使가 되었다가, 뒤에 동창이 唐나라를 배반하여 稱帝하자 詔命을 받들어 동창을 토벌하고 鎭東軍節度使를 더하였다. 그는 杭州를 비롯한 兩浙 13州를 점거하여 唐・後梁・後唐으로부터 越王・吳王・吳越王・吳越國王에 봉해졌다.

2) 朝請 : 諸侯가 봄에 천자에게 조회하는 것을 朝라 하고, 가을에 조회하는 것을 請이라 한 데서 온 말이다. 참고로, 정기적으로 조회에 참여하는 것을 奉朝請이라 하는데, 퇴직한 대신이나 황실과 외척에게 봉조청의 명의를 주어 조회에 참가하도록 하였다.

開平[1]四年에 **以景仁爲北面招討使**하고 **將韓勍李思安等兵伐趙**하야 **行至魏州**에 **司天監[2]**이 **言太陰虧**하니 **不利行師**라하다 **太祖亟召景仁等還**이라가 **已而**오 **復遣之**하다 **景仁已去**에 **太祖思術者言**하야 **馳使者止景仁於魏以待**라 **景仁已過邢洺**일새 **使者及之**에 **景仁不奉詔**하고 **進營於柏鄕**하다 **乾化[3]元年正月庚寅**에 **日有食之**어늘 **崇政使敬翔白太祖曰 兵可憂矣**니이다 **太祖爲之旰(간)食[4]**하다 **是日**에 **景仁及晉人戰**하야 **大敗於柏鄕[5]**하다 **景仁歸訴於太祖**하니 **太祖曰 吾亦知之**라 **蓋韓勍李思安**이 **輕汝爲客而不從節度爾[6]**라하고 **乃罷景仁就第**라가 **後數月**에 **悉復其官爵**하다

開平 4년(910)에 王景仁을 北面招討使로 삼고 韓勍·李思安 등의 군대를 거느리고 趙州를 토벌해서 행군하여 魏州에 이르렀을 때, 司天監이 말하기를 "달이 이지러졌으니 출병하는 데 이롭지 않습니다."라고 하였다. 그러자 梁 太祖는 급히 왕경인 등에게 回軍하라고 불렀다가 이윽고 다시 출정하게 하였다.

왕경인이 떠난 뒤에 태조가 術者의 말을 생각하고서 使者를 급히 보내 왕경인을 위주에서 만류하여 기다리게 하였다. 그런데 왕경인이 벌써 邢州와 洺州를 지나갔기에 사자가 도착하자 왕경인은 詔命을 받들지 않고 전진하여 柏鄕에 營寨를 세웠다.

乾化 元年(911) 正月 庚寅日에 日食이 일어났는데, 崇政使 敬翔이 태조에게 아뢰기를 "이번 토벌이 걱정스럽습니다."라고 하였다. 태조는 이로 인해 밤늦게야 밥을 먹을 정도로 고심하였다.

이날에 왕경인이 晉나라 군대와 전투하여 백향에서 크게 패하였다. 왕경인이 돌아와 태조에게 고충을 토로하니, 태조가 말하기를 "나 또한 잘 알고 있다. 한경·이사안이 그대가 客人이라고 輕視하면서 그대의 지휘를 따르지 않았을 것이다."라고 하고, 왕경인을 파면하여 집으로 돌아가도록 하였다가 몇 개월 뒤에 그 官爵을 모두 회복하여 주었다.

1) 開平 : 後梁 太祖의 연호(907~910)이다.

2) 司天監 : 司天은 天象을 관찰하여 曆數를 考定하는 일을 하는 것으로, 司天監은 天文·曆數의 일을 관장하는 관청을 가리킨다.

3) 乾化 : 後梁 太祖의 연호(911~914)이다.

4) 旰(간)食 : 宵衣旰食의 준말로, 날이 새기 전에 일어나 옷을 입고 해가 진 후 늦게야 저녁을 먹는다는 뜻인바, 帝王이 政事에 부지런한 것을 이른다.
5) 乾化元年正月庚寅……大敗於柏鄕 : ≪五代史纂誤≫ 卷上에 "지금 살펴보건대, 〈梁太祖紀〉에서는 '乾化 元年(911) 봄 正月 丁亥日에 王景仁이 晉人과 柏鄕에서 싸워 패배하였다.'라고 하였고, 또 〈司天攷〉에서는 '건화 원년 봄 정월 丙戌日 초하루에 日食이 있었다.'라고 하였다. 그렇다면 史書에 기록한 것은 두 가지 일로 日食과 戰敗이다. 그런데 지금 〈사천고〉에서는 '정월 병술일 초하루에 일식이 있었다.'고 하였고, 〈本紀〉에서는 '정월 정해일에 戰敗하였다.' 고 썼는데, 〈王景仁傳〉에서는 '正月 庚寅日에 일식이 있었는데 이날 전패하였다.'고 하여, 세 군데서 기록한 것이 모두 같지 않으니 어느 것이 맞는지 모르겠다. 게다가 그 사이에 병술일과 경인일은 서로 닷새가 차이 나는데 모두 일식을 기록하였으니 이는 심한 착오이다.〔今按梁太祖紀云 乾化元年春正月丁亥 王景仁及晉人 戰于柏鄕 敗績 又司天攷云 乾化元年春正月丙戌朔 日有食之 然則史之所紀者 二事 日食與戰敗也 今司天攷則云 正月丙戌朔日食 本紀則書正月丁亥戰敗 而景仁傳則書正月庚寅日食 是日戰敗 三者所書皆不同 未知何者爲是 再其間丙戌庚寅相距五日 而皆書日食 此爲甚誤也〕"라고 하였는데, ≪廿二史考異≫ 권62에 "살펴보건대, 〈사천고〉에 '이해 정월 병술일 초하루에 日食이 있었다.'고 하였고, ≪五代會要≫에 '後梁 開平 5년 정월 병술일 초하루에 일식이 있었다.'고 하였으니 바로 건화 원년이다. ≪資治通鑑≫의 長曆으로 미루어보면 정월 초하루는 마땅히 병술일인데 여기서 庚寅日이라고 하면서 '朔'을 쓰지 않았으니 모두 잘못이다.〔按司天攷 是年正月丙戌朔 日有食之 五代會要 梁開平五年正月丙戌朔 日食 卽乾化元年也 以通鑑長曆推之 正月朔合是丙戌 此云庚寅 而不書朔 皆失之〕"라고 하고, 또 "살펴보건대, 〈梁本紀〉에 정월 정해일에 王景仁이 晉人과 백향에서 싸워 패하였다고 하였으니, 庚寅日도 아니고 日蝕이 일어난 날도 아니다. ≪五代會要≫ 〈月蝕篇〉을 살펴보니, '정월 2일에 唐 莊宗에게 백향에서 패하였다.'고 하였으니, 〈本紀〉에서 정해일이라고 한 것이 옳다. 그런데 吳蘭庭은 ≪五代史纂誤≫에서 역시 이 두 일을 거론하면서도 의심하고서 결단하지 못하였다. 그래서 특별히 考證하여 바로잡는다.〔按梁本紀正月丁亥 景仁及晉人戰於柏鄕 敗績 則非庚寅 亦非日蝕之日 考五代會要月蝕篇云 正月二日爲唐莊宗敗於柏鄕 則紀書丁亥日爲是矣 吳氏纂

誤亦擧此二事而疑而未決 故特攷正之〕"라고 하였다.

6) 景仁歸訴於太祖……輕汝爲客而不從節度爾 : ≪舊五代史≫에는 "晉나라 군대와 柏鄕에서 싸워 王師가 패하니 太祖가 몹시 노하여 그를 私第에 拘留하였다. 그렇지만 兩浙의 元勳이 천거하였고 뒷날 戰功을 바치게 하려고 하여 다만 平章事를 떼고 兵權을 내려놓게만 하였다.〔與晉軍戰於柏鄕 王師敗績 太祖怒甚 拘之私第 然以兩浙元勳所薦 且欲收其後效 止落平章事 罷兵柄而已〕"라고 하여, ≪新五代史≫의 내용과 조금 다르다.(≪舊五代史考異≫)

末帝立에 **以景仁爲淮南招討使**하야 **使攻廬壽**하니 **軍過獨山**할새 **山有楊行密祠**라 **景仁再拜號泣而去**하다 **戰于霍山**[1]하야 **梁兵敗走**어늘 **景仁殿而力戰**[2]이라 **以故**로 **梁兵不甚敗**하다 **景仁歸京師**하야 **病疽卒**하니 **贈太尉**하다

梁 末帝가 즉위하자 王景仁을 淮南招討使로 삼고서 廬州·壽州를 공격하게 하니, 군대가 獨山을 지나갈 때 산에 楊行密의 사당이 있는지라 왕경인이 再拜하고 號哭하고서 떠났다.

霍山에서 전투하여 梁나라 군대가 敗走하였는데 왕경인이 후미를 지키며 힘써 싸웠다. 이런 연유로 梁나라 군대가 크게 패하지는 않았다. 왕경인이 京師에 돌아와 종기가 나서 卒하니 太尉에 추증하였다.

1) 霍山 : 安徽省 天柱山의 별칭으로, 漢 武帝가 衡山이 너무 멀다고 하여 천주산에 岳祠를 옮기니 이후로 俗人들이 南岳이라고 하였다. 灊縣의 남쪽에 있는데 廬江에 속한다.

2) 戰于霍山……景仁殿而力戰 : ≪五代史纂誤≫ 卷上에 "지금 살펴보건대, 〈楊隆演世家〉에는 바로 '徐溫이 王景仁과 霍丘에서 싸웠다.'고 하였으니, 霍山이 아니다.〔今按楊隆演世家 乃是徐溫與景仁戰于霍丘 非霍山也〕"라고 하였고, 그 주석에 "살펴보건대, 薛居正의 ≪舊五代史≫ 및 ≪資治通鑑≫에는 모두 '霍丘'로 되어 있다."라고 하였다.

歐陽文忠公五代史抄 卷5

歸安 鹿門 茅坤 批評
孫男 闇叔 茅著 重訂

唐臣傳

01. 郭崇韜傳* 郭崇韜의 傳記

* 郭崇韜(?~926)는 字가 安時로 代州 鴈門 사람이다. 곽숭도의 列傳은 ≪舊五代史≫ 卷57 〈唐書 第33 列傳9〉와 ≪新五代史≫ 卷24 〈唐臣傳 第12〉에 실려 있다. 歐陽脩는 ≪구오대사≫에 3천 8백여 자 분량인 곽숭도의 傳記를 2천 7백여 자로 축약하여 서술하였는데, 그 내용을 간략하게 소개하면 다음과 같다.

열전의 전반부에서는 곽숭도가 中門使가 되어 後唐 莊宗의 총애를 받아 張文禮・王都・王彦章과의 전투에서 策略을 써서 이기고 마지막에 智謀를 발휘해 後梁을 멸망시키는 데 결정적인 공을 세운 일을 서술하여 곽숭도가 승승장구하며 榮華가 극에 달하였음을 드러내었다.

이에 반해 후반부에서는 곽숭도가 宦官과 伶人들에게 원한을 사게 되자 保身策을 강구하여 장종에게 총애받던 劉氏를 황후로 책립하는 데 힘을 써서 樞密使가 되기까지 하였으나, 이후 궁궐에 누각을 짓는 문제, 河南縣令 羅貫을 처벌하는 문제를 두고 환관의 讒訴를 받아 점점 몰락해가는 과정을 묘사하였다.

그리고 마지막에 가서는 급기야 蜀을 정벌한 뒤에 李繼岌의 의심과 환관들의 中傷으로 결국 자신이 책립했다고 할 劉后의 讒訴로 죽임을 당하는 과정을 서술하였다.

구양수는 곽숭도가 상승하고 추락하는 과정을 대비하여 몰입도를 높이는 구성을 취하였는데, 곽숭도의 굴곡이 심한 인생 역정은 후대의 문인들에게 깊은 관심의 대상이 된 듯하다. 다른 시대에 비해볼 때 五代의 인물을 다룬 史論을 찾기가 쉽지 않은 점을 감안하면 곽숭도를 다룬 史論은 꽤 여러 편이 있기 때문이다. 우선 ≪구오대사≫권57에 수록된 곽숭도 열전의 마지막에 수록된 史臣의 말은 明哲保身의 교훈을 말하였는데 그 내용을 들어보면 다음과 같다.

"무릇 몸을 내어 君主를 섬겨서 높은 지위를 얻고 좋은 시기를 만나면 功業을 추구하지 않을 수 없고 名望을 세우지 않을 수 없다. 그러나 공업을 이루고 명망을 성취하고 나면 명망이 무거워져 몸이 위태롭게 되어 참소하는 사람이 죄를 덧씌워서 美玉이 이에 먼저 절단되어 버린다. 그래서 곽숭도가 誅罰된 것은 바로 이 때문이다. 이를 통해 강대한 吳나라를 멸망시킨 뒤에 范蠡가 떠나고 齊나라 全域을 점령한 뒤에 樂毅가 出奔한 이유를 알 수 있으니, 만약 賢明한 자가 아니라면 누가 그 災禍를 벗어날 수 있겠는가! 明哲한 선비는 이것을 鑑戒로 삼아야 할 것이다.〔夫出身事主 得位遭時 功不可以不圖 名不可以不立 洎功成而名遂 則望重而身危 貝錦於是成文 良玉以之先折 故崇韜之誅 蓋爲此也 是知强吳滅而范蠡去 全齊下而樂生奔 苟非其賢 孰免其禍 明哲之士 當鑒於斯〕"

宋代 蘇軾(1037~1101)의 문인이었던 張耒(1054~1114)는 ≪古文眞寶≫에도 실려 있는 〈書五代郭崇韜卷後〉라는 유명한 글에서 "예로부터 大臣은 權勢가 이미 극도로 높고 富貴가 이미 가득 차서 더 이상 바랄 바가 없으면 물러나 一身을 위한 고려를 한다.……그 도모하는 일은 참으로 어려우니 생각함이 깊지 않고 계획함이 정교하지 않은 것이 아니지만 훗날 균열이 발생하는 것은 종종 지극히 깊고 지극히 정교한 데서 비롯한다. 이 때문에 正道로 하는 것만 못하다.……무릇 정도라는 것은 計較를 부리는 일이 없이 마땅히 해야 할 일을 행하는 것이니 〈이렇게 하면〉 비록 원수라 하더라도 감히 비판할 수 없다.〔自古大臣 權勢已隆極 富貴已亢滿 前無所希 則退爲身慮……其爲謀實難 不憂思之不深 計之不工 然異日釁之所起 往往自夫至深至工 是故莫若以正……夫正者無所事計也 行所當然 雖怨仇 不敢議之〕"라고 하여 處身의 이치를 말한 뒤 곽숭도의 일생을 요약하여 서술하였다.

이어 "謀略을 좋아하는 선비는 모략에 敗亡하고 辯論을 좋아하는 선비는 변론에 패망한다. 오직 道德을 갖춘 선비는 궁한 처지에 빠지지 않거니와 禍福의 變轉을 어찌 思慮로 궁구할 수 있겠는가.〔好謀之士 敗於謀 好辯之士 敗於

辯 惟道德之士 爲無所窮 而禍福之變 豈思慮能究之哉〕"라고 결론을 내어 곽숭도의 사례를 處世의 교훈으로 삼았다.

한편 소식의 아우 蘇轍(1039~1112)도 〈郭崇韜論〉이라는 史論을 지었는데, 거기에서 "자기 나라에 틈이 없은 뒤에야 남을 정벌할 수 있으니 자기 나라의 틈을 무릅쓰고 남을 정벌할 경우 적이 틈이 없으면 내가 그 재앙을 받게 되고 적이 틈이 있으면 나와 적이 다 패망하게 된다.〔國無釁而後可以伐人 冒釁以伐人 敵無釁則已受其災 敵有釁則我與敵皆斃〕"라고 前提한 뒤, 그 사례로 楚 靈王과 齊 湣王을 들었다. 이어 곽숭도 역시 국내의 틈을 바로잡을 생각은 하지 않고 一身의 安危만 도모할 요량으로 蜀이 혼란하여 틈이 생긴 것을 엿보고 출병하여 촉을 정벌하였는바, 이것이 곽숭도 본인이 환관과 劉后의 참소에 휘말려 죽임을 당하고 莊宗이 형제인 明宗의 반란에 패망한 원인이라고 하였다.

明代의 茅坤(1512~1601)은 陰險하고 邪僻한 유후가 측근에 있는 환관의 참소로 아들 李繼岌을 강권하여 곽숭도를 蜀에서 죽인 것이 明宗 李思源의 반란을 초래한 것이고 곽숭도가 죽지 않았다면 이계급이 촉에서나마 정권을 유지할 수 있었을 것이라고 안타까워하면서, 후세의 임금은 後宮을 경계해야 할 것이라는 교훈을 언급하였다. 이는 앞에 수록된 〈唐繼岌傳〉의 史評에 나오는 내용으로 두 열전을 함께 살펴보면 구양수의 立傳의 의도와 당시의 상황을 입체적으로 파악하는 데 도움이 된다.

이밖에도 清代의 趙翼(1727~1814)은 ≪二十二史箚記≫ 卷21에서 구양수의 ≪신오대사≫에 있는 贊들이 깊은 뜻을 품고 있다고 하면서 "〈張承業傳〉에서는 환관의 폐해를 있는 힘껏 논하였고, 곽숭도의 죽음이 환관의 참언에서 말미암은 것임을 밝혔다. 만약 곽숭도가 죽지 않았다면 그가 거느렸던 蜀을 정벌한 군사들이 모두 휘하에 있었을 것이니 명종이 장종의 천하를 차지해 그를 대신할 수 있었겠는가. 재난의 근본을 따져서 그 죄를 환관에게 돌린 것은 매우 절실하게 분명히 밝힌 것이라 할 수 있다."고 하여 모곤과 비슷한 논평을 하기도 하였다.

二傳은 摹倣史遷而得其髓矣라

두 列傳은 司馬遷의 ≪史記≫를 모방했으되 그 骨髓를 얻었다.

郭崇韜는 **代州雁門人也**니 **爲河東教練使**하다 **爲人明敏**하고 **能應對**하야 **以幹材見稱**하다

郭崇韜는 代州 雁門 사람이니 河東教練使를 지냈다. 사람됨이 明敏하고 應對를 잘하여 일처리에 뛰어난 재능이 있다고 일컬어졌다.

莊宗爲晉王에 **孟知祥**[1]**爲中門使**요 **崇韜爲副使**라 **中門之職**은 **參管機要**어늘 **先時**에 **吳珙張虔厚等**이 **皆以中門使**로 **相繼獲罪**러라 **知祥懼**하야 **求外任**한대 **莊宗曰 公欲避事**인댄 **當擧可代公者**라하니 **知祥乃薦崇韜爲中門使**하니 **甚見親信**하니라

唐 莊宗이 晉王이었을 때 孟知祥이 中門使였고 郭崇韜가 그 副使였다. 중문사라는 직무는 국가의 機務에 관여하였는데 이전에 吳珙·張虔厚 등이 모두 중문사로 있으면서 연달아 죄를 받았다. 맹지상이 이를 두려워하여 外任을 청하자, 장종이 말하기를 "公이 이 일을 피하려고 한다면 의당 공을 대신할 만한 이를 천거해야 하오."라고 하니, 맹지상이 이에 곽숭도를 천거하여 중문사로 삼으니 곽숭도가 장종에게 매우 친애와 신뢰를 받았다.

1) 孟知祥 : 874~934. 字는 保胤으로, 邢州 龍岡 사람이다. 五代十國 시기 後蜀을 세웠다. 孟知祥은 晉王 李克用의 조카사위로 後唐에서 매우 重用되어 中門使·馬步軍都虞候·北京留守 등을 역임하였고, 뒤에 西川節度使를 맡았다. 後唐 明宗 연간 맹지상은 점차 蜀에 근거하여 자립하려는 마음을 품고 후당의 명령을 듣지 않다가 결국 군대를 일으켜 반란하였다. 長興 4년(933)에 東川을 병탄하고 兩川 지역을 모두 점유하고서 檢校太尉 兼中書令 劍南兩川節度使를 배수하고 蜀王에 봉해졌다. 應順 元年(934) 正月에 맹지상은 成都에서 稱帝하고 後蜀을 建立하고 4월에 明德으로 改元하였다. 재위한 지 7개월 만에 61세로 세상을 떠났으며, 廟號는 高祖이다.

晉兵圍張文禮[1]**于鎭州**하야 **久不下**어늘 **而定州王都**[2]**引契丹入寇**라 **契丹至新樂**한대

晉人皆恐하야 欲解圍去어늘 莊宗未決하니 崇韜曰 契丹之來는 非救文禮라 爲王都以利誘之耳라 且晉新破梁軍하니 宜乘已振之勢요 不可遽自退怯이니이다 莊宗然之하니 果敗契丹하다 莊宗卽位하야 拜崇韜兵部尙書樞密使하다

晉나라 군대가 鎭州에서 張文禮를 포위하고서 오래도록 함락하지 못하였는데 定州 王都가 契丹의 군사를 끌어와서 침략하였다. 거란의 군대가 新樂에 이르자 晉나라 군대가 모두 두려워하여 포위를 풀고 떠나려 하였는데, 莊宗이 결단을 내리지 못하니 郭崇韜가 말하기를 "거란이 온 것은 張文禮를 구원하려 해서가 아니라 왕도가 이익으로 거란을 유인하였기 때문일 뿐입니다. 게다가 晉나라가 梁나라 군대를 지금 막 격파하였으니 이미 떨친 勝勢를 타야 할 것이요, 대뜸 스스로 겁먹고 물러나서는 안 됩니다."라고 하였다. 장종이 옳다고 여기니 과연 거란을 물리쳤다. 장종이 즉위하여 곽숭도를 兵部尙書 樞密使에 배수하였다.

1) 張文禮 : ?~921. 燕 지방 출신이다. 처음에 劉仁恭의 裨將이 되었는데 성품이 凶險하고 간사한 모략을 잘 꾸몄고 말투가 용렬하여 남들과 교제할 때 늘 不遜하게 굴었다. 劉守文을 따라 滄州에 갈 때 비정규 부대를 이끌었다. 後梁에서 成德節度使를 지냈다.

2) 王都 : ?~929. 본명은 劉雲郎으로 中山 陘邑 사람이다. 五代十國 초기에 義武節度使 王處直의 養子였다. 921년 왕처직이 비밀리에 耶律阿保機에게 연락하여 李存勖을 배반하였는데 定州의 장수들이 契丹과 연락하는 것을 원하지 않아 왕처직의 양자 王都를 추대하여 왕처직을 살해한 뒤 왕도는 後唐 이존욱에게 투항하였다. 이존욱은 자기 아들 李繼岌을 왕도의 딸에게 장가보내고 왕도를 義武軍節度使로 삼았다. 後唐 明宗 李嗣源이 즉위한 뒤 왕도를 싫어하여 安重誨와 함께 그를 제거할 방안을 논의하였는데, 왕도가 이 사실을 알아채고서 거란과 연락하여 후당을 배반하였다. 이사원은 大將 王晏球를 보내 왕도의 근거지 定州를 토벌하였다. 왕도는 한 해 남짓 굳게 지켰는데, 天成 4년(929) 定州城이 격파되자 왕도와 家屬들이 모두 스스로 불을 질러 죽었다.

梁王彦章[1]擊破德勝[2]하니 唐軍東保楊劉[3]어늘 彦章圍之라 莊宗登壘하야 望見彦

章爲重塹以絶唐軍하고 意輕之하야 笑曰 我知其心矣라 其欲持久以弊我也라하고 卽引短兵出戰이라가 爲彦章伏兵所射하야 大敗而歸하다 莊宗問崇韜計安出고하니 是時에 唐已得鄆州矣라 崇韜因曰 彦章圍我於此는 其志在取鄆州也라 臣願得兵數千하야 據河下流하야 築壘於必爭之地하되 以應鄆州爲名이면 彦章必來爭하리니 旣分其兵이면 可以圖也니이다 然板築之功은 難卒就하니 陛下日以精兵挑戰하야 使彦章兵으로 不得東이면 十日壘成矣[4]리이다 莊宗以爲然하고 乃遣崇韜與毛璋[5]將數千人夜行하야 所過에 驅掠居人하고 毁屋伐木하야 渡河築壘於博州東하야 晝夜督役하니 六日壘成이라 彦章果引兵急攻之[6]하니 時方大暑라 彦章兵熱死하야 及攻壘不克하야 所失大半하고 還趨楊劉한대 莊宗迎擊하야 遂敗之하다

梁나라 王彦章이 德勝을 격파하니 唐나라 군대가 동쪽으로 물러나 楊劉를 지켰는데 왕언장이 唐나라 군대를 포위하였다. 唐 莊宗이 營壘에 올라 왕언장이 깊은 구덩이를 파서 唐나라 군대의 퇴로를 끊어놓은 것을 바라보고 속으로 하찮게 여기면서 웃으며 말하기를 “나는 그의 의도를 알겠다. 그는 持久戰을 펼치면서 나를 지치게 하려는 것이다.”라고 하고, 곧장 짧은 병기를 든 병사들을 거느리고 出戰하였다가 왕언장의 伏兵에게 화살을 맞고 크게 패하여 돌아갔다.

장종이 郭崇韜에게 묻기를 “무슨 좋은 계책을 낼 수 있겠는가?”라고 하니, 이때에 唐이 이미 鄆州를 함락한지라 곽숭도가 이로 인하여 말하기를 “왕언장이 여기서 우리를 포위한 것은 그 뜻이 운주를 취하려는 데 있습니다. 신은 바라건대 수천 명의 군사를 거느리고 黃河의 下流를 占據하고서 반드시 빼앗아야 하는 곳에 堡壘를 수축하되 운주에 호응한다는 것으로 명분을 삼는다면, 왕언장이 반드시 와서 빼앗으려 할 것이니 그의 군대를 분산시키기만 하면 승리를 도모할 수 있을 것입니다. 그렇지만 修築하는 工役은 금방 이루기가 어려우니 陛下께서 날마다 精兵을 거느리고 그에게 싸움을 걸어 왕언장의 군대로 하여금 동쪽으로 오지 못하도록 해주신다면 열흘이면 보루가 완성될 것입니다.”라고 하였다.

장종이 그의 말을 옳게 여기고 이에 곽숭도와 毛璋을 보내 수천 명을 거느리고 밤에 행군하여 지나가는 곳마다 거주하는 백성들을 노략질하고 집을 부수며 나무를 잘라 황하를 건너 博州의 동쪽에 보루를 수축하고서 밤낮으로 공역을 督責하니 엿

새만에 보루가 완성되었다.

왕언장이 과연 군대를 이끌고 급히 공격하니 이때 한창 더위가 심한지라 왕언장의 군사들이 熱射病에 걸려 죽어 미처 보루를 공격하여 이기기도 전에 잃어버린 병사가 태반이나 되었고, 회군하여 양류에 다다르자 장종이 그를 맞아 공격하여 마침내 무찔렀다.

1) 王彦章 : 863~923. 字는 賢明으로, 鄆州 壽張 사람이다. 後梁의 名將으로, 朱溫이 후량을 세울 때 그는 전공으로 親軍將領이 되었고 刺史·防禦使·節度使를 역임하였다. 용맹하고 힘이 세서 전투할 때마다 항상 先鋒이 되었고 鐵槍을 들고 말을 달려 나는 듯이 돌격하니 軍中에서 王鐵槍이라고 불렀다. 뒤에 李存勖에게 사로잡혔는데 죽을지언정 항복하지 않겠다고 하여 참수당하였다.
2) 德勝 : 지금의 河南省 濮陽市 濮陽縣이다.
3) 楊劉 : 지금의 山東省 東阿縣 일대이다.
4) 十日壘成矣 : ≪舊五代史≫에는 '十日'이 '如三四日間'으로 되어 있다.(≪舊五代史考異≫)
5) 毛璋 : ?~929. 滄州 사람이다. 後梁 末에 戴思遠이 橫海軍節度使가 되었는데 毛璋이 대사원을 섬겨 軍校가 되었다. 晉나라가 魏博을 함락하자 대사원이 滄州를 버리고 도망가니 모장이 창주를 가지고 晉나라에 투항하여 그 功으로 貝州刺史가 되었다. 모장은 사람됨이 담력과 용맹이 있어 晉나라가 梁나라와 黃河 가에서 대치하고 있을 때 여러 차례 戰功을 세웠다. 後唐 莊宗이 梁나라를 멸망시키고 그를 華州節度使에 배수하였다.
6) 六日壘成 彦章果引兵急攻之 : ≪舊五代史≫에는 "사흘이 지나자 梁나라 군대가 과연 이르렀다.〔居三日 梁軍果至〕"라고 하였다.(≪舊五代史考異≫)

康延孝自梁奔唐하야 **先見崇韜**어늘 **崇韜延之臥內**하야 **盡得梁虛實**이라 **是時**에 **莊宗軍朝城**[1]하고 **段凝軍臨河**라 **唐自失德勝**으로 **梁兵日掠澶相黎陽衛州**하니 **而李繼韜以澤潞叛而**[2]**入于梁**하고 **契丹數**(삭)**犯幽涿**하고 **又聞延孝言梁方召諸鎭兵欲大擧**하고 **唐諸將皆憂惑**하야 **以謂成敗未可知**라 **莊宗患之**하야 **以問諸將**하니 **諸將皆曰 唐得鄆**

州로되 隔河難守니 不若棄鄆與梁하고 而西取衛州黎陽하야 以河爲界하야 與梁約罷兵毋相攻이면 庶幾以爲後圖니이다 莊宗不悅하야 退臥帳中하야 召崇韜問計하니 崇韜曰 陛下興兵仗義하야 將士疲戰爭하고 生民苦轉餉者가 十餘年矣라 況今大號已建하야 自河以北으로 人皆引首以望成功而思休息이라 今得一鄆州로되 不能守而棄之면 雖欲指河爲界나 誰爲陛下守之리잇고 且唐未失德勝時에 四方商賈가 征輸必集하야 薪芻糧餉이 其積如山이러니 自失南城하야 保楊劉로 道路轉徙에 耗亡大半이라 而魏博五州는 秋稼不稔하야 竭民而斂이라도 不支數月이니 此豈按兵持久之時乎리오 臣自康延孝來로 盡得梁之虛實하니 此眞天亡之時也라 願陛下分兵守魏하야 固楊劉而自鄆長驅하야 擣其巢穴이면 不出半月에 天下定矣라하니 莊宗大喜曰 此大丈夫之事也라하다 因問司天하니 司天言歲不利用兵이라하다 崇韜曰 古者命將에 鑿凶門而出[3)]이라 況成算已決하니 區區常談을 何足信也리오하니 莊宗卽日下令軍中하야 歸其家屬於魏하고 夜渡楊劉하야 從鄆州入襲汴(用)〔州〕[4)]하야 八日而滅梁[5)]하다 莊宗推功하야 賜崇韜鐵券하고 拜侍中成德軍節度使하고 依前樞密使하다

康延孝가 梁나라에서 唐나라로 도망쳐 와서 먼저 郭崇韜를 만났는데 곽숭도가 침실 안으로 맞이하여 梁나라의 虛實을 모두 알게 되었다. 이때에 唐 莊宗은 朝城에 주둔하였고 段凝은 臨河에 주둔하였다. 唐나라가 德勝을 잃어버린 뒤로 梁나라 군대가 날마다 澶州·相州·黎陽·衛州를 侵掠하니, 李繼韜는 澤州·潞州를 가지고 배반하여 梁나라에 투항하고, 契丹은 幽州·涿州를 자주 침범하였으며, 또 梁나라가 막 여러 鎭의 兵力을 소집하여 군대를 크게 일으키려 한다는 강연효의 말을 듣고는 唐나라의 장수들이 모두 근심하고 의혹하면서 전쟁의 成敗를 알 수가 없다고 여겼다.

장종이 이를 근심하여 장수들에게 물으니, 장수들이 모두 말하기를 "唐나라가 鄆州를 차지하였으나 黃河를 사이에 두고 있어 지키기가 어려우니, 운주를 버려 梁나라에 주고 서쪽으로 衛州와 黎陽을 취하여 황하를 경계로 삼고서 梁나라와 군대를 물려 서로 공격하지 않기로 약속하면 후일을 도모할 수 있을 것입니다."라고 하였다.

장종이 이 계책을 좋아하지 않아 軍幕에 물러나 누운 채로 곽숭도를 불러 계책을 물으니, 곽숭도가 말하기를 "陛下께서 大義를 내걸고 起兵하여 將士들이 戰爭에 지치고 백성들이 軍糧을 수송하느라 허덕인 지가 10여 년입니다. 더구나 지금은 국가의 大號를 이미 세워 황하 이북으로는 사람들이 모두 간절히 목을 뺀 채로 功業을 이루기를 바라고 휴식하기를 생각하고 있습니다. 지금 겨우 일개 운주를 함락하였는데도 지키지 못해 버린다면 비록 황하를 지정하여 경계로 삼고자 할지라도 누가 폐하를 위해 지키겠습니까. 게다가 唐나라가 아직 德勝을 잃지 않았을 때에 四方의 상인들이 징수하고 운반하는 물자들이 반드시 그곳에 모여 땔감과 꼴, 양식이 산처럼 쌓여 있었습니다. 그런데 南城을 잃고 楊劉를 지키면서부터 도로에서 옮기며 운반할 때 소모되는 물자가 태반입니다. 魏州와 博州 등 다섯 州는 가을걷이 철에 곡식이 여물지 않아 백성을 쥐어짜서 거두더라도 수개월을 버티지 못하니, 이 어찌 군대를 주둔하면서 오래 버티고 있을 때이겠습니까. 신은 강연효가 도망쳐 온 뒤로 梁나라의 허실을 모두 알게 되었으니 이는 참으로 하늘이 梁나라를 망하게 할 때입니다. 바라건대 폐하께서는 군대를 나누어 魏州를 지켜 양류를 튼튼하게 하고 운주에서 멀리 내달려 梁나라의 소굴을 부순다면 반달이 지나지 않아 천하가 통일될 것입니다."라고 하니, 장종이 크게 기뻐하면서 "이것이 大丈夫의 사업이다."라고 하였다.

이 일로 司天監에 자문하니, 사천감에서 말하기를 "올해는 군대를 움직이기에 이롭지 않습니다."라고 하였다. 곽숭도가 말하기를 "옛날 장수를 임명할 때 凶門을 뚫고 나가게 하였습니다. 하물며 논의를 마친 계책을 실행하기로 이미 결정하였으니 보잘것없는 이의 늘상 하는 이야기를 믿을 게 뭐가 있겠습니까?"라고 하니, 장종이 그날 즉시 軍中에 명령을 내려 그 家屬을 魏州에 돌려보내고 밤에 양류를 건너 운주에서 汴州로 쳐들어가서 여드레 만에 梁나라를 멸망시켰다.

장종이 論功行賞하여 곽숭도에게 鐵券을 하사하고 侍中 成德軍節度使에 제수하고 이전처럼 樞密使로 있도록 하였다.

1) 朝城 : 지금의 중국 山東省 莘縣 지역이다.

2) 而 : ≪新五代史≫에는 없다.

3) 鑿凶門而出 : ≪淮南子≫ 〈兵略訓〉에 "장군이 임금에게 斧鉞을 받고 나서, 수염을 깎고 明衣를 입고 凶門을 뚫고 나간다.〔鑿凶門而出〕"라고 하였는데, 高誘의 주에 "흉문은 북으로 나가는 문이다. 장군이 출전할 때 喪禮로 하는 것은 죽음을 각오하기 때문이다.〔凶門 北出門也 將軍之出 以喪禮處之 以其必死也〕"라고 하였다. 흉문은 北門으로, 고대에 장군이 출전할 때 북쪽 문을 부수고 나가서 必死의 각오를 드러냈다.

4) (用)〔州〕 : 저본에는 '用'으로 되어 있으나, ≪新五代史≫에 의거하여 '州'로 바로잡았다.

5) 從鄆州入襲汴(用)〔州〕 八日而滅梁 : ≪五代史記纂誤補≫ 卷2에 "삼가 살펴보건대, 汴州의 '州'자는 監本에 '用'으로 되어 있는데 任大椿은 '「用」자가 옳다.'고 하였다.〔謹案汴州之州字 監本作用 任氏大椿曰 用字是〕"라고 하였고, ≪五代史記纂誤續補≫ 卷2에 "살펴보건대, 南監本·彭注本에는 아래의 '州'자가 '用'자로 되어 있다.〔按南監本彭注本 下州字作用〕"라고 하였다.

莊宗與諸將으로 以兵取天下어늘 而崇韜未嘗居戰陣이요 徒以謀議居佐命[1]第一之功하야 位兼將相하야 遂以天下爲己任하야 遇事無所回避하니 而宦官伶人用事에 特不便也러라

莊宗이 장수들과 武力으로 천하를 취하였는데 郭崇韜는 戰場에 직접 있은 적이 없었고, 그저 謀議로 제왕의 창업을 보좌한 제일 큰 공훈을 차지하여 장군과 재상의 지위를 겸임하고서 마침내 천하를 다스리는 일을 자신의 사명으로 삼아 어떤 일을 만나더라도 회피하는 바가 없으니, 宦官과 伶人들이 권세를 휘두르는 데 있어 특히 불편하게 여겼다.

1) 佐命 : 제왕이 새로 天命을 받아 創業할 때 보좌하여 이루는 것을 말한다.

初에 崇韜與宦官馬紹宏[1]俱爲中門使어늘 而紹宏位在上이라 及莊宗卽位하야 二人當爲樞密使어늘 而崇韜不欲紹宏在己上하야 乃以張居翰[2]爲樞密使하고 紹宏爲宣徽使하다 紹宏失職怨望하니 崇韜因置內勾使하야 以紹宏領之하니 凡天下錢穀出入

于租庸者가 皆經內勾라 旣而오 文簿繁多하야 州縣爲弊라 遽罷其事하니 而紹宏尤側目이라 崇韜頗懼하야 語其故人子弟曰 吾佐天子하야 取天下러니 今大功已就에 而群小交興하니 吾欲避之하야 歸守鎭陽하야 庶幾免禍가 可乎아하니 故人子弟對曰 俚語에 曰 騎虎者勢不得下라하니 今公權位已隆하야 而下多怨嫉하니 一失其勢면 能自安乎아하다 崇韜曰 奈何오하니 對曰 今中宮未立而劉氏有寵하니 宜請立劉氏爲皇后하고 而多建天下利害以便民者라 然後退而乞身이면 天子以公有大功而無過라하야 必不聽公去리니 是는 外有避權之名而內有中宮之助하고 又爲天下所悅이니 雖有讒間이나 其可動乎아하니 崇韜以爲然하고 乃上書請立劉氏爲皇后하다

당초에 郭崇韜는 宦官 馬紹宏과 함께 모두 中門使가 되었는데 마소굉이 자신보다 직위가 높았다. 莊宗이 즉위하게 되자 두 사람이 樞密使가 되어야 했는데, 곽숭도는 마소굉이 자기 윗자리에 있는 것을 바라지 않아 이에 張居翰을 추밀사로 삼고 마소굉을 宣徽使로 삼았다.

마소굉이 추밀사의 직위를 잃어 곽숭도를 원망하니 곽숭도가 이로 인해 內勾使를 설치하여 마소굉이 거느리게 하니 租稅로 들고 나는 천하의 錢穀들이 모두 내구사를 거쳤다. 그런데 오래지 않아 文簿의 일이 너무 繁多하여 州縣들이 그 폐해를 입기에 갑자기 이 일을 폐지하니 마소굉이 더욱 원한을 품었다.

곽숭도가 몹시 두려워져서 벗과 子弟에게 말하기를 "내가 천자를 보좌하여 천하를 얻었는데 지금 큰 공업을 이루고 나자 소인배들이 분분하게 일어나니 내가 그들을 피하여 돌아가 鎭陽을 지킴으로써 災禍를 면할까 하는데, 가능하겠는가?"라고 하니, 벗과 자제가 대답하기를 "속담에 이르기를 '범을 타고 있는 자는 그 형세가 내려올 수 없다.'라고 합니다. 지금 공의 권세와 지위가 이미 매우 높아 아래에 원망하고 질시하는 이가 많으니 한번 그 권세를 잃으면 스스로 편안할 수 있겠습니까?"라고 하였다.

곽숭도가 "어떻게 해야 하겠는가?"라고 하자, 〈벗과 자제가〉 대답하기를 "지금 中宮이 아직 세워지지 않았는데 劉氏가 총애를 받고 있으니 유씨를 세워 皇后로 삼을 것을 청하고, 백성을 편하게 해줄 天下의 利害에 관한 일들을 많이 건의해야 할 것입니다. 그런 뒤에 은퇴하기를 구한다면 천자께서 공이 큰 공로가 있고 허물이 없다

고 여겨 반드시 공이 떠나는 것을 허락하지 않으실 것입니다. 이는 밖으로는 권세를 사양한다는 명분이 있고 안으로는 중궁의 도움이 있게 되는 것이며 또 천하 사람들에게 사랑을 받을 것이니, 비록 讒言과 이간질이 있더라도 〈공의 권세를〉 흔들 수 있겠습니까?"라고 하니, 곽숭도가 이 말을 옳게 여기고 이에 글을 올려 유씨를 세워 황후로 삼을 것을 청하였다.

1) 馬紹宏 : ?~932. 宦官이다. 처음에 孟知祥과 함께 中門使가 되었는데, 周德威가 죽은 뒤에 後唐 莊宗이 幽州를 겸병하면서 그에게 權知州事를 맡겼다.
2) 張居翰 : 857~928. 字는 德卿으로, 淸河 사람이다. 宦官이다. 唐 昭宗 때 範陽軍監軍이 되었다. 天復 연간에 환관들을 도륙할 때 節度使 劉仁恭이 보호하여 죽음을 면할 수 있었다. 뒤에 晉王을 따라 潞州를 함락하는 데 참여하여 昭義監軍을 맡았다. 莊宗이 즉위했을 때 그는 樞密使를 맡았으나 권세를 휘두르지 않았다. 前蜀의 王衍이 後唐에 항복하고 京師에 들어오는 도중에 장종이 그가 변심할 것을 염려하여 王衍 一行을 죽이라고 조서를 내렸는데 張居翰이 이 사실을 알고 '行'자를 '家'자로 고쳐 내려서 왕연을 수행한 천여 명이 죽음을 면할 수 있었다.

崇韜素廉이러니 **自從入洛**으로 **始受四方賂遺**하니 **故人子弟或以爲言**이어늘 **崇韜曰 吾位兼將相**하야 **祿賜巨萬**이니 **豈少此耶**리오 **今藩鎭諸侯**는 **多梁舊將**이니 **皆主上斬袪**(거)**射鉤**[1]**之人也**어늘 **今一切拒之**[2]면 **豈無反側**이리오 **且藏予私室**이 **何異公帑**이리오 **明年**에 **天子有事南郊**한대 **乃悉獻其所藏**하야 **以佐賞給**하다

郭崇韜는 평소 청렴하였는데 洛陽에 들어오고부터 비로소 四方에서 들어오는 뇌물을 받으니 벗과 자제 가운데 어떤 이가 이를 지적하여 말하자, 곽숭도가 말하기를 "내가 장수와 재상의 직위를 겸하고 있어 俸祿과 하사받은 재물이 巨萬이나 되니 어찌 이 재물이 부족하겠는가. 지금 藩鎭의 諸侯들은 梁나라의 옛 장수들이 많으니 모두 主上을 해치려고 했다가 신하가 된 사람들인데 지금 이들을 일절 물리친다면 어찌 원한을 품지 않겠는가. 더구나 나의 私家에 보관하는 것이 公家의 창고에 보관하는 것과 무엇이 다르겠는가."라고 하였다.

이듬해 천자가 南郊에서 하늘에 제사를 지내자 이에 그 보관하고 있던 재물을 다 바쳐 賞給에 보태었다.

1) 斬袪(거)射鉤 : 斬袪는 옷자락을 찢는 것으로, 春秋시대 晉 文公과 내시 披의 고사이다. 射鉤는 혁대의 갈고리를 쏘아 맞힌다는 말로, 齊 桓公과 管仲의 고사이다. 모두 자신을 해치려 했으나 뒤에 용서하여 신하로 받아들인 일을 가리킨다.

晉 獻公이 나중에 文公이 된 重耳를 죽이려고 내시로 있던 披를 보내자, 중이가 외국으로 도망쳤는데, 그때 중이가 담을 넘어 도망가므로, 피가 중이의 옷자락을 잡아 찢었다.〔披斬其袪〕 그 뒤에 중이가 다시 晉나라로 들어올 때 중이가 임금이 되어 복수할 것을 두려워한 呂甥과 郤芮(극예)가 公宮을 불태우려고 하였다. 이에 피가 중이에게 가 접견을 요청하니, 중이는 "내가 도망칠 때 너에게 찢긴 옷을 아직도 보관하고 있다."라고 하면서 접견을 거부하자, 피가 "신하가 임금의 명을 봉행함에 두 마음을 품지 않는 것이 옛날의 법도입니다. 君께서 만약 옛날의 원한을 잊지 않는다면 떠나가는 자가 아주 많을 것입니다."라고 하자, 중이가 접견을 허락하였다. 이로 인해 중이는 큰 혼란 없이 晉나라로 돌아와 임금의 자리에 올랐다.(≪春秋左氏傳≫ 僖公 5년, 24년)

한편 齊 襄公의 조정이 혼란에 빠지자, 그의 아우인 公子 糾는 魯나라로 달아나 管仲·召忽을 스승으로 삼았고, 다른 아우인 公子 小白은 莒(거)로 달아나 鮑叔을 스승으로 삼았다. 제 양공이 죽자 규와 소백이 서로 앞을 다투어 제나라로 돌아가 왕이 되려고 하였다. 관중이 군대를 거느리고 나가 길목을 차단하고 소백의 입국을 저지하면서 활을 쏘아 혁대의 갈고리를 맞히자, 소백이 거짓으로 죽은 체하였다가 먼저 입국하여 왕이 되었는데, 이 사람이 환공이다. 그런데 환공은 즉위한 뒤에 옛날의 원한을 기억하지 않고 관중을 재상으로 임용하여 결국 霸業을 이룩하였다.(≪春秋左氏傳≫ 僖公 5년)

2) 今一切拒之 : ≪五代史記纂誤續補≫ 卷2에 "살펴보건대, '今'자는 앞의 〈'今'자와〉 겹치니 삭제해도 된다.〔按今字複上 可去〕"라고 하였다.

莊宗已郊에 遂立劉氏爲皇后하다 崇韜累表自陳하야 請依唐舊制하야 還樞密使于內臣하고 而幷辭鎭陽한대 優詔不允하다 崇韜又曰 臣從陛下軍朝城하야 定計破梁할새

陛下撫臣背而約曰 事了에 **與卿一鎭**이라하더시니 **今天下一家**에 **(後)〔俊〕**[1]**賢竝進**이라 **臣憊矣**니 **願乞身如約**이라하니 **莊宗召崇韜**하야 **謂曰 朝城之約**은 **許卿一鎭**이요 **不許卿去**니 **欲捨朕**코 **安之乎**아하다 **崇韜因建天下利害二十五事**하야 **施行之**하다

莊宗이 南郊에서 하늘에 제사를 지낸 뒤 마침내 劉氏를 세워 皇后로 삼았다. 郭崇韜가 누차 表文을 올려 자기 의견을 진달하여 唐나라의 옛 제도를 따라 內臣에게 樞密使의 직무를 돌려주고 아울러 자기는 鎭陽으로 물러나기를 청하였는데 장종이 優渥한 조서를 내리며 윤허하지 않았다.

곽숭도가 다시 말하기를 "臣이 陛下를 따라 朝城에 주둔하여 梁나라 군대를 격파할 계책을 정할 때에 폐하께서 신의 등을 어루만지며 약속하시기를 '일을 마치면 卿에게 鎭 하나를 주겠다.'라고 하셨는데, 지금 천하가 통일되어 걸출하고 현명한 인재들이 모두 조정에 나오고 있습니다. 신은 지쳤으니 약속하신 대로 직책에서 물러나기를 바랍니다."라고 하니, 장종이 곽숭도를 불러 이르기를 "조성에서의 약속은 卿에게 鎭 하나를 허락한 것이지, 경이 떠나라고 허락한 것은 아니니 朕을 버리고 어디로 가려고 하는 것인가."라고 하였다. 곽숭도가 이에 天下의 利害에 관계된 25가지 일을 건의하여 시행하게 되었다.

1) (後)〔俊〕: 저본에는 '後'로 되어 있으나, ≪新五代史≫에 의거하여 '俊'으로 바로잡았다.

李嗣源[1]**爲成德軍節度使**하고 **徙崇韜忠武**[2]하니 **崇韜因自陳權位已極**에 **言甚懇至**라 **莊宗曰 豈可朕居天下之尊**하고 **使卿無尺寸之地**리오하야늘 **崇韜辭不已**어늘 **遂罷其命**하고 **仍爲侍中樞密使**하다

李嗣源이 成德軍節度使가 되고 郭崇韜를 忠武軍으로 옮겨주니 곽숭도가 이에 자신의 권세와 지위가 이미 극에 달했다고 진달하면서 〈사양하는〉 말이 몹시 간절하였다. 莊宗이 말하기를 "어찌 朕이 천하의 제일 높은 자리에 앉아서 경에게 작은 땅조차 없게 할 수 있겠는가?"라고 하였으나, 곽숭도가 사양하여 마지않자 마침내 그 임명을 철회하고 그대로 그를 侍中 樞密使에 임명하였다.

1) 李嗣源 : 後唐의 태조 晉王 李克用의 養子로, 이극용의 아들 莊宗 李存勖(재위 923~926)을 이어 후당의 임금이 된 明宗(재위 926~933)이다. 이 당시 이사원은 아직 즉위하지 않았다.

2) 李嗣源爲成德軍節度使 徙崇韜忠武 : ≪五代史記纂誤補≫ 卷2에 "삼가 살펴보건대, 薛居正의 ≪舊五代史≫ 〈莊宗紀〉에는 '莊宗이 李嗣源을 鎭帥로 삼고 郭崇韜를 옮겨 汴州를 겸하여 맡도록 하였다.'라고 하였고, ≪冊府元龜≫에는 '同光 연간에 곽숭도가 거듭 表文을 올려 鎭을 사양하자 批答하기를, 「卿은 처음 常陽을 바치고 上將을 돌려보낼 것을 청하였고, 또 梁苑을 겸하여 맡을 수 없다고 말하였으니 거듭 汴州를 사양한 것은 의당 윤허한다.」고 하였다.'라고 하였다. 대개 이사원이 먼저 宣武를 鎭守하고 있을 때 곽숭도가 실제로 成德을 맡고 있었으니 여기서 서로간에 그 자리를 바꾸려고 했던 것이다. 이 부분의 忠武는 마땅히 宣武의 착오이다.〔謹案薛史莊宗紀 帝欲以李嗣源爲鎭帥 移郭崇韜兼領汴州 冊府元龜 同光中 崇韜再表辭鎭 批答曰 卿始納常陽 請歸上將 又稱梁苑不可兼權 其再讓汴州 所宜依允 蓋嗣源先鎭宣武 崇韜實領成德 玆欲互易其處也 此忠武當是宣武之誤〕"라고 하였다.

同光[1]三年夏에 霖雨不止하야 大水害民田하니 民多流死라 莊宗患宮中暑濕不可居하야 思得高樓避暑하다 宦官進曰 臣見長安全盛時에 大明興慶宮[2]에 樓閣百數러니 今大內가 不及故時卿相家라하다 莊宗曰 吾富有天下하니 豈不能作一樓리오하고 乃遣宮苑使王允平營之하다 宦官曰 郭崇韜眉頭不伸하야 嘗[3]爲租庸惜財用하니 陛下雖欲有作이나 其可得乎리잇가하다 莊宗乃使人問崇韜曰 昔吾與梁對壘於河上할새 雖祁寒盛暑에 被甲跨馬라도 不以爲勞러니 今居深宮蔭廣厦언마는 不勝其熱은 何也오한대 崇韜對曰 陛下昔以天下爲心이러시니 今以一身爲意하니 艱難逸豫에 爲慮不同은 其勢自然也니이다 願陛下無忘創業之難하야 常如河上하시면 則可使繁暑坐變清涼이라하니 莊宗默然이라가 終遣允平起樓하니 崇韜果切諫이라 宦官曰 崇韜之第가 無異皇居하니 安知陛下之熱이릿고하다 由是로 讒間愈入하다

同光 3년(925) 여름에 장맛비가 그치지 않아 큰물이 民田에 피해를 입히니 유랑

하다 죽는 백성들이 많았다. 莊宗은 宮中이 무덥고 습해 지내지 못하겠다고 힘들어 하면서 높은 樓閣을 세워 더위를 피하려고 생각하였다.

宦官이 나아와 말하기를 "신은 長安이 전성했던 시절에 大明宮과 興慶宮에 樓閣이 백으로 헤아리던 것을 보았는데 지금은 大內가 그 시절 卿相의 저택에도 미치지 못합니다."라고 하였다. 장종이 말하기를 "내가 천하를 소유하였으니 어찌 누각 하나를 짓지 못하겠는가."라고 하고, 이에 宮苑使 王允平을 보내 누각을 짓게 하였다. 宦官이 말하기를 "郭崇韜가 미간을 찌푸리면서 租稅 문제로 재물 쓰기를 아까워하니 폐하께서 비록 누각을 지으려 하시더라도 이룰 수 있겠습니까?"라고 하였다.

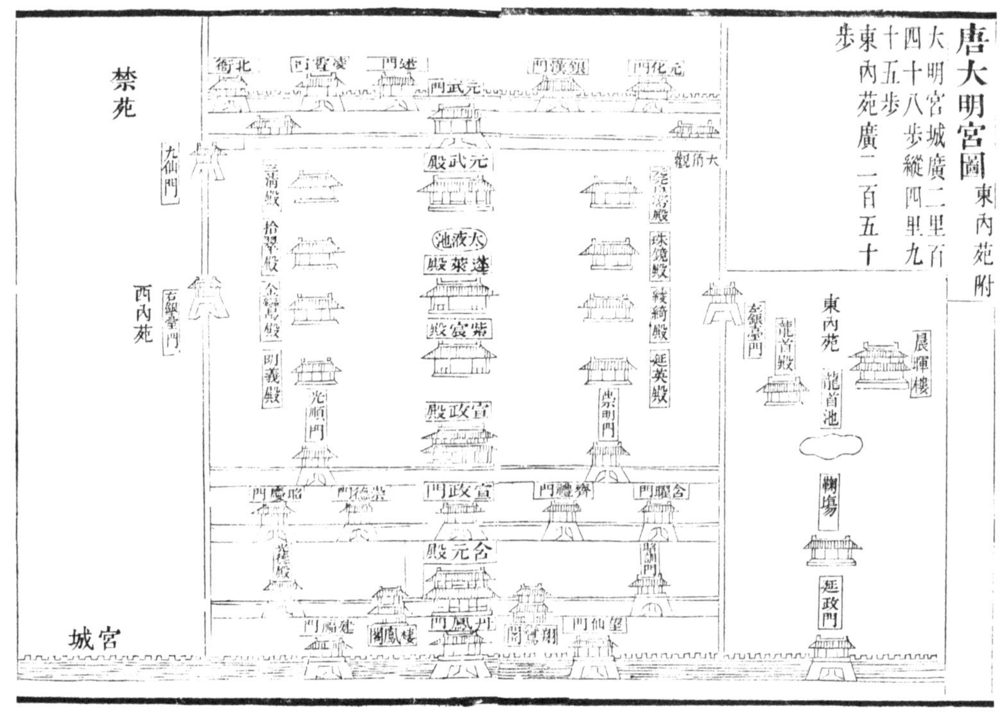

唐大明宮圖

장종이 이에 사람을 보내 곽숭도에게 묻기를 "과거에 내가 黃河 가에서 梁나라 군대와 對峙하고 있을 때엔 비록 추운 겨울이나 무더운 여름에 갑옷을 입은 채 말을 타고 있더라도 힘들다고 느끼지 않았었는데, 지금은 깊은 궁궐에 지내면서 큰 집이 그늘을 만들어주고 있건만 이 더위를 이기지 못하는 것은 어째서인가?"라고 하자,

곽숭도가 대답하기를 "폐하께서 과거에는 천하를 자신의 소임으로 여기셨는데 지금은 본인 一身만 생각하시니, 힘들 때와 편할 때 걱정하는 사정이 다른 것은 그 상황이 절로 그러한 것입니다. 바라건대, 폐하께서는 創業의 어려움을 잊지 마시어 늘 마치 황하 가에 있는 것처럼 여긴다면 무더위가 이로 인해 청량하게 변할 수 있을 것입니다."라고 하니, 장종이 말없이 듣기만 하였다. 그러다 결국 왕윤평을 보내 누각을 세우니 곽숭도가 과연 간절하게 直諫하였다.

환관이 말하기를 "곽숭도의 저택이 황제의 거처와 다름이 없으니 어찌 폐하가 더위에 시달리시는 것을 알겠습니까?"라고 하였다. 이로부터 이간질하는 참소가 점점 황제에게 들어가게 되었다.

1) 同光 : 後唐 莊宗의 연호(923~925)이다.
2) 大明興慶宮 : 長安을 三內로 구분하여, 서쪽에 있는 皇城을 西內라 하고, 大明宮을 東內라 하고, 興慶宮을 南內라고 불렀다. 安史의 난 이후 태자였던 肅宗이 즉위하고 玄宗은 巴蜀에서 돌아와 太上皇이 되어 실권을 잃은 채 홍경궁에 거처하며 晩年을 쓸쓸히 보낸 일이 있다.
3) 嘗 : ≪新五代史≫에는 '常'자로 되어 있다.

河南縣令羅貫은 **爲人彊直**하야 **頗爲崇韜所知**라 **貫正身奉法**하야 **不受權豪請託**이요 **宦官伶人有所求請**하야 **書積几案**이라도 **一不以報**하고 **皆以示崇韜**라 **崇韜數**(삭)**以爲言**하니 **宦官伶人**이 **由此切齒**하니라 **河南自故唐時張全義爲尹**으로 **縣令多出其門**하야 **全義厮養畜之**러니 **及貫爲之**하야 **奉全義不屈**하고 **縣民恃全義爲不法者**를 **皆按誅之**라 **全義大怒**하야 **嘗使人告劉皇后**하니 **從容爲白貫事**하고 **而左右日夜共攻其短**이로되 **莊宗未有以發**이라

河南 縣令 羅貫은 사람됨이 彊直하여 자못 郭崇韜에게 知遇를 받았다. 나관은 몸가짐을 바르게 하고 법대로 공무를 집행하여 權貴나 富豪의 청탁을 접수하지 않았고, 宦官이나 伶人이 요청하는 일이 있어 그 書信이 책상에 가득 쌓이더라도 일절 답장을 하지 않고 모두 곽숭도에게 가져다 보여주었다. 곽숭도가 자주 이 일을 가지고 말하니 환관과 영인들이 이로 인해 이를 갈았다.

河南은 예전 唐나라 때 張全義가 河南尹을 맡은 이래로 縣令들이 그의 문하에서 많이 배출되어 장전의가 하인처럼 그들을 부렸는데, 나관이 현령을 맡고 나서는 장전의를 모시면서 굽히지 않고 장전의를 믿고 不法을 저지르는 縣民들을 모두 國法에 따라 誅罰하였다.

장전의가 크게 노하여 사람을 보내 劉皇后에게 고하니 유황후가 조용히 나관의 일을 황제에게 아뢰었고, 左右에서 모시는 자들이 밤낮으로 함께 나관의 단점을 공격하였으나 莊宗은 이 일을 거론하지 않았다.

皇太后崩에 **葬坤陵**하니 **陵在壽安**이라 **莊宗幸陵作所**에 **而道路泥塗橋壞**라 **莊宗止輿**하고 **問誰主者**오 **宦官曰 屬河南**이니이다 **因亟召貫**하니 **貫至**하야 **對曰 臣初不奉詔**하니 **請詰主者**라하다 **莊宗曰 爾之所部**어늘 **復問何人**고하고 **卽下貫獄**한대 **獄吏搒掠**하야 **體無完膚**라 **明日**에 **傳詔殺之**한대 **崇韜諫曰 貫罪無他**요 **橋道不修**니 **法不當死**라하다 **莊宗怒曰 太后靈駕將發**하야 **天子車輿往來**에 **橋道不修**어늘 **卿言無罪**라하니 **是**는 **朋黨也**라하니 **崇韜曰 貫雖有罪**나 **當具獄行法于有司**니이다 **陛下以萬乘之尊**으로 **怒一縣令**하야 **使天下人言陛下用法不公**하면 **臣等之過也**라하다 **莊宗曰 貫**은 **公所愛**니 **任公裁決**이라하고 **因起入宮**하니 **崇韜隨之**하야 **論不已**어늘 **莊宗自闔殿門**하야 **崇韜不得入**이라 **貫卒見殺**하니라

皇太后가 붕어하자 坤陵에 장사 지내니 곤릉은 壽安에 있었다. 莊宗이 陵墓를 짓고 있는 곳에 거둥할 때 도로는 진흙탕인 데다 다리가 무너져 있었다. 장종이 御駕를 멈추고 이 지방을 누가 맡아 다스리는지 묻자, 宦官이 말하기를 "이곳은 河南縣에 속해 있습니다."라고 하였다.

이로 인해 급히 羅貫을 소환하니 나관이 이르러 대답하기를 "신은 애초 詔書를 받은 적이 없으니 관장하는 자에게 묻기를 청합니다."라고 하였다. 장종이 말하기를 "이곳은 너의 관할인데 다시 누구에게 책임을 묻는 것인가?"라고 하고 곧장 나관을 감옥에 넣자, 獄吏가 그를 매질하여 몸에 온전한 살이 없었다.

이튿날 조서를 내려 그를 사형에 처하려 하자, 郭崇韜가 諫言을 올려 "나관은 다른 죄가 없고 다리와 도로를 改修하지 않은 것이니 법에 비추어볼 때 사형에 처해서

는 안 됩니다."라고 하였다.

장종이 노하여 "太后의 상여가 출발하려 하여 천자의 수레가 왕래하려 할 때 다리와 도로를 개수하지 않았는데 卿이 그의 죄가 없다고 말하니 이는 그와 朋黨을 이룬 것이다."라고 하니, 곽숭도가 말하기를 "나관이 비록 죄가 있으나 의당 해당 관사에서 獄案을 갖추어 법을 집행해야 합니다. 폐하께서 萬乘의 천하를 다스리는 존엄한 지위에 계시면서 일개 縣令에게 노하여 천하 사람들이 폐하께서 법을 집행하시는 것이 공정하지 못하다고 수군거리게 한다면 이는 신들의 잘못인 것입니다."라고 하였다.

장종이 말하기를 "나관은 공이 아끼는 자이니 공이 마음대로 裁決하라."라고 하고는, 이어 일어나 궁궐로 들어가니 곽숭도가 장종을 뒤따르며 쉬지 않고 諍論하였는데, 장종이 직접 殿門을 닫아걸어 곽숭도가 따라 들어갈 수가 없었다. 나관은 결국 사형을 당하였다.

明年征蜀[1)]에 **議擇大將**하니 **時**에 **明宗爲總管**이라 **當行**이나 **而崇韜以讒見危**하야 **思立大功爲自安之計**하고 **乃曰 契丹**이 **爲患北邊**하니 **非總管**이면 **不可禦**나 **魏王繼岌**[2)]은 **國之儲副**며 **而大功未立**이요 **且親王爲元帥**가 **唐故事也**라하다 **莊宗曰 繼岌**은 **小子**니 **豈任大事**리오 **公爲我擇其副**하라 **崇韜未及言**이어늘 **莊宗曰 吾得之矣**라 **無以易卿也**로다하고 **乃以繼岌爲西南面行營都統**하고 **崇韜爲招討使**하야 **軍政皆決崇韜**하다

이듬해 蜀을 정벌할 때 大將을 선발하는 일을 논의하니 이때 唐 明宗(李思源)이 總管인지라 마땅히 가야 했다. 그러나 郭崇韜는 참소를 당해 위험한 처지에 빠져 큰 공훈을 세워 자신을 보전하는 계책으로 삼으려고 생각하고서, 이에 말하기를 "契丹이 北邊에서 근심을 끼치니 총관이 아니면 거란을 막을 수가 없지만, 魏王 李繼岌은 국가의 元子이며 아직 큰 공훈을 세우지 못했고 또한 親王이 元帥를 맡는 것은 唐나라 때의 관례입니다."라고 하였다.

莊宗이 말하기를 "繼岌은 아직 어린아이이니 어찌 국가의 대사를 맡기겠는가? 공이 나를 위해 그 副將을 선발하라."고 하였다. 곽숭도가 미처 대답하지 못했는데, 장종이 말하기를 "내가 알았다. 卿을 대신할 이가 없다."라고 하고는, 이에 이계급을

西南面行營都統으로 삼고 곽숭도를 招討使로 삼아 軍政을 모두 곽숭도에게 결정하게 하였다.

1) 明年征蜀 : ≪五代史記纂誤續補≫ 卷2에 "살펴보건대, 〈莊宗本紀〉에서 同光 3년 8월에 羅貫을 죽이고 9월에 蜀을 토벌하였으니 이 부분의 '明年'자는 착오이다.〔按本紀同光三年八月 殺羅貫 九月伐蜀 此明年字誤〕"라고 하였다.
2) 魏王繼岌 : 後唐 莊宗 李存勖의 아들 李繼岌(?~926)이다. 장종이 즉위하였을 때 北都留守가 되었다가 判六軍諸衛事를 맡았고 승진하여 檢校太尉 同中書門下平章事 興聖宮使가 되었다. 同光 3년(925)에 晉에서 魏王에 봉하고 西南行營都統으로 군대를 거느리고 前蜀을 공격하게 하여 전촉을 멸망시키자 王衍이 투항하였다. 회군하여 渭南에 이르렀을 때 장종이 明宗 李思源에게 敗亡하였다는 소식을 듣고 군대가 흩어지자 스스로 목을 매어 죽었다.

唐軍入蜀에 **所過迎降**이어늘 **王衍弟宗弼**이 **陰送款于崇韜**하야 **求爲西川兵馬留後**하니 **崇韜以節度使許之**하다 **軍至成都**하니 **宗弼遷衍于西宮**하고 **悉取衍嬪妓珍寶**하야 **奉崇韜及其子廷誨**하다 **又與蜀人列狀見魏王**하야 **請崇韜留鎭蜀**한대 **繼岌頗疑崇韜**어늘 **崇韜無以自明**하야 **因以事斬宗弼及其弟宗渥宗勳**하고 **沒其家財**하니 **蜀人大恐**하다

唐나라 군대가 蜀에 쳐들어갈 때 지나는 곳마다 사람들이 영접하며 투항하였는데, 王衍의 아우 王宗弼이 은밀히 郭崇韜에게 투항의 뜻을 보내면서 西川兵馬留後가 되기를 구하니 곽숭도가 節度使를 주기로 허락하였다.

唐나라 군대가 成都에 이르니 왕종필이 왕연을 西宮에 옮기고 왕연의 嬪妓와 珍寶를 모두 차지하고서 곽숭도 및 그의 아들 郭廷誨를 받들었다.

또 蜀人들과 함께 連名으로 글을 올려 魏王을 알현하여 곽숭도를 남겨 蜀을 鎭守하게 해달라고 청하자 李繼岌이 자못 곽숭도를 의심하였는데, 곽숭도가 자신을 해명할 길이 없어 이에 어떤 일을 가지고 왕종필 및 그 아우 王宗渥·王宗勳을 참수하고 그 가문의 재산을 몰수하니, 촉인들이 몹시 두려워하였다.

崇韜素嫉宦官하야 **嘗謂繼岌曰 王有破蜀功**하니 **師旋**이면 **必爲太子**리이다 **俟主上千**

秋萬歲[1]**後**에 **當盡去宦官**하고 **至於扇馬**하야도 **亦不可騎**라하다 **繼岌監軍李從襲等**이 **見崇韜專任軍事**하고 **心已不平**이러니 **及聞此言**하야 **遂皆切齒**하야 **思有以圖之**하다

郭崇韜가 평소 宦官들을 미워하여 일찍이 李繼岌에게 이르기를 "親王께서 蜀을 정벌한 공훈이 있으니 군대가 개선하면 반드시 太子가 되실 것입니다. 主上께서 千秋萬歲하시길 기다린 뒤에 〈제위에 오르시면〉 응당 환관들을 모조리 제거하여야 하고 불깐 말조차도 타서는 안 됩니다."라고 하였다.

이계급의 監軍 李從襲 등이 곽숭도가 軍事의 專權을 행사하는 것을 보고 마음에 이미 불평스러워하고 있었는데, 이 말을 듣고 나서는 마침내 모두 이를 갈면서 곽숭도를 도모하려고 생각하였다.

1) 千秋萬歲 : 帝王의 죽음을 완곡하게 이르는 말이다.

莊宗聞破蜀하고 **遣宦官向**(상)**延嗣勞軍**이어늘 **崇韜不郊迎**한대 **延嗣大怒**하야 **因與從襲等**으로 **共構之**하다 **延嗣還**하야 **上蜀簿**하니 **得兵三十萬**과 **馬九千五百匹**과 **兵器七百萬**과 **糧二百五十三萬石**과 **錢一百九十二萬緡**과 **金銀二十二萬兩**과 **珠玉犀象二萬文**과 **錦綾羅五十萬匹**하다 **莊宗曰 人言蜀天下之富國也**라하야늘 **所得**이 **止於此邪**(야)아한대 **延嗣因言蜀之寶貨皆入崇韜**라하고 **且誣其有異志**하야 **將危魏王**하니 **莊宗怒**하야 **遣宦官馬彦珪至蜀**하야 **視崇韜去就**하다 **彦珪以告劉皇后**하니 **劉皇后敎彦珪矯詔魏王殺之**하다

莊宗이 蜀을 격파했다는 말을 듣고 宦官 向延嗣를 보내 군대를 위로하였는데, 郭崇韜가 蜀의 郊外에서 그를 영접하지 않자 상연사가 크게 노하여 이에 李從襲 등과 함께 일을 꾸며 해치려고 하였다.

상연사가 京師로 돌아와 蜀의 〈兵馬와 재물을 기록한〉 帳簿를 올리니 군사 30만 명, 말 9,500匹, 兵器 7백만 개, 양식 253만 石, 錢 192만 緡, 金銀 22만 兩, 진주・玉器・무소뿔・상아 2만 개, 각종 비단 50만 匹을 얻었다.

장종이 말하기를 "사람들이 蜀은 천하의 富國이라고 말들 하는데 얻은 것이 이것뿐인가?"라고 하자, 상연사가 이에 蜀의 寶貨가 모두 곽숭도에게 들어갔다고 말하

고, 또 그가 다른 뜻을 품고서 장차 魏王을 위태롭게 하려 한다고 誣告하니, 장종이 노하여 宦官 馬彦珪를 보내 蜀에 이르러 곽숭도의 去就를 살피게 하였다.

마언규가 이를 劉皇后에게 보고하니 유황후가 마언규에게 거짓 詔書를 꾸며서 위왕에게 내려 곽숭도를 죽이게 하였다.

崇韜有子五人에 **其二從死于蜀**하고 **餘皆見殺**이요 **其破蜀所得**은 **皆籍沒**하다 **明宗卽位**에 **詔許歸葬**하고 **以其太原故宅**으로 **賜其一孫**하다

郭崇韜는 아들이 다섯이었는데 그중 두 명은 蜀에서 곽숭도를 따라 죽었고 나머지는 모두 피살되었으며 蜀을 격파하여 얻은 재물들은 모두 籍沒되었다. 唐 明宗이 즉위하자 조서를 내려 고향으로 돌아가 장사 지내는 것을 허락하고, 太原에 있는 그의 옛집을 그의 한 손자에게 하사하였다.

當崇韜用事時하야 **自宰相豆盧革韋悅等**으로 **皆傾附之**라 **崇韜父諱弘**이니 **革等卽因他事**하야 **奏改弘文館爲崇文館**하다 **以其姓郭**으로 **因以爲子儀**[1]**之後**러니 **崇韜遂以爲然**하다 **其伐蜀也**에 **過子儀墓**하야 **下馬號慟而去**하니 **聞者頗以爲笑**라 **然崇韜盡忠國家**하고 **有大略**이라 **其已破蜀**에 **因遣使者**하야 **以唐威德**으로 **風諭南詔**[2]**諸蠻**하야 **欲因以綏來之**하니 **可謂有志矣**로다

郭崇韜가 권세를 잡았을 때에는 宰相 豆盧革・韋悅 등을 비롯하여 모두 그에게 빌붙었다. 곽숭도의 부친은 諱가 弘이니 두로혁 등이 다른 일을 빙자하여 弘文館을 崇文館으로 고칠 것을 상주하였다.

郭子儀

그의 姓이 郭이었기에 이에 郭子儀의 후손이라고 하였는데 곽숭도가 마침내 이 일을 사실로 여겼다. 곽숭도가 蜀을

정벌할 때 곽자의의 墓에 들러 말에서 내려 통곡하고 떠나가니 이 일을 들은 이들이 자못 가소롭게 여겼다.

그러나 곽숭도는 國家에 충성을 다하였고 큰 智略이 있었다. 그가 蜀을 격파하고 나서 이어 사신을 보내어 唐나라의 威武와 恩德으로 南詔의 蠻族들에게 曉諭하여 이를 통해 그들을 按撫하고 來朝하게 하려 하였으니 큰 뜻이 있었다고 할 만하다.

1) 子儀 : 697~781. 唐나라 때 명장 郭子儀로, 華州 사람이다. 安祿山의 난 때에 朔方節度使가 되어 河北에서 史思明을 패퇴시켰다. 肅宗이 즉위한 뒤 關內河東副元帥로서 回紇의 군사와 연합하여 長安과 洛陽을 수복하였다. 그 후로도 수많은 공을 세워 벼슬이 中書令에 이르렀으며, 汾陽郡王에 봉해졌다. 代宗 때에는 회흘과 연합하여 토번의 침략을 막아내었다. 시호는 忠武이다. 누구보다 강한 충직함과 겸손함으로 끝없는 전란과 무능한 군주, 간신의 모함 속에서도 화를 입지 않고 역경을 넘길 수 있었다. 德宗 때에는 尙父라는 호를 받았다.(≪新唐書≫ 卷137 〈郭子儀列傳〉)

2) 南詔 : 7세기 무렵 티베트어와 미얀마어 계통의 민족이 중국의 雲南·四川·貴州 일대에 세운 국가이다. 738년 六詔를 통일하며 唐을 위협할 정도로 강력한 왕국으로 성장하였다.

02. 安重誨傳* 安重誨의 傳記

* 安重誨(?~931)는 沙陀族 출신으로 河東 應州 사람이다. 안중회의 列傳은 ≪舊五代史≫ 卷66 〈唐書 第42 列傳18〉과 ≪新五代史≫ 卷24 〈唐臣傳 第12〉에 실려 있다.

≪구오대사≫는 宋代 이후 ≪신오대사≫의 영향력이 확대되면서 金나라 때부터 점점 자취를 감춰 현재 전하는 판본은 淸代에 ≪永樂大全≫과 ≪冊府元龜≫ 등을 위주로 여타 서적들을 참고하여 만든 輯佚本인데, 이러한 집일의 불완전한 양상을 잘 드러내고 있는 대표적인 편을 들면 〈梁書 太祖紀〉와 〈安重誨傳〉이라 하겠다. 〈안중회전〉은 현재 ≪구오대사≫에 대략 1천 1백여 자 정도만 복원되어 있는데 구체적으로 들어보면, ≪영락대전≫에 全篇은 逸失되고 여기저기 散錄되어 있는 5조목, ≪책부원귀≫에 3조목, ≪資治通鑑注≫

에 인용되어 있는 1조목을 輯錄한 데 불과하다. 일반적으로 ≪신오대사≫의 수록 분량이 ≪구오대사≫의 그것보다 대략 3/5 정도인 것을 감안하면, ≪신오대사≫ 〈안중회전〉이 2천 4백여 자 정도 분량이므로 ≪구오대사≫ 〈안중회전〉은 본래 4천 자 정도 분량이었으리라 추측된다.

後唐 莊宗이 晉王이었을 때 知遇를 입은 郭崇韜는 처음에 中門使가 되었다가 이후 樞密使에 올라 비할 데 없는 영화를 누렸는데, 안중회는 明宗이 安國軍節度使였을 때 中門使가 되었다가 뒤에 명종이 장종을 밀어내고 제위에 오르자 추밀사에 올라 영화를 누렸다. 그런데 두 사람 모두 末路에는 자신이 섬기던 군주에게 역적으로 몰려 죽임을 당하였다. 歐陽脩는 이렇게 영화에서 몰락으로 치달은 두 사람의 유사한 인생행로를 보고 이들을 함께 묶어 서술한 것으로 보인다. 이것은 애초 ≪구오대사≫에서 곽숭도는 권57에, 안중회는 권66에 각각 따로 수록되어 있는 것을 통해 엿볼 수 있는 사실이다.

茅坤은 이 글을 평가하며 摹寫한 것이 구절구절 精神이 있다고 하였는데, 구양수는 이 열전을 서술하면서 抑揚法을 구사하여 균형 잡힌 시각으로 안중회의 事跡의 善惡을 褒貶하였다.

구양수는 처음에 그가 명종의 총애를 받아 권력을 擅斷한 일을 비판하고서 그가 권력을 천단한 사례로 殿直 馬延과 任圜을 죽인 일을 들어 그가 賞罰을 마음대로 하였다고 논평하였지만〔抑〕, 뒤이어 제왕의 정사에 해가 된다고 하여 嘉禾·매·흰 토끼를 바친 자들을 쫓아보낸 일과 명종에게 諫言하여 田令方과 劉知章을 살린 일을 서술하여 그가 국가에 충성을 다한 것을 높이 평가하였다.〔揚〕

하지만 다시 이어 안중회가 韓玫의 참소를 믿어 吳越의 錢鏐와 단절한 것, 楊彦溫을 죽게 하면서 潞王 李從珂의 우환을 제거하지 못한 것, 西川과 東川을 각각 점거한 孟知祥과 董璋의 세력에 제대로 대처하지 않은 것을 안중회의 獨斷이 빚어낸 재앙으로 보고 하나하나 자세히 거론하며 비판하였다.〔抑〕

이어지는 후반부에서는 徐知誥와 朱弘昭의 일을 들어 그가 점차 몰락의 길을 걷는 과정을 서술한 뒤 결국 명종에 의해 賜死된 일을 극적으로 묘사하였다.

구양수는 마지막에 史評을 통해 樞密使의 沿革을 설명하였는데, 後梁의 과도기를 지나 후당 장종 同光 연간부터 곽숭도와 안중회가 차례로 추밀사가 되면서 비로소 정권의 중추기구로 부상한 것에 착안하여 이후 宋代까지 권력의 한 축이 되었던 추밀사의 역사적 유래를 밝힌 것인 듯하다.

추밀사는 唐代에 설치한 관직으로 五代 때 전쟁의 상시화로 인해 軍國大事를 결정하는 최고정책결정기구가 되어 재상권을 압도하게 되었다. 재상은 비록 官品과 禮遇에 있어 추밀사의 위에 있었고 추밀사를 겸한 재상도 있었지만 대체로 국가의 機密에 관여하지 못하고 일반 百司의 업무를 총괄하였던바, 주로 국가의 大體를 논할 뿐이었다.

이 점은 오대에 추밀사로 있던 사람들이 국가와 命運을 함께하였던 반면에, 재상들은 뒤를 잇는 정권에서도 살아남을 수 있었던 이유이기도 한데, 그 전형적인 예로 20여 년 동안 後唐・後晉・契丹・後漢・後周의 재상을 역임한 馮道(882~954)를 들 수 있다. 특히 後晉 高祖가 풍도에게 軍機를 자문하자, 그는 "征伐의 大事는 聖心의 獨斷에 달려 있습니다. 신은 書生인지라 歷代의 成規를 삼가 지킬 줄만 알 뿐입니다."라고 한 말을 통해 재상의 역할 범위를 명확히 하는 처신에서도 엿볼 수 있는 것이다.

곽숭도와 안중회 이외에 오대에 추밀사를 역임한 대표적인 사람을 들면, 後梁 太祖 때의 敬翔(?~923), 後晉 高祖 때의 桑維翰(898~947), 後晉 出帝 때의 馮玉(?~953?), 後漢 때의 楊邠(?~950) 등을 들 수 있다.

≪구오대사≫ 권24 끝부분에는 안중회의 일생을 논평하는 史臣의 말이 있어 참고가 되는바, 인용해보면 다음과 같다.

"무릇 大匠을 대신해 나무를 깎는 자조차도 그 손을 다칠 수 있는데 하물며 天子를 대신해 賞罰의 칼자루를 잡은 자이겠는가. 이 때문에 옛날의 賢人으로 大任을 맡아 大政을 管掌하는 자는 낮춤으로써 自處하고 〈名利를〉 양보하여 자신이 소유하지 않아 공정한 길을 넓히고 이기적인 욕심을 끊었으니, 이러한 뒤에야 능히 그 몸을 보전하고 그 災禍에서 벗어날 수 있는 것이다. 그런데 안중회는 도대체 어떤 사람이기에 어느 곳에서 죽음을 피하려 했단 말인가! 옛말에 '主謀者가 되지 말지니, 도리어 그 재앙을 받는다.'고 하였는데 안중회를 이르는 것일 것이다.〔夫代大匠斲者 猶傷其手 況代天子執賞罰之柄者乎 是以古之賢人 當大任秉大政者 莫不卑以自牧 推之不有 廓自公之道 絶利己之欲 然後能保其身而脫其禍也 而重誨何人 安所逃死 古語云 無爲權首 反受其咎 重誨之謂歟〕"

安重誨는 **剛愎**(퍅)**躁急**하야 **卒以取禍**어늘 **歐公摹寫**가 **一一有神**이라

安重誨는 剛愎하고 躁急하여 결국 화를 당하였는데 歐陽公이 摹寫한 것이 구절구절마다 精神이 있다.

安重誨는 **應州人也**라 **其父福遷**은 **事晉爲將**하야 **以驍勇知名**이라 **梁攻朱宣于鄆州**에 **晉兵救宣**이어늘 **宣敗**에 **福遷戰死**[1)]하다

安重誨는 應州 사람이다. 그 부친 安福遷이 晉나라를 섬겨 장수가 되어 驍勇으로 이름이 알려졌다. 梁나라가 鄆州에서 朱宣을 공격할 때 晉나라 군대가 주선을 구원하였는데 주선이 패배하자 안복천이 戰死하였다.

1) 其父福遷……福遷戰死 : ≪五代史記纂誤續補≫ 卷2에 "살펴보건대, ≪十七史商榷≫(王鳴盛 撰)에서 '〈≪新五代史≫ 〈安重誨傳〉의〉 篇首에 「其父福遷爲晉將 晉救朱宣 福遷戰死(그 부친 福遷은 晉나라의 장수였는데 晉나라가 朱宣을 구원할 때 福遷이 戰死하였다.)」라고 하였는데, 薛居正의 ≪舊五代史≫에서는 「重誨其先本北部豪長 父福 遷于河東 將兵救兗鄆而沒(重誨는 그 先朝가 본래 北部의 豪長이었는데 부친 福이 河東으로 옮겨 군대를 거느리고 兗州·鄆州를 구원하다가 전사하였다.)」이라고 하였으니, 重誨의 부친은 이름이 외자인 「福」이고 「遷」자는 뒷구절에 이어 읽어야 한다. ≪신오대사≫의 오류는 사람으로 하여금 먹던 밥을 밥상 가득 뿜게 하니 그 기록한 내용들이 아마도 신빙할 수 없는 점이 많을 듯하다.'라고 하였다. 지금 殿本 설거정의 ≪구오대사≫ 〈안중회전〉에는 바로 '其先本北部豪長 父福遷爲河東將 救兗鄆而沒(그 선조가 본래 北部의 豪長이었는데 부친 福遷이 河東의 장수가 되어 兗州·鄆州를 구원하다가 전사하였다.)'로 되어 있고, ≪資治通鑑≫의 注에 설거정의 ≪구오대사≫에는 '安重誨 其先本北部酋豪 父福遷爲河東將 救兗鄆而沒(安重誨는 그 선조가 본래 北部의 酋豪였는데 부친 福遷이 河東의 장수가 되어 兗州·鄆州를 구원하다가 전사하였다.)'이라고 하여, 王鳴盛이 말한 것과 매우 같지 않다. 설거정의 ≪구오대사≫는 國朝(淸代) 때 輯錄되었으니 의당 殿本을 근거로 삼아야 하고 胡三省의 ≪자치통감≫ 注가 더욱 증빙할 만하니 왕명성이 보지 않아서는 안 되는 것이다. 호삼성이 인용한 부분과 현존 판본 설거

정의 ≪구오대사≫에는 단지 '酋豪'와 '豪長'이 같지 않을 뿐이다.〔按十七史商榷曰 篇首云 其父福遷爲晉將 晉救朱宣 福遷戰死 而薛史則云 重誨其先本北部豪長 父福 遷于河東 將兵救兗鄆而沒 重誨之父單名福 而遷字則連下文讀 新史訛舛 令人噴飯滿案 其所書 恐多不可信 今讀殿本薛史重誨傳 正作其先本北部豪長 父福遷爲河東將 救兗鄆而沒 通鑑注 薛史曰 安重誨 其先本北部酋豪 父福遷爲河東將 救兗鄆而沒 殊不如王氏所言 薛史輯于國朝 宜以殿本爲據 胡氏注又可證也 王氏不應弗見 胡氏所引與今本薛史 止酋豪與豪長不同〕"라고 하였다.

重誨少事明宗하니 **爲人明敏謹恪**이라 **明宗鎭安國**에 **以爲中門使**러니 **及兵變于魏**하야 **所與謀議大計**를 **皆重誨與霍彦威決之**라 **明宗卽位**에 **以爲左領軍衛大將軍樞密使**하고 **兼領山南東道節度使**한대 **固辭**하야 **不拜**어늘 **改兵部尙書**하야 **使如故**하다 **在位六年**에 **累加侍中兼中書令**하다

安重誨는 젊은 시절 唐 明宗을 섬겼는데 사람됨이 明敏하고 謹愼하였다. 명종이 安國軍을 鎭守할 때 中門使로 삼았는데 魏州에서 變亂이 일어났을 때 더불어 큰 계책을 모의하는 일을 모두 안중회와 霍彦威가 결단하였다.

명종이 즉위하여 그를 左領軍衛大將軍 樞密使에 임명하고 山南東道節度使를 겸임하게 하자 固辭하여 벼슬에 나아가지 않거늘, 兵部尙書로 고쳐 임명하면서 〈中門使는〉 그대로 있게 하였다. 재위 6년에 여러 차례 관직이 올라 侍中 兼中書令이 되었다.

重誨自爲中門使로 **已見親信**하야 **而以佐命功臣**으로 **處機密之任**하야 **事無大小**히 **皆所參決**하니 **其勢傾動天下**라 **雖其盡忠勞力**이 **時有補益**이나 **而恃功矜寵**하야 **威福自出**호되 **旁無賢人君子之助**요 **其獨見之慮**가 **禍釁所生**이라 **至於臣主俱傷**하야 **幾滅其族**하니 **斯其可哀者也**로다

安重誨는 中門使가 되고부터 이미 황제의 총애와 신뢰를 받아 제왕의 창업을 보좌한 功臣으로 機密을 다루는 직임을 담당하여 크고 작은 일을 가리지 않고 모두 참여하여 결단하니 그 권세가 천하를 움직일 정도였다.

비록 그가 忠誠을 다하고 心力을 기울인 일이 당시에 국가에 보탬이 있었으나, 공훈을 믿고 총애를 과시하면서 賞罰을 마음대로 하면서도 곁에 賢人과 君子의 도움이 없었고 독단적인 견해로 꾸미는 계획이 災禍가 일어나는 근원인지라, 신하와 임금이 모두 해를 입어 거의 滅族이 될 지경까지 이르렀으니 이것이 슬퍼할 만한 점이다.

重誨嘗出하야 **過御史臺門**할새 **殿直**[1]**馬延**이 **誤衝其前導**하니 **重誨怒**하야 **即臺門斬延而後奏**하다 **是時**에 **隨駕廳子軍士桑弘遷**이 **毆傷相州錄事參軍**하고 **親從兵馬使安虔**이라가 **走馬衝宰相前導**하다 **弘遷罪死**로되 **虔決杖而已**러니 **重誨已斬延**하야 **乃請降勑處分**하니 **明宗不得已從之**라 **由是**로 **御史諫官**이 **無敢言者**라

安重誨가 일찍이 외출하여 御史臺의 문앞을 지나갈 때 殿直 馬延이 실수로 그의 앞길을 범하니, 안중회가 노하여 곧장 어사대 문앞에서 마연을 죽인 뒤에 황제에게 上奏하였다.

이때에 수레를 수행하던 廳子軍士 桑弘遷이 相州錄事參軍을 다치게 하고, 兵馬使 安虔을 직접 따르다가 말을 달려 宰相의 앞길을 범하였다. 상홍천이 죄가 사형에 해당되었는데도 안건이 그저 곤장을 치고 말았는데, 안중회는 마연을 이미 죽이고서 이에 조서를 내려 處分해주기를 청하니 明宗이 어쩔 수 없이 그의 뜻대로 따랐다. 이로부터 御史와 諫官 가운데 감히 뭐라 말하는 자가 없었다.

1) 殿直 : 內殿을 지키는 武士를 말한다.

宰相任圜判三司러니 **以其職事**로 **與重誨爭**이로되 **不能得**이라 **圜怒**하야 **辭疾退居于磁州**라 **朱守殷**[1]**以汴州反**커늘 **重誨遣人矯詔馳至其家**하야 **殺圜而後白**[2]하야 **誣圜與守殷通謀**하니 **明宗皆不能詰也**로되 **而重誨恐天下議己**하야 **因取三司積欠二百餘萬**하야 **請放之**하야 **冀以悅人而塞責**하니 **明宗不得已**하야 **爲下詔蠲除之**라 **其威福自出**이 **多此類也**하니라

宰相 任圜이 判三司였는데 자신의 직무로 安重誨와 다투었으나 뜻대로 되지 못하

였다. 임환은 노하여 병을 핑계로 사직하여 磁州에 물러나 지냈다. 朱守殷이 汴州에서 반란을 일으켰는데 안중회가 사람을 보내 위조한 詔書를 가지고 임환의 집에 말을 달려 이르러 임환을 죽인 뒤에 아뢰어 임환이 주수은과 함께 반란을 꾀하였다고 무고하니 明宗이 모두 책임을 묻지 못했다.

그러나 안중회는 천하 사람들이 자신을 비난할까 두려워하여 이에 三司에 거두지 못한 세금 누적분 2백여 만 錢을 가져다 면제해주기를 청하여, 사람들을 달래고 罪責을 모면하기를 바라니 명종이 어찌할 수 없어 조서를 내려 세금을 면제해주었다. 그가 賞罰을 마음대로 할 수 있던 것이 대체로 이와 같았다.

1) 朱守殷 : ?~927. 小名은 會兒로, 籍貫은 자세하지 않다. 後唐 때 宣武節度使에 임명되었는데 반란을 일으켰다가 죽임을 당하였다.

2) 重誨遣人矯詔馳至其家 殺圜而後白 : ≪五代史記纂誤續補≫ 卷2에 "살펴보건대, 殿本 ≪新五代史≫ 〈攷證〉에 '臣 文淸이 살펴보건대, 袁樞의 ≪通鑑紀事本末≫에, 「重誨가 上奏하여 사신을 보내 任圜에게 死刑을 내리도록 하자 端明殿學士 趙鳳이 통곡하며 중회에게 이르기를, 『임환은 義士이니 어찌 역모를 꾸미려고 했겠습니까? 공이 이처럼 지나치게 형벌을 내리니 어떻게 나라를 輔佐할 수 있겠습니까?』라고 하였다.」로 되어 있는데, 이 몇 마디 말은 임환의 本傳에도 실려 있지 않으므로 일단 여기에 붙여둔다.'라고 하였다. 지금 〈趙鳳傳〉을 읽어보면 이 말을 그대로 수록하여, '조봉이 홀로 중회에게 부르짖으며 말하기를, 「임환은 天下의 의사이니 어찌 謀反하려고 했겠습니까? 그런데 공이 그를 죽였으니 무엇으로 천하 사람들에게 보여주려고 합니까?」라고 하니 중회가 부끄러워 대답하지 못하였다.'고 하였으니, 이는 ≪신오대사≫가 이 일을 빠뜨리지 않은 것이다.〔按殿本攷證 臣文淸按袁樞通鑑紀事云 重誨奏遣使賜任圜死 端明殿學士趙鳳哭謂重誨曰 任圜義士 安肯爲逆 公濫刑如此 何以贊國 此數語 任圜本傳亦不載 姑附于此 今讀趙鳳傳 正載此語曰 鳳獨號呼重誨曰 任圜天下義士 豈肯謀反 而公殺之 何以示天下 重誨慙不能對 是此書未脫此事也〕"라고 하였다.

是時에 四方奏事는 皆先白重誨然後聞이라 河南縣獻嘉禾[1]하니 一莖五穗라 重誨視之

曰 僞也라하고 **笞其人而遣之**라 **夏州李仁福進白鷹**한대 **重誨却之**하고 **明日**에 **白曰 陛下詔天下毋得獻鷹鷂**(요)어시늘 **而仁福違詔獻鷹**하니 **臣已却之矣**라하고 **重誨出**이어늘 **明宗陰遣人**하야 **取之以入**하다 **他日按鷹于西郊**할새 **戒左右**호되 **無使重誨知也**라하니라 **宿州進白兎**어늘 **重誨曰 兎**는 **陰且狡**하니 **雖白**이나 **何爲**리오하고 **遂却而不白**하다

이때에 사방에서 上奏하는 일들은 모두 먼저 安重誨에게 보고한 뒤에 아뢰었다. 河南縣에서 상서로운 벼〔嘉禾〕를 바치니 한 줄기에 다섯 이삭이 패었다. 안중회가 이를 보고 가짜라고 말하고는 벼를 바친 자를 매질하여 보냈다.

夏州의 李仁福이 흰 매를 바치자 안중회가 이를 물리치고 이튿날 아뢰기를 "陛下께서 천하에 매를 올리지 말라고 詔命을 내리셨는데 이인복이 조명을 어기고 매를 바치니 신이 이미 이를 물리쳤습니다."라고 하고, 안중회가 나가자 明宗이 몰래 사람을 보내 매를 가지고 들어오게 하였다. 후일에 西郊에서 매를 풀어 사냥을 할 적에 좌우에서 모시는 이들에게 경계하기를 "안중회가 알지 못하게 하라."라고 하였다.

宿州에서 흰 토끼를 바쳤는데 안중회가 말하기를 "토끼는 陰險하고 狡猾하니 비록 흰색이라고 한들 무엇을 하겠는가."라고 하고 마침내 물리치고 아뢰지 않았다.

1) 嘉禾 : 한 줄기에 여러 개의 이삭이 패인 벼를 가리키는데, 천하가 화합을 이룰 때에 나타난다는 상서로운 식물이다. 周 成王의 아우인 唐叔이 자기 食邑에서 嘉禾를 얻어 성왕에게 바치자, 성왕은 이것을 周公의 德化로 인한 상서라고 여기고, 당숙에게 명하여 당시 東征 중에 있던 주공에

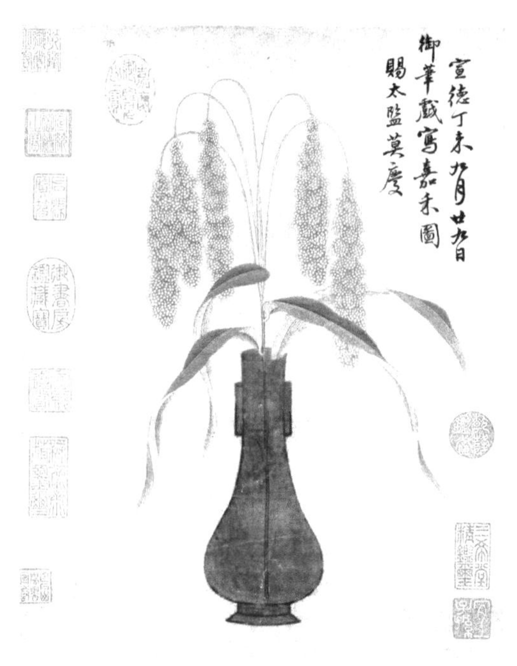

嘉禾圖

게 이것을 보내면서 여기에 대하여 文辭를 짓게 하니, 주공이 천자의 명을 받들어 마침내 〈嘉禾篇〉을 지었다고 한다.

明宗은 **爲人**이 **雖寬厚**나 **然其性夷狄**[1)]하야 **果於殺人**이라 **馬牧軍使田令方所牧馬**가 **瘠而多斃**하야 **坐劾當死**어늘 **重誨諫曰 使天下聞以馬故**로 **殺一軍使**하면 **是謂貴畜而賤人**이라하니 **令方因得減死**하다 **明宗遣回鶻侯三**하야 **馳傳至其國**하니 **侯三至醴泉縣**한대 **縣素僻**하야 **無驛馬**요 **其令劉知章出獵**하야 **不時給馬**라 **侯三遽以聞**하니 **明宗大怒**하야 **械知章**하야 **至京師**하야 **將殺之**어늘 **重誨從容爲言**하야사 **知章乃得不死**라 **其盡忠補益**이 **亦此類也**하니라

明宗은 사람됨이 비록 寬厚하였으나 그 성품이 야만스러워서 사람을 죽이는 데 과감하였다. 馬牧軍使 田令方이 기르는 말들이 여위어 죽는 경우가 많아 탄핵을 받아 사형에 처하게 되었는데, 安重誨가 諫言을 올려 "만일 천하 사람들이 말 때문에 일개 軍使를 죽였다는 말을 듣게 된다면 이는 가축을 귀하게 여기고 사람을 천하게 여긴다고 할 것입니다."라고 하니 전영방이 이에 사형을 면할 수 있었다.

명종이 回鶻 사람 侯三을 보내 傳信을 가지고 달려 그 나라에 가게 하니, 후삼이 醴泉縣에 이르자 예천현이 본래 窮僻하여 驛馬가 없었던 데다 縣令 劉知章이 사냥하러 나가 제때에 역마를 대지 못하였다. 후삼이 바로 이 일을 보고하니 명종이 크게 노하여 유지장을 결박하고서 京師로 압송하여 사형시키려고 하였는데, 안중회가 조용히 그를 위해 변호하고서야 유지장이 겨우 죽지 않을 수 있었다. 그가 충성을 다하여 국가에 보탬이 된 일이 또한 이와 같았다.

1) 夷狄 : 사고전서본에는 '偏執'으로 되어 있고, ≪新五代史≫에는 '沈毅'로 되어 있으며, 몇몇 2차 인용본에는 생략되어 있다.

重誨旣以天下爲己任이라 **遂欲內爲社稷之計**하고 **而外制諸侯之彊**이라 **然其輕信韓玫**(매)**之譖**하야 **而絶錢鏐之臣**하며 **徒陷彦溫於死**하야 **而不能去潞王之患**하며 **李嚴一出而知祥貳**하고 **仁矩未至而董璋叛**[1)]하야 **四方騷動**하야 **師旅竝興**이 **如投膏止火**하야

適足速之니 此所謂獨見之慮가 禍釁所生也라

安重誨가 이미 天下를 다스리는 것을 자신의 임무로 여긴지라 마침내 안으로는 社稷을 지키는 계책을 세우고 밖으로는 諸侯의 强盛함을 제어하고자 하였다.

그러나 그는 韓玫의 참소를 가볍게 믿어 錢鏐가 신하로 복속하던 것을 단절하였으며, 楊彦溫을 죽음에 빠뜨리기만 하고서 우환거리인 潞王(李從珂)을 제거하지 못하였으며, 李嚴이 한번 나오자 孟知祥이 배반하였고 李仁矩가 아직 이르지 않았는데 董璋이 반란하여, 四方에서 소란이 발생하여 전쟁이 여기저기에서 일어나는 것이 마치 기름을 뿌리면서 불을 끄려고 하여 그저 더 큰 불길을 부르는 것과 같았다. 이것이 이른바 독단적인 견해로 꾸미는 계획이 災禍가 일어나는 근원이라고 하는 것이다.

1) 徒陷彦溫於死……仁矩未至而董璋叛 : ≪五代史記纂誤補≫ 卷2에 "삼가 살펴보건대, 이들은 楊彦溫·孟知祥과 李仁矩를 이른다. 歐陽公이 편의대로 對를 맞추면서 이 몇 사람의 일이 下文에 비로소 자세하다고 여겼으므로 모두 그 姓을 생략한 것이다. 그러나 맹지상과 이인구야 괜찮다고 해도 양언온의 경우에는 뒷부분에 또 邊彦溫의 일이 있는데도 그 姓을 기재하지 않았다. 이러한 형식들은 古文에 많이 있는데 後世의 글들이 이와 같이 해서는 안 될 듯하다.〔謹案此謂楊彦溫孟知祥與李仁矩也 歐公取便裁對 以爲此數人事 下文方詳之 故俱省去其姓 然孟李尙可 若彦溫則下又有邊彦溫事 而亦不著其姓 此等在古文多有之 後世文字似不宜如此〕"라고 하였는데, ≪廿二史考異≫ 권62에 "楊彦溫·孟知祥·李仁矩에 대해 姓을 쓰지 않고 이름만 쓴 것은 前史에 이러한 예가 없다. 비록 下文에 姓이 있지만 先後가 몹시 倒置된 것이다. 이 편은 바로 歐陽公이 심혈을 기울인 작품이다. 그렇지만 敍事하는 가운데 비평이 섞여 있어 史論의 문체와 매우 흡사하니 대체로 ≪史記≫를 배우다 잘못된 것이다.〔楊彦溫孟知祥李仁矩不書姓而書名 前史無此例 雖下文有之 然先後殊倒置矣 此篇乃歐公用意之作 然敍事之中雜以斷制 大似論體 蓋學史記而失之〕"라고 하였다.

≪五代史記纂誤續補≫ 卷2에 "살펴보건대, 〈李仁矩傳〉에 '李仁矩가 鎭에 이르러 董璋의 動靜을 엿보아 반드시 보고하자 毛璋이 더욱 의심하고 두려워하

여 마침내 배반할 것을 결심하였다. 安重誨가 다시 荀咸乂를 보내 군대를 거느리고 가서 閬州에 수비를 강화하자 董光業이 그렇게 해서는 안 된다고 극구 말하였으나 안중회가 듣지 않았다. 荀咸乂가 아직 이르지 않았는데 동장이 이미 반란하였다.'라고 하여 이곳과 다르니, 이는 아마도 일을 논평하며 마음을 추측하여 하는 말인 듯하다.〔按李仁矩傳 仁矩至鎭 伺璋動靜必以聞 璋益疑懼 遂決反 重誨又遣荀咸乂將兵益戍閬州 光業亟言以爲不可 重誨不聽 咸乂未至 璋已反 與此異 此蓋論事推心之言〕"라고 하였다.

錢鏐據有兩浙[1)]하야 **號兼吳越而王**이로되 **自梁及莊宗**히 **常異其禮**하야 **以羈縻臣屬之而已**러니 **明宗卽位**에 **鏐遣使朝京師**하야 **寓書重誨**할새 **其禮慢**이라 **重誨怒**로되 **未有以發**하고 **乃遣其嬖吏韓玫**와 **副供奉官烏昭遇**하야 **復使於鏐**어늘 **而玫恃重誨勢**하야 **數凌辱昭遇**하야 **因醉使酒**하야 **以馬箠擊之**라 **鏐欲奏其事**어늘 **昭遇以爲辱國**이라하야 **固止之**라 **及玫還**하야 **反譖於重誨曰 昭遇見鏐**에 **舞蹈**[2)]**稱臣**하고 **而以朝廷事私告鏐**라하니 **昭遇坐死御史獄**이라 **乃下制削奪鏐官爵**하야 **以太師致仕**하니 **於是**에 **錢氏遂絶於唐矣**라

錢鏐가 兩浙을 점거하고서 吳와 越을 모두 차지하였다고 말하면서 왕을 〈僭稱하였는데도〉 梁나라 때부터 唐 莊宗에 이르기까지 늘 그를 특별하게 禮遇하여 느슨하게 묶어두고서 복속하도록 할 뿐이었다.

그런데 明宗이 즉위하자 전류가 사신을 보내 京師에 朝見하면서 安重誨에게 서신을 전할 때 그 예절이 거만하였다. 안중회는 노하였으나 표출하지는 않고 신임하는 관리 韓玫와 副供奉官 烏昭遇를 보내 다시 전류에게 使臣으로 가게 하였다. 그런데 한매는 안중회의 권세를 믿고서 여러 차례 오소우를 능욕하면서 술에 취한 김에 주사를 부려 말채찍으로 그를 때렸다. 전류가 그 일을 上奏하려고 하거늘 오소우는 국가를 욕되게 하는 일이라고 여겨 힘써 만류하였다.

그런데 한매는 돌아와서는 도리어 안중회에게 참소하기를 "오소우가 전류를 볼 적에 舞蹈하며 신하로 자처하고 조정의 일을 사사로이 전류에게 고하였습니다."라고 하니, 오소우는 죄를 받아 御史臺의 옥중에서 죽었다. 이에 명을 내려 전류의 官

爵을 削奪하여 太師로 致仕하니 이로부터 錢氏가 마침내 唐과 단절하였다.

1) 兩浙 : 浙東과 浙西의 합칭이다. 唐 肅宗 때 浙江 南東 지방을 浙江東路와 浙江西路라 불렀고, 錢塘江 이남 지역을 약칭으로 절동, 이북 지역을 약칭으로 절서라 불렀다. 참고로 절강은 바로 전당강이다.

2) 舞蹈 : 신하가 손을 휘젓고 발을 구르며 임금을 朝見할 때의 禮節을 가리킨다.

潞王從珂[1]**爲河中節度使**러니 **重誨以謂從珂非李氏子**니 **後必爲國家患**이라하야 **乃欲陰圖之**하다 **從珂閱馬黃龍莊**이러니 **其牙內指揮使楊彦温**이 **閉城以叛**하다 **從珂遣人謂彦温曰 我遇汝厚**어늘 **何苦而反邪**(야)아하니 **報曰 彦温**은 **非叛也**라 **得樞密院宣**[2]이니 **請公趣歸朝廷耳**라하다 **從珂走虞鄕**하야 **馳騎上變**이라 **明宗疑其事不明**하야 **欲究其所以**하야 **乃遣殿直都知**[3]**范温**하야 **以金帶襲衣金鞍勒馬**로 **賜彦温**하고 **拜彦温絳州刺史**하야 **以誘致之**하다 **重誨固請用兵**하니 **明宗不得已**하야 **乃遣侍衛指揮使藥彦稠**와 **西京留守索自通**하야 **率兵討之**하야 **(面)〔而〕**[4]**戒曰 爲我生致彦温**하라 **吾將自訊其事**호리라하다 **彦稠等攻破河中**할새 **希重誨旨**하야 **斬彦温以滅口**하다 **重誨率群臣稱賀**어늘 **明宗大怒曰 朕家事不了**하니 **卿等不合致賀**라

潞王 李從珂가 河中節度使가 되었는데 安重誨가 이종가는 李氏 가문의 아들이 아니니 후에 반드시 국가의 우환이 될 것이라고 여겨 이에 은밀히 그를 제거하기를 도모하였다.

이종가가 黃龍莊에서 戰馬를 점검하였는데 그의 牙內指揮使 楊彦温이 성문을 닫고 반란하였다. 이종가가 사람을 보내 양언온에게 이르기를 “내가 너를 후하게 대우하였는데 무엇하러 굳이 반란을 하는가?”라고 하니, 양언온이 대답하기를 “저 언온은 반란하는 것이 아니라 樞密院의 조서를 받아서이니 청컨대 공은 급히 조정으로 돌아가시기 바랍니다.”라고 하였다. 이종가가 虞鄕으로 달려가 말을 보내 變亂을 보고하였다.

明宗은 이 일이 분명하지 않다고 의심하고서 일이 벌어진 이유를 조사하려고, 이에 殿直都知 范温을 보내 금띠를 두른 襲衣와 금으로 된 안장을 한 말을 양언온에게 하사하고 양언온을 絳州刺史에 배수하여 유인하여 조정에 오도록 하였다.

그러나 안중회가 군대를 보내자고 강경하게 청하니 명종이 어쩔 수 없이 이에 侍衛指揮使 藥彦稠와 西京留守 索自通을 보내 군대를 거느리고 토벌하게 하면서 당부하기를 "나를 위해 양언온을 생포하여 데려오라. 내가 이 일을 직접 신문하겠다."라고 하였다.

약언조 등이 河中을 격파할 때 안중회의 뜻에 영합하여 양언온을 참수하여 입을 막았다. 안중회가 신료들을 거느리고 賀禮를 드리거늘, 명종이 크게 노하여 말하기를 "짐의 家事가 아직 끝나지 않았으니 卿들이 지금 하례를 올릴 때가 아니다."라고 하였다.

1) 潞王從珂 : 後唐의 廢帝 또는 末帝 李從珂(?~936)이다. 鎭州 平山 사람으로, 본래 성은 王氏인데, 李嗣源이 騎將으로 있을 때 평산을 지나가다 납치한 뒤 養子로 삼아 李氏 성을 받았다. 용모가 강인하고 위엄이 있었으며, 행동이 미더운 데다 말수가 적었다. 용맹하고 전쟁을 잘해서 이사원이 몹시 아꼈다. 이사원이 즉위하여 明宗이 되자 그가 전쟁에서 여러 차례 공을 세웠다고 하여 潞王에 봉하였다. 應順 초에 閔帝를 죽이고 자립했다. 石敬瑭이 契丹을 끌어들여 후당의 군대를 대파하자 玄武樓에 올라가 스스로 불을 지르고 죽었다. 3년 동안 재위했고, 그의 죽음으로 후당도 멸망하였다.

2) 樞密院宣 : '宣'은 樞密院에서 시행하는 문서를 말한다. 宣底라고도 하는데 詔書의 底本, 특히 추밀원이 받은 조서의 저본을 가리킨다.

3) 都知 : 五代·宋代의 殿前의 武官 명칭으로 殿前司에 속하였다.

4) (面)〔而〕 : 저본에는 '面'으로 되어 있으나, ≪新五代史≫에 의거하여 '而'로 바로잡았다.

從珂罷鎭하고 居淸化里第러니 重誨數(삭)諷宰相하야 言從珂失守하니 宜得罪라 馮道[1]因白請行法하다 明宗怒曰 吾兒爲姦人所中하야 事未辨明이어늘 公等出此言하니 是不欲容吾兒人間邪(야)아하다 趙鳳因言春秋責帥之義는 所以勵爲臣者라한대 明宗曰 皆非公等意也라하니 道等惶恐而退라 居數日에 道等又以爲請하니 明宗顧左右而言他러라 明日에 重誨乃自論列하니 明宗曰 公欲如何處置오 我卽從公이라하니 重誨曰 此는 父子之際니 非臣所宜言이라 惟陛下裁之라하다 明宗曰 吾爲小校時에 衣食不能

自足이러니 **此兒爲我擔石灰**하고 **拾馬糞**하야 **以相養活**이어늘 **今貴爲天子**에 **獨不能庇之邪**(야)아 **使其杜門私第**면 **亦何與公事**리오하니 **重誨由是**로 **不復**(부)**敢言**하니라

李從珂는 節度使에서 파면되고 淸化里의 저택에서 지내고 있었는데, 安重誨가 자주 宰相에게 넌지시 암시하여 이종가가 직책을 제대로 못하고 있으니 의당 죄를 받아야 한다고 말하였다. 그러자 馮道가 이에 아뢰고 법에 따라 처리하기를 청하였다.

明宗이 노하여 말하기를 "내 아이가 간사한 자에게 中傷을 받아 사정이 아직 분명하게 가려지지 않았거늘 공들이 이러한 말을 하니, 이는 내 아이가 인간세상에 살아있기를 바라지 않는 것인가?"라고 하였다. 趙鳳이 이에 아뢰기를 "≪春秋≫에 장수에게 책임을 지웠던 뜻은 신하 된 자들을 힘쓰게 하기 위해서입니다."라고 하자, 명종이 말하기를 "이는 모두 공들의 뜻이 아니다."라고 하니, 풍도 등이 황공해하면서 물러났다.

며칠이 지나 풍도 등이 다시 이 일을 가지고 청하니, 명종이 좌우를 돌아보며 다른 일을 말하였다. 이튿날 안중회가 비로소 직접 이 일을 열거하여 논하니, 명종이 말하기를 "공은 어떻게 처리하려 하는가? 내가 바로 공의 뜻을 따르겠다."라고 하니, 안중회가 아뢰기를 "이는 父子간의 관계이니 신이 말할 수 있는 문제가 아닙니다. 폐하께서 결정하소서."라고 하였다.

명종이 말하기를 "내가 小校로 있을 적에 입고 먹는 것이 넉넉하지 못했는데 이 아이가 나를 위해 石灰를 져 오고 말똥을 주워 와서 살아갔었다. 그런데 지금 존귀한 천자가 되어서는 어찌 유독 이 아이를 보호하지 못한단 말인가? 만약 이 아이를 私第에 가둬두면 또한 공의 일에 어떻게 간섭하겠는가?"라고 하니, 안중회가 이로 인해 다시 감히 이 일을 말하지 못하였다.

1) 馮道 : 字는 可道이다. 일생 동안 後唐·後晉·契丹·後漢·後周 등 五朝의 재상으로 六帝를 섬긴 인물이다. 馮道는 長樂老라고 自號하고서 스스로 매우 영화롭게 여겼는데, 歐陽脩는 ≪新五代史≫를 편찬할 때 풍도의 傳記를 雜傳에 넣고 염치없는 자라고 혹평하였다.

孟知祥鎭西川하고 **董璋鎭東川**하야 **二人皆有異志**어늘 **重誨每事裁抑**하야 **務制其姦**

心하야 凡兩川[1]守將更代에 多用己所親信호되 必以精兵從之하고 漸令分戍諸州하야 以虞緩急하니 二人覺之하고 以爲圖己하야 益不自安이라 旣而오 遣李嚴爲西川監軍하니 知祥大怒하야 卽日斬嚴하다 又分閬州爲保寧軍하야 以李仁矩爲節度使하야 以制璋하고 且削其地한대 璋以兵攻殺仁矩하고 二人遂皆反하니라 唐兵戍蜀者積三萬人이러니 其後知祥殺璋하야 兼據兩川而唐之精兵皆陷蜀이라

孟知祥이 西川을 鎭守하고 董璋이 東川을 진수하면서 두 사람 다 다른 뜻을 품었다. 그런데 安重誨가 일마다 그들을 제재하여 그들의 간특한 마음을 힘써 억제하여 서천과 동천 兩川의 守將을 교대할 때에 자신이 가까이하고 믿는 이를 많이 등용하되 반드시 정예병을 보내 수행하게 하고, 점차로 각각의 州들을 나누어 지키게 하여 急變에 대비하도록 하였다. 그러자 두 사람이 이를 알아채고 자신들을 제거하려 한다고 생각하여 더욱 불안해하였다. 얼마 뒤에 李嚴을 보내 西川監軍으로 삼으니 맹지상이 크게 노하여 임명한 날 바로 이엄을 참수하였다.

또 閬州를 나누어 保寧軍으로 삼아 李仁矩를 節度使로 삼아 동장을 견제하고 또 그가 관할하는 지역을 줄이자, 동장이 군대를 거느리고 이인구를 공격하여 죽이고 두 사람이 마침내 모두 반란하였다.

蜀을 지키던 唐나라 군대가 3만 명에 달하였는데, 이후에 맹지상이 동장을 죽이고서 서천과 동천 양천을 다 점거하자 唐나라의 정예병이 모두 蜀에 남게 되었다.

1) 兩川 : 東川과 西川으로, 唐 肅宗 至德 2년(757)에 劍南道에다 동천과 서천 두 節度使를 두었던 데서 유래하였다.

初에 明宗幸汴州할새 重誨建議하야 欲因以伐吳어늘 而明宗難之라 其後戶部尙書李鏻이 得吳諜者言 徐知誥[1]欲擧吳國以稱藩호되 願得安公一言以爲信이라하다 鏻卽引諜者하야 見重誨하니 重誨大喜以爲然하고 乃以玉帶與諜者하야 使遺知誥爲信하니 其直(치)千緡이라 初不以其事聞이러니 其後逾年에 知誥之問不至에야 始奏貶鏻行軍司馬하다 已而오 捧聖都軍使李行德十將張儉告變하야 言樞密承旨李虔徽가 語其客邊彦溫云重誨私募士卒하고 繕治兵[2]器하야 欲自伐吳하고 又與(相)〔諜〕[3]者交

私[4)]라하니 明宗以問重誨어늘 重誨惶恐하야 請究其事라 明宗初頗疑之러니 大臣左右皆爲之辨일새 旣而少解하야 始告重誨以彦溫之言한대 因廷詰彦溫하니 具伏其詐라 於是君臣相顧泣下하다 彦溫行德儉이 皆坐族誅하다 重誨因求解職이어늘 明宗慰之曰 事已辨하니 愼無措之胸中이라하다 重誨論請不已어늘 明宗怒曰 放卿去하노라 朕不患無人이라하고 顧武德使孟漢瓊至中書하야 趣馮道等議代重誨者하니 馮道曰 諸君苟惜安公하야 使得罷去하면 是紓其禍也라하다 趙鳳以爲大臣不可輕動이라하야 遂以范延光爲樞密使하고 而重誨居職如故하다

당초에 明宗이 汴州에 행차하였을 때 安重誨가 建議하여 차제에 吳나라를 정벌하고자 하거늘 명종이 어려워하였다. 이후에 戶部尙書 李鏻이 吳나라의 諜者를 잡으니, 그가 말하기를 "徐知誥가 吳나라를 가지고 藩國이 되려고 하는데 安公의 한마디 말을 얻어 信標로 삼고자 합니다."라고 하였다. 이린이 곧바로 첩자를 데려가 안중회를 만나게 하니 안중회가 크게 기뻐하며 첩자의 말을 믿고, 이에 玉帶를 첩자에게 주어 서지고에게 신표로 주도록 하니 그 값이 1천 緡이었다. 처음에는 이 일을 上奏하지 않았는데 이후 한 해가 지나도록 서지고에게서 소식이 오지 않자 그제야 상주하여 이린을 行軍司馬로 강등시켰다.

얼마 있다가 捧聖都軍使 李行德과 十將 張儉이 變亂을 고하기를 "樞密承旨 李虔徽가 그의 門客 邊彦溫에게 말하기를 '안중회가 사사로이 군사를 모집하고 兵器를 수리하고서 직접 吳나라를 정벌하려고 하는 한편 또 첩자와 내통하고 있습니다.'라고 합니다." 하니, 명종이 이 말이 사실인지 안중회에게 묻거늘 안중회가 황공해하면서 이 일을 조사할 것을 청하였다.

명종이 처음에는 자못 그를 의심하였는데 가까이 모시는 大臣들이 모두 그를 위해 변호하기에 얼마 있다가 조금 누그러져서 비로소 안중회에게 변언온의 말을 말해주자, 이에 조정에서 변언온을 詰問하니 모두 그 말이 거짓임을 자백하는지라 이에 임금과 신료들이 서로 돌아보며 눈물을 흘렸다. 변언온·이행덕·장검이 모두 연좌되어 滅族을 당하였다.

안중회가 이 일로 직책에서 물러나고자 하거늘 명종이 그를 위로하면서 말하기를 "이 일이 이미 밝혀졌으니 부디 가슴속에 담아두지 말라."라고 하였다. 그러나 안중

회가 물러나기를 청하여 마지않거늘 명종이 노하여 말하기를 "卿을 놓아주노라. 朕은 인재가 없을까 걱정하지 않는다."라고 하고, 武德使 孟漢瓊을 돌아보며 中書省에 이르러 馮道 등에게 안중회를 대신할 사람을 의논하도록 재촉하였다. 풍도가 말하기를 "諸君들이 만약 安公을 애석해하면서 그가 면직되어 떠날 수 있게 해준다면 이는 그의 禍患을 없애주는 것입니다."라고 하였다. 趙鳳이 대신은 가볍게 바꿔서는 안 된다고 하여 마침내 范延光을 樞密使로 삼고 안중회는 예전대로 본래 직책을 수행하게 하였다.

1) 徐知誥 : 889~943. 本姓은 李, 字는 正倫, 小字는 彭奴로, 徐州 彭城 사람이다. 五代十國 때 南唐을 세웠다. 南吳의 大將 徐溫의 養子로, 升州刺史・潤州團練使를 지냈고 뒤에 남오의 실권을 장악하여 太師・大元帥에 이르고 齊王에 봉해졌다. 937년 稱帝하고 國號를 齊라 하였다가, 939년에 다시 唐으로 국호를 고치고 李昪으로 개명했는데, 역사에서는 이를 南唐이라고 일컫는다. 그는 재위 기간 동안 政事에 힘쓰고 옛 법을 개혁하였으며 吳越과 화해하여 국경을 지키고 백성들을 안정시켰다. 943년 丹藥에 중독되어 등창이 생겨서 升元殿에서 세상을 떠났다.

2) 兵 : ≪新五代史≫에는 '甲'자로 되어 있다.

3) (相)〔諜〕: 저본에는 '相'으로 되어 있으나, ≪新五代史≫에 의거하여 '諜'으로 바로잡았다.

4) 又與(相)〔諜〕者交私 : ≪五代史記纂誤續補≫ 卷2에 "살펴보건대, 薛居正의 ≪舊五代史≫ 〈安重誨傳〉에는 '觀相家의 말을 들어보니 그가 말로 할 수 없이 존귀하게 될 것이라고 한다.'로 되어 있으니, 이 부분은 본래 '相者'가 되어야 하는데 殿本 ≪新五代史≫에는 '相'자가 오류로 '諜'자로 되어 있다.〔按薛史重誨傳 作聞相者言 其貴不可言 此自宜作相者 殿本相誤諜〕"라고 하였다.

董璋等反커늘 遣石敬瑭[1]討之한대 而西川險阻하야 糧運甚艱하야 每費一石而致一斗라 自關以西[2]로 民苦輸送하야 往往亡聚山林爲盜賊이라 明宗謂重誨曰 事勢如此하니 吾當自行이라하다 重誨曰 此는 臣之責也라하고 乃請行하다 關西之人聞重誨來하고 皆已恐動이어늘 而重誨日馳數百里하니 遠近驚駭하고 督趣糧運하야 日夜不

絶하야 斃踣道路者不可勝數라 重誨過鳳翔할새 節度使朱弘昭延之寢室하야 使其妻子로 奉事左右甚謹이어늘 重誨酒酣하야 爲弘昭言昨被讒構에 幾不自全이러니 賴人主聖明하야 得保家族이라하고 因感歎泣下라 重誨去에 弘昭馳騎上言호되 重誨怨望이라 不可令至行營이니 恐其生事라하고 而宣徽使孟漢瓊이 自行營使還하야 亦言西人震駭之狀하고 因述重誨過惡이라 重誨行至三泉하야 被召還이라 過鳳翔에 弘昭拒而不納하니 重誨懼하야 馳趨京師하다 未至에 拜河中節度使라

董璋 등이 배반하거늘 石敬瑭을 보내 토벌하게 하였는데, 西川은 길이 험난해 양식을 운반하는 일이 매우 어려워서 매번 한 섬을 가지고 가서 겨우 한 말을 보내줄 수 있었다. 潼關 서쪽 지역으로는 백성들이 양식을 수송하는 일로 괴로움을 겪어 종종 달아나 山林에 모여 도적이 되기도 하였다.

明宗이 安重誨에게 이르기를 "事勢가 이러하니 내가 직접 가야겠다."라고 하였다. 안중회가 아뢰기를 "이는 신의 책임입니다."라고 하고 이어 자신이 가기를 청하였다.

關西 지방 사람들이 안중회가 온다는 소식을 듣고 모두 이미 두려워하며 동요하거늘, 안중회가 날마다 수백 리를 내달리니 遠近의 백성들이 모두 크게 놀랐고 양식 운반을 독촉하여 밤낮으로 끊이지 않게 하여 도로에서 엎어져 죽는 자가 이루 다 셀 수가 없었다.

안중회가 鳳翔을 지나갈 때 節度使 朱弘昭가 寢室로 맞이하여 그의 처자식들에게 몹시 극진히 곁에서 모시게 하거늘, 안중회가 술이 잔뜩 취하여 주홍소에게 말하기를 "지난번 讒訴를 당하였을 때 거의 목숨을 보전하지 못할 뻔했는데 聖明한 황제 덕분에 가족을 지킬 수 있었다."라고 하고는, 이어 감정이 북받쳐 탄식하면서 눈물을 흘렸다.

안중회가 떠난 뒤에 주홍소가 말을 달려 上言하여 "안중회가 원망하고 있는지라 그가 行營에 이르게 해서는 안 되니 그가 일을 낼까 염려됩니다."라고 하고, 宣徽使 孟漢瓊이 행영에 사신 나갔다 돌아와 역시 서쪽 지방 사람들이 두려워 떨며 놀라 있는 상황을 말하고 이어 안중회의 過失과 罪惡을 이야기하였다.

안중회가 행군하여 三泉에 당도하여 소환당한지라 봉상을 지날 때 주홍소가 거절

하고 그를 받아들이지 않으니 안중회가 두려워져서 京師로 달려갔다. 아직 경사에 도착하기 전에 河中節度使에 제수되었다.

石敬瑭(後晋 高祖)

1) 石敬瑭 : 892~942. 後晉의 高祖로, 젊은 시절 순박하고 성실하면서 말수가 적고 兵書를 좋아하여 李牧·周亞夫를 존경하였다. 李克用의 養子 李嗣源 휘하에 있었는데 이때는 後梁의 朱溫과 이극용·이존욱 부자가 雌雄을 겨루던 혼란기로, 그는 전장을 누비며 戰功이 뛰어났다. 後唐 末帝 李從珂가 즉위하였을 때 石敬瑭은 河東節度使로 있으면서 서로 반목하고 있었다. 淸泰 3년(936) 석경당이 군대를 일으켜 반란하자 後唐의 군대가 太原을 포위하니 석경당은 契丹에 원병을 요청하면서 幽雲 16州를 割讓해주고 兒皇帝라는 칭호를 감내하였다. 거란의 원조에 힘입어 석경당은 稱帝하고 후당을 멸망시키고서 汴梁에 도읍을 정하고 國號를 晉으로 고쳤는데 역사에서는 후진이라고 일컬었다.

2) 自關以西 : 潼關 서쪽인 長安을 비롯한 關中 지방을 가리킨다. 關은 동관으로, 陝西에 있던 험준한 관문인데 洛陽에서 長安으로 가기 위해 꼭 거쳐야 하는 곳이다.

重誨已罷에 希旨〔者〕[1]爭求其過라 宦者安希倫이 坐與重誨交私하야 嘗[2]爲重誨陰伺宮中動息이러니 事發에 棄市하다 重誨益懼하야 因上章告老하야 以太子太師致仕하니 而以李從璋爲河中節度使하야 遣藥彦稠率兵如河中虞變하다 重誨二子崇緖崇贊이 宿衛京師라가 聞制下하고 卽日奔其父하니 重誨見之하고 驚曰 二渠安得來오 已而오 曰 此非渠意요 爲人所使耳니라 吾以一死報國이니 餘復(부)何言이리오하고 乃械送二

子于京師하니 行至陝州에 下獄하니라 明宗又遣翟光業至河中하야 視重誨去就하고 戒曰 有異志면 則與從璋圖之하라하고 又遣宦者하야 使于重誨하다 使者見重誨하고 號泣不已어늘 重誨問其故하니 使者曰 人言公有異志라 朝廷遣藥彦稠率兵至矣라하다 重誨曰 吾死未塞責이어늘 遽勞朝廷興師하야 以重明主之憂로다하다 光業至에 從璋率兵圍重誨第하고 入拜于庭하다 重誨降而答拜한대 從璋以撾擊其首하니 重誨妻走抱之而呼曰 令公死未晩이어늘 何遽如此오한대 又擊其首하니 夫妻皆死하야 流血盈庭하다 從璋檢責其家貲하니 不及數千緡而已라 明宗下詔하야 以其絶錢鏐와 致孟知祥董璋反과 及議伐吳로 以爲罪하야 幷殺其二子하고 其餘子孫皆免하니라

安重誨가 파직된 뒤에 황제의 뜻에 영합하려는 자들이 그의 과실을 색출하느라 혈안이 되었다. 환관 安希倫이 안중회와 내통하여 예전에 안중회를 위해 宮中의 動靜을 은밀히 엿보았는데 일이 발각되자 사형에 처해졌다.

안중회는 더욱 두려워져서 이에 글을 올려 사직하고 물러나서 太子太師로 致仕하니, 李從璋을 河中節度使로 삼고서 藥彦稠를 보내 군대를 거느리고 河中에 가서 變亂을 防備하게 하였다.

안중회의 두 아들 安崇緖・安崇贊이 京師에서 宿衛하다가 조서가 내려졌다는 말을 듣고 당일로 그 부친에게 달려가니, 안중회가 아들들을 보고 놀라며 말하기를 “너희들이 어떻게 온 것이냐?”라고 하였다가, 잠시 뒤에 말하기를 “이는 너희들의 뜻이 아니고 다른 이가 부추겨서였을 것이다. 나는 죽음으로써 국가에 보답할 것이니 나머지 일이야 다시 무슨 말을 하겠느냐?”라고 하고, 이에 두 아들을 결박하여 京師로 압송하니 陝州에 당도하였을 때 下獄하였다.

明宗이 다시 翟光業을 보내 하중에 이르러 안중회의 去就를 살피게 하며 경계시키기를 “안중회가 다른 뜻이 있으면 이종장과 함께 그를 제거하기를 도모하라.”라고 하고, 또 宦官을 시켜 안중회에게 사신으로 보냈다.

사신이 안중회를 보고 울부짖어 마지않거늘 안중회가 울부짖는 이유를 물으니, 사신이 말하기를 “사람들이 공께서 다른 뜻이 있다고 말합니다. 조정에서 약언조를 보내 군대를 거느리고 이를 것입니다.”라고 하였다. 안중회가 말하기를 “나는 죽더라도 罪責을 모면하지 못할 것이거늘 끝내 조정에서 군대를 일으키도록 폐를 끼쳐

밝으신 황상의 근심을 더하게 하였다."라고 하였다.

적광업이 이르자 이종장이 군대를 거느리고서 안중회의 저택을 둘러싼 채 들어가 마당에서 절하였다. 안중회가 내려와 답례하자 이종장이 몽둥이로 안중회의 머리를 치니, 안중회의 부인이 달려와 그를 얼싸안으면서 외치기를 "공이 自盡하게 하더라도 늦지 않거늘 어찌 대번에 이처럼 한단 말이오?"라고 하자, 또 부인의 머리를 치니 부부가 모두 죽어 流血이 마당에 낭자하였다.

이종장이 안중회의 家産을 검사하니 수천 緡도 되지 않았다. 명종이 조서를 내려 그가 錢鏐와 단절한 것과 孟知祥·董璋의 반란을 초래한 것 및 吳나라를 토벌하려고 의논한 것을 罪目으로 삼아 그의 두 아들도 아울러 죽이고 나머지 자손들은 모두 사형을 면하게 하였다.

1) 〔者〕: 저본에는 '者'가 없으나, 사고전서본과 ≪新五代史≫에 의거하여 보충하였다.

2) 嘗 : ≪新五代史≫에는 '常'자로 되어 있다.

重誨得罪에 **知其必死**하고 **歎曰 我固當死**나 **但恨不與國家除去潞王**[1]이라하니 **此其恨也**러라

安重誨가 죄를 받고 나서 자신이 반드시 죽게 되리라는 것을 알고 탄식하며 말하기를 "나는 본래 죽어 마땅하나 다만 國家를 위해 潞王을 제거하지 못한 것이 한스럽다."라고 하였으니, 이것이 그가 한스러워한 것이었다.

1) 重誨得罪……但恨不與國家除去潞王 : ≪新五代史≫ 권24 〈考證〉에 "살펴보건대, 胡三省이 본문의 이 말을 辯析하여 '安重誨는 본래 사사로운 감정으로 李從珂를 죽이려고 한 것이다. 이때에 이종가는 아직 跋扈하려는 자취가 있지 않았으니 안중회가 어떻게 그가 朝廷의 憂患이 될 줄 알았겠는가? 이는 아마도 淸泰 年間 簒奪이 일어난 뒤에 안중회를 기리려는 어떤 이가 이런 말을 만든 것인 듯하니 믿을 수 없다.〔按胡三省辯此語曰 重誨自以私憾欲殺從珂 當是時 從珂未有跋扈之跡 重誨何以知其爲朝廷之患 此恐是淸泰簒後人譽重誨者 造此語 未可信也〕"라고 하였고, ≪五代史記纂誤補≫ 卷2에 "삼가 살펴보건대,

安重誨가 죽은 지 2년 뒤에야 李從珂가 비로소 〈潞王에〉 봉해졌는데 여기에서는 안중회의 입으로 노왕을 칭했으니 대개 ≪五代史闕文≫의 착오를 그대로 따른 것이다.〔謹案重誨死後二年 而從珂始封 此于重誨口稱潞王 蓋仍五代史闕文之誤〕"라고 하였다.

嗚呼라 **官失其職**이 **久矣**라 **予讀梁宣底**라가 **見敬翔李振爲崇政院使**하야 **凡承上之旨**하야 **宣之宰相而奉行之**라 **宰相有非其見時而事當上決者**와 **與其被旨而有所復**(부)**請者**면 **則具記事而入**하야 **因崇政使以聞**하야 **得旨則復宣而出之**라 **梁之崇政使**는 **乃唐樞密之職**이니 **蓋出納之任也**라 **唐常以宦者爲之**러니 **至梁戒其禍**하야 **始更用士人**하니 **其備顧問參謀議于中則有之**나 **未始專行事于外也**라 **至崇韜重誨爲之**하야 **始復唐樞密之名**이나 **然權侔于宰相矣**라 **後世因之**하야 **遂分爲二**하야 **文事任宰相**하고 **武事任樞密**하니 **樞密之任旣重**에 **而宰相自此失其職也**러라

오호라! 官職이 그 본래의 직무를 상실한 것이 오래되었다. 내가 梁나라의 宣底를 읽다가 敬翔·李振이 崇政院使가 되어 皇上의 敎旨를 받들어 宰相에게 전달하여 奉行하는 것을 보았다. 재상이 그 견해가 다른 때가 있어 황상에게 裁決을 받아야 할 일과, 황상의 御旨를 받았으나 다시 청할 일이 있으면, 事情을 갖추어 기록하여 궁중에 들여보내 崇政使를 통해 상주하여 어지를 받으면 다시 전달하여 시행하였다.

梁나라의 숭정사는 바로 唐나라 때 樞密使의 직책이니 〈皇命을〉 出納하는 직임이었다. 唐나라 때는 늘 宦官에게 맡겼는데 梁나라에 이르러 환관의 災禍를 경계하여 비로소 다시 이 직책에 士人을 등용하니, 내부에서 顧問에 대비하고 논의에 참여하는 경우는 있었으나 외부에서 독자적으로 일을 처리한 적은 없었다.

郭崇韜와 安重誨가 이 직책을 맡게 되면서 비로소 唐나라의 추밀사라는 명칭을 회복하였으나 그 권세가 재상에 버금갔다. 후세에 이를 因襲하여 마침내 둘로 나누어 文事는 재상에게 맡기고 武事는 추밀사에게 맡기니, 추밀사의 책임이 이미 막강해지면서 재상이 이로부터 본래의 직무를 상실하게 되었다.

歐陽文忠公五代史抄 卷6

歸安 鹿門 茅坤 批評
孫男 闇叔 茅著 重訂

唐臣傳

01. 周德威傳* 周德威의 傳記

* 周德威(?~918)는 字가 鎭遠으로 朔州 馬邑 사람이다. 주덕위의 列傳은 ≪舊五代史≫ 卷56 〈唐書 第32 列傳8〉과 ≪新五代史≫ 卷25 〈唐臣傳 第13〉에 실려 있다.

歐陽脩는 ≪구오대사≫에 2천 2백여 자 분량인 주덕위의 傳記를 1천 7백여 자로 축약하여 서술하였는데, 後唐의 名將인 그의 용맹함과 노련함을 잘 보여주는 일화를 중심으로 짜임새 있게 구성하였다. 주덕위는 처음부터 晉王 李克用의 휘하 장수가 되어 本名인 周陽五로 천하에 이름을 떨쳤는데, 이극용 사후에도 그의 아들 莊宗 李存勖을 도와 한마음으로 여러 전투에서 혁혁한 공을 세운 후당의 忠臣이라고 할 수 있다.

열전에서는 梁軍이 太原을 공격했을 때 陳章을 생포한 武勇談으로 시작하여 潞州 攻防戰에서 총대장이 되어 後梁의 夾城을 격파한 일, 趙州를 구원하기 위한 援軍으로 가서 柏鄕에서 후량의 王景仁에게 大敗를 안긴 일, 劉守光을 물리쳐 燕國을 멸하고 單廷珪를 생포한 일, 태원을 습격하고 臨淸을 제압하려던 劉鄩을 저지한 일 등을 서술하여 뛰어난 戰術家이자 용맹한 장수로서의 면모를 잘 드러내었다.

이에 반해 이어지는 마지막 단락에서 구양수는 인물들간의 대화를 위주로 현장감 넘치는 필치를 발휘하여 胡柳陂 전투를 묘사하였다. 구양수는 단락의 첫 부분에서 장종과 주덕위의 성향을 대비하면서 주덕위가 죽을 수밖에 없는 張本을 前提하기는 하였으나, 주덕위가 여러 차례 전투에서 이기다가 전술상의 패착으로 목숨까지 잃는 과정이 다소 급작스럽게 전개되어 一見 당황스럽기까지 하다.

하지만 그만큼 마지막에 터져 나온 장종의 痛哭이 깊은 울림으로 다가옴과 동시에 주덕위가 장수로서 후당에서 어떠한 위치를 점하고 있었는지 충분히 엿볼 수 있게 된다. 특히 ≪구오대사≫에서 장종이 "내 훌륭한 장수를 잃은 것은 내 잘못이다.〔喪我良將 吾之咎也〕"라고 말한 것으로 간략하게 서술되고 있는 것과 비교해보면, 이 열전을 지은 구양수의 敍事의 妙處가 장종의 이 통곡에 있는 것으로 볼 수 있지 않을까 한다.

호류피 전투는 후량의 內地 깊숙한 곳인 濮州의 서쪽에 있는 고개인 호류피에서 벌어진 大戰이다. 후량의 末帝 朱友貞과 이존욱은 천하의 霸權을 놓고 오랫동안 다투어왔는데, 918년 8월에 이존욱이 주덕위·李存審·李嗣源·王處直 등과 함께 奚·契丹·室韋·吐谷渾 등 이민족 부대까지 합류시켜 후량과 승부를 결정짓기 위해 濮州로 쳐들어갔다. 하지만 후량의 저항이 거세어 쉽게 승부를 내지 못하며 전선을 옮겨 싸우다가 12월 24일에 복주 서쪽에 있는 고개인 호류피에서 전투를 벌였다.

이 전투에서 후당은 처음 輜重 부대의 潰散으로 인해 주덕위·王緘이 전사한 것을 비롯해 2/3에 달하는 군사를 잃어버려 타격이 컸지만 마침내 복주를 함락하여 이후 대세를 굳히는 발판이 되었던 중요한 전투이다. 후당의 창업의 초석을 놓는 데 크게 기여하였으나, 최종적인 成功을 보지 못하고 죽은 老將의 죽음에 처연한 마음을 일으키지 않을 수 없다.

德威는 **善戰將**하고 **而歐陽公**은 **善序事**하니 **可謂兩絶**이라

周德威는 전쟁에서 군사를 거느리기를 잘하였고 歐陽公은 일을 서술하기를 잘하였으니 둘 다 빼어나다고 할 만하다.

周德威는 **字鎭遠**이니 **朔州馬邑人也**라 **爲人勇而多智**하야 **能望塵以知敵數**라 **其狀貌雄偉**하고 **笑不改容**하니 **人見之**에 **凜如也**러라 **事晉王爲騎將**이러니 **稍遷鐵林軍使**하야 **從破王行瑜**[1]하고 **以功遷內衙指揮使**하다 **其小字**는 **陽五**니 **當梁晉之際**하야 **周陽五之勇聞天下**하다

周德威는 字가 鎭遠이니 朔州 馬邑 사람이다. 사람됨이 용맹하고 智謀가 많아 흙먼지가 일어나는 것을 멀리서 바라보고 적군의 숫자를 알아낼 수 있었다. 그의 용모가 헌걸차고 웃을 때에 낯빛을 바꾸지 않으니 사람들이 그를 보면 엄숙해졌다.

晉王(李克用)을 섬겨 騎將이 되었는데 점차 승진하여 鐵林軍使가 되어서 진왕을 수행하여 王行瑜를 격파하고 그 戰功으로 內衙指揮使로 승진하였다. 그의 어릴 적 이름은 陽五니, 梁나라와 晉나라가 대치하던 국면에서 周陽五의 용맹은 천하에 이름났다.

1) 王行瑜 : ?~895. 唐末의 장수로, 邠州 사람이다. 처음에 邠寧節度使 朱玫의 部將이었는데 唐 僖宗 光啓 2년(886) 주매가 李熅을 황제로 옹립하고 王行瑜에게 도망간 희종을 추격하게 하였는데 추격에 실패하자 결국 배반하여 주매를 공격해 죽였다. 뒤에 희종이 빈녕절도사에 임명하였다. 892년 鳳翔節度使 李茂貞과 연합하여 공격을 감행해 漢中을 취하였다. 이듬해 唐 昭宗에게 환관 西門君遂 및 재상 杜讓能 등을 죽이도록 하였다. 895년 이무정 및 鎭國節度使 韓建과 함께 長安에 쳐들어가 재상 韋昭度·李谿를 죽이고 昭宗을 폐위하고 李保를 황제로 세우는 일을 도모하였다. 李克用이 군대를 거느리고 남쪽으로 내려가 三鎭軍을 격퇴할 때 빈주도 함께 공격하자, 도망다니다가 부하에게 살해당하였다.

梁軍圍晉太原에 **下**[1)]**令軍中曰 能生得周陽五者**는 **爲刺史**[2)]라하다 **有驍將陳章者**가 **號陳野叉**어늘 **常乘白馬被朱甲以自異**하고 **出入陣中**에 **求周陽五**하야 **欲必生致之**라 **晉王戒德威曰 陳野叉欲得汝以求刺史**하니 **見白馬朱甲者**어든 **宜善備之**라하니 **德威笑曰 陳章好大言耳**니 **安知刺史非臣作邪**(야)리잇고하고 **因戒其部兵曰 見白馬朱甲者**어든 **當佯走以避之**니라 **兩軍皆陣**에 **德威微服雜卒伍中**이라 **陳章出挑戰**하야 **兵始交**한대 **德威部下見白馬朱甲者**하고 **因退走**하니 **章果奮矟**(삭)**急追之**라 **德威伺章已過**라가 **揮鐵鎚擊之**하니 **中章墮馬**라 **遂生擒之**하다

梁나라 군대가 晉의 太原을 포위하였을 때 軍中에 명령을 내리기를 "周陽五를 생포해 오는 자는 刺史로 삼겠다."라고 하였다. 용맹한 장수 陳章이라는 자가 陳野叉

라고 불렸는데 항상 白馬를 타고 붉은 갑옷을 입어 다른 사람과 자신을 구별하고, 戰場을 출입할 때 주양오를 찾아다니며 반드시 그를 생포하려 하였다.

晉王이 周德威에게 당부하여 말하기를 "진야차가 그대를 잡아 자사 자리를 얻으려고 하니 백마를 타고 붉은 갑옷을 입은 자를 보거든 잘 대비해야 할 것이다."라고 하니, 주덕위가 웃으며 말하기를 "진장은 큰소리치기 좋아할 뿐이니 어찌 자사가 신이 만들어줄 수 있는 것이 아님을 알겠습니까?"라고 하고는, 이어 자신의 수하 부대원들에게 당부하여 말하기를 "백마를 타고 붉은 갑옷을 입은 자를 보거든 달아나는 체하면서 피해야 할 것이다."라고 하였다.

두 군대가 마주하여 陣을 쳤을 때 주덕위가 일반 병사의 옷을 입고 대오 속에 섞여 있었다. 진장이 나와 도전하여 두 군대가 비로소 交戰하였는데, 주덕위의 부하가 백마를 타고 붉은 갑옷을 입은 자를 보고는 이어 물러나 달아나니 진장이 과연 창을 휘두르며 급히 추격해왔다. 주덕위가 진장이 지나가는 것을 엿보고 있다가 鐵鎚를 휘둘러 치니 진장이 철추를 맞고 말에서 떨어진지라 마침내 그를 생포하였다.

1) 下 : ≪新五代史≫에는 '下'자가 없다.

2) 梁軍圍晉太原……爲刺史 : ≪舊五代史≫에는 "〈陳章이〉 氏叔琮에게 말하기를 '晉나라 군대가 믿고 있는 자는 周陽五이니 원컨대 그를 사로잡으면 郡으로 상을 내려줄 것을 청합니다.'라고 하였다.〔言於叔琮曰 晉人所恃者周陽五 願擒之 請賞以郡〕"라고 하여 ≪新五代史≫와는 조금 다르다.(≪舊五代史考異≫)

梁攻燕에 晉遣德威將五萬人하야 爲燕攻梁하야 取潞州하니 遷代州刺史內外蕃漢馬步軍都指揮使하다 梁軍捨燕攻潞하야 圍以夾城하니 潞州守將李嗣昭[1]가 閉城距守한대 而德威與梁軍相持於外踰年이라 嗣昭與德威로 素有隙이러니 晉王病且革에 語莊宗曰 梁軍圍潞어늘 而德威與嗣昭有隙하니 吾甚憂之라하다 王喪在殯에 莊宗新立하야 殺其叔父克寧하야 國中未定이어늘 而晉之重兵이 悉屬德威于外하니 晉人皆恐이라 莊宗使人以喪及克寧之難으로 告德威하고 且召其軍이라 德威聞命하고 卽日還軍太原하야 留其兵城外하고 徒步而入하야 伏梓宮前慟哭幾絶하니 晉人乃安이라 遂從莊宗復(부)擊梁軍하야 破夾城하고 與李嗣昭로 歡如初하다 以破夾城功으로 拜振

武節度使同中書門下平章事하다

梁나라가 燕나라를 공격할 때 晉나라가 周德威를 보내 5만 명을 거느리고서 燕나라를 위해 梁나라를 공격하게 하여 潞州를 취하니 주덕위를 代州刺史 內外蕃漢馬步軍都指揮使에 승진시켰다.

梁나라 군대가 燕나라를 놔두고 노주를 공격하여 夾城으로 포위하니 노주의 守將 李嗣昭가 성문을 닫아걸고 저항하며 지키자, 주덕위는 梁나라 군대와 성 밖에서 해를 넘기도록 대치하고 있었다.

이사소는 주덕위와 평소 틈이 있었는데, 晉王은 병이 위급해지자 莊宗에게 말하기를 "梁나라 군대가 노주를 포위하고 있는데 주덕위와 이사소가 사이가 좋지 못하니 내가 이를 몹시 걱정하고 있다."라고 하였다.

진왕의 靈柩가 殯所에 있을 때 장종이 새로 즉위하여 자신의 숙부 李克寧을 죽여 국내가 아직 안정되지 않았는데, 晉나라의 重兵이 모두 밖에 있는 주덕위에게 소속되어 있으니 晉나라 사람들이 모두 두려워하였다. 장종이 사신을 보내 國喪 및 이극녕의 난을 주덕위에게 알려주고 그 군대를 소환하였다. 주덕위가 명령을 듣고 당일 바로 太原으로 군대를 돌려 성 밖에 군대를 머물게 하고 도보로 들어가서 진왕의 영구 앞에 엎드려 통곡하다가 거의 기절할 듯하니 晉나라 사람들이 그제야 안심하였다.

마침내 주덕위가 장종을 수행하여 梁나라 군대를 다시 공격하여 夾城을 격파하고 이사소와 처음처럼 화해하였다. 〈주덕위는〉 협성을 격파한 戰功으로 振武節度使 同中書門下平章事에 제수되었다.

1) 李嗣昭 : ?~922. 본래 姓은 韓氏이고, 原名은 進通이며, 字는 益光으로, 汾州 太穀 사람이다. 晉王 李克用의 아우 代州刺史 李克柔의 養子이다. 李嗣昭는 용맹하면서 膽略이 있으며, 침착하고 굳세어 潞州를 수복하고 滄州를 구원하며 李瑭의 반란을 진압하고 太原이 포위된 것을 깨뜨렸으며 契丹를 공격하고 張文禮를 정벌하는 등 수많은 전공을 세웠다. 司徒 · 太保 · 侍中 · 中書令 등의 직책을 역임하였다. 922년 鎭州節度使 장문례를 정벌할 때 화살에 맞아 죽었다. 後唐 莊宗이 즉위한 뒤 太師에 추증되고 隴西郡王에 봉해졌다.

天祐[1] 七年秋[2]에 梁遣王景仁將魏滑汴宋等兵七萬人擊趙하다 趙王王鎔이 乞師于晉한대 晉遣德威先屯趙州하다 冬에 梁軍至于柏鄉한대 趙人告急하니 莊宗自將出贊皇하야 會德威于石橋하고 進距柏鄉五里하야 營于野河北하다 晉兵少어늘 而景仁所將神威龍驤拱宸等軍은 皆梁精兵이라 人馬鎧甲[3]을 飾以組綉金銀하야 其光耀日하니 晉軍望之色動이라 德威勉其衆曰 此汴宋傭販兒徒가 飾其外耳니 其中不足懼也라 其一甲之直(치)[4]가 數十千이니 得之면 適足爲吾資라 無徒望而愛之요 當勉以往取之라하고 退而告于莊宗曰 梁兵甚銳하니 未可與爭이라 宜少退以待之[5]라하다 莊宗曰 吾提孤軍出千里하니 其利速戰이라 今不乘勢急擊之하야 使敵知吾之衆寡면 則吾無所施矣라한대 德威曰 不然하니이다 趙人은 能城守而不能野戰하니 吾之取勝은 利在騎兵이라 平川廣野는 騎兵之所長也어늘 今吾軍于河上하야 迫賊營門하니 非吾用長之地也라하다 莊宗不悅하야 退臥帳中하니 諸將無敢入見이라 德威謂監軍張承業[6]曰 王怒老兵이나 不速戰者는 非怯也라 且吾兵少而臨賊營門하니 所恃者一水隔耳라 使梁得舟械渡河면 吾無類矣라 不如退軍鄗(호)邑하야 誘敵出營하야 擾而勞之면 可以策勝也라하다 承業入言曰 德威는 老將知兵하니 願無忽其言이라한대 莊宗遽起曰 吾方思之耳로라 已而오 德威獲梁游兵하야 問景仁何爲오하니 曰 治舟數百하야 將以爲浮梁이라하다 德威引與俱見한대 莊宗笑曰 果如公所料라하고 乃退軍鄗邑하다

天祐 7년(910) 가을에 梁나라가 王景仁을 보내 魏州·滑州·汴州·宋州 등의 군대 7만 명을 거느리고서 趙州를 치게 하였다. 趙王 王鎔이 晉나라에 援兵을 청하자 晉나라가 周德威를 보내 먼저 조주에 주둔하게 하였다.

이해 겨울에 梁나라 군대가 柏鄕에 이르자 조주 사람이 晉나라에 급변을 알리니, 莊宗이 직접 군대를 거느리고 贊皇을 나와 石橋에서 주덕위와 만나고 백향에서 5里 되는 곳까지 전진하여 野河의 북쪽에 주둔하였다.

晉나라 군대는 적었는데 왕경인이 거느린 神威軍·龍驤軍·拱宸軍 등은 모두 梁나라의 정예병인지라, 人馬와 鎧甲을 비단과 金銀으로 장식하여 그 광채가 햇살에 번쩍이니 晉나라 군대가 이를 바라보고 안색이 변하였다.

주덕위가 자신의 군대를 鼓舞하기를 "이는 변주·송주의 고용된 장사치들이 그

외면을 치장한 데 불과하니 그 속은 족히 두려워할 것이 못 된다. 이들이 입은 갑옷 하나 값이 수만 금이니 이를 잡으면 우리의 物資로 삼기에 알맞을 것이다. 한갓 바라보면서 부러워하지만 말고 힘써서 가서 빼앗아야 할 것이다."라고 하고, 물러나 장종에게 아뢰기를 "梁나라 군대가 매우 정예로우니 아직 맞서 싸워서는 안 됩니다. 의당 조금 물러나 때를 기다려야 합니다."라고 하였다.

장종이 말하기를 "내가 외로운 군대를 거느리고 천 리 밖으로 나왔으니 速戰速決하는 것이 이롭다. 지금 勝勢를 타고 맹렬하게 공격하지 않고서 적들이 우리 군대의 수효를 알아채도록 한다면 우리는 손쓸 수가 없게 될 것이다."라고 하자, 주덕위가 말하기를 "그렇지 않습니다. 조주 사람은 성은 잘 지키지만 들에서는 잘 싸우지 못하니 우리가 승리를 거머쥘 수 있는 방법은 그 이로움이 騎兵에 있습니다. 平原과 廣野는 기병이 장점을 발휘할 수 있는 곳인데 지금 우리가 강가에 주둔하여 적군의 營門 가까이 있으니 우리의 장점을 발휘할 수 있는 곳이 아닙니다."라고 하였다.

장종이 이 계책을 불쾌하게 여겨 軍幕에 물러나 누우니 장수들 가운데 감히 들어가 알현하는 이가 없었다. 주덕위가 監軍 張承業에게 이르기를 "왕께서 군대를 오래 머물러 지치게 하는 데 화내고 계시지만 속전속결하지 않는 것은 겁을 먹어서가 아니다. 게다가 우리 군대는 적은 데다 적군의 영문 가까이 있으니 믿고 있는 것은 강 하나가 가로막혀 있다는 사실일 뿐이다. 만약 梁나라가 배를 얻어 강을 건너게 된다면 우리는 다 죽은 목숨일 것이다. 鄗邑으로 군대를 물려 적군이 군영을 나오도록 유인해내어 적을 攪亂하여 지치게 하는 것만 못하니, 이렇게만 한다면 계책을 써서 이길 수 있을 것이다."라고 하였다.

장승업이 들어가 아뢰기를 "주덕위는 노련한 장군으로 兵法을 아니 그의 말을 소홀하게 여기지 마소서."라고 하자, 장종이 갑자기 일어나 말하기를 "내가 지금 그런 생각을 하고 있었다."라고 하였다.

이윽고 주덕위가 梁나라의 遊擊兵을 잡아 왕경인이 무엇을 하고 있는지 물으니, 그가 말하기를 "배 수백 척을 만들어 浮橋로 삼으려고 하고 있습니다."라고 하였다. 주덕위가 유격병을 이끌고 함께 장종을 알현하자, 장종이 웃으면서 말하기를 "과연 공이 짐작한 대로다."라고 하고, 그제야 호읍으로 군대를 물렸다.

1) 天祐 : 唐 哀帝의 年號(904~907)이다. 애제는 開平 2년(908) 後梁 太祖 朱全忠에게 피살되었는데, 아직 천하가 통일되지 않았으므로 歐陽脩가 唐의 마지막 연호로 계산한 것이다. 天祐 7년은 바로 개평 4년이다.

2) 天祐七年秋 : ≪五代史纂誤≫ 卷中에 "지금 살펴보건대, 天祐 7년은 바로 梁나라 開平 4년이다. 〈梁太祖紀〉, 〈唐莊宗紀〉, 〈王景仁傳〉, 〈王鎔傳〉으로 校勘해 보면 모두 '개평 4년 겨울 11월'로 되어 있는데 이 傳에서만 가을로 되어 있으니 착오이다.〔今按天祐七年 卽梁開平四年也 以梁太祖紀唐莊宗紀王景仁王鎔傳校之 皆是開平四年冬十一月 獨此傳以爲秋誤也〕"라고 하였다.

3) 鎧甲 : 전투할 때 몸을 보호하기 위한 복장으로, 금속이나 가죽으로 만든 갑옷이다.

4) 其一甲之直(치) : ≪五代史記纂誤續補≫ 卷2에 "살펴보건대, '其'자는 아마도 '且'자가 될 듯하다.〔按其疑作且〕"라고 하였다.

5) 退而告于莊宗曰……宜少退以待之 : ≪舊五代史≫에는 "周德威가 정예 기병을 직접 거느리고 賊兵의 양편을 치되 왼편으로 내달리고 오른편을 뚫어 서너 번이나 출몰하여 이날 적병 백여 명을 잡으니 적병이 黃河를 건너 물러났다. 주덕위가 莊宗에게 아뢰기를, '적병의 교만한 기세가 가득하니 의당 군대를 정돈하여 그들이 지치기를 기다려야 합니다.'라고 하였다.〔德威自率精騎 擊其兩偏 左馳右決 出沒數四 是日 獲賊百餘人 賊渡河而退 德威謂莊宗曰 賊驕氣充盛 宜按兵以待其衰〕"라고 하였는데, ≪新五代史≫에는 정예 기병으로 적병을 친 일을 수록하지 않았다. 하지만 ≪구오대사≫의 뒷부분에 "적병과 지척 사이에 있어 이 강물 하나를 격하고 있다.〔去賊咫尺 限此一渠水〕"라고 한 부분을 고려하면 ≪신오대사≫에 수록하지 않은 부분은 빠뜨려서는 안 된다.(≪舊五代史考異≫)

6) 張承業 : 846~922. 본래 姓은 康氏이고, 字는 繼元으로, 太原 府交城 사람이다. 唐末 五代 때의 宦官이다. 張承業은 어려서 궁에 들어가 內常侍 張泰收의 養子가 되었는데 뒤에 內供奉을 맡았다. 乾寧 3년(896)에 河東監軍을 맡고 左監門衛將軍을 더하였다. 그는 嚴明하게 법을 집행하여 晉王 李克用에게 신임을 받았고 李存勖을 보좌해달라는 遺命을 받았다. 唐나라가 멸망한 뒤 장승업은 이존욱이 높여주는 官爵을 거절하고 唐나라 때 받았던 官職을 그대로 맡

았다. 梁나라와 晉나라가 천하를 다투던 때에 그는 太原留守가 되어 후방의 軍政을 관장하여 이존욱이 梁나라를 멸망시키고 建國하는 데 일조하였다. 龍德 2년(922) 이존욱이 稱帝하려는 뜻이 완강하자 장승업이 諫言하였으나 받아들여지지 않아 근심과 번민으로 병을 얻었는데 결국 晉陽에서 죽었다. 後唐이 건립된 뒤 左武衛上將軍에 추증되었고, 貞憲이라는 시호를 하사받았다.

德威晨遣三百騎하야 **叩梁營挑戰**하고 **自以勁兵三千繼之**하다 **景仁怒**하야 **悉其軍以出**하야 **與德威轉鬪數十里**하야 **至于鄗南**하다 **兩軍皆陣**하니 **梁軍橫亘六七里**에 **汴宋之軍居西**하고 **魏滑之軍居東**이라 **莊宗策馬登高**하야 **望而喜曰 平原淺草**는 **可前可却**이니 **眞吾之勝地也**라하고 **乃使人告德威曰 吾當爲公先**이니 **公可繼進**이라하니 **德威持馬諫曰 梁軍輕出而遠來**하야 **與吾轉戰**하니 **其來**에 **必不暇齎糧糗**(구)어니와 **縱其能齎**라도 **亦不暇食**이니이다 **不及日午**하야 **人馬俱饑**리니 **因其將退而擊之**면 **勝**이라하다 **諸將亦皆以爲然**하다 **至未申時**하야 **梁軍東偏塵起**하니 **德威鼓譟而進**하야 **麾其西偏曰 魏滑軍走矣**라하고 **又麾其東偏曰 梁軍走矣**라하다 **梁陣動**하야 **不可復**(부)**整**하고 **乃皆走**라 **遂大敗**하다 **自鄗追至柏鄉**히 **橫尸數十里**요 **景仁以十餘騎**로 **僅而免**하다 **自梁與晉爭**으로 **凡數十戰**이로되 **其大敗未嘗如此**[1]러라

周德威가 새벽에 3백의 騎兵을 보내 梁나라의 軍營을 자극하여 挑戰하고 직접 정예 병사 3천 명을 거느리고 뒤따랐다. 王景仁이 노하여 자신의 全軍을 거느리고 출격하여 주덕위와 수십 리에 걸쳐 자리를 옮겨가며 여러 곳에서 싸워 鄗邑 남쪽에 이르렀다. 두 군대가 모두 전투 대형을 갖추니 梁나라 군대가 6~7리에 걸쳐 늘어서 있는데, 汴州와 宋州의 군대는 서쪽에 자리를 잡고 魏州와 滑州의 군대는 동쪽에 자리를 잡았다.

莊宗이 말을 채찍질하여 높은 곳에 올라 바라보며 기뻐하면서 말하기를 "平原의 작은 풀들에서는 전진할 수도 있고 물러날 수도 있으니 참으로 우리가 이길 수 있는 곳이다."라고 하고, 이어 사람을 보내 주덕위에게 말하기를 "내가 공의 앞에 설 것이니 공은 나를 따라 전진하라."라고 하니, 주덕위가 말을 붙잡고 간하기를 "梁나라 군대가 〈준비 없이〉 가볍게 출정하여 멀리서 와서 우리와 자리를 옮겨가며 여러 곳

에서 싸웠으니, 그들이 올 때에 반드시 軍糧을 가져올 겨를이 없었을 것이거니와 설령 그들이 군량이 가져올 수 있었더라도 먹을 겨를이 없었을 것입니다. 정오가 되기 전에 병사와 말이 모두 굶주릴 것이니 그들이 물러나려고 할 때를 이용하여 공격하면 승리할 것입니다."라고 하였다. 장수들도 모두 주덕위의 말이 옳다고 여겼다.

未時(오후 1시~3시)와 申時(오후 3시~5시)쯤이 되어 梁나라 진영의 동쪽에서 먼지가 일어나니, 주덕위가 북을 치고 고함을 지르면서 전진하여 자신의 서쪽 편대를 지휘하며 말하기를 "위주와 활주의 군대가 달아난다."라고 하고, 또 자신의 동쪽 편대를 지휘하며 말하기를 "梁나라 군대가 달아난다."라고 하였다. 그러자 梁나라 진영이 소란스러워져서 전열을 다시 정비하지 못하고 이어 모두 달아난지라 마침내 크게 패하였다.

주덕위가 鄗邑에서 추격하여 柏鄉에 이르기까지 수십 리에 걸쳐 주검이 널브러졌고, 왕경인은 10여 기병을 데리고 겨우 벗어났다. 梁나라가 晉나라와 전쟁을 시작한 이래로 모두 수십 번을 싸웠으나 이처럼 크게 패한 적은 없었다.

1) 自梁與晉爭……其大敗未嘗如此 : ≪五代史記纂誤續補≫ 卷2에 "살펴보건대, 이 전투와 夾寨 전투에서 梁나라가 모두 10만의 군대로 패하였다. 〈唐本紀〉에서 '梁나라 군대를 柏鄉에서 패퇴시켜 2만 級을 斬首하고 그 將校 3백 人, 말 3천 匹을 획득하였다.'고 하였는데, 〈康懷英傳〉에서는 협채 전투에서 大將 3백 人을 잃었다고 하였고 薛居正의 ≪舊五代史≫ 〈唐本紀〉에서 협채 전투에서 역시 '1만 級을 베고 그 장수 副招討使 符道昭 및 대장 3백 人, 芻粟 백만을 획득하였다.'고 하였다. 장교는 그래도 小將을 아울러 말할 수 있다고 해도 대장이라고만 했으면 소장을 포함해 계산하지 않음을 알 수 있다. ≪資治通鑑≫에서 협채 전투에 대해 '잃어버린 장교와 士卒이 만 인으로 헤아렸다.'고 두 군데서 서술하였으니 또한 2만 級보다 적지 않다. 설거정의 ≪구오대사≫ 〈당본기〉에서 '백향의 전투에서 梁나라 장수 陳思權 이하 285人을 사로잡았다.'고 하였고, 〈周德威傳〉에서도 '장교 280人을 획득하였다.'고 하였다. 이는 모두 3백 人을 잡은 것이 아니니 백향의 패배가 협채의 패배만큼 심하지는 않았던 것이다.〔按此與夾寨之戰 梁皆以十萬師敗 唐本紀敗梁兵于柏鄉 斬首二萬級 獲其將校三百人 馬三千匹 而康懷英傳夾寨乃亡大將三百人 薛史唐本紀 夾

寨亦曰 斬萬餘級 獲其將副招討使符道昭 洎大將三百人 芻粟百萬 將校猶統小將言 第曰大將 不計小將可知矣 通鑑夾寨兩敍亡將校士卒以萬計 亦不下二萬級矣 薛史唐本紀 柏鄉之役 擒梁將陳思權以下二百八十五人 周德威傳亦作獲將校二百八十人 是並未有三百人 則柏鄉之敗 不如夾寨之甚也]"라고 하였다.

劉守光僭號於燕한대 **晉遣德威將兵三萬**하야 **出飛狐**[1] **以擊之**하다 **德威入祁溝關**[2]하야 **取涿州**하고 **遂圍守光于幽州**하야 **破其外城**한대 **守光閉門距守**하니 **而晉軍盡下燕諸州縣**이요 **獨幽州不下**러니 **圍之踰年**에야 **乃破之**하다 **以功拜盧龍軍節度使**하다 **德威雖爲大將**이나 **而常身與士卒馳騁於矢石之間**하다 **守光驍將單廷珪望見德威於陣曰 此**는 **周陽五也**라하고 **乃挺槍馳騎追之**하다 **德威佯走**라가 **度**(탁)**廷珪垂及**하고 **側身少却**한대 **廷珪馬方馳**하야 **不可止**라 **縱其少過**하야 **奮撾**[3] **擊之**하니 **廷珪墜馬**하야 **遂見擒**하니라

劉守光이 燕나라에서 황제를 참칭하자 晉나라가 周德威를 보내 군대 3만을 거느리고 飛狐를 나가 공격하게 하였다. 주덕위가 祁溝關에 들어가 涿州를 취하고 마침내 幽州에서 유수광을 포위하여 유주 外城을 격파하자, 유수광이 성문을 닫고 버티며 지키니 晉나라 군대가 燕나라 州縣들을 모두 함락하고 유주만 함락하지 못하였는데, 포위한 지 한 해를 넘겨서야 비로소 격파하였다. 주덕위는 이 戰功으로 盧龍軍節度使에 배수되었다.

주덕위는 비록 大將이 되었으나 늘 몸소 병사들과 함께 화살과 돌이 난무하는 사이를 내달렸다. 유수광의 猛將 單廷珪가 軍陣에서 주덕위를 바라보고 말하기를 "이 사람은 周陽五이다."라고 하고는, 창을 뽑아 들고 말을 내달려 그를 추격하였다. 주덕위가 달아나는 체하다가 단정규가 거의 쫓아왔음을 헤아리고 몸을 돌려 살짝 물러나자, 단정규는 말이 막 내달리고 있어서 멈출 수가 없는지라 단정규가 조금 지나쳐 가게 두고서 몽둥이로 그를 때리니 단정규가 말에서 떨어져 마침내 생포되었다.

1) 飛狐 : 河北省 淶源縣 남쪽에 있는데, 양쪽의 벼랑이 깎아지른 듯이 서 있고 한 가닥 좁은 길이 나 있다. 이 길이 구불구불 백여 리나 이어져 있다. 이곳은 옛날 河北의 평원과 북방 邊境의 郡을 잇는 교통의 요충지였다.

2) 祁溝關 : 河北省 涿州城 서남쪽에 있는데, 岐溝關이라고도 한다. 地勢가 險要

하여 전쟁이 일어나면 반드시 다투던 곳이다. 고대에는 岐溝府라고 하였다가 뒤에 기구관으로 고쳤는데 오늘날에는 岐溝村이라고 한다. 기록에 의하면 唐末에 세워졌다고 한다.

3) 撾 : ≪新五代史≫에는 '檛'자로 되어 있다.

莊宗與劉鄩相持于魏러니 **鄩夜潛軍出黃澤關**[1]하야 **以襲太原**하니 **德威自幽州以千騎入土門以躡之**라 **鄩至樂平**하야 **遇雨不得進而還**하다 **德威與鄩俱東**하야 **爭趨臨清**[2]이라 **臨清**은 **有積粟**이요 **且晉軍餉道也**라 **德威先馳據之**하니 **以故**로 **莊宗卒能困鄩軍而敗之**하니라

莊宗이 劉鄩과 魏州에서 대치하였는데 유심이 한밤에 몰래 군대를 보내 黃澤關을 나가 太原을 습격하니, 周德威가 幽州로부터 騎兵 천 명을 거느리고서 土門으로 들어가 追擊하였다. 유심은 樂平에 이르러 비를 만나 전진하지 못하고 돌아갔다.

주덕위와 유심 둘 다 동쪽으로 전진하여 臨清에 먼저 가려고 하였다. 임청에는 비축한 식량이 있는 데다, 晉나라 군대의 군량을 운반하는 길목이었다. 주덕위가 먼저 내달려 임청을 점거하니 이로 인해 장종이 마침내 유심의 군대를 곤경에 몰아넣어 물리칠 수 있었다.

1) 黃澤關 : 山西省 左權縣 동남쪽 黃澤嶺에 있는 관문으로, 山勢가 險峻하고 산길이 구불구불하여 十八盤이라고도 한다. 河北省을 왕래하는 요충지이다. 唐나라 때 세웠다.

2) 臨清 : 山東省 서북부 漳衛河와 古運河가 교차하는 곳에 있어 河北省과 강을 사이에 두고 마주보고 있는 교통의 요충지이다.

莊宗은 **勇而好戰**하고 **尤銳於見敵**이로되 **德威**는 **老將**으로 **常務持重以挫人之鋒**이라 **故其用兵**은 **常伺敵之隙以取勝**이라 **十五年**[1]에 **德威將燕兵三萬人**하야 **與鎭定等軍**으로 **從莊宗于河上**하야 **自麻家渡進軍臨濮以趨汴州**라 **軍宿胡柳陂**러니 **黎明**에 **候騎報曰 梁軍至矣**라하니 **莊宗問戰於德威**한대 **德威對曰 此去汴州**에 **信宿而近**이요 **梁軍父母妻子**가 **皆在其中**하니 **而梁人家國**이 **繫此一擧**라 **吾以深入之兵**으로 **當其必死之**

戰하니 可以計勝이요 而難與力爭也니이다 且吾軍先至此하야 糧爨具而營柵完이니 是謂以逸待勞之師也라 王宜按軍無動이어시든 而臣請以騎軍擾之하야 使其營柵不得成하고 樵爨不暇給하리니 因其勞乏而乘之면 可以勝也라하다 莊宗曰 吾軍河上하야 終日俟敵이러니 今見敵不擊이면 復(부)何爲乎아하고 顧李存審曰 公以輜重先하라 吾爲公殿이라하고 遽督軍而出하다 德威謂其子曰 吾不知死所矣라하다 前遇梁軍而陣하니 王軍居中하고 鎭定之軍居左하며 德威之軍居右하고 而輜重次右之西라 兵已接에 莊宗率銀槍軍하야 馳入梁陣하니 梁軍小敗라가 犯晉輜重이라 輜重見梁朱旗하고 皆驚走入德威軍일새 德威軍亂이어늘 梁軍乘之하니 德威父子皆戰死하다 莊宗與諸將相持而哭曰 吾不聽老將之言而使其父子至此라하다 莊宗卽位에 贈德威太師하고 明宗時에 加贈太尉하고 配享莊宗廟[2)]하고 晉高祖[3)]追封德威燕王하다 子光輔는 官至刺史[4)]하니라

莊宗은 용맹하고 전쟁을 좋아하는 데다 적군을 맞닥뜨리면 더욱 鬪志가 올랐으나, 周德威는 老將으로 늘 신중함을 유지하면서 적군의 銳氣를 꺾으려고 힘썼다. 그래서 주덕위의 用兵術은 늘 적군의 틈을 엿보아 승리를 얻어냈다.

天祐 15년(918)에 주덕위가 燕의 군대 3만 명을 거느리고서 鎭州와 定州 등지의 군대와 함께 장종을 따라 黃河 가에 이르러 麻家渡에서 臨濮으로 進軍하여 汴州에 갔다.

군대가 胡柳陂에 머물렀는데 동이 틀 무렵 정찰하던 騎兵이 보고하기를 "梁나라 군대가 왔습니다."라고 하니, 장종이 주덕위에게 戰術을 묻자 주덕위가 대답하기를 "여기서 변주까지는 이틀을 가면 도달할 만큼 가깝고 梁나라 군사들의 父母와 妻子들이 모두 그곳에 있으니 梁나라의 命運이 이 한 번의 전투에 달려 있습니다. 우리가 적진에 깊숙이 쳐들어온 병사들을 데리고서 저들의 죽기를 각오한 전투를 맞닥뜨렸으니 計略으로 이겨야지 힘으로 저들과 싸워서는 어렵습니다. 게다가 우리 군대가 먼저 이곳에 도착하여 炊事 준비가 되어 있고 營柵이 완비되어 있으니 이를 일러 편안한 상황에서 고생하는 상대를 맞이하는 군대라고 하겠습니다. 왕은 군대를 안무하여 움직이지 않고 계시면 신이 기병을 데리고 저들을 동요시켜 저들이 영

책을 완성하지 못하게 하고 취사할 겨를이 없게 할 것이니 저들의 지치고 부족한 상황을 이용한다면 이길 수 있을 것입니다."라고 하였다.

장종이 말하기를 "우리가 황하 가에 주둔하여 종일토록 적군을 기다렸는데 지금 적군을 보고도 공격하지 않는다면 다시 무슨 일을 하고 있으란 말인가?"라고 하고, 李存審을 돌아보며 말하기를 "공은 輜重(軍需品)을 이끌고 먼저 가라. 나는 공을 위하여 후미를 맡아 가겠다."라고 하고, 곧장 군대를 독촉하며 출발하였다. 그러자 주덕위는 자신의 아들에게 이르기를 "내가 어디에서 죽을지 모르겠다."라고 하였다.

전면에서 梁나라 군대를 맞닥뜨려 진을 치니 왕의 군대는 중앙에 자리하고 진주·정주의 군대는 왼쪽에 자리하며 주덕위의 군대는 오른쪽에 자리하고 치중 부대는 오른쪽 주덕위 군대의 서쪽에 자리하였다.

전투가 벌어지자 장종이 銀槍軍을 거느리고서 梁나라 진영으로 말을 달려 들어가니 梁나라 군대가 조금 패하였다가 晉나라의 치중 부대를 공격하였다. 치중 부대가 梁나라의 붉은 깃발을 보고 모두 놀라 주덕위의 군대로 달려 들어가므로 주덕위의 군대가 혼란해졌는데 梁나라 군대가 이 틈을 타고 공격하니 주덕위 父子가 모두 전사하였다. 장종이 장수들과 서로 붙들고 통곡하기를 "내가 老將의 말을 듣지 않아 이들 부자를 이 지경에 이르게 하였다."라고 하였다.

장종이 즉위하자 주덕위를 太師에 追贈하고, 明宗 때에는 주덕위를 太尉에 加贈하고 장종의 사당에 配享하고, 晉 高祖는 주덕위를 燕王에 追封하였다. 아들 周光輔는 관직이 刺史에 이르렀다.

1) 十五年 : 앞의 唐 哀帝의 연호인 天祐(904~907)로 계산한 연도이다. 천우 15년은 바로 後梁 末帝의 貞明 4년이다.

2) 贈德威太師……配享莊宗廟 : ≪五代史記纂誤補≫ 卷2에 "삼가 살펴보건대, ≪春明退朝錄≫에는 五代부터 國初(北宋)까지 節度使는 모두 檢校太傳에서 太尉로 옮기고 태위에서 太師로 옮긴다고 하였지만 品秩을 올린다는 明文은 없으니 태위가 태사의 버금이다. 周德威가 태사로서 태위를 더한 일의 경우는 바로 반드시 그럴 수 없는 일이다. 薛居正의 ≪舊五代史≫에서는 오직 天成 연간에 조서를 내려 莊宗의 廟廷에 配享하였다고만 말하였으니 이 부분은 착오가 있는 듯하다.〔謹案春明退朝錄 五代至國初 節度使皆自檢校太傳遷太尉

太尉遷太師 然無升秩明文 則太尉亞于太師 德威以太師而加太尉 乃事之必不然者 薛史惟言天成中 詔配享莊宗廟廷而已 此疑有誤〕"라고 하였다.

3) 晉高祖 : 石敬瑭(892～942)이다.

4) 子光輔 官至刺史 : ≪五代史記纂誤續補≫ 卷2에 "살펴보건대, 薛居正의 ≪舊五代史≫ 〈周光輔傳〉에서 '周光輔는 아우 몇 사람이 있었다. 周光貞은 義州와 乾州의 刺史를 역임하고 조정에 들어와 諸衛將軍이 되었다. 周光遜은 이어 蔡州刺史가 되었다. 周光贊은 靑州行軍司馬를 맡았는데 楊光遠의 반란이 진압되고 나서 商州司馬로 폄적되었다가 赦免을 받아 徵召되어 돌아와서는 얼마 있다가 집에서 졸하였다.'고 하였는데 이 ≪新五代史≫에서는 주광보 이외에 주광손만 〈漢本紀〉 및 〈東漢世家〉에 보일 뿐인데 모두 周德威의 아들이라고 하지 않았고 주광정·주광찬은 모두 빠뜨렸으니 또한 엉성하다.〔按薛史周光輔傳 光輔有弟數人 光貞歷義乾二州刺史 入爲諸衛將軍 光遜繼爲蔡州刺史 光贊任靑州行軍司馬 及楊光遠叛滅 貶商州司馬 會赦徵還 尋卒于家 此書光輔外 止光遜見漢本紀及東漢世家 並未曰爲德威子 光貞光贊皆缺如 亦疏矣〕"라고 하였다.

晉之輜重이 **見梁兵之敗而入也**라가 **而卽望見梁朱旗而走**하야 **遂及於敗**하니 **此事**는 **與韓信之拔趙幟立漢赤幟**[1]**同**이라 **故曰 兵貴嚴重**이라야 **始不可敗**라하니라

晉나라의 輜重 부대가 梁나라 군대가 패하는 것을 보고 들어갔다가 梁나라의 붉은 깃발을 보자마자 달아나서 마침내 패배하게 되었으니, 이 일은 韓信이 趙나라 깃발을 뽑고 漢나라의 붉은 깃발을 세운 일과 같다. 그래서 "군대는 嚴重한 〈군율을〉 귀하게 여기는 법이니 그래야 패배하지 않을 수 있다."고 하는 것이다.

1) 韓信之拔趙幟立漢赤幟 : 漢나라의 韓信이 井陘口(정형구)에서 趙나라 군대를 크게 격파하고 趙王을 사로잡을 때에 쓴 전술로, 미리 날랜 騎兵 2천을 가려서 모두 한나라를 나타내는 붉은 기를 지니게 하여 대기시킨 다음, 자신이 趙軍과 싸우다가 패주하는 것처럼 하자 조군이 성을 비우고 추격하니 그 틈을 타서 대기해둔 날랜 기병을 시켜 성벽에 달려가서 조나라 깃발을 뽑고 한나

라의 붉은 기를 꽂게 하여 조군의 기세를 크게 꺾어 승리한 일이 있다.(≪史記≫ 권92 〈淮陰侯列傳〉)

02. 符存審傳* 符存審의 傳記

* 符存審(862~924)은 本名이 存이고 字가 德祥으로 陳州 宛丘 사람이다. 부존심의 列傳은 ≪舊五代史≫ 卷56 〈唐書 第32 列傳8〉과 ≪新五代史≫ 卷25 〈唐臣傳 第13〉에 실려 있다.

歐陽脩는 ≪구오대사≫에 1천 7백여 자 분량인 부존심의 傳記를 1천여 자로 축약하여 서술하였는데, 크게 보아 긴요하지 않은 사실들을 과감하게 생략하고 장수로서 활약하였던 일들을 간추려 정리하였다.

특히 눈에 띄는 점은 ≪구오대사≫에서 마지막 부분에 서술되어 있는 부존심이 젊은 시절 死刑을 면하게 된 일화를 ≪신오대사≫에서는 제일 앞부분으로 옮겨놓은 것인데, 전체적으로 시간의 흐름에 따라 서술하려는 목적에서 단락 배치를 수정한 것으로 보인다.

처음에 부존심은 李罕之를 섬겼는데 뒤에 그와 함께 晉王 李克用에게 투항하여 義兒軍使가 되어 李氏 성을 하사받았다고 한다. 그런데 구양수가 李嗣昭·李嗣本·李嗣恩·李存信·李存孝·李存進·李存璋·李存賢 등 이극용의 養子들을 〈義兒傳〉에 大擧 수록하면서 이들 못지않은 비중이 있는 부존심을 거기에 수록하지 않고 별도로 立傳한 것은 부존심의 아들 符彦卿의 女息이 北宋 太宗의 后妃가 되었기 때문에 그 本姓을 보존한 것이다.

부존심은 周德威와 함께 後唐을 대표하는 名將이다. 그는 후당이 아직 代北과 幷州를 세력 범위으로 하던 晉國이었을 때, 다시 말해 晉陽이라고도 불리는 太原에 기반을 두고 있었던 때부터 여러 전투에서 활약하였는데, 구양수는 ≪구오대사≫의 서술을 토대로 부존심의 초반부의 행적은 가볍게 요약하는 방식으로 서술하였다.

그리고 이어 幽州를 포위한 契丹을 물리친 일, 胡柳陂 전투에서 戰死한 주덕위를 대신해 그의 아들과 함께 濮州의 土山을 빼앗아 德勝을 취한 일, 後梁에서 투항한 朱友謙을 구하기 위해 후량의 劉鄩과 河中의 同州에서 싸워 이긴 일, 張文禮를 격파한 일 등 굵직한 전투들을 비교적 자세히 서술하여 그가 후당의 棟梁이 되는 장수였음을 충분히 드러내었다.

뛰어난 智略으로 패배를 몰랐던 부존심이었지만, 923년 莊宗이 후량을 멸망시키고 후당을 건국하였을 때 그 공훈을 함께 누리지 못하고 郭崇韜의 嫉視로 인해 불우하게 죽음을 맞게 되는 과정을 서술한 마지막 단락을 보면 그가 處身의 지혜에는 밝지 못하였던 것을 볼 수가 있다.

符存審은 **字德詳**이니 **陳州宛丘人也**라 **初名**은 **存**이니 **少微賤**하야 **嘗犯法當死**러니 **臨刑**에 **指旁壞垣**하고 **顧主者曰 願就死于彼**하니 **冀得垣土覆尸**라하니 **主者哀而許之**하야 **爲徙垣下**라 **而主將方飮酒**라가 **顧其愛妓**하야 **思得善歌者佐酒**하니 **妓言有符存**이 **常爲妾歌**하니 **甚善**이라하다 **主將馳騎**하야 **召存審**한대 **而存審以徙垣下故**로 **未加刑**이라 **因往就召**한대 **使歌而悅之**하니 **存審因得不死**하다 **其後**에 **事李罕之**하야 **從罕之歸晉**하니 **晉王以爲義兒軍使**하고 **賜姓李氏**하고 **名存審**이라

符存審은 字가 德詳이니 陳州 宛丘 사람이다. 초명은 存이니 젊은 시절에 微賤해서 犯法하여 死刑을 받아야 했던 적이 있었는데, 형벌을 받을 때 곁에 있는 무너진 담을 가리키며 형을 집행하는 이를 돌아보고 말하기를 "저곳에서 죽기를 원하니 담의 흙으로 내 시신을 덮어주기 바랍니다."라고 하니, 형을 집행하는 자가 불쌍하게 여겨 이를 허락하고서 담 밑으로 옮겨주었다.

그런데 主將이 이때 술을 마시고 있다가 자신이 아끼는 妓女를 돌아보고서 노래를 잘 부르는 자를 찾아 酒興을 돋우려고 생각하니, 기녀가 "符存이 늘 첩을 위해 노래를 불러주는데 매우 잘 부릅니다."라고 하였다. 주장이 말을 보내 부존심을 부르자 부존심이 담 밑으로 옮기고 있던 연유로 아직 형벌을 가하지 않고 있었다. 이에 부존심이 나아가 부름에 응하자 주장이 그에게 노래를 부르게 하고 기뻐하니 부존심이 이로 인해 죽지 않을 수 있었다.

이후에 李罕之를 섬겨 이한지를 따라 晉나라에 투항하니 晉王(李克用)이 그를 義兒軍使로 삼고 李氏 성을 하사하며 存審이라고 이름하였다.

從晉王擊李匡儔할새 **爲前鋒**하야 **破居庸關**[1)]하다 **又從擊王行瑜**하야 **破龍泉寨**하니 **以**

功遷檢校左僕射(야)하다 從李嗣昭攻汾州하야 執李瑭하니 遷左右廂步軍都指揮使하다 又從嗣昭攻潞州하야 降(항)丁會하고 從周德威破梁夾城하니 遷忻州刺史蕃漢馬步軍都指揮使하다 晉趙攻燕에 梁救燕하야 擊趙深州하야 圍蓨縣한대 存審與史建瑭軍下博하야 擊走梁軍하니 遷領邢州團練使[2)]하다 魏博叛梁降晉할새 存審爲前鋒하야 屯臨淸이라 莊宗入魏에 存審殿軍魏縣하니 與劉鄩相距於莘西라 從莊宗敗鄩於故元城하니 閻寶以邢州降이라 乃以存審爲安國軍節度使하다 毛璋以滄州降하니 徙存審橫海하고 加同中書門下平章事하다

晉王을 따라 李匡儔를 칠 때 先鋒이 되어 居庸關을 함락하였다. 또 진왕을 따라 王行瑜를 쳐서 龍泉寨를 격파하니 이 戰功으로 승진하여 檢校左僕射가 되었다. 李嗣昭를 따라 汾州를 공격하여 李瑭을 잡으니 승진하여 左右廂步軍都指揮使가 되었다. 다시 이사소를 따라 潞州를 공격하여 丁會를 항복시키고 周德威를 따라 梁나라의 夾城을 격파하니 승진하여 忻州刺史 蕃漢馬步軍都指揮使가 되었다.

晉나라와 趙나라가 燕나라를 공격할 때 梁나라가 燕나라를 구원하여 趙의 深州를 쳐서 蓨縣을 포위하자, 符存審이 史建瑭과 下博에 주둔하여 梁나라 군대를 쳐서 몰아내니 승진하여 邢州團練使를 맡았다.

魏博이 梁나라를 배반하고 晉나라에 투항할 때 부존심이 선봉이 되어 臨淸에 주둔하였다. 唐 莊宗이 魏에 들어갈 때 부존심이 후방을 맡아 魏縣에 주둔하니 劉鄩과 莘州의 서쪽에서 대치하게 되었다. 장종을 따라 옛 元城에서 유심을 물리치니 閻寶가 邢州를 가지고 투항한지라 이에 부존심을 安國軍節度使로 삼았다. 毛璋이 滄州를 가지고 투항하니 부존심을 橫海로 옮기고 同中書門下平章事를 더해주었다.

1) 居庸關 : 북경 북쪽의 長城에 있는 저명한 옛 關城으로, 天下九塞 가운데 하나이면서 太行八陘 가운데 하나이다. 太行山의 산맥을 따라 이어진 軍都山에 있는데 아래로 큰 강이 흐르고 절벽이 깎아지른 듯 서 있어 매우 험준하다. 紫荊關·倒馬關·固關과 함께 明나라 때 京師에 조회 올 때 거치는 4대 관문인데, 이 가운데 특히 거용관·자형관·도마관은 內三關이라고 일컬어진다.

2) 遷領邢州團練使 : ≪舊五代史≫에는 '邢洺磁團練使'로 되어 있다.(≪舊五代史考異≫)

居庸關

契丹圍幽州어늘 是時에 晉與梁相持河上이라 欲發兵이나 兵少하야 欲勿救하면 懼失之라 莊宗疑하야 以問諸將이어늘 而存審獨以爲當救라하야 曰 願假臣騎兵五千이면 足矣라하다 乃遣存審分兵救之하니 卒擊走契丹하다 從戰胡柳陂어늘 晉(兵)〔軍〕[1] 晨敗하야 亡周德威하다 存審與其子彦圖力戰하야 暮復敗梁軍于土山하야 遂取德勝하고 築河南北爲兩城하니 晉人謂之夾寨[2]라 遷內外蕃漢馬步軍總管하다

契丹이 幽州를 포위하였는데 이때에 晉나라가 梁나라와 黃河 가에서 대치하고 있는지라 군대를 출동하려고 하였다가 군사가 부족하여 유주를 구원하지 않으려 하니 그러면 유주를 잃을 것이 두려웠다.

莊宗이 마음을 정하지 못해 장수들에게 물었는데, 符存審만 유주를 구원해야 한다고 하면서 말하기를 "신에게 騎兵 5천을 빌려주시면 충분합니다."라고 하였다. 이에 부존심을 보내 군사를 나누어주어 유주를 구원하게 하니 마침내 거란을 쳐서 敗走시켰다.

장종을 따라 胡柳陂에서 전투하였는데 晉나라 군대가 새벽에 패배하여 周德威를 잃었다. 부존심이 그의 아들 周彦圖와 함께 奮鬪하여 저녁에 다시 土山에서 梁나라 군대를 패배시켜 마침내 德勝을 취하고 황하의 남북에 두 개의 성을 쌓으니 晉나라 사람들이 이를 일러 夾寨라고 하였다. 승진하여 內外蕃漢馬步軍總管이 되었다.

1) (兵)〔軍〕: 저본에는 '兵'으로 되어 있으나, ≪新五代史≫에 의거하여 '軍'으로 바로잡았다.

2) 晉人謂之夾寨 : ≪五代史記纂誤續補≫ 卷2에 "살펴보건대, 〈王彦章傳〉에서도 '夾寨라고 불렀다.'고 하였고, 〈唐本紀〉에서 '마침내 덕승에 주둔하고 협채를 세웠다.'고 하였고, 〈義兒李存進傳〉에서 '이때 晉나라가 덕승에 주둔하고 南北으로 寨를 세웠다.'고 하였고, 李存推의 碑石에서 '이때 御駕가 德勝寨에 있었다.'고 하였고, 또 '과연 僞將 段凝이 군대를 거느리고 덕승채를 공격하였다.'고 하였다. ≪全唐文≫에서 後唐 莊宗이 지은 〈簡收德勝寨等處軍士骸骨敕〉에도 '德勝寨'로 되어 있다. 梁나라 사람이 先親(朱全忠의 부친 朱誠)의 嫌名을 避諱하였으므로 潞州 夾城을 일러 夾寨라고 한 것인데 晉나라 사람이 城을 명명할 때 어찌하여 또한 梁나라를 위해 피휘한 것인가? 그리고 〈王建及傳〉에

서 '晉나라가 마침내 덕승에 주둔하고 황하에 남북으로 城을 세웠다.'고 하였고, 薛居正의 ≪舊五代史≫ 〈唐本紀〉에서 '李存審이 덕승에 성을 쌓아 황하를 끼고 柵을 세웠다.'고 하였고, 〈符存審傳〉에서 '덕승 입구에 남북으로 성을 쌓아 주둔하였다.'고 하였고, ≪資治通鑑≫에서 '이존심이 덕승의 남북에 두 城을 쌓아 지켰다.'고 하여 다시 '夾寨'라고 하지 않은 것은 어째서인가?〔按王彦章傳亦曰 號夾寨 唐本紀曰 遂軍德勝爲夾寨 義兒存進傳曰 是時晉軍德勝爲南北寨 存推碑曰 時駕在德勝寨 又曰 果僞將段凝領兵攻打德勝寨 全唐文後唐莊宗簡收德勝寨等處軍士骸骨敕 亦作德勝寨 梁人避考嫌名 故謂潞州夾城爲夾寨 晉人名城 何亦爲梁諱 王建及傳 晉遂軍德勝爲南北城于河上 薛史唐本紀 李存審城德勝 夾河爲柵 存審傳 于德勝口 築南北城以據之 通鑑李存審于德勝南北築兩城而守之 又不作夾寨何也〕"라고 하였다.

梁朱友謙以河中同州降晉이어늘 梁遣劉鄩攻同州하니 友謙求救라 乃遣存審與李嗣昭救之하다 河中은 兵少而弱하야 梁人素易(이)之요 且不虞晉軍之速至也라 存審選精騎二百하야 雜河中兵하야 出擊鄩壘라가 陽敗而走어늘 鄩兵追之한대 晉騎反擊하야 獲其騎兵五十하니 梁人知其晉軍也하고 皆大驚이라 然河中糧少而新降일새 人心頗持兩端이라 晉軍屯朝邑[1)]하니 諸將皆欲速戰이어늘 存審曰 使梁軍知吾利於速戰이면 則將夾渭而營하야 斷我餉道以持久困我면 則我進退不可하리니 敗之道也라 不若緩師示弱하고 伺隙出奇니 可以取勝이라하고 乃按軍不動이라 居旬日에 望氣者言有黑氣하니 狀如鬪雞라한대 存審曰 可以一戰矣라하고 乃進軍擊鄩하야 大敗之하니 鄩閉壁不復出하니라 存審曰 鄩兵已敗하니 不如逸之라하고 乃休士卒하고 遣裨將王建及牧馬于沙苑[2)]하니 鄩以謂晉軍且懈라하고 乃夜遁去한대 存審追擊于渭河하야 又大敗之[3)]하다

梁나라 朱友謙이 河中의 同州를 가지고 晉나라에 항복하자 梁나라가 劉鄩을 보내 동주를 공격하니, 주우겸이 구원해주기를 청한지라 이에 符存審과 李嗣昭를 보내 구원하게 하였다.

河中은 군사가 적고 약하여 梁나라 사람들이 평소 소홀하게 여기고 있었던 데다

晉나라 군대가 신속하게 올 것이라고 예상하지 못하였다. 부존심이 정예 騎兵 2백 명을 뽑아 하중의 병사들과 섞고서 출전하여 劉鄩의 營壘를 공격하다가 패한 척하면서 달아나자 유심의 군대가 추격하였는데, 晉나라 기병이 反擊하여 유심의 기병 5십 명을 잡으니 梁나라 사람들이 그들이 晉나라 군대인 것을 알고는 모두 크게 놀랐다.

그러나 하중은 양식이 적고 이제 막 晉나라에 항복한 터라 人心이 자못 두 나라 사이에서 동요하였다. 晉나라 군대가 朝邑에 주둔하고 있으니 장수들이 모두 速戰하려고 하였는데, 부존심이 말하기를 "만약 梁나라 군대가 우리가 속전하는 것을 이롭게 여긴다는 사실을 알게 된다면 渭河를 끼고 영루를 구축하고서 우리의 보급로를 차단하여 持久戰을 펴면서 우리를 곤경에 빠뜨릴 것이다. 그렇게 한다면 우리는 進退兩難이 될 것이니 이는 실패하는 전술이다. 군대의 공격을 잠시 늦추어 약한 척하는 모습을 보이고 틈을 엿보아 奇計를 쓰는 것만 못하니 〈이렇게 해야〉 승리할 수 있다."라고 하고, 이에 군대를 머무르면서 움직이지 않았다.

열흘이 지났을 때 雲氣를 살피는 자가 말하기를 "하늘에 黑氣가 있는데 형상이 싸움닭 같습니다."라고 하자, 부존심이 말하기를 "한번 전투할 만하다."라고 하고, 이에 進軍하여 유심을 공격하여 크게 패배시키니 유심이 영루를 굳게 닫고 다시 나오지 않았다.

부존심이 말하기를 "유심의 군대가 이미 패배하였으니 그를 놓아주는 것만 못하다."라고 하고, 이에 병사들을 휴식시키고 裨將 王建及을 보내 沙苑에서 말을 기르게 하니, 유심이 晉나라 군대가 해이해졌다고 여기고 그제야 한밤에 달아나자 부존심이 渭河까지 追擊하여 다시 크게 패배시켰다.

1) 朝邑 : 陝西省 大荔縣 근처 黃河 가에 있다. 西魏 文帝 大統 6년(540)에 서쪽의 朝阪을 끼고 있어 이렇게 명명하였다. 이전에는 臨晉·五泉·河西·西原·左馮翊 등으로 불렸다.

2) 沙苑 : 陝西省 大荔縣 남쪽 洛水와 渭水 사이에 있는 광활한 초원으로, 西周와 秦漢 때 풀들이 풍부하여 동물이 많이 서식해서 역대로 牧馬하는 곳이었다. 唐나라 때는 이곳에 牧馬監을 두었다. 南北朝 때 高歡과 宇文泰가 여기서 大戰을 치르기도 하였다. 五代 이후 점차 植生이 변하여 明代 中後期에는 못이

사라지고 모래만 남아 사막화되어갔다.

3) 鄩以謂晉軍且懈……又大敗之：≪舊五代史≫에는 "劉鄩과 尹皓가 이를 알고 군대를 보전하여 물러가 마침내 同州의 포위를 풀었다.〔劉鄩尹皓知之保衆退去遂解同州之圍〕"라고 하였다.(≪舊五代史考異≫)

張文禮殺趙王王鎔하니 **晉遣閻寶李嗣昭等攻之**로되 **至輒戰死**[1]요 **最後遣存審破之**하니라

張文禮가 趙王 王鎔을 시해하니 晉나라가 閻寶·李嗣昭 등을 보내 그를 공격하였으나 도착하는 족족 전사하였고, 최후에 符存審을 보내 격파하였다.

1) 至輒戰死：≪五代史記纂誤續補≫ 卷2에 "〈史建瑭傳〉, 〈符習傳〉, 〈任圜傳〉, 〈義兒傳〉, 〈王鎔傳〉, 〈閻寶傳〉을 살펴보건대, 단지 史建瑭·李嗣昭가 날아오는 화살에 맞아 죽고 李存進이 戰歿하였을 뿐이고, 閻寶는 바로 戰敗하여 부끄럽고 분에 겨워 등창이 나서 죽었지 戰死한 것이 아니고, 符習·任圜은 모두 아직 죽지 않았으니 '輒'자는 마땅히 '多'자로 바꿔야 한다. 〈李存進傳〉에도 염보가 전몰하였다고 잘못 기록하였다. 그리고 부습 등을 물리칠 때 張文禮는 이미 죽었으니 바로 그의 아들 張處瑾의 일일 뿐이다.〔按史建瑭符習任圜義兒王鎔閻寶傳 止建瑭李嗣昭中流矢卒 李存進戰歿 寶乃戰敗 慙憤發疽卒 非戰死 習圜並未死也 輒宜易多 存進傳亦誤寶爲戰歿 且敗習等時 張文禮已卒 乃其子處瑾事耳〕"라고 하였다.

存審爲將에 **有機略**하야 **大小百餘戰**에 **未嘗敗衂**하야 **與周德威齊名**이러니 **德威死**에 **晉之舊將**이 **獨存審在**라 **契丹攻遮虜**어늘 **乃以存審爲盧龍軍節度使**한대 **時存審已病**하야 **辭不肯行**이라 **莊宗使人慰諭**하고 **彊遣之**하다

符存審은 장수로서 〈지휘할 때〉 智略이 있어 크고 작은 백여 번의 전투에서 패배한 적이 없어 周德威와 명성이 나란하였는데, 주덕위가 죽은 뒤에 晉나라의 옛 장수 가운데 부존심만 살아 있었다.

契丹이 遮虜를 공격하자 이에 부존심을 盧龍軍節度使로 삼았는데, 이때 부존심이

이미 병이 들어 사양하고 나가려고 하지 않는지라 莊宗이 사람을 보내 위로하며 타이르고 억지로 그를 보냈다.

莊宗滅梁入洛에 存審自以身爲大將호되 不得與破梁之功하야 怏怏하야 疾益甚이라 因請朝京師하다 是時에 郭崇韜權位已重이나 然其名望素出存審下라 不樂其來而加己上하야 因沮其事하니 存審妻郭氏泣訴于崇韜曰 吾夫於國有功而與公鄉里之舊[1]어늘 奈何忍令死棄窮野오하니 崇韜愈怒라 存審章累上輒不許라 存審伏枕嘆曰 老夫事二主四十年[2]이러니 今日天下一家하야 四夷遠俗으로 至於亡國之將射鉤斬祛之人[3]히 皆得親見天子하야 奉觴爲壽어늘 而獨予棄死於此하니 豈非命哉리오하다 崇韜度(탁)存審病已亟하고 乃請許其來朝하다 徙存審宣武軍節度使하니 卒于幽州하다 臨終에 戒其子曰 吾少提一劍去鄉里하야 四十年間에 取將相이라 然履鋒冒刃하야 出死入生而得至此也라하고 因出其平生身所中矢鏃百餘而示之曰 爾其勉哉어다 存審三子는 彦超彦饒彦卿[4]이라

莊宗이 梁나라를 멸망시키고 洛陽에 들어갈 때 符存審은 자신이 大將이 되었는데도, 梁나라를 격파한 공훈을 함께하지 못하였다고 하여 怏怏不樂하여 병이 더욱 심해진지라 이로 인해 京師에 가서 조회하기를 청하였다.

이때에 郭崇韜가 권세와 지위가 이미 높았으나 그 名望은 평소 부존심의 아래에 있는지라 그가 경사에 와서 자신의 위에 앉는 것을 즐거워하지 않아 이에 그가 조회하는 일을 저지하니, 부존심의 처 郭氏가 곽숭도에게 泣訴하기를 "저의 지아비가 국가에 공로가 있고 공과는 同鄕의 오랜 친구인데 어찌하여 차마 저의 지아비로 하여금 궁벽한 草野에서 죽게 놔두시는 것입니까?"라고 하니, 곽숭도가 더욱 노한지라 부존심이 누차 疏章을 올렸으나 번번이 받아주지 않았다.

부존심이 枕席에 엎드려 탄식하기를 "老夫가 두 군주를 섬긴 지 40년인데 지금 천하가 통일되어 사방의 이민족과 遠方의 풍속이 다른 자들로부터 亡國의 장수와 主上을 해치려고 했다가 신하가 된 사람들까지 모두 직접 천자를 알현하여 술잔을 들어 祝壽하거늘, 나만 이곳에 버려져 죽게 되었으니 어찌 운명이 아니겠는가?"라고 하였다.

곽숭도는 부존심의 병이 이미 위중한 것을 헤아리고 비로소 그가 조회 오는 것을 윤허하기를 청하였다. 부존심을 宣武軍節度使로 옮기니 幽州에서 졸하였다.

臨終할 때 그 아들들에게 당부하여 말하기를 "내가 어렸을 때 칼 한 자루 들고 고향을 떠나 40년 사이에 將相이 되었다. 그러나 칼끝을 밟고 칼날을 무릅쓰고서 死生을 넘나들며 이 자리에 이를 수 있었다."라고 하고, 이어 그가 한평생 몸에 맞은 화살촉 백여 개를 꺼내어 보여주면서 말하기를 "너희는 노력하도록 하거라."라고 하였다.

부존심의 세 아들은 符彦超·符彦饒·符彦卿이다.

1) 與公鄉里之舊 : ≪五代史記纂誤續補≫ 卷2에 "살펴보건대, 符存審은 陳州 宛丘 사람이고 郭崇韜는 바로 代州 雁門 사람이니 이 부분의 鄕里는 어떻게 이해해야 하는가? 薛居正의 ≪舊五代史≫에는 '公과 향리의 親舊이다.'라고 하였으니, ≪新五代史≫의 이 부분은 아마도 그대로 따온 것인 듯하다.〔按存審陳州宛丘人 郭崇韜乃代州雁門人 此鄕里何解 薛史作與公鄕里親舊 此蓋仍之〕"라고 하였다.

2) 老夫事二主四十年 : ≪五代史記纂誤續補≫ 卷2에 "살펴보건대, 符存審이 李罕之를 따라 晉나라에 歸附한 것은 光啓 3년(887)이고, 薛居正의 ≪舊五代史≫에는 梁나라를 平定한 이듬해(924) 5월에 죽었다고 하였으니 38년일 뿐이다. ≪구오대사≫에서 '거의 40년이다.'로 되어 있는 것이 옳다.〔按存審從李罕之歸晉 在光啓三年 薛史平梁之明年五月卒 止三十八年 薛史作垂四十年爲得〕"라고 하였다.

3) 射鉤斬袪之人 : 射鉤는 혁대의 갈고리를 쏘아 맞힌다는 말로, 齊 桓公과 管仲의 고사이다. 斬袪는 옷자락을 찢는 것으로, 春秋시대 晉 文公과 내시 披의 고사이다. 모두 자신을 해치려 했으나 뒤에 용서하여 신하로 받아들인 일을 가리킨다.

앞의 권5 〈郭崇韜傳〉에서 郭崇韜가 평소 청렴하다가 洛陽에 오고부터 뇌물을 받자 어떤 이가 이를 비판하니, 곽숭도가 "내가 장수와 재상의 직위를 겸하고 있어 俸祿과 하사받은 재물이 巨萬이나 되니 어찌 이 뇌물이 부족해서겠는가. 지금 藩鎭의 諸侯들은 梁나라의 옛 장수들이 많으니 모두 主上을 해치려고 했다가 신하가 된 사람들인데〔射鉤斬袪之人〕 지금 이들을 일절 물리친다면 어찌 원한을 품지 않겠는가. 더구나 나의 私家에 보관하는 것이 公家의 창고에 보관하는 것과 무엇이 다르겠는가."라고 한 말을 인용하여 말한 것이다. 본서 권5 〈郭崇韜傳〉의 '斬袪射鉤' 주석 참조.

4) 存審三子 彦超彦饒彦卿 : ≪五代史記纂誤補≫ 卷2에 "삼가 살펴보건대, 上文에 符存審이 아들 彦圖가 있다고 하였고 薛居正의 ≪舊五代史≫에 부존심의 아들에 彦能·彦琳까지 있으니 여기에서 세 아들만 말한 것은 잘못이다.〔謹案上文 存審有子彦圖 薛史存審子尙有彦能彦琳 此止云三子非也〕"라고 하였다.

03. 史建瑭傳* 史建瑭의 傳記

* 史建瑭(876~921)은 字가 國寶로 代州 鴈門 사람이다. 사건당의 列傳은 ≪舊五代史≫ 卷55 〈唐書 第31 列傳7〉과 ≪新五代史≫ 卷25 〈唐臣傳 第13〉에 실려 있다. 歐陽脩는 ≪구오대사≫에 780여 자 분량인 사건당의 傳記를 570여 자로 축약하여 서술하였다.

사건당은 後唐 莊宗을 섬긴 武將으로, 전투에서 늘 先鋒將이 되어 용맹하게 싸워 사람들이 그를 史先鋒이라고 부르며 두려워하였다는 말이 그의 아들 史匡翰의 열전에 나온다. 항상 죽기를 불사하고 싸워서였는지 그는 장종이 後梁을 멸망시키는 것을 미처 보지 못하고 張文禮와의 전투에서 전사하고 말았다.

歐陽脩는 사건당의 전기를 가급적 간략하게 서술하면서 사건당의 사적을 드러낼 수 있는 일화를 생동감 있게 각색하였는데, 사건당의 부친 史敬思의 일화와 사건당이 趙州를 지킨 일화가 바로 그것이다.

첫째로 晉王 李克用이 黃巢를 물리치고 돌아가는 길에 後梁 太祖가 자신의 근거지 汴州에서 宴會를 베푼 뒤 이극용을 죽이려고 할 때 사경사가 죽음을 무릅쓰고 이극용을 지켜낸 일화를 놓고, ≪구오대사≫와 ≪신오대사≫에서 모두 비슷한 분량을 안배하여 서술하고 있다.

하지만 그 서사 방식을 논한다면 ≪구오대사≫가 무미건조하게 사건을 서술하는 史實의 記述이라면 ≪신오대사≫는 逼眞한 묘사의 방식으로 전투의 긴박감을 전달하여 마치 鴻門宴에서 項羽에게 목숨이 위태롭게 된 劉邦이 張良·樊噲와 함께 항우의 손아귀에서 탈출하는 장면을 묘사한 司馬遷의 筆致

를 보는 듯한 느낌이 들 정도이다.

둘째로, 후당의 名將 符存審과 함께 趙州를 지킬 때 후량의 대군과 마주하여 衆寡不敵인 상황에서 5백의 騎兵을 다섯으로 나누어 機智를 발휘해 승리를 거두었던 일화 역시 ≪구오대사≫와 ≪신오대사≫가 앞서와 비슷한 경향을 보여준다.

다시 말해 ≪구오대사≫에서는 부존심이 梁軍의 맹렬한 공세에 대책을 세우는 장면에 이어 "사건당이 이에 휘하의 3백 기병을 나누어 다섯 부대로 삼고서 스스로 한 부대를 거느리고 깊이 들어갔다."라고 하면서 이후의 전개 과정을 平平하게 서술하였다.

이에 반해 ≪신오대사≫에서는 부존심이 대책을 세우는 장면은 생략하고 곧바로 사건당의 활약에만 집중하여 서술하였는데, 이 부분을 生動하면서도 整齊된 문체로 묘사한 구양수의 능란한 솜씨는 뒤의 茅坤의 史評에서 잘 짚어내고 있다.

한편 열전 앞부분에서 부친인 사경사의 일화를 서술한 것은 사경당의 용맹이 來歷이 있음을 드러내려는 의도일 것이다. 하지만 죽음으로 主君을 지킨 사경사의 蔭德으로 사건당이 軍門에서 벼슬을 시작했다는 ≪구오대사≫의 언급을 ≪신오대사≫에서 생략한 것은 사건당이 초기에 立身하는 과정을 과감히 생략한 것과 궤를 같이하여 勇將으로서의 사건당의 면모에만 보다 집중시키기 위한 서사 전략으로 보인다.

史建瑭은 鴈門人也라 晉王爲鴈門節度使에 其父敬思[1)]爲九府都督하야 從晉王入關하야 破黃巢하야 復京師하고 擊秦宗權于陳州할새 常將騎兵爲先鋒하다 晉王東追黃巢于寃朐라가 還過梁할새 軍其城北하다 梁王置酒上源驛[2)]이어늘 獨敬思與薛鐵山賀回鶻等十餘人侍라 晉王醉하야 留宿梁驛하니 梁兵夜圍而攻之라 敬思登驛樓하야 射殺梁兵十餘人이라 會天大雨하니 晉王得與從者俱去하야 縋尉氏門以出하고 而敬思爲梁追兵所得하야 見殺이라

史建瑭은 鴈門 사람이다. 晉王(李克用)이 鴈門節度使로 있을 때 그 부친 史敬思가 九府都督이 되어 진왕을 따라 潼關에 들어가 黃巢를 격파하여 京師를 수복하였

고, 陳州에서 秦宗權을 공격할 때 언제나 騎兵을 거느리고 先鋒이 되었다.

진왕이 동쪽으로 황소를 추격하여 冤朐에 이르렀다가 회군하여 梁나라를 지나갈 적에 그 성 북쪽에 주둔하였다. 梁王(朱溫)이 上源驛에 酒筵을 마련하였는데 사경사와 薛鐵山·賀回鶻 등 10여 인만 모시고 있었다.

진왕이 취하여 梁의 상원역에서 留宿하니 梁나라 군대가 밤에 포위하고서 공격하였다. 사경사가 驛樓에 올라 梁나라 군사 10여 명을 射殺하였다. 마침 하늘에서 큰 비가 내리니 진왕은 수행하는 이들과 함께 다 도주하여 尉氏門에 줄을 늘어뜨려 타고 나갔고, 사경사는 梁나라의 추격병에게 붙잡혀 죽임을 당하였다.

1) 敬思 : 史敬思(?~884)로, 沙陀族 출신이며 鴈門郡 代州 사람이다. 晉王 李克用이 親子와 養子 13명을 太保에 임명하여 13태보라고 일컬어졌는데 그 가운데 11태보로, 용맹하고 전투에 뛰어나 白袍史敬思이라고 불렸다.

2) 晉王東追黃巢于冤朐……梁王置酒上源驛 : ≪五代史纂誤≫ 卷中에 "지금 살펴보건대, 本紀에 '李克用이 黃巢를 추격하여 冤句에 이르렀다가 회군하였다.'고 하였는데, 이때는 바로 中和 4년 갑진년(884)이다. 光啓 2년 병오년(886)에 朱全忠이 비로소 沛郡王에 봉해졌고, 天復 元年 신유년(901)에 비로소 梁王에 봉해졌으니, 중화 4년 이극용이 황소를 추격했다가 회군하면서 梁나라를 지나갈 때에는 주전충이 아직 양왕에 봉해지지 않았다.〔今按本紀 李克用追討黃巢于冤句而還 是時卽中和四年甲辰歲也 至光啓二年丙午歲 朱全忠始封沛郡王 天復元年辛酉歲 始封梁王 當中和四年克用追黃巢還過梁時 朱全忠未封梁王也〕"라고 하였다. 冤朐는 冤句로 쓰기도 한다.

建瑭少事軍中爲裨校러니 自晉降丁會로 與梁相距於潞州에 建瑭已爲晉兵先鋒하니 梁兵數(삭)爲建瑭所殺하야 相戒常避史先鋒하다 梁遣王景仁攻趙에 晉軍救趙하니 建瑭以先鋒兵出井陘하야 戰于柏鄉이라 梁軍爲方陣하야 分其兵爲二하야 汴宋之軍居左하고 魏滑之軍居右어늘 周德威擊其左하고 建瑭擊其右하니 梁軍皆走라 遂大敗之라 以功加檢校左僕射(야)하다

史建瑭은 젊은 시절 軍中에서 복무하여 裨校가 되었는데 晉나라가 丁會를 항복시

키고 나서 梁나라와 潞州에서 대치하고 있을 때, 사건당이 이미 晉나라 군대의 先鋒이 되니 梁나라 군대가 자주 사건당에게 죽임을 당하여 서로 경계하며 늘 史先鋒을 피해 다녔다.

梁나라가 王景仁을 보내 趙州를 공격할 때 晉나라 군대가 조주를 구원하니 사건당이 선봉에 선 군사들을 이끌고 井陘을 지나서 柏鄉에서 전투하였다. 梁나라 군대가 方陣을 펼쳐 그 군대를 두 부대로 나누어 汴州·宋州의 군대는 왼쪽에 자리잡고, 魏州·滑州의 군대는 오른쪽에 자리잡았다. 周德威가 그 왼쪽 군대를 공격하고 사건당이 그 오른쪽 군대를 공격하니 梁나라 군대가 모두 달아난지라 마침내 크게 패배시켰다. 이 戰功으로 檢校左僕射의 직함을 더하였다.

天祐九年[1)]에 晉攻燕한대 燕王劉守光乞師于梁하니 梁太祖自將擊趙하야 圍棗彊蓨縣이라 是時에 晉精兵皆北攻燕이요 獨符存審與建瑭이 以三千騎屯趙州라 梁軍已破棗彊한대 存審扼下博橋하다 建瑭分其麾下五百騎爲五隊하야 一之衡水하고 一之南宮하며 一之信都하고 一之阜城하며 而自將其一[2)]하야 約各取梁芻牧者十人會下博하다 至暮에 擒梁兵數十하야 皆殺之하고 各留其一人하야 縱使逸去하야 告之曰 晉王軍且大至라하다 明日에 建瑭率百騎하야 爲梁旗幟하고 雜其芻牧者하야 暮叩梁營하야 殺其守門卒하고 縱火大呼하야 斬擊數十百人하다 而梁芻牧者所出은 各遇晉兵이라가 有所亡失하고 其縱而不殺者는 歸而皆言晉軍且至라하다 梁太祖夜拔營去한대 蓨縣人追擊之하니 梁軍棄其輜重鎧甲이 不可勝計라 梁太祖方病이러니 由是增劇하다 而晉軍以故得幷力以收燕者는 二人之力也라 後從莊宗入魏博하야 敗劉鄩於故元城하니 累以功歷貝相二州刺史하다

天祐 9년(912)에 晉나라가 燕나라를 공격하자 燕王 劉守光이 梁나라에 援兵을 청하니 梁 太祖가 직접 군대를 거느리고 趙州를 공격하여 棗彊·蓨縣을 포위하였다. 이때에 晉나라의 정예병이 모두 북쪽으로 燕나라를 공격하고 있었고, 符存審과 史建瑭이 3천의 기병으로 조주에 주둔하고 있었다. 梁나라 군대가 이미 조강을 격파하자 부존심은 下博橋를 지켰다.

사건당이 자신의 麾下에 있는 5백의 기병을 나누어 다섯 부대로 편성하여 한 부대는 衡水로 가게 하고, 한 부대는 南宮으로 가게 하며, 한 부대는 信都로 가게 하고, 한 부대는 阜城으로 가게 하고는, 직접 나머지 한 부대를 이끌고서 각자 梁나라 군대의 꼴 베고 放牧하는 자들 열 명을 잡아서 下博에서 모이기로 약속하였다.

저녁에 이르러 梁나라 군사 수십 명을 포획하여 모두 죽이고 각 부대마다 그중에 한 사람씩 남겨 풀어주어 도망가게 하면서, 그들에게 말하기를 "晉王의 군대가 대규모로 올 것이다."라고 하였다.

이튿날이 되어 사건당이 기병 백 명을 거느리고서 梁나라의 깃발을 들고 그 꼴 베고 방목하던 자들을 섞어서 저녁에 梁나라 營門에 이르러 그 문을 지키던 병졸을 죽이고 불을 지르고 크게 외치면서 수십 수백의 사람을 베어 죽였다. 梁나라에서 내보냈던 꼴 베고 방목하던 자들은 각자 晉나라 군대를 만났다가 이미 도망쳐 놓친 자들도 있고, 사건당이 풀어주고 죽이지 않은 자들은 돌아가 모두 晉나라 군대가 올 것이라고 말하였다.

梁 太祖가 밤에 營寨를 뽑아 떠나자 蓨縣 사람들이 그를 추격하니 梁나라 군대가 輜重과 갑옷을 버리고 간 것이 이루 다 셀 수가 없었다. 양 태조가 이때 病中이었는데 이 일로 말미암아 병세가 더 심해졌다.

晉나라 군대가 이로 인해 힘을 합해 燕나라를 수복한 것은 〈사건당과 부존심〉 두 사람의 힘이었다. 뒤에 사건당이 唐 莊宗을 따라 魏博에 들어가 옛 元城에서 劉鄩을 패배시키니, 여러 차례 戰功을 세워 貝州·相州 두 州의 刺史를 역임하였다.

1) 天祐九年 : 天祐는 唐 哀帝의 연호(904~907)이다. 애제는 後梁 開平 2년(908) 後梁 太祖 朱全忠에게 피살되었는데, 아직 천하가 통일되지 않았으므로 歐陽脩가 唐의 마지막 연호로 계산한 것이다. 천우 9년은 바로 乾化 2년이다.

2) 建瑭分其麾下五百騎爲五隊……而自將其一 : ≪舊五代史≫에는 "史建瑭이 이에 휘하의 3백 騎兵을 나누어 다섯 부대로 삼고서 스스로 한 부대를 거느리고 깊이 들어갔다.〔建瑭乃分麾下三百騎爲五軍自將一軍深入〕"라고 하여, 두 史書에 기병의 숫자가 다르다.(≪舊五代史考異≫)

十八年[1)]에 **晉軍討張文禮於鎭州**할새 **建瑭以先鋒兵下趙州**하야 **執其刺史王鋋**하다 **兵傳鎭州**에 **建瑭攻其城門**이라가 **中流矢卒**하니 **年四十二**[2)]라

天祐 18년(921)에 晉나라 군대가 鎭州에서 張文禮를 토벌할 때 史建瑭이 先鋒兵을 거느리고 趙州를 함락하여 그 刺史 王鋋을 잡았다. 군대가 鎭州에 도착하였을 때 사건당이 진주의 城門을 공격하다가 날아오는 화살을 맞아 졸하니 향년 42세였다.

1) 十八年 : 앞의 唐 哀帝의 연호인 天祐(904~907)로 환산한 연도이다. 천우 18년은 바로 後梁 末帝의 龍德 2년이다.
2) 二 : 사고전서본에는 '三'자로 되어 있고, ≪舊五代史≫에는 '六'자로 되어 있다.

建瑭分五百騎爲五隊하야 **散入五縣**하야 **於以各獲梁之芻牧人者**하야 **什殺其九**하고 **而各縱其一以歸**하야 **而亂梁之軍**하니 **於以拔梁之營而追擊之**라 **吾不意五代時**에 **有戰將若此**요 **而歐陽公所當**敍**事處**도 **亦不下太史公之**敍**李廣傳也**[1)]하니 **可愛可愛**로다

史建瑭이 5백의 騎兵을 나누어 다섯 부대로 편성하여 다섯 縣에 흩어져 들어가, 이에 각각 梁나라의 꼴 베고 방목하는 사람들을 포획하여 열에 아홉을 죽이고 각각 그중에 한 명을 풀어줘 돌아가게 하여 梁나라 군대를 교란시키니, 이에 梁 太祖가 營寨를 뽑아 도망가거늘 추격하였다.

내가 五代 시대에 이와 같은 장군이 있었으리라고는 생각하지 못했고, 歐陽公이 이 일을 서술한 부분 역시 太史公이 〈李廣傳〉을 서술한 것에 손색이 없으니, 이 글이 참으로 마음에 든다.

1) 太史公之敍李廣傳也 : 太史公은 ≪史記≫를 저술한 司馬遷이고, 〈李廣傳〉은 ≪史記≫ 〈李將軍列傳〉이다. 漢나라 장군 李廣의 아들 李陵을 변호하다가 宮刑을 당하기도 한 사마천은 이광의 인품을 극찬하면서 "복사꽃과 오얏꽃은 말이 없지만, 그 나무 밑에는 절로 길이 이루어진다.〔桃李不言 下自成蹊〕"라고 평하기도 하였다. ≪사기≫는 역사 인물들을 생동하는 형상으로 그려내었는

바, 明나라 때 茅坤은 〈與蔡白石太守論文書〉에서 "지금 사람이 〈游俠篇〉을 읽으면 바로 삶을 가벼이 버리고 싶어지고, 〈屈原賈誼傳〉을 읽으면 바로 눈물이 나려 하고, 〈莊周魯仲連傳〉을 읽으면 세상을 떠나고 싶어지고, 〈李廣傳〉을 읽으면 바로 出戰하고 싶어지고, 〈石建傳〉을 읽으면 몸을 구부리고 싶어지고, 〈信陵平原君傳〉을 읽으면 선비를 좋아하고 싶어지니, 이렇게 되는 것은 어째서인가?"라고 하여 ≪사기≫의 생동하는 문장을 평하기도 하였다.

04. 王建及傳* 王建及의 傳記

* 王建及(864~920)은 許州 사람이다. 왕건급의 列傳은 ≪舊五代史≫ 卷65 〈唐書 第41 列傳17〉과 ≪新五代史≫ 卷25 〈唐臣傳 第13〉에 실려 있다. ≪구오대사≫에는 '李建及'으로 立傳되어 있는데, 왕건급이 牙職을 제수받고 義兒軍을 맡으면서 李氏 姓을 하사받은 데 근거하여 성을 고친 것으로 보인다.

歐陽脩는 ≪구오대사≫에 770여 자 분량인 왕건급의 傳記를 480여 자로 편폭을 대폭 줄여 서술하였다. 왕건급은 주로 後梁과 전투를 벌여 戰功을 세웠는데, 그가 柏鄉·莘縣·楊劉에서 벌였던 전투는 ≪구오대사≫의 내용을 축약하여 서술한 뒤, 胡柳와 德勝 전투에서의 활약에 중점을 두어 서술하였다. 특히 이 부분에서는 대화와 묘사를 잘 활용하여 읽는 이로 하여금 전투 현장에 있는 듯한 느낌이 들게 한다.

마지막 부분에서는 後唐 莊宗이 魏博을 차지한 뒤 이곳을 후량을 공격하는 전진 기지로 삼으면서 왕건급에게 銀槍效節軍을 거느리게 하였는데, 그가 家産을 사졸들에게 나누어준 일을 빌미로 宦官 韋令圖가 讒訴하여 결국 代州刺史로 쫓겨나 울분 속에 죽은 일을 서술하였다.

≪구오대사≫에서는 그가 성품이 忠直하여 참소를 당해도 그 節操를 바꾸지 않았다고 기술하였으나, ≪신오대사≫에서는 이 부분의 내용을 모두 생략하였는데 아마도 그가 怏怏不樂하였다는 사실과 앞뒤가 맞지 않다고 여겨 삭제한 것으로 보인다.

한편 魏博은 天雄軍의 屬州로 후량과 후당 모두 탐내던 곳인바, 전략적 요충지일 뿐만 아니라 그곳의 牙兵의 용맹함은 천하가 다 알고 있는 사실이었다. 앞서 天雄軍節度使로 있던 후량의 楊師厚가 915년에 죽자, 후량의 末帝

는 아병들을 견제하기 위해 본래 相州·澶州·衛州·魏州·博州·貝州 등 여섯 州였던 천웅군을 세 州씩 묶어 두 藩鎭으로 나누어 昭德軍과 천웅군에 分屬시켰으나 얼마 못 가 후당에 점령당하였다. 이후 아병들은 장종의 친위 부대에 편입되어 帳前銀槍軍이라 불렸고 왕건급이 이들을 이끄는 대장이 되어 918년 胡柳陂 전투의 마침표를 찍는 커다란 활약을 펼쳤던 것이다.

篇中敍用兵處可喜라

이 편 가운데 用兵을 서술한 곳이 좋다.

王建及은 **許州人也**라 **少事李罕之**하야 **從罕之奔晉爲匡衛指揮使**[1]하다 **梁晉戰柏鄕**에 **相距鄗邑野河上**할새 **鎭定兵扼河橋**어늘 **梁兵急擊之**라 **莊宗登高〔臺〕**[2]**望見鎭定兵將敗**하고 **顧建及曰 橋爲梁奪**이면 **則吾軍危矣**니 **奈何**오하다 **建及選二百人**하야 **馳擊梁兵**하니 **梁兵敗**하야 **解去**라 **從戰莘縣故元〔城〕**[3]에 **皆先登陷陣**하니 **以功累拜遼州刺史**하고 **將銀槍效節軍**하다

王建及은 許州 사람이다. 젊은 시절 李罕之를 섬겨 이한지를 따라 晉나라로 달아나 匡衛指揮使가 되었다. 梁나라와 晉나라가 柏鄕에서 전투할 때에 鄗邑 野河(槐河) 가에서 대치할 때 鎭州·定州의 군대가 야하 가의 다리를 지키고 있었는데 梁나라 군대가 급습하였다.

唐 莊宗이 높은 臺에 올라 진주·정주의 군대가 패색이 짙어지는 것을 바라보고, 왕건급을 돌아보며 말하기를 “다리를 梁나라에 빼앗기게 된다면 우리 군대가 위태로워지게 될 것이니 어찌하면 좋겠는가?”라고 하였다. 왕건급이 2백 인을 선발하여 말을 달려 梁나라 군대를 치니 梁나라 군대가 패배하여 포위를 풀고 떠났다.

장종을 따라 莘縣과 옛 元城에서 전투할 때에도 모두 먼저 성에 올라 敵陣을 함락하니, 戰功으로 누차 승진하여 遼州刺史에 배수되고 銀槍效節軍을 거느렸다.

1) 從罕之奔晉爲匡衛指揮使 : ≪五代史記纂誤補≫ 卷2에 “薛居正의 ≪舊五代史≫ 〈李建及傳〉에 ‘建及은 本姓이 王인데 武皇(李克用)이 典義軍으로 삼아 姓名을 하사하였다.’고 하였는데 이 傳에서는 이 일이 전혀 없다.〔薛史李建及傳云 建

及本姓王 武皇以典義軍賜姓名 此傳全沒其事〕"라고 하였다. '匡衛指揮使'는 ≪舊五代史≫에 '匡衛軍都校'로 되어 있다.

2) 〔臺〕: 저본에는 '臺'가 없으나, ≪新五代史≫에 의거하여 보충하였다.

3) 〔城〕: 저본에는 '城'이 없으나, 사고전서본과 ≪新五代史≫에 의거하여 보충하였다.

晉攻楊劉에 **建及躬自負葭葦堙塹**[1)]하고 **先登拔之**하다 **從戰胡柳**에 **晉兵已敗**하고 **與梁爭土山**이어늘 **梁兵先至**하야 **登山而陣**이라 **莊宗至山下**하야 **望梁陣堅而整**하고 **呼其軍曰 今日之戰**은 **得山者勝**이라하고 **因馳騎犯之**하니 **建及以銀槍軍繼進**하다 **梁兵下走**하야 **陣山西**하니 **晉兵遂得土山**이라 **諸將皆言潰兵未集**하고 **且暮不可戰**이라하야늘 **閻寶曰 彼陣山上**하고 **吾在其下**에도 **尙能擊之**어든 **況以高而擊下**하니 **不可失也**라하니 **建及以爲然**하야 **因白莊宗曰 請登高望臣破敵**이라하고 **卽呼其衆曰 今日所失輜重**이 **皆在山西**하니 **盍往取之**리오하고 **卽馳犯梁陣**하니 **梁兵大敗**하다

晉나라가 楊劉를 공격할 때 王建及이 직접 갈대를 져 날라 垓子를 메우고 먼저 성에 올라 양류를 함락하였다. 莊宗을 따라 胡柳에서 전투할 때 晉나라 군대가 패하고 난 뒤 梁나라와 土山을 다투고 있었는데 梁나라 군대가 먼저 도착하여 산에 올라 軍陣을 펼쳤다.

장종이 산 밑에 이르러 梁나라의 군진이 견고하고 정돈되어 있는 것을 바라보고, 자신의 군대에 외치기를 "오늘의 전쟁은 토산을 빼앗는 자가 이긴다."라고 하고, 이어 말을 달려 적진으로 뛰어드니 왕건급이 銀槍軍을 이끌고 뒤따라 나아갔다. 梁나라 군대가 토산을 내려와 달아나서 토산의 서쪽에 군진을 펴니 晉나라 군대가 마침내 토산을 빼앗을 수 있었다.

장수들이 모두 "흩어진 군사들이 아직 모이지 않았고 날이 저물어 전투할 수가 없습니다."라고 하였는데, 閻寶가 말하기를 "저들이 산위에 군진을 펴고 우리들이 산 아래에 있을 때도 오히려 물리칠 수 있었는데 하물며 높은 곳에서 아래 있는 저들을 공격하는 것이니 이 기회를 잃어서는 안 됩니다."라고 하니, 왕건급이 이 말을 옳게 여겨 이어 장종에게 아뢰기를 "청컨대 높은 곳에 올라 신이 적군을 무찌르는 것을

지켜보소서."라고 하고, 곧바로 자신의 군사들에게 외치기를 "오늘 잃어버린 輜重이 모두 토산의 서쪽에 있으니 어찌 가서 찾아오지 않겠는가?"라고 하고, 곧장 말을 달려 梁나라 군진으로 쳐들어가니 梁나라 군대가 크게 패배하였다.

1) 建及躬自負葭葦堙塹 : ≪五代史記纂誤續補≫ 卷2에 "살펴보건대, 〈本紀〉 및 〈敬翔傳〉에서 莊宗이 직접 꼴을 져 날라 垓子를 메웠다고 했으니 수행한 장수들의 행동을 알 수 있다. 楊劉의 전투에서 王建及만 이와 같이 한 것이 아님이 맞다.〔按本紀及敬翔傳 王自負芻以堙塹 從行諸將可知矣 楊劉之役 宜不獨建及如此〕"라고 하였다.

晉遂軍德勝하야 **爲南北城于河上**하다 **梁將賀瓌攻其南城**할새 **以竹笮維戰艦于河**한대 **晉兵不得渡**하야 **南城危甚**이라 **莊宗積金帛於軍門**하고 **募能破梁戰艦者**하니 **至於吐火禁呪**[1]히 **莫不皆有**라 **建及重鎧執矟**하고 **呼曰 梁晉**이 **一水間耳**니 **何必巧爲**리오 **吾今破之矣**라하고 **卽以大甕積薪**하고 **自上流縱火**하야 **焚梁戰艦**하며 **建及以二舟載甲士隨之**하야 **斧其竹笮**하니 **梁兵皆走**라 **晉軍乃得渡**하야 **救南城**하니 **瓌圍解去**라

晉나라가 마침내 德勝에 주둔하고서 黃河의 兩岸에 南城과 北城을 쌓았다. 梁나라 장수 賀瓌가 그 남성을 공격할 때 황하 가에 대나무 줄로 戰艦을 묶어두자 晉나라 군대가 황하를 건널 수가 없어 남성이 매우 위급하였다.

莊宗이 軍門에 금과 비단을 쌓아두고 梁나라의 전함을 깨뜨릴 자를 모집하니 불을 토하고 禁呪를 펴는 이들까지 온갖 사람들이 다 있었다.

王建及이 두 겹의 갑옷을 입고 창을 잡고서 외치기를 "梁나라와 晉나라가 강 하나를 사이에 두고 있으니 어찌 굳이 교묘한 방법을 쓰겠는가? 내가 지금 저들을 격파하겠다."라고 하고, 곧바로 큰 항아리에 땔나무를 가득 넣고 상류에서 불을 놓아 梁나라의 전함을 불태우는 한편, 왕건급이 배 두 척에 甲士를 태우고 불을 따라가서 전함을 묶은 대나무 줄을 도끼로 끊어버리니 梁나라 군사들이 모두 달아났다. 晉나라 군대가 비로소 황하를 건널 수 있어 남성을 구원하니 하괴가 포위를 풀고 떠나갔다.

1) 禁呪 : 符籍이나 呪文 등을 써서 병을 치료하고 異變을 극복하며 災害를 물리

치는 일종의 術法을 말한다.

自莊宗得魏博으로 **建及將銀槍效節軍**하다 **建及爲將**에 **喜以家資**로 **散士卒**하다 **莊宗遣宦官韋令圖監其軍**하니 **令圖言建及得士心**하니 **懼有異志**라 **不可令典牙兵**이라하야늘 **卽以爲代州刺史**라 **建及怏怏而卒**하니 **年五十七**이라

莊宗이 魏博을 함락한 뒤에 王建及은 銀槍效節軍을 통솔하였다. 왕건급은 장수로 있으면서 家産을 병사들에게 나누어주기를 좋아하였다.

장종이 宦官 韋令圖를 보내 그의 군대를 감독하게 하니, 위영도가 말하기를 "왕건급이 병사들의 마음을 얻었으니 다른 뜻이 있을까 두렵습니다. 그에게 牙兵을 맡게 해서는 안 됩니다."라고 하자, 곧바로 그를 代州刺史로 삼았다. 왕건급이 怏怏不樂한 채로 졸하니 향년 57세였다.

05. 元行欽傳* 元行欽의 傳記

* 元行欽(?~926)은 幽州 사람이다. 원행흠의 列傳은 ≪舊五代史≫ 卷70 〈唐書 第46 列傳22〉와 ≪新五代史≫ 卷25 〈唐臣傳 第13〉에 실려 있다.

歐陽脩는 ≪구오대사≫에 920여 자 정도로 수록되어 있던 원행흠의 傳記를 〈王景仁傳〉과 비슷하게 오히려 990여 자로 편폭을 늘려 기술하였다.

그 양상은 ≪구오대사≫에 수록된 내용 가운데 원행흠이 莊宗·劉皇后·後宮과 얽힌 일화 등 불필요한 부분은 과감히 刪節하고 원행흠의 事跡 가운데 가장 중요하다고 판단한 趙在禮 반란 討伐 사건의 顚末을 대폭 확대하여 서술하였다. 다시 말해 조재례의 반란에 明宗 李嗣源이 합류하여 마지막에 장종이 敗亡하고 원행흠이 죽게 되는 과정에 대한 서술에 열전 전체의 절반 이상을 할애한 것이다.

이 부분을 놓고 ≪구오대사≫에서는 이 사건의 전개 과정을 史家의 입장에서 일정한 거리를 두고 담담하게 서술하고 있는 반면에, ≪신오대사≫에서는 조재례의 반란 초기 원행흠이 魏州로 출정하고 중간에 명종이 반란에 합류하여 장종에게 반기를 들자 장종과 원행흠이 도망다니는 등 사태가 급변

해가는 추이를 감정의 起伏을 일으키는 대화와 묘사를 활용하여 밀도 있게 서술하였다.

원행흠은 처음에 劉守光이 아끼던 장수로, 유수광의 명령을 받아 그의 부친 劉仁恭을 가두고 유수광의 형제들을 해치는 등 悖倫 행위를 도왔다. 이후 명종과의 싸움에서 명종을 다치게 하였으나 결국 붙잡혀 명종에게 항복하고 용맹함을 인정받아 養子가 되었다. 하지만 뒤에 장종의 휘하에 들어가 潘張에서 장종의 목숨을 구해내는 활약을 펼친 일로 인해 이후 장종의 총애가 줄곧 변하지 않았다. 명종이 장종을 배반하자 명종의 아들을 죽이고 장종과 生死를 함께하기도 하였으나 마지막에는 도망갔다가 붙잡혀 斬首를 당하였다.

이렇듯 유수광과 명종·장종 세 사람을 섬기며 행실에 의심스러운 점이 있는 원행흠에 대해 明代의 茅坤은 별다른 의문을 제기하지 않았지만, 清代의 趙翼은 ≪二十二史箚記≫ 卷21에서 "≪신오대사≫의 體例에서는 여러 왕조에서 두루 벼슬을 한 사람은 〈雜傳〉에 넣고 오로지 한 왕조에서만 벼슬을 한 사람은 해당 왕조의 열전에 넣었다. 氏叔琮·李彦威·李振·韋震 등은 모두 後梁 한 왕조에서만 벼슬을 했건만 어째서 후량의 열전에 넣지 않고 〈잡전〉에 넣었는가? 원행흠은 앞서 유수광을 섬기다 이어서 後唐에 투항했는데, 어째서 도리어 〈잡전〉에 넣지 않고 〈唐臣傳〉에 두었는가? 이는 스스로 그 체례를 어지럽힌 것임을 면하지 못한다."라고 비판하였다.

하지만 구양수는 初年에 主君을 바꾼 것을 가지고 失節한 것으로 보지는 않았으니 이 점은 康懷英·劉鄩·王景仁·符存審 등의 사례를 보더라도 쉽게 알 수 있다. 이로 볼 때 구양수는 해당 인물의 晩年의 節操를 기준으로 人品의 高下를 나누었다고 보는 것이 합당할 듯하다. 원행흠에 대한 구양수의 史評을 읽으면 구양수가 원행흠을 〈死節傳〉이나 〈死事傳〉에 넣지 않은 이유를 알 수 있는바, 이를 통해 구양수의 嚴正한 史觀의 일단을 볼 수가 있다.

하지만 구양수가 원행흠의 충성스러운 절조가 가상한 점이 있다고 말하면서 단지 장종이 崩御했을 때 自決하지 못하고 달아난 것만을 애석해한 것은 원행흠의 사적을 洞觀하여 볼 때 납득하기 어려운 점이 있는 것도 사실이다.

看行欽與莊宗君臣이 **兩相慷慨**하며 **兩相悲歌處**하면 **生色可睹**라

元行欽과 唐 莊宗이 君臣 사이에 둘이 서로 慷慨하며 둘이 서로 悲歌를 부른 곳을 보면 生色이 있어 볼만하다.

元行欽은 **幽州人也**라 **爲劉守光裨將**이러니 **守光簒其父仁恭**하고 **使行欽以兵攻仁恭於大安山**[1]**而囚之**하고 **又使行欽害諸兄弟**라 **其後晉攻幽州**한대 **守光使行欽募兵雲朔間**하다 **是時**에 **明宗掠地山北**하야 **與行欽相拒廣邊軍**[2]하야 **凡八戰**하니 **明宗七射中行欽**이어늘 **行欽拔矢而戰**하야 **亦射明宗中股**라 **行欽屢敗**하야 **乃降**하니 **明宗撫其背而飮以酒曰 壯士也**로다하고 **因養以爲子**하다 **嘗**[3]**從明宗戰**하야 **數立功**하니라 **莊宗已下魏**에 **益選驍將自衛**한대 **聞行欽驍勇**[4]하고 **取之以爲散員都部署**하고 **賜姓名曰李紹榮**이라

元行欽은 幽州 사람이다. 劉守光의 裨將이 되었는데 유수광이 그 부친 劉仁恭의 자리를 簒奪하고 원행흠에게 군대를 거느리고 大安山에서 유인공을 공격하여 그를 가두게 하고 다시 원행흠에게 자신의 형제들을 해치게 하였다.

이후 晉나라가 幽州를 공격하자 유수광이 원행흠에게 雲州와 朔州 사이에서 군대를 모집하게 하였다. 이때 唐 明宗(李嗣源)이 山北에서 땅을 빼앗고서 원행흠과 廣邊軍에서 대치하면서 여덟 차례 전투하니, 명종이 원행흠에게 일곱 번이나 화살을 쏘아 맞혔는데 원행흠은 화살을 뽑고서 계속 싸워 그도 화살을 쏘아 명종의 넓적다리를 맞혔다.

원행흠이 여러 차례 패배하고서야 비로소 항복하니 명종이 그의 등을 어루만지고 술을 마시게 하면서 말하기를 "壯士로다."라고 하고, 이어 그를 養子로 삼았다. 명종을 따라 전투하여 여러 차례 전공을 세웠다.

莊宗이 이미 魏를 함락한 뒤에 용맹한 장수를 더 선발하여 자신을 호위하게 하였는데, 원행흠의 용맹함을 듣고 그를 데려다가 散員都部署를 삼고 李紹榮이라는 姓名을 하사하였다.

1) 使行欽以兵攻仁恭於大安山 : ≪舊五代史≫에는 '大安山'이 '大恩山'으로 되어 있고, ≪資治通鑑注≫에서 ≪구오대사≫를 인용한 곳에 역시 '大恩'으로 되어 있다.(≪舊五代史考異≫)

2) 廣邊軍 : 지금의 河北省 赤城縣 남쪽에 있었는데 옛 白雲城이다.

3) 嘗 : 사고전서본과 ≪新五代史≫에는 '常'자로 되어 있다.

4) 聞行欽驍勇 : ≪五代史記纂誤續補≫ 卷2에 "살펴보건대, 彭元瑞의 注釋本에는 '驍'가 '趫'로 되어 있다.〔按彭注本驍作趫〕"라고 하였다.

莊宗好戰而輕敵하야 與梁軍戰潘張에 軍敗而潰라 莊宗得三四騎馳去어늘 梁兵數百追及하야 攢矟圍之하다 行欽望其旗而識之하고 馳一騎하야 奮劍斷其二矛하고 斬首一級하니 梁兵解去라 莊宗還營하야 持行欽泣曰 富貴與卿共之호리라하다 由是로 寵絶諸將하다 拜忻州刺史라가 遷武寧軍節度使하다 莊宗宴群臣於內殿할새 酒酣樂作하야 道平生戰陣事以爲笑樂이라가 而怪行欽不在하야 因左右顧視曰 紹榮安在오하니 所司奏曰 奉勅宴使相[1)]하니 紹榮은 散官[2)]이라 不得與也니이다 莊宗罷會不樂하다 明日에 卽拜行欽同中書門下平章事하니 自此不召群臣入內殿하고 但宴武臣而已러라

莊宗은 전쟁하기를 좋아하고 적을 얕잡아보아 梁나라 군대와 潘張에서 전투할 때 군대가 패하여 흩어졌다. 장종이 騎兵 서넛을 데리고 도망갔는데 梁나라 군사 수백 명이 따라잡아서 창끝을 겨누어 그들을 포위하였다. 元行欽이 그들의 깃발을 바라보고 상황을 파악하고서 말 한 필을 타고 내달려 칼을 휘둘러 창 두 개를 잘라버리고 梁나라 군사 한 명의 머리를 베니 梁나라 군사들이 포위를 풀고 떠나갔다.

장종이 軍營에 돌아와 원행흠을 붙잡고 흐느끼면서 말하기를 "富貴를 卿과 함께 할 것이다."라고 하였다. 이로부터 그에 대한 총애가 다른 장수들보다 월등하였다. 忻州刺史에 제수되었다가 승진하여 武寧軍節度使가 되었다.

장종이 內殿에서 신료들에게 연회를 베풀 때 酒興이 올라 음악을 연주하게 하고서 평생 동안 戰場에서 있었던 일들을 이야기하면서 웃고 즐거워하다가, 원행흠이 자리에 있지 않은 것을 이상하게 여기고서 이에 左右를 돌아보면서 말하기를 "紹榮은 어디에 있는가?"라고 하니, 담당하는 이가 아뢰기를 "勅命을 받들어 使相에게 연회를 베풀었으니 소영은 散官이라 참석하지 못했습니다."라고 하였다. 장종이 연회를 파하고 즐거워하지 않았다.

이튿날에 곧바로 원행흠을 同中書門下平章事에 제수하니, 이로부터 신료들을 內

殿에 들어오도록 부르지 않고 단지 武臣들과 연회를 할 뿐이었다.

1) 使相 : 唐 중기에 宰相이 된 자는 반드시 同中書門下平章事라고 하였는데, 동중서문하평장사의 직함을 띤 節度使를 使相이라고 불렀다.

2) 散官 : 고대에 官員의 등급을 표시하는 명칭으로, 맡고 있는 직무를 표시하는 명칭인 職事官과 대비하여 말한 것이다. 隋나라 때 처음 散官이라는 명칭을 정하여 文武 重臣들에게 내렸는데 모두 실제 직무는 없었다.

趙在禮[1]**反於魏**한대 **莊宗方選大將擊之**하니 **劉皇后曰 此**는 **小事**라 **可趣紹榮指揮**라하니 **乃以行欽**[2]**爲鄴都行營招撫使**하야 **將二千人討之**하다 **行欽攻鄴南門**하야 **以詔書招在禮**하니 **在禮送羊酒犒軍**하고 **登城謂行欽曰 將士經年離去父母**하고 **不取敕旨奔歸**하야 **上貽聖憂**하니 **追悔何及**고 **若公善爲之辭**하면 **尙能改過自新**이라하니 **行欽曰 天子以汝等有社稷之功**하시니 **小過必當赦宥**라하다 **在禮再拜**하고 **以詔書示諸軍**하다 **皇甫暉**[3]**從旁奪詔書壞之**한대 **軍士大譟**라 **行欽具以聞**하니 **莊宗大怒**하야 **勅行欽破城之日**에 **無遺種**이라하고 **乃益召諸鎭兵**하야 **皆屬行欽**하다 **行欽屯澶州**하야 **分諸鎭兵爲五道**하야 **毁民車輪門扉屋椽爲筏**하야 **渡長慶河**하야 **攻冠氏門**이나 **不克**이라

趙在禮가 魏에서 반란을 일으키자 莊宗이 大將을 선발하여 치려고 하니, 劉皇后가 말하기를 "이는 작은 일입니다. 李紹榮을 재촉해 指揮하게 하면 됩니다."라고 하니, 이에 元行欽을 鄴都行營招撫使로 삼아 2천 명을 거느리고 토벌하게 하였다.

원행흠이 鄴都의 南門을 공격하면서 詔書로 조재례를 부르니 조재례가 양고기와 술을 보내 군사들을 犒饋하고 城에 올라 원행흠에게 이르기를 "將士들이 해를 넘기도록 부모 곁을 떠난 데다 집으로 달려 돌아가라는 勅書를 받지 못해 위로 성상께 근심을 끼쳤으니 뒤미쳐 후회한들 어찌 되돌릴 수 있겠습니까? 만약 공께서 저희의 상황을 잘 해명해주시면 아직 허물을 고쳐 스스로 새롭게 될 수 있겠습니다."라고 하니, 원행흠이 말하기를 "天子께서 너희들이 社稷을 수호한 공로가 있다고 여기시니 이러한 작은 허물은 반드시 용서하실 것이다."라고 하였다.

조재례가 再拜하고 조서를 가지고 군사들에게 보여주었다. 그런데 皇甫暉가 곁에서 조서를 빼앗아 찢어버리자 군사들이 크게 소란스러워졌다. 원행흠이 이 일을 모

두 보고하니 장종이 크게 노하여 원행흠에게 칙서를 내리기를 "城을 함락하는 날에 씨를 남기지 말라."라고 하고, 이어 각 鎭의 군대를 더 불러서 모두 원행흠에게 소속시켰다.

원행흠은 澶州에 주둔하여 각 鎭의 군대를 나눠 다섯 길로 가면서 백성들의 수레바퀴와 문짝과 지붕을 부숴 뗏목으로 만들어서 長慶河를 건너 冠氏門을 공격하였으나 이기지 못하였다.

1) 趙在禮 : 882~947. 字는 幹臣으로, 涿州 사람이다. 처음에 劉仁恭 가문을 섬겼는데 뒤에 李存勖에게 투항하여 效節指揮使가 되었다. 926년 魏州 군대가 반란하자 대장으로 추대되니 兵馬留後로 자칭하였다. 얼마 뒤 李嗣源과 연합해 남하하여 洛陽으로 들어갔다. 이사원이 즉위한 뒤 鄴都留守·滄州節度使·同州節度使·侍中 등을 역임하였다. 後晉이 멸망하고 契丹이 汴州에 들어왔을 때 趙在禮는 거란 장수에게 모욕을 당하였고 뒤에 後晉의 大臣들이 유폐된 것을 듣고 두려워하다가 자결하였다. 後漢 高祖 때 中書令에 추증되었다.
2) 行欽 : 《新五代史》에는 '行欽'이 없다.
3) 皇甫暉 : ?~956. 魏州 사람이다. 원래 後唐 때 위주의 軍卒이었는데, 同光 4년(926) 위주 군대를 선동하여 반란을 일으키자 後唐 莊宗 李存勖이 李嗣源을 파견하여 진압하게 하였으나 이사원이 도리어 반란군에게 추대되어 稱帝하니 바로 後唐 明宗이다. 皇甫暉는 이후 陳州刺史에 임명되었다. 後晉이 세워진 뒤에는 密州刺史가 되었다. 天福 12년(947) 契丹이 남하하여 후진을 멸망시키자 황보휘는 부대를 거느리고 南唐에 투항하여 歙州刺史·神衛都虞候를 역임하고 뒤에 奉化軍節度使를 지내고 同中書門下平章事가 되었다. 顯德 3년(956) 後周가 淮南을 공격할 때 황보휘는 패하여 사로잡혔는데 상처가 깊었는데도 치료를 거부하다가 세상을 떠났다.

是時에 **邢洺諸州相繼皆叛**이어늘 **而行欽攻鄴無功**일새 **莊宗欲自將以往**한대 **群臣皆諫止**라 **乃遣明宗討之**하다 **明宗至魏**하야 **軍城西**하고 **行欽軍城南**한대 **而明宗軍變**하야 **入于魏**하야 **與在禮合**이라 **行欽聞之**하고 **退屯衛州**하야 **以明宗反聞**하다

이때에 邢州·洺州 등 각 州가 연이어 모두 반란을 일으켰는데 元行欽이 鄴都를

공격해도 전공이 없기에, 莊宗이 직접 군대를 거느리고 가려고 하자 신료들이 모두 그만두시라고 간언하였다. 이에 明宗을 보내 토벌하게 하였다.

명종은 魏에 이르러 城의 서쪽에 주둔하고, 원행흠은 城의 남쪽에 주둔하였다. 그런데 명종의 군대가 반란하여 魏에 들어가 趙在禮와 함께 연합하였다. 원행흠이 이 소식을 듣고 물러나 衛州에 주둔하고서 명종이 반란하였다고 보고하였다.

莊宗遣金槍指揮使李從璟하야 **馳詔明宗計事**하니 **從璟**은 **明宗子也**라 **行至衛州而明宗已反**이라 **行欽乃縶從璟**하야 **將殺之**어늘 **從璟請還京師**한대 **乃許之**라 **明宗自魏縣引兵南**하니 **行欽率兵趨還京師**하다 **從莊宗幸汴州**하야 **行至榮澤**이라가 **聞明宗已渡黎陽**하고 **莊宗復**(부)**遣從璟通問于明宗**이어늘 **行欽以爲不可**라하고 **因擊殺從璟**하다

莊宗이 金槍指揮使 李從璟을 보내 明宗에게 조서를 보내 상황을 논의하도록 하니, 이종경은 명종의 아들이었다. 그런데 달려가 衛州에 이르자 명종이 이미 반란을 일으킨지라 元行欽이 이에 이종경을 붙잡아두고서 장차 죽이려고 하거늘, 이종경이 京師로 돌아가기를 청하자 이에 허락하였다.

명종이 魏縣에서 군대를 이끌고 남쪽으로 향하니 원행흠이 군대를 이끌고 경사로 급히 돌아왔다. 장종을 따라 汴州에 이르러 행군하여 榮澤에 갔다가 명종이 이미 黎陽을 건넜다는 소식을 듣고, 장종은 다시 이종경을 보내 명종에게 講和할 것을 요청하게 하였는데 원행흠이 안 된다고 하고는 이어 이종경을 쳐 죽였다.

明宗入汴州하니 **莊宗至萬勝鎭**하야 **不得進**이라 **與行欽登道旁冢**하야 **置酒**하고 **相顧泣下**하다 **有野人獻雉**어늘 **問其冢名**하니 **野人曰 愁臺也**라한대 **莊宗益不悅**하야 **因罷酒去**하다 **西至石橋**하야 **置酒野次**하니 **莊宗謂行欽曰 卿等從我久**하야 **富貴急難**에 **無不同也**러니 **今玆危蹙而默默無言**하야 **坐視成敗**라 **我至榮澤**하야 **欲單騎渡河**하야 **自求總管**이어늘 **卿等各陳利害**하야 **今日俾我至此**하니 **卿等何如**오하다 **行欽泣而對曰 臣本小人**으로 **蒙陛下撫養**하야 **位至將相**이로되 **危難之時**에 **不能報國**하니 **雖死無以塞責**이라하고 **因與諸將百餘人**으로 **皆解髻斷髮**하야 **置之于地**하야 **誓以死報**하니 **君臣相**

持慟哭이라

明宗이 汴州에 들어가니 莊宗이 萬勝鎭에 이르러 전진할 수가 없는지라 元行欽과 함께 길옆의 언덕에 올라 술자리를 마련하고 서로 바라보며 흐느껴 울었다. 어떤 촌사람이 꿩을 바쳤는데 그 언덕의 이름을 물으니 촌사람이 말하기를 "愁臺라고 합니다."라고 하자, 장종이 더욱 기쁘지 않아 이에 술자리를 파하고 떠났다.

서쪽으로 石橋에 이르러 들판에서 술자리를 마련하니 장종이 원행흠에게 이르기를 "卿들이 오랜 세월 나를 따라다니면서 富貴를 누릴 때나 危難을 겪을 때나 함께 하지 않은 적이 없었는데, 지금 상황이 危急한데도 묵묵하게 말이 없이 成敗를 坐視하고만 있다. 내가 滎澤에 이르렀을 때 혼자 말을 타고 黃河를 건너 직접 總管(明宗)에게 요구하려고 하였는데 卿들이 저마다 그 일의 利害를 말하여 오늘 나로 하여금 이 지경에 빠지게 하였으니 卿들은 어떻게 생각하는가?"라고 하였다.

원행흠이 흐느끼면서 대답하기를 "臣이 본래 小人으로 陛下의 돌보아주심을 입어 지위가 將相에 이르렀는데도 위난한 이때 국가에 보답하지 못하니 비록 죽더라도 책임을 다할 수가 없을 것입니다."라고 하고, 이어 장수 백여 인과 함께 모두 상투를 풀어 머리카락을 잘라 땅에 놓고서 죽음으로 보답하기를 맹세하니 君臣간에 서로 붙잡고 慟哭하였다.

莊宗還洛陽하고 **數日**에 **復**(부)**幸汜水**[1]하다 **郭從謙反**커늘 **莊宗崩**이라 **行欽出奔**하다 **行至平陸**하야 **爲野人所執**하야 **送虢州**하니 **刺史石潭折其兩足**[2]하고 **載以檻車**[3]하야 **送京師**하다 **明宗見之**하고 **罵曰 我兒何負於爾**오하니 **行欽瞋目直視曰 先皇帝何負於爾**오하다 **乃斬于洛陽市**하니 **市人皆爲之流涕**하니라

莊宗이 洛陽으로 돌아오고 나서 며칠 뒤에 다시 汜水에 거둥하였다. 郭從謙이 반란을 일으켰는데 장종이 崩御한지라 元行欽이 달아났다. 平陸에 이르러 野人에게 붙잡혀서 虢州로 보내지니 刺史 石潭이 그의 두 발을 부러뜨리고 檻車에 실어서 京師로 압송하였다.

明宗이 그를 보고 꾸짖기를 "내 아들이 너에게 무엇을 잘못했는가?"라고 하니, 원행흠이 눈을 부릅뜨고 똑바로 명종을 쳐다보면서 말하기를 "先皇帝께서 너에게 무

엇을 잘못했는가?"라고 하였다. 이에 낙양의 저자에서 원행흠을 斬首하니 저자 사람들이 모두 그를 위해 눈물을 흘렸다.

1) 數日 復(부)幸汜水 : ≪五代史記纂誤補≫ 卷2에 "삼가 살펴보건대, '復'자 앞에 '將'자나 '謀'자가 있어야 한다. 그 해설은 〈伶官傳〉에 자세히 수록해놓았다.〔謹案復上當有將字或謀字 說詳伶官傳下〕"라고 하였으며, 〈영관전〉의 해당 부분인 '居數日 莊宗復東幸汜水 謀扼關以爲拒'에 대해 ≪오대사기찬오보≫ 권3에 "삼가 살펴보건대, 이는 莊宗이 바야흐로 다시 汜水에 거둥하려고 도모하였을〔謀〕 뿐이지 其實은 미처 행차하지는 못한 것이니 뒷글을 보면 白明하다. 대개 '謀'자는 마땅히 '復'자의 앞에 있어야 한다. 이는 바로 倒句法을 사용한 것인데 마침내 동쪽으로 사수에 거둥하였다고 말하게 하고 '洛陽으로 돌아왔다〔還洛〕'고 이르지 않은 것은 疏略한 데서 잘못된 것이니 또한 歐陽公이 끼친 착오이다."라고 하였다.

2) 刺史石潭折其兩足 : ≪舊五代史≫에는 "平陸縣令 裴進이 그 발을 부러뜨렸다.〔縣令裴進折其足〕"라고 하였다.(≪舊五代史考異≫)

3) 檻車 : 罪人을 가두어 호송하거나 猛獸를 잡아 나르는 데 쓰는 수레를 말한다.

嗚呼라 **死之所以可貴者**는 **以其義不苟生爾**라 **故曰 主在與在**하고 **主亡與亡者**는 **社稷之臣也**[1]라 **方明宗之兵變于魏**하야 **諸將未知去就**로되 **而行欽獨以反聞**하고 **又殺其子從璟**하고 **至于斷髮自誓**하니 **其誠節**이 **有足嘉矣**라 **及莊宗之崩**하야는 **不能自決**하고 **而反逃死以求生**[2]이라가 **終於被執而見殺**[3]이라 **其言雖不屈**이나 **而死非其志也**니 **烏足貴哉**리오

오호라! 죽음이 귀하게 여겨질 만한 까닭은 그 義를 행하여 구차하게 살지 않기 때문이다. 그래서 "군주가 살면 함께 살고 군주가 망하면 함께 망하는 자는 社稷의 신하이다."라고 말하는 것이다.

明宗이 魏에서 變亂을 일으켰을 때 장수들이 去就를 정하지 못하였으나 元行欽만 명종이 반란하였다고 보고하고 또 그 아들 李從璟을 죽이고 머리카락을 잘라 스스로 맹세하기까지 하였으니 그의 충성스러운 節操가 족히 가상한 점이 있었다.

그러나 莊宗이 崩御하였을 때에는 自決하지 못하고 도리어 죽음을 피하여 살길을

찾다가 끝내 붙잡혀 죽임을 당하였다. 그 말은 비록 굴복하지 않았으나 죽게 된 것은 그의 뜻이 아니었으니 어찌 족히 귀하게 여길 만하겠는가?

1) 主在與在……社稷之臣也 : 漢나라 때 袁盎이 孝文帝에게 당시 丞相으로 있던 絳侯 周勃이 어떤 사람이냐고 묻자 효문제가 社稷의 신하라고 대답하였다. 그러자 원앙이 "강후는 功臣일 뿐이지 사직의 신하가 아닙니다. 사직의 신하는 군주가 살면 함께 살고 군주가 망하면 함께 망하는 것입니다.〔社稷臣主在與在 主亡與亡〕"라고 하였다.(≪史記≫ 〈袁盎鼂錯列傳〉)
2) 及莊宗之崩……而反逃死以求生 : ≪五代史記纂誤續補≫ 卷2에 "살펴보건대, ≪廿二史攷異≫(錢大昕 撰)에서 '나는 元行欽이 莊宗을 저버리지 않았음이 분명하다고 생각한다. 그가 出奔하였을 때 그 뜻이 復讎하려는 데서 나온 것이 아님을 어찌 알겠는가? 歐陽公의 史論은 이른바 「남을 책망하기는 어렵지 않다.」는 것이다.'라고 하였는데, 錢大昕은 대체로 本末을 살피지 않은 듯하다. 원행흠은 劉守光을 위해 그의 부친을 가두고 형제들을 해쳤으니 그 사람됨이 어찌 義理를 알았겠는가? 魏州를 공략할 때 이미 戰功을 세우지 못했고 위급하게 되자 묵묵하게 말이 없이 눈물만 흘릴 뿐이었다. 이러하니 그 사람의 재주로 또 어찌 복수를 할 수 있었겠는가? 그렇지만 文忠公(歐陽脩)이 그가 明宗을 꾸짖는 말을 기록하고 그가 참수당할 때 다시 '저자의 사람들이 모두 그를 위해 눈물을 흘렸다.'고 하였으니 어찌 그를 가상하게 여기지 않았겠는가? 다만 그가 죽을 뜻이 있었다는 것만은 믿을 수 없다.〔按廿二史攷異 予謂行欽之不負莊宗明矣 其出奔也 安知非志出于復讎 歐陽之論 所謂責人斯無難也 錢氏蓋不察本末耳 行欽爲劉守光囚父害諸兄弟 其爲人容知義耶 攻魏 旣不能有功及乎危慼 默默無言 泣下而已 此其人才 又安能復讎 然文忠公載其詰明宗語 及其斬也 又曰 市人皆爲之流涕 何嘗不嘉之 但不信其有死志耳〕"라고 하였다.
3) 終於被執而見殺 : ≪五代史記纂誤續補≫ 卷2에 "살펴보건대, 彭元瑞의 注釋本에는 '執'이 '縶'으로 되어 있다.〔按彭注本執作縶〕"라고 하였다.

歐陽文忠公五代史抄 卷7

歸安 鹿門 茅坤 批評
孫男 闇叔 茅著 重訂

唐臣傳

01. 烏震傳* 烏震의 傳記

* 烏震(?~?)은 冀州 信都 사람이다. 오진의 列傳은 ≪舊五代史≫ 卷59 〈唐書 第35 列傳11〉과 ≪新五代史≫ 卷26 〈唐臣傳 第14〉에 실려 있는데 둘 다 300자도 안 되는 짧은 분량이다. 오진의 事跡에서 특징적인 점은 그가 忠孝를 제대로 실천하지 못했다는 것으로, 歐陽脩가 이에 대해 史評까지 가한 것은 충과 효가 相衝하는 데서 발생하는 심각한 윤리적 문제에 대한 해답을 구하고자 하는 의도에서 비롯한 것으로 보인다.

'忠孝兩全'의 문제는 明宗 李思源의 아들 李從璟을 두고 구양수가 앞서 논한 적이 있다. 이종경은 莊宗의 휘하에 있었는데 명종이 반란을 일으켜 장종을 치자 당시 임금이었던 장종과 부친 이사원 사이에서 난처한 입장에 처하였다. 하지만 그는 시종일관 장종에게 충성을 바치면서 명종을 설득하려 하였으나 결국 元行欽에게 죽임을 당하였다.

이러한 이종경의 모범적인 사례를 놓고 구양수는 충효를 실천할 때 마음에 私와 義를 구분하여 義를 따르면 충과 효 둘다 온전히 실천할 수 있다고 주장하였다. 이어서 구양수는 몸이 임금에게 있을 때와 부친에게 있을 때의 義에 따른 處身 방법을 구체적으로 예시한 뒤 이종경이 의를 따라 죽었다고 稱賞하였다.

한편 이종경과는 정반대의 사례가 바로 오진의 처신이라고 할 수 있는바, 구양수는 그의 행위가 내포하고 있는 심각한 윤리적 문제를 비판하였다. 구양수는 오진이 모친과 처자식에게 가해지는 危害를 무릅쓰고 張文禮를 공격하였던 일이 義를 따르지 않고 私利를 추구하려는 마음에서 비롯한 것이라고 하였다. 이어서 구양수는 어버이에게 해가 미치는 상황에서 신하로서 義에 따른 처신 방법을 논한 뒤, 효를 실천하는 자가 충도 실천할 수 있다고 斷言하면서 오진의 그릇된 행위를 깊이 聲討하였다.

≪구오대사≫에도 오진에 대한 史臣의 論評이 있어 참고가 된다. 사신은 오진이 자기 가족을 돌아보지 않은 일을 매우 어질지 못하다고 질타하면서 그가 비록 樂羊의 행위를 사모하기는 하였으나 어찌 그것이 文侯를 섬기는 의리가 되겠느냐고 비판하였다. 악양은 戰國시대 魏나라의 장수로, 문후의 명으로 中山을 치려고 할 때 그 아들이 중산에 있었다. 중산 임금이 그 아들을 삶아 국을 끓여 악양에게 보내자 악양은 그것을 먹었고 이후 3년 만에 중산을 함락하였는데, 그 사이에 신하들의 비방이 들끓었는데도 문후는 악양을 믿고 기다려 주었다고 한다. 오진과 악양은 功名에 눈이 멀어 가족을 버린 점에서 같았던 것이다.

烏震은 冀州信都人也라 少事趙王王鎔爲軍卒이러니 稍以功遷裨校하야 隸符習[1]軍하다 習從莊宗于河上에 而鎔爲張文禮所弒한대 震從習討文禮어늘 而家在趙라 文禮執震母妻及子十餘人以招震이로되 震不顧라 文禮乃皆斷其手鼻하되 割而不殊하고 縱至習軍하니 軍中皆不忍正視라 震一慟而止하고 憤激自勵하야 身先士卒하다 晉軍攻破鎭州에 震以功拜刺史하야 歷深趙二州하다

烏震은 冀州 信都 사람이다. 젊은 시절 趙王 王鎔을 섬겨 軍卒이 되었는데 점차 戰功으로 裨校에 승진하여 符習의 군대에 소속되었다. 부습이 黃河 가에서 莊宗을 수행하였을 때 王鎔이 張文禮에게 시해되자 오진이 부습을 수행하여 장문례를 토벌하였는데 그의 집이 趙州에 있었다.

장문례가 오진의 모친과 아내 및 아들 등 10여 사람을 잡아두고서 오진에게 〈항복하라〉 불렀는데도 오진은 돌아보지 않았다. 장문례가 이에 그들의 손과 코를 모두 잘라내되 자르기만 하고 죽이지는 않은 채 풀어주어 부습의 軍營에 가게 하니 부습의 軍中 사람들이 모두 차마 똑바로 쳐다보지 못하였다.

그러나 오진은 한 번 통곡하고 그치고는 憤激하며 스스로 분발하여 몸소 병졸들

보다 앞장서서 하였다. 晉나라 군대가 鎭州를 공격하여 격파하자 오진이 戰功으로 刺史에 배수되어 深州와 趙州 두 州의 자사를 역임하였다.

1) 符習 : ?~933. 趙州 昭慶 사람으로 後唐의 大臣이다. 젊은 시절 趙王 王鎔을 섬겨 軍校가 되었다가 後梁에서 벼슬하여 巴州刺史가 되었다. 뒤에 後唐 莊宗에게 투항하여 天平軍節度使·東南面招討使를 맡았고 앞뒤로 安國節度使·平盧節度使·天平節度使·宣武節度使를 역임하였다. 평소 安重誨에게 시기를 받아 太子太師로 치사하고 고향으로 돌아갔다.

震爲人純質하고 **少好學**하야 **通左氏春秋**하고 **喜作詩**하고 **善書**러니 **及爲刺史**하야는 **以廉平爲政**으로 **有聲**하야 **遷冀州刺史**[1]하야 **兼北面水陸轉運使**하다 **明宗聞其名**하고 **擢拜河北道副招討使**하고 **領寧國軍節度使**하야 **代房知溫**[2]**戍于盧臺軍**이라 **始至而戍兵龍**晊**等作亂**하야 **見殺**하니 **贈太師**[3]하다

烏震은 사람됨이 순박하고 어려서부터 학문을 좋아하여 ≪春秋左氏傳≫에 통달하였고 詩 짓기를 좋아하고 글씨를 잘 썼는데, 刺史가 되어서는 淸廉하고 公平하게 政事를 펼친다는 평판이 있어 冀州刺史로 승진하여 北面水陸轉運使를 兼任하였다.

明宗(李嗣源)이 그의 명성을 듣고 발탁하여 河北道副招討使에 배수하고 寧國軍節度使를 맡겨 房知溫을 대신하여 盧臺軍을 지키게 하였다. 그가 처음 부임하였을 때 戍兵 龍晊 등이 난을 일으켜 피살되니 太師에 추증되었다.

1) 遷冀州刺史 : ≪舊五代史≫에는 '冀州'가 '易州'로 되어 있다.(≪舊五代史考異≫)

2) 房知溫 : ?~936. 字는 伯玉이다. 後唐 때 泰寧軍節度使·靑州節度使를 지냈고 李紹英이라는 성명을 하사받았고 東平王에 봉해졌다. 天福 元年에 병으로 세상을 떠났는데 太尉에 추증되었다.

3) 贈太師 : ≪舊五代史≫에는 '太師'가 '太傅'로 되어 있다.(≪舊五代史考異≫)

嗚呼라 **忠孝以義則兩得**은 **吾旣已言之矣**[1]어니와 **若烏震者**는 **可謂忠乎**아 **甚矣**라 **震之不(忍)〔思〕**[2]**也**여 **夫食人之祿而任人之事**하야 **事有任**하고 **專其責**이면 **而其國之利害**가 **由己之爲不爲**어니와 **爲之雖利於國**이라도 **而有害於其親者**면 **猶將辭其祿而**

去之온 𥐻其事가 衆人所皆可爲而任不專己요 又其爲與不爲에 國之利害不繫焉者如是로되 而不顧其親이면 雖不以爲利라도 猶曰 不孝어든 況因而利之乎아 夫能事其親以孝然後에 能事其君以忠이니 若烏震者는 可謂大不孝矣로다 尙何有于忠哉리오

오호라! 忠과 孝를 義에 따라 행하면 둘 다 온전히 이룰 수 있다는 것은 내가 이미 말한 적이 있거니와 烏震과 같은 자는 忠이라고 할 수 있겠는가. 심하구나, 오진이 熟考하지 못한 것이!

무릇 남의 祿을 먹고 남의 일을 맡아, 그 하는 일이 자신이 전담하는 책임이 있으면 그 국가의 利害가 자신이 하느냐 하지 않느냐에 달려 있거니와, 그 일을 하는 것이 비록 국가에 利益이 있다 하더라도 그 어버이에게 危害를 끼치는 일이라면 오히려 그 녹을 사양하고 떠나야 할 것이다.

하물며 그 일이 보통 사람들이 모두 할 수 있는 것으로 그 책임을 자신이 전담하는 것이 아니고, 게다가 자신이 하거나 하지 않거나 간에 국가의 이해가 관계되지 않음이 이와 같은데도 자신의 어버이를 돌아보지 않았으니, 그렇다면 비록 이익을 도모하려는 것이 아니라 해도 오히려 不孝라고 할 것인데 하물며 이를 통해 이익을 도모하려 함에 있어서이겠는가.

무릇 孝로써 자신의 어버이를 섬긴 뒤에 자신의 임금을 忠으로써 섬길 수 있는 것이니 오진과 같은 자는 매우 불효하였다고 이를 만하다. 그러하니 忠誠스러운 점이 어디 있겠는가.

1) 忠孝以義則兩得 吾旣已言之矣 : 본서 권3 〈唐從璟傳〉에 보인다.
2) (𥐻)〔思〕 : 저본에는 '𥐻'으로 되어 있으나, 사고전서본과 ≪新五代史≫에 의거하여 '思'로 바로잡았다.

02. 張延朗傳* 張延朗의 傳記

* 張延朗(?~936)은 汴州 開封 사람이다. 장연랑의 列傳은 ≪舊五代史≫ 卷69 〈唐書 第45 列傳21〉과 ≪新五代史≫ 卷26 〈唐臣傳 第14〉에 실려 있다.

≪구오대사≫ 輯佚의 불완전한 양상을 드러내는 〈梁書 太祖紀〉와 〈安重誨傳〉처럼 본 열전 역시 자료의 한계로 인해 原形이 제대로 복원되지 못하였다.

≪구오대사≫의 본 열전을 살펴보면 ≪구오대사≫ 집일의 주요 참고 자료였던 ≪永樂大典≫에 이미 본 열전의 原本이 删節되어 있어 ≪신오대사≫에도 수록되어 있는 三司使의 유래 설명 부분과 장연랑과 後唐 明宗의 일화 부분이 없는 대신, 장연랑이 判三司를 사직하며 올린 表文 全文을 수록하여 빈약한 내용을 보충하고 있다.

구양수는 첫 부분에서 장연랑의 초기 행적을 간략하게 서술한 뒤 삼사사의 設置 顚末을 설명하였다. 唐代에는 처음에 戶部·度支·鹽鐵의 일을 管掌하는 관리를 각각 따로 임명하였는데, 뒤에 전쟁을 이유로 혹은 五代의 혼란기를 거치면서 宰相이나 租庸使 혹은 삼사사 등 官品이 높은 1인이 세 가지 업무를 총괄하는 방향으로 수렴되었다는 것이 핵심이다.

구양수는 삼사사가 이렇게 천하의 財賦를 관장하는 중요하면서도 어려운 일임을 밝힌 다음 바로 이어 장연랑과 명종의 일화를 서술하여 삼사사를 맡은 장연랑의 무능함을 드러내었다.

또한 이어지는 단락에서는 河東에서 石敬瑭이 반란하였을 때 장연랑이 廢帝에게 석경당을 정벌해야 한다고 청한 일을 識者들이 옳게 여겼다는 말〔識者韙之〕과, 석경당이 장연랑을 주벌한 뒤 삼사사로 임명하기에 합당한 사람이 없어 뒤늦게 후회하였다는 말〔甚追悔焉〕 등 ≪구오대사≫에 수록되어 있는 장연랑에 대한 좋은 평가를 삭제함으로써, 장연랑이 무능하여 평판이 좋지 않았던 사실만 남게 되었다.

張延朗은 **汴州開封人也**라 **事梁**하야 **以租庸使**[1]**爲鄆州糧料使**[2]러니 **明宗克鄆州**에 **得延朗**하야 **復**(부)**以爲糧料使**하고 **後徙鎭宣武成德**에 **以爲元從孔目官**하다 **明宗卽位**에 **爲莊宅使宣徽北院使忠武軍節度使**하다

張延朗은 汴州 開封 사람이다. 梁나라를 섬겨 租庸使로 鄆州糧料使가 되었는데 明宗이 鄆州를 함락하였을 때 장연랑을 얻어 다시 糧料使로 삼았고 뒤에 명종이 宣武·成德으로 옮겨 鎭守하였을 때 그를 元從孔目官으로 삼았다. 명종이 즉위하였을 때 莊宅使 宣徽北院使 忠武軍節度使로 삼았다.

1) 租庸使 : 國家의 稅政을 관장하는 관직이다. 唐 玄宗 開元 11년(723) 勾當租

庸地稅使에 임명한 宇文融이 최초의 租庸使였다. 뒤에 楊國忠 등이 이어 맡아 조세 수취를 專任하였다. 德宗 이후로 租庸調 제도가 兩稅法으로 바뀌면서 조용사도 폐지되었다. 僖宗 때 黃巢의 반란을 진압하면서 다시 한 번 조용사를 임명하여 군수에 충당하기 위한 물자를 거두었다. 五代 때 後梁과 後唐은 세금을 전담하여 거두는 중추 財政 長官으로 삼았는데 後唐 明宗 때 폐지되었다.

2) 以租庸使爲鄆州糧料使 : ≪五代史記纂誤補≫ 卷2에 "삼가 살펴보건대, 薛居正의 ≪舊五代史≫에는 '租庸使'가 '租庸吏'로 되어 있으니 이 부분은 착오이다.〔謹案薛史租庸使作租庸吏 此誤〕"라고 하였다.

長興[1)]元年에 拜三司使[2)]하다 唐制에 戶部度(탁)支以本司郎中侍郎으로 判其事하고 而有鹽鐵轉運使러니 其後用兵에 以國計爲重이라 遂以宰相領其職하다 乾符[3)]已後에 天下喪亂하야 國用愈空하야 始置租庸使로되 用兵無常하야 隨時調斂이라가 兵罷則止하다 梁興에 始置租庸使하야 領天下錢穀하고 廢度支戶部鹽鐵之官이러니 莊宗滅梁에 因而不改하니라 明宗入立에 誅租庸使孔謙而廢其使職하야 以大臣一人으로 判戶部度支鹽鐵하고 號曰 判三司하다 延朗因請置三司使하니 事下中書라 中書用唐故事하야 拜延朗特進工部尙書하야 充諸道鹽鐵轉運等使하고 兼判戶部度支事하니 詔以延朗充三司使하고 班在宣徽使下라 三司置使가 自此始하니라

長興 元年(930)에 三司使에 배수하였다. 唐의 제도에 戶部·度支는 本司의 郎中·侍郎에게 그 일을 맡게 하면서 鹽鐵轉運使를 두었는데, 이후로 用兵할 때 국가의 재정이 중요해진지라 마침내 宰相이 그 직무를 담당하였다.

乾符 이후에 천하가 혼란하여 국가의 財用이 더욱 부족해지자 비로소 租庸使를 두었으나 용병이 일정하지 않아 그때그때 징수하였다가 전쟁이 끝나면 그만두었다. 梁나라가 일어나자 비로소 조용사를 두어 天下의 錢穀을 담당하게 하고 度支·戶部·鹽鐵의 관직을 없앴는데, 後唐 莊宗이 梁나라를 멸망시켰을 때 인습하고 고치지 않았다. 後唐 明宗이 들어와 즉위하였을 때 조용사 孔謙을 誅罰하면서 이 조용사라는 직책을 없애고서 大臣 한 사람이 호부·탁지·염철을 맡게 하고 判三司라고

불렀다.

張延朗이 이를 계제로 삼사사를 설치할 것을 청하니 이 일을 中書省에 내려 논의하게 하였다. 중서성에서는 唐의 옛 規例에 따라 장연랑을 特進 工部尙書에 배수하고서 諸道鹽鐵轉運等使에 充任하고 判戶部度支事를 兼任하도록 하니, 詔書를 내려 장연랑을 삼사사에 충임하고 반열은 宣徽使의 아래에 있도록 하였다. 三司에 使를 둔 것이 이때부터 비롯하였다.

1) 長興 : 後唐 明宗의 연호(930~933)이다.
2) 三司使 : 戶部·度支(탁지)·鹽鐵 등 재정을 담당하는 부서를 총괄하는 장관을 말한다.
3) 乾符 : 唐 僖宗의 연호(874~879)이다.

延朗號爲有心計[1)]하고 以三司爲己任이로되 而天下錢穀亦無所建明하다 明宗常出遊幸에 召延朗共食한대 延朗不至요 附使者報曰 三司事忙하야 無暇라하니 聞者笑之하니라 歷泰寧雄武軍節度使하다 廢帝[2)]以爲吏部尙書兼中書門下平章事判三司[3)]하다

張延朗은 心計가 있다고 일컬어졌고 三司를 자기가 맡고 있었는데 천하의 錢穀에 대해서 또한 건의한 일이 없었다. 明宗이 항상 밖으로 나가 노닐러 다닐 적에 함께 식사하려고 장연랑을 불렀는데, 장연랑이 가지 않고 使者에게 부탁하여 보고하기를 "삼사의 일이 바빠 겨를이 없습니다."라고 하니 듣는 자들이 비웃었다.

泰寧軍節度使·雄武軍節度使를 역임하였다. 唐 廢帝가 그를 吏部尙書 兼中書門下平章事 判三司로 삼았다.

1) 心計 : 계산 혹은 계산을 잘하는 재능을 가리킨다. 西漢 때 桑弘羊은 河南 洛陽 사람으로, 상인의 아들이었는데 13세에 心計를 써서 武帝의 侍中이 된 일이 있다.(≪史記≫ 卷30 〈平準書〉)
2) 廢帝 : 李從珂(?~936)이다. 鎭州 平山 사람으로, 본래 성은 王氏인데, 李嗣源이 騎將으로 있을 때 평산을 지나가다 납치한 뒤 養子로 삼아 李氏 성을 받았다. 이사원이 즉위하여 後唐 明宗이 되자 그가 전쟁에서 여러 차례 공을 세

웠다고 하여 潞王에 봉하였다. 應順 초에 閔帝를 죽이고 자립했다. 後晉 高祖 石敬瑭이 契丹을 끌어들여 후당의 군대를 대파하자 玄武樓에 올라가 스스로 불을 지르고 죽었다. 3년 동안 재위했고, 그의 죽음으로 후당도 멸망하였다.

3) 廢帝以爲吏部尙書兼中書門下平章事判三司：≪舊五代史≫에는 張延朗을 吏部尙書가 아니라 禮部尙書로 삼은 것으로 되어 있고 이때 辭職하는 表文을 올렸으나, 廢帝(末帝)가 허락하지 않아 어쩔 수 없이 임명을 받은 것으로 되어 있다. 그리고 ≪五代史記纂誤續補≫ 卷2에 "살펴보건대, 薛居正의 ≪구오대사≫에 있는 장연랑의 사직하는 표문은 당시의 폐단을 매우 잘 분석하였고, ≪資治通鑑≫에 있는 李襲吉이 李克用에게 올린 議論 역시 다스림의 근원에 통달한 것인데, 이 ≪新五代史≫에서는 모두 節錄하여 보존하지 않고 도리어 梁나라 朱友珪의 거짓 詔書, 晉나라가 契丹에 항복하는 表文, 後漢 太后가 郭威에게 답하는 誥文 및 湘陰公을 降封하는 고문을 자세하게 수록하였는데 모두 형식적인 修辭일 뿐이니 〈史料를〉 取捨하는 엄밀한 태도를 매우 잃은 것이다.〔按薛史張延朗辭職表 深中時病 通鑑李襲吉獻李克用議 亦通治源 此書並不節存之 乃詳于梁友珪僞詔 晉降契丹表 漢太后答郭威及降封湘陰公誥 皆例語耳 甚失去取之宜〕"라고 하였다.

晉高祖有異志[1)]러니 **三司財貨在太原者**를 **延朗悉調取之**하니 **高祖深以爲恨**[2)]하다 **晉兵起**에 **廢帝欲親征**이로되 **而心畏高祖**하야 **遲疑不決**한대 **延朗與劉延朗等**으로 **勸帝必行**이라 **延朗籍諸道民爲丁及括其馬**어늘 **丁馬未至**에 **晉兵入京師**라 **高祖得延朗**하야 **殺之**하다

晉 高祖가 다른 뜻을 품었는데 太原에 있는 三司의 재물을 張延朗이 다 가져가니 고조가 매우 유감으로 여겼다. 晉나라 군대가 반란하였을 때 廢帝가 親征하려고 하였으나 마음속으로 고조를 두려워하여 머뭇거리며 결정하지 못하자, 장연랑이 劉延朗 등과 함께 폐제에게 반드시 出征해야 한다고 권하였다.

장연랑이 각 道의 백성들 가운데 壯丁이 된 자들을 문서에 올리고 그들의 말을 찾아 거두었는데, 장정과 말들이 아직 이르지 않았을 때 晉나라 군대가 京師로 쳐들어간지라 고조가 張延朗을 붙잡아 죽였다.

1) 晉高祖有異志 : ≪五代史記纂誤續補≫ 卷2에 "살펴보건대, 〈唐臣傳〉에서 石敬瑭을 晉 高祖라고 일컬어서는 옳지 않은데 〈劉延郎傳〉에서 진 고조라고 일컫고, 漢臣 蘇逢吉・史弘肇・王章・劉銖・聶文進의 列傳에서 周 太祖라고 일컬은 것은 모두 잘못이다.〔按唐臣傳不宜稱石敬瑭爲晉高祖 劉延郎傳稱晉高祖 漢臣蘇逢吉史弘肇王章劉銖聶文進傳稱周太祖皆誤〕"라고 하였다.

2) 晉高祖有異志……高祖深以爲恨 : 당시 後晉 高祖 石敬瑭은 河東節度使로 있었으며, 太原은 그 관할지역이었다.

03. 李嚴傳* 李嚴의 傳記

* 李嚴(?～?)은 本名이 讓坤으로 幽州 사람이다. 이엄의 列傳은 ≪舊五代史≫ 卷70 〈唐書 第46 列傳22〉와 ≪新五代史≫ 卷26 〈唐臣傳 第14〉에 실려 있다.

歐陽脩는 ≪구오대사≫에 680여 자 정도로 수록되어 있던 이엄의 傳記를 790여 자로 편폭을 늘려 기술하였다. 그 양상을 살펴보면, 우선 이엄이 樞密使 宋光嗣와 나눈 대화는 두 史書의 서술이 많은 편차를 보이고 있고, 이엄이 莊宗을 알현할 때의 일화, 孟知祥과 이엄의 관계를 다룬 부분은 ≪구오대사≫에는 없는 내용이다.

이엄은 多才多能한 사람이었다. 文武를 겸비한 데다 말재주까지 있었는데 그의 말재주는 前蜀에 使臣 갔을 때 王衍의 신하 宋光嗣와 나눈 대화를 보면 잘 볼 수가 있다. 또한 전촉의 사정을 두루 탐지하고 돌아와 정벌 계획까지 세울 정도였던 것으로 볼 때 局勢를 파악하는 능력 또한 뛰어났던 것으로 보인다.

구양수는 이엄이 전촉의 王衍, 後蜀의 맹지상과 얽혀 있는 인연을 파헤침으로써 이엄이 상승하였다가 추락하게 되는 과정을 설득력 있게 풀어내고 있다. 촉에 사신 가서 활약한 일, 촉에서 돌아와 장종을 알현하고 정벌을 논의한 일, 촉 정벌에서 공훈을 세운 일, 그리고 마지막으로 맹지상을 견제하기 위해 監軍으로 촉에 갔다가 참수당한 일 등 이엄은 後唐과 촉을 매개하는 중요한 고리의 역할을 하였는데, 구양수는 이렇게 촉과 이엄 사이에 벌어지는 일들을 敍事의 중심에 놓고 이엄이 겪은 浮沈을 서술하는 전략을 구사한 것이다.

특히 맹지상은 이전에 이엄의 잘못을 변호하기도 한 恩人인데, 이엄이 이를 믿고 선불리 촉에 갔다가 화를 당하였으니 이엄의 뛰어난 능력도 幾微를 살피는 데에는 쓸모가 없었던 듯하다.

李嚴은 **幽州人也**니 **初名讓坤**이라 **事劉守光爲刺史**러니 **後事莊宗爲客省使**[1]하다 **嚴爲人明敏多藝能**하야 **習騎射**하고 **頗知書而辯**이라

李嚴은 幽州 사람이니 初名은 讓坤이다. 劉守光을 섬겨 刺史가 되었는데 뒤에 唐莊宗을 섬겨 客省使가 되었다. 이엄은 사람됨이 明敏하고 재주가 많아 말타기와 활쏘기에 익숙하였고 자못 글을 알고 말재주가 있었다.

1) 客省使 : 唐나라 말엽에 설치한 관직으로, 원래는 宦官이 맡는 경우가 많았는데 後梁 太祖 朱溫이 환관들을 죽인 뒤에 대부분 武將들이 맡았다. 外國과 이민족의 사신을 접대하는 일과 文武 官員들이 皇帝를 朝見할 때의 禮儀를 관장하였다.

同光[1]**三年**에 **使于蜀**[2]하야 **爲王衍陳唐興復功德之盛**할새 **音辭淸亮**하니 **蜀人聽之皆悚動**이라 **衍樞密使宋光嗣**[3]**召嚴置酒**하고 **從容問中國事**하니 **嚴對曰 前年**에 **天子建大號于鄴宮**하고 **自鄆趨汴**하야 **定天下不旬日**이요 **而梁之降兵**이 **猶三十萬**이라 **東漸于海**하고 **西極甘涼**하며 **北懾幽陵**하고 **南踰閩嶺**하니 **四方萬里**가 **莫不臣妾**이라 **而淮南楊氏**[4]가 **承累世之彊**하고 **鳳翔李公**[5]이 **恃先朝之舊**호되 **皆遣子入侍**하고 **稽首稱藩**이라 **至于荊湖吳越**이 **修貢賦**하고 **效珍奇**하야 **願自比于列郡者**하야는 **至無虛月**이라 **天子方懷之以德**하고 **而震之以威**하시니 **天下之勢**가 **不得不一也**라하다 **光嗣曰 荊湖吳越**은 **非予所知**어니와 **若鳳翔**은 **則蜀之姻親也**라 **其人反覆**하니 **其可信乎**아 **又聞契丹日益彊盛**호니 **大國其可無慮乎**아하다 **嚴曰 契丹之彊**이 **孰與僞梁**고하니 **光嗣曰 比梁差劣耳**라하다 **嚴曰 唐滅梁**이 **如拉朽**어든 **況其不及乎**아 **唐兵布天下**하니 **發一鎭之衆**하야 **可以滅虜**[6]**使無類**라 **然而天生四夷**하야 **不在九州之內**하니 **自前古王者**로 **皆存而不論**은 **蓋不欲窮兵黷武也**라하다 **蜀人聞嚴應對**하고 **愈益奇之**하니라

同光 3년(925)에 李嚴이 蜀나라에 사신 가서 王衍에게 唐나라를 부흥시킨 功德

의 성대함을 진술할 때 말소리가 깨끗하고 또랑또랑하니 蜀나라 사람들이 그 소리를 듣고는 모두 두려워하고 놀랐다.

왕연의 樞密使 宋光嗣가 이엄을 불러 주연을 베풀고 조용히 中國의 일을 물으니, 이엄이 대답하기를 "지난해에 天子께서 鄴都의 궁전에서 大號(나라)를 세우고 鄆州에서 汴州로 내달려 天下를 평정하는 데 열흘이 채 못 되었고 梁나라의 투항한 병사들이 30만이나 되었습니다. 동쪽으로 바다에 닿았고 서쪽으로 甘州·涼州까지 다다랐으며 북쪽으로 幽陵을 慴服시켰고 남쪽으로 閩嶺을 넘으니, 사방 만 리의 강토에서 唐나라에 臣服하지 않는 이가 없었습니다. 淮南 楊氏가 누대에 걸친 강대함을 이어받고 鳳翔 李公이 앞선 조정의 舊臣임을 믿으면서도 모두 아들을 보내 대궐에 들어와 모시고 머리를 조아리며 藩臣을 자처하였습니다. 荊·湖·吳越이 貢賦를 올리고 珍奇를 바쳐 스스로 郡縣으로 간주되기를 원한 데 이르러서는 한 달도 거르지 않았습니다. 천자께서 지금 恩德으로 그들을 품어주고 威嚴으로 그들을 두렵게 하시니 천하의 형세가 통일되지 않을 수가 없습니다."라고 하였다.

송광사가 말하기를 "荊·湖·吳越은 내가 알 바가 아니거니와 봉상의 경우에는 우리 蜀나라의 姻戚입니다. 이 사람들은 마음을 쉽게 뒤바꾸니 신뢰할 수 있겠습니까? 또 契丹이 날로 더욱 彊盛해진다 하니 大國인 唐나라가 근심이 없을 수 있겠습니까?"라고 하였다.

이엄이 말하기를 "거란의 강성함이 僞梁(後梁)과 비교할 때 누가 더합니까?"라고 하니, 송광사가 말하기를 "梁나라와 비교할 때 거란이 조금 못합니다."라고 하였다.

이엄이 말하기를 "唐나라가 梁나라를 멸망시킨 것이 마치 썩은 나무를 꺾는 것과 같았는데 하물며 梁나라만 못한 거란이겠습니까? 唐나라 군대가 천하에 포진해 있으니 한 鎭의 군사를 출동하여 오랑캐 거란을 멸망시켜 그들의 씨를 말려버릴 수 있습니다. 그렇지만 하늘이 四夷를 낳아 九州의 안에 있지 않게 하니 前古의 王者로부터 이후로 모두 그들을 살려두고 간섭하지 않았던 것은 武力을 다 써서 전쟁하려 하지 않아서입니다."라고 하였다. 蜀나라 사람들이 이엄이 應對하는 말을 듣고 더욱 그를 비범하게 여겼다.

1) 同光 : 後唐 莊宗의 연호(923~925)이다.

2) 同光三年 使于蜀 : ≪五代史纂誤≫ 卷中에 "지금 살펴보건대, 〈王衍世家〉에 이르기를, '乾德 6년에 莊宗이 李嚴을 보내 蜀에 聘問하니 王衍이 上淸宮에서 더불어 함께 朝見하였는데 蜀都의 백성들과 簾帷·珠翠가 길 양편에 끊어지지 않았다. 이엄이 그곳의 사람과 물자가 富盛하면서 왕연이 교만하고 방탕한 것을 보고 돌아와 이에 촉을 칠 계책을 올렸다. 이듬해 唐의 魏王 李繼岌과 郭崇韜가 촉을 정벌하였다. 이해에 왕연이 咸康으로 改元하고 10월에 秦州에 幸行하여 綿谷에 이르렀는데 唐나라 군대가 그 국경에 쳐들어왔다.'고 하였고, 또 〈十國年譜〉에 이르기를, '莊宗 同光 2년 갑신년(924)은 바로 王衍의 乾德 6년이고 同光 3년 을유년(925)은 바로 왕연의 咸康 元年이다.'라고 하고서, 이어 주석에서 '이해에 촉이 망하였다.'라고 하였다. 대체로 이엄은 동광 2년에 촉에 사신 가고 이듬해 서쪽으로 정벌한 것인데 지금 〈李嚴傳〉에서는 도리어 동광 3년에 촉에 사신 가고 이해 겨울에 魏王이 서쪽으로 정벌하였다고 하였으니 1년이 완전히 잘못되었다.〔今按王衍世家云 乾德六年 莊宗遣李嚴聘蜀 衍與俱朝上淸 而蜀都士庶簾帷珠翠 夾道不絶 嚴見其人物富盛 而衍驕淫 歸乃獻策伐蜀 明年 唐魏王繼岌郭崇韜伐蜀 是歲衍改元曰咸康 十月幸秦州至綿谷 而唐師入其境 又十國年譜云 莊宗同光二年甲申歲 卽王衍乾德六年 而同光三年乙酉歲 卽王衍咸康元年 仍注云 是歲蜀亡 蓋嚴以二年使蜀 次年西伐 今嚴傳乃云 同光三年使蜀 是冬魏王西伐 顯誤一年矣〕"라고 하였고, 그 주석에 "살펴보건대, 薛居正의 ≪舊五代史≫에는 '3년에 촉을 정벌하였다.'고 하였다.〔案薛史作三年伐蜀〕"라고 하였다.

3) 宋光嗣 : ?~925. 前蜀에서 권세를 휘둘렀던 宦官으로 王建과 王衍 2대의 왕을 섬겼다.

4) 淮南楊氏 : 唐나라 淮南節度使로 있던 楊行密이 세운 五代十國시대의 吳나라를 가리킨다.

5) 鳳翔李公 : 唐나라 鳳翔節度使 李茂貞을 가리킨다. 그는 唐 昭宗에 의해 岐王으로 봉해졌다가, 後唐 同光 2년(924)에 莊宗에게 항복하여 秦王에 봉해졌다.

6) 虜 : 사고전서본에는 '寇'자로 되어 있다.

是時에 **蜀之君臣**이 **皆庸暗而恃險自安**하야 **窮極奢僭**이라 **嚴自蜀還**하야 **具言可取之**

狀하다 **初**에 **莊宗遣嚴以名馬入蜀**하야 **市珍奇以充後宮**이어늘 **而蜀法嚴禁以奇貨出劍門**[1]하고 **其非奇物而出者**를 **名曰 入草物**[2]이라 **由是**로 **嚴無所得而還**이요 **惟得金二百兩地衣**[3]**毛布之類**라 **莊宗聞之**하고 **大怒曰 物歸中國**을 **謂之入草**[4]라하니 **王衍其能免爲入草人乎**아하고 **於是決議伐蜀**하다

이때에 蜀나라의 君臣들이 모두 용렬하고 우매하여 險固한 지형을 믿고 스스로 안전하게 여기면서 사치하고 참람함이 극에 달했다. 李嚴이 蜀나라에서 돌아와 蜀을 취할 수 있는 상황을 자세히 갖추어 아뢰었다.

당초에 莊宗이 이엄을 보내면서 名馬를 가지고 蜀에 들어가 팔아 珍奇한 보물을 사서 後宮들에게 나눠주게 하였는데, 蜀나라의 법률에 진기한 財貨를 가지고 劍門을 나가는 것을 嚴禁하였고 진기한 물품이 아닌 것을 내보내는 것을 '入草物'이라고 불렀다. 이로 말미암아 이엄이 얻은 것 없이 돌아오면서 단지 황금 200兩, 地衣, 毛布 따위만 가지고 왔다.

장종이 이를 듣고 크게 노하여 말하기를 "中國으로 오는 물건을 '入草'라 한다 하는데 王衍이 入草人이 됨을 면할 수 있겠는가?"라고 하고, 이에 蜀나라를 정벌하기로 결정하였다.

1) 劍門 : 劍門關 혹은 劍閣이라고도 하는데 棧橋의 이름이다. 지금 四川省 劍閣縣 동북쪽 大劍山과 小劍山 사이에 있는데, 諸葛亮이 설치한 것으로 전해지고 있다. 蜀 지방으로 들어가는 川陝 사이의 주요한 통로로서 군사적 요충지이다.(≪元和郡縣志≫ 〈劍閣道〉)
2) 入草物 : 草物을 들여보낸다는 말로, 蜀에서 珍奇한 물건의 搬出을 嚴禁하고 粗惡한 물건만 貢物로 바친 일을 가리킨다.
3) 地衣 : 헝겊으로 가장자리를 꾸미고 여러 개를 잇대어서 크게 만든 돗자리를 말한다.
4) 入草 : 사고전서본에는 뒤에 '物'이 있다.

冬에 **魏王繼岌西伐**할새 **以嚴爲三川招撫使**[1]하고 **與康延孝以兵五千先行**하니 **所過州縣**이 **皆迎降**(항)이라 **延孝至漢州**하니 **王衍告曰 得李嚴來**하면 **卽降**이라하니 **衆皆謂**

伐蜀之謀自嚴始라 **而衍怨嚴深**하니 **不宜往**이라하다 **嚴聞之喜**하고 **卽馳騎入益州**[2)]라 **衍見嚴**하고 **以妻母爲託**[3)]하고 **卽日以蜀降**하다 **嚴還**에 **明宗以爲泗州防禦使**하고 **客省使如故**라

겨울에 魏王 李繼岌이 서쪽으로 정벌할 때 李嚴을 三川招撫使로 삼고 康延孝와 함께 군사 5천을 거느리고 먼저 가니 지나가는 州縣마다 모두 맞이하며 투항하였다. 강연효가 漢州에 이르니 王衍이 고하기를 "이엄이 나에게 오면 곧바로 항복할 것이다."라고 하니, 사람들이 모두 蜀 땅을 정벌하려는 계책이 이엄에게서 시작되었으므로 왕연이 이엄을 몹시 원망하고 있으니 이엄이 가서는 안 된다고 하였다.

이엄이 이 말을 듣고 기뻐하고는 곧장 말을 달려 益州로 들어갔다. 왕연이 이엄을 보고 자신의 妻와 모친을 부탁하고서 당일 바로 蜀 땅을 가지고 항복하였다. 이엄이 돌아오자 明宗이 그를 泗州防禦使로 삼고 客省使는 그대로 맡게 하였다.

1) 以嚴爲三川招撫使 : ≪舊五代史≫는 저본과 같은데, 사고전서본과 ≪新五代史≫에는 '撫'가 '討'로 되어 있다.

2) 卽馳騎入益州 : ≪五代史纂誤≫ 卷中에 "지금 살펴보건대, 成都는 唐나라 초에는 비록 일찍이 益州라는 명칭이 있기도 하였지만 얼마 있다가 바로 고쳐서 蜀郡이 되었다. 이후로는 마침내 승격하여 府가 되었고 또한 일찍이 건립하여 南京이 되기도 하였다가 뒤에 다시 府가 되었으니 바로 다시는 익주라는 칭호가 있지 않았다. 唐나라 말엽에 王建이 이미 蜀으로 들어가니 大順 2년 10월에 唐나라에서 왕건을 檢校司徒 成都尹으로 삼았다. 이후에 왕건이 마침내 蜀王을 僭稱하며 開國하였다. 王衍이 패망하자 莊宗이 孟知祥에게 서쪽으로 오도록 명하여 역시 成都尹 劍南西川節度副大使가 되어 蜀을 지켰다. 그렇다면 성도는 唐나라 말엽부터 五代를 거치도록 다시 익주라고 이르지 않은 것이다. 게다가 이곳은 바로 옛 촉군 성도 지역이고 옛 익주는 실제로 이곳에 있지 않은데 지금 결국 익주라고 부르는 것은 안 될 듯하다.〔今按成都 唐初雖嘗有益州之名 尋卽改爲蜀郡 自後遂升爲府 亦嘗建爲南京 後復爲府 卽不復有益州之稱 唐末王建旣行蜀 大順二年十月 唐以建爲檢校司徒成都尹 其後建遂以蜀王僭號開國 衍旣破亡 而莊宗命孟知祥西來 亦爲成都尹劍南西川節度副大使守蜀 然則成都自唐末歷五代 不復謂之益州 況此正古蜀郡成都之地 而古益州實不在

此 今遂呼爲益州 恐未可也〕"라고 하였고, 그 주석에 "살펴보건대, 成都를 益州라고 일컬은 것은 歐陽脩의 ≪新五代史≫가 薛居正의 ≪舊五代史≫의 착오를 답습한 데서 비롯한 것이다.〔案稱成都爲益州 歐陽史係仍薛史之誤〕"라고 하였다.

3) 以妻母爲託 : ≪五代史記纂誤續補≫ 卷2에 "살펴보건대, '妻母'는 薛居正의 ≪舊五代史≫를 따라 '母妻'가 되어야 한다.〔按妻母宜從薛史作母妻〕"라고 하였다.

其後에 **孟知祥倔彊於蜀**이어늘 **安重誨稍裁抑之**라가 **思有以制知祥者**러니 **嚴乃求爲西川兵馬都監**하다 **將行**에 **其母曰 汝前啓破蜀之謀**하니 **今行**은 **其以死報蜀人矣**라하야늘 **嚴不聽**하다 **初**에 **嚴與知祥同事莊宗**이러니 **時知祥爲中門使**라 **嚴嘗有過**어늘 **莊宗怒甚**하야 **命斬之**러니 **知祥戒行刑者少緩**하라하고 **入白莊宗曰 嚴小過**라 **不宜以喜怒殺人**이니 **恐失士大夫心**이라하다 **莊宗怒稍解**하야 **命知祥監笞嚴二十而釋之**하다 **知祥雖與嚴有舊恩**이나 **而惡**(오)**其來**요 **蜀人聞嚴來**하고 **亦皆惡之**라 **嚴至**에 **知祥置酒**하고 **從容問嚴曰 朝廷以公來邪**(야)아 **公意自欲來邪**아하니 **嚴曰 君命也**라 **知祥發怒曰 天下藩鎭**이 **皆無監軍**이어늘 **安得爾獨來此**리오 **此乃孺子熒惑朝廷爾**라하고 **卽擒斬之**어늘 **明宗不能詰也**라 **知祥由此遂反**하다

이후에 孟知祥이 蜀에서 강경하게 버티거늘 安重誨가 조금씩 그를 억제하다가 맹지상을 제압할 사람을 찾으려고 생각하고 있었는데, 李嚴이 이에 西川兵馬都監이 되기를 청하였다. 이엄이 출발할 때 그의 모친이 말하기를 "네가 앞서 蜀을 무너뜨릴 계책을 말하였으니 지금 가면 죽음으로써 蜀 사람들에게 되갚음을 받을 것이다."라고 하였는데 이엄이 듣지 않았다.

당초에 이엄이 맹지상과 함께 莊宗을 섬겼는데 그 당시 맹지상은 中門使였다. 이엄이 일찍이 잘못한 일이 있자 장종이 몹시 노하여 그를 참수하라고 명하였는데, 맹지상이 형벌을 집행하는 자에게 조금 늦추어달라 당부하고 들어가 장종에게 아뢰기를 "이엄의 잘못은 작은 일입니다. 喜怒의 감정을 가지고 사람을 죽여서는 안 되니 士大夫들의 마음을 잃을까 염려됩니다."라고 하였다. 장종은 노여움이 조금 풀

려 맹지상에게 명하여 이엄에게 笞刑 20대를 때리는 것을 감독하고 풀어주도록 하였다.

맹지상이 비록 이엄과 묵은 恩義가 있었으나 그가 蜀으로 오는 것을 싫어하였고, 蜀 사람들도 이엄이 온다는 소식을 듣고 모두 그를 미워하였다. 이엄이 이르자 맹지상이 酒宴을 베풀고 조용히 이엄에게 묻기를 "朝廷에서 공을 보내 오도록 한 것인가? 공의 뜻으로 스스로 오고자 한 것인가?"라고 하니, 이엄이 말하기를 "임금의 명입니다."라고 하였다.

맹지상이 노하여 말하기를 "天下의 藩鎭들이 모두 監軍이 없거늘 어찌 그대 혼자만 이곳에 올 수 있단 말인가? 이는 바로 어린 네놈이 조정을 현혹시킨 것일 뿐이다."라고 하고, 곧바로 그를 잡아 참수하였는데 明宗이 이에 대한 책임을 묻지 못하였다. 맹지상이 이로부터 마침내 반란하였다.

04. 劉延朗傳* 劉延朗의 傳記

* 劉延朗(?~936?)은 宋州 虞城 사람이다. 유연랑의 列傳은 ≪舊五代史≫ 卷69 〈唐書 第45 列傳21〉과 ≪新五代史≫ 卷27 〈唐臣傳 第15〉에 실려 있다.

歐陽脩는 ≪구오대사≫에 220여 자 정도로 수록되어 있던 유연랑의 傳記를 1천 4백여 자 분량으로 대폭 늘려 기술하였다.

≪구오대사≫에서는 유연랑의 官歷을 간단하게 나열한 뒤 유연랑이 뇌물을 받은 사실과 後晉 高祖 石敬瑭이 쳐들어올 때 그가 집에 둔 재산을 아까워했던 말을 수록하여 그의 愚暗함을 비판하였다.

이에 반해 구양수는 鳳翔에서부터 廢帝를 섬겼던 韓昭胤·李專美·宋審虔·房暠를 함께 서술하여 이들 여섯 사람의 君臣이 벌이는 반란 및 뒤에 다시 석경당의 반란을 당할 때까지의 顚末을 자세히 소개함으로써, 이 글이 단순히 유연랑의 전기에 그치는 것이 아니라 폐제와 그 측근들이 左衝右突하며 벌이는 한 편의 寸劇을 彷佛하게 하였다.

구양수는 폐제를 비판의 중심에 놓고 글을 전개하는데, 鬼神을 섬기는 盲人 張濛의 虛誕한 말로 大事를 결단하는 폐제의 모습을 묘사하고 있는 도입부의 敍事는 폐제의 용렬함을 구체적으로 드러내면서 뒤에 벌어지는 일들의 張本

이 되는 부분이다.

이후 폐제가 유연랑을 비롯한 측근들에게 重任을 맡겨 정사를 처리한 사실을 말한 뒤 석경당의 반란과 이에 대한 폐제의 대응 과정에 글의 절반 이상을 할애하여 서술하였다.

폐제는 석경당을 의심하면서도 그에게 거란을 막는 重責을 맡겼다. 그리고 폐제가 愍帝에게 반기를 들었을 때 함께하였던 薛文遇를 重用하여 그의 의견에 따라 대비 없이 석경당을 파면한 뒤 석경당이 막상 배반하자 한동안 정벌을 주저하는 등 시종일관 우유부단하였다. 이러한 폐제의 용렬한 행태에 대한 묘사를 통해 구양수는 당시 정치의 亂脈相을 효과적으로 드러낸 것이다.

유연랑이 後唐 정권에서 차지하는 비중을 감안하여 서술한 것으로 보이는 ≪구오대사≫의 간결한 서술과 비교해볼 때, 구양수가 이처럼 유연랑의 주변 인물들을 충분히 다루면서 당시의 정국을 해부하여 입체적으로 서술하는 전략을 구사한 데에는 다분히 의도한 바가 있어서일 것이다.

이는 구양수의 史評을 통해서 어느 정도 추론할 수 있는바, 국가를 운영함에 있어 몇몇의 측근들로만 정책을 결정하는 일의 위험성을 경고하기 위해 유연랑의 전기를 이렇게 구성한 것은 아닌가 하는 점이다. 능력 있는 인재를 다 불러 모아 논의해도 부족할 판에 폐제가 측근 몇몇과만 亂局을 풀어가려 한 행태를 구양수가 신랄하게 비판하고 있는 것을 통해 이 점을 엿볼 수 있다.

劉延朗等五人이 **擁廢帝爲亂**이러니 **已而**오 **遂及與廢帝俱亡**이라 **中所托張濛事神一節**은 **尤爲昏騃**라 **歐公序次其事明爽**하니 **可爲鑒戒**라 **予故錄而出之**하니라

劉延朗 등 다섯 사람이 後唐 廢帝를 擁衛하여 난을 일으켰는데 얼마 있다가 마침내 폐제와 함께 모두 패망하였다. 내용 중에 張濛이 神을 섬긴 일에 가탁한 부분은 더욱 어리석다. 歐陽公이 그 일을 명쾌하게 서술하였으니 鑑戒가 될 만하다. 내가 그래서 수록하여 드러낸다.

劉延朗은 **宋州虞城人也**라 **初廢帝起於鳳翔**할새 **與共事者五人**이니 **節度判官韓昭**

胤, 掌書記李專美, 牙將宋審虔, 客將房暠요 而延朗爲孔目官이라 初에 愍帝卽位에 徙廢帝爲北京留守어늘 不降制書하고 遣供奉官趙處愿하야 促帝上道라 帝疑惑하야 召昭胤等計議어늘 昭胤等皆勸帝反이라 由是로 事無大小히 皆此五人謀之라 而暠又喜鬼神巫祝之說이러니 有瞽者張濛이 自言事太白山神이라하니 神은 魏崔浩[1]也라 其言吉凶이 無不中하니 暠素信之라 嘗引濛見한대 帝聞其語聲하고 驚曰 此는 非人臣也라하다 暠使濛問於神한대 神傳語曰 三珠併一珠요 驢馬沒人驅라 歲月甲庚午요 中興戊己土라하다 暠不曉其義하야 使問濛하니 濛曰 神言如此하니 我能傳之요 不能解也라하다 帝卽以濛爲館驛巡官하다

劉延朗은 宋州 虞城 사람이다. 처음에 唐 廢帝가 鳳翔에서 起兵할 때 그와 일을 함께한 자가 다섯 사람이니 節度判官 韓昭胤, 掌書記 李專美, 牙將 宋審虔, 客將 房暠이고, 劉延朗은 孔目官이었다. 처음에 唐 愍帝가 즉위하였을 때 폐제를 옮겨 北京留守로 삼았는데 詔書를 내리지 않고 供奉官 趙處愿을 보내 폐제에게 길에 오르라고 재촉하였다. 폐제가 疑惑하고서 한소윤 등을 불러 의논하였는데 한소윤 등이 모두 폐제에게 반란하기를 권하였다. 이로부터 크고 작은 일을 모두 이 다섯 사람이 의논하였다.

방고는 鬼神과 巫祝의 說을 특히 좋아하였는데 맹인 張濛이 자칭 太白山神을 섬긴다고 하니 이 神은 北魏 사람 崔浩였다. 그가 吉凶을 예언한 것이 적중하지 않은 적이 없었으니 방고가 평소 그를 믿었다. 방고가 일찍이 장몽을 이끌고 가서 폐제를 보게 하자 폐제가 그의 말소리를 듣고 놀라 말하기를 "이자는 사람의 신하가 아니다."라고 하였다.

방고가 장몽을 시켜서 神에게 묻자 神이 장몽에게 말을 전하기를 "세 구슬은 한 구슬로 합쳐지고 驢馬는 몰 사람이 없다. 歲月은 甲庚午이고 中興은 戊己土이다."라고 하였다. 방고가 그 말의 뜻을 알지 못하여 사람을 보내 장몽에게 물으니, 장몽이 말하기를 "神의 말씀이 이와 같으니 나는 전할 수 있을 뿐이지 해석하지는 못한다."라고 하였다. 폐제가 곧바로 장몽을 館驛巡官으로 삼았다.

1) 崔浩 : 381~450. 北魏 太武帝 世祖의 명신으로, 자는 伯淵이고 淸河郡 武城

사람이다. 명문 漢人 가문 출신이며 431년에는 한인 사족이 누릴 수 있는 최고의 관직인 司徒에 임명되었다. 智謀가 많아서 軍國大事가 있을 적마다 태무제는 반드시 그에게 물었다. 뒤에 國史를 수찬하면서 북위의 선조가 개와 교미하여 拓跋氏를 낳았다는 전설을 피하지 않고 써넣었다가 태무제의 눈에 거슬려 처형되었다. 뒤에 태무제는 최호를 죽인 일을 후회하였다.(≪北史≫ 卷21 〈崔浩列傳〉)

帝將反이로되 **而兵少**요 **又乏食**이라 **由此甚懼**하야 **使畾問濛**한대 **濛傳神語曰 王當有天下**니 **可無憂**라하다 **於是決反**하고 **使專美作檄書**하니 **言朱弘昭馮贇**이 **幸明宗病**하야 **殺秦王**[1] **而立愍帝**[2]라 **帝年少**하야 **小人用事**하야 **離間骨肉**하니 **將問罪於朝**라하다 **遣使者馳告諸鎭**하니 **皆不應**이로되 **獨隴州防禦使相里金**이 **遣其判官薛文遇計事**라 **帝得文遇**하고 **大喜**라 **而延朗調率城中民財以給軍**하다 **王思同率諸鎭兵圍鳳翔**하니 **廢帝懼**하야 **又遣畾問神**하니 **神曰 王兵少**에 **東兵來**하니 **所以迎王也**라하야늘 **已而**오 **東兵果叛降于帝**하다 **帝入京師**하야 **卽位之日**에 **受冊明宗柩前**하니 **冊曰 維應順**[3]**元年歲次甲午四月庚午朔**[4]이라하다 **帝回顧畾曰 張濛神言**이 **豈不驗哉**아하니 **由是**로 **畾益見親(宿)〔信〕**[5]하야 **而專以巫祝用事**하다

廢帝가 반란하고자 했으나 병사가 적은 데다 양식이 부족한지라 이로 인해 몹시 두려워서 房畾를 보내 張濛에게 묻자, 장몽이 神의 말을 전하기를 "王은 응당 天下를 소유하게 될 것이니 근심할 것이 없을 것입니다."라고 하였다.

이에 반란을 결정하고 李專美에게 檄書를 만들게 하니, 거기에 "朱弘昭와 馮贇이 明宗이 병든 것을 요행으로 여기고서 秦王을 죽이고 愍帝를 세웠다. 민제가 나이가 어려 小人이 政事를 농단하면서 骨肉을 이간시키니 장차 朝廷에 죄를 물을 것이다."라고 하였다.

사신을 보내 각 鎭에 말을 달려 고하니 모두 호응하지 않았으나, 隴州防禦使 相里金만이 자신의 判官 薛文遇를 보내 일을 논의하게 한지라 폐제가 설문우를 얻고 크게 기뻐하였다. 한편 劉延朗은 城中의 백성들의 재물을 거두어다가 군대에 지급하였다.

王思同이 각 鎭의 군대를 거느리고서 鳳翔을 포위하니 폐제가 두려워서 다시 방고를 보내 神에게 물으니, 神이 말하기를 "王의 군대가 적은데 동쪽의 군대가 오니 왕을 맞이하려 해서이다."라고 하였는데, 얼마 있다가 동쪽의 군대가 과연 반란하고서 폐제에게 투항하였다.

폐제가 京師에 들어가 즉위한 날에 명종의 靈柩 앞에서 冊書를 받으니, 그 책서에 "應順 元年 歲次 甲午年 4月 庚午日 초하루"라고 하였다. 폐제가 방고를 돌아보며 말하기를 "장몽이 전한 神의 말이 어찌 靈驗하지 않은가?"라고 하니, 이로 말미암아 방고가 더욱 총애와 신뢰를 받아 오로지 巫祝으로 정사를 행하였다.

1) 秦王 : 後唐 明宗 李嗣源의 둘째 아들 李從榮이다. 933년 명종이 병에 걸리자 宋王 李從厚, 즉 후일의 愍帝가 제위를 계승할 것을 염려하여 명종을 살해하고 왕위를 찬탈할 목적으로 군사를 이끌고 궁에 들어왔지만 실패하고 살해당하였다. 명종은 아들이 자신을 살해하려고 하였다는 것에 충격을 받고 결국 병이 깊어져 세상을 떠났다.

2) 愍帝 : 李從厚(914~934)로, 어릴 적 이름은 菩薩奴이다. 後唐의 세 번째 황제로, 明宗 李嗣源의 셋째 아들이고 生母는 昭懿皇後 夏氏이다. 어려서부터 이사원의 총애가 깊어 河南尹・宣武節度使・河東節度使・成德節度使・天雄節度使 등을 역임하고 中書令를 더하고 宋王에 봉해졌다. 長興 4년(933) 洛陽으로 소환되어 이사원의 靈柩 앞에서 즉위하였다. 應順 元年(934) 潞王 李從珂가 鳳翔에서 반란을 일으켜 洛陽을 함락하여 稱帝하고서 이종후를 폐위하여 鄂王으로 降封하였다. 이종후는 衛州로 도망갔다가 시해당하였다. 재위기간은 5개월이고 향년 21세였다.

3) 應順 : 後唐 愍帝의 연호(934)이다.

4) 冊曰……四月庚午朔 : ≪五代史記纂誤續補≫ 卷2에 "살펴보건대, 薛居正의 ≪舊五代史≫ 〈本紀(末帝紀)〉에 '冊書에 「應順 元年 歲次 甲午年(934) 4月 庚午日이 초하루인 6일 乙亥日」이라고 하였다.'로 되어 있는데, 古文에서 날짜를 일컬을 때에는 대부분 초하루의 干支를 붙이는데 지금 '六日乙亥' 네 글자를 刪去하여 庚午日이 卽位한 날짜라고 의심하게 하였으니 또한 〈본기〉와 어긋나지 않겠는가? 설거정의 ≪구오대사≫에는 즉위한 이후에 또한 '이때에 이르러 末帝가 책서를 받으니 그 책서에 「應順 元年 歲次 甲午年 4月 庚午日

이 초하루이다.」로 되어 있었다. 末帝가 房暠를 돌아보면서 이르기를, 「張濛의 神이 말한 甲庚午가 또한 奇異하지 않은가?」라고 하였다.'로 되어 있으니 대체로 윗부분에 이미 책서를 全載하였으므로 後人으로 하여금 迷惑되게 하지 않은 것이다.〔按薛史本紀 冊書曰 維應順元年歲次甲午四月庚午朔六日乙亥 古文稱日 多繫月朔 今刪去六日乙亥四字 將疑庚午爲卽位日 不且與本紀剌謬耶 薛史卽位後 亦作至是帝受冊 冊曰 維應順元年歲次甲午四月庚午朔 帝迴視房暠曰 張濛神言甲庚午不亦異乎 蓋上已全載冊書 故不令後人迷惑也〕"라고 하였다.

5) (宿)〔信〕: 저본에는 '宿'으로 되어 있으나, ≪新五代史≫에 의거하여 '信'으로 바로잡았다.

帝旣立에 **以昭胤爲左諫議大夫端明殿學士**하고 **專美爲比部郎中樞密院直學士**하고 **審虔爲皇城使**하고 **暠爲宣徽北院使**하고 **延朗爲莊宅使**[1]하다 **久之**에 **以昭胤暠爲樞密使**하고 **延朗爲副使**하고 **審虔爲侍衛步軍都指揮使**하고 **而薛文遇亦爲職方郎中樞密院直學士**하다 **由是**로 **審虔將兵**하고 **專美文遇主謀議**하고 **而昭胤暠及延朗掌機密**이라

廢帝가 즉위한 뒤에 韓昭胤을 左諫議大夫 端明殿學士로 삼고, 李專美를 比部郎中樞密院直學士로 삼고, 宋審虔을 皇城使로 삼고, 房暠를 宣徽北院使로 삼고, 劉延朗을 莊宅使로 삼았다.

오래 뒤에 한소윤과 방고를 樞密使로 삼고, 유연랑을 樞密副使로 삼고, 송심건을 侍衛步軍都指揮使로 삼고, 설문우 역시 職方郎中 樞密院直學士로 삼았다. 이로부터 송심건은 군대를 통솔하고, 이전미와 설문우는 계책 세우는 일을 주관하고, 한소윤·방고 및 유연랑은 機務를 관장하였다.

1) 延朗爲莊宅使 : ≪舊五代史≫에는 "淸泰 초년에 宣徽北院使에 제수되었다.〔淸泰初 除宣徽北院使〕"라고 하였다.(≪舊五代史考異≫)

初에 **帝與晉高祖**로 **俱事明宗**하야 **而心不相悅**이러니 **帝旣入立**에 **高祖不得已來朝**[1]호되 **而心頗自疑**하야 **欲求歸鎭**이로되 **且難言之**라 **乃陽爲羸疾**하야 **灸灼滿身**하야 **冀帝憐**

而遣之하다 延朗等多言敬瑭可留京師라하야늘 昭胤專美曰 敬瑭與趙延壽皆尙唐公主하니 不可獨留라하니 乃復授高祖河東而遣之라 是時에 契丹數寇北邊이어늘 以高祖爲大同振武威塞彰國等軍蕃漢馬步軍都總管하야 屯于忻州하다 而屯兵忽變하야 擁高祖呼萬歲하니 高祖懼하야 斬三十餘人而後止라 於是帝益疑之하다

당초에 廢帝가 晉 高祖(石敬瑭)와 함께 明宗을 섬기면서 마음속으로 서로 좋아하지 않았는데, 폐제가 京師에 들어가 즉위한 뒤에 진 고조가 어쩔 수 없이 나아와 朝見하였으되 마음으로는 자못 스스로 의심하여 鎭으로 돌아가기를 요청하려 하였으나 또 말을 꺼내기가 어려웠다. 이에 거짓으로 병을 앓는 척하며 온몸에 뜸을 떠 화상을 입고서 폐제가 불쌍히 여겨 보내주기를 바랐다.

劉延朗 등이 石敬瑭은 경사에 체류할 수 있다고 여러 차례 말하였는데, 韓昭胤·李專美가 말하기를 "석경당과 趙延壽 모두 唐의 公主에게 장가들었으니 석경당 혼자만 경사에 체류하게 할 수는 없습니다."라고 하니, 이에 다시 고조에게 河東節度使를 제수하여 보냈다.

이때에 契丹이 자주 북쪽 변경에 침략하거늘 고조를 大同軍·振武軍·威塞軍·彰國軍 등의 蕃漢馬步軍都總管으로 삼아 忻州에 주둔시켰다. 그런데 주둔하던 군대가 돌연 變亂을 일으켜 고조를 擁衛하고 萬歲를 부르니 고조가 두려워하여 30여 인을 참수한 뒤에야 그쳤다. 이에 폐제가 더욱 그를 의심하였다.

1) 初帝與晉高祖……高祖不得已來朝 : ≪五代史纂誤≫ 卷中에 "지금 살펴보건대, 〈唐愍帝紀〉 및 〈晉高祖紀〉, 〈漢高祖紀〉, 〈王弘贄傳〉, 〈朱弘昭傳〉에 의하면 後晉 高祖가 入朝한 일은 다음과 같다. 처음 應順 元年(934) 正月 중에 孟漢瓊이 魏州에서 와서 조정에 돌아오자 마침내 范延光을 成德에서 옮겨 魏州를 鎭守하게 하고 石敬瑭을 河東에서 成德으로 가게 하고 潞王 李從珂를 鳳翔에서 옮겨 河東으로 가게 함을 인하여 2월에 李從珂가 반란하였다. 3월 戊辰日에 愍帝가 나가 衛州로 가자 마침내 石敬瑭과 衛州의 동쪽에서 서로 만났다. 그런데 이때 석경당이 이미 成德軍節度使로 自稱하였으니 이는 명을 받아 鎭을 옮긴 뒤에 입조하고 邂逅하고서 민제와 서로 만난 것이다. 이윽고 석경당이 민제의 從者들을 모두 죽이고 衛州에 민제를 抑留하고서 직접 입조하였는데

때마침 廢帝가 洛陽에 들어가 卽位함을 만나 머무른 것일 뿐이지 폐제가 이미 들어가 즉위하였기 때문에 어쩔 수 없이 와서 朝見한 것이 아니니 이는 매우 그 사실이 아니다.〔今按唐愍帝及晉高祖漢高祖紀王弘贄朱弘昭傳 其高祖入朝事 始因應順元年正月中 孟漢瓊自魏來還朝 遂徙范延光自成德鎭魏 石敬瑭自河東往成德 而徙潞王從珂自鳳翔往河東 二月從珂反 三月戊辰 愍帝出如衛州 遂與敬瑭相遇于衛州之東 是時敬瑭已自稱成德軍節度使 則是受命移鎭後 入朝邂逅 與愍帝相遇也 旣而敬瑭盡殺愍帝從者 留之衛州 而身自入朝 適會廢帝入洛卽位而留駐耳 非爲廢帝旣入立 不得已而來朝 此甚非其實也〕"라고 하였다.

是時에 **高祖悉握精兵在北**이라 **饋運芻糧**에 **遠近勞弊**라 **帝與延朗等**으로 **日夕謀議**하고 **而專美文遇**가 **迭宿中興殿廬**하니 **召見訪問**하야 **常至夜分而罷**하다 **是時**에 **高祖弟重胤爲皇城副使**하고 **而石氏公主母曹太后居中**일새 **因得伺帝動靜言語**하야 **以報高祖**하니 **高祖益自危懼**하다 **每帝遣使者勞軍**이면 **卽陽爲羸疾不自堪**하야 **因數求解總管以探帝心**이라 **是時**에 **帝母魏氏追封宣憲皇太后**하니 **而墓在太原**이러니 **有司議立寢宮**이라 **高祖建言陵與民**冢[1]**墓相雜**하니 **不可立宮**이라하다 **帝疑高祖欲毁民墓**하야 **爲國取怨**이라 **帝由此發怒**하야 **罷高祖總管**하고 **徙鎭**鄆**州**어늘 **延朗等多言不可**하고 **而司天趙延義**[2]**亦言天象失度**하니 **宜安靜以**弭**災**라한대 **其事遂止**하다

이때에 高祖가 정예 군대를 모두 掌握하여 북방에 있는지라 건초와 양식을 운송하느라 遠近에 있는 사람들이 시달리고 피폐해졌다. 廢帝가 劉延朗 등과 함께 밤낮으로 계책을 논의하였고 李專美·薛文遇가 中興殿에서 번갈아 숙직하니 폐제가 召見하고 諮問하면서 항상 한밤이 되어서야 파하였다.

이때에 고조의 아우 石重胤이 皇城副使로 있고 石氏 公主의 모친 曹太后가 궁중에 있었기에, 이를 통해 폐제의 言動을 엿보아 고조에게 보고하니 고조가 더욱 스스로 위험하다고 여기고 두려워하였다. 매번 폐제가 사신을 보내 군대를 위로하기만 하면 곧장 거짓으로 병을 앓느라 자신을 지탱하지 못하는 척하면서 이를 통해 여러 번 總管에서 해직되기를 청하며 폐제의 마음을 떠보았다.

이때에 폐제의 모친 魏氏가 宣憲皇太后로 追封되니 陵墓가 太原에 있었는데 有司

가 寢宮을 세우자고 건의하였다. 고조는 능묘가 백성의 墳墓와 서로 섞여 있으니 침궁을 세워서는 안 된다고 건의하였다. 폐제는 고조가 백성의 분묘를 훼손하여 백성들이 국가에 원한을 품게 하려 한다고 의심한지라 폐제가 이로 인해 노하여 고조를 총관에서 파직하고 鄆州로 옮겨 鎭守하게 하였다. 그런데 劉延朗 등 이렇게 해서는 안 된다고 말하는 사람들이 많았고, 司天監 趙延義 역시 天象이 법도를 잃었으니 安靜하여 災殃을 그치도록 해야 한다고 말하자 이 일이 결국 무산되었다.

1) 冡 : 사고전서본과 ≪新五代史≫에는 '冢'로 되어 있다.
2) 司天趙延義 : ≪五代史纂誤≫ 卷中에 "지금 살펴보건대, 〈雜傳〉에는 바로 '趙延乂'이다.〔今按雜傳 乃是趙延乂也〕"라고 하였으나, ≪新五代史≫를 살펴보면, 〈雜傳〉에도 '趙延義'로 되어 있고, ≪舊五代史≫에서만 '趙延乂'로 되어 있다.

後月餘에 文遇獨直할새 帝夜召之하야 語罷敬瑭事하니 文遇曰 臣聞作舍道邊이면 三年不成[1]이라호니 國家之事는 斷在陛下라 且敬瑭은 徙亦反이요 不徙亦反이라 遲速爾니 不如先事圖之라하다 帝大喜曰 術者言朕今年當得一賢佐하야 以定天下라한대 卿其是邪(야)아하고 乃令文遇手書除目[2]하고 夜半下學士院草制하다 明日宣制에 文武兩班皆失色이라 居五六日에 敬瑭以反聞[3]하다 敬瑭上書하야 言帝非明宗子니 而許王從益次當立이라하니 帝得書大怒하야 手壞而投之하고 召學士馬胤孫爲答詔하고 曰 宜以惡語詆之[4]니라

한 달 남짓 지난 뒤 薛文遇가 혼자 숙직할 때 廢帝가 밤에 그를 불러 石敬瑭을 파면하는 일을 말하니, 설문우가 아뢰기를 "臣이 듣건대 길가에 집을 지으면 3년이 지나도 이루지 못한다고 하니 國家의 大事는 陛下의 결단에 달려 있습니다. 게다가 석경당은 옮겨도 반란할 것이고 옮기지 않아도 반란할 것입니다. 늦든 빠르든 〈시기의 문제일〉 뿐이니 일이 나기 전에 그를 도모하는 것만 못합니다."라고 하였다.

폐제가 크게 기뻐하며 말하기를 "術者가 朕이 올해 어진 補佐 한 사람을 얻어 천하를 평정할 수 있을 것이라고 하였는데 卿이 아마도 그 사람인 듯하구려."라고 하고, 이에 설문우에게 除目을 직접 쓰게 하고 한밤중에 學士院에 내려 詔書를 쓰게

하였다. 이튿날 조서를 선포하자 文武 兩班이 모두 大驚失色하였다.

대엿새가 지난 뒤에 석경당이 배반하였다는 소식이 들렸다. 석경당이 上書하여 "황제는 明宗의 친아들이 아니니 許王 李從益이 서열에 따라 응당 황제가 되어야 합니다."라고 하니, 폐제가 이 글을 보고 크게 노하여 손수 찢어 내던지고는 學士 馬胤孫을 불러 答詔를 쓰게 하며 말하기를 "악독한 말을 가지고 그를 꾸짖어야 할 것이다."라고 하였다.

1) 作舍道邊 三年不成 : ≪後漢書≫ 卷35 〈曹褒列傳〉에서 "속담에 이르기를 '길가에 집을 지으면 3년이 지나도 이루지 못하고, 禮를 따지는 사람이 모인 것을 이름하여 聚訟이라 한다.〔作舍道邊 三年不成 會禮之家 名爲聚訟〕'라고 한다."고 한 데서 온 말이다.
2) 除目 : 임금이 除授한 관리들의 이름을 적은 목록을 말한다.
3) 居五六日 敬瑭以反聞 : ≪五代史記纂誤續補≫ 卷2에 "살펴보건대, 文忠公 歐陽脩의 〈신하 되기 어려움에 대한 論〉에 '엿새 지난 뒤에 石敬瑭이 배반하였다고 알려졌다.'로 되어 있고, 薛居正의 ≪舊五代史≫ 〈本紀〉에는 '6, 7일이 지나 석경당이 상소를 올렸다.……'로 되어 있고, ≪資治通鑑≫에는 '辛卯日에 석경당을 天平軍節度使로 삼았는데 戊戌日에 昭義節度使 皇甫立이 석경당이 배반하였다고 上奏하였다.'로 되어 있으니, 조서를 내린 辛卯日을 제외하고 戊戌日까지 딱 이레이다. 여기에 대엿새로 되어 있는 것은 착오이다.〔按文忠公爲臣難論作後六日而敬瑭反聞 薛史本紀作居六七日敬瑭上章云云 通鑑作辛卯以敬瑭爲天平軍節度使 戊戌昭義節度使皇甫立奏敬瑭反 除辛卯宣制日 至戊戌恰七日 是作五六日誤矣〕"라고 하였다.
4) 敬瑭上書……宜以惡語詆之 : ≪五代史纂誤≫ 卷中에 "지금 살펴보건대, 〈廢帝紀〉에는 '淸泰 3년(936) 3월 丙午日에 翰林學士 馬胤孫을 中書侍郎 同中書門下平章事로 삼았는데, 河東節度使 石敬瑭이 배반하자 여름 5월 乙卯日에 建雄軍節度使 張敬達을 太原四面都招討使로 삼았다.'고 하였고, 〈晉高祖紀〉에는 '天福 元年(936)은 바로 淸泰 3년이다. 5월에 天平으로 옮겨 鎭守하게 하니 석경당이 과연 명을 받지 않았다.'고 하였다. 지금 만약 〈폐제기〉를 놓고 말한다면, 마윤손이 3월 병오일에 재상이 되었는데도 석경당이 이어 배반하고 5월에 이르러서야 비로소 장경달에게 그를 토벌하라고 명한즉 석경당이

배반한 뒤에 마윤손은 여전히 學士가 되어 答詔를 起草한 것이다. 세 說을 參攷하여 보면 상호 부합되지 않으니 이는 반드시 잘못된 것이 있는 것이다.〔今按廢帝紀 淸泰三年三月丙午 翰林學士馬胤孫爲中書侍郎同中書門下平章事 河東節度使石敬瑭反 夏五月乙卯 建雄軍節度使張敬達爲太原四面都招討使 晉高祖紀云 天福元年 卽淸泰三年也 五月徙鎭天平 敬瑭果不受命 今若以廢帝紀言之 則馬胤孫以三月丙午爲相 而敬瑭繼反 至五月 乃命張敬達討之 則敬瑭反後胤孫尙爲學士 草答詔 三說參攷 互不相合 是必有誤者矣〕"라고 하였다.

延朗等請帝親征커늘 帝心憂懼하야 常惡(오)言敬瑭事하야 每戒人曰 爾無說石郞하야 令我心膽墮地하라하다 由此不欲行이어늘 而延朗等屢迫之에야 乃行하다 至懷州[1)]하야 帝夜召李崧하야 問以計策하다 文遇不知而繼至어늘 帝見之色變하니 崧躡其足에야 文遇乃出이라 帝曰 我見文遇肉顫하야 遽欲抽刀刺之라한대 崧曰 文遇는 小人이라 致誤大事어늘 刺之益醜라하니 乃已하다 是時에 契丹已立敬瑭爲天子하고 以兵而南하니 帝惶惑하야 不知所之라 遣審虔將千騎하야 至白司馬坡하야 踏戰地한대 審虔曰 何地不堪戰이리오마는 雖有其地나 何人肯立于此리오 不如還也니이다 帝遂還[2)]하야 自焚하다 高祖入京師하니 延朗等六人이 皆除名爲民하다

劉延朗 등이 廢帝에게 親征하기를 청하거늘 폐제가 마음속으로 걱정하고 두려워하면서 늘 石敬瑭의 일을 말하는 것을 싫어하여, 매번 사람들에게 경고하기를 "너희는 石郞의 일을 말하여 나의 心膽이 땅에 떨어지게 하지 말라."라고 하였다. 이로 인해 出征하려 하지 않았는데 유연랑 등이 누차 황제를 다그치고서야 비로소 출정하였다.

懷州에 이르러 폐제가 밤에 李崧을 불러 計策을 물었다. 薛文遇가 이를 모르고 뒤따라 이르렀는데 폐제가 그를 보고 안색이 변하자 이숭이 그의 발을 밟고 나서야 설문우가 비로소 나갔다.

폐제가 말하기를 "내가 설문우를 보고 살이 떨려 곧바로 칼을 뽑아 그를 찌르려고 하였다."라고 하자, 이숭이 말하기를 "설문우는 小人이라 大事를 그르치게 만들고 말았거늘 〈이제 와서〉 그를 찔러 죽인다면 더욱 추한 꼴이 됩니다."라고 하니 그제

야 그만두었다.

이때에 契丹이 이미 석경당을 세워 天子로 삼고 군대를 거느리고 남하하니 폐제가 두렵고 당혹하여 어디로 가야 할지 몰랐다. 宋審虔을 보내 騎兵 천 명을 거느리고서 白司馬坡에 이르러 戰場을 답사하게 하였는데, 송심건이 말하기를 "어느 곳인들 전투할 만하지 않겠습니까마는 비록 전쟁할 땅이 있다 하더라도 누가 이곳에 기꺼이 서 있고자 하겠습니까? 돌아가는 것만 못합니다."라고 하였다. 폐제는 마침내 돌아와 스스로 焚身하여 자결하였다.

高祖(石敬瑭)가 京師에 들어가니 유연랑 등 여섯 사람이 모두 官籍에서 이름이 삭탈되어 평민이 되었다.

1) 懷州 : 治所는 지금의 河南省 沁陽에 있었다.
2) 是時……帝遂還 : ≪五代史記纂誤補≫ 卷2에 "삼가 살펴보건대, 〈廢帝紀〉에 '9월 戊申日에 河陽에 갔다가 閏11월 丁丑日에 하양에서 이르렀다.'로 되어 있는데, 白司馬坡로 말하면 바로 洛陽의 북쪽, 河陽의 남쪽에 있다. 그래서 薛居正의 ≪舊五代史≫ 〈唐紀〉에 戰場을 답사한 날짜를 己卯日에 수록하였으니 廢帝가 낙양에 돌아온 뒤의 일임이 분명하다. 그런데도 여기에서는 '폐제가 어디로 가야 할지 몰랐다.'고 한 구절 뒤에 바로 '백사마파에 이르렀다.'는 구절을 잇고 '폐제가 마침내 돌아왔다.'는 구절로 마쳐서 폐제가 이때 비로소 懷州에서 돌아온 것처럼 서술한 것은 엉성하다.〔謹案廢帝紀作九月戊申如河陽 閏十一月丁丑至自河陽 若白司馬坡 乃在洛陽之北河陽之南 故薛史唐紀于踏戰地之日 係之己卯 明是帝還洛陽後事 此于帝不知所之下 便接至白司馬坡 而以帝遂還之語終之 則似帝此時始自懷州還者 疏矣〕"라고 하였고, '白司馬坡'에 대한 주석에 "≪舊唐書≫ 〈蘇珦傳〉에 백사마파가 있는데 바로 白司馬坂이다."라고 하였다.

初에 **延朗與鬻竝掌機密**하되 **延朗專任事**하니 **諸將當得州者不以功次爲先後**하고 **納賂多者得善州**요 **少及無賂者得惡州**어나 **或久而不得**이라 **由是**로 **人人皆怨**하다 **鬻心患之而不能爭也**요 **但日飽食高枕而已**라 **每延朗議事**면 **則垂頭陽睡不省**하다 **及晉兵入**하야 **延朗以一騎走南山**하야 **過其家**할새 **指而嘆曰 吾積錢三十萬于此**하니 **不知**

何人取之오하더니 **遂爲追兵所殺**하다 **晉高祖聞暠常不與延朗事**하고 **哀之**라 **後復以爲將**이러니 **歲餘卒**하다 **專美事晉爲大理卿**이러니 **開運**[1]**中卒**하다 **當晉之將起**하야 **廢帝以昭胤爲中書侍郎同中書門下平章事**하고 **出爲河陽節度使**한대 **與審虔文遇**로 **皆不知所終**[2]이러라

당초에 劉延朗이 房暠와 함께 機務를 관장하였으되 유연랑이 專權을 행사하니, 장수들 가운데 州官에 임명되어야 할 자들을 공로의 등급에 따라 그 先後를 정하지 않고, 뇌물을 많이 바치는 자가 좋은 州를 얻고, 뇌물을 적게 바치거나 아예 바치지 않는 자는 나쁜 州를 얻거나 오래 지나도 얻지 못하였다. 이로 말미암아 사람들이 모두 그를 원망하였다.

방고가 내심 이를 우려하였으나 〈유연랑과〉 다투지 못하고 단지 날마다 배불리 먹고 편히 잠만 잘 뿐이었다. 매번 유연랑이 일을 의논하기만 하면 머리를 떨구며 거짓으로 잠들어 알지 못하는 체하였다.

晉나라 군대가 쳐들어오게 되자 유연랑이 말 한 마리를 타고 南山으로 내달려 자기 집을 지나갈 적에, 집을 가리키며 탄식하기를 "내가 이곳에 30만 錢을 쌓아두었으니 어떤 사람이 이것을 가져갈지 모르겠구나."라고 하더니 결국 그는 추격병에게 살해되었다.

晉 高祖는 방고가 항상 유연랑과 일을 함께하지 않은 사실을 듣고 그를 애처롭게 여긴지라 뒤에 다시 그를 장수로 삼았는데 한 해 남짓 지나 卒하였다.

李專美는 晉나라를 섬겨 大理寺卿이 되었는데 開運 연간에 졸하였다.

晉나라가 일어나려고 할 때에 廢帝가 韓昭胤을 中書侍郎 同中書門下平章事에 임명하고 외직으로 보내 河陽節度使에 임명하였는데, 宋審虔·薛文遇와 함께 모두 최후가 어떠했는지 알지 못한다.

1) 開運 : 後晉 出帝의 연호(944~947)이다.

2) 廢帝以昭胤爲中書侍郎……皆不知所終 : ≪五代史記纂誤補≫ 卷2에 "삼가 살펴보건대, 薛居正의 ≪舊五代史≫ 〈唐紀〉에 韓昭胤이 들어와 재상이 된 것은 淸泰 2년 4월이고 그가 파직된 것은 12월에 있었는데 이 사실을 〈帝紀〉에 모두 기록하지 않았으니 漏落이다. 한소윤의 파직을 설거정의 ≪舊五代史≫에

서는 河中節度使에 充任되었다고 하였는데 여기에서는 河陽이라고 하였다. 상고해보건대, 설거정의 ≪구오대사≫에서 청태 2년 9월에 宋審虔을 河陽節度使로 삼고 3년 5월에 하양절도사 송심건을 河東節度使로 삼았다고 하였으니, 그렇다면 한소윤이 재상에서 파직되고 鎭으로 나간 것은 또한 하양에 있어서는 안 되는 것이고 본래 河中에 있어야 되는 것이다. 또 설거정의 ≪구오대사≫ 〈晉紀〉에 '天福 元年 閏11월 辛巳日에 唐 末帝가 그 皇族과 親將 송심건 등을 모아놓고 스스로 불을 붙여 자살하였다.'고 하고, '4년 4월 丙戌日에 한소윤을 兵部尙書로 삼았는데 致仕하였다.'고 하고, 〈周紀〉에 '廣順 元年 3월 丙子日에 兵部尙書로 致仕한 한소윤을 尙書右僕射로 삼았는데 이전처럼 致仕하였다.'고 하고, '顯德 元年 9월 己亥日에 右僕射로 致仕한 한소윤을 太子太保로 삼았는데 致仕하였다.'고 하였으니, 한소윤과 송심건은 모두 최후가 어떠했는지 알지 못한 자들이 아니다.〔謹案薛史唐紀 韓昭(允)〔胤〕入相 在清泰二年四月 其罷在十二月 此于帝紀 皆不書 漏也 昭(允)〔胤〕之罷 薛史云 充河中節度使 而此云 河陽 攷薛史清泰二年九月 以宋審虔爲河陽節度使 三年五月 以河陽節度使宋審虔爲河東節度使 然則當昭(允)〔胤〕罷相出鎭 不容亦在河陽 而固當在河中矣 又薛史晉紀 天福元年閏十一月辛巳 唐末帝聚其族與親將宋審虔等 自焚而死 四年四月丙戌 以韓昭(允)〔胤〕爲兵部尙書 致仕 周紀廣順元年三月丙子 以兵部尙書致仕韓昭(允)〔胤〕爲尙書右僕射 依前致仕 顯德元年九月己亥 以右僕射致仕韓昭(允)〔胤〕爲太子太保 致仕 則昭(允)〔胤〕與審虔 俱非不知所終者也〕"라고 하였다.

嗚呼라 **禍福成敗之理**를 **可不戒哉**아 **張濛神言驗矣**라 **然焉知其不爲禍也**리오 **予之所記**는 **大抵如此**하니 **覽者可以深思焉**이니라 **廢帝之起**에 **所與圖議者**는 **此五六人而已**라 **考其逆順之理**하면 **雖有智者爲之謀**라도 **未必能不敗**어든 **況如此五六人者哉**아 **故幷述以附延朗**하야 **見其終始之際云**이라

오호라! 禍福과 成敗의 이치를 경계로 삼지 않을 수 있겠는가. 張濛이 전달한 神의 말은 영험하였다. 그렇지만 어찌 그것이 禍가 되지 않을 줄 알았겠는가. 내가 기록한 것은 대체로 이와 같으니 이 글을 보는 자가 깊이 생각해야 할 것이다.

廢帝가 일어날 때 함께 圖謀한 자들은 이 대여섯 사람일 뿐이었다. 그가 事理를 거슬렀는지 따랐는지 그 이치를 고찰하면 비록 지혜로운 자가 그를 위해 계책을 내더라도 꼭 패망하지 않는다는 보장이 없는데 하물며 이와 같은 대여섯 사람이겠는가. 그러므로 아울러 서술하여 〈劉延朗傳〉에 붙여 그 사실의 顚末을 드러낸다.

05. 康義誠傳* 康義誠의 傳記

* 康義誠(?~934)은 字가 信臣으로 代北 三部落 사람이다. 강의성의 列傳은 ≪舊五代史≫ 卷66 〈唐書 第42 列傳18〉과 ≪新五代史≫ 卷27 〈唐臣傳 第15〉에 실려 있다.

歐陽脩는 ≪구오대사≫에 430여 자 정도로 수록되어 있던 강의성의 傳記를 7백여 자로 늘려 기술하였는데, 구양수의 글은 출세 지향적인 강의성이 大勢에 따라 태도를 바꾸었던 행적과 그가 조정에서 벌인 暗鬪의 전말을 서술하여 은연중에 褒貶을 담은 것이 특징이다.

강의성은 簒奪이 난무하였던 後唐 왕조에서 황제의 廢立에 깊이 간여하며 一身의 榮達을 위해 자유자재로 변신을 꾀한 장수이다. 그는 晉王 李克用, 莊宗 李存勖을 차례로 섬기며 군대에서 입지를 다졌는데 후당에 반기를 들었던 趙在禮를 정벌하러 떠난 明宗 李思源이 반란을 주저할 때 적극적으로 반란을 부추긴 野心家였다.

특히 구양수는 이 대목을 간단하게 서술한 반면, ≪구오대사≫에서는 강의성이 명종에게 "주상께서 社稷의 위태로움을 돌아보지 않고 군사들의 노고는 생각하지 않고서 사냥과 女色을 즐기고 酒樂에 빠져 있습니다. 지금 만약 무리의 뜻을 따르면 돌아갈 곳이 있을 테지만 만약 절개를 지킨다면 죽을 것입니다.〔主上不慮社稷阽危 不思戰士勞苦 荒耽禽色 溺于酒樂 今從衆則有歸 守節則將死〕"라고 장종을 聲討하면서 명종에게 반란을 종용하며 했던 말을 그대로 실어 강의성의 不敬함을 폭로하였다.

찬탈에 성공하고 명종이 즉위하자 강의성은 권력의 핵심에서 승승장구하게 된다. 명종이 다스리던 926년에서 933년까지 8년간은 善政에 힘쓰고 풍년이 들기도 하는 등 五代에서 비교적 평화로웠던 때라 별 탈이 없었으나 명종 말년에 심각한 후계 갈등이 불거졌다.

우선 아들 秦王 李從榮이 933년 반란을 일으켰다 실패하였고 愍帝 李從厚가 즉위한 뒤에는 민제의 형 潞王 李從珂가 반란을 일으켜 찬탈에 성공하였다. 2년도 안 되는 시기에 벌어진 거듭된 반란으로 두 번이나 황제가 바뀐 것이다.

이처럼 혼란했던 후당 말기에 강의성은 명종의 반란 때처럼 처음에 진왕과 결탁하였다가 뜻을 이루지 못하였다. 이후 노왕의 반란 때 군대를 이끌고 출정하여 이내 항복하였으나 결국 노왕에게 斬首되고 一族이 죽임을 당하였다.

그의 事跡이 비록 국가의 存亡과 得失에 관계되어 〈唐臣傳〉에 실리기는 했지만 反覆無常하였던 그의 처신을 따져보면 〈雜傳〉에 실린 이들과 다를 바가 없다 하겠는데, 이는 구양수가 〈양신전〉의 序文에서 "나는 死節한 선비 세 사람을 얻었고, 두 왕조에 걸쳐 벼슬하지 않은 사람은 각각 그 나라로 묶어 〈梁臣傳〉, 〈唐臣傳〉, 〈晉臣傳〉, 〈漢臣傳〉, 〈周臣傳〉을 지었고, 나머지 벼슬한 것이 한 왕조가 아니어서 나라로 묶을 수 없는 사람은 〈잡전〉을 지었다. 〈잡전〉에 들어간 사람은 실로 군자가 부끄럽게 여기는 대상이지만 한 왕조에 벼슬한 사람도 반드시 모두 귀하게 여길 만한 것은 아니니, 보는 사람은 善惡을 자세히 살펴야 한다."라고 한 말에 시사하는 바가 있다 하겠다.

특히 ≪구오대사≫에서는 史臣의 史評을 통해 당시 조정에서 論事하였던 朱弘昭·朱弘實과 강의성을 한데 묶어 그들이 사직을 보위하지 못하고 國家를 안정시키지도 못한 채 서로 이어 망하였으니 누구를 탓하겠냐며 강한 어조로 비판하기도 하였다.

한편 열전 뒤에 附記한 구양수의 사평은 親軍의 沿革을 설명한 것으로, 앞서 〈安重誨傳〉의 사평에서 樞密使를 역임한 안중회를 들어 추밀사의 연혁을 설명하며 비판한 뜻과 마찬가지이다. 다시 말해 親軍都指揮使를 맡아 권력을 擅斷하였던 강의성의 사례를 들어 宋代 親軍의 권력 집중에 대한 깊은 경계의 뜻을 담은 것으로 보인다.

康義誠은 **字信臣**이니 **代北**[1]**三部落人也**라 **以騎射事晉王**이러니 **莊宗時**에 **爲突騎指揮使**하다 **從明宗討趙在禮**요 **至魏而軍變**에 **義誠前陳莊宗過失**하고 **勸明宗南嚮**이러라

明宗卽位에 **遷捧聖指揮使**하고 **領汾州刺史**[2)]하다 **從破朱守殷**하야 **遷侍衛親軍馬步軍都指揮使**하고 **領河陽三城節度使**하다 **出爲山南東道節度使**하고 **復爲親軍都指揮使**하고 **領河陽**하야 **加同中書門下平章事**하다

康義誠은 字가 信臣이니 代北 三部落 사람이다. 말타기와 활쏘기를 잘하여 晉王(李克用)을 섬겼는데 唐 莊宗 때에 突騎指揮使가 되었다. 唐 明宗을 따라 趙在禮를 토벌하였고 魏州에 이르러 군대가 변란을 일으켰을 때 강의성이 장종의 過失을 앞에 나와 진술하고 明宗에게 남쪽으로 진군할 것을 권유하였다.

명종이 즉위하자 捧聖指揮使로 승진하고 汾州刺史를 맡았다. 명종을 따라 朱守殷을 물리쳐 侍衛親軍馬步軍都指揮使로 승진하고 河陽三城節度使를 맡았다. 외직으로 나가 山南東道節度使가 되고 다시 親軍都指揮使가 되고 河陽을 맡고서 同中書門下平章事를 더하였다.

1) 代北 : 代州의 북부 지역으로, 지금의 山西省 北部 및 河北省 西北部 일대를 가리킨다. 唐代에 이곳에 節度使를 두어 대주를 鎭守하게 하였다.
2) 領汾州刺史 : ≪舊五代史≫에는 '汾州'가 '邠州'로 되어 있다.(≪舊五代史考異≫)

秦王從榮素驕하야 **自爲河南尹**으로 **典六軍**하야 **拜大元帥**하니 **唐諸大臣**이 **皆懼禍及**하야 **思自脫**이로되 **獨義誠心結之**하야 **遣其子事秦王府**하다 **明宗病**커늘 **從榮謀以兵入宮**하니 **唐大臣朱弘昭馮贇等**이 **皆以爲不可**어늘 **而義誠獨持兩端**이라 **從榮已擧兵**하야 **至天津橋**[1)]한대 **弘昭等入**하야 **以反白**하니 **明宗涕泣**하야 **召義誠**하야 **使自處置**어늘 **而義誠卒不出兵**이라 **馬軍指揮使朱弘實**이 **以兵擊從榮**하니 **從榮敗走**라가 **見殺**하다

秦王 李從榮이 평소 교만하여 河南尹이 되고 나서부터 六軍을 관장하면서 大元帥에 배수되니 唐의 大臣들이 모두 禍가 미칠까 두려워하면서 스스로 벗어날 길을 생각하였는데도, 유독 康義誠만은 마음속으로 그와 결탁하고자 하여 자기 아들을 보내 秦王府를 섬겼다.

明宗이 병이 들자 이종영이 군대를 거느리고 궁궐로 진입할 것을 모의하니 唐의

大臣 朱弘昭·馮贇 등이 모두 안 된다고 하였는데 강의성만 홀로 두 생각을 가졌다. 이종영이 이미 擧兵하여 天津橋에 이르자 주홍소 등이 궁궐로 들어가 이종영이 반란을 일으켰다고 아뢰니, 명종이 눈물을 흘리면서 강의성을 불러 스스로 이 일을 처리하게 하였는데 강의성이 끝내 출병하지 않았다. 馬軍指揮使 朱弘實이 군대를 거느리고 이종영을 공격하니 이종영이 敗走하다가 피살되었다.

1) 天津橋 : 洛陽에 있는 다리로, 隋나라 때 처음 건립되고 元나라 때 철거되었다. 처음에는 浮橋였는데 뒤에 石橋로 만들었다.

三司使孫岳嘗爲馮贇言從榮必敗之狀하니 義誠聞而不悅이러니 及從榮死하야 義誠始引兵入河南府하야 召岳檢閱從榮家貲하다 岳至에 義誠乘亂하야 使人射之하니 岳走至通利坊見殺이어늘 明宗不能詰하다 義誠已殺岳하고 又以從榮故로 與弘實有隙이라 愍帝卽位에 弘實常以誅從榮功自負어늘 義誠心益不平이라

三司使 孫岳이 예전에 馮贇에게 李從榮이 반드시 실패하고 말 정황을 말하니 康義誠이 이를 듣고 기뻐하지 않았는데, 이종영이 죽고 나자 강의성이 비로소 군대를 이끌고 河南府로 들어가 손악을 불러 이종영의 家財를 검사하였다. 손악이 이르자 강의성이 난리를 틈타 사람을 시켜 그를 화살로 쏘니 손악이 도망가 通利坊에 이르러 피살되었는데 明宗이 강의성에게 책임을 묻지 못하였다.

강의성은 이미 손악을 죽인 데다 이종영에 대한 일 때문에 朱弘實과 틈이 있었다. 愍帝가 즉위하자 주홍실이 항상 이종영을 誅殺한 공로로 자부하니 강의성이 내심 더욱 불만을 품었다.

潞王從珂反鳳翔커늘 王思同率諸鎭兵圍之라 興元張虔釗(쇠)兵叛降從珂하니 思同走하고 諸鎭兵皆潰하다 愍帝大怒하야 謂朱弘昭等曰 朕新卽位라 天下事皆出諸公이라 然於事兄[1]에 未有失節이러니 諸公以大計見迫하야 不能獨違일새 事一至此하니 何方轉禍오 吾當率左右하야 往迎吾兄하야 遜以位니 苟不吾信이면 死其所也라하다 弘昭等惶恐不能對어늘 義誠前曰 西師驚潰는 主將怯耳라 今京師兵尚多하니 臣請盡將以

西하야 扼關而守하야 招集亡散하야 以爲後圖하소서하다 愍帝以爲然하고 幸左藏庫하야 親給將士人絹二十匹錢五千하다 是時에 明宗山陵未畢하야 帑藏空虛하다 軍士負物揚言曰 到鳳翔에 更請一分이라 朱弘實見軍士無鬪志而義誠盡將以西하고 疑其有二心하야 謂義誠曰 今西師小衄(뉵)이어늘 而無一騎東者하니 人心可知라 不如以見(현)兵守京師以自固니 彼雖幸勝이라도 特得虔釗一軍耳라 諸鎭之兵在後하니 其敢徑來邪(야)아하니 義誠怒曰 如此言인댄 弘實反矣라하다 弘實曰 公謂誰欲反邪아하니 其聲厲而聞이라 愍帝召兩人訊之하니 兩人爭於前하야 帝不能決이러니 遂斬弘實하고 以義誠爲招討使하야 悉將禁軍以西하다

潞王 李從珂가 鳳翔에서 반란하자 王思同이 각 鎭의 군대를 거느리고 포위하였다. 興元 張虔釗의 군대가 반란하여 이종가에게 투항하니 왕사동이 달아나고 각 鎭의 군대가 모두 흩어졌다.

愍帝가 크게 노하여 朱弘昭 등에게 이르기를 "朕이 막 즉위한 터라 天下의 일이 모두 공들에 의해 결정되고 있다. 그러나 짐이 형님을 섬기는 일에 있어 잘못한 일이 없었는데 공들이 국가의 大計를 구실로 짐을 다그쳐 짐이 혼자 어길 수가 없었기에 일이 이러한 지경에까지 이르고 말았으니 무슨 방법으로 禍를 돌릴 수 있겠는가. 짐은 응당 좌우의 신하를 거느리고 우리 형님을 가서 맞이하여 讓位할 것이니 만일 형님이 짐을 믿지 않는다면 짐은 거기서 죽을 것이다."라고 하였다.

주홍소 등이 황공하여 대답하지 못하고 있거늘 康義誠이 앞에 나와 말하기를 "서쪽의 군대가 놀라 흩어진 것은 主將이 겁을 집어먹어서일 뿐입니다. 지금 京師의 군대가 아직 많으니 신은 청컨대 전부 거느리고 서쪽으로 出征하여 關門을 잡아 지키면서 도망가고 흩어진 군사들을 불러 모아 후일을 도모하소서."라고 하였다. 민제가 이 말을 옳게 여기고 左藏庫로 가서 將士들에게 인당 비단 20匹, 錢 5천을 직접 지급하였다.

이때 明宗의 山陵의 일을 아직 마치지 못하여 국고가 텅 비어 있었다. 군사들이 받은 물건을 짊어지고 크게 말하기를 "鳳翔에 도착하면 다시 一分을 더 주시기를 청합니다."라고 하였다. 朱弘實은 군사들이 투지가 없는데도 강의성이 전부 거느리고 서쪽으로 출정하는 것을 보고, 그가 두 마음이 있는가 의심하여 강의성에게 이르기

를 "지금 서쪽의 군대가 조금 패했거늘 騎兵 하나도 동쪽으로 오는 자가 없으니 人心을 알 만합니다. 현재 있는 군대를 가지고 京師를 지키며 굳게 버티는 것만 못하니, 저들이 비록 요행히 이기더라도 다만 張虔釗의 군대 하나만 이기는 데 그칠 뿐입니다. 각 鎭의 군대가 후방에 있으니 그가 감히 곧바로 오겠습니까?"라고 하니, 강의성이 노하여 말하기를 "이 말대로라면 주홍실 당신이 반란하는 것입니다."라고 하였다. 주홍실이 말하기를 "公은 누구에게 반란하려 한다고 말하는 것입니까?"라고 하니 그 소리가 사나워 황제에게 들렸다.

민제가 두 사람을 불러 물으니 두 사람이 황제의 면전에서 다투어 황제가 결정하지 못하였는데, 결국 주홍실을 斬首하고 강의성을 招討使로 삼아 禁軍을 모두 거느리고 서쪽으로 출정하게 하였다.

1) 兄 : 愍帝 李從厚(914~934)는 明宗 李嗣源의 셋째 아들이고, 潞王 李從珂(?~936)는 이사원의 養子로, 이종가가 愍帝의 형이다.

愍帝奔衛州하다 **義誠行至新安**하야 **降于從珂**하다 **淸泰**[1]**元年四月**에 **斬于興敎門外**하고 **夷其族**하다

愍帝가 衛州로 달아났다. 康義誠이 진군하여 新安에 이르러서 李從珂에게 투항하였다. 淸泰 元年(934) 4월에 강의성을 興敎門 밖에서 斬首하고 滅族시켰다.

1) 淸泰 : 後唐 廢帝 李從珂의 연호(934)이다.

嗚呼라 **五代爲國**은 **興亡以兵**이로되 **而其軍制**는 **後世無足稱焉**이요 **惟侍衛親軍之號**는 **今猶因之而甚重**하니 **此五代之遺制也**라 **然原其始**면 **起微矣**라가 **及其至也**하야 **可謂盛哉**인저 **當唐之末**하야 **方鎭之兵多矣**라 **凡一軍有指揮使一人**하야 **而合一州之諸軍**하고 **又有馬步軍都指揮使一人**하니 **蓋其卒伍之長也**라 **自梁以宣武軍建國**으로 **因其舊制**하야 **有在京馬步軍都指揮使**러니 **後唐因之**요 **至明宗時**하야 **始更爲侍衛親軍馬步軍都指揮使**라 **當是時**하야 **天子自有六軍諸衛之職**하야 **六軍有統軍**하고 **諸衛有將軍**하며 **而又以大臣宗室一人**으로 **(制)〔判〕**[1]**六軍諸衛事**하니 **此朝廷大將天子國**

兵之舊制也라 而侍衛親軍者는 天子自將之私兵也니 推其名號면 可知矣라 天子自爲(之)[2)]將[3)]이면 則都指揮使乃其卒伍之都長耳라 然自漢周以來로 其職益重하야 漢有侍衛司獄[4)]하야 凡朝廷大事를 皆決侍衛獄이라 是時에 史弘肇爲都指揮使하야 與宰相樞密使로 竝執國政호되 而弘肇尤專任이라가 以至於亡이라 語曰 涓涓不絶이면 流爲江河요 熒熒不滅이면 炎炎奈何[5)]오하니 可不戒哉아 然是時에 方鎭各自有兵하야 天子親軍도 猶不過京師之兵而已러니 今方鎭名存而實亡하고 六軍諸衛도 又益以廢하야 朝廷無大將之職하고 而擧天下內外之兵이 皆屬侍衛司矣니 則爲都指揮使者는 其權豈不益重哉아 親軍之號는 始於明宗[6)]하고 其後又有殿前都指揮使하니 亦親軍也로되 皆不見其更置之始[7)]라 今天下之兵은 皆分屬此兩司矣라

오호라! 五代 때에 국가는 군대에 의해 興亡이 결정되었는데 그 군사 제도는 후세에 족히 일컬을 만한 것이 없고, 다만 侍衛와 親軍의 명칭은 지금까지도 그대로 쓰면서 매우 중시하니 이것이 五代의 遺制이다. 그렇지만 그 근원을 따져보면 처음에는 미약하였다가 그 지극함에 이르러서 盛大해졌다고 할 만하다.

唐나라 말엽이 되자 지방 藩鎭〔方鎭〕의 군대가 많아졌다. 대개 1軍에 指揮使 1人을 두고서 1州의 각 軍을 합하고 또 馬步軍都指揮使 1人을 두니 이는 부대의 隊長이다. 梁나라가 宣武軍을 가지고 建國하고부터 그 옛 제도를 인습하여 在京馬步軍都指揮使를 두었는데 後唐이 이 제도를 인습하였고, 明宗(後唐) 때에 이르러서야 비로소 고쳐 侍衛親軍馬步軍都指揮使로 삼았다. 이때에 天子가 직접 六軍·諸衛의 직무를 두어 육군에 統軍을 두고 제위에 將軍을 두는 한편 다시 大臣宗室 1人으로 육군·제위의 일을 관장하게 하니 이것이 조정의 大將, 천자의 國兵의 옛 제도이다.

시위와 친군은 천자가 직접 통솔하는 私兵이었으니 그 명칭을 고찰해보면 알 수가 있다. 천자가 직접 장수가 되면 도지휘사는 바로 그 부대의 대장일 뿐이었다. 그러나 後漢·後周 이래로 그 직책이 더욱 중요해져서 후한은 侍衛司獄을 두어 무릇 조정의 大事를 모두 侍衛獄에서 결정하였다.

이때에 史弘肇가 도지휘사로 있으면서 宰相·樞密使와 함께 國政을 관장하였으나, 사홍조가 더욱 專權을 행사하다가 멸망하는 데 이르렀다. 俗語에 이르기를 "작은 물을 끊지 않으면 흘러 모여 江河가 되고, 작은 불씨를 끄지 않으면 활활 타오르

는 것을 어찌하겠는가."라고 하니 경계하지 않을 수 있겠는가.

그러나 이때에는 方鎭이 저마다 자기 군대를 두어 천자의 친군조차도 京師의 군대에 불과할 뿐이었는데, 지금은 방진이 명칭만 있고 실질은 없으며 육군·제위도 날로 더욱 폐지되어 조정에 대장이라는 직책이 없고 온 天下 內外의 군대가 모조리 侍衛司에 예속되었으니 도지휘사가 된 자는 그 권세가 어찌 더욱 크지 않겠는가.

친군이라는 명칭은 명종에게서 시작되고 이후 다시 殿前都指揮使를 두니 역시 친군이었으나 모두 그 변경해 설치한 초기의 정황을 알 수가 없다. 그런데 지금 天下의 군대는 모두 이 두 司에 分屬하게 되었다.

1) (制)〔判〕: 저본에는 '制'로 되어 있으나, ≪新五代史≫에 의거하여 '判'으로 바로잡았다.

2) (之): 저본에는 '之'가 있으나, ≪新五代史≫에 의거하여 衍文으로 처리하였다.

3) 天子自爲(之)將: ≪五代史記纂誤續補≫ 卷2에 "살펴보건대, 南監本·彭汪本에는 '爲' 뒤에 '之'자가 있다.〔按南監本彭汪本爲下有之字〕"라고 하였다.

4) 漢有侍衛司獄: ≪五代史記纂誤續補≫ 卷2에 "살펴보건대, 〈桑維翰傳〉에서 '軍吏가 앞으로 나와 桑維翰에게 아뢰면서 侍衛司의 감옥으로 가기를 청하였다.'고 하였으니, 이때 後漢이 아직 建立되지 않았는데 이미 侍衛司獄이 있었던 것이다. ≪資治通鑑≫ 顯德 3년 11월에 '孫晟을 右軍巡院에 보냈다.'고 한 부분의 注에 '侍衛親軍은 左軍과 右軍으로 나누어 각기 巡院을 두고서 鞫問하기 위해 죄수를 가두었다.'고 하였으니 여기의 軍巡院은 바로 시위사옥이다. 軍巡獄은 〈毛璋傳〉·〈呂琦傳〉에 보이니 다시 앞부분에 있다.〔按桑維翰傳 軍吏前白維翰 請赴侍衛司獄 是時 漢未立 已有侍衛司獄 通鑑顯德三年十一月 送晟于右軍巡院注 侍衛親軍 分左右軍 各有巡院 以鞫繫囚 是軍巡院 卽侍衛司獄 軍巡獄見毛璋呂琦傳 更在前矣〕"라고 하였다.

5) 語曰……炎炎奈何: ≪說苑≫ 〈敬愼〉에서 "작은 불씨를 끄지 않으면 활활 타오르는 것을 어찌하겠으며, 작은 물을 막지 않으면 江河가 될 것이고, 줄줄이 이어지는 실을 끊지 않으면 그물을 이룰 것이며, 푸르고 푸른 풀을 베지 않으면 도끼를 써야 할 것이다.〔熒熒不滅 炎炎柰何 涓涓不壅 將成江河 緜緜不絶 將成網羅 青青不伐 將尋斧柯〕"라고 한 데서 온 말이다.

6) 親軍之號 始於明宗 : ≪五代史記纂誤續補≫ 卷2에 "살펴보건대, 〈劉捍傳〉에 '元從親軍都虞候'라 하였고, 〈王鎔傳〉에 '親軍이 모두 두려워했다.'고 하였고, 〈劉知俊傳〉에 '그의 아우 劉知浣이 親軍指揮使가 되었다.'고 하였고, 〈霍彦威傳〉에 '하물며 그대는 天子의 친군임에랴.'라고 하였고, 〈吳世家〉에 '늘 친군으로 삼았다.'고 하였다. 薛居正의 ≪舊五代史≫ 〈梁太祖本紀〉에 '開平 3년 6월 辛亥日에 詔書에서 「유지완은 逆黨 가운데 가장 頭角을 드러냈고 龍虎軍은 親兵 속에서 참으로 勇士의 으뜸이다.」라고 하였다.'라고 하였고, 〈末帝本紀〉에 '趙巖은 이때 禁軍을 장악하고 있었는데 洛陽으로 돌아온 뒤로 侍衛親軍 袁象先에게 計謀를 고하였다.'고 하고, '龍德 元年 5월 초하루 丙戌日에 詔書에서 「侍衛親軍 및 諸道行營將士에게 등급에 따라 넉넉하게 상을 하사하는 일은 이미 別敕에 따라 처리하였다.」고 하였다.'고 하였다. 〈劉捍傳〉에 '劉捍을 親軍指揮로 삼았다.'고 하였고, 〈袁象先傳〉에 '얼마 있다가 左龍武統軍 兼侍衛親軍都指揮使를 제수하였다.'고 하였고, ≪資治通鑑≫ 天成 2년 10월에 '御營使 石敬瑭을 보내 親兵을 거느리게 하였다.'고 한 注에 '梁나라 이래로 侍衛親軍・侍衛馬軍・侍衛步軍이 있었다.'라고 하였으니, 여기에서 明宗에게서 시작되었다고 한 것은 잘못이다.〔按劉捍傳元從親軍都虞候 王鎔傳親軍皆懼 劉知俊傳其弟知浣爲親軍指揮使 霍彦威傳況爾天子親軍 吳世家常以爲親軍 薛史梁太祖本紀 開平三年六月辛亥 敕劉知浣 逆黨之中最爲頭角 龍虎軍 親兵之內實冠爪牙 末帝本紀 巖時典禁軍 洎還洛 以謀告侍衛親軍袁象先 龍德元年五月丙戌朔 制侍衛親軍及諸道行營將士等第頒賜優賞 已從別敕處分 劉捍傳以捍爲親軍指揮 袁象先傳尋授左龍武統軍兼侍衛親軍都指揮使 通鑑天成二年十月遣御營使石敬瑭將親兵 注自梁以來 有侍衛親軍侍衛馬軍侍衛步軍 此謂始于明宗非也〕"라고 하였다.

7) 親軍之號……皆不見其更置之始 : ≪五代史記纂誤補≫ 卷2에 "삼가 살펴보건대, ≪石林燕語≫에 이르기를 '殿前軍은 周 世宗 때 창시되었다. 이때 太祖(趙匡胤)가 殿前司都虞候가 되었는데 처음 天下에 조서를 내려 壯士를 모집하여 京師에 올려 보내게 하면서 태조에게 명하여 武藝가 精高한 자들을 선발하여 殿前諸班으로 삼으면서 都點檢을 두되 지위는 都指揮의 위에 있게 하니 태조가 참으로 이를 통해 禪讓을 받았다. 이 사실은 國史에 보이는데 歐陽公의 ≪新五代史≫에서는 도리어 창시된 유래를 모른다고 하였으니 자세하게 상고

하지 않은 것이다.〔謹案石林燕語云 殿前軍起于周世宗 是時 太祖爲殿前司都虞候 初詔天下選募壯士 送京師 命太祖擇其武藝精高者 爲殿前諸班 而置都點檢 位都指揮上 太祖實由此受禪 見於國史 歐公五代史 乃云 不知所始 蓋攷之未詳也〕"라고 하였다.

歐陽文忠公五代史抄 卷8

歸安 鹿門 茅坤 批評
孫男 闇叔 茅著 重訂

唐晉周臣傳*

* 唐晉周臣傳 : ≪新五代史≫에는 〈唐臣傳〉·〈晉臣傳〉·〈周臣傳〉이 각각 따로 되어 있다.

01. 豆盧革傳* 豆盧革의 傳記

* 豆盧革(?~927)은 貫籍과 字號가 자세하지 않다. 두로혁의 列傳은 ≪舊五代史≫ 卷67 〈唐書 第43 列傳19〉와 ≪新五代史≫ 卷28 〈唐臣傳 第16〉에 실려 있다.

두로혁은 唐나라 때의 귀족으로 唐末의 혼란기에 義武軍節度使 王處直의 밑에 있다가 後唐에서 벼슬하여 韋悅과 함께 재상을 지낸 사람이다. ≪구오대사≫ 권67에는 두로혁과 위열이 차례로 立傳되어 있는데 두 열전을 읽어보면 두 사람이 類類相從한 것을 알 수 있다. 아마도 이런 점 때문에 구양수가 ≪신오대사≫에 〈위열전〉을 따로 두지 않고 〈두로혁전〉에 두 사람의 事跡을 함께 묶어 서술한 것으로 보인다. ≪구오대사≫에는 〈두로혁전〉과 〈위열전〉이 각각 640자 정도 분량인데 구양수는 950자 정도 분량으로 편집하였다.

黃巢의 반란 이후 唐나라의 국세가 기우는 가운데 藩鎭들의 할거로 당나라의 귀족들은 점점 몰락하여 갔다. 특히 後梁 太祖가 長安에서 汴州의 開封으로 수도를 옮기자 기득권을 잃어버린 귀족들은 관직을 잃고 곤궁해져 갔다. 이에 그들은 신분이 낮은 富豪와 혼인을 맺거나 새로 부상한 권력가들에게 족보를 팔아 생계를 도모하기도 하였다. 李唐을 계승하였다는 명분으로 일어난 후당은 집권의 안정을 위해 唐代의 귀족들을 찾았지만 대부분이 몰락한 뒤인지라 莊宗 즉위 무렵에 겨우 두로혁과 盧程을 찾아내어 재상으로 삼았다.

구양수는 이 글에서 두로혁과 위열이 후당의 재상으로 함께하게 된 來歷과 조정에서 庸劣하였던 처신들을 사례로 들어 그들이 묵묵히 時勢를 따르고 私利를 추구하다 좌천되어 죽게 된 전말을 서술하였다.

두로혁과 위열은 학문은 없이 당나라 때의 名族이었다는 사실만 내세워 行世하였다. 五代의 정치 지형에서 樞密使는 軍國大事를 결정하는 최고의 요직인데, 구양수는 두로혁과 위열 등이 모두 당시 위세가 등등하였던 추밀사 郭崇韜에게 빌붙어서는 곽숭도의 부친 이름이 '弘'이라고 하여 弘文館을 崇文館으로 고치자고 上奏할 정도였다고 〈곽숭도전〉에서 서술하기도 하였다. 두 사람은 이처럼 곽숭도가 정사를 그르칠 때 제대로 견제하지 못하는 具臣일 뿐이었다. 그런데 뒤에 곽숭도가 죽자 뒤늦게 그를 모질게 탄핵하는 행태를 보여 識者들의 비난을 샀다.

나아가 이들은 天災地變이 일어났는데도 自責하거나 황제에게 諫言을 올리기는커녕 아첨만을 일삼았다. 심지어 長生術을 구하거나 아들들을 편법으로 관직에 임명하거나 뇌물을 받고 관직을 팔기까지 하는 등 소인배의 情狀을 밑바닥까지 보여주었다. 이러한 非理에 더해 귀족 출신임을 내세워 武人들과 조정의 동료들을 얕잡아보는 태도로 인해 두 사람은 결국 蕭希甫에게 탄핵을 받아 926년에 좌천되었다가 이듬해 高季興의 일로 연좌되어 죽임을 당하였다.

이처럼 두 사람은 실력보다 門地만 가지고 한 세상을 살다 간 소인배의 典型이라고 하겠는데, ≪구오대사≫의 史臣의 史評에서는 "두로혁과 위열은 名族의 후예로 태어나 새로 건립한 국가를 보좌하여 공업이 비록 천하를 裁度하여 이루는 재상의 역할로는 부족했지만 죄악이 명백하고 현저하게 알려지지 않았는데 도리어 權臣에게 시기를 받아 다만 폄적되었다가 사사되는 命을 도망갈 길이 없었으니 공정한 마음으로 말해본다면 또한 동정할 만하다.〔革說承舊族之胄 佐新造之邦 業雖謝于財成 罪未聞于昭著 而乃爲權臣之所忌 顧後命以無逃 靜而言之 亦可憫也〕"라고 하여 그들을 중립적인 태도로 평가하였다.

中多可觀處라

내용 중에 볼만한 곳이 많다.

豆盧革은 父가 瓚이니 唐舒州刺史라 豆盧爲世名族이러니 唐末天下亂에 革避地하야 之中山이라 唐亡에 爲王處直掌書記라

豆盧革은 부친이 豆盧瓚이니 唐나라 舒州刺史였다. 豆盧氏는 대대로 名族이었는데 唐나라 말엽 天下가 혼란해지자 두로혁이 난리를 피해 옮겨 中山으로 갔다. 唐나라가 멸망하자 王處直의 掌書記가 되었다.

莊宗在魏에 議建唐國한대 而故唐公卿之族遭亂하야 喪亡且盡이라 以革名家子라하야 召爲行臺左丞相하다 莊宗卽帝位에 拜同中書門下平章事하니 革雖唐名族이나 而素不學問하야 除拜官吏가 多失其序라 常爲尙書郎蕭希甫駁正하니 革頗患之하다 莊宗已滅梁에 革乃薦韋說(열)[1]爲相하다 說은 唐末에 爲殿中侍御史라가 坐事貶南海요 後事梁爲禮部侍郎이라 革以說能知前朝故[2]事라 故引以佐러니 已而오 說亦無學術하고 徒以流品自高라

莊宗이 魏州에 있을 때 唐國을 세울 것을 의논하였는데 옛 唐나라 公卿들의 門族들이 전란을 만나 사망하여 거의 없어진지라 豆盧革이 名門家의 자제라고 하여 그를 불러 行臺左丞相으로 삼았다.

장종이 재위에 오르자 同中書門下平章事를 배수하니 두로혁이 비록 唐나라의 名族이었으나 평소 學問을 하지 않아 官吏를 임명하는 데 있어 次序에 맞지 않는 경우가 많았다. 그 때문에 늘 尙書郎 蕭希甫에게 반박을 당하니 두로혁이 자못 이를 고민하였다.

장종이 이미 梁나라를 멸망시킨 뒤에 두로혁이 이에 韋說을 천거하여 재상으로 삼았다. 위열은 唐나라 말엽에 殿中侍御史로 있다가 어떤 일에 연좌되어 南海로 폄적되었고 뒤에 梁나라를 섬겨 禮部侍郎이 되었다. 두로혁은 위열이 前朝의 故事를 잘 알고 있다고 여겼다. 그래서 그를 추천하여 자신의 보좌로 삼았는데 이윽고 보니 위열 역시 學術은 없고 그저 명문가 출신으로 자부할 뿐이었다.

1) 韋說(열) : ?~927. 京兆 萬年 사람이다. 後唐의 大臣으로 福建觀察使 韋岫의 아들이다. 後唐 莊宗이 建國하였을 때 趙光胤과 함께 同中書門下平章事가 되

었다. 성격이 謹重하여 직책을 수행할 때 事端을 만들지 않았다. 이때 郭崇韜가 정권을 잡아 국가를 혼란하게 하였는데도 그는 바로잡는 일이 없었다. 후에 溆州刺史로 폄적되었다가 夷州司戶參軍으로 강등되었다. 天成 2년(927)에 죄를 받아 죽었다.

2) 故 : ≪新五代史≫에는 '故'가 없다.

是時에 莊宗內畏劉皇后하고 外惑宦官伶人이어늘 郭崇韜雖盡忠於國이나 而亦無學術하고 革說俯仰하야 默默無所爲요 唯諾崇韜而已러라 唐梁之際에 仕宦遭亂奔亡하고 而吏部銓文書不完일새 因緣以爲姦利하야 至有私鬻告勑[1]하고 亂易昭穆[2]하야 而季父母舅反拜姪甥者라 崇韜請論以法하다 是時에 唐新滅梁이라 朝廷紀網未立하니 議者以爲宜革以漸이로되 而崇韜嫉惡太甚하고 果於必行이라 說革心知其未可而不能有所建言하다 是歲冬에 選人[3]吳延皓가 改亡叔告身行事러니 事發에 延皓及選吏尹攻[4]이 皆坐死요 尙書左丞判吏部銓崔沂等皆貶하고 說革詣閤門待罪라 由是로 一以(號)〔新〕[5]法從事하야 往往以僞濫駁放하야 而斃踣羈旅하고 號哭道路者가 不可勝數러라 及崇韜死하야 說乃教門人上書言其事하니 而議者益以罪之라

이때에 莊宗이 안으로는 劉皇后를 두려워하고 밖으로는 宦官과 伶人에게 현혹되었는데, 郭崇韜가 비록 국가에 충성을 다하였으나 그 역시 學術이 없었고, 豆盧革·韋說이 時勢를 따르면서 묵묵하게 있으며 하는 일 없이 그저 곽숭도에게 附和할 뿐이었다.

唐과 梁의 교체기에 관리들이 난리를 만나 도망하였고 吏部의 관리 銓衡 문서들이 완전하지 않았기에, 이를 이용하여 私利를 도모하여 사사로이 告勑을 팔아먹고 昭穆을 어지러이 뒤섞어 숙부와 외삼촌의 직책을 뒤바꾸어 조카와 생질에게 제수하는 경우까지 있는지라 곽숭도가 이를 법으로 논죄하기를 청하였다.

이때에 唐나라가 막 梁나라를 멸망시킨지라 朝廷의 기강이 아직 서지 못했으니 논의하는 자들이 의당 점진적으로 개혁해야 한다고 하였다. 그렇지만 곽숭도는 악인을 너무 심하게 미워하고 일을 반드시 실행하는 데 과감한지라 위열·두로혁이 마음속으로는 이렇게 해서는 안 됨을 알면서도 건의하는 말을 하지 못하였다.

이해 겨울에 選人 吳延皓가 작고한 숙부의 告身을 고쳐 行事하였는데 이 일이 발각되자 오연호 및 選吏 尹玫이 모두 연좌되어 사형을 당했고, 尙書左丞 判吏部銓 崔沂 등이 모두 좌천되었으며, 위열·두로혁은 閤門에 나아가 待罪하였다.

이로부터 일률적으로 새로 만든 법에 따라 일을 처리하여 종종 마음대로 법을 적용하여 논박하고 放逐하여 타향으로 쫓겨나 죽고 길에서 울부짖으며 통곡하는 자들이 이루 헤아릴 수가 없었다.

곽숭도가 죽자 위열이 이에 門人으로 하여금 글을 올리게 하여 이 일을 말하니 의논하는 자들이 더욱 그에게 죄가 있다고 여겼다.

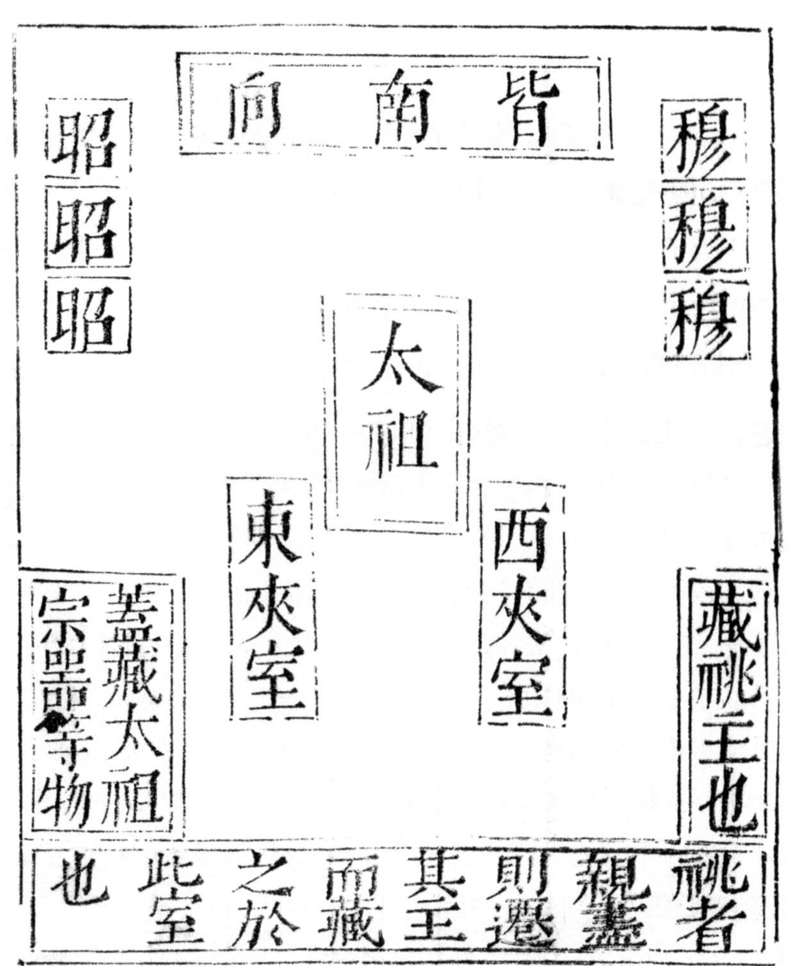

昭穆(天子七廟圖)

1) 告勑 : 告身과 같은 말로, 朝廷에서 관직을 제수하는 문서이다.
2) 昭穆 : 祠堂에 조상의 神主를 모시는 차례로, 始祖를 가운데 모시고 2世・4世・6世는 왼편에 모셔 昭라 하고, 3世・5世・7世는 오른편에 모셔 穆이라 한다. 天子는 7廟로 3昭・3穆이고, 諸侯는 5廟로 2昭・2穆이며, 大夫는 3廟로 1昭・1穆인데, 할아버지와 손자는 항상 配가 된다.(≪文獻通考≫ 〈宗廟考〉)
3) 選人 : 唐나라 때 과거에 합격하고 임용을 기다리는 관원을 가리킨다.
4) 攻 : ≪新五代史≫에는 '玫'자로 되어 있다.
5) (號)〔新〕: 저본에는 '號'로 되어 있으나, 사고전서본과 ≪新五代史≫에 의거하여 '新'으로 바로잡았다.

是歲에 大水하고 四方地連震하야 流民殍死者가 數萬人이요 軍士妻子皆採稆以食이어늘 莊宗日以責三司使孔謙한대 謙不知所爲라 樞密小吏段徊曰 臣嘗見前朝故事호니 國有大故면 則天子以朱書御札問宰相이니 水旱은 宰相職也라하다 莊宗乃命學士草詔하고 手自書之하야 以問革說하니 革說不能對요 第曰 陛下威德이 著于四海라 今西兵破蜀하야 所得珍寶億萬이니 可以給軍이라 水旱은 天之常道니 不足憂也라하다

이해에 큰물이 지고 사방에서 연이어 地震이 발생하여 유랑하는 백성들로 굶어죽은 자가 수만 명이었고 병사들과 그들의 처자식들이 모두 돌벼를 베어다 먹었는데, 莊宗이 날마다 三司使 孔謙을 문책했으나 공겸은 어찌할 줄 몰랐다.

樞密院 小吏 段徊가 말하기를 "신이 일찍이 前朝의 故事를 보니 국가에 큰 재난이 생기면 天子가 붉은 글씨로 쓴 御札을 내려 宰相에게 물었습니다. 홍수와 가뭄은 재상의 직무입니다."라고 하였다.

장종이 이에 學士에게 詔書를 기초하라고 명하고 손수 조서를 써서 豆盧革과 韋說에게 물으니 두로혁과 위열이 대답하지 못하고, 단지 아뢰기를 "陛下의 威德이 四海에 드러나 있습니다. 지금 서쪽으로 군대를 보내 蜀을 정벌하여 얻은 珍寶가 億萬이나 되니 군대에 상으로 내릴 수 있습니다. 홍수와 가뭄은 하늘에서 늘 내리는 일이니 족히 근심할 것이 없습니다."라고만 하였다.

革自爲相으로 **遭天下多故**어늘 **而方服丹砂鍊氣**[1]하야 **以求長生**이러니 **嘗嘔血數日幾死**라 **二人各以其子爲拾遺**하야 **父子同省**하니 **人以爲非**라 **遽改他官**하야 **而革以說子爲弘文館學士**하고 **說以革子爲集賢院學士**라

豆盧革이 재상이 된 이후로 天下가 多事多難한 때를 만났거늘 한창 丹砂를 복용하고 鍊氣하면서 長生을 구하였는데 한번은 피를 토한 지 수일 만에 거의 죽을 뻔하였다.

두로혁・韋說 두 사람이 각기 자기 아들을 拾遺로 삼아 父子가 같은 省에서 근무하니 사람들이 잘못된 일이라고 여기는지라, 곧바로 다른 관직으로 바꿔 임명하여 두로혁은 위열의 아들을 弘文館學士로 삼고, 위열은 두로혁의 아들을 集賢院學士로 삼았다.

1) 鍊氣 : 心氣를 鍛鍊하는 道家의 長生術의 한 가지이다.

莊宗崩에 **革爲山陵使**러니 **莊宗已祔廟**에 **革以故事當出鎭**이라 **乃還私第**어늘 **數日未得命**하니 **而故人賓客**이 **趣使入朝**하다 **樞密使安重誨**가 **詬之于朝曰 山陵使(命)〔名〕**[1]**尙在**어늘 **不俟改命**하고 **遽履新朝**하니 **以我武人可欺邪**(야)아하다 **諫官希旨**하야 **上疏誣革縱田客殺人**하고 **說坐與隣人爭井**하야 **遂俱罷**하다 **革貶辰州刺史**하고 **說漵州刺史**하니 **所在馳驛發遣**하다 **宰相鄭珏任圜**이 **三上章**하야 **請毋行後命**[2]한대 **不報**하다 **革復**(부)**坐請俸私自入**하고 **說賣官與選人**하야 **責授革費州司戶參軍**하고 **說夷州司戶參軍**하니 **皆員外置同正員**이라 **已而**오 **竄革陵州**하고 **說合州**하니 **皆長流百姓**이라

莊宗이 崩御하였을 때 豆盧革이 山陵使가 되었는데 장종이 이미 宗廟에 祔祭된 뒤에 두로혁은 관례에 따라 외직인 鎭으로 나가야 하였다. 이에 집으로 돌아왔는데 며칠 동안 임명을 받지 못하니 벗들과 賓客들이 그에게 入朝하라고 재촉하였다.

樞密使 安重誨가 조정에서 그를 꾸짖기를 "산릉사라는 職名을 아직 띠고 있는데도 다른 임명이 내리기를 기다리지 않고 대뜸 새 조정에 들어오니 우리 武人들을 속일 수 있다고 여기는가?"라고 하였다. 諫官이 〈안중회의〉 뜻에 영합하여 疏章을 올려 두로혁은 소작인을 풀어 사람을 죽였고 韋說은 이웃사람과 우물을 다툰 죄를

지었다고 誣告하여 마침내 두 사람 모두 파직되었다.

두로혁은 辰州刺史로 폄적되고 위열은 溆州刺史로 폄적되니 가는 곳마다 驛馬를 타고 보내도록 하였다. 宰相 鄭珏과 任圜이 세 번이나 上書하여 後命을 내리지 말 것을 청하였는데 황제가 비답을 내리지 않았다.

두로혁은 俸祿을 요구하여 자기가 착복한 일로 다시 죄목에 걸리고 위열은 관직을 팔아 選人에게 준 일로 죄를 받아 두로혁은 費州司戶參軍으로, 위열은 夷州司戶參軍으로 강등하여 임명하니 모두 正員 외에 安直한 것으로 정원과 같은 대우를 받았다. 얼마 있다가 두로혁은 陵州로 유배 보내고 위열은 合州로 유배 보내니 모두 장기 유배의 백성이 되었다.

1) (命)〔名〕: 저본에는 '命'으로 되어 있으나, 사고전서본과 ≪新五代史≫에 의거하여 '名'으로 바로잡았다.

2) 後命 : 流配된 죄인에게 死藥을 내려 賜死하는 명을 말한다.

初에 說嘗以罪竄之南海[1]라가 遇赦하야 還寓江陵하야 與高季興相知러니 及爲相하야 常以書幣相問遺라 唐兵伐蜀에 季興請以兵入三峽하니 莊宗許之하야 使季興自取夔忠萬歸峽等州爲屬郡이러니 及破蜀에 季興無功하고 而唐用他將하야 取五州라 明宗初卽位에 季興數請五州하야 以爲先帝所許라하니 朝廷不得已而與之[2]하다 及革說再貶에 因以其事로 歸罪二人하니라 天成[3]二年夏에 詔陵合州刺史하야 監賜自盡이라

당초에 韋說이 일찍이 죄를 지어 南海로 유배 갔다가 사면을 받아 돌아와 江陵에 우거하면서 高季興과 知己가 되었는데 재상이 되고서 늘 書信과 禮物로 안부를 묻곤 하였다.

唐나라 군대가 蜀을 정벌할 때 고계흥이 군대를 거느리고 三峽에 들어가기를 청하니 莊宗이 허락하고서 고계흥에게 夔州·忠州·萬州·歸州·峽州 등을 직접 취하여 屬郡으로 삼도록 했는데, 蜀을 함락할 때에 미쳐서 고계흥은 戰功이 없었고 唐나라가 다른 장수를 기용하여 다섯 州를 취하였다.

明宗이 처음 막 즉위했을 때 고계흥이 여러 차례 다섯 주를 맡게 해달라고 청하면

서 先帝께서 허락한 일이라고 하니 朝廷에서는 어쩔 수 없이 그에게 주었다. 豆盧革・韋說이 재차 폄적되었을 때 이로 인하여 그 일을 가지고 두 사람에게 죄를 돌렸다. 天成 2년(927) 여름에 陵州와 合州의 刺史에게 조서를 내려 〈두 사람에게〉 自盡하라는 명을 행하는 것을 감독하게 하였다.

1) 說嘗以罪竄之南海 : ≪五代史記纂誤續補≫ 卷2에 "살펴보건대, '之'자는 삭제해도 된다.〔按之字可去〕"라고 하였다.
2) 明宗初卽位……朝廷不得已而與之 : ≪五代史記纂誤續補≫ 卷2에 "살펴보건대, 薛居正의 ≪舊五代史≫ 〈韋說傳〉에서 自盡하라는 명을 내리는 詔書에 '난이 일어난 연유를 조용히 생각하니 다시 용납하기 힘든 사정이 있다. 게다가 夔州・忠州・萬州 세 주는 巴蜀과 땅이 이어져 있고 荊蠻을 控制하는 길목인데 皇都의 禍患을 진압하는 처음에 접하여 배반한 장수가 참람히 요구하는 형세를 따라주어 나의 耳目을 미혹시키고 자기 뜻대로 땅을 떼어주었다.'라고 하였으니, 이때 朝廷에서 준 것은 세 주일 뿐이지 다섯 주가 아니다. ≪資治通鑑≫에는 바로 '高季興이 表文을 올려 기주・충주・만주 세 주를 屬郡으로 삼게 해달라고 하니 조서를 내려 허락하였다.'로 되어 있고, 이 부분의 ≪資治通鑑考異≫에서 ≪十國紀年≫, ≪明宗實錄≫을 인용하였는데 역시 '표문을 올려 기주・충주・만주 세 주를 달라고 하니, 허락하였다.'로 되어 있다. 앞에서 '고계흥이 군대를 거느리고 三峽에 들어가기를 청하니 莊宗이 윤허하고서 고계흥에게 기주・충주・만주・歸州・峽州 등을 직접 취하여 屬郡으로 삼도록 했다.'라고 한 부분은 ≪資治通鑑≫에 '이어 조서를 내려 高季興에게 기주・충주・만주 세 주를 직접 취하여 巡屬으로 삼도록 했다.'로 되어 있어 역시 '五州'로 되어 있지 않다.〔按薛史韋說傳 賜自盡詔曰 靜惟肇亂之端 更有難容之事 且夔忠萬三州 地連巴蜀 路扼荊蠻 接皇都弭難之初 徇逆帥僭求之勢 罔予視聽 率意割移 是朝廷所與 止三州 非五州 通鑑正作高季興表求夔忠萬三州爲屬郡 詔許之 考異引十國紀年明宗實錄 亦作表求夔忠萬三州 許之 上季興請以兵入三峽 莊宗許之 使季興自取夔忠萬歸峽等州爲屬郡 通鑑作仍詔季興自取夔忠萬三州爲巡屬 亦不作五州也〕"라고 하였다.
3) 天成 : 後唐 明宗의 연호(926~929)이다.

革子昇說子濤는 **皆官至尙書郎**이라가 **坐其父廢**러니 **至晉天福**[1]**初**하야 **濤爲尙書膳部員外郎**하야 **卒**하다

豆盧革의 아들 豆盧昇과 韋說의 아들 韋濤는 모두 관직이 尙書郎에 이르렀다가 그 부친의 죄에 연좌되어 파직되었는데, 晉나라 天福 초년에 이르러 위도는 尙書膳部員外郎이 되어 졸하였다.

1) 天福 : 後晉 高祖 石敬瑭의 연호(936~943)이다.

02. 任圜傳* 任圜의 傳記

* 任圜(?~927)은 京兆 三原 사람이다. 임환의 列傳은 ≪舊五代史≫ 卷67 〈唐書 第43 列傳19〉와 ≪新五代史≫ 卷28 〈唐臣傳 第16〉에 실려 있다.

歐陽脩는 ≪구오대사≫에 740여 자 정도로 수록되어 있던 임환의 傳記를 1천 3백여 자로 늘려 기술하였는데, ≪신오대사≫에는 晉王 李克用 사후 후계 구도에서 李嗣昭의 참모로 조언한 일, 鎭州 함락 과정에서 辯舌을 발휘해 張處球를 설득한 일화, 부하 張彭의 비리 고발 사건 전말, 豆盧革과 韋悅의 공백으로 인한 후임 재상 선발 과정에서 大臣들과의 알력 등 ≪구오대사≫에 없거나 간략히 서술하고 지나친 부분들이 자세히 기술되어 있다.

임환은 부친 任茂弘이 唐末의 혼란기 때 太原으로 피해 온 이후 그곳에서 자라며 이사소의 幕下에 들어갔다. 그는 명석하고 論辯에 뛰어난 文人이면서도 장수로서의 기질이 없지 않았던 文武를 겸한 인재였다. 그래서 後梁과 後唐 사이에 치열한 싸움이 벌어졌던 胡柳陂에서 武功을 세웠을 때 莊宗이 儒者로서 용맹을 떨친 그를 稱賞하였고, 鎭州에서 張文禮를 토벌할 때 이사소가 전사하자 그를 대신해 군대를 통솔하면서 장문례의 아들 장처구를 이치로 설득해 진주를 함락하기도 하였다.

하지만 이후 그는 樞密使를 지낸 郭崇韜·安重誨와의 잦은 의견 충돌을 비롯한 몇 가지 사건으로 인해 서로 反目하게 되었다. 곽숭도와는 부하 장팽의 비리 고발로 인해 사이가 틀어졌고, 안중회와는 재상 천거 문제와 宮中의 館券 발급 문제로 인한 의견 충돌과 妓女를 주지 않은 일로 원한을 사게 되었다.

이는 아마도 그가 문인이었지만 다분히 장수의 기질이 있어 당시 위세가 등

등했던 추밀사들과 경쟁의식이 있었기 때문이 아닌가 한다. 임환은 명종 때 재상이 되기는 하였으나 致仕한 뒤 안중회의 역모 고발로 연좌되어 결국 죽임을 당하였다.

구양수는 명종의 本紀인 〈唐本紀 第6〉에서 명종의 여러 治績을 높이 평가하면서도 마지막 부분에서는 "저 李從榮의 변란과 임환·안중회 등이 죽은 일과 같은 것은 上下가 서로 따르기만 하고 비방과 칭찬이 顚倒된 데서 온 폐단이라 할 수 있다."라고 하면서, 명종이 임환을 죽인 일에 대해 유감을 표하였다.

한편 ≪구오대사≫의 史臣의 史評에서는 "임환은 縱橫으로 사람들을 救濟하는 才幹이 있었으나 明哲保身하는 방도가 없어 물러나서도 화를 피하지 못하였으니 아, 서글플 만하다.〔任圜有縱橫濟物之才 無明哲保身之道 退猶不免 吁可悲哉〕"라고 하여, 임환의 말년의 처신에 미흡한 점이 있었음을 안타까워하였다.

任圜은 京兆三原人也라 爲人明敏하야 善談辯하니 見者愛其容止라가 及聞其論議縱橫하고 益皆悚動이라 李嗣昭節度昭義에 辟圜觀察支使하다 梁兵築夾城圍潞州러니 踰年而晉王薨에 晉兵救潞者皆解去라 嗣昭危甚하야 問圜去就之計하니 圜勸嗣昭堅守以待요 不可有二心이라 已而오 莊宗攻破梁夾城하고 聞圜爲嗣昭畫守計하고 甚嘉之라 由是로 益知名이러라 其後에 嗣昭與莊宗有隙이어늘 圜數奉使往來하야 辯釋讒搆하니 嗣昭卒免於禍는 圜之力也라 嗣昭從莊宗戰胡柳하야 擊敗梁兵하니 圜頗有功이라 莊宗勞之曰 儒士亦破體邪(야)[1]아 仁者之勇이 何其壯也오

任圜은 京兆 三原 사람이다. 사람됨이 明敏하여 論辯을 잘하니 보는 자들이 그의 용모와 행동을 좋아하다가 그의 종횡무진한 論議를 듣고는 모두 더욱 놀랐다. 李嗣昭가 昭義節度使로 있을 때 임환을 觀察支使로 불렀다. 梁나라 군대가 夾城을 쌓고 潞州를 포위하였는데 한 해가 지나 晉王(李克用)이 薨逝하자 노주를 구원하던 晉나라 군대가 모두 포위를 풀고 떠났다.

이사소가 몹시 위급하여 임환에게 去就의 계책을 물으니 임환이 이사소에게 굳게 지키며 기다릴 것이요 두 마음을 품어서는 안 된다고 권유하였다. 얼마 있다가 唐

莊宗이 梁나라의 협성을 격파하고는 임환이 이사소에게 굳게 지키자는 계책을 내었다는 말을 듣고 몹시 그를 가상히 여겼다. 이로부터 더욱 임환의 이름이 알려졌다.

이후에 이사소가 장종과 틈이 벌어졌는데 임환이 여러 차례 使命을 받들고 그들 사이를 왕래하면서 讒言과 모함을 변론하고 해소하니, 이사소가 마침내 禍에서 벗어날 수 있었던 것은 임환의 공로였다.

이사소가 장종을 따라 胡柳에서 전투하여 梁나라 군대를 격파하니 임환이 자못 전공이 있는지라, 장종이 그를 위로하면서 말하기를 "儒士 또한 신체를 훼손하는가. 仁者의 용맹함이 어찌 이리 장렬하단 말인가."라고 하였다.

1) 儒士亦破體邪(야) : ≪孝經≫ 〈開宗明義章〉에 "신체의 머리털과 살은 부모에게서 받아 나온 것이니 감히 훼상하지 않는 것이 효도의 시작이 되고, 입신출세하여 도를 행해서 후세에 명성을 드날려 부모를 현양하는 것이 효도의 끝이 된다.〔身體髮膚 受之父母 不敢毁傷 孝之始也 立身行道 揚名於後世 以顯父母 孝之終也〕"라고 한 데서, 儒家에서는 자신의 몸을 부모의 肢體로 보아 함부로 하지 않으므로 이렇게 말한 것이다.

張文禮弑王鎔이어늘 **莊宗遣嗣昭討之**라 **嗣昭戰歿**한대 **圜代將其軍**하니 **號令嚴肅**[1])이라 **旣而**오 **文禮子處球等**이 **閉城堅守**하야 **不可下**어늘 **圜數以禍福諭鎭人**하니 **鎭人信之**라 **圜嘗擁兵至城下**하니 **處球登城呼圜曰 城中兵食俱盡**하고 **而久抗王師**하니 **若泥首**[2]) **自歸**라도 **懼無以塞責**이라 **幸公見哀**하야 **指其生路**하라하니 **圜告之曰 以子先人**으로는 **固難容貸**나 **然罰不及嗣**[3])하나니 **子可從輕**이로되 **其如拒守經年**하야 **傷吾大將**이라가 **一朝困竭**에야 **方布款誠**하니 **以此計之**면 **子亦難免**이라 **然坐而待斃**가 **曷若伏而俟命**고하다 **處球流涕曰 公言**이 **是也**라하고 **乃遣人送狀乞降**(항)하니 **人皆稱圜其言不欺**하다 **旣而**오 **他將攻破鎭州**하야 **處球雖見殺**이나 **而鎭之吏民以嘗乞降**이라 **故得保其家族者甚衆**이라

張文禮가 王鎔을 시해하자 莊宗이 李嗣昭를 보내 토벌하였다. 이사소가 전사하자 任圜이 그를 대신해 군사를 통솔하니 號令이 嚴肅하였다. 얼마 있다가 장문례의 아들 張處球 등이 성문을 닫고 굳게 지켜 함락할 수가 없었는데, 임환이 누차 禍福을

가지고 鎭州 사람들을 曉諭하니 진주 사람들이 그를 믿었다.

임환이 일찍이 군사를 거느리고 城下에 이르니 장처구가 성에 올라 임환을 부르며 말하기를 "城中의 군대의 식량이 모두 떨어지고 오랫동안 朝廷의 군대에 저항하였으니 만약 머리에 진흙을 바르고 조정에 歸附하더라도 罪責을 모면할 수 없을까 두렵습니다. 부디 공께서 불쌍히 여겨주어 제가 살길을 가리켜주기 바랍니다."라고 하였다.

그러자 임환이 그에게 고하기를 "그대의 先人으로 말하자면 진실로 용서받기 어렵다. 그렇지만 罰은 후대에 미치지 않나니 그대는 가벼운 처벌을 받을 수 있었다. 하지만 해를 넘기며 버티고 지키면서 우리의 大將을 殺傷하였다가 하루아침에 곤란한 처지가 되어서야 겨우 誠心을 보이니 이를 가지고 헤아려보면 그대 역시 처벌을 면하기는 어렵다. 그렇지만 앉아서 죽기를 기다리는 것보다 엎드려 명을 기다리는 것이 어떠한가?"라고 하였다.

장처구가 눈물을 흘리면서 말하기를 "공의 말씀이 옳습니다."라고 하고, 이에 사람을 보내 항복하는 글을 보내 투항하니 사람들이 모두 임환의 말이 남을 속이지 않는다고 칭탄하였다.

얼마 있다가 다른 장수가 진주를 함락하여 장처구가 비록 죽임을 당했으나, 진주의 관리와 백성들은 이전에 투항하였다는 연유로 자기 家族을 보전할 수 있게 된 자들이 매우 많았다.

1) 嗣昭戰歿……號令嚴肅 : ≪五代史記纂誤續補≫ 卷2에 "살펴보건대, 〈王鎔傳〉에서 '李嗣昭가 날아오는 화살에 맞자 죽자 李存進으로 대신하게 하였다.'라고 하였고, 薛居正의 ≪舊五代史≫에서 '常山 전투에서 이사소가 統帥였는데 軍中에서 죽자 任圜이 그 일을 대신 총괄하니 號令이 이전과 똑같아 敵軍이 알지 못하였다.'고 하였고, ≪資治通鑑≫에서 '이사소가 遺命으로 澤州·潞州의 군대를 判官 임환에게 모두 주어 諸軍을 감독하게 하였는데 鎭州를 공격할 때 호령이 이전과 똑같아 진주 사람들이 이사소가 죽었다는 사실을 알지 못하였다.'라고 하였다. 아마도 이사소가 이제 막 죽어 朝廷에서 아직 대리를 임명하기 전에 임환이 그 일을 임시로 총괄한 것일 뿐인 듯하다. 본문에서는 敵軍이 알지 못하였다는 말을 삭제하여 완전히 조정이 임환에게 將帥를 대신하라고

명한 것처럼 보인다.〔按王鎔傳 嗣昭中流矢卒 以李存進代之 薛史 常山之役 嗣昭爲帥 卒于軍 圜代總其事 號令如一 敵人不知 通鑑 嗣昭遺命悉以澤潞兵授判官任圜 使督諸軍 攻鎭州 號令如一 鎭人不知嗣昭之死 蓋嗣昭方死朝廷未命代之前 圜權總其事耳 此削去敵人不知語 豈似朝廷命圜代將者〕"라고 하였다.

2) 泥首 : 죄를 지은 사람이 사죄하는 뜻으로 머리에 진흙을 칠하는 것으로, 뒤에는 머리를 땅에 조아린다는 뜻으로 쓰기도 한다.

3) 罰不及嗣 : ≪書經≫ 〈虞書 大禹謨〉에 나오는 말이다.

其後에 以鎭州爲北京하야 拜圜工部尙書하고 兼眞定尹北京副留守知留守事하니 爲政有惠愛라 明年에 郭崇韜兼領成德軍節度使하야 改圜行軍司馬하고 仍知眞定府事러라 圜與崇韜素相善하고 又爲其司馬일새 崇韜因以鎭州事託之어늘 而圜多所違異라 初에 圜推官張彭이 爲人傾險貪黷이어늘 圜不能察하고 信任之하야 多爲其所賣러라 及崇韜領鎭하야 彭爲圜謀隱其公廨錢이라 後에 莊宗遣宦者하야 選故趙王時宮人百餘人할새 有許氏者尤有色이어늘 彭賂守者匿之러라 後事覺하야 召彭詣京師하야 將罪之할새 彭懼하야 悉以前所隱公錢簿書獻崇韜라 崇韜深(得)〔德〕[1]彭하야 不殺하니 由是로 與圜有隙이라 同光三年에 圜罷司馬하고 守工部尙書하다

이후에 鎭州를 北京으로 삼고서 任圜을 工部尙書에 배수하고 眞定尹 北京副留守知留守事를 겸임하게 하니 정사를 펼침에 백성들에게 은택을 끼쳤다.

이듬해 郭崇韜가 成德軍節度使를 겸임하고서 任圜을 行軍司馬로 고쳐 임명하고 知眞定府事는 그대로 맡게 하였다. 임환이 평소 곽숭도와 사이가 좋았던 데다 그의 司馬가 되므로 곽숭도가 이에 鎭州의 일을 그에게 맡겼는데 임환이 그와 서로 의견이 충돌할 때가 많았다.

당초에 임환의 推官 張彭이 사람됨이 음험하고 탐욕스러웠는데 임환이 살피지 못하고 그를 신임하여 그에게 기만당하는 일이 많았다. 곽숭도가 진주를 통솔하게 되자 장팽이 임환을 위해 도모하여 그 官府의 돈을 빼돌렸다.

뒤에 莊宗이 宦官을 보내 옛 趙王 때의 궁녀 100여 사람을 뽑을 때 許氏라는 여인이 더욱 美色이 있었는데 장팽이 宮女를 관리하는 자에게 뇌물을 주어 허씨를

숨겼다.

뒤에 이 일이 발각되어 장팽을 불러서 京師로 오게 하여 그에게 죄를 주려고 할 때, 장팽이 두려워져서 일전에 빼돌린 관부의 돈을 기록한 장부를 가지고 전부 곽숭도에게 바쳤다. 곽숭도가 장팽을 매우 고맙게 여겨 죽이지 않으니 이로 말미암아 임환과 틈이 벌어졌다.

同光 3년(925)에 임환은 행군사마에서 파직되고 守工部尙書가 되었다.

1) (得)〔德〕: 저본에는 '得'으로 되어 있으나, 사고전서본과 ≪新五代史≫에 의거하여 '德'으로 바로잡았다.

魏王繼岌暨崇韜伐蜀에 **懼圜攻己於後**하야 **乃辟圜參魏王軍事**하다 **蜀滅**에 **表圜黔南節度使**어늘 **圜懇辭不就**하다 **繼岌殺崇韜**하고 **以圜代將其軍而旋**하다 **康延孝反**커늘 **繼岌遣圜將三千人**하야 **會董璋孟知祥等兵**하야 **擊敗延孝於漢州**어늘 **而魏王先至渭南**하야 **自殺**이라 **圜悉將其軍以東**하다 **明宗嘉其功**하야 **拜圜同中書門下平章事**하고 **兼判三司**하다 **是時**에 **明宗新誅孔謙**[1]한대 **圜選辟才俊**하고 **抑絶僥倖**하야 **公私給足**하니 **天下便之**라

魏王 李繼岌과 郭崇韜가 蜀을 정벌할 때 任圜이 배후에서 자신을 공격할까 두려워하여 이에 임환을 불러서 위왕의 軍事에 참여하게 하였다. 蜀이 멸망하자 表奏하여 임환을 黔南節度使로 삼았는데 임환은 간곡히 사양하며 就任하지 않았다. 이계급이 곽숭도를 죽이고 임환에게 곽숭도의 군대를 대신 거느리게 하여 개선하였다.

康延孝가 배반하자 이계급이 임환을 보내 3천 명을 거느리고 가서 董璋・孟知祥 등의 군대와 회합하여 漢州에서 강연효를 공격해 물리쳤는데, 위왕이 먼저 渭南에 이르러 自殺한지라 임환이 그 군대를 전부 거느리고 동쪽으로 갔다. 明宗이 그의 공로를 가상히 여겨 임환에게 同中書門下平章事를 배수하고 判三司를 겸임하게 하였다.

이때에 명종이 막 孔謙을 주벌하자 임환이 재능 있는 사람을 선발하고 요행을 바라는 소인들을 압제하여 국가와 백성이 모두 풍족하게 되니 天下 사람들이 편안하게 여겼다.

1) 明宗新誅孔謙 : 後梁 때 租庸使를 설치하여 天下의 錢穀을 담당하고 度支・戶部・鹽鐵의 관직을 폐지하였는데, 後唐 莊宗이 후량을 멸망시키고 그대로 두었다가 明宗이 즉위하였을 때 租庸使 孔謙을 誅罰하면서 조용사를 폐지하고서 大臣 1인이 호부・탁지・염철을 맡게 하고 判三司라고 불렀다. 任圜이 判三司가 되었으므로 이 일을 말한 것이다. 앞의 권7 〈張延朗傳〉 참조.

是秋에 韋說豆盧革罷相한대 圜與安重誨鄭珏孔循으로 議擇當爲相者하니 圜意屬李琪로되 而珏循雅不欲琪爲相이라 謂重誨曰 李琪非無文藝나 但不廉耳라 宰相은 端方有器度者라야 足以爲之니 太常卿崔協이 可也라하니 重誨以爲然하다 佗日에 明宗問誰可相者오하니 重誨卽以協對하니 圜前爭曰 重誨는 未諳朝廷人物하야 爲人所賣라 天下皆知崔協不識文字하고 而虛有儀表하야 號爲沒字碑[1]라 臣以陛下誤加採擢하야 無功幸進하고 比不知書하니 以臣一人取笑가 足矣라 相位有幾완대 豈容更益笑端이릿고하니 明宗曰 宰相은 重位니 卿等更自詳審하라 然吾在藩時에 識易州刺史韋肅이라 世言肅名家子하고 且待我甚厚하니 置之此位가 可乎아 肅或未可인댄 則馮書記[2]가 先朝判官으로 稱爲長者하니 可以相矣라하니 馮書記者는 道也라 議未決이어늘 重誨等退休於中興殿廊下하니 孔循不揖하고 拂衣而去하야 行且罵曰 天下事를 一則任圜이요 二則任圜이니 圜乃何人고하다 圜謂重誨曰 李琪才藝는 可兼時輩百人이어늘 而讒夫巧沮하야 忌害其能하니 若舍琪而相協은 如棄蘇合之丸[3]而取蛣蜋之轉也라하니 重誨笑而止하다 然重誨終以循言爲信하야 居月餘에 協與馮道皆拜相[4]하다 協在相位數年에 人多嗤其所爲라 然圜與重誨交惡(오)는 自協始하니라

이해 가을에 韋說・豆盧革이 宰相에서 파직되자 任圜이 安重誨・鄭珏・孔循과 함께 재상이 될 만한 사람을 뽑는 문제를 의논하니, 임환은 李琪에게 뜻이 있었으나 정각과 공순은 평소 이기가 재상이 되는 것을 바라지 않는 터라 안중회에게 이르기를 "이기는 文藝가 없지 않지만 청렴하지 못합니다. 재상은 단정하고 정직하면서 器度가 있는 자라야 족히 할 수가 있으니 太常寺卿 崔協이 좋습니다."라고 하니 안중회가 그 말을 옳게 여겼다.

후일에 明宗이 누가 재상으로 좋은지 묻자 안중회가 곧바로 최협이라고 대답하니, 임환이 앞에 나와 爭執하기를 "안중회는 朝廷의 人物을 잘 알지 못해 남에게 잘 기만당합니다. 천하 사람들 모두 최협이 文字를 모르고 한갓 威儀만 있다는 것을 알아 沒字碑라고 부르고 있습니다. 신은 陛下께서 잘못 뽑아주셔서 공로는 없이 요행으로 승진하고 전혀 글을 알지 못하니 신 한 사람이 웃음거리가 되면 그것으로 충분합니다. 재상이 몇 자리나 되기에 어찌 다시 비웃음을 사는 빌미를 더할 수 있겠습니까?"라고 하였다.

그러자 명종이 말하기를 "재상은 중요한 자리이니 卿 등은 다시 따로 자세히 熟考하라. 그렇지만 내가 藩鎭에 있을 때 易州刺史 韋肅을 알고 지냈다. 세상 사람들이 위숙이 명문가 출신이라고 말하고 게다가 나를 매우 극진히 대우하였으니 이 자리에 두는 것이 괜찮겠는가? 위숙이 혹 안 된다면 馮書記가 先朝의 判官으로서 長者로 일컬어지니 재상이 될 만할 것이다."라고 하니 풍서기라는 자는 馮道이다.

논의가 결정되지 않자 안중회 등이 中興殿의 회랑 아래에 물러나 쉬고 있으니, 공순이 揖하지 않고 옷을 털며 떠나 걸어가면서 투덜대기를 "天下의 일을 첫째도 임환이 하고 둘째도 임환이 하니 임환이 도대체 어떤 사람인가."라고 하였다.

임환이 안중회에게 이르기를 "이기의 才藝는 지금의 同流 100인을 아우를 만한데 讒訴하는 이가 교묘하게 그를 저지하여 그의 재능을 질시하고 훼방하니, 이기를 버리고 최협을 재상으로 삼는 것은 마치 蘇合丸을 버리고 쇠똥구리가 굴린 똥을 취하는 것과 같습니다."라고 하니, 안중회가 웃으면서 그만두었다.

하지만 안중회는 결국 공순의 말이 믿을 만하다고 여겨 한 달 남짓 지나 최협과 풍도가 모두 재상에 배수되었다. 최협이 재상의 자리에 있은 수년 동안 그가 한 일을 비웃는 사람들이 많았다. 그렇지만 임환과 안중회의 사이가 나빠진 것은 최협의 일로부터 비롯하였다.

1) 沒字碑 : 글자를 새기지 않은 碑石으로, 용모와 풍채만 그럴 듯하고 글을 알지 못하는 자를 비유한 말이다.

2) 馮書記 : 馮道(882~954)로, 字는 可道이다. 일생 동안 唐・晉・契丹・漢・周 등 五朝의 재상으로 六帝를 섬긴 인물이다. 풍도는 長樂老라고 自號하고서

스스로 매우 영화롭게 여겼는데, 歐陽脩가 ≪新五代史≫를 편찬할 때 풍도의 傳記를 〈雜傳〉에 넣고 염치없는 자라고 혹평하였다.

3) 蘇合之丸 : 蘇合丸은 麝香·朱沙 따위를 갈아서 빚어 만든 丸藥으로, 위장을 깨끗하게 하고 정신을 맑게 한다고 한다.

4) 居月餘 協與馮道皆拜相 : ≪五代史記纂誤續補≫ 卷2에 "살펴보건대, 이미 이해 가을에 韋說·豆盧革이 재상에서 파직되었다고 하였으면, 이른바 한 달 남짓 지났다는 것은 이해의 일에 불과할 뿐이다. 〈本紀〉에는 위열·두로혁의 貶謫은 天成 元年(926) 7월에 있었고 馮道·崔協이 재상이 된 것은 天成 2년 正月에 있었으니 두 사건이 시간적으로 매우 멀다.〔按旣曰 是秋 韋說豆盧革罷相矣 則所謂居月餘者 不過是年事耳 本紀說革貶在天成元年七月 道協相在二年正月 相去遠矣〕"라고 하였다.

故時使臣出四方에 皆自戶部給券이러니 重誨奏請自內出한대 圜以故事爭之나 不能得이라 遂與重誨辨於帝前하니 圜聲色俱厲라 明宗罷朝에 後宮嬪御가 迎前問曰 與重誨論事者誰오하니 明宗曰 宰相也라하다 宮人奏曰 妾在長安에 見宰相奏事호니 未嘗如此라 蓋輕大家[1]耳라하다 明宗由是不悅하야 而使臣給券이 卒自內出하니 圜益憤沮하다 重誨嘗(遇)〔過〕[2]圜에 圜出妓하니 善歌而有色일새 重誨欲之어늘 圜不與라 由是二人益相惡(오)라 而圜遽求罷職한대 乃罷爲太子少保하다 圜不自安하야 因請致仕하고 退居于磁州하다

예전에는 使臣이 四方으로 나갈 때 모두 戶部에서 信標를 발급받았는데 安重誨가 宮中에서 발급하자고 奏請하자, 任圜이 관례에 따라야 한다고 반대했으나 뜻대로 되지 않은지라, 마침내 황제의 면전에서 안중회와 論辨하니 임환의 목소리와 낯빛이 모두 사나웠다.

明宗이 조회를 파한 뒤에 後宮 嬪御가 앞으로 나와 맞으면서 묻기를 "안중회와 정사를 논한 자가 누구입니까?"라고 하니, 명종이 말하기를 "宰相이다."라고 하였다. 宮人이 아뢰기를 "妾이 長安에 있을 때 재상이 정사를 아뢰는 것을 보니 이와 같은 적이 없었습니다. 아마도 皇上을 경시해서일 것입니다."라고 하였다. 명종이 이로

인해 마음이 좋지 않아 사신에게 발급하는 신표가 결국 궁중에서 나가게 되니 임환이 더욱 분노하고 상심하였다.

안중회가 일찍이 임환의 집에 들렀을 때 임환이 妓女를 나오게 하니 노래를 잘 부르고 美色이 있기에 안중회가 그 기녀를 달라고 했는데 임환이 주지 않았다. 이로 인해 두 사람은 더욱 서로 미워하였다. 임환이 갑자기 罷職되기를 청하자 이에 파직하여 太子少保로 삼았다. 임환은 자신의 처지를 불안하게 여기고서 이에 致仕하기를 청하고 물러나 磁州에 살았다.

1) 大家 : 궁중의 近臣이나 后妃가 황제를 부르는 칭호이다.

2) (遇)〔過〕 : 저본에는 '遇'로 되어 있으나, 사고전서본과 ≪新五代史≫에 의거하여 '過'로 바로잡았다.

朱守殷反于汴州에 **重誨誣圜與守殷連謀**하야 **遣人矯制殺之**하다 **圜受命怡然**하야 **聚族酣飮而死**하다 **明宗知而不問**하고 **爲下詔**하야 **坐圜與守殷通書而言涉怨望**[1]이라 **愍帝卽位**하여 **贈圜太傅**[2]하다

朱守殷이 汴州에서 반란하자 安重誨가 任圜이 주수은과 함께 반역을 꾀하였다고 誣告하여 사람을 보내 조서를 위조하여 그를 죽이게 하였다. 임환은 詔命을 받고 태연한 모습으로 가족들을 모아놓고 술에 잔뜩 취하여 죽었다. 明宗은 이를 알고도 따지지 않고 조서를 내려 임환이 주수은과 書信을 주고받으며 원망하는 말을 하였다는 이유로 죄를 주었다.

愍帝가 즉위하여 임환에게 太傅를 추증하였다.

1) 明宗知而不問……坐圜與守殷通書而言涉怨望 : ≪新五代史≫ 〈唐本紀 第6〉에는 "乙未日에 太子少保로 치사한 任圜을 죽였다.〔乙未殺太子少保致仕任圜〕"라고 하였고, 이에 대한 徐無黨의 註釋에 "실로 安重誨가 조서를 위조하여 그를 죽인 것인데 안중회가 죽였다고 쓰지 않은 것은 明宗이 알고 있으면서 책망하지 않았고 또 조서를 내려 임환에게 죄를 뒤집어씌웠으므로 명종 스스로 죽인 것으로 쓴 것이다.〔實安重誨矯詔殺之 不書重誨殺者 明宗知而不責 又下詔書誣圜以罪 故以明宗自殺書之〕"라고 하였다.

2) 愍帝卽位 贈圜太傅 : ≪舊五代史≫에는 "淸泰 연간에 詔書로 太傅에 추증하였다.〔淸泰中 制贈太傅〕"라고 하였는데, 어느 것이 맞는지는 알 수 없다.(≪舊五代史考異≫)

03. 張憲傳* 張憲의 傳記

* 張憲(?~926)은 字가 允中으로 晉陽 사람이다. 진양은 오늘날의 太原으로 晉王으로 있다가 後唐을 개국한 河東의 군벌 莊宗 李存勖의 본거지이다. 이런 관계로 장헌은 이존욱을 섬겨 후당의 신하가 되었다.

장헌의 列傳은 ≪舊五代史≫ 卷69 〈唐書 第45 列傳21〉, 그리고 ≪新五代史≫ 卷28 〈唐臣傳 第16〉에 각각 실려 있다. ≪구오대사≫와 ≪신오대사≫의 열전을 비교해보면, 다른 경우와 마찬가지로 ≪신오대사≫의 기록에 축약이 많다. 이는 그 인물의 요점되는 부분만을 추려 勸懲과 褒貶의 목적을 극대화하려는 歐陽脩의 서술 경향이 반영된 것이다.

장헌은 吏務에 밝고 식견이 있어 장종의 신임을 받았으며 直言을 아끼지 않았다. 본 傳에 실린 卽位壇과 庫錢, 趙在禮의 반란에 대한 대처 등의 일화에서 그가 장종에게 충정을 아낌없이 바치고 國事를 위해 충실했음을 잘 알 수 있다. 이러한 주요 일화의 倂記는 장헌의 특징적인 면모를 잘 부각시켜 준다. 부침이 많고 王朝가 明滅하는 五代의 혼란한 시절에 마음을 변치 않고 군주에 대한 충성을 다한 장헌의 모습은 인상적이다.

그러나 이와 같은 충정에도 불구하고 그는 〈死節傳〉에 수록되지 못하고 단지 〈唐臣傳〉에 수록되었을 뿐이다. 이는 그의 죽음에 대한 기록이 분명치 않기 때문인데, 이에 대해 구양수는 열전 말미의 史論에서 안타까움을 드러내면서 장헌의 최후와 관련된 인물인 李存霸와 符彦超의 사실이 ≪구오대사≫의 〈張憲傳〉의 기록과는 그 始末이 모두 달라 고찰하여 바로잡을 수 없었다고 기술하였다.

이는 ≪구오대사≫의 장헌의 열전에는 태원으로 도망쳐 온 인물이 이존패가 아닌 李存渥으로 기술되어 있는 반면, 부언초의 열전에는 明宗이 洛陽에 입성하자 이존패가 河東으로 도망쳐 와 부언초와 장헌을 살해하려고 모의하였으므로 부언초가 이 사실을 알고 이존패를 죽였고, 이를 들은 장헌이 城을 버리고 도망쳤다고 相異하게 기록된 사실을 가리킨 것이다.

이처럼 장헌이 죽음을 맞이할 당시의 기록이 분명하지 못하고, 그가 성을 버리고 도망친 이유도 이해할 수 없는 점이 있는 관계로, 구양수는 그의 忠節을 表章하면서도 우선은 〈당신전〉에 수록한 것이다.

張憲은 **字允中**이니 **晉陽人也**라 **爲人沈靜寡慾**하고 **少好學**하며 **能鼓琴飮酒**[1]라 **莊宗**[2]**素知其文辭**하야 **以爲天雄軍節度使掌書記**하다 **莊宗卽位**에 **拜工部侍郞租庸使**하고 **遷刑部侍郞判吏部銓東都副留守**하다 **憲精於吏事**하야 **甚有能政**이라

張憲은 字가 允中이니 晉陽 사람이다. 사람됨이 침착하고 조용하며 욕심이 적었고 소싯적부터 학문을 좋아하였으며 琴을 잘 타고 술을 잘 마셨다. 莊宗이 평소 장헌이 문장에 뛰어나다는 것을 알고서 天雄軍節度使掌書記로 삼았다. 장종이 즉위하자 工部侍郞 租庸使에 拜受되고 刑部侍郞 判吏部銓 東都副留守로 승진하였다. 장헌은 吏務에 밝아 정사에 매우 능하였다.

1) 能鼓琴飮酒 : ≪舊五代史≫에 "琴을 잘 타고 술을 마시지 않았다.〔善彈琴 不飮酒〕"라고 한 것과는 차이가 있다.

2) 莊宗 : 五代 때 後唐을 건국한 李存勖(885~926)의 廟號이다. 唐나라 말의 軍閥인 李克用의 아들로, 이극용이 죽으면서 화살 세 개를 주면서 "반드시 梁나라와 燕나라와 契丹에게 원수를 갚으라."라고 말했다. 즉위한 뒤 북쪽으로 거란을 공격하고 연나라와 後梁을 정복하고는 화살을 太廟에 바쳤다. 923년에 稱帝하고, 후당을 건국한 뒤 洛陽에 도읍을 정했다. 나중에 정사를 멀리하고 방종하다가 寵臣 郭從謙이 반란을 일으켰을 때 화살을 맞고 죽었다.

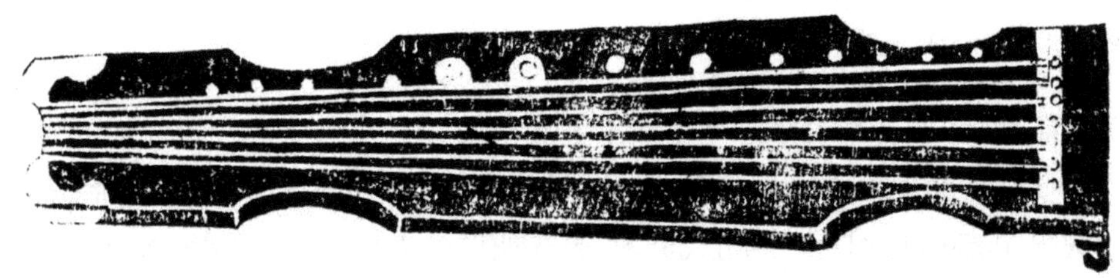

琴

莊宗幸東都[1]하니 **定州王都**[2]**來朝**라 **莊宗命憲治鞠場**[3]하고 **與都擊鞠**하다 **初**에 **莊宗建號於東都**하고 **以鞠場爲卽位壇**이라 **於是憲言 卽位壇**은 **王者所以興也**라 **漢**鄗**南**과 **魏繁陽壇**[4]이 **至今皆在**하니 **不可毁**라하고 **乃別治宮西爲鞠場**이라 **場未成**에 **莊宗怒**하야 **命兩虞候**[5]亟**毁壇以爲場**하니 **憲退而歎曰 此不祥之兆也**라하다

莊宗이 東都에 행차하니 定州의 王都가 와서 朝會하였다. 장종이 張憲에게 명하여 擊鞠場을 만들게 하고 왕도와 함께 격국을 하였다. 당초에 장종이 동도에서 建國하여 황제가 되고 격국장에 卽位壇을 세웠다.

擊鞠

〈그런데 이제 와서 그것을 헐고 다시 격국장으로 만들려고 하자〉 이에 장헌이 말하기를 "즉위단은 王者가 興起한 곳입니다. 漢나라의 鄗南과 魏나라의 繁陽壇이 지금까지도 모두 남아 있으니, 즉위단을 헐어서는 안 됩니다."라고 하고는, 별도로 궁궐 서쪽에 격국장을 조성하였다.

격국장을 다 짓기 전에 장종이 진노하여 두 虞候에게 명하여 서둘러 즉위단을 헐고 격국장을 만들게 하니, 장헌이 물러나와 탄식하며 말하기를 "이는 상서롭지 못한 징조이다."라고 하였다.

1) 東都 : 보통 東都는 洛陽을 지칭하는 용어이다. 그러나 後唐은 開國할 때 낙양에 도읍하고 초기에는 鄴을 東京으로 삼았으므로 여기에서 말하는 동도는 곧 魏州 鄴都이다. 이는 ≪舊五代史≫ 〈張憲列傳〉의 동일 기사에 "황제의 車駕가 鄴에 행차하였다.〔車駕幸鄴〕"라고 한 데서도 확인된다.

2) 王都 : ?~929. 본래 이름은 劉雲郎으로 陘邑 사람이다. 五代 초기에 義武軍 節度使 王處直의 의붓아들이 되었다가 왕처직이 李存勖을 배반하고 契丹과 내통하자 왕처직을 죽이고 이존욱에게 투항하였다. 이존욱이 자신의 아들 李繼岌을 왕도의 딸과 혼인시키고 왕도를 의무군절도사로 삼았는데, 明宗 李嗣源이 즉위한 뒤 왕도를 미워하여 처치하려 하자 後唐을 배반하고 거란에 붙었다가 이사원이 보낸 군대에게 定州를 함락당하고 가솔들과 함께 스스로 분신하여 죽었다.

3) 鞠場 : 오늘날의 폴로 경기와 비슷한 擊鞠을 하기 위한 경기장이다. 격국은 말을 타고 공채로 공을 치는 경기이다.

4) 漢鄗南 魏繁陽壇 : 鄗南은 後漢 光武帝가 즉위한 장소로 趙州 柏鄕縣에 있으며, 繁陽壇은 魏 文帝 曹丕가 漢 獻帝에게 禪讓받아 즉위할 때 許昌의 繁陽에 세운 禪位壇이다.(≪後漢書≫ 卷1 〈光武帝紀〉, ≪三國志≫ 卷2 〈文帝紀〉)

5) 虞候 : 虞候의 관직은 시대마다 관장하는 직무가 같지 않은데, 五代 시절에는 황제를 親衛하는 군대의 고급 군관을 가리켰다.

初에 **明宗**[1]**北伐契丹**할새 **取魏鎧仗以給軍**한대 **有細鎧五百**을 **憲遂給之而不以聞**이라 **莊宗至魏大怒**하야 **責憲馳自取之**한대 **左右諫之**어늘 **乃止**[2]하다 **又問憲庫錢幾何**오한대 **憲上庫簿有錢三萬緡**이라 **莊宗益怒**하야 **謂其嬖伶史彦瓊曰 我與群臣飮博**에 **須錢十餘萬**이어늘 **而憲以故紙紿我**로다 **我未渡河時**에 **庫錢常百萬緡**이러니 **今復何在**오하다 **彦瓊爲憲解之**어늘 **乃已**하다

당초에 明宗이 북쪽으로 契丹을 정벌하면서 魏州의 갑옷과 병장기들을 취하여 軍中에 지급하였는데, 細甲 오백 벌을 張憲이 군중에 지급하고서는 〈莊宗에게〉 보고하지 않았다. 장종이 위주에 당도하여 크게 진노하여 장헌을 꾸짖어 빨리 말을 타고 가서 가져오게 했는데 좌우에서 諫言하자 그만두었다.

또 장헌에게 倉庫의 金錢이 얼마나 되는지 물었는데, 장헌이 창고의 장부에 3萬緡이 있다고 아뢰었다. 장종이 더욱 노하여 총애하는 伶人 史彦瓊에게 이르기를 "내가 신하들과 술 마시고 유희를 즐기려면 10餘萬 錢이 필요하거늘, 장헌이 묵은 종이를 가지고 나를 속이는구나. 내가 河水를 건너기 전에 창고의 금전이 항상 100萬

縉이었는데 지금 다 어디로 갔단 말인가?"라고 하였다. 사언경이 장헌을 위해 해명하고서야 문책을 그쳤다.

1) 明宗 : 五代 後唐의 2대 군주인 李嗣源(867~933)의 廟號이다. 본래는 胡人 출신으로 성씨도 없었고 이름만 邈佶烈이었는데, 李克用이 의붓아들로 삼고 성명을 하사하였다. 莊宗 李存勖의 뒤를 이어 황제가 되었다. 차분하고 검소하여 정사를 잘 돌보았으나 여러 차례 무고하게 신하들을 誅殺하기도 했다. 와병 중에 秦王 李從榮이 난을 일으키자 분함을 이기지 못하고 죽었다.

2) 取魏鎧仗以給軍……乃止 : 이 부분은 다소 생략이 있어 그 顚末을 자세히 알 필요가 있다. ≪舊五代史≫ 〈明宗紀〉의 내용에 근거하면, 다음의 곡절이 있다. 後唐 莊宗 3년 정월에 明宗이 병사를 이끌고 契丹을 정벌하러 가면서 鄴땅을 지나게 되었는데, 업의 邑庫에는 황제 소유의 갑옷이 보관되어 있었다. 명종이 그 가운데 5백 벌을 가지고 정벌을 떠났다. 이해에 장종이 업에 행차하여 그 사실을 알고 매우 노여워하였으나 어찌할 도리가 없었다. 그러다가 명종이 자신의 長子를 北京內衙都指揮使로 삼아달라고 청하자, 장종이 좋아하지 않으면서 "軍政은 내 소관인데 어찌 자신의 아들을 위해 주청할 수 있단 말인가. 나의 細甲을 조칙도 받들지 않고 강제로 가지고 갔으니 그 뜻이 무엇인가?"라고 하고는, 留守 張憲에게 직접 가서 가져오도록 하였으나 좌우에서 諫言하여 그치게 되었다.

郭崇韜[1]伐蜀할새 薦憲可任爲相이어늘 而宦官伶人不欲憲在朝廷이라 樞密承旨段徊曰 宰相은 在天子面前하니 事有非是라도 尙可改作이어니와 一方之任은 苟非其人이면 則爲患不細라 憲材誠可用하니 不如任以一方이라하야늘 乃以爲太原尹北京留守하다

郭崇韜가 蜀을 정벌하면서 재상의 직임을 맡을 만하다고 張憲을 추천하였는데, 宦官과 伶人들은 장헌을 조정에 두고 싶어 하지 않았다. 樞密承旨 段徊가 말하기를 "재상은 천자의 面前에 있으니, 잘못하는 일이 있더라도 오히려 고칠 수가 있거니와, 한 방면을 맡는 직임은 진실로 적임자가 아니면 그 우환이 적지 않습니다. 장헌의 재주가 진실로 쓸 만하니 한 방면을 맡기는 것만 못합니다."라고 하거늘, 이에

太原尹 北京留守로 삼았다.

1) 郭崇韜 : ?~926. 五代 때 代州 雁門 사람으로 字는 安時이다. 李存勖을 섬겨 中門副使가 되고 後梁을 멸망시키는 데 일등공신이었다. 侍中과 成德節度使를 역임하고 越國公에 봉해졌다. 항상 忠言을 아끼지 않았으며 魏王 李繼岌을 도와 前蜀을 멸망시켰다. 뒤에 宦官들의 모략으로 살해되었다. 본서 권5 〈郭崇韜傳〉 참조.

趙在禮[1]**作亂**한대 **憲家在魏州**라 **在禮善待其家**하고 **遣人以書招憲**하니 **憲斬其使**하고 **不發其書而上之**하다 **莊宗遇弑**하고 **明宗入京師**어늘 **太原猶未知**러니 **而永王存霸奔于太原**이라 **左右告憲曰 今魏兵南嚮**하고 **主上存亡未可知**라 **存霸之來**에 **無詔書**하고 **而所乘馬斷其鞦**하니 **豈非戰敗者乎**아 **宜拘之以俟命**이라하니 **憲曰 吾本書生**이라 **無尺寸之功**이로대 **而人主遇我甚厚**하니 **豈宜懷二心以幸變**가 **第可與之俱死爾**로다하다 **憲從事張昭遠**이 **敎憲奉表明宗以勸進**이어늘 **憲涕泣拒之**하다 **已而**오 **存霸削髮**하고 **見北京巡檢符彦超**하야 **願爲僧以求生**이어늘 **彦超麾下兵大譟**하야 **殺存霸**하다 **憲出奔沂州**[2]라가 **亦見殺**하다

趙在禮가 반란을 일으켰는데 張憲의 가솔들이 魏州에 있었다. 조재례가 장헌의 가솔들을 잘 대우하고 사람을 보내어 書札로 장헌을 부르니, 장헌은 서찰을 가져온 使者의 목을 베고 서찰은 열어보지도 않고서 황제에게 올렸다.

莊宗이 시해당하고 明宗이 京師에 들어왔는데도 太原에서는 오히려 그 사실을 알지 못했는데 永王 李存霸가 태원으로 달아나 들어왔다. 좌우에서 장헌에게 고하기를 "지금 魏의 병사들은 남쪽으로 향하고 황제의 生死는 알 수 없습니다. 이존패가 왔을 때 詔書도 없었고 타고 온 말은 밀치가 끊어져 있었으니 어쩌면 패전한 것이 아니겠습니까. 그를 구금하고서 명을 기다려야 합니다."라고 하였다.

그러자 장헌이 말하기를 "나는 본디 書生으로 조그마한 공도 없었는데 황제께서 나를 매우 두텁게 대우해주셨으니, 두 마음을 품고서 변란을 요행으로 여기는 것이 어찌 가당키나 하겠는가. 그저 그와 함께 죽을 뿐이다."라고 하였다.

장헌의 從事官 張昭遠이 명종에게 表文을 올려 〈황제의 자리에〉 나아갈 것을 권

하라고 장헌에게 조언하거늘, 장헌이 울면서 거절하였다.

얼마 뒤 이존패는 자신의 머리를 깎고서 北京巡檢 符彦超를 만나 승려가 되어 목숨을 보전하기를 원하였는데, 부언초의 휘하 병사들이 크게 소란을 일으키며 이존패를 살해하였다. 장헌은 沂州로 달아나다가 역시 피살되었다.

1) 趙在禮 : 886?~947. 五代 後唐의 大臣으로 字는 幹臣이며 涿州 사람이다. 처음에 藩鎭의 劉仁恭을 섬겼다가 후에 李存勖에게 투항하여 魏博軍效節指揮使가 되었다. 후에 貝州의 戍卒 皇甫暉가 병사들을 선동하여 난을 일으켜 主將 楊仁晸을 죽이고 조재례를 겁박하여 주장으로 세우고서 鄴都를 공격하고 조재례를 魏博留後로 삼았다. 莊宗 이존욱이 慰撫하기도 하고 討伐하기도 하였으나 반군은 진정되지 않았고 결국 토벌하러 갔던 明宗 李嗣源이 도리어 반군들과 합세하여 군사를 이끌고 洛陽을 공격하는 바람에 혼란 중에 장종은 군관에게 피살당하였고, 명종이 즉위하여 조재례를 鄴都留守에 제수하였다. 後唐을 멸망시키고 後晉이 들어서자 후진에 벼슬하여 섬겼다. 후진이 契丹에 멸망당할 때 스스로 목을 메어 죽었다.

2) 憲出奔沂州 : ≪五代史記纂誤補≫ 卷2에 "삼가 살펴보건대 ≪資治通鑑≫에는 '沂'가 '忻(흔)'으로 되어 있으니, '沂州'라고 한 이 부분은 薛居正의 ≪舊五代史≫의 오류를 반복한 것이다.〔謹按通鑑沂作忻 此仍薛史之誤〕"라고 하였다. ≪구오대사≫ 卷69 〈唐書 第45 列傳21〉에 "張憲이 처음 변란이 있다는 소식을 듣고 沂州로 달아났다.〔憲初聞有變 出奔沂州〕"라고 하였으며, ≪자치통감≫ 卷275 〈後唐紀4〉에는 "장헌이 변란 소식을 듣고 忻州로 달아났다.〔憲聞變出奔忻州〕"라고 하였다. 沂州는 현재의 山東省 臨沂를 治所로 하던 곳이고, 忻州는 현재의 山西省 忻州市로 太原 북쪽에 있다.

嗚呼라 **予於死節之士**에 **得三人而失三人焉**[1]이라 **鞏廷美楊溫之死**에 **予旣已哀之**러니 **至於張憲之事**하얀 **尤爲之痛惜也**라 **予於舊史**에 **考憲事實**호니 **而永王存霸符彦超**가 **與憲傳所書**로 **始末皆不同**하야 **莫得而考正**하니 **蓋方其變故倉卒之時**에 **傳者失之耳**라 **然要其大節**은 **亦可以見也**니 **憲之志**는 **誠可謂忠矣**라 **當其不顧其家**하고 **絶在禮而斬其使**하며 **涕泣以拒昭遠之說**에 **其志甚明**이요 **至其欲與存霸俱死**라가 **及存霸**

被殺하야 **反棄太原而出奔**하얀 **然猶不知其心果欲何爲也**나 **而舊史書憲坐棄城而賜死**[2)]는 **予亦以爲不然**이라 **予之於憲**에 **固欲成其美志**로대 **而要在憲失其官守而其死不明**이라 **故不得列于死節也**라

오호라! 나는 죽음으로 節操를 지킨 선비 세 사람을 얻었고 세 사람을 잃었다. 翟廷美와 楊溫의 죽음을 내가 이미 애도하였는데, 張憲의 일에 이르러서는 더욱 가슴 아프고 애석해하였다.

내가 ≪舊五代史≫에서 장헌의 事實을 고찰해보니 永王 李存霸와 符彦超의 사실이 〈張憲傳〉에 적힌 내용과는 그 始末이 모두 달라 고찰하여 바로잡을 수 없었다. 대개 바야흐로 변고가 일어나 다급할 때에 傳述하는 사람이 잘못 기록한 것일 터이다.

그러나 요컨대 그 大節은 또한 알 수 있으니, 장헌의 뜻은 진실로 충성스러웠다고 이를 만하다. 그 가솔들을 돌아보지 않고 趙在禮를 사절하고서 그 사신의 목을 베고, 울면서 張昭遠의 말을 거절하였을 때에 그 뜻이 매우 분명하였다.

이존패와 함께 죽고자 하다가 이존패가 피살되자 도리어 太原을 버리고 달아난 때에 이르러서는, 정말이지 그 마음이 과연 무엇을 하고자 했던 것인지 알지 못하겠으나, ≪구오대사≫에서 장헌이 城을 버린 일 때문에 사형을 받았다고 적은 것은 또한 그렇지 않다고 나는 생각한다.

나는 장헌에 대해서 그 아름다운 뜻을 〈잘 기술하여 그의 충절을〉 이루어주고 싶다. 그러나 요컨대 장헌이 성을 지키는 책무를 제대로 수행하지 못했고 그가 왜 賜死되었는지 분명하지 않으므로 〈死節傳〉에 넣지 못하였다.

1) 死節之士 得三人而失三人焉 : '得三人'은 ≪新五代史≫ 〈死節傳〉에 실린 王彦章·裴約·劉仁贍을 말하고, '失三人'은 아래에 나오는 翟庭美·楊溫·張憲을 말한다.

2) 舊史書憲坐棄城而賜死 : ≪舊五代史≫ 권69 〈張憲傳〉에 "有司가 張憲이 성을 버린 죄를 탄핵하여 4월 24일에 晉陽의 千佛院에서 사사하였다.〔有司糾其委城之罪 四月二十四日 賜死于晉陽之千佛院〕"라고 기록하였다.

04. 晉臣桑維翰傳* 後晉 신하 桑維翰의 傳記

* 桑維翰(898~946)은 字가 國僑로 河南 洛陽 사람이다. 상유한의 列傳은 ≪舊五代史≫ 卷89 〈晉書 第15 列傳4〉와 ≪新五代史≫ 卷29 〈晉臣傳 第17〉에 실려 있다.

열전에서 그는 남들과 다른 추하고 기이한 용모를 지니고서도 그 단점을 자신의 실력으로 극복하여 마침내 後晉 高祖 石敬瑭의 謀士가 되어 자신의 꿈을 실현해나가는 인물로 묘사되었다. 또한 난세에 비범한 재능으로 출세한 인물이 浮沈이 심한 조정의 암투 속에 몰락하여 마침내는 비참한 최후를 맞이하는 모습을 그려냈다.

요컨대 이 열전은 단점을 가지고도 혼란한 세상에 자신의 재능으로 맞서 成立한 비범한 인물의 모습과 함께 권력에 대한 암투와 모략이 많은 난세의 혼탁한 모습을 동시에 보여줌으로써 五代시기의 한 단면을 잘 부각시켰다.

이는 史論 역시 마찬가지인데, 비범한 재능을 지닌 신하를 제대로 쓰지 못한 어리석은 군주를 질타하는 한편, 상유한 자신도 결국은 後唐을 배반하고 後晉을 세우는 데 일조한 데 대한 應報를 받은 것이라고 비평하여 난세의 양면성을 드러내었다.

≪구오대사≫의 史評에서는 "상유한이 晉나라(後晉) 황실을 보좌할 때 보필을 조화롭게 하는 뜻을 다하고 국가를 경영하여 완성하는 大功에 참여하였으니, 그가 충성을 바친 면모를 살펴보면 또한 社稷의 신하라 이를 만하다. 더군다나 오랑캐와 화친한 계책은 진실로 잘못된 계책이 아니었는데, 나라가 망할 때가 되자 황제가 상유한을 죽여 그 입을 막을 모의를 하여 상유한이 살해의 재앙을 만났으니, 계책을 계획하는 일의 어려움이 어찌 이와 같으리라 기약했겠는가.〔維翰之輔晉室也 罄弼諧之志 參締搆之功 觀其効忠 亦可謂社稷臣矣 況和戎之策 固非誤計 及國之亡也 彼以滅口爲謀 此掇歿身之禍 則畫策之難也 豈期如此哉〕"라고 하였다.

상유한의 관리로서의 재능은 열전에도 이미 잘 기술되어 있거니와, 바로 후대인 宋나라 때의 인물들도 이를 깊이 인정하였다.

열전을 찬술한 歐陽脩의 문집인 ≪文忠集≫ 卷104 〈論張子奭恩賞太頻箚子〉에는 "五代 때 桑維翰이 晉의 재상이 되어 하룻저녁에 절도사 15인을 제수하여 장수로 삼자 사람들이 모두 그 정밀함에 감복하였는데, 지금 中書省에서 한 사람의 權知州를 差任하고서 사람들의 비판을 면하지 못하고 있습니다. 〔五代桑維翰爲晉相 一夕除節度使十五人爲將 而人皆服其精 今中書差一權知州 而不能免人譏〕"라고 하였다.

또한 宋나라 때 편찬된 ≪春秋集義≫ 卷17에서는 春秋시대 鄭나라에서 장수 高克을 외방으로 내보낸 일을 비판하면서 "晉나라 出帝 때에 景延廣이 권력을 독차지하고 여러 藩鎭은 제멋대로 명을 내렸는데, 상유한이 재상이 되자 경연광을 외방으로 내보내고 한 통의 制書로 15개의 鎭에 칙명을 내림에 감히 따르지 않는 자가 없었다. 五代의 말세에도 상유한은 능히 해냈는데 鄭나라의 여러 집정자들은 한 사람의 고극을 두려워하여 올바른 도리로 물러나게 하지 못하였으니 무슨 정사를 한단 말인가.〔晉出帝時 延廣專權 諸藩擅命 及桑維翰爲相 出延廣于外 一制書所勑者十有五鎭 無敢不從者 以五季之末 維翰能之 而鄭國二三執政 畏一高克 不能退之以道 何政之爲〕"라고 하였다.

또한 ≪古今事文類聚≫ 續集 卷26에는 "宋 太祖가 일찍이 中書令 趙普와 일을 논의하다가 의견이 합치되지 않았다. 태조가 '어찌하면 상유한 같은 재상을 얻어 함께 일을 도모할 수 있을까.'라고 하자, 조보가 '상유한이 있다 하더라도 폐하께서 쓰지 않을 것입니다. 대개 상유한은 돈을 좋아했습니다.'라고 하자, 태조는 '진실로 그 장점을 쓴다면 또한 그 단점은 덮어주어야 한다. 선비들의 안목이란 협소해서 10萬 貫의 돈만 내려주면 가득 차서 집이 부서질 지경이 된다.'라고 하였다.〔太祖常與趙中令普議事 有所不合 太祖曰 安得宰相如桑維翰者 與之謀乎 普對曰 使維翰在 陛下亦不用 蓋維翰愛錢 太祖曰 苟用其長 亦當護其短 措大眼孔小 賜與十萬貫 則塞破屋子矣〕"라고 하였다.

다른 열전들도 마찬가지지만 특히 〈상유한전〉은 구양수의 문장력이 가감없이 발휘된 글이다. 상유한의 외모와 뜻을 서술하는 부분, 상유한이 경연광을 외방으로 내쫓고 國政을 잘 다스리는 부분, 張彦澤이 상유한을 죽이려 모의하는 부분 등은 모두 인물의 언어와 행동과 의지를 유려한 필치로 생생하게 묘사하여 문장으로서의 맛이 넘친다.

桑維翰은 **字國僑**니 **河南人也**라 **爲人醜怪**하야 **身短而面長**이라 **常臨鑑以自奇曰 七**

尺之身이 不如一尺之面이로다하고 慨然有志於公輔[1)]러라 初擧進士할새 主司惡(오)其姓하야 以爲桑喪同音이라하니 人有勸其不必擧進士니 可以從他求仕者라 維翰慨然하야 乃著日出扶桑賦以見志하고 又鑄鐵硯以示人曰 硯弊則改而他仕라하더니 卒以進士及第하다

桑維翰은 字가 國僑이니 河南 사람이다. 모습이 추하고 괴상하여 키는 작고 얼굴은 길었다. 항상 거울을 보면서 스스로 기이하게 여기며 말하기를 "7尺의 몸이 1尺의 얼굴만 못하다."라고 하고는, 개연히 宰相이 되는 데 뜻을 두었다.

처음 進士試에 응시했을 때, 시험을 주관하는 有司가 상유한의 姓을 싫어하여 桑과 喪이 같은 음이라고 하니, 어떤 사람이 "굳이 진사에 응시할 것이 없으니, 다른 방법으로 벼슬을 구하는 게 좋겠다."라고 권하였다.

그러자 상유한이 분개하여 이에 〈日出扶桑賦〉를 지어 자신의 뜻을 나타내고, 또 무쇠 벼루를 주조하여 다른 사람에게 보이면서 말하기를 "벼루가 닳으면 마음을 바꿔 다른 방법으로 벼슬하겠다."라고 하더니, 마침내 진사에 급제하였다.

1) 公輔 : 三公과 四輔를 가리킨다. 삼공과 사보의 구체적인 내용은 시대마다 각각 달랐으나 모두 宰相의 직임에 해당한다.

晉高祖[1)]辟爲河陽節度掌書記하고 其後常以自從이라 高祖自太原徙天平한대 不受命而有異謀하야 以問將佐어늘 將佐皆恐懼不敢言이어늘 獨維翰與劉知遠贊成之라 因使維翰爲書求援於契丹하니 耶律德光已許諾한대 而趙德鈞[2)]亦以重賂啖德光하야 求助己以簒唐이라 高祖懼事不果하야 乃遣維翰하야 往見德光하니 爲陳利害甚辯이라 德光意乃決하야 卒以滅唐而興晉하니 維翰之力也라 高祖卽位에 以維翰爲翰林學士禮部侍郞知樞密院事하고 遷中書侍郞同中書門下平章事兼樞密使하고 天福四年에 出爲相州節度使하고 歲餘에 徙鎭泰寧하다

晉 高祖가 불러서 河陽節度掌書記로 삼고 그 후 늘 자신을 侍從하게 하였다. 고조가 太原에서 天平으로 옮기게 되었는데, 〈唐 末帝의〉 명을 따르지 않고 다른 생각이 있어 장수와 보좌하는 신하들에게 이에 대해 하문하였다. 장수와 보좌하는 신하들

모두 두려워 감히 말하지 못하였는데 桑維翰과 劉知遠만이 찬성하였다.

그리하여 상유한에게 글을 지어 契丹에 구원을 요청하게 하니 耶律德光이 허락하였다. 그런데 趙德鈞도 후한 뇌물을 야율덕광에게 보내 자신을 도와 唐을 찬탈할 것을 요청하였다.

고조가 일이 어그러질까 두려워하여 이에 상유한을 보내 야율덕광을 만나보게 하니, 상유한이 매우 명쾌하게 이해관계를 잘 진술하였다. 야율덕광이 드디어 뜻을 결정하고 마침내 唐을 멸망시키고 晉을 세우니, 이는 상유한의 힘이었다.

고조가 즉위하여 상유한을 翰林學士 禮部侍郎 知樞密院事로 삼았고, 승진하여 中書侍郎 同中書門下平章事 兼樞密使가 되었으며, 天福 4년(939)에 외직으로 나가 相州節度使가 되었고, 1년 남짓 지나 泰寧節度使로 자리를 옮겼다.

1) 晉高祖 : 五代 때 後晉을 세운 石敬瑭(892~942)이다. 본래 李克用의 部將 臬捩雞의 아들인데, 후에 성을 石氏로 고쳤다. 後唐 明宗 李嗣源을 섬겨 전공을 세우고, 그 딸과 혼인하였다. 이사원이 帝位에 오르는 데 공을 세우고 中書令과 河東節度使가 되어 太原에 鎭駐하였다. 後唐 末帝 3년(936)에 天平으로 옮겨 진주하게 하였으나 명령에 따르지 않자, 말제가 토벌을 감행하였다. 이에 契丹에 稱臣하면서 구원을 요청하여 遼 太宗 耶律德光과 父子 관계를 맺고 歲貢을 바쳤다. 이때에 이후 계속 거란과의 갈등요소가 되는 燕雲 16州의 할양을 조건으로 거란으로부터 원조를 받아 반란을 일으키고, 후당을 멸망시킨 뒤 後晉을 세우고 汴京에 도읍하였다.

2) 趙德鈞 : ?~937. 본명은 趙行實이다. 後唐 莊宗 李存勖을 섬기면서는 李紹斌이라는 이름을 받고 北平王에 봉해졌으며 幽州 지방에서 강력한 군세를 지니고 행세하였다. 후당 말엽에 契丹과 내통하면서 나라를 찬탈하려고 시도하다가 거란 및 石敬瑭이 세운 後晉 연합군의 공격을 받고 거란에 잡혀가 옥중에서 죽었다.

吐渾白承福[1]爲契丹所迫하야 附鎭州安重榮以歸晉하니 重榮因請與契丹絶好하고 用吐渾以攻之라 高祖重違重榮하야 意未決이러니 維翰上疏하야 言契丹未可與爭者七[2]하니 高祖召維翰使者至臥內하야 謂曰 北面之事가 方撓吾胸中이러니 得卿此

疏하고 **計已決矣**하니 **可無憂也**로다하니 **維翰又勸高祖幸鄴都**하다 **七年**에 **高祖在鄴**에 **維翰來朝**하니 **徙鎭晉昌**하다

吐渾의 白承福이 契丹의 핍박을 받아 鎭州節度使 安重榮을 통해 晉에 歸附하니, 안중영이 이를 빌미로 거란과 斷交하고 토혼을 이용해 거란을 공격할 것을 청하였다. 고조가 안중영의 청을 거절하기 어려워 뜻을 결정하지 못하고 있었는데, 桑維翰이 上疏하여 거란과 다투어서는 안 되는 점 7가지를 말하였다.

고조가 상유한의 使者를 불러 寢殿으로 오게 하고는 말하기를 "北面하여 〈거란을 섬기는〉 일이 바야흐로 나의 심중을 어지럽히고 있었는데 卿의 이 상소를 얻고서 계책을 이미 결정했으니, 근심할 것이 없다."라고 하니, 상유한이 또 고조가 鄴都에 행차할 것을 권하였다.

天福 7년(942)에 고조가 鄴에 행차하자 상유한이 와서 조회하니 상유한을 晉昌節度使로 옮겼다.

1) 吐渾白承福 : 吐渾은 吐谷渾(토욕혼)의 약칭으로, 티베트계 유목민이 靑海 지방에 세운 나라이다. 白承福은 토욕혼의 首長이다. 晉 高祖 石敬瑭이 즉위한 후 燕雲 지방을 契丹에 할양하자, 거란과 국경을 맞대게 된 토욕혼은 거란의 압박을 받게 되었다. 이때에 節度使 安重榮이 다른 마음을 품고서 몰래 사람을 토욕혼에 보내 변경으로 들어오게 하였고, 백승복이 이를 받아들여 토욕혼이 中原으로 들어오게 되었다. 이에 거란 太宗 耶律德光이 크게 노하여 사자를 보내 석경당을 책망하자 석경당이 두려워하여 군대를 보내 토욕혼을 토벌하였다. 그러나 後晉 역시 거란에게 압박을 받고 있었으므로 서로 몰래 교류하면서 이용하였고, 백승복은 자주 사자를 보내 후진에 朝貢하였다. 후에 다시 틈이 벌어져 劉知遠의 토벌로 백승복은 피살되었으며 토욕혼은 힘이 미약해져 다시 중원에 등장하지 못하였다.

2) 契丹未可與爭者七 : ≪舊五代史≫ 〈桑維翰傳〉에 상세한 내용이 보인다. 첫 번째는 契丹의 국력이 한창 강성하여 강토는 넓고 백성은 많으며 軍備는 완비되고 戰馬는 많다는 것이고, 두 번째는 거란의 군대는 한창 勝機를 탔고 中原의 군대는 아직 사기도 미약하고 훈련도 제대로 되어 있지 않다는 것이고, 세 번째는 아직 거란이 먼저 盟約을 저버린 일이 없는데 먼저 맹약을 파기하면 명

분을 잃는다는 것이고, 네 번째는 병사를 움직일 때 상대방의 틈을 보고 움직여야 하는데 아직 거란에는 그러한 틈이 보이지 않는다는 것이고, 다섯 번째는 멀리 황폐한 땅으로 출정하여 비바람을 무릅쓰고 배고픔도 이겨내는 것은 중원의 군사가 잘하지 못하는 일이라는 것이고, 여섯 번째는 거란의 병사는 모두 騎兵이고 중원의 군사는 步兵 위주인데 전쟁이 일어나면 趙魏 지방은 평지가 많으므로 절대적으로 거란에게 유리하다는 것이고, 일곱 번째는 지금 겉으로 거란에 굴종하는 것처럼 보이지만 그 實利는 크며 거란에 대항해 전쟁을 일으키면 국력을 소모하는 것이 막대하여 실리가 작다는 것이다.

出帝[1]卽位에 召拜侍中이러니 而景延廣[2]用事하야 與契丹絶盟한대 維翰言不能入하야 乃陰使人說(세)帝曰 制契丹而安天下는 非用維翰이면 不可라하니 乃出延廣於河南하고 拜維翰中書令하고 復(부)爲樞密使하고 封魏國公하야 事無巨細히 一以委之러라 數月之間에 百度寖理하다 初에 李瀚[3]爲翰林學士한대 好飮而多酒過하니 高祖以爲浮薄이라 天福五年九月에 詔廢翰林學士하고 按唐六典[4]하야 歸其職於中書舍人하고 而端明殿〔學士〕[5]樞密院學士皆廢러니 及維翰爲樞密使하야 復奏置學士하야 而悉用親舊爲之하다

出帝가 즉위하자 〈桑維翰을〉 불러 侍中을 제수하였다. 이때 景延廣이 권력을 쥐고 있던 터라 거란과의 盟約을 파기하였는데, 상유한은 자신의 말이 받아들여지지 못하자 이에 몰래 사람을 보내 황제를 설득하기를 "거란을 제어하고 천하를 평안하게 하는 것은 상유한을 등용하지 않고서는 안 됩니다."라고 하였다.

이에 황제가 경연광을 河南으로 내보내고서 상유한을 中書令에 제수하고 다시 樞密使로 삼고 魏國公에 봉하여 크고 작은 모든 일을 하나같이 상유한에게 위임하였다. 그러자 몇 개월 만에 조정의 모든 일이 차츰 잘 정비되었다.

이보다 앞서 李瀚을 翰林學士로 삼았는데 술 마시기를 좋아하고 酒邪가 심하니 고조가 경박하게 여겼다. 그리하여 天福 5년(940) 9월에 조칙을 내려 한림학사의 직위를 폐지하고, ≪唐六典≫을 살펴 그 직무를 中書舍人에 귀속시키고서 端明殿學士와 樞密院學士의 직위도 모두 폐지하였는데, 상유한이 추밀사가 되어 다시 학사

의 직위를 설치할 것을 아뢰고서 모두 자신의 知人들로 채웠다.

1) 出帝 : 後晉의 마지막 황제 石重貴(914~964)이다. 少帝로도 불린다. 石敬瑭의 뒤를 이어 황제가 되어 契丹에 대해 손자라 할 뿐 稱臣은 하지 않자 거란이 결국 동맹을 끊었다. 두 차례에 걸쳐 거란의 공격을 격퇴하였으나, 재위 3년(946)에 거란의 침략으로 포로가 되어 잡혀가 負義侯에 봉해졌고, 후진은 멸망하였다. 그 후 18년 뒤 거란의 建州에서 죽었다.
2) 景延廣 : 892~947. 五代 때 陝州 사람으로 字는 航川이다. 後晉 高祖 石敬瑭을 섬겨 馬步軍都指揮使에 올랐으며, 出帝가 즉위하자 同平章事가 되었다. 契丹에 稱臣을 거부하고 단지 손자라고만 칭하자는 논의를 주도하였다. 거란의 침공이 이어지자 외직으로 나가 河南尹이 되었으며, 후에 거란에게 후진이 멸망당하자 포로가 되어 거란으로 압송당하였다가 지키는 사람이 한눈을 파는 사이에 스스로 목을 졸라 죽었다.
3) 李瀚 : ?~962. 字는 日新으로 京兆 萬年 사람이다. 後唐 長興 4년(933)에 進士가 되었으며, ≪蒙求≫의 저자이기도 하다.
4) 唐六典 : 唐 玄宗이 직접 理典·敎典·禮典·政典·刑典·事典 등의 여섯 개 조항을 써서 내린 다음, 張九齡과 李林甫 등의 많은 학자들이 동원되어 16년 만에 완성한 法典이다.
5) 〔學士〕 : 저본에는 '學士'가 없으나, ≪新五代史≫에 의거하여 보충하였다.

維翰權勢旣盛에 **四方賂遺**하야 **歲積巨萬**하니 **內客省使李彦韜端明殿學士馮玉用事**하야 **共讒之**라 **帝欲驟黜維翰**이어늘 **大臣劉昫**(후)**李崧皆以爲不可**라 **卒以玉爲樞密使**하고 **旣而**오 **以爲相**하야 **維翰日益見疏**러라 **帝飮酒過度**하야 **得疾**하니 **維翰遣人**하야 **陰白太后**하야 **請爲皇弟重睿置師傅**라 **帝疾愈**에 **知之怒**하야 **乃罷維翰**하야 **以爲開封尹**하니 **維翰遂稱足疾**하고 **稀復朝見**(현)이러라

桑維翰의 권세가 이미 熾盛함에 사방에서 뇌물을 보내 한 해에 巨萬金이 쌓이니, 內客省使 李彦韜와 端明殿學士 馮玉이 권력을 잡고서 함께 상유한을 참소하였다. 황제가 상유한을 서둘러 내치고자 하니, 大臣 劉昫와 李崧이 모두 불가하다고 하는지라 마침내는 馮玉을 樞密使로 삼고 얼마 뒤에는 재상으로 삼아 상유한은 날로 더

욱 배척받았다.

황제가 과도한 음주로 병을 얻으니 상유한이 사람을 보내 몰래 太后에게 아뢰어 황제의 아우인 石重睿를 위해 師傅를 둘 것을 청하였다. 황제가 병이 나은 다음 이 사실을 알고서 노하여 이에 상유한을 파직하여 開封尹으로 삼으니, 상유한은 마침내 발에 병이 났다고 칭탁하고 다시 朝見하는 일이 드물어졌다.

契丹屯中渡[1)]하고 破欒城[2)]이어늘 杜重威[3)]等大軍隔絶이라 維翰曰 事急矣라하고 乃見馮玉等計事로대 而謀不合일새 又求見帝한대 帝方調鷹於苑中하야 不暇見이라 維翰退而歎曰 晉不血食[4)]矣로다하다

契丹이 中渡에 주둔하고 欒城을 격파하였는데, 杜重威 등의 大軍은 멀리 떨어져 있었다. 桑維翰이 사세가 급하다고 하면서 이에 馮玉 등을 만나 계책을 세우려 하였으나 논의가 합치되지 않았다. 그러자 또 황제를 알현하고자 하였는데 황제는 당시 苑中에서 사냥매를 조련하고 있어 알현할 겨를이 없었다. 상유한이 물러나 탄식하며 말하기를 "晉나라는 血食을 받지 못할 것이다."라고 하였다.

1) 中渡 : 河北省 正定縣 동남쪽 5리 지점에 滹沱河(호타하)를 건너기 위해 지나야 하는 中渡橋를 가리킨다.
2) 欒城 : 현재 河北省 石家莊에 있는 欒城縣이다. 正定縣의 남쪽에 있다.
3) 杜重威 : ?~948. 五代 때 朔州 사람으로 後唐 明宗을 섬겨 防州刺史가 되었으며, 石敬瑭이 後晉을 건국하자 禁軍을 맡고 潞州節度使에 올랐으며 석경당의 누이와 혼인하였다. 出帝 開運 3년(946)에 군대 10만 명을 이끌고 契丹에 항복하면서 석경당이 했던 방식대로 거란의 도움을 받아 황제가 되려 했으나 뜻대로 되지 않자 鄴으로 돌아왔다. 劉知遠이 後漢을 세우고 공격하자 항복하여 中書令이 되었고, 유지원이 죽자 대신들이 그의 아들과 함께 체포하여 살해하였다.
4) 血食 : 고대에 희생을 죽여서 피를 취하여 제사를 지냈기 때문에 宗廟의 제사를 血食이라고 하였고, 이는 곧 宗廟社稷을 뜻한다.

自契丹與晉盟으로 始成於維翰而終敗於景延廣이라 故自兵興으로 契丹凡所書檄에

未嘗不以此兩人爲言이라 耶律德光犯京師하야 遣張彦澤[1]하야 遺太后書하야 問此兩人在否하야 可使先來하니 而帝以維翰嘗議毋絶盟而己違之也일새 不欲使維翰見德光하야 因諷彦澤圖之한대 而彦澤亦利其貲産이라

契丹이 晉과 맹약한 일은 桑維翰에게서 처음 이루어졌다가 종국에는 景延廣에게서 어그러졌다. 그러므로 전쟁이 일어났을 때부터 거란의 모든 문서에서 이 두 사람을 거론하지 않은 적이 없었다.

耶律德光이 도성을 침범하면서 張彦澤을 시켜 太后에게 서신을 보내 이 두 사람이 있는지를 묻고서 먼저 이 두 사람이 오도록 하였다. 그런데 황제는 상유한이 예전에 맹약을 어기지 말 것을 논의하였으나 황제 자신이 그 말을 물리친 사실 때문에 상유한이 야율덕광을 만나지 못하게 하려 하였다. 그리하여 장언택에게 상유한을 도모하도록 넌지시 말하였는데, 장언택 또한 상유한의 재산을 탐냈다.

1) 張彦澤 : ?~947. 본래는 後晉의 장수였으나, 후에 契丹에 항복하여 거란의 3차 침략 때 선봉장이 되어 汴京을 침공하였다. 사람됨이 포악하여 변경을 심하게 노략질하고 수많은 卿大夫들을 살해하였는데, 이러한 행위들이 耶律德光의 노여움을 사서 결국 참수되었다.

維翰狀貌旣異라 素以威嚴自持하니 晉之老將大臣으로 見者無不屈服이라 彦澤以驍悍自矜이러니 每往候之에 雖冬月이라도 未嘗不流汗이라 初에 彦澤入京師하니 左右勸維翰避禍어늘 維翰曰 吾爲大臣하야 國家至此하니 安所逃死邪(야)아하고 安坐府中不動이라 彦澤以兵入府[1]하야 問維翰何在오하니 維翰厲聲曰 吾晉大臣이니 自當死國이라 安得無禮邪아하니 彦澤股栗하야 不敢仰視하고 退而謂人曰 吾不知桑維翰何如人이러니 今日見之에 猶使人恐懼如此하니 其可再見乎아하고 乃以帝命召維翰이라 維翰行이라가 遇李崧하야 立馬而語한대 軍吏前白維翰하야 請赴侍衛司獄이라 維翰知不免하고 顧崧曰 相公當國하야 使維翰獨死아하니 崧慚不能對라 是夜에 彦澤使人縊殺之하야 以帛加頸하고 告德光曰 維翰自縊이라하니 德光曰 我本無心殺維翰이어니 維翰何必自致오하다 德光至京師하야 使人(驗)〔檢〕[2]其尸하니 信爲縊死라 乃以尸賜其

家한대 而貲財悉爲彦澤所掠하다

桑維翰은 외모가 특이하였으므로 평소 위엄 있게 처신하니 晉의 老將 大臣들이 상유한을 만나면 굴복하지 않는 이가 없었다. 張彦澤은 용맹함으로 자부하였는데 매번 상유한에게 가서 問候할 때에는 비록 겨울이라 하더라도 땀을 흘리지 않은 적이 없었다.

이보다 앞서 장언택이 도성에 들어오자 좌우에서 상유한에게 禍를 피하라고 권하였는데, 상유한은 "내가 大臣이 되어 나라가 이러한 지경에 이르렀으니 어찌 죽음을 피하겠는가."라고 하고는, 府中에 편안히 앉아 동요하지 않았다.

장언택이 병사를 이끌고 부중에 들어와 상유한이 어디에 있느냐고 물으니, 상유한이 言聲을 높이며 "나는 晉나라의 대신이니 응당 나라를 위해 죽을 것이다. 네가 어찌하여 무례하게 굴 수 있단 말이냐."라고 하였다.

장언택이 몹시 두려워하면서 감히 우러러보지 못하고 물러나 사람들에게 말하기를 "내가 상유한이 어떤 사람인지 몰랐는데 오늘 그를 만나봄에 사람을 이처럼 두렵게 만드니, 어찌 다시 그를 만나러 가겠는가."라고 하고는, 마침내 황제의 명으로 상유한을 불렀다.

상유한이 길을 나섰다가 李崧을 만나 말을 세우고 대화를 나누었는데, 軍吏가 앞으로 나와 상유한에게 아뢰면서 侍衛司의 감옥으로 가기를 청하였다. 상유한이 피할 수 없음을 알고서 이숭을 돌아보며 말하기를 "相公께서 國政을 담당하고 계시면서 유한만 죽게 하십니까?"라고 하니, 이숭이 부끄러워 대답하지 못하였다.

이날 밤에 장언택이 사람을 시켜 상유한의 목을 졸라 죽이고서 비단을 상유한의 목에 감은 다음, 耶律德光에게 고하기를 "상유한이 스스로 목을 매어 죽었습니다."라고 하니, 야율덕광이 말하기를 "내가 본래 상유한을 죽일 마음이 없었는데, 상유한은 어찌 굳이 자진하였는가."라고 하였다.

야율덕광이 京師에 이르러 사람을 시켜 상유한의 시신을 檢屍해보게 하니 참으로 목을 매어 죽은 것이었다. 이에 그 집안에 시신을 주었는데, 그 재산은 모두 장언택에게 빼앗겼다.

1) 府 : ≪新五代史≫에는 '府'가 없다.

2) (驗)〔檢〕: 저본에는 '驗'으로 되어 있으나, ≪新五代史≫에 의거하여 '檢'으로 바로잡았다.

出帝旣牽於左右熒惑之言하야 不能從維翰毋絶盟於契丹者之議矣라 及契丹遺書하야 召見維翰하얀 不過欲維翰以初議完故約耳니 於是時而能傾心維翰이런들 未必不可轉危爲安也리라 顧令張彦澤圖之하니 其事頗與袁紹令殺田豐[1]事相類하니 悲夫인저 ○ 然晉之藉契丹以簒唐에 維翰之力爲多하니 亦傳所謂以悖入者以悖出也[2]라 晉之亟亡而維翰之及於難은 亦天道然爾로다

出帝는 이미 좌우에서 현혹하는 말에 이끌려 契丹과의 맹약을 폐기해서는 안 된다는 桑維翰의 주장을 따르지 못하였다. 거란이 서신을 보내 상유한을 불러 보려 한 것은, 상유한으로 하여금 처음 논의대로 과거의 맹약을 완전하게 하고자 한 것에 불과하였으니, 이때에 상유한에게 마음을 기울였다면 위태로운 상황을 역전시켜 편안하게 하는 일도 그렇게 불가능하지는 않았을 것이다. 그런데 張彦澤을 시켜 상유한을 도모하도록 하였으니, 그 일은 袁紹가 田豐을 죽이게 한 일과 서로 비슷하다. 슬픈 일이로다.

○ 그러나 晉이 契丹의 도움을 받아 唐을 찬탈할 때 상유한의 힘이 컸으니, 또한 傳에 이른바 "도리에 어긋나게 들어오는 것은 도리에 어긋나게 나간다."라는 것이다. 晉이 빨리 망하고 상유한이 화를 당한 것은 또한 天道가 그러했기 때문일 뿐인 것이다.

1) 袁紹令殺田豐 : 袁紹(?~202)는 後漢 말 幽燕 지방에 웅거했던 군벌로 曹操와 천하를 두고 官渡大戰을 펼쳤다가 대패하여 결국 멸망에 이르렀다. 후한 말기 鉅鹿 사람으로, 자는 元皓이다. 田豐(?~200)은 원소의 謀士로 원소의 밑에서 別駕를 지냈는데, 원소를 설득하여 조조의 후방을 공격할 것을 간언했지만 원소는 아들의 병을 핑계로 허락하지 않고 오히려 옥에 가두었다. 관도대전에서 패하고 원소가 돌아오자 어떤 사람이 옥에 갇힌 전풍에게 원소가 전

쟁에서 패하고 돌아왔으니 당신은 살아날 것이라고 말했다. 그러나 전풍은 자존심 강한 원소가 이겼으면 오히려 살 수 있었겠지만 그가 패전하였으니 죽을 것이라고 대답했다. 과연 원소는 자신의 또 다른 謀士 逢紀가 전풍이 원소를 비아냥거린다고 讒言을 하자 전풍을 죽였다.

2) 傳所謂以悖入者以悖出也 : ≪大學章句≫ 傳10章에 "도리에 어긋나게 나간 말은 도리에 어긋나게 들어오고, 도리에 어긋나게 들어온 재물은 또한 도리에 어긋나게 나간다.〔言悖而出者 亦悖而入 貨悖而入者 亦悖而出〕"라고 하였다.

05. 晉臣景延廣傳* 後晉 신하 景延廣의 傳記

* 景延廣(892~947)은 字가 航川으로 陝州 사람이다. 경연광의 列傳은 ≪舊五代史≫ 卷88 〈晉書 第14 列傳3〉과 ≪新五代史≫ 卷29 〈晉臣傳 第17〉에 실려 있다.

이 열전은 경연광의 생애 중에서도 後晉에서의 사업을 주로 서술하였다. 경연광은 후진에서 크게 등용되어 권력을 잡았고 契丹과의 대립을 주도하다가 패망하였는데, 거란과의 일 한 부분이 바로 경연광의 생평 가운데서도 가장 핵심적인 부분이다. 또한 경연광이 사치하고 권력을 전횡하며 거란과의 전쟁에서도 별다른 공을 세우지 못했음을 말하여 후진의 패망을 불러온 무능한 인물임을 부각시켰다.

이러한 서술 방향은 ≪구오대사≫의 서술 내용과 비교해보면 분명해진다. ≪신오대사≫에서는 경연광이 후진에서 用事하고 거란과 대립한 사건 외의 나머지 부수적인 일은 대부분 생략하였다. 또한 말미의 史論에서 후진과 경연광의 사례에서 成敗禍福의 이치가 여실히 징험되었고 桑維翰과 경연광이 이치를 거스르고 夷狄과 함께 도모하다가 마침내 재앙을 받았다고 평가하였다.

경연광은 함께 조정에서 일했던 상유한과 대비되어 그 평가가 매우 박절하였다. 歐陽脩가 이미 열전의 편집 경향과 史論에서 경연광을 혹독하게 비판하였고, ≪구오대사≫의 史評에서도 "경연광은 두 황제를 보필한 공로가 있고 六軍을 맡아 관장하였으니 또한 晉나라의 勳臣이라 이를 만하다. 그러나 국가를 경영하는 원대한 계획에는 어두웠고 강한 적국에 狂妄한 말을 퍼부어 마침내는 나라를 멸망시켜 천하가 폐허가 되게 하였으니, ≪書經≫ 〈說命〉의 이른바 '오직 입은 부끄러운 일을 일으킨다.'는 이 사람을 두고 말한 것일 것이다.〔延廣功扶二帝 任掌六師 亦可謂晉之勳臣矣 然而昧經國之遠圖 肆狂言於强敵 卒使邦家蕩覆 宇縣丘墟 書所謂惟口起羞者 其斯人之謂歟〕"라고 하였다.

또한 宋나라 때 司馬光이 편찬한 ≪稽古錄≫ 卷15에서는 "齊王(後晉 出帝)이 상유한의 깊은 책략을 버리고 경연광의 미친 계책을 믿어 안으로는 정사를 닦지 못하고 밖으로는 강한 이웃나라를 도발하여 백성들이 들풀에 피를 뿌리게 하고 오랑캐 騎兵이 궁궐을 더럽히게 하여, 살아서는 항복한 포로가 되고 죽어서는 떠돌아다니는 혼백이 되었으니, 이는 불행이 아니니다.〔齊王舍桑維翰之深謀 信景延廣之狂策 內政不修而外挑强隣 使黎民塗野草 胡騎汚宮闕 生爲降虜 死爲羈魄 非不幸也〕"라고 하여 後晉의 패망에 경연광이 지대한 역할을 하였음을 드러내었다.

景延廣은 **字航川**이니 **陝州人也**라 **父建善射**러니 **嘗敎延廣曰 射不入鐵**이면 **不如不發**이라하니 **由是**로 **延廣以挽彊見稱**이라 **事梁邵王友誨**[1]한대 **友誨謀反被幽**하니 **延廣亡去**라 **後從王彦章**[2]**戰中都**한대 **彦章敗**하고 **延廣身被數創**하야 **僅以身免**이라

景延廣은 字가 航川이니 陝州 사람이다. 아버지 景建이 활을 잘 쏘았는데 일찍이 경연광을 가르치면서 말하기를 "활을 쏘아서 쇠를 꿰뚫지 못하면 쏘지 않는 것만 못하다."라고 하였다. 이로부터 경연광이 强弓을 잘 쏘는 것으로 명성을 얻었다.

梁의 邵王 朱友誨를 섬겼는데 주우회가 모반했다가 유폐당하자 경연광은 도주하였다. 후에 王彦章을 따라 中都에서 전투를 벌였는데 왕언장은 패하고 연광은 수많은 創傷을 입고서 겨우 몸만 빼내어 죽음을 면하였다.

1) 梁邵王友誨 : 後梁의 皇族인 朱友誨(?~923)이다. 921년에 형인 朱友能과 모반을 일으켰다가 실패하고 유폐되었다. 후량이 後唐의 공격으로 멸망당하기 전날 밤 末帝 朱友貞에게 피살당하였다.

2) 王彦章 : 863~923. 五代 때 鄆州 壽張 사람으로, 字는 子明 또는 賢明이다. 朱溫의 군졸이 되어 용맹함을 떨쳐 王鐵槍으로 불렸다. 後梁 末帝 때 거듭 승진하여 澶州刺史에 이르렀다. 後唐의 大軍이 兗州를 공격했을 때 패하고 포로로 잡혔는데, 굴하지 않다가 살해당했다. 歐陽脩가 지은 〈王彦章畫像記〉가 ≪文

忠集≫과 ≪唐宋八大家文抄≫에 전한다.

明宗[1]**時**에 **朱守殷**[2]**以汴州反**이어늘 **晉高祖爲六軍副使**하야 **主誅從守殷反者**라 **延廣爲汴州軍校當誅**어늘 **高祖惜其才**하야 **陰縱之使亡**하고 **後錄以爲客將**하다 **高祖卽位**에 **以爲侍衛步軍都指揮使**하고 **領果州團練使**하고 **徙領寧江軍節度使**하다 **天福四年**에 **出鎭義成**하고 **又徙保義**하고 **復召爲侍衛馬步軍都虞候**하고 **徙鎭河陽三城**하고 **遷馬步軍都指揮使**하고 **領天平**하다

明宗 때에 朱守殷이 汴州에서 모반을 일으켰는데, 晉 高祖(石敬瑭)가 六軍副使가 되어 주수은을 따라 모반한 자를 誅殺하는 일을 주관하였다. 景延廣은 汴州軍校의 신분으로 주살 대상이었는데 고조가 그 재주를 아깝게 여겨 몰래 풀어주어 도망가게 하고는 뒤에 자신의 客將으로 임용하였다.

고조가 즉위하자 侍衛步軍都指揮使로 삼고 果州團練使를 맡겼으며 자리를 옮겨 寧江軍節度使를 맡겼다. 天福 4년(939)에 외직으로 나가 義成軍節度使로 鎭駐하였고 또 자리를 옮겨 保義軍節度使가 되었으며, 다시 조정으로 불려가 侍衛馬步軍都虞候가 되었고 자리를 옮겨 河陽三城節度使로 鎭駐하였고 승진하여 馬步軍都指揮使가 되었고 天平軍節度使를 맡았다.

1) 明宗 : 後唐의 2대 황제 李嗣源(867~933)이다.

2) 朱守殷 : ?~927. 後唐 莊宗 李存勖을 섬겨 蕃漢馬步軍都虞侯・宣武節度使・巡檢 등에 올랐다. 明宗 李嗣源이 즉위하여 河南尹・判六軍諸衛事로 삼고 다시 汴梁節度使에 제수하였다. 이보다 앞서 명종이 즉위하기 전 주수은이 德勝寨를 방어하고 있을 때 敗戰한 일이 있었는데, 명종이 주수은의 죄를 물어야 한다고 주장하였으나 장종이 듣지 않은 적이 있어 명종과는 사이가 좋지 않았다. 결국 명종 天成 3년(927)에 汴州에서 모반을 일으켰다가 명종의 親征으로 토벌되고 그 族黨들과 함께 誅殺되었다.

高祖崩하고 **出帝立**에 **延廣有力**하야 **頗伐其功**이라 **初**에 **出帝立**하야 **晉大臣議告契丹**하고 **致表稱臣**한대 **延廣獨不肯**하고 **但致書稱孫而已**하니 **大臣皆知其不可而不能奪**이라

契丹果怒하야 **數**(삭)**以責晉**하니 **延廣謂契丹使者喬瑩曰 先皇帝**는 **北朝所立**이요 **今天子**는 **中國自冊**이니 **可以爲孫**이요 **而不可爲臣**이라 **且晉有橫磨大劍**[1]**十萬口**하니 **翁**[2]**要戰則來**하라 **他日不禁孫子**하야 **取笑天下**리라하니 **瑩知其言必起兩國之爭**하고 **懼後無以取信也**하야 **因請載于紙**하야 **以備遺忘**이라 **延廣敕吏具載以授瑩**하니 **瑩藏其書衣領中以歸**하야 **具以延廣語告契丹**하니 **契丹益怒**하다

高祖가 崩御하고 出帝가 즉위하자, 景延廣은 〈출제의 즉위에〉 공이 있어 자신의 공로를 몹시 내세웠다. 이보다 앞서 출제가 즉위하여 晉의 大臣들이 즉위 사실을 契丹에 通告하고 稱臣하는 表文을 보낼 것을 의논하였는데, 경연광만이 달갑지 않게 여기고 孫子라고 칭하는 서한만을 보내고 마니, 대신들이 모두 그 불가함을 알았지만 저지할 수 없었다.

거란이 과연 노하여 자주 晉을 책망하니, 경연광이 거란의 사신 喬瑩에게 이르기를 "先皇帝는 北朝가 세워주었고, 지금 천자는 중국이 스스로 책봉한 것이니, 손자는 될 수 있어도 신하는 될 수 없다. 또 晉나라에는 십만의 橫磨大劍이 있으니, 翁께서 전쟁을 하고자 한다면 오시라. 뒷날 손자를 제재하지 못하여 천하의 비웃음을 사게 될 것이다."라고 하였다.

교영은 그 말이 반드시 양국간의 분쟁을 일으킬 것을 알고서 뒤에 그 말을 증빙할 수 없을까 두려워하여 종이에 그 말을 적어 備忘記로 삼기를 청하였다. 경연광이 관리에게 그 내용을 모두 적어서 교영에게 주게 하니, 교영이 그 글을 옷소매 속에 넣어 돌아가 경연광의 말을 거란에 모두 고하자 거란은 더욱 노하였다.

1) 橫磨大劍 : 橫磨劍이다. 횡마검은 길고 날카로운 칼로 정예병을 비유한다.
2) 翁 : 後晉 出帝가 契丹 太宗 耶律德光에 대해 손자를 자처했으므로, 거란의 황제를 翁이라 표현한 것이다.

天福八年秋에 **出帝幸大年莊還**할새 **置酒延廣第**한대 **延廣所進器服鞍馬茶牀椅榻皆裹金銀**하고 **飾以龍鳳**하며 **又進帛五千匹綿一千四百兩馬二十二匹玉鞍衣襲犀玉金帶等**하야 **請賜從官**하니 **自皇弟重睿**로 **下至伴食刺史**[1]**重睿從者**히 **各有差**라 **帝亦賜延廣及其母妻從事押衙孔目官**[2]**等稱是**라 **時**에 **天下旱蝗**하야 **民餓死者歲十**

數萬이어늘 **而君臣窮極奢侈以相誇**가 **尙如此**러라

天福 8년(943) 가을에 出帝가 大年莊에 행차했다가 환궁하면서 景延廣의 사저에서 술자리를 가졌는데, 경연광이 올린 기물과 의복과 말안장과 찻상과 의자들이 모두 金銀으로 싸였고 龍鳳 무늬로 장식되어 있었다.

또 비단 5,000匹과 명주 1,400兩과 말 22匹과 옥안장과 옷벌과 무소뿔과 玉器와 金帶 등을 올리면서 시종관들에게 하사할 것을 청하니, 황제의 아우인 石重睿로부터 아래로 별 볼 일 없이 酒宴에 따라서 참석한 刺史와 석중예를 시종한 자에 이르기까지 각각 차등이 있었다. 황제가 또한 경연광과 그의 모친과 처와 종사관과 押衙와 孔目官 등에게 여기에 걸맞게 하사하였다.

당시 천하에 가뭄과 蝗蟲의 재해로 굶어 죽는 백성이 해마다 十數萬이었는데 임금과 신하가 극도로 사치를 부리며 서로 자랑한 것이 오히려 이와 같았다.

1) 伴食刺史 : 伴食은 主賓과 더불어 음식 대접을 받는다는 뜻으로, 보통 하는 일 없이 남을 따라 오가기만 하며 자리만 차지하는 무능한 관리를 비하하는 말로 자주 쓰인다.

2) 押衙孔目官 : 押衙는 儀仗과 侍衛를 관할하는 직책이고, 孔目官은 獄訟과 帳簿 등을 관할하는 직책이다.

明年春에 **契丹入寇**하니 **延廣從出帝北征**하야 **爲禦營使**하야 **相拒澶魏之間**이라 **先鋒石公霸遇虜於戚城**[1]이어늘 **高行周符彦卿兵少不能救**일새 **馳騎促延廣益兵**한대 **延廣按兵不動**이라 **三將被圍數重**일새 **帝自禦軍救之**하니 **三將得出**하야 **皆泣訴**라 **然延廣方握親兵**하야 **恃功恣橫**하니 **諸將皆由其節度**하고 **帝亦不能制也**러라 **契丹嘗呼晉人曰 景延廣喚我來**러니 **何不速戰**고하다 **是時**에 **諸將皆力戰**이로대 **而延廣未嘗見敵**하고 **契丹已去**에 **延廣獨閉壁不敢出**이라 **自延廣一言而契丹與晉交惡**(오)로 **凡號令征伐**이 **一出延廣**이요 **晉大臣皆不得與**라 **故契丹凡所書檄**에 **未嘗不以延廣爲言**이러라 **契丹去**하고 **出帝還京師**하야 **乃出延廣爲河南尹**하고 **留守西京**하다

이듬해 봄에 契丹이 침공하니, 景延廣이 出帝를 따라 북쪽으로 정벌 가서 禦營使

가 되어 澶州와 魏州 사이에서 적군과 서로 대치하였다. 先鋒인 石公霸가 戚城에서 적군과 만났는데 高行周와 符彦卿의 병사는 수가 적어 구원할 수 없었다. 그리하여 서둘러 騎兵을 보내 경연광에게 병사의 증원을 재촉하였는데 경연광은 병사를 주둔시킨 채 움직이지 않았다.

세 장수가 몇 겹으로 포위를 당하게 되자 황제가 친히 군사를 이끌고 가서 구원하니 세 장수가 탈출하여 모두 눈물을 흘리며 하소연하였다. 그러나 경연광이 바야흐로 親衛兵을 장악하고서 자신의 공로를 믿고 제멋대로 행동하니, 장수들은 모두 그의 지휘를 받았고 황제 역시 그를 제어할 수 없었다.

거란이 항상 晉나라 사람들에게 외치기를 "경연광이 우리더러 오라고 하더니만 어찌하여 속히 싸우지 않는가?"라고 하였다. 이때에 장수들이 모두 힘써 싸웠으나 경연광은 적군을 본 적도 없었고, 거란이 撤軍할 적에도 경연광은 홀로 성을 굳게 지키며 감히 나가지 못하였다.

경연광의 한마디 말로 거란과 晉의 사이가 나빠진 이후로부터 모든 號令과 征伐이 하나같이 경연광에게서 나왔고 晉의 대신들은 모두 참여할 수 없었다. 그러므로 거란이 보내오는 모든 문서에서 경연광을 언급하지 않은 적이 없었다. 거란이 철군하고 출제가 도성으로 돌아와 마침내 경연광을 河南尹 西京留守로 내보냈다.

1) 戚城 : 孔悝城(공회성)이라고도 불렀으며, 오늘날 河南省 濮陽에 있다.

明年에 **出帝幸澶淵**할새 **以延廣從**이러니 **皆無功**이라 **延廣居洛陽**하야 **鬱鬱不得志**하고 **見晉日削**하야 **度**(탁)**必不能支契丹**하야 **乃爲長夜之飮**하고 **大治第宅**하고 **園置妓樂**하야 **惟意所爲**라 **後帝亦追悔**하고 **遣供奉官張暉**하야 **奉表稱臣以求和**하니 **德光報曰 使桑維翰景延廣來**하고 **而割鎭定與我**라야 **乃可和**라하니 **晉知其不可**하고 **乃止**하다 **契丹至中渡**[1]하니 **延廣屯河陽**이라가 **聞杜重威降**(항)하고 **乃還**하다

이듬해에 出帝가 澶淵 지방으로 행차할 때 景延廣을 데리고 갔는데 모두 공을 세우지 못하였다. 경연광은 洛陽에 있으면서 울울하게 뜻을 얻지 못하고 晉의 영토가 날마다 깎여나가는 것을 보면서 반드시 契丹에 버티지 못할 것이라고 생각하고서는, 이에 밤새도록 술이나 마시고 저택을 크게 짓고 園中에는 妓女와 風樂을 두고서

마음 가는 대로 놀았다.

뒤에 황제도 후회하고서 供奉官 張暉를 보내 표문을 바치며 稱臣하고서 강화하기를 구하니, 耶律德光이 답하기를 "桑維翰과 경연광을 오게 하고 鎭州와 定州를 떼어 나에게 주어야지만 강화할 수 있다."라고 하였다. 晉에서는 그렇게 할 수 없음을 알고 결국 그만두었다.

거란이 中渡에 이르니, 경연광이 河陽에 주둔하고 있다가 杜重威가 항복했다는 소식을 듣고서 결국 회군하였다.

1) 中渡 : 河北省 正定縣 동남쪽 5리 지점에 滹沱河를 건너기 위해 지나야 하는 中渡橋를 가리킨다.

德光犯京師에 行至相州[1]하야 遣騎兵數千하야 雜晉軍渡河趨洛하야 以取延廣할새 戒曰 延廣南奔吳하고 西走蜀이니 必追而取之하라하다 而延廣顧慮其家하야 未能引決일새 虜騎奄至어늘 乃與從事閻丕로 馳騎見德光於封丘하고 幷丕見鎖라 延廣曰 丕는 臣從事也라 以職相隨어니 何罪而見鎖오하니 丕乃得釋이라 德光責延廣曰 南北失歡은 皆因爾也라하고 召喬瑩하야 質其前言하니 延廣初不服이라가 瑩從衣領中出所藏書하니 延廣乃服이라 因以十事責延廣하되 每服一事에 授一牙籌[2]하니 授至八籌에 延廣以面伏地하야 不能仰視라 遂叱而鎖之하고 將送之北行하야 至陳橋[3]하야 止民家라 夜分에 延廣伺守者怠[4]하야 引手扼吭而死하니 時年五十六이러라 漢高祖[5]時에 贈侍中하다

耶律德光이 京師를 침범할 때 相州에 이르러서 騎兵 수천을 보내 晉의 군대와 섞여 黃河를 건너 洛陽으로 신속히 가서 景延廣을 잡아오게 하면서, 단단히 분부하며 말하기를 "경연광이 남쪽으로는 吳 땅으로 달아날 것이고 서쪽으로는 蜀 땅으로 도주할 것이니 반드시 추격하여 잡아 오라."고 하였다.

경연광이 그 가솔들을 염려하여 자결하지 못하고 있다가 契丹의 기병이 갑자기 이르자 결국 종사관 閻丕와 함께 말을 타고 封丘에서 야율덕광을 알현하고서 염비와 함께 포박되었다. 경연광이 말하기를 "염비는 臣의 종사관입니다. 자신의 직분

때문에 나를 수행한 것인데 무슨 죄가 있다고 포박을 당한단 말입니까."라고 하니 염비가 풀려날 수 있었다.

야율덕광이 경연광을 질책하면서 말하기를 "남북이 우호를 잃은 것은 다 너 때문이다."라고 하고 喬瑩을 불러 이전에 했던 말을 대질하니, 경연광이 처음에는 승복하지 않다가 교영이 옷소매에 넣어둔 글을 꺼내자 경연광이 결국 승복하였다. 그리하여 10가지 일을 들어 경연광을 질책하면서 한 가지 일에 승복할 때마다 牙籌 하나씩을 주니, 여덟 개의 아주를 받게 되었을 때 경연광은 얼굴을 땅에 대고 엎드려 우러러보지 못하였다.

마침내 경연광을 꾸짖으면서 포박하고 그를 호송하여 북쪽으로 가면서 陳橋에 이르러 民家에 투숙하였는데, 야밤에 경연광이 감시하는 자가 소홀한 틈을 타 손으로 목을 졸라 죽으니, 이때 향년 56세였다. 漢 高祖 때에 侍中에 追贈하였다.

1) 相州 : 지금의 河北省 成安縣·廣平縣과 河南省 安陽縣 일대이다.
2) 每服一事 授一牙籌 : 牙籌는 象牙나 짐승의 뼈 혹은 뿔로 만든 산가지이다. ≪舊五代史≫ 卷88 〈景延廣傳〉에 따르면, 이렇게 죄를 승복할 때 산가지를 주는 것은 契丹의 법이었다고 한다.
3) 陳橋 : 鄕鎭의 명칭으로 중국 河北省 開封 동북쪽에 있다. 후일 宋 太祖 趙匡胤이 휘하 장수들에 의해 황제로 추대된 곳이기도 하다.
4) 怠 : ≪新五代史≫에는 '殆'로 되어 있으며, '殆'는 '怠'의 의미이다.
5) 漢高祖 : 五代 때 後漢을 건국한 劉知遠(895~948)이다. 契丹에 의해 後晉이 망하자 晉陽에서 제위에 올랐다. 즉위 후 이름을 暠로 고치고 汴京에 도읍하였다.

嗚呼라 自古禍福成敗之理가 未有如晉氏之明驗也하니 其始以契丹而興하고 終爲契丹所滅이로다 然方其以逆抗順이라가 大事未集하야 孤城被圍[1)]하야 外無救援일새 而徒將一介之命하고 持片舌之强하야 能使契丹空國興師하야 應若符契하야 出危解難하야 (速)〔遂〕[2)]成晉氏하니 當是之時하야 維翰之力爲多라 及少主新立에 釁結兵連하고 敗約起爭은 發自延廣이니 然則晉氏之事는 維翰成之요 延廣壞之라 二人之用心者異로대 而其受禍也同은 其故何哉오 蓋夫本末不順而與夷狄共事者는 常見其

禍요 未見其福也니 可不戒哉아 可不戒哉아

오호라! 예로부터 禍福과 成敗의 이치가 晉의 경우처럼 분명하게 밝혀진 사례는 있지 않으니, 그 처음에는 契丹의 힘으로 일어났고 그 마지막에는 거란에 의해 멸망당하였다.

그러나 바야흐로 逆理로 順理에 대항하다가 大事가 성취되지 않아 외로운 성에 포위당해 바깥으로 구원받을 길도 없게 되었을 때, 한갓 使命을 받든 일개 使臣의 능란한 언설로 거란이 온 나라의 병사를 일으켜 마치 符節을 맞추듯 제때 호응하게 하여 危難에서 벗어나 마침내 晉나라를 이룩하였으니, 이 당시에 桑維翰의 힘이 컸다. 그러다가 어린 군주가 새로 즉위하여 거란과 불화가 생겨 兵禍가 연이어지고 盟約을 파기하여 분쟁이 일어난 것은 景延廣에게서 始發한 것이니, 그렇다면 晉의 사업은 상유한이 이룩하고 경연광이 무너뜨린 것이다.

두 사람의 마음 씀이 달랐으되, 똑같이 재앙을 받은 것은 무슨 까닭인가? 대체로 그 本末이 이치를 따르지 않고서 夷狄과 함께 일을 도모한 자는 항상 재앙을 받는 것은 보았고 복을 받는 것은 보지 못하였으니, 경계하지 않을 수 있겠는가. 경계하지 않을 수 있겠는가.

1) 孤城被圍 : 後唐 末帝 李從珂가 수만의 대군으로 石敬瑭이 있던 晉陽을 포위 공격한 것을 가리킨다.
2) (速)〔遂〕 : 저본에는 '速'으로 되어 있으나, ≪新五代史≫에 의거하여 '遂'로 바로잡았다.

06. 周臣王朴傳* 後周 신하 王朴의 傳記

* 王朴(906~959)은 字가 文伯으로 東平 사람이다. 왕박의 列傳은 ≪舊五代史≫ 卷128 〈周書 第19 列傳9〉와 ≪新五代史≫ 卷31 〈周臣傳 第19〉에 실려 있다.

五代의 亂世는 趙匡胤의 宋나라가 평정하였으나, 기실 이는 後周 世宗 柴榮이 이미 닦아놓은 통일 사업과 제도 정비의 업적을 그대로 이어받은 측면이 크다. 왕박은 후주의 세종이 節度使로 있던 시절에 발탁하여 重用한 인물이다. 본 열전에 기술된 그의 책략과 업적은 곧 후주가 이룩한 통일 사업과 제도 정비의 성취에 직결되어 있다. 따라서 본 열전은 단순히 한 인물의 열전에 그치는 것이 아니라 한 국가의 입장에서 천하를 평정하기 위해 어떤 사업을 우선시해야 하는지 보여준다.

본 열전에서 가장 많은 분량을 차지하고 있는 왕박의 〈平邊策〉은 인상적이다. 그가 〈평변책〉에서 진술한 治道의 大體는 매우 원론적이지만 또한 필수적이다. 특히 "적국과 우리 백성의 마음이 하나가 되면 이는 하늘의 뜻과 같은 것이니, 하늘의 뜻과 같으면 이루지 못할 공업은 없습니다."라고 한 부분은 추상적인 하늘의 뜻을 闡明하기는 했으나 그 실체적인 내용을 사람에 두는 실용적인 면모를 보인다. 이는 같은 〈평변책〉에서 정벌을 淮南에서부터 시작하여 幷州를 가장 나중에 하라는 부분에서도 드러나는데, 실제 이후 후주와 송나라가 천하를 평정할 때 그대로 실현되었다.

朱熹의 ≪朱子語類≫ 卷135에는 "蕭何와 韓信이 처음 高祖를 뵌 때의 한 단락과, 鄧禹가 처음으로 光武帝를 뵌 때의 한 단락과, 武侯(諸葛亮)가 처음으로 先主(劉備)를 뵌 때의 한 단락을 적어서 이 몇 단락의 말과 王朴의 〈平邊策〉을 한 권으로 엮으려 한 적이 있었다.〔嘗欲寫出蕭何韓信初見高祖時一段 鄧禹初見光武時一段 武侯初見先主時一段 將這數段語及王朴平邊策編爲一卷〕"라고 할 정도로 왕박의 〈평변책〉을 주요하게 보았다.

왕박이 또 欽天曆을 제정하고 도성의 제도를 정비하는 한편 여타의 文士들이 정벌보다 文德을 우선시할 때도 用兵策을 진언하는 모습에서는 文弱하기만 한 일반 문사와는 달리 亂世에 文武를 고루 겸비한 자질을 보여준다. ≪주자어류≫의 다음의 말은 후주 세종을 평가한 말이지만 왕박의 뛰어난 재능을 보여주는 말이기도 하다.

"주 세종은 천부적인 자질이 드높아서 인재들 중에서 王朴을 찾아내 등용하여 수년이 지나지 않아 수많은 사업을 이룩하였다. 또 禮樂·律歷 등의 일에 있어 왕박이 모두 잘 안다고 생각했으므로 그의 학설을 채용하여 그 일을 완성하였다.〔周世宗天資高 於人才中 尋得箇王朴來用 不數年間 做了許多事業 且如禮樂律歷等事 想見他都會得 故能用其說 成其事〕"

열전 말미에 附記된 史論은 왕박의 열전에만 국한된 것은 아니고 ≪新五代史≫ 卷31 〈周臣傳 第19〉 전체를 포괄하는 사론이다. 사론에서 구양수는 천하를 평정하는 요체는 君子와 小人을 어떤 자리에 두느냐 하는 것이며, 현명한 군주는 어질고 지혜로운 사람을 적재적소에 배치하는 사람이라고 평하고 있다.

≪唐宋八大家文抄≫에서 ≪新五代史≫의 〈周臣傳〉 가운데서도 왕박의 열전을 특히 선별하고 여기에 사론을 연결시킨 것은 여러 인물 가운데서도 왕박이 이를 대표할 만하다고 보았기 때문일 것이다.

王朴은 **字文伯**이니 **東平人也**라 **少擧進士**하야 **爲校書郞**하야 **依漢樞密使楊邠**하다 **邠與王章史弘肇等有隙**하니 **朴見漢興日淺**하고 **隱帝年少孱弱**하야 **任用小人**이어늘 **而邠爲大臣**하야 **與將相交惡**하고 **知其必亂**하야 **乃去邠東歸**하다 **後李業等敎隱帝誅權臣**하야 **邠與章弘肇皆見殺**[1]하고 **三家之客多及**이로대 **而朴以故獨免**하다

王朴은 字가 文伯이니 東平 사람이다. 젊은 나이에 進士試에 급제하여 校書郎이 되어 漢의 樞密使 楊邠의 휘하로 들어갔다. 그런데 양빈이 王章・史弘肇 등과 틈이 벌어지니, 왕박은 漢이 개국한 세월이 얼마 되지도 않고 隱帝는 나이가 어리고 잔약하여 小人을 任用하는데도 양빈은 大臣이 되어 將相들과 서로 사이가 좋지 않음을 보고는 반드시 변란이 일어날 것을 알아 마침내 양빈을 떠나 동쪽으로 돌아갔다.

뒤에 李業 등이 은제로 하여금 權臣들을 주살하게 하여 양빈과 왕장・사홍조가 모두 피살되었고, 세 사람의 빈객들도 대부분 화를 입었으나 왕박만은 이상의 연고로 화를 면하였다.

1) 李業等敎隱帝誅權臣 邠與章弘肇皆見殺 : 五代 後漢 高祖 劉知遠이 죽으면서 아들 劉承祐에게 帝位를 잇게 할 때 楊邠 등의 대신들이 顧命大臣이 되었는데, 隱帝 유승우가 즉위한 후 양빈은 국가의 긴요한 정사를 통괄하고, 후에 後周를 세우는 郭威는 征伐을 주관하고, 史弘肇는 京師의 방위를 주관하고, 王章은 재정과 賦稅를 관장하면서 국정을 주도적으로 운영하였다. 당시 太后의 아우였던 武德使 李業과 황제의 총애를 받는 이들이 이들 대신에게 자주 제재를 받았는데, 마찬가지로 대신들의 제재에 반감을 품은 황제가 이업 등의 부추김으로 병사를 매복해두고서 양빈・왕장・사홍조 등을 죽이고 이들이 모반했다는 죄를 뒤집어 씌웠다.

周世宗[1)]鎭澶州할새 朴爲節度掌書記하고 世宗爲開封尹하야 拜朴右拾遺하고 爲推官하다 世宗卽位에 遷比部郎中하야 獻平邊策曰 唐失道而失吳蜀하고 晉失道而失幽幷하니 觀所以失之〔之〕[2)]由면 知所以平之〔之〕[3)]術이라 當失之時하야 君暗政亂하고 兵驕民困하며 近者는 姦於內하고 遠者는 叛於外하며 小不制而至于僭하고 大不制而至于濫하야 天下離心하야 人不用命하니 吳蜀乘其亂而竊其號하고 幽幷乘其間而據其地[4)]라 平之之術은 在乎反唐晉之失而已니 必先進賢退不肖하야 以淸其時하고 用能去不能하야 以審其材하며 恩信號令하야 以結其心하고 賞功罰罪하야 以盡其力하며 恭儉節用하야 以豐其財하고 徭役以時하야 以阜其民하야 俟其倉廩實器用備人可用而擧之하소서 彼方之民이 知我政化大行하야 上下同心하고 力彊財足하고 人安將和하야 有必取之勢면 則知彼情狀者願爲之間諜이요 知彼山川者願爲之先導라 彼民與此民之心同이면 是與天意同이니 與天意同이면 則無不成之功이라

周 世宗이 澶州를 鎭守하고 있을 때 王朴을 節度掌書記로 삼았고, 세종이 開封尹이 되자 왕박을 右拾遺에 제수하고 推官으로 삼았다. 세종이 즉위하자 比部郎中으로 승진하여 〈平邊策〉을 올려 다음과 같이 말하였다.

後周 世宗

"唐(後唐)나라가 도를 잃자 吳와 蜀을 잃었고 晉(後晉)나라가 도를 잃자 幽州와 幷州를 잃었으니, 잃어버리게 된 연유를 살펴보면 平定하는 방법을 알 수 있습니다.

잃어버렸을 때에는 임금은 어리석고 정사는 혼란하였고 병사는 교만하고 백성은 곤궁하였으며, 가까이 있는 자는 안에서 간사한 짓을 하고 멀리 있는 자는 밖에서 반란을 일으켰으며, 작은 것은 제어하지 못하여 분수를 넘는 데에 이르고 큰 것은 제어하지 못하여 지나치게 넘치는 데에 이르렀습니다. 그리하여 천하의 마음이 떠

나 사람들이 명을 따르지 않으니, 吳와 蜀에서는 그 어지러움을 틈타 帝號를 僭稱하고 幽州와 幷州에서는 그 틈을 노려 땅을 점거하였습니다.

평정하는 방법은 唐나라와 晉나라가 했던 것과 반대로 하는 데 있을 따름이니, 반드시 어진 이를 나아오게 하고 不肖한 자를 물러나게 하여 時政을 맑게 하고, 능력 있는 자를 등용하고 능력 없는 자를 물리쳐서 그 재능을 살피며, 은혜와 신의로 號令하여 사람들의 마음을 결속하고, 공이 있는 자에게 상 주고 죄가 있는 자에게 벌주어 그 힘을 다하게 하며, 공손하고 검소하고 절약하여 재용을 풍족하게 하고, 徭役을 때에 맞게 하여 백성을 번성하게 하는 일들을 우선적으로 하여, 國庫가 충실해지고 器用이 완비되고 사람들이 쓸 만해졌을 때를 기다려 움직이소서.

저 적국의 백성이 우리나라의 政化가 크게 행해져 上下가 마음을 같이하고 힘은 강하며 재용은 풍족하고 백성들은 편안하며 장수들은 화합하여 반드시 승리할 형세가 있음을 알게 된다면, 저 적국의 정황을 아는 이는 우리의 間諜이 되고자 할 것이고 저 적국의 山川을 아는 이는 우리의 길잡이가 되고자 할 것입니다. 저 적국과 우리 백성의 마음이 하나가 되면 이는 하늘의 뜻과 같은 것이니, 하늘의 뜻과 같으면 이루지 못할 공업은 없습니다.

1) 周世宗 : 五代 後周의 2대 황제인 柴榮(921~959)이다. 邢州 龍岡 사람으로 후주 太祖 郭威의 외조카였다가 양자로 들어가 성을 곽씨로 바꾸었다. 곽위가 후주를 건국하자 晉王에 봉해졌다. 顯德 원년(954) 즉위하여 통치에 전력을 쏟아 문물을 정비하고 영토를 확장하여 위세를 떨쳐 천하통일의 기반을 닦았다.

2) 之〔之〕 : 저본에는 '之'가 1자만 있으나, ≪新五代史≫에 의거하여 1자를 더 보충하였다.

3) 之〔之〕 : 저본에는 '之'가 1자만 있으나, ≪新五代史≫에 의거하여 1자를 더 보충하였다.

4) 吳蜀乘其亂而竊其號 幽幷乘其間而據其地 : 吳蜀은 五代十國의 십국에 속하는 吳와 後蜀을 가리킨다. 吳는 4대 군주인 楊溥에 이르러 稱帝하였고, 후촉은 1대 군주인 孟知祥이 後唐 明宗이 죽자 칭제하였다.

幽幷은 幽州와 幷州로 유주는 오늘날의 北京 일대이고, 병주는 오늘날의 太

原 일대이다. 유주는 後晉 때 이미 契丹에 할양되었으며, 병주는 후진이 거란에 망하고 劉知遠의 後漢이 차지하였고 이후 後周가 들어서고 나서는 후한을 계승한 北漢이 차지하였다.

攻取之道는 **從易**(이)**者始**라 **當今惟吳易圖**하니 **東至海**하고 **南至江**하야 **可撓之地**가 **二千里**라 **從少備處**로 **先撓之**하되 **備東則撓西**하고 **備西則撓東**이면 **彼必奔走以救其弊**라 **奔走之間**에 **可以知彼之虛實**과 **衆之彊弱**이니 **攻虛擊弱**하면 **則所向無前矣**리이다 **勿大擧**요 **但以輕兵撓之**면 **彼人怯弱**이라 **知我師入其地**하고 **必大發以來應**이라 **數**(삭)**大發則民困而國竭**하고 **一不大發則我獲其利**라 **彼竭我利**면 **則江北諸州**는 **乃國家之所有也**라 **旣得江北**이어든 **則用彼之民**하고 **揚我之兵**하여 **江之南亦不難而平之也**리니 **如此則用力少而收功多**라 **得吳則桂廣**[1]**皆爲內臣**이요 **岷蜀**[2]**可飛書而召之**라 **如不至**어든 **則四面幷進**하야 **席捲而蜀平矣**요 **吳蜀平**이면 **幽可望風而至**라 **唯幷**은 **必死之寇**[3]라 **不可以恩信誘**요 **必須以强兵攻**이나 **力已竭**하고 **氣已喪**[4]하야 **不足以爲邊患**이니 **可爲後圖**라 **方今兵力精練**하고 **器用具備**하며 **群下知法**하고 **諸將用命**하니 **一稔之後**에 **可以平邊**이라 **臣**은 **書生也**라 **不足以講大事**요 **至于不達大體**하고 **不合機變**하니 **惟陛下寬之**하소서하다

공격하여 승리하는 방법은 쉬운 것부터 시작하는 것입니다. 현재 오직 吳가 도모하기 쉬우니, 〈吳의 땅이〉 동쪽으로는 바다에 이르고 남쪽으로는 長江에 이르러, 흔들어볼 수 있는 땅이 2천 리나 됩니다.

防備가 부족한 곳부터 먼저 흔들되 저들이 동쪽을 방비할 때는 서쪽을 흔들고 서쪽을 방비할 때는 동쪽을 흔들면, 저들이 반드시 분주히 달려가 무너지는 곳을 구원할 것입니다. 저들이 분주해하는 사이에 저들의 虛實과 병사의 强弱을 알 수 있을 것이니, 저들의 虛하고 弱한 곳을 공격하면 향하는 곳마다 앞을 〈막아서는 적이〉 없게 될 것입니다.

大軍을 움직일 것 없이 단지 輕兵으로 적을 흔들면, 저들은 겁이 많고 약한지라 우리 군사가 자신들의 땅에 들어온 것을 알고 반드시 대군을 일으켜 응전할 것입니

다. 저들이 자주 대군을 일으키면 백성은 곤궁하고 국력은 고갈될 것이며, 저들이 한 번이라도 대군을 일으키지 못하게 되면 우리가 유리해질 것입니다.

저들은 고갈되고 우리는 유리하게 되면 江北의 여러 고을은 바로 우리나라의 소유가 될 것입니다. 이미 강북을 얻고 나서는 저들의 백성을 이용하고 우리 병사를 일으켜서 江南 지방도 어렵지 않게 평정할 것이니, 이와 같다면 힘은 적게 들이고 거두는 공은 많을 것입니다.

吳를 얻으면 桂州와 廣州도 모두 內臣이 될 것이고, 岷蜀은 글을 보내 부를 수 있게 될 것입니다. 만약 투항해 오지 않거든 사방에서 병사들을 동시에 진격시켜 자리를 말듯이 蜀을 평정할 수 있을 것이고, 吳와 蜀이 평정되면 幽州는 소문만 듣고도 우리에게 투항해 올 것입니다.

오직 幷州는 필사적으로 저항할 도적들이라 恩惠와 信義로 유인할 수 없고 반드시 강한 군대로 공격해야 하겠으나, 저들은 이미 힘이 다하였고 기세도 이미 꺾여 변경의 근심거리가 못 되니 후일에 도모해도 됩니다.

지금 병사들은 精銳로 잘 훈련되어 있고 물자는 구비되어 있으며 아랫사람들은 법을 알고 장수들은 목숨을 바치니 1년 뒤에는 변경을 平定할 수 있을 것입니다. 신은 書生이라 큰일을 말하기에 충분하지 못하고 심지어 大體도 통달하지 못하였고 臨機應變도 적합하게 하지 못하니, 바라건대 폐하께서 너그러이 보아주소서."

1) 桂廣 : 桂州와 廣州로, 계주는 오늘날의 廣西壯族自治區에 속하며, 광주는 오늘날의 廣東省에 속한 지역이다.

2) 岷蜀 : 옛날 蜀 지방에 岷山과 岷江이 있었으므로 촉을 지칭하여 岷蜀이라 한 것이다. 오늘날의 四川省에 속한 지역이다.

3) 幽可望風而至 唯幷必死之寇 : 後周 世宗 당시 幽州는 거란이 後晉으로부터 할양받은 이래로 계속 점거 중이었고, 幷州는 劉崇이 세운 北漢이 차지하고 있었다.

4) 力已竭 氣已喪 : 後周 世宗 초년에 北漢이 남하하여 후주를 공격하였으나 高平 전투에서 대패한 이후 세력이 급속도로 위축되었다.

遷左諫議大夫知開封府事하고 **歲中**에 **遷左散騎常侍**하며 **充端明殿學士**하다 **是時**에

世宗新卽位에 銳意征伐하야 已撓群議하야 親敗劉旻[1)]於高平하고 歸而益治兵하야 慨然有平一天下之志라 數(삭)顧大臣問治道하고 選文學之士徐台符[2)]等二十人하야 使作爲君難爲臣不易(이)論及平邊策[3)]하니 (不)〔朴〕[4)]在選中이라 而當時文士皆不欲上急於用武하야 以謂 平定僭亂은 在修文德以爲先이라한대 惟翰林學士陶穀竇儀와 御史中丞楊昭儉이 與朴皆言用兵之策하고 朴謂江淮爲可先取라 世宗雅已知朴이러니 及見其議論偉然하야 益以爲奇하야 引與計議天下事에 無不合일새 遂決意用之하다 顯德三年에 征淮할새 以朴爲東京副留守하고 還拜戶部侍郎樞密副使하고 遷樞密使하다 四年에 再征淮할새 以朴留守京師하다

左諫議大夫 知開封府事로 승진하고 그해에 左散騎常侍로 승진하였으며 端明殿學士에 충원되었다. 이때 世宗이 막 즉위하여 征伐에 마음을 쏟아 이미 群臣들의 논의를 꺾고서 친히 高平에서 劉旻을 패퇴시켰고, 돌아와 더욱 병사를 조련하여 개연히 천하를 평정하여 하나로 통일할 뜻을 품었다. 그래서 자주 大臣들에게 治道를 자문하고 文學之士인 徐台符 등 20인을 선발하여 〈爲君難爲臣不易論〉과 〈平邊策〉을 짓게 하였는데 왕박도 이때 함께 선발되었다.

당시 文士들은 모두 황제가 用兵을 급선무로 삼지 않게 하려고 "僭亂을 평정하는 것은 文德 닦는 것을 우선으로 하는 데 달려 있습니다."라고 하였는데, 오직 翰林學士인 陶穀·竇儀와 御史中丞 楊昭儉만이 왕박과 함께 모두 用兵策을 말하였고, 왕박은 江淮 지역이 가장 먼저 취할 만한 곳이라고 하였다.

세종이 평소 이미 왕박의 재능을 알고 있었는데, 그 의론이 훌륭한 것을 보고서는 더욱 뛰어나게 여겨 그를 引見하여 함께 천하의 일을 계획하고 의론함에 합치되지 않는 점이 없자, 마침내 뜻을 결정하고 왕박의 계책을 따랐다.

顯德 3년(956)에 淮南을 정벌할 때 왕박을 東京副留守로 삼았고, 돌아와서 戶部侍郎 樞密副使를 제수하였으며, 樞密使로 승진시켰다.

顯德 4년(957)에 다시 회남을 정벌할 때 왕박을 開封留守로 삼았다.

1) 劉旻 : 985~954. 五代 때 北漢을 건국한 劉崇의 改名이다. 沙陀部 사람으로 後漢을 세운 高祖 劉知遠의 동생이다. 後周를 세운 郭威와는 사이가 좋지 않아 곽위가 후주를 세우자 太原에서 북한을 건국하였다. 契丹과 연합해 후주를

공격하였으나 高平에서 대패한 뒤 분을 이기지 못하고 죽었다.

2) 徐台符 : ?~956. 五代 때 眞定 獲鹿 사람으로, 後唐 明宗 때 鎭州掌書記가 되었으며, 後晉 때 거듭 승진해서 金部郎中이 되었고 翰林學士에 올랐다. 후진이 망하자 契丹의 포로가 되었다가 달아나 돌아왔다. 後周에서 벼슬하여 禮部尙書·翰林學士承旨·禮部貢擧에 이르렀다.

3) 爲君難爲臣不易(이)論及平邊策 : 〈爲君難爲臣不易論〉은 ≪論語≫ 〈子路〉에 "사람들 말에 '임금 노릇 하기가 어려우며 신하 노릇 하기가 쉽지 않다.' 하였으니, 만일 임금 노릇 하기가 어려움을 안다면 한마디 말로 나라를 흥하게 함을 기약할 수 없겠습니까.〔人之言曰 爲君難爲臣不易 如知爲君之難也 不幾乎一言而興邦乎〕"라고 한 말에 기반하여 지은 論이며, 〈平邊策〉은 변경을 평정할 방책을 진달한 策文이다.

4) (不)〔朴〕 : 저본에는 '不'로 되어 있으나, 사고전서본 ≪唐宋八大家文鈔≫ 및 ≪新五代史≫에 의거하여 '朴'으로 바로잡았다.

世宗之時에 **外事征伐而內修法度**라 **朴爲人明敏多材智**하야 **非獨當世之務**요 **至於陰陽律曆之法**하야도 **莫不通焉**이라 **顯德(五)〔二〕[1]年**에 **詔朴校定大曆[2]**이어늘 **乃削去近世符天流俗不經之學[3]**하고 **設通經統三法**하야 **以歲軌離交朔望周變率策之數**로 **步日月五星**하야 **爲欽天曆[4]**하다 **六年**에 **又詔朴考正雅樂[5]**하니 **朴以謂十二律管互吹**하니 **難得其眞**이라하야 **乃依京房[6]爲律准**하야 **以九尺之弦十三**으로 **依管長短寸分設柱**하고 **用七聲爲均**하니 **樂成[7]而和**하다

世宗 때에 밖으로는 征伐을 일삼고 안으로는 法度를 정비하였다. 王朴은 사람됨이 명민하고 材智가 많아 당세의 일뿐만 아니라 陰陽律曆의 법에 대해서도 통달하지 않음이 없었다.

顯德 2년(955)에 조칙을 내려 왕박에게 大曆을 校定하게 하자, 마침내 근세에 세속에 유행하면서 이치에 어긋난 符天曆의 학문을 없애고 通法과 經法과 統法의 三法을 세워 歲·軌·離·交·朔·望·周·變의 率數와 策數로 해와 달과 五星을 推算하여 ≪欽天曆≫을 만들었다.

顯德 6년(959)에 또 조칙을 내려 왕박에게 雅樂을 고찰하여 바로잡게 하니 왕박

이 12律管을 서로 불어봄에 그 참된 음을 알기가 어렵다고 하여 마침내 京房의 음률을 기준으로 하여, 준칙으로 삼아 9尺 길이의 弦 13개로 律管의 長短寸分을 기준으로 하여 雁足을 배열하고 七聲을 사용하여 音階를 만드니 음악을 연주함에 조화롭게 되었다.

1) (五)〔二〕: 底本에는 '五'로 되어 있으나, 四庫全書本 ≪唐宋八大家文鈔≫ 및 ≪新五代史≫에 의거하여 '二'로 바로잡았다.
2) 大曆 : 官에서 編修한 공식적인 曆法을 가리킨다. 반대로 민간에서 자체적으로 사용하는 역법을 小曆이라고 한다.
3) 符天流俗不經之學 : '符天曆'은 唐 德宗 建中 연간에 曹士蔿가 만든 小曆으로, 옛 역법을 변경하여 顯慶 5년(660)을 上元으로 삼고 24절기 가운데 雨水를 歲首로 삼았다.(≪玉海≫)
4) 乃削去近世符天流俗不經之學……爲欽天曆 : 이 구절에 대한 상세한 내용은 卷17 〈司天考論〉 참조.
5) 六年 又詔朴考正雅樂 : ≪五代史記纂誤續補≫ 卷2에 "살펴보건대, 〈本紀〉에는 ≪通禮≫와 ≪正樂≫을 지은 일이 顯德 5년에 있었던 것으로 되어 있고, 薛居正의 ≪舊五代史≫의 〈本紀〉 및 〈樂志〉와 ≪資治通鑑≫에는 현덕 5년 11월에 조칙을 내려 ≪大周通禮≫와 ≪大周正樂≫을 編集하게 하니 6년 정월에 王朴이 雅樂의 十二律이 돌아가며 서로 宮音이 되는 법을 詳定하고 아울러 律準法을 만들어 올렸다고 되어 있다. 6년은 樂이 이미 완성된 때라 애당초 고찰하여 바로잡으라는 조칙을 내린 때가 아니다. '六'은 傳寫의 착오인 듯하다.〔按本紀作通禮正樂在五年 薛史本紀樂志通鑑顯德五年十一月詔編集大周通禮大周正樂 六年正月王朴詳定雅樂十二律旋相爲宮之法 並造律準上之 是六年樂已成非始詔考正之時也 六字疑傳寫之誤〕"라고 하였다.
6) 京房 : B.C. 77~B.C. 37. 前漢 元帝 때의 문신이자 학자로 자는 君明이다. 본래의 성은 李氏였는데, 音律의 이치를 미루어서 스스로 京氏로 고쳤다. 焦延壽에게 易學을 배워 역학에 정통하였으며, 여러 차례 글을 올려 災異에 대해 말했는데 자주 적중하였다. ≪京氏易傳≫과 ≪易傳積算法雜占條例≫ 등의 저서가 있다.
7) 樂成 : 음악의 한 곡조를 완전히 연주하는 것을 '成'이라 한다.

朴性剛果하고 又見信於世宗하니 凡其所爲를 當時無敢難者나 然人亦莫能加也라 世宗征淮에 朴留京師하야 廣新城하고 通道路가 壯偉宏闊하니 今京師之制는 多其所規爲라 其所作樂은 至今用之不可變이요 其陳用兵之略은 非特一時之策이라 至言諸國興滅次第云 淮南可最先取요 幷必死之寇는 最後亡이라하더니 其後宋興하야 平定四方에 惟幷獨後服하니 皆如朴言이라 六年春에 世宗遣朴行視汴口[1]하야 作斗門[2]한대 還過故相李穀[3]第하야 疾作하야 仆于坐上하야 舁歸而卒하니 年五十四러라 世宗臨其喪하야 以玉鉞[4]叩地하고 大慟者數四하고 贈侍中하다

王朴은 성품이 굳세고 과감하며 또 世宗에게 신임를 받으니 무릇 그가 행하는 일에 대해 당시 사람들 중 감히 논란을 제기하는 자가 없었다. 그러나 다른 사람들이 왕박보다 뛰어나지도 못하였다.

세종이 淮南을 정벌할 때 왕박이 開封留守로 있으면서 新城을 확대하고 도로를 개통한 것이 웅장하고 광대하였으니, 지금 도성의 제도들 대부분은 그가 규모를 획정한 것이다. 그가 만든 音樂은 지금까지도 사용하며 바꿀 수 없고, 그가 펼친 用兵 책략은 한때에만 적용하고 말 책략이 아니었다.

여러 나라의 興亡의 차례를 말하면서 "회남은 가장 먼저 취해야 할 곳이요, 필사적으로 저항할 幷州의 도적들은 가장 나중에 망할 것이다."라고 한 것과 같은 경우, 그 뒤 宋나라가 일어나 사방을 평정할 적에 병주가 유독 나중에 복종하였으니, 모두 왕박의 말대로 된 것이다.

顯德 6년(959) 봄에 세종이 왕박에게 汴口에 가서 시찰하고서 斗門을 만들게 하였는데, 돌아오면서 故相 李穀의 집을 방문했다가 發病하여 자리에서 엎어져 들것에 실려 돌아와 죽으니, 향년 54세였다. 세종이 친히 빈소에 가서 玉鉞로 땅을 치며 서너 차례 대성통곡하고 侍中을 증직하였다.

1) 汴口 : 黃河의 물줄기가 汴京으로 들어오는 입구를 가리킨다.

2) 斗門 : 강의 수위를 조절하는 閘門을 가리킨다.

3) 故相李穀 : 李穀(903~960)은 字가 惟珍으로 潁州 汝陰 사람이다. 後晉과 後漢에 모두 벼슬하였으며, 後周에 들어와서 戶部侍郎·右僕射·門下侍郎·淮南道行營前軍都部署 등을 역임하고 사후에 侍中으로 추증되었다. '故相'은 죽

은 재상을 가리키는 말인데, 王朴은 959년에 죽었으므로 그 당시 이곡은 생존해 있었다. 그러므로 여기에서 故相이라 한 것은 歐陽脩의 입장에서 말한 것이다.

4) 玉鉞 : 옥으로 만든 도끼로, 옛날 儀仗用으로 사용하였고 부장품으로 쓰기도 하였다.

嗚呼라 作器者는 無良材而有良匠하고 治國者는 無能臣而有能君하나니 蓋材待匠而成하고 臣待君而用이라 故曰 治國을 譬之於奕하면 知其用而置得其處者勝이요 不知其用而置非其處者敗라 敗者는 臨棊하야 注目終日而勞心이나 使善奕者視焉하야 爲之易置其處則勝矣라

아아! 器物을 만드는 것은 좋은 資材에 달린 것이 아니고 좋은 匠人에 달려 있으며, 나라를 다스리는 것은 유능한 신하에 달린 것이 아니고 유능한 임금에 달려 있으니, 대개 자재는 장인이 있어야 완성되고 신하는 임금이 있어야 쓰이는 것이다. 그러므로 다음과 같이 말할 수 있다.

나라 다스리는 것을 바둑에 비유해보면, 바둑돌을 어떻게 운용해야 하는지를 알아서 적절한 자리에 바둑돌을 두는 자는 이기고, 어떻게 운용해야 하는지를 몰라서 부적절한 자리에 바둑돌을 두는 자는 패한다. 패하는 자는 바둑판을 앞에 두고서 시선을 고정한 채 하루 종일 勞心焦思하지만, 바둑을 잘 두는 자에게 그 판을 보게 하여 바둑돌의 위치를 바꾸어 두게 하면 이기게 된다.

勝者所用은 敗者之棊也요 興國所用은 亡國之臣也라 王朴之材는 誠可謂能矣나 不遇世宗이런들 何所施哉아 世宗之時에 外事征伐하야 攻取戰勝하고 內修制度하야 議刑法定律曆하며 講求禮樂之遺文하니 所用者는 五代之士也라 豈皆愚怯於晉漢而材智於周哉아 惟知所用爾라

이긴 자가 사용한 것은 패한 자의 바둑판이요, 흥한 나라가 사용한 것은 망한 나라의 신하이다. 王朴의 재주는 진실로 유능하다고 할 만하나, 世宗을 만나지 못했던들 어디에 재능을 발휘했겠는가.

세종 때에 밖으로는 정벌에 주력하여 다른 나라를 공격해 승리하였고 안으로는 제도를 정비하여 刑法을 논의하고 律曆을 확정하며 禮樂의 遺文을 강구하였으니, 이때 사용한 것은 五代의 선비였다. 이들이 어찌 모두 後晉과 後漢 시절에는 어리석고 怯弱하다가 後周 시절에는 재주 있고 지혜롭게 된 것이겠는가. 〈세종은〉 오직 〈이 선비들을〉 어떻게 써야 할지 알았을 따름인 것이다.

夫亂國之君은 **常置愚不肖於上**하야 **而彊其不能**하야 **以暴其短惡**하고 **置賢智於下**하야 **而泯沒其材能**하야 **使君子小人**으로 **皆失其所而身蹈危亡**이요 **治國之君**은 **能置賢智於近**하고 **而置愚不肖於遠**하야 **使君子小人**으로 **各適其分而身享安榮**하니 **治亂相去**가 **雖遠甚**이나 **而其所以致之者不多也**니 **反其所置而已**라 **嗚呼**라 **自古治君少而亂君多**어든 **況於五代士之遇不遇者**에 **可勝歎哉**[1)]아

대저 혼란한 나라의 임금은 항상 어리석고 못난 사람을 윗자리에 두어 그 무능함을 우악스럽게 펼쳐 그 단점과 나쁜 점을 마구 내보이게 하며 어질고 지혜로운 자를 아랫자리에 두어 그 재능을 사장시켜서, 君子와 小人이 모두 제자리를 잃고 그 몸은 危亡에 빠지게 만든다.

잘 다스려지는 나라의 임금은 어질고 지혜로운 사람을 가까이에 두고 어리석고 못난 사람을 멀리 두어서, 군자와 소인이 모두 자기 分數에 맞게 되어 그 몸은 안락과 영광을 누리게 만든다.

다스려짐과 혼란함의 차이가 비록 매우 크지만 그렇게 되는 까닭은 많지 않으니, 사람을 두는 곳을 반대로 했을 따름이다.

오호라! 예로부터 나라를 잘 다스린 임금은 적고 나라를 어지럽게 만든 임금은 많았으니, 하물며 五代 시절의 선비가 좋은 임금을 만나고 만나지 못한 것에 대해 이루 다 탄식할 수 있겠는가.

1) 嗚呼作器者……可勝歎哉 : 이 論贊은 ≪新五代史≫에서 〈王朴傳〉을 포함한 〈周臣傳〉 전체에 대한 논찬이다.

歐陽文忠公五代史抄 卷9

歸安 鹿門 茅坤 批評
孫男 闇叔 茅著 重訂

01. 死節傳* 死節한 인물의 傳記

* 〈死節傳〉은 節操를 지키다 목숨을 잃은 인물들의 列傳이다. 이 열전은 군주와 나라를 위해 목숨을 바친 인물들의 열전이라는 점에서 〈死事傳〉과 동일한 듯하다. 그러나 〈사절전〉의 인물들은, 國事를 수행하다 목숨을 바쳤다는 외적인 功業 외에, 내적으로 일관된 절조를 바탕으로 이룬 뛰어난 행적과 功烈이 〈사사전〉의 인물들에 비해 格의 차이가 있다. 이들은 倫常이 땅에 떨어지고 節義가 의미를 상실한 五代의 極亂한 시절에 節行이 絶倫했던 인물들로, 특별히 항목을 세워 따로 立傳할 만한 필요성이 있는 인물들이다.

死節이 死事와 구분되는 지점은 歐陽脩가 〈사사전〉의 小序에 "내가 五代 시절에 절조를 온전히 한 선비는 세 사람을 알 뿐이요, 애초에는 우뚝한 절조가 없다가 마지막에 자신이 섬기던 군주의 國事를 위해 죽은 자는 열다섯 사람을 아는데, 전쟁 중에 죽은 사람은 그 가운데에 끼이지 못한다."라고 한 부분에서 명확해진다.

≪舊五代史≫가 인물의 열전을 단순히 각 나라에 分屬시킨 반면, ≪新五代史≫는 도덕 명분을 더욱 중시하여 이에 따른 항목을 세우고 史論을 부기하였다. 이렇게 편차된 것은 구양수가 역사를 통해 적극적인 勸懲을 행하려는 의도를 가졌기 때문이다. 〈사절전〉에는 王彦章·裴約·劉仁贍 단 세 명만이 입전되어 있다. 그만큼 오대 전 시기를 통틀어 절조를 온전히 한 사람이 드물었다는 말이기도 하다.

王彦章(863~923)은 字가 子明·賢明으로 後梁의 신하이다. 왕언장의 열전은 ≪舊五代史≫ 卷21 〈梁書 第21 列傳11〉과 ≪新五代史≫ 卷32 〈死節 第20〉에 실려 있다.

왕언장은 勇力이 출중하여 일찍부터 후량 太祖 朱溫의 휘하에서 出身하여 중요한 관직을 역임하였으며 무거운 鐵槍 하나를 잘 휘둘러 王鐵槍이라는 별명으로 불리기도 하였다. 당시 후량과 대립하던 晉(훗날의 後唐)에서도 그의 용맹을 두려워할 정도였는데, 후량의 末帝가 즉위하여 趙巖과 張漢傑 등의 小人이 권력을 전횡하자 機務에서 배제되어 그의 계책이 크게 쓰이지 못하였다. 그러나 마지막까지 후당과 결전을 벌여 끝까지 자신의 절조를 지켜 전투에 패하여 포로가 되었을 때도 그의 재능을 아까워한 후당 莊宗 李存勖의 투항 권유를 거절하고 꿋꿋하게 죽음으로 나아갔다.

본 열전에서 가장 돋보이는 부분은 권력에서 배제되어 있던 왕언장이 재상 敬翔의 목숨을 건 諫言으로 出戰하여 黃河 연안인 德勝에서 晉(後唐)의 군대와 일전을 벌이는 장면이다. 이 전투에서 왕언장과 후당 장종 이존욱이 서로의 계책을 모두 쏟아내어 승패를 주고받는 부분은 매우 생동감이 넘치며 왕언장의 민첩하고 용맹한 모습이 잘 묘사되어 있다.

왕언장에 대한 구양수의 평가는 열전에도 어느 정도 드러나 있지만 구양수의 〈王彦章畫像記〉에 구양수 개인의 감정과 열전 서술의 배경이 잘 기록되어 있다. 이 글은 ≪唐宋八大家文抄≫에도 실려 있는데 왕언장의 열전과 더불어 表裏가 될 만하다.

구양수는 이 글에서 "여러 장수들이 대부분 事勢를 관망하는 마음을 품었으나 공만은 분연히 굳건하게 흔들림 없는 자세를 취하여 조금도 굽히거나 나태하지 않았으니, 뜻은 비록 성취하지 못하였으나 마침내 죽음으로 충성하였다. 공이 죽고 나자 후량 또한 멸망하였으니 슬프도다! 五代의 全 시기가 겨우 50년밖에 되지 않는데 13명의 황제가 교체되면서 다섯 번 나라가 바뀌고 여덟 개의 성씨가 갈렸으니, 선비로 불행히도 그때에 태어나 그 몸을 더럽히지 않고 그 절의를 온전히 할 수 있었던 자가 드물다.……내가 ≪五代史記≫를 편찬할 적에 善한 것을 선하게 여기고 惡한 것을 미워하는 뜻을 지니고 있었다. 그리하여 공의 傳을 지음에 이르러 비분탄식하지 않은 적이 없었으되, 아쉽게도 ≪구오대사≫의 기록은 소략하여 공의 사적을 자세히 기록하지 못하였다. 康定 원년(1040)에 내가 節度判官으로 이곳에 와서 滑州 사람들에게 수소문하여 공의 손자 睿가 기록한 家傳을 얻어 보니, ≪구오대사≫의 기록보다 사적이 퍽 많았다.……공의 가전을 읽다가 덕승에서 勝捷한 부분에 이르러서야 옛날의 명장은 반드시 기습을 펼친 후에 이길 수 있었다는 사실을 알게 되었다.……이는 천하의 위대한 대장부가 할 수 있는 일이지 평범한 계책에 얽매여 있는 선비가 할 수 있는 일이 아니다.……공은 특히 창을 잘 다루었으니 당시에 왕철창이라고 불렸다.……창 한 자루를 잘 다루는 용맹스러운 장수가 당시에 어찌 없었겠는가마는, 공의 이름만이 후세에 길이 전해지는 것은 아마도 그 忠義의 절조가 그렇게 만든 것이리라."라고 하였다.

이를 통해 구양수가 왕언장 등을 포함한 인물들을 따로 뽑아내 死節의 항목을 세운 이유와 왕언장의 열전을 기술하기 위해 참고한 자료, 왕언장에 대한 개인적인 느낌 등을 구체적으로 알 수 있다.

明나라 때 徐一夔의 ≪始豐稿≫ 卷10 〈歐陽公書王彦章事〉에서는, 구양수 당시에 趙元昊가 반란을 일으켜 오랜 세월 쉬고 있던 군사를 움직이게 되었는데 구양수가 奇兵을 써서 승리를 취해야 한다는 논의를 펼쳤음에도 조정에서 받아들이지 않은 사정이 있었고 이러한 사정으로 구양수가 왕언장의 사적에 특별한 감회가 인 것이라 하면서, "옛사람은 글을 지을 때 그저 짓지 않았으니, 대개 반드시 목적이 있어 지었다.……공이 梁나라 장수 王彦章이 奇兵을 잘 쓴다고 여겼으므로 그 사적에 유독 마음을 두었다.〔古人爲文非徒然也 蓋必有爲而作……公以梁將王彦章之善於用奇也 故於其事 獨惓惓焉〕"라고 하였다.

裴約(?~922)은 潞州의 牙將 출신으로 後唐의 신하이다. 배약의 열전은 ≪舊五代史≫ 卷52 〈唐書 第28 列傳4〉와 ≪新五代史≫ 卷32 〈死節 第20〉에 실려 있는데, 모두 배약이 澤州를 지키다가 殉節한 내용만 간략히 기술하였다.

배약은 원래 昭義軍節度使 李嗣昭를 섬겼는데 그가 죽자 그 아들 李繼韜가 後梁에 항복하니, 배약이 택주 사람들에게 호소하여 성을 수비하면서 後唐 莊宗에게 구원을 요청하였고, 장종이 택주는 아깝지 않으나 배약 같은 사람은 얻기 어렵다고 하면서 구원병을 보냈으나 이미 성이 함락되어 배약은 살해당하였다.

배약의 자세한 世系와 行歷은 알 수 없고 이상의 사실만이 기재되어 있으나, ≪신오대사≫의 史論 외에 ≪구오대사≫의 史評에도 "배약은 裨將의 신분으로 忠烈을 바쳤으니 더욱 귀하게 여길 만하다.〔裴約以偏裨而效忠烈 尤可貴也〕"라고 하였고, ≪山西通志≫ 등에 宋나라 때 택주의 鳳臺縣에 후당의 사절한 비장 배약을 위해 旌忠祠라는 사당을 세우고 祀典에 列書하였다는 등의 기사가 보이는 것을 보면, 후대까지도 절의를 지킨 인물로 칭송받았음을 알 수 있다.

劉仁贍(900~957)은 字가 守惠로 彭城 사람이며, 南唐의 신하이다. 유인섬의 열전은 ≪舊五代史≫ 卷129 〈周書 第19 列傳9〉와 ≪新五代史≫ 卷32 〈死節 第20〉에 실려 있다.

유인섬이 남당에서 벼슬하던 시절에는 이미 江北에서 後周 世宗이 활약하며 통일의 기반을 닦고 남당을 압박해오던 시기였다. 그리하여 남당의 많은 장수들이 후주의 군대를 맞아 제대로 싸워보지도 않고 달아나거나 항복하였고, 결국에는 남당의 군주 李景 역시 表文을 바쳐 稱臣하며 講和를 구걸하는 처지였다.

이 무렵 남당에서는 드물게 후주의 군대와 맞서 싸워 항복시키지 못한 장수가 바로 유인섬이었는데, 당시 유인섬은 이미 병이 위중한 상태였다. 그의 아들이 그 틈에 장수들과 항복을 모의하자 유인섬은 아들을 斬首할 것을 명할 정도로 자신의 절조를 바꾸지 않았다. 결국 유인섬이 사람을 알아보지 못할 정도로 중태에 빠지자 副使 孫羽가 유인섬의 명의로 항복 문서를 꾸며 투항하였고 유인섬은 이내 병으로 사망하였다.

마지막의 항복 사실로 인해 자칫 유인섬은 〈死節傳〉에 실리지 못할 수도 있었으나, 구양수는 사론에서 아들을 죽일 정도로 절조가 굳었던 유인섬이 변절한 것이 아니라 부사 손우가 항복한 것임을 여러 가지 사실을 들어 논증하고 유인섬을 忠臣義士의 반열에 두었다.

予覽歐陽公所次死節傳호니 **王彦章裴約及劉仁贍尤爲嗚咽**하야 **或欲泣下**라 **蓋三人者**는 **天之間氣**[1]**所生**이니 **非五代兵戈晦冥之際所能沒者**라 **而歐陽公點綴情事**는 **當爲千古絶調**니 **卽如史記漢書**가 **恐多不逮**라

내가 歐陽公이 編次한 〈死節傳〉을 보니, 王彦章과 裴約과 劉仁贍의 사적에서 더욱 목이 메어 혹 눈물이 흘러내리려 하였다. 대개 이 세 사람은 하늘의 間氣로 태어난 이들이니, 五代의 암흑과도 같았던 전란의

시절이 그 자취를 매몰시킬 수 있는 사람들이 아니다. 구양공이 이들의 사적을 모아 엮은 글은 천고의 絶調가 되기에 마땅하니, ≪史記≫와 ≪漢書≫ 같은 경우도 여기에는 미치지 못하는 점이 많을 듯하다.

1) 間氣 : 빼어난 인물이 세상에 드물게 품부받고 태어나는 天地의 특수한 기운을 말한다. 영웅과 위인들은 위로 星象의 精氣에 응하여 천지간의 특수한 기운을 받아서 태어나는데, 세대를 격하여〔間世〕 드물게 나온다는 데서 온 말이다. 孟子가 "5백 년 만에 반드시 王者가 태어나는데 그 사이에 반드시 세상에 이름난 인물이 있다.〔五百年必有王者興 其間必有名世者〕"라고 하였다.(≪孟子≫ 〈公孫丑 下〉)

語曰 世亂에 **識忠臣**이라하니 **誠哉**라 **五代之際**에 **不可以爲無人**이니 **吾得全節之士三人焉**하야 **作死節傳**하노라

"세상이 혼란해지면 忠臣을 알 수 있다."라는 말이 있으니, 참으로 옳은 말이다. 五代 시절에 사람이 없었다고 할 수 없으니, 내가 節操를 온전히 한 선비 세 사람을 얻어 〈死節傳〉을 짓는다.

王彦章은 **字子明**이니 鄆州**壽昌人也**[1]라 **少爲軍卒**하야 **事梁太祖**[2]하야 **爲開封府押衙左親從指揮使行營先鋒馬軍使**라 **末帝**[3]**卽位**에 **遷**濮州**刺史**하고 **又徙**澶州**刺史**하다 **彦章爲人驍勇有力**하야 **能跣足履棘行百步**라 **持一鐵槍**하야 **騎而馳突**하야 **奮疾如飛**어늘 **而他人莫能擧也**하니 **軍中號王鐵槍**하다

王彦章은 字가 子明이니 鄆州 壽昌 사람이다. 젊은 시절에 군졸이 되어 梁 太祖를 섬겨 開封府押衙 左親從指揮使 行營先鋒馬軍使가 되었다. 梁 末帝가 즉위하자 濮州刺史로 승진하고 또 澶州刺史로 자리를 옮겼다.

왕언장은 사람됨이 날래고 용력이 있으며 힘이 좋아서 맨발로 가시나무를 밟으며 백 걸음을 걸을 수 있었다. 鐵槍 하나를 쥐고서 말을 타고 돌진하여 나는 듯이 신속히 내달렸는데 다른 사람들은 〈그의 창을〉 들 수조차 없었으니 군중에서 王鐵槍이라고 불렀다.

1) 鄆州壽昌人也 : ≪五代史記纂誤補≫ 卷3에 “삼가 살펴보건대, ≪唐書≫ 〈地理志〉에 鄆州에 壽張縣은 있어도 壽昌縣은 없다. 歐陽公의 〈王彦章畫像記〉에도 壽張人이라 하였으니 이 부분은 오류이다.〔謹按唐書地理志鄆州有壽張縣 無壽昌縣 歐陽公王彦章畫像記亦作壽張人 此誤〕”라고 하였다. ≪舊唐書≫ 卷38 〈地理志〉와 ≪新唐書≫ 卷38 〈地理志〉에 모두 壽張이 등재되어 있다.
2) 梁太祖 : 朱全忠(852~912)이다. 宋州 碭山 사람으로 본래 이름은 朱三이다. 처음에는 黃巢를 따라 同州防御使가 되었다가 唐나라에 항복하여 河中行營招討副使가 되고 全忠이란 이름을 하사받았다. 황소를 격파하고 李克用에 대항한 공으로 梁王에 봉해지고 宣武·宣宜·護國·忠武 네 鎭의 節度使가 되었다. 唐 昭宗을 죽이고 後梁을 건국하였다. 6년 동안 재위하다가 乾化 2년(912) 아들 朱友珪에게 살해되었다.
3) 末帝 : 朱友貞(888~923)이다. 後梁 太祖 朱全忠의 셋째 아들로 均王에 봉해졌다. 朱友珪가 부친을 죽이고 즉위하자 얼마 뒤 병사를 일으켜 주우규를 죽이고 즉위하였다. 王彦章이 晉王 李存勖과 싸우다 패하여 汴京이 함락되자 신하인 皇甫麟의 손을 빌려 목숨을 끊었고 이로써 후량은 멸망하였다.

梁晉爭天下하야 爲勍敵한대 獨彦章心常輕晉王[1]하야 謂人曰 亞次鬪雞小兒耳[2]니 何足懼哉아하다 梁分魏相六州하야 爲兩鎭할새 懼魏軍[3]不從하야 遣彦章將五百騎入魏하야 屯金波亭[4]以虞變한대 魏軍果亂하야 夜攻彦章하니 彦章南走라 魏人降(항)晉하고 晉軍攻破澶州하야 虜彦章妻子하야 歸之太原하야 賜以第宅하고 供給甚備라 間遣使者하야 招彦章하니 彦章斬其使者以自絶이라 然晉人畏彦章之在梁也하야 必欲招致之하야 待其妻子愈厚하다

梁과 晉이 천하를 놓고 다투어 서로 강적이 되었는데, 王彦章만은 마음속으로 항상 晉王을 가볍게 여기면서 다른 사람에게 말하기를 “亞次는 닭싸움이나 시키는 어린아이일 뿐이니, 두려워할 것이 무엇이겠는가.”라고 하였다.

梁이 魏州와 相州 등 여섯 주를 나누어 兩鎭으로 만들면서, 魏軍이 따르지 않을까 두려워하여 왕언장에게 5백의 騎兵을 거느리고 魏로 진입하여 金波亭에 주둔하면서 변란에 대비하게 하였다. 위군이 과연 난을 일으켜 밤에 왕언장을 공격하니 왕언

장이 남쪽으로 달아났다.

魏人이 晉에 투항하고 晉軍이 澶州를 격파하고서 왕언장의 처자식을 포로로 잡고 太原으로 보내 저택을 하사하고 부족함 없이 물자를 잘 대주었다. 그리고 그 사이에 使者를 보내 왕언장을 부르니, 왕언장이 사자의 목을 벰으로써 스스로 관계를 단절하였다. 그러나 晉人은 왕언장이 梁에 있는 것을 두려워하여 반드시 자기편으로 불러 오고자 하여 왕언장의 처자식을 매우 두텁게 대우하였다.

1) 梁晉爭天下……獨彦章心常輕晉王 : 여기에서의 晉은 정식으로 건국된 나라는 아니고, 太原을 중심으로 한 山西 지방의 군벌로 唐나라로부터 晉王에 봉해진 李克用의 세력을 가리킨다. 이극용이 죽고 그의 아들 李存勖이 晉王의 작위를 세습하였는데, 여기서 말하는 진왕은 바로 이존욱을 가리킨다. 이존욱은 후에 後唐을 건국하였고 묘호는 莊宗이다. 이 글에서 이존욱의 建國을 기점으로 앞부분에서는 晉으로 호칭하고 뒷부분에서는 唐으로 호칭하고 있다.

2) 亞次鬪雞小兒耳 : 亞次는 李存勖의 어릴 때 이름이다. 亞子라고도 표기한다. 옛날에 경박한 행동을 일삼는 소년들을 비하할 때 鬪雞走馬라고 하여 닭싸움이나 시키고 말이나 내달린다고 표현하였다. 曹植의 〈名都篇〉에 "東郊 길에서 닭싸움하고, 長楸 사이에서 말 달리네.〔鬪鷄東郊道 走馬長楸間〕"라고 하였으며, 司馬光의 〈眞率會〉에 "일곱 사람의 나이 합하면 오백여 세인데, 꽃 앞에서 함께 취하니 고금에 드문 일이라. 말타기와 닭싸움은 우리의 일이 아니요, 모시옷 입고 머리 희니 더욱 눈부시네.〔七人五百有餘歲 同醉花前今古稀 走馬鬪雞非我事 紵衣絲髮且相輝〕"라고 하였다.

3) 魏軍 : 여기에서의 魏는 義武節度使 王處直의 세력을 가리킨다. 왕처직은 909년 後梁 太祖 朱全忠으로부터 北平王에 봉해졌다. 이후 921년에 의붓아들인 王都가 왕처직을 살해하고 李存勖에게 투항하였다.

4) 金波亭 : 오늘날의 河北省 邯鄲市 大名縣의 동쪽에 있었다.

自梁失魏博으로 與晉夾河而軍할새 彦章常爲先鋒이라 遷汝鄭二州防禦使匡國軍節度使北面行營副招討使하고 又徙宣義軍節度使하다 是時에 晉已盡有河北하야 以鐵鎖斷德勝口[1]하고 築河南北爲兩城하야 號夾寨라 而梁末帝昏亂하야 小人趙巖張漢

傑等用事하야 **大臣宿將多被讒間**하니 **彦章雖爲招討副使**나 **而謀不見用**이라 **龍德三年夏**에 **晉取鄆州**하니 **梁人大恐**이라 **宰相敬翔顧事急**하야 **以繩內靴中**하야 **入見末帝**하야 **泣曰 先帝取天下**하고 **不以臣爲不肖**하야 **所謀無不用**이러니 **今彊敵未滅**에 **陛下棄忽臣言**하니 **臣身不用**이면 **不如死**라하고 **乃引繩將自經**이라 **末帝使人止之**하고 **問所欲言**하니 **翔曰 事急矣**라 **非彦章**이면 **不可**라하다 **末帝乃召彦章**하야 **爲招討使**하고 **以段凝爲副**하다 **末帝問破敵之期**하니 **彦章對曰 三日**이라하니 **左右皆失笑**러라

梁이 魏州와 博州를 잃고 나서 黃河를 끼고 晉과 대치할 때, 王彦章이 항상 선봉이 되었다. 승진하여 汝鄭二州防禦使 匡國軍節度使 北面行營副招討使가 되고, 다시 宣義軍節度使로 자리를 옮겼다.

이때에 晉이 이미 河北의 땅을 다 차지하고서 쇠사슬로 德勝口를 차단하고 황하 남북으로 두 개의 성을 쌓고 '夾寨'라고 불렀다. 梁 末帝가 昏暗하여 소인인 趙巖과 張漢傑 등이 권력을 전횡하여 大臣과 宿將들이 참소를 많이 받으니, 왕언장이 비록 招討副使의 신분이었으나 계책이 쓰이지 못하였다.

龍德 3년(923) 여름에 晉이 鄆州를 차지하니 梁나라 사람들이 크게 두려워하였다. 재상 敬翔이 사태가 위급한 것을 보고 끈을 가죽신 속에 넣고서 들어와 말제를 알현하고 울면서 말하기를 "先帝께서 천하를 취하시고 신을 못난 사람이라고 여기지 않으시고서 신의 계책을 쓰지 않음이 없으셨습니다. 그런데 지금 강한 적이 망하기도 전에 폐하께서 신의 말을 버리고 소홀히 하시니 신이 쓰이지 못한다면 죽느니만 못합니다."라고 하고서는, 끈을 〈목에 묶어〉 당겨 스스로 목숨을 끊으려 하였다.

말제가 사람을 시켜 저지하고 하고자 하는 말을 물으니, 경상이 말하기를 "사태가 위급하니 왕언장이 아니고서는 안 됩니다."라고 하였다. 말제가 이에 왕언장을 불러 招討使로 삼고 段凝을 招討副使로 삼았다. 말제가 얼마 만에 적을 격파할 수 있는지 묻자, 왕언장이 사흘이라고 대답하니 좌우에서 모두 비웃었다.

1) 以鐵鎖斷德勝口 : 德勝口는 옛날의 澶州 境內에 있던 곳으로 오늘날의 河南省 濮陽市에 속하며 黃河에 임해 있다. 쇠사슬을 강에 놓아 배들이 다니지 못하게 한 것이다.

彦章受命而出하야 馳兩日至滑州하야 置酒大會하고 陰遣人具舟於楊村하고 命甲士六百〔人〕[1]皆持巨斧하며 載冶者하고 具韛(배)炭하야 乘流而下라 彦章會飮이라가 酒半에 佯起更衣하고 引精兵數千하야 沿河以趨德勝이라 舟兵擧鎖燒斷之하고 因以巨斧斬浮橋하니 而彦章引兵急擊南城이라 浮橋斷하고 南城遂破하니 蓋三日矣러라

王彦章이 명을 받고 출정하여 이틀을 달려 滑州에 도착해서 크게 술자리를 마련하고서 몰래 사람을 보내 楊村에 미리 배를 대어두게 하고, 甲士 6백 인에게 명하여 모두 큰 도끼를 들게 하였으며, 대장장이를 배에 태우고 풀무와 숯을 갖추어 물결을 타고 내려가게 하였다.

왕언장이 사람들과 모여 술을 마시다가 주흥이 반쯤 무르익었을 때 거짓으로 일어나 변소에 가는 척하고는 정예병 수천 명을 이끌고서 黃河를 따라 德勝으로 달려갔다. 배를 탄 병사들이 쇠사슬을 들어 불태워 잘라버리고 이어서 큰 도끼로 浮橋를 끊어버리니, 왕언장이 병사들을 이끌고 급히 南城을 공격하였다. 부교가 끊어지고 남성이 마침내 함락되니 3일이 걸렸다.

1) 〔人〕: 저본에는 '人'이 없으나, ≪新五代史≫에 의거하여 보충하였다.

是時에 莊宗[1]在魏하고 以朱守殷守夾寨한대 聞彦章爲招討使하고 驚曰 彦章驍勇이라 吾嘗避其鋒하니 非守殷敵也라 然彦章兵少하야 利於速戰이니 必急攻我南城하리라하고 卽馳騎救之라 行二十里하야 而得夾寨報者하니 曰 彦章兵已至라하야늘 比至而南城破矣러라 莊宗徹北城爲栰하야 下楊劉[2]하야 與彦章俱浮於河하야 各行一岸하야 每舟栰相及에 輒戰하야 一日數十接이라 彦章至楊劉하야 攻之幾下에 晉人築壘博州東岸이라 彦章引兵攻之不克하고 還〔擊〕[3]楊劉하야 戰敗라

이때에 莊宗이 魏州에 있으면서 朱守殷에게 夾寨를 수비하게 하였는데, 王彦章이 招討使가 되었다는 말을 듣고 놀라면서 말하기를 "언장은 날래고 용맹하여 내가 그 銳鋒을 피해왔으니 수은이 대적할 상대가 아니다. 그러나 언장은 兵力이 적어 速戰速決이 유리하니 반드시 우리 南城을 급히 공격할 것이다."라고 하고는, 즉시 말을 달려 구원하러 갔다.

20리를 가서 협채의 소식을 보고하러 오는 자를 만났는데, 그가 말하기를 "언장의 병사가 이미 당도하였습니다."라고 하였다. 그리하여 남성에 당도해보니 남성이 함락되어 있었다.

장종이 北城을 철거하여 뗏목을 만들어 楊劉로 내려가, 왕언장과 함께 黃河 위에서 배를 타고서 각각 한쪽 江岸으로 가서 서로의 배와 뗏목이 접촉할 때마다 전투를 벌여 하루에도 수십 번씩 교전하였다.

왕언장이 양류에 당도하여 공격해서 거의 함락할 지경에 이르자, 晉의 군대가 博州의 동쪽 강안에 보루를 쌓았다. 왕언장이 병사를 이끌고 가서 공격하였으나 이기지 못하고 다시 양류를 공격하다가 패전하였다.

1) 莊宗 : 晉王의 신분으로 있다가 後唐을 세운 李存勖의 廟號이다.
2) 楊劉 : 黃河의 北岸으로 현재의 山西省 東阿縣에 있던 지명이다.
3) 〔擊〕: 저본에는 '擊'이 없으나, ≪新五代史≫에 의거하여 보충하였다.

是時에 **段凝已有異志**하야 **與趙巖張漢傑交通**이라 **彦章素剛**하야 **憤梁日削**하고 **而嫉巖等所爲**하야 **嘗謂人曰 俟吾破賊還**하야 **誅姦臣以謝天下**라하니 **巖等聞之懼**하야 **與凝叶力傾之**러라 **其破南城也**에 **彦章與凝各爲捷書以聞**한대 **凝遣人告巖等**하야 **匿彦章書而上己書**라 **末帝初疑其事**러니 **已而**오 **使者至軍**하야 **獨賜勞凝而不及彦章**하니 **軍士皆失色**이라 **及楊劉之敗也**에 **凝乃上書言彦章使酒輕敵而至於敗**라하니 **趙巖等從中日夜毁之**하야 **乃罷彦章**하고 **以凝爲招討使**라 **彦章馳至京師入見**하야 **以笏畫地**하야 **自陳勝敗之跡**하니 **巖等諷有司**하야 **劾彦章不恭**하야 **勒還第**하다

이때에 段凝이 이미 다른 뜻을 품고서 趙巖·張漢傑 등과 결탁하였다. 王彦章은 평소 강직하여 梁의 영토가 날로 줄어드는 것에 분개하고 조암 등이 하는 짓을 미워하여, 일찍이 사람들에게 말하기를 "내가 적들을 격파하고 돌아온 뒤 간신들을 주살하여 천하에 보답하겠다."라고 하니, 조암 등이 그 말을 듣고 두려워하면서 단응과 힘을 합쳐 왕언장을 해치려 하였다.

南城이 격파되었을 때 왕언장과 단응이 각각 승첩 보고서를 올렸는데, 단응이 사람을 보내 조암 등에게 고하여 왕언장의 보고서를 숨기고 자신의 보고서를 올리게

하였다. 末帝가 처음에 그 일을 의아하게 여겼는데, 얼마 뒤 사자가 軍中에 당도하여 단응의 노고만 치하하고 왕언장에게 아무 보상도 내리지 않으니 군사들이 모두 失色하였다.

楊劉에서 패배하자 단응이 글을 올려 왕언장이 술에 빠져 적을 가볍게 여겨 패배하게 되었다고 하니, 조암 등이 중간에서 밤낮으로 헐뜯어 마침내 왕언장을 파직하고 단응을 招討使로 삼았다.

왕언장이 말을 달려 도성에 와서 궁중에 들어가 황제를 알현하고 笏로 땅을 그어가며 승패의 경과를 스스로 진달하니, 조암 등이 有司를 사주하여 왕언장을 不恭罪로 탄핵하여 강제로 집으로 돌아가게 하였다.

唐兵攻兗州하니 **末帝召彦章**하야 **使守捉東路**라 **是時**에 **梁之勝兵皆屬段凝**하고 **京師**祗**有保鑾**[1]**五百騎**하니 **皆新〔捉〕**[2]**募之兵**이라 **不可用**이어늘 **乃以屬彦章**하고 **而以張漢傑監之**라 **彦章至遞坊**하야 **以兵少戰敗**하야 **退保中都**하고 **又敗**에 **與其牙兵百餘騎死戰**이라 **唐將夏魯奇素與彦章善**하야 **識其語音曰 王鐵槍也**라하고 **擧**矟(삭)**刺之**하니 **彦章傷重**하야 **馬**踣**被擒**이라 **莊宗見之曰 爾常以孺子待我**러니 **今日服乎**아하고 **又曰 爾善戰者**어늘 **何不守**兗**州而守中都**오 **中都無壁壘**어늘 **何以自固**오하니 **彦章對曰 大事已去**라 **非人力可爲**라하니 **莊宗惻然**하야 **賜藥以封其創**하다

唐의 병사가 兗州를 공격하니 末帝가 王彦章을 불러 동쪽 방면을 수비하게 하였다. 이때에 梁의 정예병들은 모두 段凝에게 예속되었고 京師에는 단지 保鑾 500騎만 있었다. 이들은 모두 새로 징병한 군사들이라 전투에 투입할 수 없었는데 이들을 왕언장에게 예속시키고 張漢傑이 감독하게 하였다.

왕언장이 遞坊에 이르러 병사가 적어 전쟁에서 패배하여 물러나 中都를 지켰고, 다시 패배하자 親衛兵 백여 騎와 죽기를 각오하고 싸웠다. 당의 장수 夏魯奇가 평소 왕언장과 사이가 좋은 터라 그의 말소리를 알아듣고는 "王鐵槍이다."라고 하면서, 긴 창을 들어 왕언장을 찌르니 왕언장이 중상을 입고서 말이 넘어져 사로잡혔다.

莊宗이 왕언장을 보고 말하기를 "네가 항상 나를 어린아이로 취급하더니 오늘은 승복하겠느냐?"라고 하고, 또 말하기를 "너는 전투를 잘하는 사람인데 어찌하여 연

주를 지키지 않고 중도를 지켰느냐? 중도에는 성벽이며 보루가 없는데 어떻게 굳게 지키겠느냐?"라고 하니, 왕언장이 대답하기를 "대세가 이미 기울었으니 사람의 힘으로 어찌할 수 있는 것이 아니오."라고 하였다. 장종이 측은히 여겨 약을 내려 創傷을 치료해주었다.

1) 保鑾 : 황제의 親衛兵을 가리킨다.

2) 〔捉〕 : 저본에는 '捉'이 없으나, ≪新五代史≫에 의거하여 보충하였다.

彦章은 武人이니 不知書라 常爲俚語謂人曰 豹死留皮하고 人死留名이라하니 其於忠義에 蓋天性也라 莊宗愛其驍勇하야 欲全活之하야 使人慰諭彦章하니 彦章謝曰 臣與陛下血戰十餘年이라 今兵敗力窮하니 不死何待오 且臣受梁恩하니 非死不能報어늘 豈有朝事梁而暮事晉이며 生何面目見天下之人乎아하다 莊宗又遣明宗[1]하야 往諭之한대 彦章病創하야 臥不能起하야 仰顧明宗하고 呼其小字曰 汝非邈佶烈乎아 我豈苟活者리오하고 遂見殺하니 年六十一이라 晉高祖時에 追贈彦章太師하다

王彦章은 武人이니 글을 알지 못하였다. 항상 俗語로 다른 사람에게 말하기를 "범은 죽어서 가죽을 남기고 사람은 죽어서 이름을 남긴다."라고 하였으니, 그가 忠義를 실천한 것은 대개 天性이었다.

莊宗이 그 날래고 용맹함을 아껴 온전히 목숨을 보전해주고자 사람을 시켜 왕언장을 위로하고 회유하니, 왕언장이 사양하며 말하기를 "신이 폐하와 血戰을 벌인 것이 십여 년입니다. 지금 병사는 패배하고 힘은 다하였으니 죽지 않고 무엇을 기다리겠습니까. 또 신은 梁나라의 은혜를 입었으니 죽음이 아니고서는 보답할 길이 없거늘, 어찌 아침에는 梁나라를 섬기다가 저녁에는 晉을 섬길 수 있겠으며, 〈그렇게 하면〉 살아서 무슨 면목으로 천하 사람들을 보겠습니까."라고 하였다.

장종이 또 明宗을 보내어 가서 회유하게 하였는데, 왕언장이 創傷으로 몸져누워 일어나지 못하고서 명종을 올려다보며 그의 어릴 적 이름을 부르며 말하기를 "너는 邈佶烈이 아니냐. 내가 어찌 구차하게 연명하는 사람이겠느냐."라고 하고는 마침내 죽임을 당하니 향년 61세였다. 晉 高祖 때에 왕언장을 太師에 추증하였다.

1) 明宗 : 後唐 莊宗 李克用의 의붓아들인 李嗣源이다. 장종을 이어 뒤에 황제에 올랐다. 명종은 그의 廟號이다.

與彦章同時에 有裴約者하니 潞州之牙將也라 莊宗以李嗣昭爲昭義軍節度使하니 約以裨將守澤州라 嗣昭卒하고 其子繼韜以澤潞叛降于梁하니 約召其州人하야 泣而諭曰 吾事故使二十餘年에 見其分財饗士하야 欲報梁仇러니 不幸早世라 今郎君父喪未葬에 違背君親하니 吾能死于此요 不能從以歸梁也라하니 衆皆感泣하다 梁遣董璋率兵圍之하니 約與州人拒守하고 求救於莊宗이라 是時에 莊宗方與梁人戰河上이라가 (已而)〔而已〕[1]建大號라 聞繼韜叛降梁하고 頗有憂色이러니 及聞約獨不叛하야 喜曰 吾於繼韜何薄이며 於約何厚완대 而約能分逆順邪(야)아하고 顧符存審曰[2] 吾不惜澤州與梁이니 一州易(이)得이어니와 約難得也로다 爾識機便하니 爲我取約來하라하다 存審以五千騎馳至遼州[3]러니 而梁兵已破澤州하야 約見殺하다

王彦章과 같은 시기에 裴約이라는 사람이 있었으니 潞州의 牙將이었다. 莊宗이 李嗣昭를 昭義軍節度使로 삼으니 배약은 그의 裨將으로 澤州를 지켰다. 이사소가 죽고 그 아들 李繼韜가 택주와 노주를 점거하고 반란을 일으켜 梁에 항복하니, 배약이 택주 사람들을 불러놓고서 울며 고하기를 "내가 돌아가신 使君을 섬긴 지 20여 년 동안 사군께서 재산을 나누어 군사를 길러 梁나라에 원수를 갚고자 하시는 것을 보았는데, 불행히도 일찍 세상을 떠나셨다. 지금 사군의 아들은 어버이의 상을 당하여 장사를 끝내기도 전에 君親을 배반하니, 내가 이곳에서 죽을 수는 있어도 그를 따라 梁나라에 갈 수는 없다."라고 하니, 사람들이 모두 감동하여 눈물을 흘렸다.

梁에서 董璋을 보내 병사를 이끌고 포위하게 하니 배약이 택주 사람들과 항거하며 수비하면서 장종에게 구원을 요청하였다. 이때 장종은 한창 梁의 군대와 黃河에서 싸우면서 이미 〈唐이라는〉 국호를 세웠던 터라, 이계도가 반역하여 梁에 항복했다는 말을 듣고는 몹시 근심하는 기색을 띠었다.

그러다가 배약이 홀로 반역하지 않았다는 말을 듣고서 기뻐하며 말하기를 "내가 이계도에게 무슨 홀대를 하였으며 배약에게 무슨 후대를 하였길래, 배약은 順逆을

분별해냈단 말인가."라고 하였다.

그리고는 符存審을 돌아보며 말하기를 "내가 택주를 梁나라에 주는 것은 아깝지 않으니, 하나의 州는 쉽게 얻을 수 있어도 배약 같은 사람은 얻기 어렵다. 네가 시의 적절하게 잘 대처할 줄 아니 나를 위하여 배약을 데리고 오라."라고 하였다. 부존심이 5천의 기병을 이끌고 달려가 遼州에 당도하였는데 梁의 군대가 이미 택주를 함락하여 배약은 살해당하였다.

1) (已而)〔而已〕: 저본에는 '已而'로 되어 있으나, ≪新五代史≫에 의거하여 '而已'로 바로잡았다.

2) 顧符存審曰 : ≪五代史記纂誤補≫ 卷3에 "삼가 살펴보건대 薛居正의 ≪舊五代史≫ 〈莊宗紀〉에, 이해 3월에 李存審(符存審)을 幽州節度使로 삼았다고 하였고, 8월에 梁人이 澤州를 함락시켰을 때 택주를 구원하러 보낸 자는 李紹斌으로 되어 있으며, 〈裴約傳〉에도 똑같이 기록되어 있으니, 여기에서 부존심이라고 한 것은 오류이다.〔謹按薛史莊宗紀是年三月以李存審爲幽州節度使 八月梁人陷澤州 而遣救澤州者 則李紹斌也 裴約傳同 此作符存審誤〕"라고 하였다. ≪舊五代史≫ 卷52 〈唐書 第28 列傳4〉의 배약의 열전에는 이 부분이 "顧李紹斌曰"로 되어 있다.

3) 遼州 : 보통 遼州는 현재의 遼寧省 일대에 있던 지명이나, 여기에서의 요주는 隋나라 때 설치된 이래 箕州·儀州 등으로 이름이 바뀌었다가 唐나라 말엽에 다시 요주가 된 지역을 가리킨다. 지금의 山西省 左權·和順·楡社縣 일대에 속한다.

至周世宗[1]**時**하야 **又有劉仁贍者焉**이라 **仁贍**은 **字守惠**이니 **彭城人也**라 **父金事楊行密**하야 **爲濠滁二州刺史**하고 **以驍勇知名**이라 **仁贍爲將**하야 **輕財重士**하고 **法令嚴肅**하고 **少略通兵書**라 **事南唐**하야 **爲左監門衛將軍黃袁二州刺史**하야 **所至稱治**라 **李景**[2]**使掌親軍**하고 **以爲武昌軍節度使**하다

周 世宗 때에 또 劉仁贍이라는 사람이 있었다. 유인섬은 字가 守惠이니 彭城 사람이다. 아버지인 劉金은 楊行密을 섬겨 濠州와 滁州의 刺史가 되었고 날래고 용맹함으로 명성이 났다.

유인섬은 장수가 되어 재물을 가볍게 여기고 將士를 중히 여겼으며 法令이 엄숙하였고 어려서부터 兵書를 대략 깨우쳤다. 南唐을 섬겨 左監門衛將軍, 黃州와 袁州의 刺史가 되어 부임하는 곳마다 잘 다스린다는 이름이 났다. 李景이 親衛軍을 맡게 하였고 武昌軍節度使로 삼았다.

1) 周世宗 : 五代 後周 世宗 柴榮(921~959)이다. 邢州 龍岡 사람으로, 후주 太祖 郭威의 외조카인데 나중에 양자로 들어가 성을 郭氏로 바꾸었다. 곽위가 후주를 건국하자 晉王에 봉해졌고 곽위를 이어 황제가 되었다. 제도를 정비하고 활발한 정벌활동을 펼쳐 중원 통일의 기반을 닦았다.
2) 李景 : 916~961. 五代十國 시기 南唐의 2대 황제이다. 부친 李昪의 뒤를 이어 제위에 올랐다. 원래 이름은 李璟이었으나 後周 世宗에게 복속을 맹세한 후 개명하였다.

周師征淮할새 先遣李穀하야 攻自壽春하니 景遣將劉彦貞하야 拒周兵하고 以仁贍爲淸淮軍節度使하야 鎭壽州하다 李穀退守正陽浮橋하니 彦貞見周兵之却하고 意其怯하야 急追之라 仁贍以爲不可어늘 彦貞不聽하니 仁贍獨按兵城守라 彦貞果敗於正陽하다

周의 군대가 淮南을 정벌할 때 먼저 李穀을 보내 壽春부터 공격하게 하니, 李景이 장수 劉彦貞을 보내 周의 군대를 막게 하고 劉仁贍을 淸淮軍節度使도 삼아 壽州에 鎭駐하게 하였다.

이곡이 퇴각하여 正陽의 浮橋를 지키니, 유언정은 周의 군대가 퇴각하는 것을 보고 그들이 겁을 먹었다 생각하여 급히 추격하였다. 유인섬이 불가하다고 하였으나 유언정이 따르지 않으니 유인섬이 홀로 병사를 출동시키지 않고 성에서 수비하였다. 유언정은 과연 정양에서 패배하였다.

世宗攻壽州하야 圍之數重하고 以方舟載礮(포)[1]하야 自淝河[2]中流擊其城이라 又束巨竹數十萬竿하야 上施版屋하야 號爲竹龍하야 載甲士以攻之하고 又決其水砦[3]하야 入于淝河하야 攻之百端하야 自正月로 至于四月하되 不能下러니 而歲大暑하고 霖雨彌

旬하야 周兵營寨水深數尺하고 淮淝暴漲하야 礮舟竹龍이 皆飄南岸하야 爲景兵所焚하야 周兵多死러라 世宗東趨濠梁[4]하야 以李重進爲廬壽(州)[5]都招討使하니 景亦遣其元帥齊王景達等하야 列砦紫金山[6]下하고 爲夾道하야 以屬城中하다 而重進與張永德兩軍相疑不協일새 仁贍屢請出戰이로대 景達不許하니 由是憤惋成疾하다

世宗이 壽州를 공격하여 성을 몇 겹으로 포위하고 方舟에 礮를 싣고서 淝河에서부터 물결을 타고 가 성을 공격하였다. 또 큰 대나무 수십만 그루를 묶어 그 위에 版屋을 설치하고서 竹龍이라 이름하고 甲士를 태워 공격하였다. 그리고 水寨를 틔워 그 물결을 비하로 흘러 들어가게 하는 등 갖가지 방법으로 공격하기를 정월부터 4월까지 하였으나 함락시키지 못하였다. 게다가 이해에 더위가 극심하고 장맛비가 열흘이나 내려 周나라 군대 營寨의 수심이 몇 자나 되었고 淮水와 淝河가 갑자기 범람하여 礮를 실은 배와 죽룡이 모두 남쪽 강기슭으로 떠내려가 李景 군대에게 불태워져 周나라의 많은 병사들이 죽었다.

세종이 동쪽으로 濠梁으로 이동하여 李重進을 廬壽都招討使로 삼으니, 이경 또한 元帥인 齊王 李景達 등을 보내 紫金山 아래에 城砦를 벌여 세우게 하고 夾道를 만들어 성안으로 이어지게 하였다. 이중진과 張永德의 두 군대가 서로 의심하면서 협력하지 못하자, 유인섬이 나가서 싸우기를 여러 번 청하였으나 이경달이 허락하지 않으니, 이로 인하여 울분이 치밀어 병이 생겼다.

1) 方舟載礮(포) : 方舟는 배 두 척을 나란히 연결한 것을 가리킨다. 礮는 돌쇠뇌를 뜻하며 砲와 같은 글자이다. 그러나 화약 발명의 역사를 고려할 때 여기서 말하는 礮는 흔히 생각하는 대포의 형태는 아닐 것으로 추정된다. 우리가 생각하는 대포라고 할 만한 형태가 등장한 것은 元나라 때이며, 五代 시절에는 창이나 화살 앞부분에 화약통을 부착한 형태인 火槍이나 火箭이 존재하였다. 따라서 여기서 말하는 礮는 창이나 화살 등에 화약통을 부착한 형태의 무기일 것으로 추측된다.

2) 淝河 : 현재 安徽省 안으로 흐르는 두 줄기의 하천을 가리킨다. 北淝河는 淮水 좌측 강안의 支流이고, 南淝河는 合肥에서 안휘성 중부의 巢湖로 흘러들어간다.

3) 水砦 : 水軍의 兵營으로 물위에 설치한 영채를 가리킨다.
4) 濠梁 : 淮水의 한 支流로 石梁河라고도 한다. 현재의 安徽省 滁州市 鳳陽縣 경내에 있다.
5) (州) : 저본에는 '州'가 있으나, ≪新五代史≫에 의거하여 衍文으로 처리하였다.
6) 紫金山 : 현재의 江蘇省 南京 동쪽에 있는 산으로, 산에 紫紅色의 沙巖이 많아 자금산이라는 이름이 붙었다.

明年正月에 **世宗復**(부)**至淮上**[1]하야 **盡破紫金山砦**하고 **壞其夾道**하니 **景兵大敗**하야 **諸將往往見擒**이라 **而景之守將廣陵馮延魯, 光州張紹, 舒州周祚, 泰州方訥, 泗州範再遇等**이 **或走或降**하야 **皆不能守**하니 **雖景君臣**이라도 **亦皆震**慴하야 **奉表稱臣**하고 **願割土地輸貢賦**하야 **以效誠款**이어늘 **而仁贍獨堅守**하야 **不可下**러라 **世宗使景所遣使者孫晟等**으로 **至城下示之**[2]하니 **仁贍子崇諫幸其父病**하야 **謀與諸將出降**이라 **仁贍立命斬之**하니 **監軍使周廷構哭於中門**하되 **救之不得**이라 **於是**에 **士卒皆感泣**하야 **願以死守**하다

이듬해 정월에 世宗이 다시 淮上에 이르러 紫金山의 城砦를 다 부수고 夾道를 파괴하니, 李景의 군대가 대패하여 장수들이 왕왕 사로잡히기도 하였다. 이경의 守將인 廣陵의 馮延魯와 光州의 張紹와 舒州의 周祚와 泰州의 方訥과 泗州의 範再遇 등이 혹은 달아나고 혹은 항복하여 모두 지켜내지 못하니, 군주인 이경과 그의 신하들조차도 모두 두려워 떨면서 表文을 바쳐 稱臣하고 영토를 떼어주고 공물을 바쳐서 정성을 표하기를 원하였다. 그러나 劉仁贍만은 굳게 수비하여 항복시킬 수 없었다.

세종이 이경이 보낸 使者 孫晟 등으로 하여금 〈유인섬이 지키는〉 성 아래로 가서 〈항복 사실을〉 알리게 하니, 유인섬의 아들인 劉崇諫이 아버지가 병중임을 좋은 기회로 여기고서 장수들과 出城하여 항복할 것을 모의하였다.

유인섬이 그 자리에서 아들을 참수하라고 명하니 監軍使 周廷構가 中門에서 곡하며 유숭간을 구원하려 하였으나 구원하지 못하였다. 이에 士卒들이 모두 감읍하여 죽음을 무릅쓰고 성을 지키기를 원하였다.

1) 明年正月 世宗復(부)至淮上 : ≪五代史記纂誤續補≫ 卷3에 "살펴보건대 〈周本紀〉에, 世宗이 다시 南征한 일이 顯德 4년 2월로 되어 있고 正月로 되어 있지 않으며, 薛居正의 ≪舊五代史≫와 ≪資治通鑑≫도 동일하게 기록하고 있으니, 이 부분은 오류이다.〔按周本紀世宗復南征在顯德四年二月 非正月 薛史通鑑同 此誤〕"라고 하였다.

2) 世宗使景所遣使者孫晟等 至城下示之 : ≪五代史記纂誤續補≫에서는 위의 주석과 같이 世宗이 다시 南征한 때를 顯德 4년으로 고증하였으므로 이 기사가 그에 따른 연이은 오류로 보았다. 그러므로 卷3에 "살펴보건대 〈周本紀〉에, 顯德 3년 11월에 이미 孫晟을 죽였다고 되어 있다. 그런데 이 기사를 世宗이 다시 淮上에 당도한 일 아래에 서술하였으니, 이때는 현덕 4년인데 어찌 다시 손성이 있을 수 있겠는가.〔按周本紀顯德三年十一月已殺孫晟 此乃敍世宗復至淮上之下 是四年矣 安得復有孫晟〕"라고 하였다.

三月에 仁贍病甚하야 已不知人하니 其副使孫羽詐爲仁贍書하야 以城降이라 世宗命舁仁贍至帳前하야 嘆嗟久之하고 賜以玉帶御馬하야 復使入城養疾한대 是日卒하다 制曰 劉仁贍盡忠所事하야 抗節無虧하니 前代名臣幾人可比오 予之南伐에 得爾爲多라하고 乃拜仁贍檢校太尉兼中書令天平軍節度使어늘 仁贍不能受命而卒하니 年五十八이라 世宗遣使吊祭하고 喪事官給하며 追封彭城郡王하고 以其子崇讚爲懷州刺史하며 賜莊宅各一區하다 李景聞仁贍卒하고 亦贈太師하다 壽州故治壽春이니 世宗以其難克으로 遂徙城下蔡하고 而復其軍曰 忠正軍[1)]하고 曰 吾以旌仁贍之節也라하다

3월에 劉仁贍의 병이 위중하여 이미 사람을 알아보지 못하니, 副使 孫羽가 유인섬의 명의로 거짓 서신을 써서 성을 바치고 항복하였다. 世宗이 유인섬을 들것에 실어 장막 앞에 데려오도록 명하고서 오랫동안 감탄하고 玉帶와 御馬를 내려주고 다시 성으로 들어가 질병을 치료하게 하였는데 그날로 세상을 떠났다.

세종이 조서를 내리기를 "유인섬은 자신이 섬기던 군주에게 충성을 다하여 절조를 높이 지켜 흠결이 없었으니 前代의 名臣들 가운데 몇이나 여기에 비길 수 있겠는가. 나의 南征에 그대를 얻은 것이 큰 수확이다."라고 하고는, 유인섬을 檢校太尉 兼

中書令 天平軍節度使에 제수하였는데 유인섬이 명을 받지 못하고 죽으니 향년 58세였다.

세종이 사신을 보내 弔祭하는 한편 喪事에 필요한 물품을 官에서 공급하게 하였으며 彭城郡王으로 追封하고 그 아들 劉崇讚을 懷州刺史로 삼고 莊園과 住宅 한 구역씩을 하사하였다. 李景 또한 유인섬이 죽었다는 소식을 듣고 太師를 증직하였다.

壽州의 옛 治所는 壽春인데, 세종이 어렵사리 승리하였으므로 마침내 下蔡로 치소를 옮겼다. 그리고 유인섬의 軍鎭을 회복시켜 忠正軍이라 하고 말하기를 "내가 이로써 유인섬의 충절을 표창하노라."라고 하였다.

1) 復其軍曰 忠正軍 : 壽州는 五代十國의 吳가 다스릴 때에는 忠正軍이라고 불렸는데, 오에 이어 南唐이 들어서고 나서 清淮軍으로 개칭되었다. 劉仁贍은 앞에서 본 바와 같이 清淮軍節度使로 재직하였는데, 後周 世宗이 유인섬의 충절을 기리는 뜻에서 옛 이름으로 회복한 것이다.

嗚呼라 **天下惡**(오)**梁久矣**라 **然士之不幸而生其時者**는 **不爲之臣可也**어니와 **其食人之祿者**는 **必死人之事**니 **如彦章者**는 **可謂得其死哉**인저 **仁贍旣殺其子以自明矣**니 **豈有垂死而變節者乎**아 **今周世宗實錄**[1]에 **載仁贍降書**하니 **蓋其副使孫羽等所爲也**라 **當世宗時**하야 **王環爲蜀守秦州**[2]어늘 **攻之久不下**라가 **其後力屈而降**하니 **世宗頗嗟其忠**이나 **然止以爲大將軍**이라 **視世宗待二人之薄厚而考其制書**면 **乃知仁贍非降者也**라 **自古忠臣義士之難得也**어늘 **五代之亂**에 **三人者或出於軍卒**하고 **或出於僞國之臣**하니 **可勝嘆哉**아 **可勝嘆哉**아

오호라! 천하가 梁나라를 미워한 지 오래이다. 그러나 불행히 그 시대에 태어난 선비는 梁나라의 신하가 되지 않는 것이 옳겠지만, 남의 녹을 받는 자는 반드시 〈자신이 섬기던〉 군주의 國事를 위해 죽는 것이니, 王彦章과 같은 이는 올바르게 죽었다고 이를 만하다.

劉仁贍은 이미 자신의 아들을 죽여 스스로를 증명했으니 어찌 죽음을 목전에 두고 변절할 일이 있겠는가. 지금 ≪周世宗實錄≫에 유인섬의 항복 문서가 실려 있으니, 이는 副使 孫羽 등이 지은 것이다.

세종 때에 王環이 蜀에서 秦州를 수비하였는데, 세종이 공격하여 오랫동안 함락시키지 못하다가 그 뒤 왕환이 힘이 다하여 항복하니 세종이 그의 충절을 매우 찬탄하였다. 그러나 단지 大將軍으로 삼았을 뿐이다. 세종이 두 사람을 대우한 정도의 차이를 비교해보고 세종이 내린 조서를 살펴보면 유인섬이 항복한 자가 아님을 알 수 있다.

예로부터 忠臣과 義士는 얻기가 어려웠는데, 五代의 혼란한 때 세 사람은 혹은 軍卒 출신이고 혹은 僞國의 신하 출신이었으니, 이루 다 탄식할 수 있겠는가. 이루 다 탄식할 수 있겠는가.

1) 周世宗實錄 : 北宋 太祖 때 王溥 등이 편찬한 것으로, 建隆 2년(961)에 완성하였다. 전체 40권이나, 현재 輯本 1권이 남아 있다.
2) 王環爲蜀守秦州 : 爲는 服役의 뜻이다. 王環(?~957)은 五代十國 때 鎭州 眞定 사람이다. 後唐의 孟知祥이 西川節度使로 있을 때 왕환이 그의 부하로 있었는데, 맹지상이 독립하여 後蜀을 건국하자 계속 그를 섬겨 벼슬이 鳳州節度使에 이르렀다. 後周 世宗이 후촉을 정벌하여 秦州가 포위되자 다른 장수들은 모두 항복하였으나 왕환만 항복하지 않고 굳게 지키다가 힘이 다하고 성이 함락되어 사로잡혀 마침내 항복하고 右驍衛大將軍에 임명되었다. 세종이 南唐을 정벌할 때 泗州에 있다가 병으로 죽었다.

02. 死事傳* 國事를 위해 죽은 사람의 傳記

* 〈死事傳〉은 國事에 목숨을 잃은 인물들의 列傳이다. 歐陽脩는 小序에서, 극도로 혼란하고 왕조의 교체가 잦아 선비가 절조를 온전히 하기 지극히 어렵고, 仁義와 忠信을 버리고 구차하게 목숨을 연명하기 위해 절의를 굽히는 풍조가 만연한 五代 시절에 국사를 위해 목숨을 바친 행위는 취할 만하다고 그 의의를 밝혔다.

다만 이는 앞서 〈死節傳〉의 해제에서 언급한 것처럼 처음부터 끝까지 자신의 절조를 온전히 하여 목숨을 마친 死節의 인물들과는 차이가 있다. 〈사사전〉의 인물들은 구양수가 소서에서 말한 것처럼 "애초에는 우뚝한 절조가 없다가 마지막에 자신이 섬기던 군주의 국사를 위해 죽은 자"들인 것이다.

구양수는 여기에 해당하는 사람으로 모두 15명을 찾았다고 했는데, ≪新五代史≫의 〈사사전〉에는 본서에 실린 張源德·夏魯奇·姚洪·王思同·張敬達·王淸·史彦超·孫晟과 함께 본서에 실리지 않은 翟進宗·沈斌을 포함한 10명이 立傳되어 있다. ≪新五代史≫의 徐無黨의 주석에 따르면, 그 외 立傳에 이르지 못한 5명은 馬彦超·宋令詢·李遐·張彦卿·鄭昭業으로 이들의 사적은 다른 열전과 本紀에 드러나 있다.

또 구양수는 소서에서 戰歿한 사람은 비록 국사에 죽었다 하더라도 〈사사전〉에 넣지 않았다고 하였는데, 왕청과 사언초 두 사람은 예외를 두어 전투 중에 죽었음에도 입전하였다. 이 두 사람 외에 다른 인물들은 모두 항거 중에 같은 편 사람에게 살해당하거나 자살하거나 또는 사로잡혀서 굴복하지 않다가 처형당하였다. 구양수는 이 두 사람을 입전한 데에 나름의 뜻이 있다고 말하였다. 소서에서 그 이유를 명시하지 않았으므로 확정 지어 말할 수는 없으나, 다른 인물들과 차이점을 찾자면 이들은 모두 契丹과의 싸움에서 물러서지 않고 돌진하여 전몰한 이들이다. 혹 구양수는 이 점을 염두에 둔 것인지 모르겠다.

張源德(?~915)은 世系가 자세하지 않으나 後梁의 신하로 貝州를 수비하다 패주 사람들에게 살해당했다. ≪舊五代史≫에는 傳이 없고 ≪新五代史≫ 卷33 〈死事傳 第21〉에 입전되었다. 본래 李罕之의 휘하에 있다가 그가 晉을 배반하고 後梁에 투항할 때 함께 투항하였으며, 魏州의 군사들이 반란을 일으켜 晉에 투항할 때 패주를 지키면서 晉에 항거하였다. 구양수는 그가 항복하려는 패주 사람들의 말을 듣지 않다가 패주 사람들에게 살해당하였다고 기록하였으나, ≪資治通鑑考異≫ 등의 기록은 이와 반대이다. 이에 대해서는 아래 열전의 본문 주석에서 밝혔다.

夏魯奇(882~931)는 字가 邦傑로 靑州 사람이다. 後梁에서 벼슬하다가 晉(後唐)에 투항한 이후 후당에서 신임을 받아 높은 자리에 올랐으며 董璋이 반란을 일으켰을 때 遂州를 방어하다 자결하였다. 하노기의 열전은 ≪舊五代史≫ 卷70 〈唐書 第46 列傳22〉와 ≪新五代史≫ 卷33 〈死事傳 第21〉에 실려 있다. 아래 ≪신오대사≫의 열전에도 그의 충성과 재능이 잘 기술되어 있거니와, ≪구오대사≫의 열전에서도 그를 두고 "충의로운 성품에 爲政의 도리에 더욱 통달하였고 백성들을 按撫하는 수단이 있었다.〔性忠義 尤通吏道 撫民有

術]"라고 평하였다. 하노기의 열전 말미에 附記된 ≪신오대사≫의 原註에서, 契丹과 싸우다 자결한 後晉의 吳巒과 하노기를 비교하면서 〈사사전〉의 인물 取捨 원칙을 밝히고 있다. 이를 통해 구양수가 입전의 원칙을 매우 엄격히 했음을 알 수 있다.

姚洪(?~930)은 하노기와 마찬가지로 後梁에서 벼슬하다가 後唐을 섬겨 指揮使에 올랐고 董璋이 반란을 일으켰을 때 閬州를 지키던 중 성이 함락되어 처형된 인물이다. 요홍의 열전은 ≪舊五代史≫ 卷70 〈唐書 第46 列傳22〉와 ≪新五代史≫ 卷33 〈死事傳 第21〉에 실려 있다. 요홍의 열전은 간략하다. 그러나 그가 동장의 투항 권유 서신을 측간에 던져 넣고 성이 함락되어 사로잡힌 후 살점이 베여나가는 잔혹한 고문 속에서도 끝까지 동장을 질타하는 장면은 매우 강렬하다. 짧지만 강렬한 글에서 그의 忠烈이 생생히 전달된다.

王思同(892~934)은 幽州 사람으로 그의 모친이 유주의 軍閥이었던 劉仁恭의 딸이다. 유인공이 그 아들 劉守光에게 유폐되었을 때 달아나 後唐에서 벼슬하다가 후당 明宗이 죽고 潞王 李從珂가 반란을 일으켰을 때 저항하다 사로잡혀 죽었다. 왕사동의 열전은 ≪舊五代史≫ 卷65 〈唐書 第41 列傳17〉과 ≪新五代史≫ 卷33 〈死事傳 第21〉에 실려 있다. 왕사동은 이종가와 전투 중에 도주하다가 사로잡혀 처형되었다. 열전 말미에 부기된 ≪신오대사≫의 原註에서, 후당 莊宗을 보필하다가 달아난 元行欽과 왕사동을 비교하면서 왕사동의 도주는 단순한 도주가 아니라 天子에게 돌아가려 한 행위이고 따라서 〈사사전〉에 수록될 수 있음을 밝혔다.

張敬達(?~936)은 字가 志通으로 代州 사람이다. 줄곧 後唐에 벼슬하였으며 후당과 後晉의 교체기에 후진의 石敬瑭을 공격하다가 거란의 지원에 힘입은 後晉軍에 포위되어 있던 도중 부하 장수들에게 살해되었다. 장경달의 열전은 ≪舊五代史≫ 卷70 〈唐書 第46 列傳22〉와 ≪新五代史≫ 卷33 〈死事傳 第21〉에 실려 있다. 장경달은 계속 후당에만 충성하였음에도 〈사절전〉에 수록되지 못하고 〈사사전〉에 수록되었는데, 이는 장경달이 포위되어 있을 때 부하장수들에게 자신은 투항할 수 없으니 차라리 자신을 죽이고 투항하라고 권한 사실이 있기 때문이다. 이는 열전 말미에 부기된 ≪신오대사≫의 原註에서 자세히 언급하였다.

王淸(?~946)은 字가 去瑕로 洺州 曲周 사람이다. 後唐에서 벼슬하여 指揮

使에 올랐고 이어 後晉에서 벼슬하여 檢校司徒에 올랐다. 少帝 때 거란과의 전투 중에 다른 장수들이 두 마음을 품고 주저하는 통에 중과부적으로 戰歿하였다. 왕청의 열전은 ≪舊五代史≫ 卷95 〈晉書 第21 列傳10〉과 ≪新五代史≫ 卷33 〈死事傳 第21〉에 실려 있다. ≪구오대사≫의 史評에서는 "살펴보건대 前代의 신하들의 사적이 많다. 예컨대 世道가 바야흐로 태평할 때에는 은총에 빙자하고 작록을 믿는 자가 실로 허다하고, 世運이 막히고 나서는 죽음으로 충성을 바친 자가 얼마 없다. 皇甫遇가 울분에 차서 죽고 王淸이 血戰을 벌이다가 사망한 것과 같은 경우는 근세 이래로 몇 사람뿐이다. 어떤 이는 난리를 맞아 자신의 목숨을 바치고 어떤 이는 方正한 도리를 지키다 살해당하였으니, 아리따운 女色에 미혹되어 목숨을 잃고 술에 빠져서 몸을 망친 자와 비교해볼 때 서로간의 격차가 크다.〔觀前代人臣之事迹多矣 若乃世道方泰 則席寵恃祿者實繁 世運旣屯 則效死輸忠者無幾 如皇甫遇憤激而歿 王淸以血戰而亡 近世以來 幾人而已 其或臨難捐軀 或守方遇害 比夫惑妖豔以喪其命 因醇酎以亡其身者 蓋相去之遠矣〕"라고 表章하였다. 〈사사전〉의 다른 열전도 비슷한 양상을 보이지만 왕청의 열전 역시 新舊史를 비교해보면, ≪신오대사≫에서는 여타의 전공이나 행적은 대부분 축약하였고 마지막에 나라를 위해 목숨을 바치는 장면을 중점적으로 서술하였다. 이러한 방식은 ≪신오대사≫가 勸懲과 褒貶이라는 특정한 목적의식 하에 인물의 열전을 찬술하였음을 드러내 준다.

史彦超(?~954)는 雲州 사람으로 後周를 섬겨 많은 전공을 세웠고 後漢을 공격하던 도중 후한을 구원하러 온 契丹과의 전투 중에 戰歿하였다. 사언초의 열전은 ≪舊五代史≫ 卷124 〈周書 第15 列傳4〉와 ≪新五代史≫ 卷33 〈死事傳 第21〉에 실려 있다. ≪구오대사≫의 史評에서는 후주의 신하들을 평가하면서 "예로부터 신하 된 자들은 人望이 무거워지면 반드시 위태로워졌고 功勳이 드높아지면 보전하기 어려웠으니, 賢者가 아니라면 누가 이를 면할 수 있겠는가. 더구나 王鄴帥(王殷)는 明哲保身의 警戒에 어두웠고 周 太祖(郭威)는 의심이 많은 군주였으니 재앙을 당하지 않으려 한들 그럴 수 있었겠는가. 何福進 이하로는 모두 英俊한 장수들이니 兵馬를 통솔하여 나라를 지키는 重臣이 된 것은, 헤아려보면 또한 당연한 일이다. 오직 사언초는 외적을 막다가 전몰하였으니 충성스럽다고 이르지 않을 수 있겠는가.〔自古爲人臣者 望重則

必危 功崇則難保 自非賢者 疇能免之 況王鄴帥昧明哲之規 周太祖乃雄猜之主 欲無及禍 其可得乎 自福進而下 皆將帥之英也 擁旄作翰 諒亦宜然 惟彦超以捍寇而沒 可不謂忠乎〕"라고 하여 거란과 싸우다 전몰한 사실을 特記하였다. 〈사사전〉의 사언초의 열전 역시 ≪구오대사≫에 실린 여타 행적들은 축약하고 거란과의 전투 및 사후 경과 부분에 열전의 절반 정도를 할애하였다.

孫晟(?~956)은 初名이 鳳, 또 다른 이름이 忌로 密州 사람이다. 文辭에 재능이 있어 後唐 莊宗을 섬기다가 明宗 때 朱守殷의 判官으로 있던 중 주수은이 반란을 일으켰다가 실패하자 강남으로 달아나 南唐의 李昪을 섬겨 두터운 대우를 받았다. 後周 世宗이 강남을 정벌할 때 講和를 목적으로 사신으로 갔다가 억류되었고 이후 양국간의 관계가 악화되자 처형되었다. 손성의 열전은 ≪舊五代史≫ 卷131 〈周書 第22 列傳11〉과 ≪新五代史≫ 卷33 〈死事傳 第21〉에 실려 있다. 특이한 점은 ≪구오대사≫에서는 손성을 "성품이 음험하고 간사한 꾀를 좋아하였다.〔性陰賊好奸謀〕"라고 하였고, 손성이 簡寂宮에서 쫓겨난 기사에서 "당시 무리들의 큰 조롱거리가 되었다.〔大爲時輩所嗤〕"라고 하는 등 손성에 대한 부정적인 평가들이 보이는데 반해, ≪신오대사≫에서는 이러한 부정적 평가들을 일체 생략하고 〈사사전〉에 수록하였다는 것이다. 이를 통해 구양수가 ≪구오대사≫의 평가를 따르지 않고 독자적으로 인물을 평가하여 입전한 점을 알 수 있다.

宋나라 때 孔武仲의 ≪淸江三孔集≫ 卷18 〈書孫晟傳後〉에 "利害가 서로 부딪히고 禍福이 서로 상충되며 安危의 변화가 손바닥을 뒤집는 사이에 있어 의리를 따르지 않으면 살고 의리를 따르면 죽으니, 이러한 경계에 이르고 난 연후에야 人才의 强弱을 알 수 있다.……世宗이 江南의 虛實을 물었을 때 만약 손성이 대답한다면 장차 스스로 자기 군주의 社稷을 위태롭게 하는 것이고, 거절한다면 재앙이 자신에게 미칠 것이니, 이것이 이른바 의리를 따르지 않으면 살고 의리를 따르면 죽는 때이다. 이때 손성은 홀로 大計를 돌아보고 애석해하여 입을 다문 채 응답하지 않았고, 도끼로 핍박해도 옛 군주를 잊지 않고서 남쪽을 향하여 절한 연후에 형벌을 받았다. 손성이 수립한 행적이 이와 같이 당당하니, 死節에 비할 때 무엇이 부끄럽겠는가. 그런데 ≪신오대사≫는 손성을 완전히 인정하지 않고 〈사사전〉에 배열하였으니, 나는 감히 그렇게 해서는 안 된다고 생각한다.〔利害之相攻 禍福之相勝 安危之變 在反手間 不順義

則生 順義則死 至于此然後 人才之强弱見矣……世宗問以江南之虛實 使晟答之耶則將自危其主之社稷 拒之耶則災及其身 此所謂不順義則生 順義則死之時也晟獨顧惜大計 默不爲應 及逼以鈇鉞 猶不忘故主 南望而拜 然後就刑 晟之所立堂堂如此 何愧于死節哉 而新史抑之 列于死事傳 吾未敢以爲然也〕"라고 하였다. 孔武仲의 의견은 구양수가 손성을 〈사사전〉에 배열한 것도 부족하다는 의견이지만, 공무중의 의견을 통해 구양수가 ≪구오대사≫의 박절한 평가와 달리 손성을 〈사사전〉에 입전한 이유를 짐작할 수 있다.

歐陽公所次死節傳三人外에 **復錄死事者十五人**이라 **以十五人者不足以配三人之烈**이나 **然不忍遺之也**라 **故別之曰 死事**라 **然如張源德姚洪張敬達三人**은 **其所凜然不爲不義屈**이요 **歐公所自爲點綴**이 **亦多奇氣**일새 **予故幷錄之**하노라 **歐公小序**는 **深取王淸史彦超**나 **然不如源德等三人尤爲慘咽**이라

歐陽公이 편차한 〈死節傳〉의 세 사람 외에 다시 國事를 위해 죽은 사람 열다섯을 수록하였다. 열다섯 사람이 〈〈사절전〉에 실린〉 세 사람의 功烈에 짝하기에는 부족하지만 차마 버릴 수 없었기 때문에 구별하여 '死事'라고 한 것이다.

그러나 張源德·姚洪·張敬達 세 사람과 같은 경우 그들이 의연히 不義에 굴복하지 않았고 구양공이 스스로 엮은 내용들이 또한 奇氣가 많기 때문에 내가 〈〈死事傳〉을 여기에〉 아울러 수록하였다.

구양공의 小序는 王淸과 史彦超의 뜻을 깊이 인정하였으나, 장원덕 등 세 사람의 일을 서술한 대목이 더욱 참담하고 목이 메이는 것만은 못하다.

嗚呼甚哉라 **自開平**으로 **訖于顯德**[1]히 **終始五十三年**에 **而天下五代**하니 **士之不幸而生其時**하야 **欲全其節而不二者固鮮矣**라 **於此之時**에 **責士以死與必去**면 **則天下爲無士矣**리라 **然其習俗**이 **遂以苟生不去爲當然**하니 **至於儒者以仁義忠信爲學**하야 **享**

人之祿하고 **任人之國者**하야도 **不顧其存亡**하고 **皆恬然以苟生爲得**하니 **非徒不知愧**요 **而反以其得爲榮者**를 **可勝數哉**아 **故吾於死事之臣**에 **有所取焉**이로라 **君子之於人也**에 **樂成其美而不求其備**[2])어든 **況死者人之所難乎**아 **吾於五代**에 **得全節之士三人而已**요 **其初無卓然之節**이라가 **而終以死人之事者**는 **得十有五人焉**하대 **而戰沒者**는 **不得與也**라 **然吾取王淸史彦超者**는 **其有旨哉**인저 **其有旨哉**인저 **作死事傳**하노라

오호라! 심하도다. 開平으로부터 顯德에 이르기까지 始終 53년 동안 천하에 五代가 들어섰으니, 선비로 불행히 그 시대에 태어나 절조를 온전히 하고자 하면서 두 마음을 품지 않은 자는 진실로 드물었다. 이러한 때에 죽거나 반드시 그 나라를 떠나는 것을 선비들에게 요구했다면 천하에 선비는 없었으리라.

그러나 그 습속이 마침내 구차하게 살고 그 나라를 떠나지 않는 것을 당연하게 여겼으니, 儒者로서 仁義와 忠信을 배워 남의 祿을 받고 그 사람의 나라에 임용된 자에 이르러서도 그 나라의 存亡은 돌아보지 않고 모두 아무렇지도 않게 여기며 구차히 사는 것을 옳다고 여겼다. 그러니 단지 부끄러움을 몰랐을 뿐만 아니라 도리어 그러한 처신을 영광으로 여긴 자를 이루 다 셀 수 있겠는가.

그러므로 내가 國事를 위해 죽은 신하들에 대해 취하는 점이 있는 것이다. 군자는 다른 사람에 대해 그의 아름다운 점을 이루어주기를 좋아하고 그가 두루 다 잘하기를 요구하지는 않았다. 더군다나 죽음은 사람이 하기 어려운 일임에 있어서랴.

내가 五代 시절에 절조를 온전히 한 선비는 세 사람을 알 뿐이요, 애초에는 우뚝한 절조가 없다가 마지막에 〈자신이 섬기던〉 군주의 國事를 위해 죽은 자는 열다섯 사람을 아는데, 전쟁 중에 죽은 사람은 그 가운데에 끼이지 못한다. 그러나 내가 王淸과 史彦超를 넣은 것은 뜻이 있어서이다. 뜻이 있어서이다. 〈死事傳〉을 쓰노라.

1) 自開平 訖于顯德 : 開平은 後梁 太祖 朱全忠의 연호로 907년에서 911년까지이며, 顯德은 後周 世宗 柴榮의 연호로 954년에서 960년까지이다.

2) 君子之於人也 樂成其美而不求其備 : ≪論語≫ 〈顔淵〉에 "君子는 남의 아름다움을 이루어주고 남의 악함을 이루어주지 않으니, 小人은 이와 반대이다.〔君子 成人之美 不成人之惡 小人反是〕"라는 말이 보이고, ≪書經≫ 〈商書 伊訓〉에 "남을 허여하되 完備하기를 요구하지 않고, 자기 몸을 검속하되 미치지 못

할 듯이 한다.〔與人不求備 檢身若不及〕"는 말이 보인다.

【原註】 不能立傳者五人이니 **馬彦超**는 **附朱守殷傳**하고 **宋令詢李遐張彦卿鄭昭業**은 **見於本紀**[1]**而已**[2]라

〈死事傳〉에 立傳하지 못한 자가 다섯 사람이니, 馬彦超는 〈朱守殷傳〉에 덧붙였고, 宋令詢과 李遐와 張彦卿과 鄭昭業은 〈本紀〉에 보일 따름이다.

1) 宋令詢李遐張彦卿鄭昭業 見於本紀 : 宋令詢은 〈唐本紀〉에, 李遐는 〈晉本紀〉에, 張彦卿과 鄭昭業은 〈周本紀〉에 보인다.
2) 不能立傳者五人……見於本紀而已 : 이 내용은 ≪新五代史≫의 原註(徐無黨)이다. 이하 ≪신오대사≫의 원주는 원문 앞에 '【原註】'로 표기한다.

張源德者는 **不知其世家**니 **或曰 本晉人也**라 **少事晉**[1]에 **無所稱**이라 **從李罕之以潞州叛晉降**(항)**梁**[2]하니 **罕之遣源德見**(현)**梁太祖**라 **太祖時**에 **源德自金吾衛將軍**으로 **爲蔡州刺史**라 **梁貞明三年**에 **魏博節度使楊師厚卒**하니 **末帝分魏相等六州**하야 **爲兩鎭**[3]할새 **懼魏軍不從**하야 **乃遣劉鄩將兵萬人**하야 **屯于魏以虞變**이라 **魏軍果叛**하야 **迫其節度使賀德倫**하야 **以魏博二州降晉**하다

張源德은 그 世系를 알 수 없으니, 어떤 사람은 본래 晉 사람이라고 한다. 젊어서 晉을 섬길 때에는 이름이 알려진 바가 없었다. 李罕之를 따라 潞州를 점거하고서 晉을 배반하고 梁에 항복하니, 이한지가 장원덕을 보내 梁 太祖를 알현하게 하였다.

태조 때에 장원덕은 金吾衛將軍에서 蔡州刺史가 되었다. 梁나라 貞明 3년(917)에 魏博節度使 楊師厚가 죽으니 末帝가 魏州와 相州 등 여섯 주를 나누어 두 개의 鎭으로 만들면서 魏軍이 따르지 않을까 두려워하여, 이에 劉鄩에게 만 명의 병사를 이끌고 가서 魏에 주둔하여 변란에 대비케 하였다. 위군이 과연 반란을 일으켜 절도사 賀德倫을 겁박하여 위주와 博州를 가지고 晉에 투항하였다.

1) 少事晉 : 여기에서의 晉은 정식으로 건국된 나라는 아니고, 太原을 중심으로 한 山西 지방의 군벌로 唐나라로부터 晉王에 봉해진 李克用과 그 아들 李存勖

의 세력을 가리킨다.

2) 從李罕之以潞州叛晉降(항)梁 : 李罕之(842~899)는 唐末의 군벌이다. 898년 昭義軍節度使 薛志勤이 죽자 이한지가 澤州에서 병사를 이끌고 潞州를 공격해 점거하고서 스스로를 留后라고 칭하였다. 李克用이 장수 李嗣昭를 보내 정벌하자 後梁 太祖 朱全忠에게 항복하기를 청하니 주전충이 병사를 보내 원조하였다.

3) 梁貞明三年……爲兩鎭 : ≪五代史纂誤≫ 卷中에 "지금 〈梁本紀〉와 〈唐本紀〉와 〈賀德倫傳〉을 살펴보건대 魏州와 相州 등 여섯 州를 나누어 兩鎭으로 만든 것은 貞明 元年(915)의 일이다.〔今按梁本紀唐本紀賀德倫傳 其分魏相六州爲兩鎭 乃貞明元年事〕"라고 하였다.

當是時하야 **源德爲鄩守貝州**[1]라 **晉王**[2]**入魏**할새 **諸將欲先擊貝州**하니 **晉王曰 貝城小而堅**하니 **攻之難卒下**라 **且源德雖恃劉鄩之兵**이나 **然與滄州相首尾**하고 **今德州居其中而無備**[3]하니 **不如先取之則滄貝之勢分而易**(이)**圖也**라하고 **乃先襲破德州然後**에 **以兵五千攻源德**이라 **源德堅守不下**하니 **晉軍塹而圍之**러라 **已而**오 **劉鄩大敗于故元城**[4]하야 **南走黎陽**하고 **晉軍攻破洺州**하니 **而衛州刺史來昭**[5]**, 邢州節度使閻寶皆以城降晉**하고 **磁州刺史靳昭, 相州張筠, 滄州戴思遠皆棄城走**라

이때 張源德은 劉鄩의 휘하에서 貝州를 지키고 있었다. 晉王이 魏 땅으로 들어왔을 때 장수들이 먼저 패주를 치고자 하니, 진왕이 말하기를 "貝城이 작지만 견고하니 공격하여 대번에 함락시키기 어렵다. 또 장원덕이 비록 유심의 병력을 믿고 있으나 滄州와 서로 머리와 꼬리의 형세이고 지금 德州는 그 가운데 위치하여 방비가 없으니, 먼저 덕주를 취하면 창주와 패주의 세력이 분리되어 도모하기 쉬운 것만 못하다."라고 하고는, 먼저 덕주를 습격하여 격파한 뒤 5천의 병사로 장원덕을 공격하였다.

장원덕이 굳게 수비하여 함락되지 않으니 晉軍이 참호를 파고 포위하였다. 얼마 후 유심이 옛 元城에서 대패하여 남쪽의 黎陽으로 도주하고 진군이 洺州를 공격하여 격파하니, 衛州刺史 來昭와 邢州節度使 閻寶는 모두 성을 가지고 진에 투항하였고,

磁州刺史 靳昭와 相州刺史 張筠과 滄州刺史 戴思遠은 모두 성을 버리고 도주하였다.

1) 源德爲郡守貝州 : 爲는 服役의 뜻이다.
2) 晉王 : 이때의 晉王은 李存勖이다.
3) 然與滄州相首尾 今德州居其中而無備 : 張源德의 貝州는 오늘날의 河北省 邢台市 일대이고, 滄州는 오늘날의 하북성 滄州市 일대로, 북쪽의 창주와 남쪽의 패주가 서로 머리와 꼬리의 형세이다. 德州는 오늘날의 山東省 德州市로 창주와 패주의 가운데 위치하고 있다.
4) 故元城 : 元城은 西漢 때 설치된 곳으로 지금의 河北省 邯鄲市 大名縣 일대이다. 인근 고을과 합쳐지고 분리되기를 여러 번 반복하였는데, 歐陽脩가 이 글을 지은 때에는 後周 太祖 때 浚儀와 합쳐져 赤縣으로 개명된 뒤였으므로 원래의 원성 지역을 가리키기 위해 '옛 원성〔故元城〕'이라고 표기한 것이다.
5) 衛州刺史來昭 : ≪五代史記纂誤補≫ 卷3에 "삼가 살펴보건대 ≪新五代史≫ 〈唐本紀〉에는 '來昭'가 '米昭'로 되어 있고, 薛居正의 ≪舊五代史≫에도 똑같이 기록되어 있으니, 이 부분은 오류이다.〔謹按唐紀來昭作米昭 薛史同 此誤〕"라고 하였다. ≪新五代史≫ 卷5 〈唐本紀 第5〉와 ≪舊五代史≫ 卷28 〈唐書 第4 莊宗紀2〉에 모두 '米昭'로 되어 있다.

當此時하야 **晉已先下全燕**[1]하니 **而鎭定皆附于晉**이라 **自河以北山以東**으로 **四面千里六鎭數十州之地**가 **皆歸晉**이어늘 **獨貝一州**는 **圍之踰年不可下**러라 **源德守旣堅**일새 **而貝人聞晉已盡有河北**하고 **城中食且盡**이라 **乃勸源德出降**(항)이어늘 **源德不從**하야 **遂見殺**[2]이라 **源德已死**에 **貝人謀曰 晉圍吾久**하니 **吾窮而後降**이면 **懼皆不免也**라하고 **乃告于晉曰 吾欲被甲執兵而降**하야 **得赦而後釋之**하니 **如何**오하니 **晉軍許諾**이라 **貝人三千出降**하야 **已釋甲**하니 **晉兵四面圍而盡殺之**하다

이때 晉이 이미 全燕을 먼저 함락시켰고 鎭州와 定州도 모두 晉에 투항하였다. 이에 河北과 山東에서부터 사방 천 리의 六鎭과 수십 州의 땅이 모두 晉에 귀속되었는데도 貝州 한 지역만은 포위한 지 1년이 넘도록 함락시킬 수 없었다.

張源德의 방비가 이미 굳건하였는데 패주 사람들이 晉이 이미 하북을 다 차지했다는 말을 들은 데다 성안의 양식도 모두 바닥이 나자 마침내 장원덕에게 나가서

항복하기를 권하였다. 그러나 장원덕이 따르지 않아 마침내 살해당하였다.

장원덕이 죽고 나서 패주 사람들이 의논하기를 "晉이 우리를 포위한 지 오래이니 우리가 궁한 처지에 몰린 다음 항복하면 모두 죽음을 면치 못할까 두렵다."라고 하고는, 이에 晉에 고하기를 "우리가 갑옷을 입고 병기를 쥐고서 항복한 다음 사면을 받은 뒤 무장을 풀고 싶은데 어떠한가?"라고 하니 晉軍이 허락하였다.

그런데 패주 사람 3천 명이 성을 나가 항복하고서 무장을 풀자 晉의 병사들이 사방에서 포위하고서 모두 죽여버렸다.

1) 晉已先下全燕 : 全燕은 옛 燕나라 지역을 가리키는 말이다. 이 당시 范陽節度使 劉仁恭이 이 지역을 장악하고 있었는데, 유인공은 李存勖의 부친인 李克用의 도움으로 범양절도사가 되었다가 이극용을 배반하고 독립하였다. 그러나 얼마 후 아들 劉守光에게 지위를 빼앗기고 유폐되었다. 이극용은 죽을 때 이존욱에게 화살 세 개를 주면서 유인공과 契丹과 朱全忠에게 복수할 것을 유언하였는데, 유수광이 국호를 燕이라 하고 황제로 등극하자 이존욱은 913년에 정벌을 감행하여 유인공 부자를 사로잡아 죽였다.

2) 貝人聞晉已盡有河北……遂見殺 : ≪資治通鑑考異≫에서는 다른 견해를 제시하였는데 다음과 같다. "≪莊宗實錄≫에는 '賊將 張源德이 貝州를 굳게 지키다가 河北이 모두 평정되었다는 말을 듣고 나서 마음을 바꿔 투항하려는 뜻이 생겨 사람들에게 물어 모의하였다. 그런데 패주의 여러 賊徒들은 모두 河南 사람이라 자신들에게 죄를 돌릴까 두려워하여 〈장원덕의 말을〉 따르지 않고 이어서 장원덕을 살해하였다. 그리고서 사람을 잡아먹으며 식량으로 삼고 그 성을 굳게 지켰다. 晉王이 돌아와 여러 해 동안 포위하여 공격하였는데 적들이 식량이 다 떨어진 뒤 우리 대장을 부르며 말하기를 「지금 죄를 청하고자 하는데, 진왕이 우리를 용서하지 않을까 두렵다. 우리가 장차 갑옷과 병기를 갖춘 채 알현하고 알현이 끝난 뒤에 바로 무장을 해제하려는데 어떤가?」라고 하였다. 우리가 대답하기를 「이보다 편리한 것이 없겠다.」라고 하니 적도들 3천 명이 갑옷을 입고 나와서 항복하였다. 우리 장수가 甘言으로 달래 모두 갑옷과 병기를 해제하니, 이윽고 四面에서 포위하여 모조리 죽였다.'라고 하였다.……살펴보건대 장원덕이 만약 항복하지 않는다는 이유로 살해당했다면 그 무리들이 응당 즉시 진나라에 투항해야지 어찌 오히려 항거하여 성을 지키

면서 진나라에 약조를 청한 이후에 성을 나왔겠는가. 분명히 무리들이 죽음을 두려워하여 항복하지 않은 것이다. 지금 ≪장종실록≫의 기사를 따른다.〔莊宗實錄 賊將張源德固守貝州 旣聞河北皆平 而有翻然之志 詢謀於衆 群賊皆河南人 懼其歸罪 不從 因殺源德 啗人爲糧 固守其城 王歸 歷年攻圍 賊旣食竭 呼我大將曰 今欲請罪 懼晉王不我赦 我將衿甲持兵而見 已卽解之 如何 報曰 無便於此者 賊衆三千 衿甲出降 我將甘言喩之 俱釋兵解甲 旣而 四面陳兵 皆殺之……按源德若以不降而死 其衆當卽降於晉 豈得猶拒守與晉邀約而後出哉 明是衆懼死不降耳 今從莊宗實錄〕"

夏魯奇는 **字邦傑**이니 **青州人也**라 **唐莊宗時**에 **賜姓名曰 李紹奇**러니 **其後**에 **莊宗賜姓名者 皆復其故**하다 **魯奇初事梁**하야 **爲宣武軍校**하고 **後奔于晉**[1)]하야 **爲衛護指揮使**라 **從周德威**[2)]**攻劉守光於幽州**할새 **守光將單廷珪元行欽以驍勇自負**라 **魯奇每與二將鬪**에 **輒不能解**하니 **兩軍皆釋兵而觀之**라

夏魯奇는 字가 邦傑이니 青州 사람이다. 唐 莊宗 때에 姓名을 하사하여 李紹奇라고 하였는데, 그 뒤에 장종이 성명을 하사했던 사람들 모두 본래의 성명을 회복하였다.

하노기는 처음에는 梁을 섬겨 宣武軍校가 되었고, 뒤에 晉으로 도주하여 衛護指揮使가 되었다. 周德威를 따라 幽州에서 劉守光을 공격할 때, 유수광의 장수 單廷珪와 元行欽이 굳세고 용맹스러운 것으로 자부하였다. 하노기가 매번 이 두 장수와 싸울 때마다 번번이 승부를 가리기 어려우니 양측의 군사들이 모두 병기를 내려놓고서 싸움을 구경하였다.

1) 後奔于晉 : ≪舊五代史≫ 卷70 〈唐書 第46 列傳22〉에는 主將과 不協하여 마침내 後唐 莊宗에게 투항한 것으로 되어 있다.
2) 周德威 : ?~919?. 五代十國 시기 後唐 李克用의 副將으로 朔州 馬邑 사람이다.

晉已下魏博하니 **梁將劉鄩軍于洹水**라 **莊宗以百騎覘敵**이라가 **遇鄩伏兵**하야 **圍之數重**하야 **幾不得脫**이어늘 **魯奇力戰**하야 **手殺百餘人**하고 **身被二十餘創**하야 **與莊宗決圍**

而出하니 莊宗益奇之하야 以爲磁州刺史하다 從戰中都하야 擒王彦章하니 莊宗壯之하야 賜絹千匹하고 拜鄭州防禦使하다 遷河陽節度使하야 爲政有惠愛하니 徙鎭忠武에 河陽之人遮留하야 不得行하고 父老詣京師乞留라 明宗遣中使往諭之하니 魯奇乃得去러라

晉이 이미 魏州와 博州를 함락하니 梁의 장수 劉鄩이 洹水에 주둔하였다. 莊宗이 騎兵 백 명을 데리고 적진을 정찰하다가 유심의 복병을 만나 몇 겹의 포위를 당해 거의 빠져나오지 못할 뻔하였다. 그런데 夏魯奇가 힘써 싸워 백여 명의 적을 맨몸으로 죽이고 20여 군데나 創傷을 입고서 장종과 함께 포위를 뚫고 탈출하니 장종이 더욱 기특하게 여겨 磁州刺史로 삼았다.

장종을 따라 中都에서 싸우면서 王彦章을 사로잡으니 장종이 장하게 여겨 명주 천 필을 하사하고 鄭州防禦使에 제수하였다. 河陽節度使로 승진하여 정사를 베풂에 끼친 은혜가 많으니, 忠武軍節度使로 자리를 옮기게 되었을 때 하양 사람들이 길을 가로막고 저지하여 떠날 수가 없었다. 그리고 하양의 父老들이 도성에 가서 하노기의 留任을 청하였다. 明宗이 환관에게 하양으로 가서 曉諭하게 하고서야 하노기가 떠날 수 있었다.

唐師伐荊南할새 以魯奇爲招討副使한대 無功而還이라 徙鎭武信하고 東川董璋[1]反하야 攻遂州하니 魯奇閉城拒之어늘 旬(日)〔月〕[2]救兵不至하고 城中食盡하야 魯奇自刎死하니 年四十九라

唐의 군사가 荊南을 정벌할 때 夏魯奇를 招討副使로 삼았는데 공을 세우지 못하고 돌아왔다. 武信軍節度使로 자리를 옮기고 東川의 董璋이 반란을 일으켜 遂州를 공격하니 하노기가 성문을 닫아걸고 항거하였다. 그러나 열 달이 지나도록 구원병이 오지 않고 성안의 양식도 바닥이 나 하노기가 스스로 목을 찌르고 죽으니 향년 49세였다.

1) 董璋 : ?~932. 어릴 때 汴州의 商人인 李七郎의 하인으로 말똥 청소하는 일을 하다가 이칠랑이 後梁의 朱全忠의 養子가 되자 주전충을 섬겨 澤州刺史에

이르렀다. 후에 後唐에 투항하여 後蜀을 정벌할 때 공을 세우고 劍南東川節度使가 되었다. 930년에 孟知祥과 함께 반란을 일으켰으나 뒤에 사이가 틀어져 싸우다가 대패하였고 휘하에게 살해당하였다.

2) (日)〔月〕: 저본에는 '日'로 되어 있으나, ≪新五代史≫에 의거하여 '月'로 바로잡았다.

【原註】 吳巒은 兵猶可戰而不戰[1)]하고 魯奇는 食盡力窮而死라 故取捨異라

吳巒은 병사가 아직 싸울 수 있는데도 싸우지 않았고, 夏魯奇는 양식이 떨어지고 힘이 다하여 죽었다. 그러므로 〈立傳에 이들을〉 取捨함이 다른 것이다.

1) 吳巒 兵猶可戰而不戰 : 吳巒(?~944)은 後晉의 신하로, 契丹이 침공하였을 때 貝州를 지키다가 죽었다. 그러나 〈死事傳〉이 아니라 〈晉臣傳〉에 立傳되어 있다. 오만은 거란군이 성문을 뚫고 들어왔을 때 끝까지 분전한 것이 아니라, 적군이 들어와 성안이 혼란스러워진 것을 보고 즉시 우물에 몸을 던져 죽었다.

姚洪은 本梁之小校也라 自董璋爲梁將으로 洪嘗事璋이라가 後事唐爲指揮使라 長興[1)]中에 遣洪將千人戍閬州한대 董璋反하야 遣人以書招洪하니 洪得璋書하고 輒投厠中이라 後璋兵攻破閬州하야 執洪하고 璋曰 爾爲健兒[2)]에 我遇汝厚어늘 奈何負我邪(야)오하니 洪罵曰 老賊아 爾昔爲李七郎奴[3)]하야 掃馬糞이라가 得一臠殘炙에 感恩不已러니 今天子用爾爲節度使어늘 何苦反邪오 吾能爲國家死요 不能從人奴以生이라하니 璋怒하야 燃鑊于前하야 令壯士十人刲其肉而食이어늘 洪至死大罵라 明宗聞之泣下하고 錄其二子而厚卹其家하다

姚洪은 본래 梁의 하급 軍校였다. 董璋이 梁나라의 장수가 되었을 때부터 요홍이 동장을 섬기다가 뒤에 唐을 섬겨 指揮使가 되었다. 長興 연간에 요홍에게 천 명을 거느리고 가서 閬州를 지키게 하였는데 동장이 반란을 일으키고서 사람을 보내 서신으로 요홍을 부르니 요홍이 동장의 서신을 받은 즉시 뒷간에 던져버렸다.

뒤에 동장의 군대가 낭주를 공격하여 격파하고서 요홍을 잡고, 동장이 말하기를 "네가 군졸이었을 때 내가 너를 후하게 대우하였거늘 어찌하여 나를 저버렸느냐?"라고 하였다.

그러자 요홍이 욕하기를 "늙은 도적놈아. 네가 옛날에 李七郎(李讓)의 노예가 되어 말똥이나 쓸다가 저민 고기 한 점을 얻으면 감읍해 마지않더니, 지금 천자께서 너를 등용하여 節度使로 삼으셨거늘 어찌하여 군이 반란을 일으켰느냐. 나는 나라를 위해 죽을 수는 있어도 남의 노예를 따라 살 수는 없다."라고 하였다.

그러자 동장이 노하여 앞에다 솥을 달구어놓고 壯士 열 명에게 요홍의 살점을 도려내어 먹게 하였는데, 요홍은 죽음에 이를 때까지 동장을 크게 욕하였다. 明宗이 이 사실을 듣고서 눈물을 흘리고 두 아들을 錄用하였으며 그 집안에 후하게 恤典을 내렸다.

1) 長興 : 後唐 明宗 李嗣源의 연호로 930년부터 933년까지 사용되었다.
2) 健兒 : 唐나라 때 변방의 土兵을 가리키던 말이다.
3) 李七郎奴 : 李七郎은 汴州의 富豪였던 李讓이다. ≪舊五代史≫ 卷133 〈世襲列傳 第2〉와 ≪新五代史≫ 卷69 〈南平世家 第9〉에 따르면, 後梁 太祖 朱全忠이 宣武軍節度使로 있을 때 이양이 재물로 총애를 얻어 주전충의 양자가 되어 朱氏 성을 하사받고 개명하여 朱友讓이라 했다 한다. 또한 ≪舊五代史≫ 卷62 〈唐書 第38 列傳14〉의 〈董璋傳〉에 따르면 동장이 어렸을 때 高季興・孔循과 함께 이칠랑을 섬겨 童僕이 되었다고 한다.

王思同은 幽州人也라 其父敬柔娶劉仁恭女하야 生思同이라 思同事仁恭하야 爲銀胡䩮指揮使한대 仁恭爲其子守光所囚하니 思同奔晉[1]하야 以爲飛勝指揮使하다 梁晉相距于莘할새 遣思同築壘楊劉하니 以功遷神武十軍都指揮使하고 累遷鄭州防禦使하다 思同爲人敢勇하고 善騎射하며 好學하고 頗喜爲詩하며 輕財重義하고 多禮文士라 然未嘗有戰功이라 明宗時에 以久次爲匡國軍節度使하고 徙鎭雄武라 是時에 吐蕃[2]數(삭)爲寇어늘 而秦州[3]無亭障하니 思同列四十餘柵以禦之하다 居五年에 來朝할새 明宗問以邊事하니 思同指畫山川하야 陳其利害라 思同去하니 明宗顧左右曰 人言思同不

管事라하더니 能若是邪(야)아하고 於是에 始知其材하야 以爲右武衛上將軍京兆尹西京留守하다

王思同은 幽州 사람이다. 그 아버지 王敬柔가 劉仁恭의 딸에게 장가들어 王思同을 낳았다. 왕사동은 유인공을 섬겨 銀胡籙指揮使가 되었는데, 유인공이 아들 劉守光에게 유폐되니 왕사동은 晉으로 달아나 飛勝指揮使가 되었다. 梁과 晉이 莘 땅에서 대치할 때 왕사동을 보내 楊劉에 보루를 쌓게 하니, 그 공으로 神武十軍都指揮使로 승진하고, 여러 차례 승진하여 鄭州防禦使가 되었다.

왕사동은 사람됨이 용감하고 말타기와 활쏘기를 잘하였으며 학문을 좋아하고 시 짓는 것을 매우 좋아하였다. 그리고 재물을 하찮게 여기고 의리를 중요하게 여겼으며 文士들을 두텁게 예우하였다. 그러나 戰功을 세운 적은 없었다.

明宗 때에 오랫동안 승진하지 못한 사람을 승진시켜주는 관례에 따라 匡國軍節度使가 되었으며, 자리를 옮겨 雄武軍節度使가 되었다. 이때 吐蕃이 자주 노략질을 하였는데 秦州에는 이를 막아낼 보루가 없었다. 그러자 왕사동이 40여 개의 木柵을 벌여 세워 토번을 방어하였다.

왕사동이 부임한 지 5년째에 조정으로 들어왔을 때 명종이 변방의 일을 물으니 왕사동이 손가락으로 山川을 그어가며 그 利害를 설명하였다. 왕사동이 떠나자 명종이 좌우의 신하들을 돌아보며 말하기를 "왕사동이 일을 맡을 능력이 없다고 사람들이 말하더니 이와 같을 수 있단 말인가."라고 하고는, 이에 그제야 그의 재주를 알아보고 右武衛上將軍 京兆尹 西京留守로 삼았다.

1) 晉 : 당시 晉王으로 있던 李存勖의 세력을 가리킨다.
2) 吐蕃 : 중국 서남쪽의 이민족으로, 오늘날의 티베트 지역에 해당한다.
3) 秦州 : 오늘날의 甘肅省 天水縣 일대이다.

石敬瑭討董璋할새 思同爲先鋒指揮使한대 兵入劍門[1]而後軍不繼하니 思同與璋戰하야 不勝而却하고 敬瑭兵罷러라 思同徙鎭山南西道하고 已而오 復爲京兆尹西京留守하다 應順元年二月에 潞王從珂反鳳翔[2]하야 馳檄四隣하야 言 奸臣幸先帝疾病하야 賊殺秦王[3]而立幼嗣하야 侵弱宗室하고 動搖藩方이라하고 陳己所以興兵討亂

之狀이라 因遣伶奴[4])安十十하야 以五弦謁思同하야 欲因其懽以通意라 是時에 諸鎭皆懷嚮背하야 所得潞王書檄을 雖以上聞이나 而不絶其使어늘 獨思同執十十及從珂所使推官郝詡等하야 送京師하니 愍帝[5])嘉其忠하고 卽以思同爲西面行營馬步軍都部署하다

石敬瑭이 董璋을 토벌할 때 王思同이 先鋒指揮使가 되었는데, 군대가 劍門으로 진입하였음에도 後軍이 뒤따르지 못하니, 왕사동이 동장과 싸워 이기지 못한 채 퇴각하였고 석경당은 철군하였다. 왕사동은 자리를 옮겨 山南西道節度使가 되었고, 얼마 뒤 다시 京兆尹 西京留守가 되었다.

應順 원년(934) 2월에 潞王 李從珂가 鳳翔에서 반란을 일으켜 사방으로 檄文을 보내 "奸臣이 先帝께서 병중인 틈을 타 秦王을 살해하고 어린 후사를 세워 종실을 침탈하여 약하게 만들고 藩方을 동요시키고 있다."라고 하고는, 자신이 병사를 일으켜 난리를 토벌하려는 근거를 설명하였다. 그리고 격문을 전달하는 편에 伶奴 安十十을 보내 五絃琴을 가지고 왕사동을 배알하게 하여 그가 기분이 좋은 틈을 타서 자신의 뜻을 전달하게 하고자 하였다.

이때 여러 藩鎭이 모두 일의 형세를 살펴 유리한 쪽으로 붙으려는 마음을 품고서, 획득한 潞王의 격문을 조정에 보고하기는 하였지만 노왕의 사신을 사절하지도 않았다. 그러나 왕사동만은 안십십과 이종가의 사신으로 온 推官 郝詡 등을 사로잡아 도성으로 압송하니, 唐 愍帝가 그 충성을 가상히 여기고 즉시 왕사동을 西面行營馬步軍都部署로 삼았다.

1) 劍門 : 劍門山으로 四川省 劍閣縣 북쪽에 있다. 蜀 지방으로 들어가는 통로이다.

2) 潞王從珂反鳳翔 : 潞王 李從珂(885~937)는 後唐 明宗 李嗣源의 양자로, 이사원이 죽고 이사원의 친아들인 李從厚가 제위에 오르자 반란을 일으켜 이종후를 폐위하고 즉위하였다. 후에 이사원의 사위인 石敬瑭이 契丹과 합세하여 공격하여 낙양이 포위당하자 스스로 목숨을 끊었다.

3) 賊殺秦王 : 秦王은 後唐 明宗 李嗣源의 次子인 李從榮(?~933)이다. 성격이 포악하여 대신들과 사이가 좋지 않았다. 이사원의 병세가 중해지자 이종영이 병사들을 이끌고 도성으로 가서 병사들을 天津橋에 주둔시킨 후 궁궐로 들어

가 이사원을 알현하고 나왔는데, 대신들이 이종영이 반란을 일으키려 한다고 이사원에게 고한 후 토벌하여 살해하였다.

4) 伶奴 : 伶은 樂工을 가리키는 말이다. 뒤에 五弦琴으로 拜謁하게 했다는 말 등을 참고할 때, 집안에서 음악의 기예를 담당하던 노복으로 여겨진다.

5) 愍帝 : 後唐 明宗 李嗣源의 친아들로 이사원을 이어 제위에 오른 李從厚이다.

三月에 **會諸鎭兵**하야 **圍鳳翔**하고 **破東西關城**한대 **從珂兵弱而守甚堅**하니 **外兵傷死者衆**이라 **從珂登城呼外兵而泣曰 吾從先帝二十年**에 **大小數百戰**하야 **甲不解體**하고 **金創滿身**하니 **士卒固嘗從我矣**로다 **今先帝新棄天下**하고 **而朝廷信用奸人**하야 **離間骨肉**하니 **我實何罪而見伐乎**아하고 **因慟哭**하니 **士卒聞者皆悲憐之**러라 **興元張虔釗攻城西**하야 **督戰甚急**하니 **士卒苦之**하야 **反兵攻虔釗**하니 **虔釗走**라 **羽林指揮使楊思權呼曰 潞王**은 **吾主也**라하고 **乃引軍自西門入降從珂**어늘 **而思同未知**하고 **猶督戰**이라 **嚴衛指揮使尹暉麾其衆曰 城西軍入城受賞矣**어늘 **何用戰邪**(야)리오하니 **士卒解甲棄仗**하고 **聲聞數里**하야 **遂皆入城降**하니 **諸鎭之兵皆潰**라 **思同挺身走**하야 **至長安**하니 **西京副留守劉遂雍閉門不納**이라 **乃走潼關**이라 **從珂引兵東至昭應**에 **前鋒追執思同**하니 **從珂責曰 罪可逃乎**아하니 **思同曰 非不知從王而得生**이나 **恐終死不能見先帝於地下**라하니 **從珂媿其言**하야 **乃殺之**하다 **漢高祖卽位**에 **贈侍中**하다

3월에 여러 藩鎭의 군대를 모아 鳳翔을 포위하고 東西의 關城을 격파하였는데, 李從珂의 병력이 약소하였으나 수비가 몹시 견고하니 번진에서 온 군대의 사상자가 많아졌다.

이종가가 성 위에 올라가 번진의 군대를 부르면서 울며 말하기를 "내가 先帝를 따른 20년 동안 크고 작은 수백 차례의 전투에 참전하여 갑옷을 벗지 않고 칼과 창 자국이 온몸에 가득하니, 〈여기 온 번진의〉 士卒들은 본디 나를 따라 〈전투에 나섰던〉 이들이다. 지금 선제께서 막 천하를 버리고 〈세상을 떠나시고〉 조정에서는 간악한 이들을 신용하여 골육간을 이간시키고 있으니, 내가 실로 무슨 죄가 있어 토벌을 받는단 말인가."라고 하고는 통곡하니, 이 말을 들은 사졸들이 모두 슬퍼하고 동정하였다.

興元의 張虔釗가 성 서쪽을 공격하여 매우 급히 전투를 독려하니 사졸들이 힘들

어하여 반란을 일으켜 장건소를 공격하니 장건소가 도주하였다. 羽林指揮使 楊思權이 "潞王은 우리 주인이다."라고 외치고서 군사를 이끌고 서남쪽에서 들어가 이종가에게 투항했는데, 왕사동은 이 사실을 모르고 계속 전투를 독려하였다.

嚴衛指揮使 尹暉가 자신의 군사들을 지휘하여 "성 서쪽의 군사들은 성안으로 들어가 상을 받았는데 무엇하러 싸우겠는가."라고 하였다. 그러자 사졸들이 갑옷과 병장기를 버리고 몇 리 밖까지 이 사실을 전파하고서 마침내 모두 성안으로 들어가 투항하니, 여러 번진의 군대가 모두 흩어져 떠났다.

왕사동이 몸을 빼어 달아나 長安에 이르니 西京副留守 劉遂雍이 성문을 닫아걸고 받아들이지 않자 결국 潼關으로 달아났다. 이종가가 병사를 이끌고 동쪽으로 昭應에 이르러 선봉 부대가 추격하여 왕사동을 사로잡으니, 이종가가 질책하기를 "네 죄를 피할 수 있겠느냐."라고 하였다. 그러자 왕사동이 말하기를 "왕을 따르면 살 수 있다는 것을 모르지 않으나, 끝내 죽어서 지하에서 先帝를 만나 뵙지 못할까 두렵습니다."라고 하니, 이종가가 그 말을 부끄럽게 여겨 마침내 왕사동을 죽였다. 漢 高祖(劉知遠)가 즉위하자 侍中에 증직되었다.

【原註】 思同東走는 **將自歸于天子**니 **與元行欽**[1]**走異**라 **故予其死**하노라

王思同이 동쪽으로 도주한 것은 天子에게 돌아가려 한 것이니, 元行欽이 도주한 것과는 다르다. 그러므로 그 죽음을 〈國事에 죽은 것으로〉 인정하였다.

1) 元行欽 : ?~926. 처음에는 劉守光의 장수였다가 晉과의 전투 중에 잡혀 포로가 되어 투항하여 李紹榮이라는 이름을 하사받고 李存勖을 섬겼다. 이존욱의 近臣 郭從謙이 興教門에서 난을 일으켜 이존욱이 살해되자 궁궐을 불태우고 도주하였다.

張敬達은 **字志通**이니 **代州人也**라 **小字生鐵**이라 **少以騎射事唐莊宗**하야 **爲廳直軍使**하고 **明宗時**에 **爲河東馬步軍都指揮使**하야 **領**[1]**欽州刺史**하고 **累遷彰國大同軍節度使**하고 **徙鎭武信晉昌**[2]하다 **淸泰二年**에 **契丹數**(삭)**犯邊**하니 **廢帝**[3]**以河東節度使**

石敬瑭으로 **兼大同彰國振武威塞等軍蕃漢馬步軍都總管**하고 **屯于**忻州한대 **屯兵聚**譟하야 **遮敬**瑭하고 **呼萬歲**하니 **敬**瑭**斬三十餘人以止之**하다 **廢帝疑敬**瑭**有異志**하야 **乃以敬達爲北面副總管**하야 **以分其兵**하다 **明年夏**에 **徙敬**瑭**鎭天平**하고 **遂以敬達爲大同彰國振武威塞等軍蕃漢馬步軍都部署**어늘 **敬**瑭**因此遂反**이라 **卽以敬達爲太原四面招討使**하다 **六月**에 **兵圍太原**할새 **敬達爲長城連柵**하야 **雲梯飛**礮(포)[4]**以攻之**한대 **所爲城柵將成**에 **輒有大風雨**하야 **水暴至以壞之**러라

張敬達은 字가 志通이니 代州 사람이다. 어릴 적 이름은 生鐵이다. 소싯적에 말타기와 활쏘기를 잘하여 唐 莊宗을 섬겨 廳直軍使가 되었고, 明宗 때에는 河東馬步軍都指揮使가 되어 欽州刺史를 맡았고, 여러 번 승진하여 彰國軍과 大同軍의 節度使가 되었다. 그리고 자리를 옮겨 武信軍과 晉昌軍의 절도사가 되었다.

淸泰 2년(935)에 契丹이 자주 변경을 침범하니 廢帝가 河東節度使 石敬瑭에게 大同軍과 彰國軍과 振武軍과 威塞軍 등의 蕃漢馬步軍都總管을 겸하게 하고 忻州에 주둔하게 하였는데, 주둔병들이 모여서 소란을 일으키며 석경당을 가로막고서 萬歲를 외치니, 석경당이 30여 인을 참수하여 저지시켰다. 폐제는 석경당이 다른 뜻을 품었다고 의심하고서 이에 장경달을 北面副總管으로 삼고 군대를 나누었다.

이듬해 여름에 석경당의 자리를 옮겨 天平軍節度使로 삼고 마침내 장경달을 大同軍과 彰國軍과 振武軍과 威塞軍 등의 蕃漢馬步軍都部署로 삼자, 석경당이 이를 말미암아 마침내 반란을 일으켰다. 그리하여 즉시 장경달을 太原四面招討使로 삼았다.

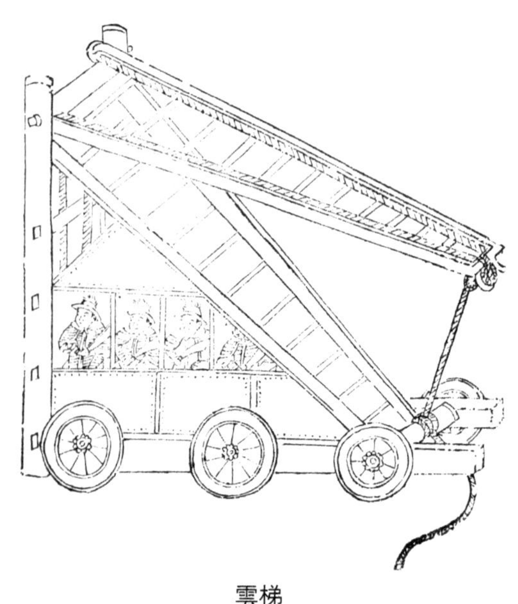
雲梯

6월에 唐軍이 太原을 포위했을 때 장경달이 긴 성채와 연이은 목책을 설치하고서 雲梯와 飛礮로 공격하였는데, 성채와 목책이 완성되려 할 때

문득 큰 비바람이 몰아쳐 홍수가 밀려와 무너져버렸다.

1) 領 : 자신의 官等에 비해 낮은 직책의 임무를 겸하여 맡는 것을 領이라 한다. 이와 반대를 錄이라 한다. 都指揮使의 직책이 刺史보다 높았으므로 領이라 한 것이다.

2) 徙鎭武信晉昌 : 이 부분에 대해 ≪資治通鑑≫의 주석에서 "明宗 때 遂州에 武信軍을 설치했다가 얼마 뒤 孟知祥에게 함락되었으니, 張敬達은 무신군에 가서 鎭守한 적이 없다. 後晉이 중국을 차지하고서 비로소 長安을 고쳐 晉昌軍으로 삼았으니, 歐陽脩가 또한 상세히 고증하지 못한 것이다. ≪자치통감≫에서 앞에 장경달이 建雄軍節度使에 있다가 石敬瑭을 대신하였다고 적었는데, 건웅군은 晉州이다. 구양수의 ≪五代史≫는 이를 오인하여 晉昌이라고 한 것인데, 또 무신군은 무슨 이유로 착오를 일으켰는지 알 수 없다.〔明宗置武信軍於遂州 尋爲孟知祥所陷 張敬達未嘗往鎭 晉得中國 始改長安爲晉昌軍 歐亦考之未詳也 通鑑前書敬達自建雄節度代敬瑭 建雄軍晉州也 歐史誤以爲晉昌耳 又不知武信緣何而誤〕"라고 하였다.

3) 廢帝 : 後唐 末帝 李從珂이다.

4) 雲梯飛礮(포) : 雲梯는 공성용 무기로 큰 나무를 받침대로 해 그 아래에 바퀴를 달고, 그 위에는 사다리를 세워 성벽에 갖다 대고 병졸들이 기어오르도록 만든 전쟁도구이다. 飛礮는 앞의 〈死節傳〉의 〈劉仁贍傳〉의 역주 '方舟載礮' 참조.

敬瑭求救于契丹한대 九月에 契丹耶律德光自雁門入하니 旌旗相屬五十餘里라 德光先遣人告敬瑭曰 吾欲今日破敵이 可乎아하니 敬瑭報曰 大兵遠來하고 而賊勢方盛하니 要在成功이요 不必速也라한대 使者未復命而兵已交라 敬達陣於西山이러니 契丹以羸騎三千으로 革鞭木鐙하고 人馬皆不甲冑하야 以趨唐軍이라 唐軍爭馳之하니 契丹兵走라 追至汾曲에 伏發하야 斷唐軍爲二하니 其在北者皆死하야 死者萬餘人이라

石敬瑭이 契丹에 구원을 요청하였는데 9월에 거란의 耶律德光이 雁門으로부터 들어오니 그들의 깃발이 50여 리에 걸쳐 이어졌다. 야율덕광이 먼저 사람을 보내 석경당에게 고하기를 "내가 오늘 적을 격파하려고 하는데 괜찮겠는가?"라고 하니,

석경당이 대답하기를 "대군은 멀리서 왔고 적들의 기세는 한창 강성하니 공을 이루는 것이 중요하지 군이 速戰을 펼칠 일이 아닙니다."라고 하였는데, 使者가 復命하기도 전에 양군이 이미 교전하였다.

張敬達은 西山에 진을 치고 있었는데, 거란에서 쇠약한 騎兵 3천에 가죽 채찍과 나무 鐙子를 착용시키고 사람과 말은 모두 甲冑를 입지 않은 채로 唐의 군대를 향해 돌진시켰다. 당의 군대도 다투어 거란군을 향해 돌진하니 거란군이 도주하였다. 이들을 추격하여 汾曲에 이르자 복병이 튀어나와 당의 군대를 둘로 끊어버리니, 북쪽에 있는 자들이 모두 죽어 죽은 병사가 만여 명이나 되었다.

敬達收軍柵晉安이어늘 **契丹圍之**라 **廢帝遣趙延壽範延光等救之**한대 **延壽屯團柏谷**하고 **延光屯遼州**하니 **相去皆百餘里**러라 **契丹兵圍敬達者**가 **自晉安寨南**으로 **長百餘里**요 **闊五十里**라 **敬達軍中望之**하니 **但見穹廬連屬如岡阜**요 **四面亘以毛索掛鈴爲警**하고 **縱犬往來**하니 **敬達軍中有夜出者**가 **輒爲契丹所得**이라 **由是**로 **閉壁不敢復(부)出**[1]이라 **延壽等皆有二心**하야 **無救敬達意**라 **敬達猶有兵五萬人馬萬匹**이로대 **久之食盡**하야 **削木簁(사)糞**[2] **以飼其馬**하고 **馬死者食之**러니 **已而馬盡**이라 **副招討使楊光遠勸敬達降晉**하니 **敬達自以不忍背唐**이요 **而救兵且至**라 **光遠促之不已**어늘 **敬達曰 諸公何相迫邪(야)**아 **何不殺我而降**고하니 **光遠卽斬敬達降**이라 **契丹耶律德光聞敬達死**하고 **哀其忠**하야 **遣人收葬之**하다

張敬達이 군대를 수습하여 晉安에 營寨를 세우자 契丹이 포위하였다. 廢帝가 趙延壽와 範延光 등을 보내 구원하게 하였는데, 조연수는 團柏谷에 주둔하고 범연광은 遼州에 주둔하니 〈장경달의 영채와의〉 거리가 양군 모두 백여 리였다.

장경달을 포위한 거란군은 晉安의 영채 남쪽에서부터 백여 리의 길이에 오십 리의 폭으로 〈감싸고 있었다.〉 장경달이 군중에서 이들을 바라보니, 그저 보이는 것이라고는 거란군의 軍幕이 산등성이처럼 서로 이어지고 사면에 털로 꼰 밧줄을 연결하여 방울을 매달아 警報로 삼고 개들을 풀어놓아 오가며 지키게 〈하는 광경이었으니,〉 장경달의 군중에서 밤에 영채를 나가는 자들은 번번이 거란군에 붙잡혔다. 이 때문에 영채를 굳게 닫아걸고서 감히 다시 나가지 못하였다.

조연수 등은 모두 두마음을 품어 장경달을 구원할 뜻이 없었다. 장경달에게는 그래도 5만의 병사와 만 필의 군마가 있었으나 오랫동안 포위를 당해 양식이 떨어지자 나무를 벗겨내고 똥을 체에 걸러 말에게 먹였고, 말이 죽으면 그 말을 식량으로 삼았다. 그러나 얼마 지나 말도 다 떨어져버렸다.

副招討使 楊光遠이 장경달에게 晉에 투항할 것을 권유하니, 장경달은 스스로 차마 唐을 배반하지 못하겠고 구원병이 곧 당도하리라 여겼다. 양광원이 재촉을 그치지 않으니 장경달이 말하기를 "공들은 어찌하여 나를 압박하는가. 어찌하여 나를 살해하고서 항복하지 않는가."라고 하였다. 그러자 양광원이 즉시 장경달의 목을 베고 투항하였다.

거란의 耶律德光이 장경달의 죽음을 듣고 그 충성을 애도하여 사람을 보내 시신을 수습해 장사 지내주었다.

1) 契丹兵圍敬達者……閉壁不敢復(부)出 : ≪五代史記纂誤續補≫ 卷3에 "살펴보건대 ≪資治通鑑≫에는 契丹이 이끌고 온 군대가 단지 5만의 騎兵이었다고 했고, 이 열전에서 이른바 깃발이 서로 이어졌다는 것은 50여 리에 불과한데, 어찌 백여 리 길이의 둘레에 오십 리의 폭으로 감싸 산등성이처럼 서로 이어질 수 있겠는가.……지금 이 표현은 바로 거란의 軍勢를 극도로 묘사하여 장경달의 힘이 다하였음을 드러낸 것이다. 文忠公(歐陽脩)은 대개 薛居正의 ≪舊五代史≫를 답습하였고 ≪자치통감≫은 또 이 두 책을 따랐으니, 또한 몹시 제대로 살피지 못한 것이다.〔按通鑑契丹所將止五萬騎 此傳所謂旌旗相屬者不過五十餘里 安能長圍百餘里闊五十里連屬如岡阜耶……今乃極寫契丹軍勢 以見敬達之力窮 文忠公蓋仍薛史 通鑑又從此二書 亦不審之甚也〕"라고 하였다.

2) 削木篩(사)糞 : ≪舊五代史≫ 권48 〈末帝紀〉에 따르면 "말똥을 물에 일고 소나무와 감나무를 벗겨 말먹이로 공급했다.〔淘馬糞 削松柹 以供秣飼〕"라고 하였다.

【原註】 本紀엔 責其不誅光遠하고 而諷其殺己以降賊이라 故不書死而書如其志요 而傳錄其死者[1]는 終嘉其不降也일새라 然〔己〕[2]雖不屈而諷人降賊이라 故不得爲死節이라

本紀에서는 張敬達이 楊光遠을 誅殺하지 않고 자신을 살해하고서 적에게 투항하라고 넌지시 권한 것을 책망하였다. 그러므로 '死'라고 쓰지 않고 그의 뜻대로 된 것을 쓴 것이며, 列傳에서 '死'라고 기록한 것은 그가 투항하지 않은 것을 끝내 가상히 여겼기 때문이다.

그러나 자신은 비록 굴복하지 않았다 하더라도 다른 사람에게는 적에게 투항할 것을 넌지시 권하였으므로 死節이 되지는 못한 것이다.

1) 本紀……而傳錄其死者：≪新五代史≫ 권7 〈唐本紀〉에서 張敬達이 죽은 기사를 기록하면서 "楊光遠殺張敬達(양광원이 장경달을 살해하였다.)"이라고 하여 '死'를 쓰지 않았는데, 이는 장경달이 양광원에게 "어찌하여 나를 살해하고서 항복하지 않는가.〔何不殺我而降〕"라고 했던 그의 뜻대로 된 것을 쓴 것이고, 이 〈死事傳〉에는 "契丹耶律德光聞敬達死"라고 '死'를 썼다는 것이다. '死'라고 쓰는 의미에 대해서는, ≪新五代史≫ 권3 〈梁本紀〉의 "晉人克貝州 守將張源德死之(晉나라 군대가 貝州를 항복시킬 적에, 패주를 지키던 장수 張源德이 죽었다.)"에 대한 徐無黨의 原註에 "'死'라고 쓴 것은 올바른 죽음을 얻었다는 의미이다.〔書死 得其死也〕"라고 하였다.

2) 〔已〕: 저본에는 '已'가 없으나, ≪新五代史≫의 原註와 사고전서본에 의거하여 보충하였다.

王淸은 字去瑕니 洺州曲周人也라 初事唐爲寧衛指揮使하고 後事晉爲奉國都虞候하다 安從進[1]叛襄州할새 從高行周[2]攻之하야 逾年不能下라 淸謂行周曰 從進閉孤城以自守하니 其勢豈得久邪(야)아하고 因請先登하야 遂攻破之하다 開運二年冬에 從杜重威戰陽城할새 淸以力戰하야 功爲步軍之最하니 加檢校司徒하다 是冬에 重威軍中渡橋南[3]하고 虜軍其北以相拒한대 而虜以精騎竝西山出晉軍後하야 南擊欒城하야 斷晉餉道하니 淸謂重威曰 晉軍危矣라 今去鎭州五里어늘 而守死于此하니 營孤食盡이면 將若之何오 請以步兵二千爲先鋒하야 奪橋開路어든 公率諸軍繼進하야 以入鎭州면 可以守也라하다 重威許之하고 遣與宋彦筠俱前하니 淸與虜戰하야 敗之하야 奪其橋라 是時에 重威已有貳志하야 猶豫不肯進하고 彦筠亦退走라 淸曰 吾獨死於此

矣라하고 **因力戰而死**[4)]하니 **年五十三**이라 **漢高祖立**에 **贈淸太傅**하다

王淸은 字가 去瑕니 洺州 曲周 사람이다. 처음에는 唐나라를 섬겨 寧衛指揮使가 되었고, 뒤에 晉을 섬겨 奉國都虞候가 되었다.

安從進이 襄州에서 반란을 일으켰을 때 高行周를 따라 공격하였는데 해를 넘기도록 함락시키지 못하였다. 그러자 왕청이 고행주에게 말하기를 "안종진이 외로운 성 안에 갇혀 스스로 지키고 있으니 그 형세가 어찌 오래갈 수 있겠습니까."라고 하고서는, 먼저 공격하겠다고 청하여 마침내 격파하였다.

開運 2년(945) 겨울에 杜重威를 따라 陽城에서 전투를 벌일 적에 왕청이 힘써 싸워 그 공이 步軍 가운데 으뜸이 되니 檢校司徒를 더하였다.

이해 겨울에 두중위가 中渡橋 남쪽에 주둔하고 契丹은 그 북쪽에 주둔하여 대치하였는데, 거란이 정예 기병으로 西山으로 빠져나와 晉軍의 후방으로 나와 남쪽으로 欒城을 쳐서 진군의 軍糧路를 끊으니, 왕청이 두중위에게 말하기를 "진군이 위태롭게 되었습니다. 지금 鎭州와는 5리 거리인데 이곳에서 죽음을 각오하고 싸우고 있으니, 군대가 고립되고 양식이 떨어지면 장차 어찌하시겠습니까. 청컨대 步兵 2천으로 선봉을 삼아 다리를 빼앗아 길을 열거든, 공께서는 군대들을 이끌고 이어서 전진하여 진주로 들어가십시오. 그렇게 하면 지켜낼 수 있을 것입니다."라고 하였다. 두중위가 이를 허락하고 宋彦筠과 함께 전진하게 하니 왕청이 거란군과 전투하여 패퇴시켜 그 다리를 빼앗았다.

이때에 두중위는 이미 두 마음을 품고서 주저하며 전진하지 않으려 했고 송언균도 퇴주해버렸다. 왕청이 말하기를 "나는 이곳에서 홀로 죽겠다."라고 하고는, 힘써 싸우다 죽으니 향년 53세였다. 漢 高祖가 즉위하자 왕청을 太傅에 증직하였다.

1) 安從進 : ?~942. 後唐을 섬겨 貴州刺史·保義彰武軍節度使 등을 역임하였고, 後晉 때에는 同中書門下平章事와 山南東道節度使가 되었다. 941년에 襄州에서 반란을 일으켰다가 襄州行營都部署 高行周의 군대에게 격파당해 양주에서 가족들과 함께 焚死하였다.

2) 高行周 : 885~952. 嬀州 사람으로 자는 尙質, 시호는 武懿이다. 後唐 莊宗이 後梁을 멸망시킬 때 전공을 세워 端州刺史에 올랐고, 振武軍節度使를 거쳐 彰

武軍과 昭義軍을 鎭守하였다. 後晉 高祖 때 西京留守가 되고, 安從進이 반란을 일으키자 襄州行營都部署로 이를 토벌했다. 後漢 高祖 때 中書令이 되었고, 招討使가 되어 鄴에서 杜重威를 평정하고 齊王에 봉해졌다. 後周의 태조가 즉위하자 尙書令이 되었고 재직 중에 죽었다.

3) 開運二年冬……重威軍中渡橋南 : ≪五代史記纂誤補≫ 卷3에 "삼가 살펴보건대 〈本紀〉에, 杜重威가 陽城에서 전투한 일은 開運 2년 3월에 있었다고 되어 있고, 또 〈본기〉 및 두중위와 皇甫遇와 張彦澤 등의 열전에, 두중위가 中渡橋에 주둔한 일이 개운 3년에 있었다고 되어 있으니, 이 부분은 모두 오류이다.〔謹按本紀杜重威戰陽城 在二年三月 又紀及杜重威皇甫遇張彦澤等傳 重威軍中渡 在開運三年 此俱誤〕"라고 하였다.

4) 是時……因力戰而死 : ≪資治通鑑≫에 이 부분이 상세히 기술되어 있는데 다음과 같다. "王淸이 무리에게 이르기를 '上將이 병권을 쥐고 앉아서 관망하면서 우리들이 곤궁하고 위급한데도 구원하지 않으니, 이는 필시 다른 뜻이 있는 것이다. 우리들은 마땅히 죽음으로 나라에 보답할 뿐이다.'라고 하니, 무리들이 그 말에 감격하여 물러서는 자가 없었다. 저녁까지 전투가 그치지 않자 거란이 새로운 병사를 이어서 투입하니 왕청과 병사들이 모두 죽었다. 이 때문에 여러 군대의 사기가 모두 꺾였다.〔淸謂其衆曰 上將握兵坐觀 吾輩困急而不救 此必有異志 吾輩當以死報國耳 衆感其言 莫有退者 至暮戰不息 契丹以新兵繼之 淸及士衆盡死 由是諸軍皆奪氣〕"

史彦超는 **雲州人也**니 **爲人勇悍驍捷**이라 **周太祖**[1]**起魏時**에 **彦超爲漢龍捷都指揮使**하야 **以兵從**하다 **太祖入立**에 **遷虎捷都指揮使**하고 **戍于晉州**하다 **劉旻**[2]**攻晉州**할새 **州無主帥**하야 **知州王萬敢不能拒**어늘 **彦超以戍兵堅守月餘**한대 **太祖遣王峻救之**하니 **旻兵解去**라 **以功遷龍捷右廂都指揮使**하고 **領鄭州防禦使**하다 **周漢戰高平**할새 **彦超爲前鋒**하야 **先登陷陣**하니 **以功拜感德軍節度使**하다 **周兵圍漢太原**하니 **契丹救漢**하야 **出忻代**라 **世宗遣符彦卿拒之**하고 **以彦超爲先鋒**하야 **戰忻口**라 **彦超勇憤俱發**하야 **左右馳擊**하니 **解而復**(부)**合者數四**하야 **遂歿於陣**하다

史彦超는 雲州 사람이니 사람됨이 용맹하고 사나우며 날래었다. 그리하여 周 太

祖가 魏 땅에서 일어났을 때 사언초를 漢龍捷都指揮使로 삼아 병사를 이끌고 자신을 따르게 하였다. 태조가 조정에 들어와 황제에 즉위하자 虎捷都指揮使로 승진하고 晉州에서 적을 방어하였다.

劉旻이 진주를 공격할 때 진주에 主將이 없어 知州 王萬敢이 막아내지를 못하자 사언초가 戍兵을 이끌고 한 달 남짓 견고히 수비하였는데, 태조가 王峻을 보내 구원하니 유민의 병사가 포위를 풀고 떠났다. 이 공으로 龍捷右廂都指揮使로 승진하고 鄭州防禦使를 맡았다.

周와 漢이 高平에서 싸울 때 사언초가 선봉이 되어 앞장서서 공격하여 적진을 함락하니 이 공으로 感德軍節度使에 배수되었다. 周나라 군대가 漢나라 太原을 포위하니 契丹이 漢을 구원하러 忻州와 代州로 나왔다. 周 世宗이 符彦卿을 보내 방어하고 사언초를 선봉으로 삼아 忻口에서 싸우게 하였다. 사언초가 용맹과 憤氣가 함께 격발되어 이리저리 적진을 향해 돌격하니 적진에서 적병을 흩었다가 다시 조우하기를 서너 차례 한 끝에 마침내 사언초가 적진에서 戰歿하였다.

1) 周太祖 : 後周를 개국한 郭威(904~954)를 가리킨다. 곽위는 邢州 堯山 사람으로 자는 文仲이다. 後唐・後晉・後漢에서 벼슬했으며, 후한 隱帝 乾祐 3년(950) 은제가 사람을 보내 자기를 해치려는 것을 알고 병사를 일으켜 汴으로 들어갔다. 은제가 살해된 뒤 劉贇을 황제로 옹립했다가 얼마 뒤 군대를 이끌고 契丹을 막던 중 兵變을 일으키고 돌아와 후한을 대신해 후주를 세웠다.
2) 劉旻 : 985~954. 沙陀部 사람으로 初名은 崇이다. 五代 後漢 高祖 劉知遠의 동생으로, 유지원이 즉위하자 太原尹이 되었다. 後周를 창건한 郭威와 평소부터 사이가 좋지 않아 곽위가 후주를 세우자 태원에서 北漢을 건국하고 契丹과 연합해 후주를 공격하였으나 高平 전투에서 대패한 뒤 분을 못 이기고 죽었다. 廟號는 世祖이다.

是時에 世宗敗漢高平하야 乘勝而進한대 圍城之役에 諸將議不一이라 故久無成功이라 世宗欲解去而未決이라가 聞彦超戰死하고 遽班師하니 倉卒之際에 亡失甚衆이라 世宗旣惜彦超而憤無成功하야 憂忿不食者數日이러라 贈彦超太師하고 優䘏其家焉하다

이때에 世宗이 高平에서 漢을 패퇴시키고서 승세를 타고 진격하였는데, 漢나라의

성을 포위하고 싸울 때 장수들의 의견이 하나로 통일되지 못하였으므로 오랜 시간이 지나도록 戰功을 이루지 못하였다. 세종이 포위를 풀고 떠나고자 하였으나 결정을 내리지 못하다가 사언초가 戰死했다는 소식을 듣고서 급히 회군하니, 창졸지간에 매우 많은 군사를 잃었다.

세종은 사언초가 죽은 사실이 애석하던 터에 전공도 이루지 못한 것이 분하여 근심과 분노로 며칠이나 음식을 먹지 못하였다. 사언초에게 太師를 증직하고 그 집안에 넉넉하게 恤典을 내렸다.

孫晟은 **初名鳳**이요 **又名忌**니 **密州人也**라 **好學有文辭**하고 **尤長於詩**라 **少爲道士**하야 **居廬山簡寂宮**[1]할새 **常畫唐詩人賈島**[2]**像**하야 **置于屋壁**하고 **晨夕事之**하니 **簡寂宮道士惡**(오)**晟**하야 **以爲妖**하야 **以杖驅出之**라 **乃儒服北之趙魏**하야 **謁唐莊宗于鎭州**하니 **莊宗以晟爲著作佐郎**하다

孫晟은 初名이 鳳이고 또 다른 이름이 忌이니 密州 사람이다. 학문을 좋아하여 文辭에 뛰어났고 특히 시를 잘 지었다. 소싯적에 道士가 되어 廬山의 簡寂宮에 머무를 때, 항상 唐나라 시인 賈島의 초상을 그려 집 벽에 안치해두고 朝夕으로 섬기니 간적궁의 도사들이 손성을 미워하여 요사하다고 하면서 지팡이로 위협하여 쫓아내 버렸다.

賈島

그리하여 마침내 儒者의 복색을 하고 북쪽으로 趙와 魏 지방으로 가서 唐 莊宗을 鎭州에서 알현하니, 장종이 손성을 著作佐郎으로 삼았다.

1) 廬山簡寂宮 : 道敎 사원으로 江西省 九江市 廬山 남쪽 金雞峰 아래에 있다. 南朝 宋나라 孝武帝 大明 5년(461)에 道士 陸修靜이 창건하여 이곳에서 修道하고 포교하는 한편 道經을 정리했다고 전해진다. 南朝 때에는 廬山 최대의 道

觀이었다.

2) 賈島 : 779~843. 자는 浪仙이고 范陽 사람이다. 여러 차례 과거 시험에 응시하였으나 모두 낙방하고, 無本이라는 法名으로 승려 행세를 하기도 하였으며, 스스로를 碣石山人이라 불렀다. 낙양에서 당대의 명사 韓愈와 교유하면서 還俗하여 長江縣主簿・普州司倉參軍 등을 역임하다가 병으로 세상을 떠났다. "鳥宿池邊樹 僧推月下門(새는 못가 나무에서 잠자고, 스님은 달빛 아래 문 두드리네.)"이라는 시구에서 推를 敲로 바꿀지 고민하다 한유의 수레와 부딪히기까지 했다는 推敲 고사로 유명하다. 저서에 ≪長江集≫, ≪詩格≫ 등이 있다.

天成[1]中에 朱守殷[2]鎭汴州할새 辟爲判官한대 守殷反하야 伏誅어늘 晟乃棄其妻子하고 亡命陳宋之間하다 安重誨[3]惡(오)晟하야 以謂敎守殷反者는 晟也라하고 畫其像購之로대 不可得하야 遂族其家하니 晟奔于吳하다 是時에 李昪方簒楊氏[4]하고 多招四方之士한대 得晟하고 喜其文辭하야 使爲敎令하니 由是知名하다 晟爲人口吃하야 遇人不能道寒暄이라가 已而오 坐定에 談辯鋒生하야 聽者忘倦하니 昪尤愛之하야 引與計議에 多合意일새 以爲右僕射(야)하야 與馮延巳[5]竝爲昪相이라 晟輕延巳爲人하야 常曰 金碗玉杯而盛狗屎가 可乎아하다 晟事昪父子二十餘年에 官至司空하야 家益富驕하야 每食不設几案하고 使衆(奴)〔妓〕[6]各執一器하야 環立而侍하고 號肉臺盤이라하니 時人多效之하다

天成 年間에 朱守殷이 汴州를 鎭守할 때 孫晟을 불러서 判官으로 삼았는데, 주수은이 반란하여 伏誅되자 손성은 妻子를 버리고 陳과 宋 지방 사이로 亡命하였다. 安重誨가 손성을 미워하여 말하기를 "주수은이 반란하도록 사주한 자는 손성이다."라고 하고는, 그의 모습을 그려 수배하였으나 잡지 못하고서 마침내 그 집안을 滅族시키니, 손성은 吳로 달아났다.

이때에 李昪이 楊氏(吳)의 皇位를 찬탈하고 사방의 선비들을 많이 초빙하고 있었는데, 손성을 얻고서 그 文辭를 좋아하여 그에게 敎令을 짓게 하니, 이로 말미암아 이름이 알려졌다.

손성은 사람됨이 어눌하여 다른 사람을 만나면 안부도 제대로 묻지 못하다가, 얼마 뒤 좌정하고 나서는 論辨에 銳鋒이 생겨 듣는 사람들이 지겨움을 알지 못하였다. 이변이 이에 더욱 손성을 아껴 그를 불러 함께 논의할 때 뜻이 합치되는 경우가 많자, 손성을 右僕射로 삼아 馮延巳와 함께 이변의 승상으로 삼았다. 그러나 손성은 풍연사의 사람됨을 경시하여 항상 말하기를 "금 주발과 옥 술잔에다 개똥을 담는 것이 가당키나 한가."라고 하였다.

손성은 20여 년 동안 이변 父子를 섬겨 관직이 司空에 이르러 집안이 더욱 부귀하고 방자해져서, 식사 때마다 几案은 갖추지 않고 기녀들에게 그릇 하나씩을 잡고서 빙 둘러서서 모시게 하고서는 '肉臺盤'이라고 부르니, 당시 사람들이 이를 많이 따라 하였다.

1) 天成 : 後唐 明宗 李嗣源의 연호로 926~930년 사이에 사용되었다.
2) 朱守殷 : ?~927. 後唐 莊宗 李存勖을 섬겨 蕃漢馬步軍都虞侯・宣武節度使・巡檢 등에 올랐다. 明宗 李嗣源이 즉위하여 河南尹・判六軍諸衛事로 삼고 다시 汴梁節度使에 제수하였다. 이보다 앞서 명종이 즉위하기 전 주수은이 德勝寨를 방어하고 있을 때 敗戰한 일이 있었는데, 명종이 주수은의 죄를 물어야 한다고 주장하였으나 장종이 듣지 않은 적이 있어 명종과는 사이가 좋지 않았다. 결국 명종 天成 3년(927)에 汴州에서 모반을 일으켰다가 명종의 親征으로 토벌되고 그 族黨들과 함께 誅殺되었다.
3) 安重誨 : ?~931. 山西 應州 사람이다. 소싯적부터 李嗣源을 따랐는데 이사원이 後唐 明宗으로 즉위하자 신임을 받아 樞密使 등을 역임하며 막강한 권력을 행사하였다. 뒤에는 오히려 견제를 받아 명종의 명을 받은 李從璋의 공격을 받아 살해당하였다.
4) 是時 李昪方簒楊氏 : 李昪(888~943)은 5대 10국의 하나인 南唐의 창시자로, 본명은 徐知誥, 묘호는 烈祖이다. 吳의 건국자인 楊行密의 부장 徐溫에게 발탁되어 양자가 되었다가 서온이 실권을 장악하자 권력을 얻기 시작했다. 서온이 죽은 뒤 오나라의 권력을 장악하고 자신이 황제로 즉위하였다. 스스로를 唐 玄宗의 여섯째 아들 李落胤의 후손이라 칭하며 이변으로 개명하였다.

≪五代史記纂誤續補≫ 卷3에 "살펴보건대 〈唐本紀〉에 朱守殷이 天成 2년(927)에 자살하였다고 하였는데, 이해는 정해년으로 吳나라 乾貞 원년이다.

〈吳世家〉 및 〈南唐世家〉에 李昪이 楊氏의 황위를 찬탈한 것은 天祚 3년(937)으로 11년의 차이가 있다. '簒'자 위에 '謀'자가 빠진 듯하다.〔按唐本紀朱守殷以天成二年自殺 是年丁亥爲吳乾貞元年 吳及南唐世家昪簒楊氏 在天祚三年 相去十一年 簒上疑脫謀字〕"라고 하였다.

5) 馮延巳 : 903~960. 廣陵 사람으로 자는 正中, 또 다른 이름은 延嗣, 시호는 忠肅이다. 南唐에서 벼슬하여 秘書郎・駕部郎中・翰林學士承旨 등을 역임하고 宰相과 太子少傅에 이르렀다. 동생 馮延魯・魏岑・陳覺・查文徽 등과 정권을 좌우해 五鬼로 불렸다. 詞로 명성이 높았다. 저서에 ≪陽春集≫이 있다.

6) (奴)〔妓〕: 저본에는 '奴'로 되어 있으나, ≪新五代史≫에 의거하여 '妓'로 바로잡았다.

周世宗征淮하니 李景[1]懼하야 始遣泗州牙將王知朗하야 至徐州하야 奉書以求和로대 世宗不答이라 又遣翰林學士鍾謨文理院學士李德明하야 奉表稱臣이로대 不答이라 乃遣禮部尙書王崇質副晟奉表하니 謨與晟等皆言 景願割壽濠泗楚光海六州之地하고 歲貢百萬以佐軍이라하야늘 而世宗已取滁揚濠泗諸州하고 欲盡取(江)〔淮〕[2]南乃止하야 因留使者不遣하고 而攻壽州益急이라 謨等見世宗英武하야 非景敵이요 而師甚盛하야 壽春且危하고 乃曰 願陛下寬臣五日之誅하야 容臣還取景表하야 盡獻淮北諸州하소서하다 世宗許之하야 遣供奉官安弘道하야 押德明崇質南還이로대 而謨與晟皆見留라 德明等旣還하니 景悔하야 不肯割地요 世宗亦以暑雨班師하고 留李重進張永德等하야 分攻廬壽한대 周兵所得揚泰諸州를 皆不能守어늘 景兵復振이라 重進與永德兩軍相疑有隙하야 永德上書言重進反이라하거늘 世宗不聽이라 景知二將之相疑也에 乃以蠟丸書[3]遺重進하야 勸其反하다

周 世宗이 淮 땅을 정벌하니 李景이 두려워하여 처음에는 泗州의 牙將 王知朗을 보내 徐州에 이르러 서신을 바치고 화친을 청했으나 세종이 답하지 않았다. 그리하여 다시 翰林學士 鍾謨와 文理院學士 李德明을 보내 表文을 받들어 올려 稱臣하였으나 세종이 답하지 않았다.

이에 禮部尙書 王崇質과 副使 孫晟을 보내 표문을 받들어 올리게 하니, 종모와

손성 등이 모두 말하기를 "이경이 壽州·濠州·泗州·楚州·光州·海州 여섯 곳의 땅을 떼어 바치고 歲貢 百萬으로 폐하의 군대를 돕기를 원합니다."라고 하였다. 세종은 이미 滁州·揚州·濠州·泗州의 여러 주를 취하고서 淮南을 다 취하고 나서야 그만두고자 하여, 使者들을 억류하고서 보내주지 않고 壽州를 더욱 급히 공격하였다.

종모 등은 세종이 英武하여 이경이 대적할 수 있는 바가 아니요, 군대가 몹시 성대하여 壽春이 장차 위태로울 것을 보고서, 이에 말하기를 "바라건대 폐하께서 신들을 주벌할 날짜를 닷새만 늦추시어 신들이 돌아가 이경의 표문을 가지고 와서 淮北의 여러 주를 다 바치는 것을 용납해주소서."라고 하였다. 세종은 이를 허락하고서 供奉官 安弘道를 보내 이덕명과 왕숭질을 압송하여 남쪽으로 돌아가게 하였으나 종모와 손성은 모두 억류당하였다.

이덕명 등이 이미 돌아오니 이경이 앞서의 말을 후회하여 땅을 떼어 바치지 않으려 했고, 세종 역시 더위와 비로 회군하고서 李重進과 張永德 등을 남겨 廬州와 壽州를 나누어 공격하게 하였는데, 周나라 병사들이 획득한 揚州와 泰州의 여러 주를 모두 지켜내지 못하자 이경이 군대를 다시 정비하였다.

이중진과 장영덕 兩軍이 서로 의심하면서 틈이 벌어져 장영덕이 글을 올려 이중진이 모반하였다고 하였는데 세종이 듣지 않았다. 이경은 두 장수가 서로 의심하는 것을 알게 되자, 이에 蠟丸書를 이중진에게 보내 모반을 권하였다.

1) 李景 : 916~961. 五代十國 시기 南唐의 2대 황제이다. 아버지 李昪의 뒤를 이어 제위에 올랐다. 원래 이름은 李璟이었으나 後周 世宗에게 복속을 맹세한 후 개명하였다.

2) (江)〔淮〕: 저본에는 '江'으로 되어 있으나, ≪新五代史≫에 의거하여 '淮'로 바로잡았다.

3) 蠟丸書 : 밀랍으로 봉한 비밀스러운 書信을 가리키며, 친필서신을 가리키기도 한다.

初에 晟之奉使也에 語崇質曰 吾行必不免이라 然吾終不負永陵一抔土也라하니 永陵者는 昪墓也라 及崇質還하야 而晟與鍾謨俱至京師하야 館于都亭驛할새 待之甚厚라

每朝會入閤하야 使班東省官後[1)]하고 召見에 必飮以醇酒라 已而오 周兵數(삭)敗하야 盡失所得諸州하니 世宗憂之하야 召晟問江南事한대 晟不對라 世宗怒로대 未有以發이라 會重進以景蠟丸書來上에 多斥周過惡以爲言이라 由是로 發怒曰 晟來使我에 言景畏吾神武하야 願得北面稱臣하야 保無二心이러니 安得此指斥之言乎아하고 亟召侍衛軍虞候韓通하야 收晟下獄하고 及其從者二百餘人皆殺之하다 晟臨死에 世宗猶遣近臣問之한대 晟終不對하고 神色怡然하야 正其衣冠하고 南望而拜曰 臣惟以死報國爾라하고 乃就刑하다 晟旣死하고 鍾謨亦貶耀州司馬하다 其後世宗怒解하야 憐晟忠하고 悔殺之하야 召拜鍾謨衛尉少卿하다 景已割江北하니 遂遣謨還한대 而景聞晟死하고 亦贈魯國公하다

당초에 孫晟이 명을 받들고 사신으로 가게 되었을 때, 王崇質에게 말하기를 “내가 이번에 사신 가면 반드시 〈죽음을〉 면하지 못할 것이다. 그러나 나는 끝내 永陵의 한 줌 흙을 배신하지 않을 것이다.”라고 하였으니, 영릉은 李昪의 묘였다.

왕숭질이 돌아가자 손성과 鍾謨가 모두 周의 京師에 이르러 都亭驛에서 유숙할 때, 周나라에서 그들을 몹시 후하게 대우하였다. 朝會할 때마다 閤門 안으로 들어와 東省官의 뒤의 반열에 서게 하고 召見할 때에는 반드시 풍미가 좋은 술을 마셨다.

얼마 뒤 周의 군대가 자주 패배하여 획득했던 여러 州를 다 잃으니, 世宗이 근심하여 손성을 불러 江南의 일을 물었는데, 손성이 대답하지 않았다. 세종이 노엽기는 했으나 겉으로 드러내지는 않았다.

그러다가 마침 李重進이 李景의 蠟丸書를 가지고 와서 올렸는데, 그 글의 대부분이 周나라의 과실과 죄악을 論斥하는 말이었다. 이로 말미암아 세종이 노여움을 드러내어 말하기를 “손성이 나에게 사신으로 왔을 때 이경이 나의 神武를 두려워하여 北面해서 稱臣하여 두 마음을 품지 않는 것을 보증하겠다고 하더니, 어떻게 이런 指斥하는 말을 할 수 있는가.”라고 하고는, 급히 侍衛軍虞候 韓通을 불러 손성을 잡아다 하옥하고 그 종자 2백여 인은 모두 죽였다.

손성이 죽음을 앞두고 있을 때 세종이 그래도 近臣을 보내 물었는데, 손성은 끝내 대답하지 않고 편안한 기색으로 의관을 정제하고서 남쪽을 향하여 절하고 말하기를 “신은 오직 죽음으로 나라에 보답할 뿐입니다.”라고 하고는 마침내 형벌을 받았다.

손성이 죽고 나서 종모 또한 耀州司馬로 폄적되었다.

그 뒤 세종이 노여움을 풀고 손성의 충성을 가련히 여기고 죽인 것을 후회하여 종모를 불러 衛尉少卿을 배수하였다. 이경이 강북의 땅을 떼어 바치니 마침내 종모를 보내어 남쪽으로 돌아가게 하였는데, 이경이 손성의 죽음을 듣고는 또한 魯國公을 증직하였다.

1) 使班東省官後 : 唐의 관제에 의거하면 東省은 국가의 機務를 관장했던 門下省과 中書省을 가리키는 말이다.

附 錄

1. 五代 시기 地圖

1) 後梁의 건국, 五代의 개시(907)

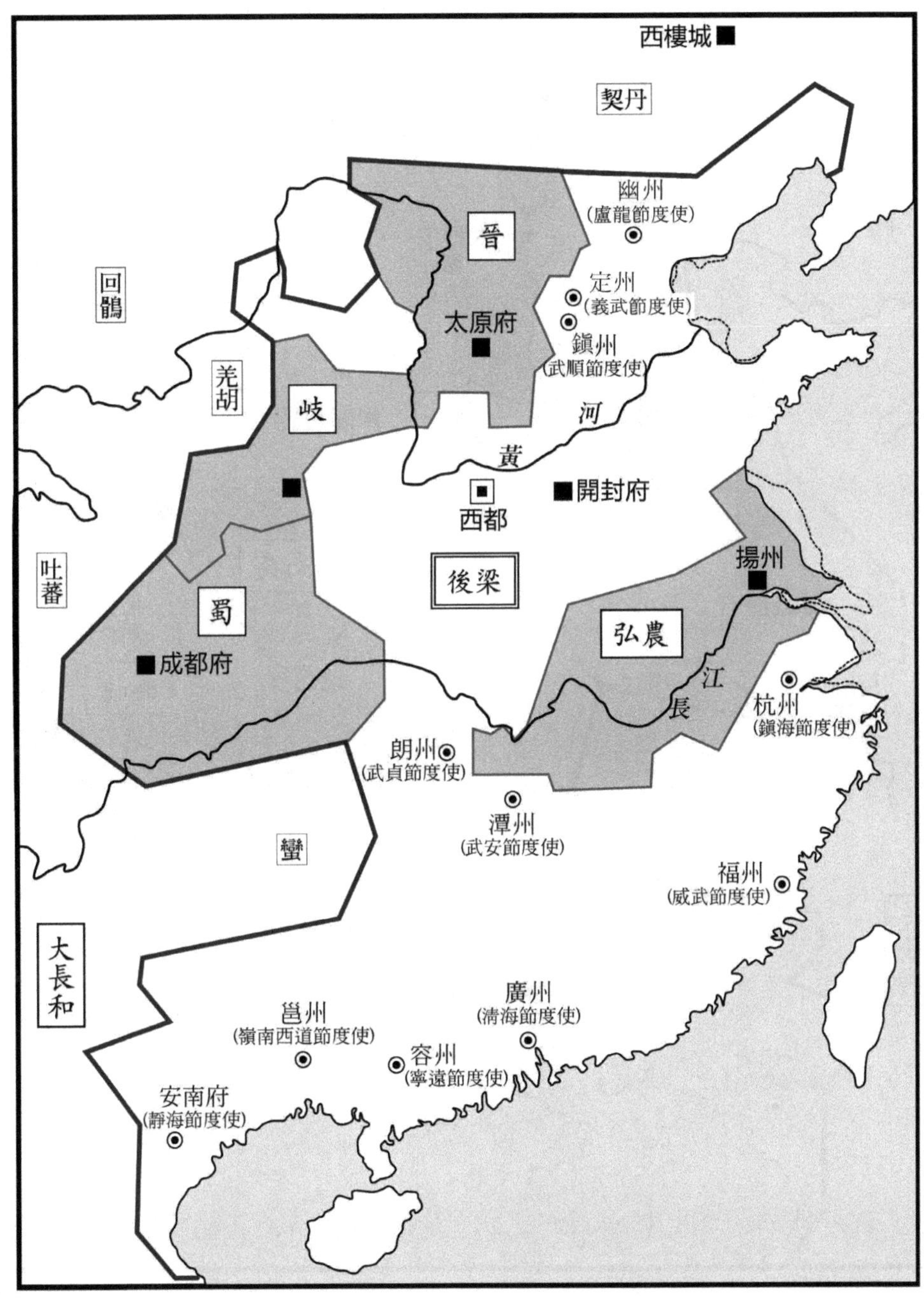

2) 後梁 시기 지도(923)

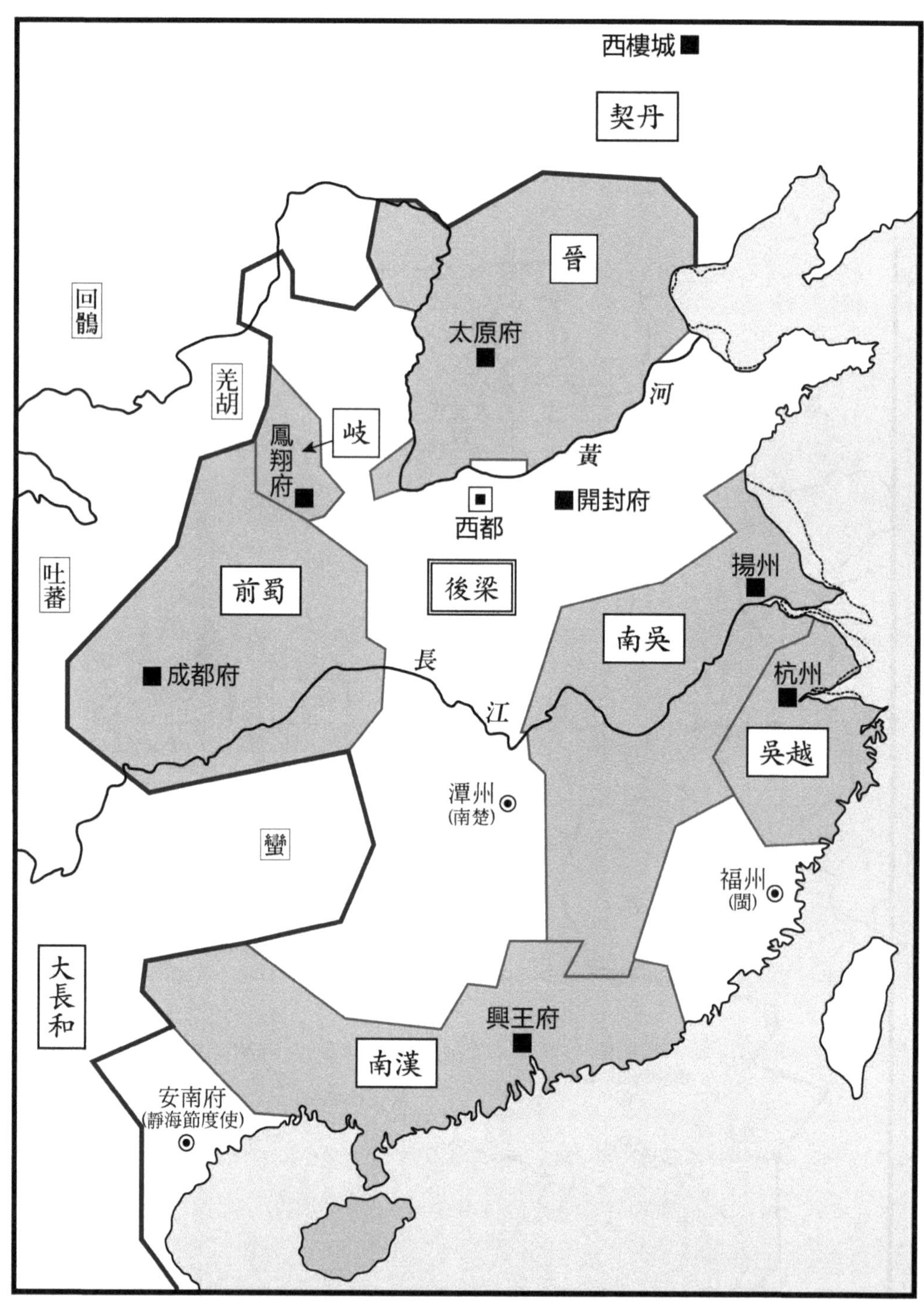
西樓城
契丹
晉
回鶻
太原府
羌胡
岐
鳳翔府
河
黃
西都
開封府
吐蕃
前蜀
後梁
揚州
南吳
成都府
長
江
杭州
吳越
潭州
(南楚)
蠻
福州
(閩)
大長和
興王府
南漢
安南府
(靜海節度使)

3) 後唐 시기 지도(924)

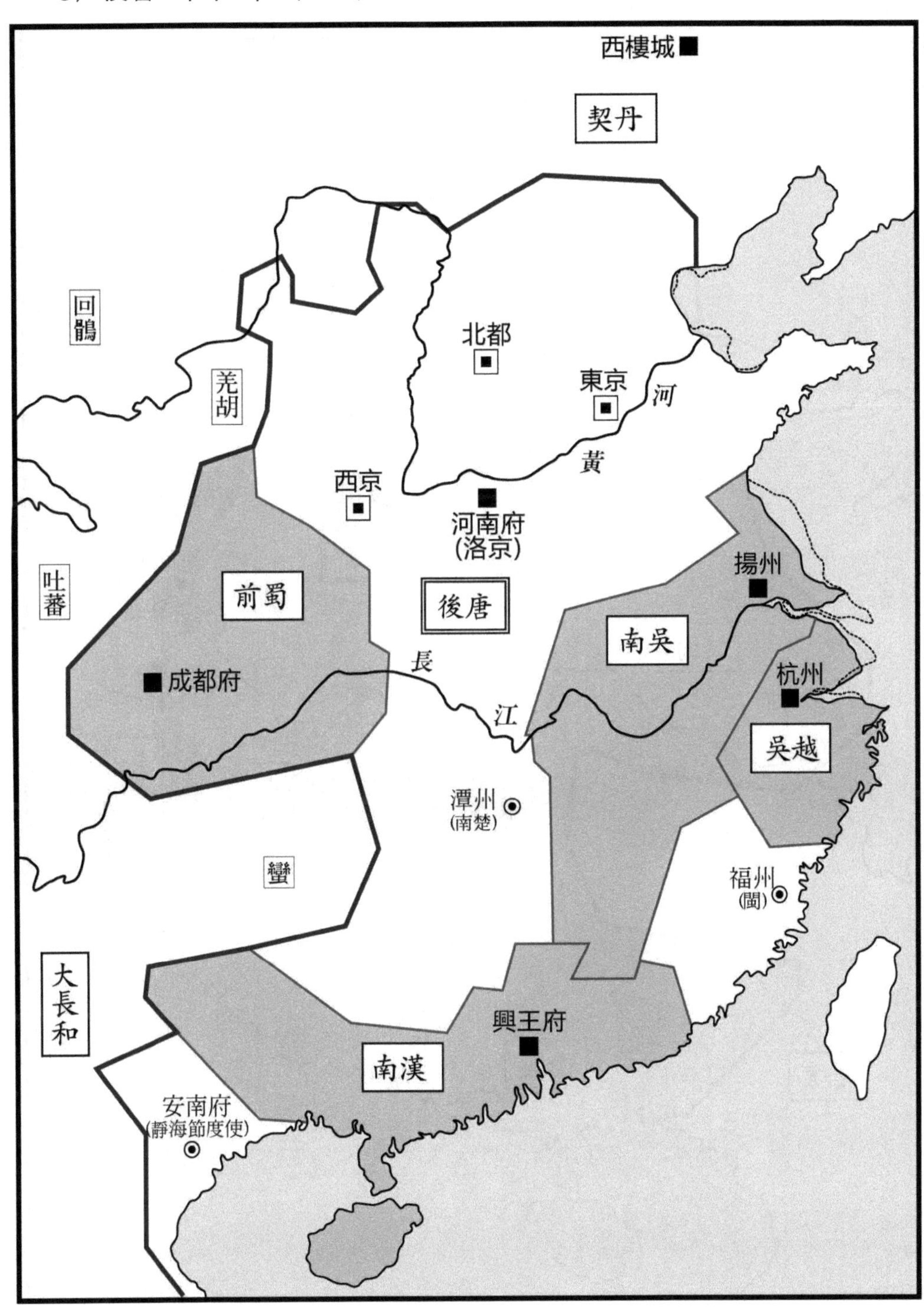
西樓城
契丹
回鶻
羌胡
北都
東京
河
黃
西京
河南府
(洛京)
吐蕃
前蜀
後唐
揚州
南吳
成都府
長
江
杭州
吳越
潭州
(南楚)
蠻
福州
(閩)
大長和
興王府
南漢
安南府
(靜海節度使)

4) 後晉 시기 지도(945)

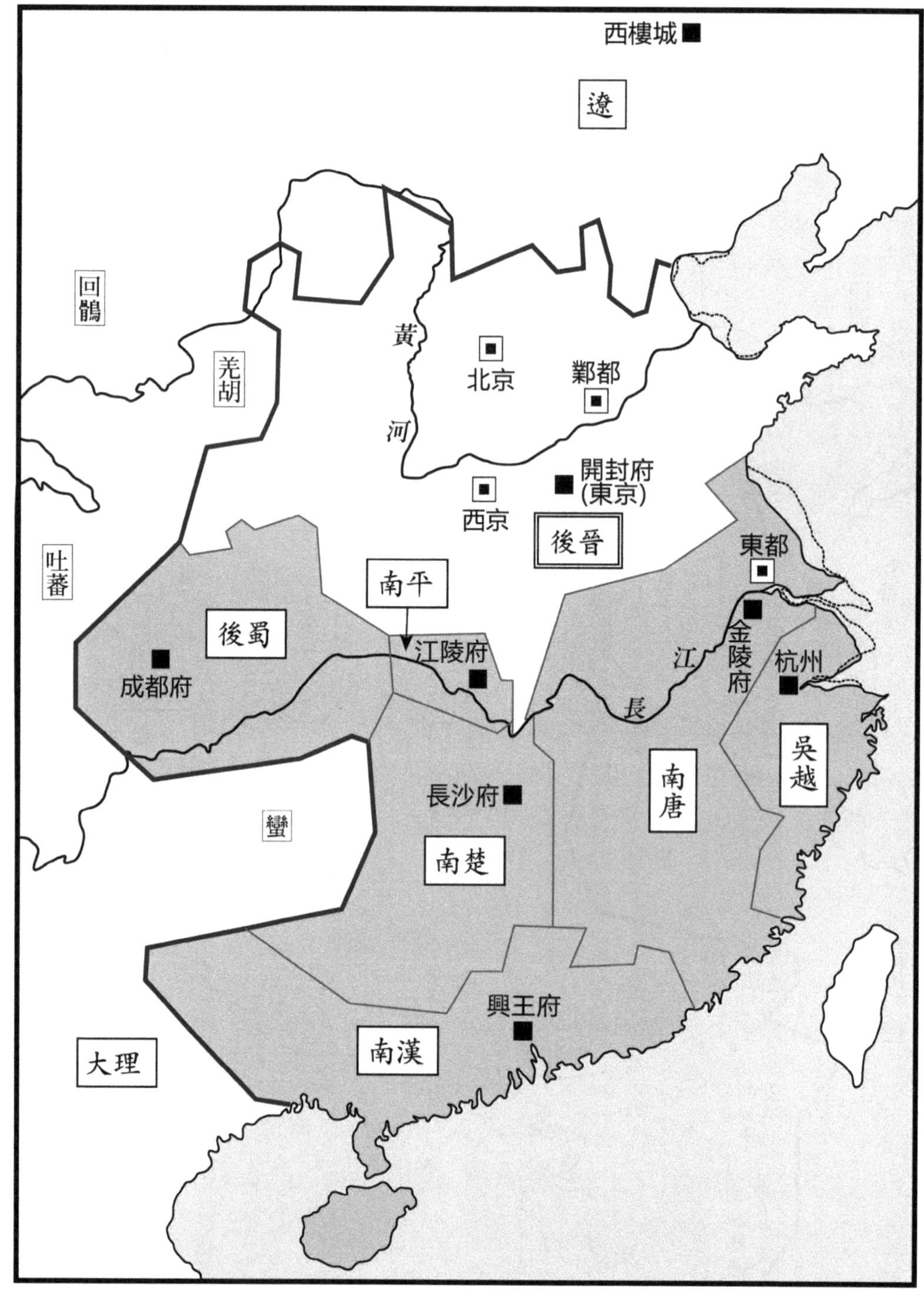
西樓城
遼
回鶻
羌胡
吐蕃
黃
河
北京
鄴都
開封府
(東京)
西京
後晉
東都
南平
後蜀
江陵府
成都府
江
金陵府
杭州
長
吳越
南唐
長沙府
蠻
南楚
興王府
南漢
大理

5) 後周 시기 지도(951)

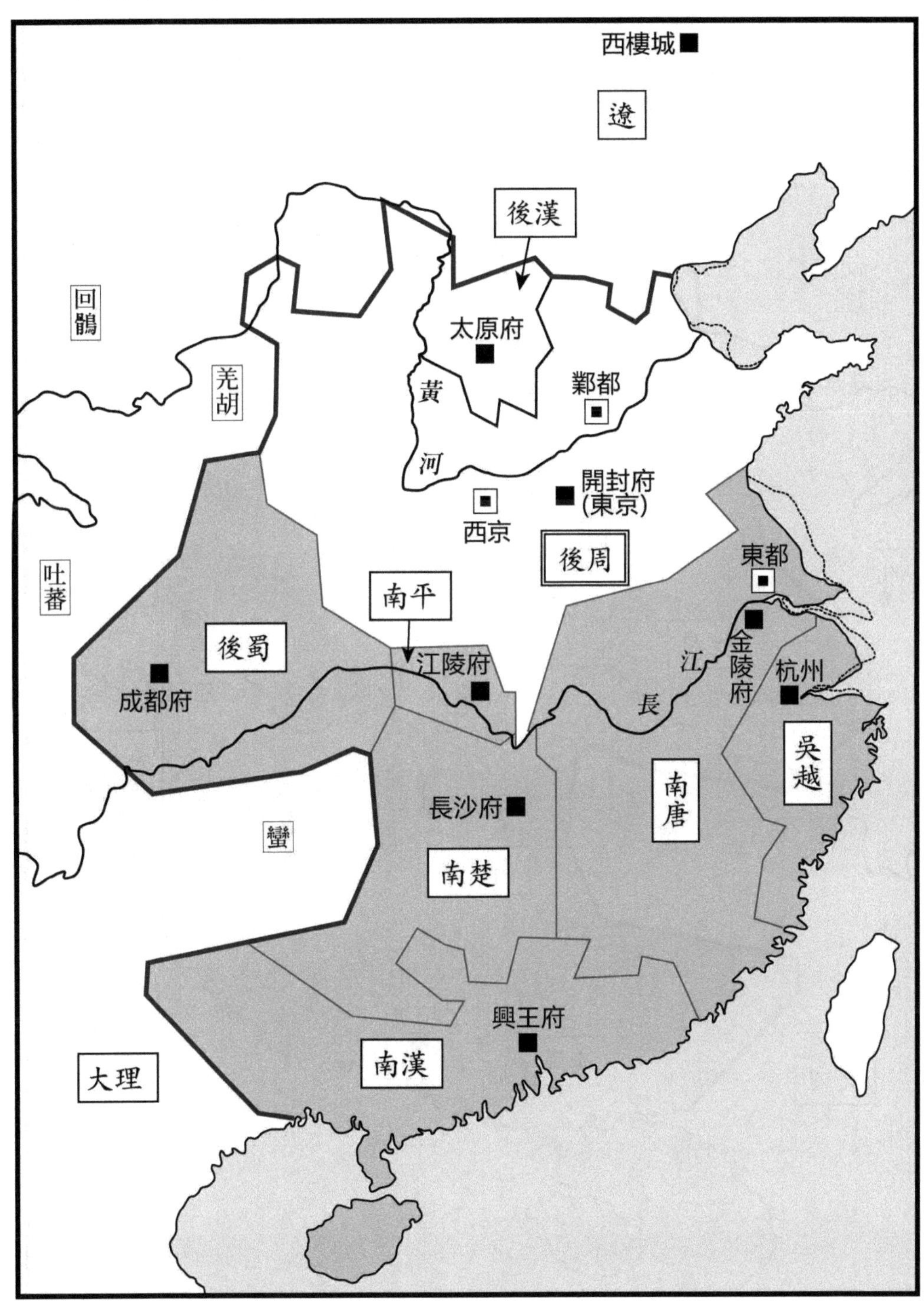
西樓城
遼
後漢
太原府
回鶻
羌胡
黃
河
鄴都
開封府
(東京)
西京
後周
吐蕃
東都
南平
後蜀
江陵府
金陵府
江
長
杭州
成都府
吳越
南唐
長沙府
蠻
南楚
興王府
南漢
大理

6) 後漢 시기 지도(947)

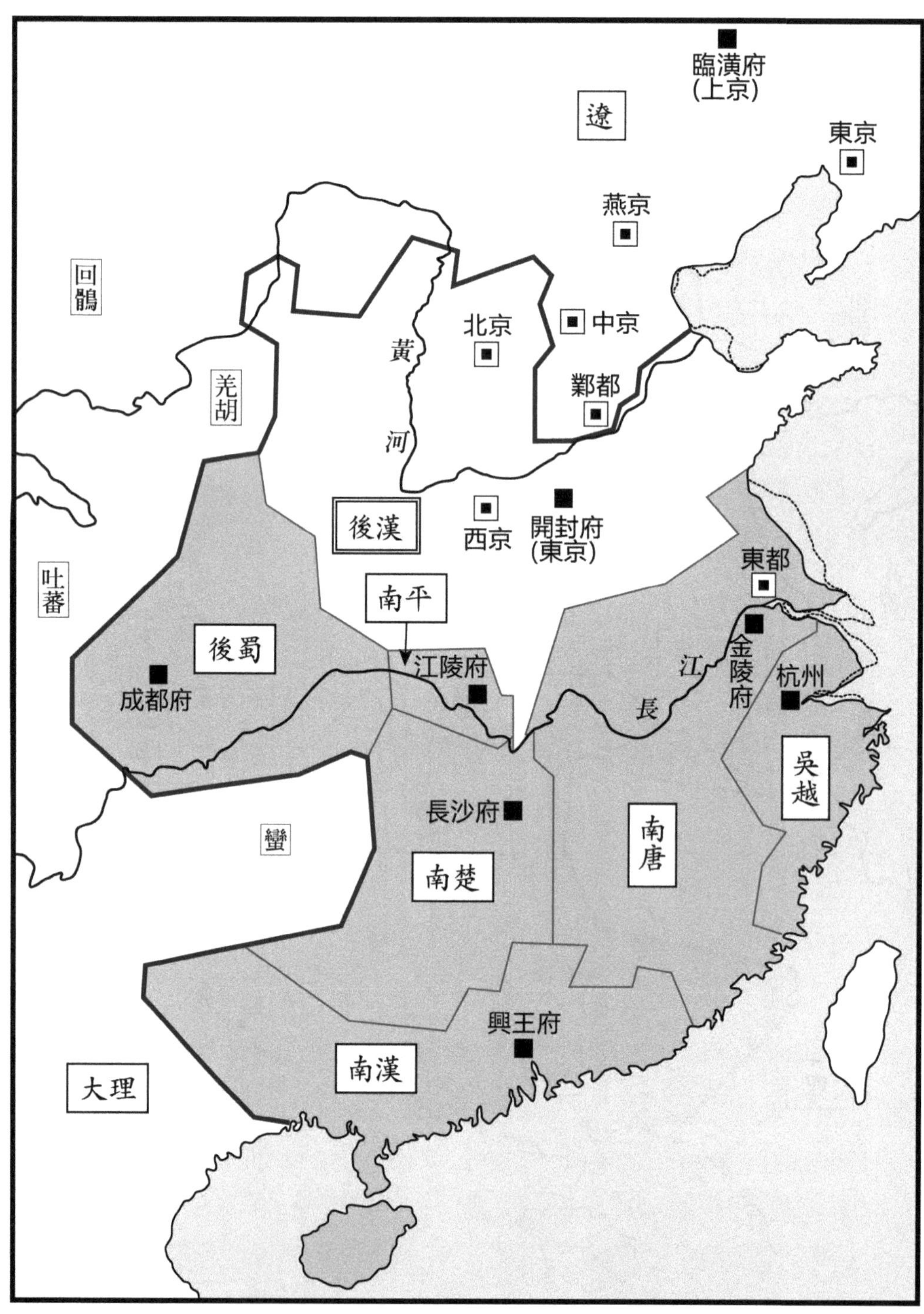
臨潢府
(上京)
遼
東京
燕京
回鶻
中京
北京
黃
河
鄴都
羌胡
後漢
西京
開封府
(東京)
吐蕃
東都
南平
後蜀
江陵府
金陵府
江
杭州
成都府
長
吳越
長沙府
南唐
蠻
南楚
興王府
南漢
大理

2. 參考圖版 目錄 및 出處

명황격국도

3. ≪唐宋八大家文抄 歐陽脩≫ 總目次

QR코드를 스캔하면 ≪唐宋八大家文抄 歐陽脩≫의 總目次를 볼 수 있습니다.

총목차

責任飜譯者

李相夏

啓明大學校 中語中文學科 졸업
高麗大學校 大學院 國語國文學科 文學博士
民族文化推進會 부설 常任硏究員 졸업
朝鮮大學校 漢文學科 敎授 역임
韓國古典飜譯院 부설 古典飜譯敎育院 敎授(現)

論著 및 譯書

〈漢文古典 文集飜譯의 특성과 문제점〉〈『朱子書節要』가 조선조에 끼친 영향〉〈退溪·南明의 시와 대조적인 학문성향〉 등

≪寒洲 李震相의 主理論 硏究≫ ≪냉담가계≫ ≪挹翠軒遺稿≫ ≪月沙集≫ ≪容齋集≫ ≪鵝溪遺稿≫ ≪石洲集≫ 등

共同飜譯者

邊球鎰

高麗大學校 國語國文學科 졸업
高麗大學校 大學院 國語國文學科 文學碩士
民族文化推進會 부설 硏修部 졸업
韓國古典飜譯院 부설 專門課程 졸업
韓國古典飜譯院 硏究員(現)

論著 및 譯書
〈谿谷 張維 散文 硏究〉
≪東川遺稿≫ ≪滄溪集1≫(이상 共譯) 등

李承炫

嶺南大學教 國語國文學科 졸업
成均館大學教 大學院 韓國漢文學 博士 수료
韓國古典飜譯院 부설 古典飜譯教育院 硏修課程 졸업
韓國古典飜譯院 硏究員 역임
成均館大學教 大同文化硏究院 圈域別據點硏究所 硏究員(現)

論著 및 譯書
〈金時習의 張良贊의 裏面〉〈草衣 意恂의 詩文學 硏究〉〈紀里叢話 硏究〉
≪校勘標點 承政院日記(仁祖41)≫(공저) ≪韓國文集叢刊便覽≫(공저)
≪東川遺稿≫(공역) ≪孤山遺稿4≫(공역)

東洋古典譯註叢書 49-1

譯註 唐宋八大家文鈔 歐陽脩 5　　정가 45,000원

2018년 12월 30일 초판 발행
2024년 04월 30일 초판 3쇄

著　者 歐陽脩
責任譯者 李相夏
共同譯者 邊球鎰 李承炫
咨文委員 吳圭根
潤文校訂 南賢熙 田炳秀 兪在衡 咸明淑
編　輯 東洋古典飜譯編輯委員會

發行人 郭成文

發行處 社團法人 傳統文化硏究會
서울시 종로구 삼일대로 428 낙원빌딩 411호
전화 : (02)762-8401　전송 : (02)747-0083
전자우편 : juntong@juntong.or.kr
홈페이지 : juntong.or.kr
사이버書堂 : cyberseodang.or.kr
온라인서점 : book.cyberseodang.or.kr
등록 : 1989. 7. 3. 제1-936호

인쇄처 : 한국법령정보주식회사(02-462-3860)
총　판 : 한국출판협동조합(070-7119-1750)

ISBN 979-11-5794-179-7 94080
978-89-85395-71-7(세트)

※ 이 책은 2018년도 교육부 고전문헌 국역지원사업 지원비에 의해 초판(비매품) 간행.

전통문화연구회 도서목록

新編 基礎漢文教材·漢文讀解捷徑

新編 四字小學·推句	고전교육연구실 編譯	11,000원
新編 啓蒙篇·童蒙先習	고전교육연구실 編譯	11,000원
新編 明心寶鑑	李祉坤·元周用 譯註	15,000원
新編 擊蒙要訣	咸賢贊 譯註	12,000원
新編 註解千字文	李忠九 譯註	13,000원
新編 原文으로 읽는 故事成語	元周用 編譯	15,000원
新編 唐音註解選	權卿相 譯註	22,000원
漢文독해 기본패턴	고전교육연구실 著	15,000원
四書독해첩경	고전교육연구실 著	20,000원
한문독해첩경 文學篇	朴相水 李和春 李祉坤 元周用 著	17,000원
한문독해첩경 史學篇	朴相水 李和春 李祉坤 元周用 著	17,000원
한문독해첩경 哲學篇	朴相水 李和春 李祉坤 元周用 著	17,000원

東洋古典國譯叢書

大學·中庸集註 -개정증보판	成百曉 譯註	10,000원
論語集註 -개정증보판	成百曉 譯註	27,000원
孟子集註 -개정증보판	成百曉 譯註	30,000원
詩經集傳 上·下	成百曉 譯註	各 35,000원
書經集傳 上·下	成百曉 譯註	各 35,000원
周易傳義 上·下	成百曉 譯註	各 40,000원
小學集註	成百曉 譯註	30,000원
古文眞寶 後集	成百曉 譯註	32,000원

五書五經讀本

論語集註 上·下	鄭太鉉 譯註	各 25,000원
孟子集註 上·下	田炳秀·金東柱 譯註	各 30,000원
大學·中庸集註	李光虎·田炳秀 譯註	15,000원
小學集註 上·下	李忠九 外 譯註	各 25,000원
詩經集傳 上·中·下	朴小東 譯註	各 30,000원
書經集傳 上·中·下	金東柱 譯註	各 30,000원
周易傳義 元·亨·利·貞	崔英辰 外 譯註	各 30,000원
詳說古文眞寶大全後集 上·下	李相夏 外 譯註	各 32,000원
春秋左氏傳 上·中·下	許鎬九 外 譯註	各 36,000원~38,000원
禮記 上·中·下	成百曉 外 譯註	各 30,000원

東洋古典譯註叢書

〈經部〉

十三經注疏		
周易正義 1~4	成百曉·申相厚 譯註	各 32,000원~44,000원
尙書正義 1~7	金東柱 譯註	各 25,000원~46,000원
毛詩正義 1~8	朴小東 外 譯註	各 32,000원~40,000원
禮記正義 1~3, 中庸·大學	李光虎 外 譯註	各 20,000원~30,000원
論語注疏 1~3	鄭太鉉·李聖敏 譯註	各 35,000원~44,000원
孟子注疏 1~4	崔彩基·梁基正 譯註	各 29,000원~33,000원
孝經注疏	鄭太鉉·姜珉廷 譯註	35,000원
周禮注疏 1~4	金容天·朴禮慶 譯註	各 27,000원~34,000원
春秋左傳正義 1~2	許鎬九 外 譯註	各 27,000원~32,000원
春秋公羊傳注疏 1	宋基采 外 譯註	37,000원
春秋左氏傳 1~8	鄭太鉉 譯註	各 28,000원~35,000원
禮記集說大全 1~6	辛承云 外 譯註	各 25,000원~40,000원
東萊博議 1~5	鄭太鉉·金炳愛 譯註	各 25,000원~38,000원
韓詩外傳 1~2	許敬震 外 譯註	各 29,000원~36,000원
說文解字注 1~5	李忠九 外 譯註	各 32,000원~38,000원

〈史部〉

思政殿訓義 資治通鑑綱目 1~23	辛承云 外 譯註	各 18,000원~37,000원
通鑑節要 1~9	成百曉 譯註	各 18,000원~44,000원
唐陸宣公奏議 1~2	沈慶昊·金愚政 譯註	各 35,000원~45,000원
貞觀政要集論 1~4	李忠九 外 譯註	各 25,000원~32,000원
列女傳補注 1~2	崔秉準·孔勤植 譯註	各 30,000원~38,000원
歷代君鑑 1~4	洪起殷·全百燦 譯註	各 30,000원~38,000원

〈子部〉

孔子家語 1~2	許敬震 外 譯註	各 39,000원/40,000원
管子 1~4	李錫明·金帝蘭 譯註	各 29,000원~33,000원
近思錄集解 1~3	成百曉 譯註	各 35,000원~36,000원
老子道德經注	金是天 譯註	30,000원
大學衍義 1~5	辛承云 外 譯註	各 26,000원~30,000원
墨子閒詁 1~6	李相夏 外 譯註	各 32,000원~53,000원
說苑 1~2	許鎬九 譯註	各 25,000원
世說新語補 1~5	金鎭玉 外 譯註	各 29,000원~42,000원
荀子集解 1~7	宋基采 譯註	各 30,000원~42,000원
心經附註	成百曉 譯註	35,000원
顔氏家訓 1~2	鄭在書·盧暻熙 譯註	各 22,000원/25,000원
揚子法言 1	朴勝珠 譯註	24,000원
列子鬳齋口義	崔秉準·孔勤植·權憲俊 共譯	34,000원
二程全書 1~6	崔錫起·姜導顯 譯註	各 32,000원~44,000원
莊子 1~4	安炳周·田好根 共譯	各 31,000원~39,000원
政經·牧民心鑑	洪起殷·全百燦 譯註	27,000원
韓非子集解 1~5	許鎬九 外 譯註	各 32,000원~40,000원
武經七書直解		
孫武子直解·吳子直解	成百曉·李蘭洙 譯註	45,000원
六韜直解·三略直解	成百曉·李鍾德 譯註	45,000원
尉繚子直解·李衛公問對直解	成百曉·李蘭洙 譯註	45,000원
司馬法直解	成百曉·李蘭洙 譯註	45,000원

〈集部〉

古文眞寶 前集	成百曉 譯註	30,000원
唐詩三百首 1~3	宋載卲 外 譯註	各 33,000원~39,000원
唐宋八大家文抄 韓愈 1~3	鄭太鉉 譯註	各 22,000원/28,000원
〃 歐陽脩 1~7	李相夏 譯註	各 25,000원~35,000원
〃 王安石 1~2	申用浩·許鎬九 共譯	各 20,000원/25,000원
〃 蘇洵	李章佑 外 譯註	25,000원
〃 蘇軾 1~5	成百曉 譯註	各 22,000원
〃 蘇轍 1~3	金東柱 譯註	各 20,000원~22,000원
〃 曾鞏	宋基采 譯註	25,000원
〃 柳宗元 1~2	宋基采 譯註	各 22,000원
明清八大家文鈔 1 歸有光·方苞	李相夏 外 譯註	35,000원
〃 2 劉大櫆·姚鼐	李相夏 外 譯註	35,000원
〃 3 梅曾亮·曾國藩	李相夏 外 譯註	38,000원
〃 4 張裕釗·吳汝綸	李相夏 外 譯註	50,000원

東洋古典新譯

당시선	송재소·최경렬·김영죽 편역	24,000원
손자병법	성백효 역주	14,000원
장자	안병주·전호근·김형석 역주	13,000원
고문진보 후집	신용호 번역	28,000원
노자도덕경	김시천 역주	15,000원
고문진보 전집 上·下	신용호 번역	각 22,000원
신식 비문척독	박상수 번역	25,000원
안씨가훈	김창진 편역	근간

동양문화총서

동양사상 해설과 원전	정규훈 外 저	22,000원
화합의 길 《중용》 읽기	금장태 저	20,000원
호설과 시장	신용호 저	20,000원
어느 노학자의 젊은 시절 -《고문진보》選譯	심재기 저	22,000원

문화문고

경전으로 본 세계종교 그리스도교	이정배 편저	10,000원
〃 도교	이강수 편역	10,000원
〃 천도교	윤석산·홍성엽 편저	10,000원
〃 힌두교	길희성 편역	10,000원
〃 유교	이기동 편저	10,000원
〃 불교	김용표 편저	10,000원
〃 이슬람	김영경 편역	10,000원
논어·대학·중용 / 맹자	조수익·박승주 공역	각 10,000원
소학	박승주·조수익 공역	10,000원
십구사략 1~2	정광호 저	각 12,000원
무경칠서 손자병법·오자병법	성백효 역	10,000원
〃 육도·삼략	성백효 역	10,000원
〃 사마법·울료자·이위공문대	성백효 역	10,000원
당시선	송재소·최경렬·김영죽 편역	10,000원
한문문법	이상진 저	13,000원
한자한문전통교재	조수익·이성민 공역	13,000원
士小節 선비 집안의 작은 예절	이동희 편역	12,000원
儒學이란 무엇인가	이동희 저	10,000원
동아시아의 유교와 전통문화	이동희 저	13,000원
현대인, 동양고전에서 길을 찾다	이동희 저	10,000원
100자에 담긴 한자문화 이야기	김경수 저	12,000원
우리 설화 1~2	김동주 편역	각 10,000원
대한민국 국무총리	이재원 저	10,000원
백운거사 이규보의 문학인생	신용호 저	14,000원